KB069051

중국어
역사
음운학

이 도서는 2012년도 中國의 '中華社會科學基金'(12WYY002)의 지원을 받아 번역 되었음.
This work was supported by the Chinese Fund for the Humanities and Social Sciences.(12WYY002)

중국어 역사 음운학

潘悟雲 저 · 權赫埈 역

중국어 역사음운학 연구는 중국어 역사의 범위를 훌쩍 뛰어넘어
아시아 문명의 기원과 발전을 연구하는 중요한 수단 가운데 하나이다.
– 중국어판 저자 서문 가운데 –

學古房

일러두기

1. 본 역서는, 上海敎育出版社의 중점 프로젝트인 '中國當代語言學' 총서 시리즈 가운데 하나인 潘悟雲(1943~)의 ≪漢語歷史音韻學≫(上海敎育出版社 2000년 발행)을 한국어로 번역한 것이다.

2. 원문을 지칭할 때에는 특별한 경우가 아니면 '본서'라 했으며, 번역문은 '(본) 역서'로 지칭하여 서술하였다.

3. 한국, 중국, 일본의 인명과 지명, 서명, 편명 등의 漢字는 모두 한국 한자음으로 읽는 경우를 상정하여 이에 적당한 조사를 사용하였다.

4. 본서의 원문에서 인용한 자료의 원문을 찾아 대조하여 수정한 부분도 있으며 저자와의 통신을 통해 수정한 부분도 있는데, 필요한 경우가 아니면 따로 밝히지 않았다. 특히 제5장의 경우 저자는 대폭 수정하여 역자에게 보내왔는데 역자는 이 가운데 첨가된 내용은 『　』안에 넣어 처리하였다.

5. 본서의 각주는 '원주'라고 먼저 밝히고 각주 처리하였다. 이를 제외한 본 역서의 각주는 모두 역자가 기록한 것이다. 그러나 이 경우 따로 '역주'라고 밝히지 않았다.

6. 본서가 인용한 저작에는 대부분 저자와 연도만 기록되어 있으나 필요한 경우 역자가 페이지까지 찾아 기록하였다. 본서에서 중국어로 번역된 저작을 인용한 경우, 본 역서에서는 가급적 원서를 인용했으며, 본서의 인용 내용과　인용된 원서의 내용이 다를 경우도 원서의 내용에 의거하여 번역하였다.

7. 서명은 ≪　≫ 안에, 편명이나 논문명은 〈　〉 안에 적었다.

8. 국제음성기호, 앞 단어와 대체가 가능한 용어, 서구의 인명이나 지명 등의 원어는 [　] 안에 적었다.

9. 인용근거, 생몰연도, 생략 가능한 용어 등은 (　) 안에 적었다.

〈중국어판 저자 서문〉

본서는 중국어 음운학자들에게 중국어 음운학에서 해결되어야 할 문제를 중심으로 이 분야의 선도적 연구 경향을 소개하고 중국과 해외의 주요 학자들의 연구 성과와 방법을 소개하는 데 목적을 두고 있다.

칼그렌[Karlgren] 이후 중국어 음운학은 그 연구 방법에서 근본적인 변화가 있었다. 가장 중요한 변화는, 乾嘉 학파의 문헌 중심의 연구 경향에서 탈피하여 살아 있는 언어 중심의 연구 경향으로 바뀐 것이다. 이는 그 연구 목표를 음성 언어의 복원에 두게 되었을 뿐만 아니라 살아 있는 방언과 친족 언어에 대한 역사 비교를 통한 재구를 연구 방법으로 택하게 된 것임을 의미한다. 이로 인해 趙元任, 羅常培, 李方桂 등과 그 뒤를 잇는 제 학자들의 연구 성과를 통해 중국어 음운학이 대단한 발전을 이룩할 수 있었다.

3,000 여 년 전 중국의 선조들은 문자를 창제했고 동 아시아 대륙에서 가장 먼저 문명의 횃불을 밝힌 바 있다. 수천 년을 이어 내려오는 유구한 역사 속에서 끊임없이 문헌 기록을 남겨온 민족은 없다. 중국의 선조들은 중국의 문명을 주변 국가와 민족들에게 전해주어 방대한 한자문화권이 형성되는데 기여했다. 이로 인해 각 민족의 한자음에는 중국어의 각 시대 별 면모가 상당 정도 보존되어 있다. 漢代 이후, 중국은 서역이나 인도와의 빈번한 접촉을 통해 중국의 문명을 서방에게 전해주었고 동시에 서방으로부터 그들의 문명을 흡수하기도 했는데 이와 같은 교류를 통해 중국인들은 많은 譯音 자료를 갖게 되었다. 이

모든 소중한 문헌 기록과 더불어 풍부한 중국어 방언과 친족 언어의 비교 자료가 있었기에, 역사 비교의 방법을 통해 中古 중국어의 음운 체계를 재구할 수 있었을 뿐만 아니라 上古 중국어의 음운 연구에서 상당한 진전을 가져 왔으며, 유사 이전의 중국어 상황에까지 그 탐색의 범위를 넓힐 수 있었다. 이 시점에서 동 아시아 여러 언어의 분화, 접촉과 융합을 조망할 수 있게 된 것이다. 이러한 의미에서 중국어 음운학의 연구가 이미 중국어 역사의 범위를 훌쩍 뛰어넘어 아시아 문명의 기원과 발전을 연구하는 가장 중요한 수단의 하나가 되었다고 할 수 있다.

본서는 다음의 세 편의 저작을 가장 많이 언급하였다.

諧聲 체계와 ≪詩經≫의 압운을 연구의 출발로 삼은 李方桂 선생의 〈上古音硏究〉, 上古 문헌을 주요 근거로 연구를 진행한 풀리블랭크 [Pulleyblank] 선생의 The Consonantal System of Old Chinese, 그리고 중국어와 친족의 사이의 역사적 비교 연구에 주력한 보드만[Bodman] 선생의 Proto- Chinese and Sino-Tibetan이다. 이 세 편의 연구 성과는 중국어 음운학의 세 가지 중요한 방법론을 대표한다 할 수 있다.

본서는 각 학자들의 학설을 소개할 때 하나하나 비평하고 서술하여 독자들이 비교하며 취사할 수 있도록 하였다. 또 30여 년 간 중국어 음운학 연구에 종사하며 얻은 필자의 관점을 독자들에게 소개하고자 하니, 독자들의 비평을 통해 필자의 연구가 향상될 수 있기를 기대한다.

현대 과학과 비교하면 역사음운학은 아직도 대단히 미성숙한 분야로 여러 언어학자들이 새로운 역사 언어학을 수립하고자 노력하고 있다. 굳건하고 신뢰할 만한 사실에 입각하여 증거를 제시하고 있는지의 여부와 논리적으로 추론하고 있는지의 여부는 중국어 음운학이 정밀화한 방향으로 가는지 여부를 알려주는 중요한 바로미터이다. 이러한 증거 제시와 논리적 추론은 본서가 추구하는 목표이기도 하다.

본서의 내용에는 上古 중국어와 中古 중국어만을 포함하기로 한다.

近代 중국어를 다루지 않은 이유는 첫째, 편폭의 제한 때문이고, 둘째, 近代 중국어 연구와 관련해서 다루어져야 할 가장 중요한 내용으로 近代 중국어에서 現代 중국어의 각 방언에 이르기까지의 변화과정을 포함해야 하겠지만 이 분야에 대한 필자의 연구가 이제 겨우 시작 단계에 있기 때문이다.

본서의 완성에 즈음하여 두 분께 감사드린다. 한 분은 중국어 음운학과 방언학 분야에 막대한 공헌을 하셨고 나를 중국어 음운학 분야로 길을 인도하신 鄭張尙芳 선생이다. 또 한 분은 梅祖麟 선생이다. 20여 년 간 梅祖麟 선생은 서방 학자들이 거둔 중국어 음운학 분야의 연구 성과를 나에게 지속적으로 소개해 주셨다. 그 덕택으로 보드만 선생과 풀리블랭크 선생의 연구 성과를 접할 수 있었고 이들로부터 영감을 얻을 수 있었으며 나의 연구 수준이 향상될 수 있었다. 마지막으로, 이번 총서의 책임자이신 游汝杰, 張洪明, 唐發鐃 선생께 감사드린다. 이분들은 졸저가 출판될 수 있도록 기회를 마련해 주셨을 뿐만 아니라 졸저에 대해 관심을 보여주셨으며 나를 격려해 주셨다.

上海에서 潘悟雲
1999년 10월 초고
2000년 3월 20일 수정

〈한국어판 저자 서문〉

최근 들어 중국과 한국 간의 교류는 점차 증대되고 중국어를 연구하는 한국 학생의 수는 점차 늘고 있다. 이 가운데 어떤 이는 어법을 연구하고 어떤 이는 음운을 연구하고 있는데 언어학적 각도에서 보면 양자의 의미는 약간 다르다. 중국어 어법을 연구하는 목적은 주로 중국어를 학습하기 위해서이고 중국어 음운을 연구하는 목적은 중국어를 학습하기 위한 것뿐 만 아니라 한국어 자체를 연구하기 위한 것이기도 하다.

商周 시기부터 중국어가 한국에 대량으로 차용되어 한국어의 일부가 되었으므로 이들 차용어에 대한 연구는 중국어 역사음운학 연구 뿐 아니라 한국어의 역사에 대한 연구에서도 없어서는 안 될 부분이다. 중국의 풍부한 고대문헌, 수많은 중국어 방언과 친족어 비교 자료를 통해 중국어의 각 시기별 음운의 윤곽이 점차적으로 드러나게 되었는데 이는 시기별 한국어의 중국어 차용어에 대한 연구에 믿을만한 근거를 제공하게 되었다. 더욱 중요한 것은, 이들 차용어의 최초의 음성적 모습과 한국어에서의 현대 독음을 통해 한국어의 음성 변화 규칙을 파악함으로써 한국어 음성사 연구에 새로운 길이 열리게 될 것이라는 점이다.

시노-티베트어족 언어의 역사 비교연구의 범위는 지금까지 알타이어까지 미치지 못했다. 이는 이전의 전문가들이 양자가 유전학적으로 관계가 없었을 것이라 여겼기 때문이다. 최근에 분자 인류학자들은,

현대인이 아프리카를 떠나 동아시아까지 건너와 거주하게 된지 불과 수 만년이 지났을 뿐이며 인류학적으로 동일한 기원을 가지고 있다고 주장하고 있다. 이러한 배경을 고려하면 동아시아 언어의 同源性에 대해 생각하지 않으면 안 될 것이다. 중국어와 한국어 사이의 밀접한 관계는 이 연구에 중요한 열쇠를 제공할 것이다. 한 가지 예를 들어 보겠다. 중국의 북동쪽에 위치했던 '夫餘'는 한국 민족의 여러 기원 가운데 하나이다. '夫餘'는 중국어 상고음으로 bala이며 한국어의 '바라'(지역이나 장소)와 동일한 기원을 가지고 있음이 분명하다. 또 이러한 비교의 시각은 몽고어의 *bara(지역), 일본어의 '原'はら(hara 〈 *fara 〈 **para), 고대 돌궐어의 '진흙'의 어근인 praq까지 확대할 수 있다. 물론 '땅'이라는 단어는 비교언어학적 시각으로 보면 더 넓은 동아시아 지역까지도 확대될 수 있다. 예를 들면 상고 중국어에서는 '野'*laʔ, '土'*thaʔ 〈 **kh-laʔ, 苗語에서는 la, 캄어[Kam]에서는 ja 〈 *la, 버마어에서는 ja 〈 *la, 타망어[Tamang]에서는 ʔklaah이며 심지어 남도어의 도베이어[Dobei]에서는 bala, 로투만어[Rotuman]에서는 pera이다. 이로써 알타이에서 남도어에 이르기까지의 광활한 지역에서 이 어휘가 고도의 유사성이 있음을 확인할 수 있다. 물론 이는 우연한 유사성이나 단순한 차용이라는 말로는 설명할 수 없는 것으로, 동아시아의 아주 오래전의 인류가 구사했던 언어가 오랜 세월이 지난 현재까지도 보존하고 있는 흔적일 것이다.

"새는 지저귀며 친구를 찾는다.[嚶其鳴矣, 求其友聲.]"고 하였다. 본서가 한국에서 출판됨에 즈음하여, 나는 한국의 친구들과 손을 맞잡고 동아시아 언어의 변화의 역사적 변화와 아울러 동 아시아 문명의 역사를 함께 밝혀보기를 희망한다.

유감스러운 것은 본서가 대단히 거칠게 저술되었다는 것이다. 저술 당시 작업이 절반 정도 진행되었을 때 컴퓨터가 고장 나서 모든 작업을 처음부터 다시 할 수 밖에 없었으며 1999년 말 출판사로부터 연말까지 원고를 넘겨야 한다는 연락을 받았다. 밤낮을 가리지 않고 저술에 매달린 끝에 기일 내에 원고를 넘기긴 했으나 급하게 작업하는 바람에 오류가 줄을 이었다. 권혁준 교수가 본서를 번역하기를 희망한다는 편지를 보내왔을 때 필자는 다소 난감해했다. 그 이유는, 전체 책에 대해 상세한 교정 작업을 하기 위해서는 많은 시간을 내어야 하는데 시간이 짧아 불가능할 것이라 생각했기 때문이다. 그러나 권혁준 교수가 보내온 校勘의 내용을 보고 마음이 놓였다. 그는 학문에 대해 엄밀한 태도와 중국음운학에 대해 깊은 이해를 가지고 있어 이 책을 충분히 번역할 수 있었다.

졸저를 탈고한지 벌써 15년이 되었다. 지금 본서를 상세히 살펴보니 수정이 필요한 곳이 적지 않으며 관련된 내용도 대단히 광범위하여 이들을 일일이 수정하는 것은 다시 쓰는 것과 다름없다. 예를 들면, 15년 전에는 鄭張尙芳 교수의 의견을 받아들여 중고의 3등은 上古의 단모음에서 기원했고, 1, 2, 4등은 상고의 장모음에서 기원했다고 여겼다. 연구가 깊어지면서 최근 수 년 간의 연구를 통해 나는 이와 다른 결론을 얻었다. 그것은 전자는 상고의 이완모음에서 기원했고 후자는 상고의 긴장모음에서 기원했다는 것이다. 이는 단순한 음가상의 변동만을 포함하고 있지 않다. 이외에도 수많은 증거를 제시해야 하고 중국어의 역사에서 발생한 모음 대전이[vowel shift]와 관련을 지어야 하고 개음의 생성 유형과도 관련을 지어야 할 것이다. 이들에 대해서는 본서가 重刊될 때 언급할 수밖에 없다.

나는 본서를 重刊할 생각으로 펜을 들었다 놓기를 여러 번 반복하였다. 역사 언어학은 혁명을 잉태하고 있다. 새로운 음운학은 비록 문헌적 고증, 역사적 비교, 내부의 재구 과정이 필요하지만 그 핵심 내용은 음운 변화가 될 것이다. 수많은 언어자료에서 음운 변화의 보편적 현상을 발견하고 음운 변화의 보편적 규칙을 찾아내어 음운 변화의 미시적 과정을 보이며 음운 변화의 심층적 분석이 있어야 논리적인 분석과 미래에 대한 예측이 가능할 것이다. 멀지 않은 장래에 이러한 희망이 실현되어 한국의 친구들에게 가르침을 청할 날이 오기만을 고대한다.

潘悟雲
上海師範大學에서

목 차

중국어판 저자 서문 • v
한국어판 저자 서문 • viii

第1篇 中古篇

제1장 《切韻》의 성격	3
1. 중국고대의 민족 공통어	11
2. 《切韻》의 음 분류 기준	15
3. 《切韻》의 운 구분과 押韻	21
4. 《切韻》과 다른 韻書의 음 범주	22
5. 《切韻》切語[反切]의 繫聯과 음 범주	25

제2장 中古 중국어의 3등 介音	29
1. 개음의 반절 행위	30
2. j化 문제	32

제3장 重紐	41
1. 중뉴의 내용	41
2. 重紐의 음성적 차이	43
3. 3등 舌齒音의 개음	70
4. 重紐類	74

제4장 中古 중국어의 聲母 체계	77
1. 禪·船母	77
2. 娘母	82

제5장 중고 중국어의 운모 체계 101

   1. 4등운 104

   2. 合口韻 110

   3. 眞·蒸·侵韻 120

   4. 1·2등 重韻 125

   5. 宕攝 129

   6. 止攝 130

   7. 流攝 132

   8. 臻攝合口 133

   9. 遇攝 134

제6장 中古 중국어의 聲調 체계 147

   1. 聲調의 장단에 대한 연구 148

   2. 中古 성조값에 대한 연구 152

   3. 승려 了尊의 ≪悉曇輪略圖抄≫에서의 성조 기록 155

第2篇 上古篇

제7장 上古 중국어의 음절 유형 165

   1. 중국어의 음절 구조 165

   2. 음절 유형 169

   3. 상고 중국어의 음절 유형 185

제8장 諧聲의 원칙 193

   1. 해성 현상에 대한 기존 연구 193

   2. 해성현상과 상고 중국어 형태 198

   3. 음성의 형태 상관 205

   4. 유사 음 사이의 해성 현상 225

    5. 해성분석과 역사 비교 연구   228

제9장 3등 개음의 상고 기원   233
    1. 3등 개음의 생성 시기   233
    2. 상고의 단모음에서 생성된 3등 개음   241
    3. 3등 개음 생성에 대한 음성적 설명   248

제10장 聲調의 上古 기원   255
    1. 去聲의 기원   255
    2. 上聲의 기원   263

제11장 上古 중국어의 韻尾   271
    1. 上古의 入聲 韻尾   272
    2. 陽聲韻部의 韻尾   275
    3. 陰聲韻部의 韻尾   279
    4. 韻尾 -s의 변화   300
    5. 韻尾 *-w   304

제12상 魚韻과 魚部   307
    1. 魚部의 재구   307
    2. 魚部와 中古 韻類와의 관계   314
    3. 中古 魚韻의 재구   324

제13장 甲類 韻部   335
    1. 幽部   336
    2. 侯・屋・東部   338
    3. 支・錫・耕部   343
    4. 之・職・蒸部   345
    5. 脂2・質2・眞2部   349

제14장 乙類 韻部   359
   1. 歌2·月2·祭2·元2部   360
   2. 歌3·月3·祭3·元3部와 微2·物2·文2部   367
   3. 微1·物1·文1部   377

제15장 丙類 韻部   381
   1. 上古 丙類 韻部와 中古韻의 관계   381
   2. 丙類 韻部의 諧聲 분석   392

제16장 上古 중국어의 모음 체계   403
   1. 언어의 보편 현상과 부합하는지 여부   407
   2. 친족 언어의 실제 음운 체계와 근접하는 여부   408
   3. 모음이 전체 운모 체계에서 대칭을 이루고 있는지 여부   423
   4. 음운이 諧聲·通假·異讀·음운변화와 부합하는지 여부   426
   5. 친족 언어의 동원어와의 음성 비교가 적절한지 여부   427

제17장 上古 중국어의 유음과 유음을 동반한 자음의 서열   431
   1. 상고의 *r-와 *l-   431
   2. 유음의 폐쇄음화   438
   3. 복자음 간화의 기본 규칙   441
   4. 來母와 해성하는 복자음   444
   5. 부음절을 동반한 來母   450
   6. 설근음·순음과 해성하는 端組·知組   454
   7. 설근음·순음과 해성하는 章組   461

제18장 2등과 重紐 3등의 상고 기원   465
   1. 상고의 2등 개음   465
   2. 중고의 2등 개음   473
   3. 重紐 3등의 상고 기원   478

제19장 *s-를 동반한 上古의 자음서열   489
    1. 설치·설근 폐쇄음과 해성하는 精·莊組   489
    2. 精[莊]과 心[山]의 관계   495
    3. 양순 폐쇄음과 해성하는 精·莊組   505

제20장 鼻音의 上古 기원   509
    1. 비음을 동반한 복자음   509
    2. 비음과 유음이 결합한 한 개 반 음절   511
    3. 전치비음   514
    4. 무성 비음   523

제21장 喉音의 상고 기원   537
    1. 影母의 상고 기원   537
    2. 曉母의 상고 기원   543
    3. 匣母와 云母의 상고 기원   549

자료설명 • 567

參考書目 • 571

내용색인 • 585

동원어, 차용어, 음역자 색인 • 590

역자 후기 • 617

第 **1** 篇

中古篇

≪切韻≫의 성격

중국어 음운에 대한 역사적 연구의 출발점은 어디에 두어야 할 것인가? 淸代 학자들은 先秦音을 선택했고 칼그렌은 中古音을 선택했다. 칼그렌이 성공적으로 연구를 수행할 수 있었던 중요한 이유는 中古音을 출발점으로 삼았기 때문이다. 이러한 점에서 칼그렌의 선택은 분명히 옳았다.

우선, 중고음을 반영한 문헌 자료로 ≪切韻≫, ≪經典釋文≫ 등이 있는데 이들 자료에는 中古 시기의 聲, 韻, 調가 명확하게 분류되어 있다. 그러나 上古音 연구의 주요 근거 자료라 할 수 있는 ≪詩經≫의 押韻이나 諧聲 자료만으로는 聲과 韻의 분류에 관한 정밀한 연구를 할 수 없다.

또 역사적으로 수차례에 걸친 대량의 민족 이동이 중고시기에 이루어졌다는 점도 중요하다. 이러한 민족의 이동으로 인하여 각 지역 방언의 독서음이 중고음과 엄정한 대응 관계를 갖게 되었다. 일본, 베트남[1], 한국의 한자어도 대체적으로 이 시기에 각국으로 유입되었는데

---

1) 베트남 한자어에는 대체로 두 종류의 중국어 음운의 층위가 있다. 첫째, 중고 중국어를 반영한 것과 또 하나는 그 이전의 중국어 음운을 반영한 것이다. 본서에서는 후자를 '古 베트남 한자어'라는 용어를 사용하여 양자를 구분하고 있다.

이들 讀音도 중고음과 정연하게 대응하고 있다. 칼그렌은 이들 자료에 대한 역사 비교의 방법을 통해 결국 중고음 재구하는데 성공했다. 이 외에도 이 시기에 수행되었던 대량의 불경 번역 속에 있는 산스크리트 ‑중국어 대음도 중고음 연구를 위한 훌륭한 자료이다.

중고음은 상고나 현대로부터 각각 1천년의 시간적 간격이 있다. 중고음의 성공적 연구로 인해 위로는 상고음으로부터 중고음까지, 아래로는 근대음이나 현대음까지의 음운 변화과정을 추정할 수 있게 되었다. 이로 말미암아 칼그렌 이후 중국어 음운학이 오늘날에 이르기까지 빛나는 성과를 거두게 된 것이다.

중고음 연구에서 가장 중요한 근거가 ≪切韻≫이므로 ≪切韻≫의 성격에 대한 이해는 전체 중국어 음운학 연구의 이론적 근거가 된다.

칼그렌(Karlgren1954 : 212)은 다음과 같이 언급했다.

≪切韻≫에 수집된 것은 서기 600년경의 언어로 본질적으로는 陝西의 長安 방언이며, 이는 唐代의 공통어[Koine]가 되었다. …… 각 지역의 하층 민중들은 그들의 토속 방언을 상당 정도 보존했다. 여러 지역의 토박이말에서 여전히 唐代 이전 방언의 흔적을 찾을 수 있다. 반면에 공통어는 여러 지역에 걸쳐 상층 계급부터 하층 계급에 이르기까지 널리 수용되었기 때문에 거의 대부분의 현대 방언의 祖語가 되었다(福建과 인근의 閩 방언은 제외). ≪切韻≫의 음 범주가 각 현대 방언과 엄정하게 대응하는 것으로 보아, ≪切韻≫은, 근래 많은 학자들이 주장하는 바와 같이 한 사람이 만든 것이거나 각 방언의 이질적인 성분을 절충 혼합한 인공적인 산물이 결코 아니라, 실제로 존재했던 단일한 언어를 기술한 것임을 알 수 있다.

위와 같은 관점은 칼그렌의 중고음 재구의 출발점이었지만 이에 대하여 지금까지 많은 사람들은 다음과 같은 몇 가지 측면에서 회의를 품고 있다. 첫째, 《切韻》이 단일 방언을 반영했는가? 둘째, 《切韻》이 長安 방언을 반영했는가? 셋째, 《切韻》의 언어가 현대 중국어 방언의 祖語인가? 두 번째 질문은 그다지 큰 문제가 아니다. 長安 방언이 아닌 洛陽과 같은 다른 지역의 음으로 대체해도 칼그렌의 재구 체계는 아무런 영향을 받지 않기 때문이다. 그러나 첫 번째와 세 번째 질문에 대한 답이 부정적이라면 칼그렌의 전체적 체계는 개편할 수밖에 없다.

《切韻》이 방언과 古語 성분을 수용했다는 점에 대하여 학자들 사이에는 이견이 없다. 다만 논쟁의 초점은 《切韻》이 과연 단일 음운 체계를 반영했는지의 여부에 있다. '종합 설'을 주장하는 학자들의 견해에 의거하여 《切韻》이 각 지역의 음운과 고대의 음운을 종합한 것이라 한다면, 단일 음운 체계를 나타낸 것이 아니므로 칼그렌의 체계에 근거하여 발전시킨 李方桂 등의 상고음 연구까지 포함하여 칼그렌의 연구는 그 기반 전체가 동요하게 된다. 그러나 문제의 심각성은 장기간에 걸쳐 이 문제가 음운학자들의 깊은 관심을 끌지 못했다는 데에 있다. 羅常培는 칼그렌의 *Etudes sur la phonologie chinoise*를 중국어로 번역하는 작업에 참여하기는 했지만 그 역시 《切韻》이 종합적 체계라고 주장했다. 羅常培(1931b)는 이에 대하여 다음과 같이 언급했다.

> 《切韻》에서 韻을 나눈 것은 소위 '최소공배수 분류법'에 의거한 것이다. 즉, 어떠한 음이든지 당시의 어느 지역에서 변별되어 있거나 과거 어떤 시기에서도 변별되어 있었다면 나눌 수 있는 범위가 작았더라도 나눈 것으로, 어떤 지역이나 과거 어떤 시기에서 범주가 동일했다고 해서 (성류나 운류를) 하나로 합병했던 것은 아니다.

60년대에 이르기까지 중국에서는 ≪切韻≫의 성격에 관하여 격렬한 논의가 진행되어 왔으며 해외의 경우 프린스턴 학파를 중심으로 칼그렌의 재구 이론의 기반에 대하여 회의적인 반응을 보였다. 따라서 중국어 음운학을 더 깊이 연구하기 위해서는 ≪切韻≫의 성격에 관한 명확한 이해가 필요하다.

칼그렌의 견해를 부정하는 몇 가지 주요 근거는 다음과 같다.

(1) ≪切韻≫에 존재했던 韻의 수가 그렇게 많았다는 것은 믿기 어려워 보인다. 현대 중국어의 어떤 방언에서도 韻類가 이와 같이 많지 않으며 상고의 韻部도 이보다 훨씬 적었다. 역사적으로, 처음과 끝[상고 중국어와 현대 중국에]에는 음 범주가 적은 반면 중간 단계[중고 중국어]에 범주가 많았다는 것은 기이하다.

(2) ≪切韻·序≫에도 다음과 같이 명확하게 기술되어 있다.

> 呂靜의 ≪韻集≫, 夏侯該의 ≪韻略≫, 陽休之의 ≪韻略≫, 周思言의 ≪音韻≫, 李季節의 ≪音譜≫, 杜臺卿의 ≪韻略≫ 등은 서로 차이가 나 제각각이다. 江東의 음은 河北과 또 다르다. 이로써 남북지역간의 차이와 古今의 시대에 따른 차이[2]를 논의하여 정확하게 들어맞는 것들을 더 고르고 엉성한 것들은 삭제했다.[呂靜≪韻集≫·夏侯該≪韻略≫·陽休之≪韻略≫·周思言≪音韻≫·李季節≪音譜≫·杜臺卿≪韻略≫等各有乖互，江東取韻與河北復殊，因論南北是非，古今通塞；欲更捃選精切，除削疏緩.]

---

2) 원문을 직역하면 '古今의 통하고 막힘'으로 통용 여부에 관한 것이지만 문맥상 '古今의 시대에 따른 차이(에 의한 통용 여부)'로 바꾸어 번역했다. 아래도 마찬가지이다.

이와 같은 언급으로 보아 ≪切韻≫이 각 지역의 방언과 고금의 음운에 근거하여 이들을 모아 놓은 韻書임을 알 수 있다. ≪切韻≫의 음 범주와 각 지역 方音 간의 대응 관계는 바로 ≪切韻≫의 이러한 성격을 반영하고 있다.

　(3) 唐本 王仁昫의 ≪切韻≫ 韻目의 小注로부터 다음과 같은 사실을 알 수 있다. 어떤 운에 대하여 ≪切韻·序≫에 언급된 각 운서에서의 운 분류 현황이 각각 다르다면 ≪切韻≫은 "합한 것을 따르지 않고 나눈 것을 따른다[從分不從合]."는 원칙을 견지하고 있는 것이다. 예를 들면 脂韻 아래의 注에는 다음과 같이 언급되어 있다.

> 　呂靜과 夏侯該는 (脂韻을) 之·微韻과 마구 섞었으나 陽休之, 李季節 杜臺卿은 이들을 구별했다. 지금은 陽休之, 李季節, 杜臺卿에 의거한다.[呂·夏侯與之·微大雜亂, 陽·李·杜別, 今依陽·李·杜.]

　위의 언급에 근거하면, 당시 각 방언이 수많은 韻類로 이루어진 것이 아니라 陸法言이 "합한 것을 따르지 않고 나눈 것을 따른다."는 원칙에 의거하여 인위적으로 나눈, 여러 학자의 분류를 종합한 것임에 불과함을 알 수 있다.

　현재까지 ≪切韻≫의 성격이 논쟁의 대상이 되어 왔지만 중국과 외국의 주요 음운학자들은 ≪切韻≫이 단일 음운 체계를 반영하고 있다는 관점을 수용하고 있다. 일부 음운학자는, ≪切韻≫의 성격에 관하여 명확한 결론을 내리지는 않았지만 이들의 음운학 관련 저작의 내용으로 볼 때 ≪切韻≫이 단일 음운 체계를 반영한 것으로 간주하고 있는 것 같다. 예를 들면, 李方桂의 <上古音研究>, 李榮의 ≪切韻音系≫와 <隋韻譜>는 ≪切韻≫이 단일 음운 체계의 반영이라는 점을 전제로

하고 있다. 또 일부 학자들도 연구가 점차 성숙해지면서 단일 음운 체계설을 지지하는 방향으로 선회했다. 예를 들면 張世祿의 ≪中國音韻學史≫에서는 ≪切韻≫이 '고금과 남북을 망라한 여러 종류의 음운 체계'라 언급하고 있다. 그러나 그가 만년에 저술한 <治學이 치밀한 언어학자 趙元任[治學嚴謹的語言學家趙元任先生]>에서 방언에 나타난 여러 증거를 들어 "중고음의 二呼八等은 객관적 근거가 있다."라고 했고, "어떤 사람은 韻圖의 '等'이라는 것이 '洪과 細'에 관한 고금과 남북의 종합적 산물이라 한 바 있는데 이 언급은 실로 이치에 맞지 않는다."고 언급했다. 이는 칼그렌의 중고음 재구가 폭넓게 수용된 이유이다. 그러나 여러 학자 간의 견해가 전적으로 일치하는 것은 아니다. 예를 들면, 陳寅恪(1949)은 다음과 같이 ≪切韻≫이 洛陽의 옛 음을 반영한 것이라 언급한 바 있다.

　　陸法言의 ≪切韻≫에서 운 분류의 주요 기준은 여전히 關東 江左3) 명사들의 저작에 있나. 이 같은 원칙을 결정한 여러 명사들은 關東 江左의 학자와 문인들이었다. 高齊4) 鄴都의 문인들은 太和의 천도 이후의 洛陽을 계승했고 東晉을 비롯한 南朝의 金陵[지금의 南京]의 제도와 禮樂 역시 永嘉의 난5)을 피해 남하하기 이전의 수도인 洛陽의 것을 계승한 것이다. 따라서 ≪切韻≫의 음운 체계가 특히 洛陽 및 그 인근 지역과 관계가 있다고 추정할 수 있다. 또 남방의 사대부들이 구사했던 음은 洛陽의 옛 음과 가장 가까웠으며 ≪切韻≫이 취했던 원칙은 남방의 사대부인 顔之推6)와 蕭該7)에 의하여 대부

---

3) 江東이라고도 하며 長江 하류의 동쪽 지역을 말한다. 여기에서는 東晉과 南朝 지역을 말한다.
4) 鮮卑族 高氏에 의해 창건된 南北朝 시기의 北齊(AD 550~577)를 말한다.
5) 중국 西晉 말인 永嘉 연간(307~313)에 일어났던 난으로 匈奴의 劉淵이 304년에 漢[前趙]을 세우면서 洛陽을 함락하여 西晉을 멸망시킨다. 이 난으로 建康[지금의 南京]을 도읍으로 하는 東晉이 들어서고 북쪽에는 五胡가 수립하게 되는 등의 정치적 분열시대가 이어졌다.

분 결정되었다. 그러므로 이와 같은 역사적 사실에 근거할 때 ≪切韻≫이 전하고 있는 표준음은 東晉 시기 남하 이전의 수도인 洛陽의 수도권 음이다.

邵榮芬(1961)과 王顯(1961)은 ≪切韻≫이 洛陽의 今音 즉 ≪切韻≫ 시기의 洛陽 방언을 반영했다고 주장하였다. 풀리블랭크(Pulleyblank 1984)는 中古音을 전기 중고 중국어[EMC, Early Middle Chinese]와 후기 중고 중국어[LMC, Late Middle Chinese]의 두 단계로 나누었다. 전자는 洛陽 음을 반영한 것이고, 후자는 7세기 말 이후의 수도인 長安 방언인 표준어를 반영한 것이라 규정했다. 그러나 이와 같은 관점은 일찍이 王國維에 의하여 이미 다음과 같이 주장된 바 있다.

> 陸韻 즉 ≪切韻≫은 六朝의 음이다. ≪韻英≫과 ≪考聲切韻≫[8]은 唐音을 반영한다. 六朝의 옛 음이 대부분 江左에 보존되어 있어 唐人들은 이를 吳音이라 했고 關中의 음을 秦音이라 했다. 唐人의 언급으로 볼 때 陸韻은 吳音이며 ≪韻英≫ 등에 반영된 것은 秦音이다. 이후에 陸韻이 성행하게 되면서 ≪韻英≫ 등은 그 세력이 미미하게 되었다.[陸韻者, 六朝之音也, ≪韻英≫與≪考聲切韻≫者, 唐音也; 六朝舊音多存於江左, 故唐人謂之吳音, 而以關中之音爲秦音, 故由唐人言之, 則陸韻者, 吳音也, ≪韻英≫一派, 秦音也. 厥後陸韻行而≪韻英≫一派微.][9]

- -

6) 顔之推(531~591?)의 籍貫은 琅琊臨沂[현재의 山東省 沂縣 북쪽]이지만 晉의 남하로 대대로 金陵에서 거주했던 집안 출신이다.

7) 蘭陵[현재의 江蘇省 武進縣] 사람이다.

8) ≪韻英≫은 元廷堅에 의해 唐 天寶년간(742-756)에 제작된 운서이고 ≪考聲切韻≫은 唐 武后 시기(690—705)의 사람인 張戩에 의해 제작된 운서이다. 이들은 이전의 ≪切韻≫과는 달리 서북 지역의 음, 즉 秦音을 반영한 것으로 慧琳의 ≪一切經音義≫의 음운적 근거가 되었다고 알려져 있다.

9) 출전은 王國維(1877-1927)의 ≪觀堂集林·天寶韻英陳廷堅韻英張戩考聲切韻武玄之韻銓分

唐宋 시기의 韻圖가 ≪切韻≫과 음운적으로 차이가 있었으므로 중고 중국어가 두 단계로 나뉜다는 견해는 수용할 수 있다. 그러나 풀리블랭크가 주장한 이러한 차이가 단지 長安과 洛陽 간의 차이라는 점에 관해서는 논의의 여지가 있다. 唐代의 수도가 長安이었으므로 長安 음을 기록한 운서가 출현했다는 것과 일부 문인과 승려들이 長安 음을 중시했다는 것도 이해할 만하다. 그러나 당시에 長安 음이 표준음으로서의 지위가 확고해졌는지 여부는 알 수 없다. 唐代 李涪는 ≪刊誤≫에서 "중국의 음 가운데 東都의 것을 뛰어넘는 것은 없다.[中華音切, 莫過東都.]"라 했는데 여기서의 '東都'는 洛陽을 가리킨다. 이와 같은 언급으로 보아 唐代의 많은 지식인들의 눈에는 洛陽 음이 여전히 표준음이었음을 알 수 있다. 周祖謨가 <切韻的性質和它的音系基礎>에서 제시한, ≪切韻≫이 6세기 무렵의 金陵과 洛陽 일대의 독서음이라는 견해는 영향력이 가장 크며 이치에 맞기도 하다. 周法高는 초기에 칼그렌의 '長安 方音 설'에 동의한 바 있으나 만년에는 周祖謨의 견해를 받아들여 "≪切韻≫은 전체적으로 당시 사대부 계층의 독서음을 반영하고 있다."고 했다. 이외에도 李新魁의 ≪中原音韻槪論≫과 楊耐思의 ≪中原音韻音系≫에서, 洛陽 음이 누렸던 고대 중국의 표준어로서의 지위에 관하여 탁월한 서술을 하고 있다. 필자는 이상과 같은 학자들의 견해에 동의한다. 아래에서는 ≪切韻≫이 단일 음운 체계를 반영하고 있다는 이들의 관점을 다음과 같이 종합·서술한다.

部考≫이다.

1. 중국고대의 민족 공통어

고대 중국의 방언이 그 종류가 다양했으므로 의사소통의 필요에 의해 어떤 하나의 방언을 기반으로 하는 어떤 공통어가 필연적으로 발전했을 것이다. 이때 공통어로 채택된 것이 바로 깊은 역사적 배경을 가지고 있는 洛陽 방언이다. 일찍이 夏商 시대에 洛陽 일대는 중화민족이 활약했던 중심지였다. 周가 鎬京[지금의 長安]에 도읍하기는 했지만 洛陽은 여전히 그 당시 정치, 문화의 중심지 가운데 하나였다. 이에 따라 周公 旦은 洛陽에 東都를 세워 전국을 통치하에 두고자 했다. 平王이 洛陽으로 東遷하게 되면서 이 지역은 각국의 제후들이 천자를 알현하고 회맹하는 더욱 중요한 곳이 되었다. 이때 각 제후국 간의 말이 달랐던 까닭에 의사소통의 필요에 따라 洛陽 왕실의 언어가 공통어로 채택된 것은 당연한 일이다. 그 당시에는 이 공통어를 '雅言'이라 칭했다. ≪論語·述而≫에서는 "孔子께서 雅言을 구사하실 때는 詩와 書를 읽고 예를 행할 때인데 이때에는 모두 雅言으로 말씀하셨다.[子所雅言, 詩·書·執禮, 皆雅言也.]"라 했다. 孔子는 魯나라 사람으로 魯나라 말을 구사했으나, 詩·書를 읽을 때, 제사를 지낼 때, 전국을 순례할 때, 외교적 왕래를 할 때에는 '雅言'을 사용했던 것이다. 중국어 음운학사에서 언급의 가치가 가장 큰 시기는 東漢이다. 東漢은 줄곧 洛陽에 도읍하고 있었으며 이 시기에 反切은 이미 출현해 있었다. 鄭玄이나 許愼과 같은 대학자들은 경전 강독을 위한 音注를 달았는데 이는 洛陽 太學의 표준음에 근거한 것으로 태학생들이 詩·書를 낭독할 때 이에 근거했으며 이는 모두가 선망하는 '洛生咏'[10]이 되었다. 揚雄은 ≪方言≫에서 표준어를

....
10) 洛陽의 음으로 시를 읊는 것을 가리킨다.

가리키는 말로 '通語', '凡言'이라는 명칭을 사용했다. 이는 당시의 洛陽 말이 공통어로서 확고한 역할을 하고 있었음을 의미한다. 南北朝 시기의 北魏도 洛陽에 도읍했다. 南朝의 수도인 金陵의 하층 사회에서는 뭇 방언을 사용했었지만 洛陽으로부터 이주한 상류의 사대부 계층은 여러 대에 걸쳐 함께 거류함으로써 洛陽 말을 보존할 수 있었고 이것이 南朝의 관용 방언이자 문학 언어가 되었다. 다음과 같은 고대의 문헌 기록들에 洛陽 말이 宋·元代에 이르기까지 권위 있는 방언으로서의 변함없는 지위를 누렸다는 사실이 나타나 있다.

唐의 李涪는 ≪刊誤≫에서 "중원의 음 가운데 東都의 것을 뛰어넘는 것은 없다.[凡中原音切, 莫過東都.]"라 했다. 여기에서 '東都'는 바로 洛陽을 가리킨다.

宋의 陸游는 ≪老學庵筆記≫에서 다음과 같이 언급하고 있다.

> 中原에서 유일하게 洛陽이 천지의 중심이 되었고 그 음이 가장 정확하다.[中原惟洛陽得天地之中, 語音最正.]

元代의 周德淸은 당시의 공통어에 관하여 더욱 상세하게 서술하고 있다.

> 우리의 거룩한 왕조가 북방으로부터 발흥한 지 50여 년이 되었다. 방언 간의 차이는 반드시 中原의 음으로 표준을 삼아야 한다. [唯我聖朝, 興自北方, 五十餘年. 言語之間, 必以中原之音爲正.](≪中原音韻·正語作詞起例≫)

우리나라가 통일된 지 오래되었으며 전국의 음이 통일되어, 위
로는 고급 관리들의 국가의 정책에 대한 논의, 국어의 번역, 국학
교육과 언어로부터, 아래로는 송사와 백성을 다스리는 일에 이르기
까지 중원의 음으로 하지 않는 것이 없다.[混一日久, 四海同音, 上自
縉紳論治道, 及國語飜譯, 國學敎授‧言語 ; 下至訟庭理民, 莫非中原
之音.](《中原音韻‧正語作詞起例》)

　　그렇다면 元代의 中原音은 어느 지역의 말인가? 元의 孔齊는 《至正
直記》에서 다음과 같이 언급했다.

　　　　북방의 소리는 단정하여 이를 中原雅音이라 하는데 중원은 지금의
　　　　汴[11], 洛陽, 中山[12] 등지이다.[北方聲韻端正, 謂之中原雅音, 今汴‧
　　　　洛‧中山等處是也.]

　　고대의 洛陽 중심의 방언지역에 長安이 포함되었다는 점을 주지해야
한다. 周法高(1948b)는 玄應 《一切經音義》의 체계가 《切韻》의 체계
와 대체로 유사했다는 결론을 내리면서 다음과 같이 언급했다.

　　　　隋와 唐이 長安에 도읍하면서 인사들이 서쪽으로 모여들었는데
　　　　隋 및 唐初의 사대부 계층이 여전히 원래의 표준어를 계속 사용했
　　　　다는 점도 짐작할 수 있다. 따라서 《切韻》음이, 隋‧唐의 수도인
　　　　長安의 사대부 계층 사이에서 공인된 표준어를 반영했다 해도 무방
　　　　할 것이다.

• •
11) 지금의 河南省 開封 지역을 말한다.
12) 지금의 河北省 定縣、唐縣 일대를 말한다.

그러나 더 중요한 것은 長安과 洛陽 방언이 가까웠던 이유가 사실상 거의 동일한 구두어를 기반으로 형성되었기 때문이라는 점이다. 근래 산스크리트-중국어, 티베트어-중국어 對音 자료를 통한 연구에 의하면 長安 음이 洛陽 음과는 아주 가까웠지만 서북 방언과는 다소 멀었다고 한다. 역사적으로도 長安과 洛陽의 관계는 대단히 밀접했다. 西周는 豊과 鎬京에 도읍했고 周公이 洛邑에 王城을 지어 東都를 세웠는데 이곳에는 鎬京과 이어지는 큰 도로가 있었다. BC 770년, 東周의 平王은 洛陽으로 천도했다. 이후 2,000여년의 역사에서 西漢, 新, 東漢(獻帝 초), 西晉(愍帝), 前趙, 後秦, 西魏, 北周, 隋, 唐은 長安에 도읍했고 東漢과 曹魏도 長安을 제2의 수도로 삼았다. 반면 東漢, 曹魏, 西晉, 北魏(孝文帝 이후), 隋(煬帝), 武周(690-705)는 모두 洛陽에 도읍했으며 新莽과 唐은 洛陽을 제2의 수도로 삼았다. 두 도시 간에 수로와 驛路가 이어져 주민들의 왕래가 빈번했으므로 두 지역의 방언이 일치했음은 당연한 일이다 (尉遲治平 1985).

또 하나 강조해야 할 점은 ≪切韻≫에서 변별된 성모류나 운모류, 성조류가 어떤 구체적인 음가[sound value]나 성조값[tone value]이 아닌 음의 범주를 나타내었다는 것이다. 두 지역의 음가가 일치하지 않았더라도 음의 범주가 반드시 달랐다고 할 수는 없다. 예를 들어 당시의 明母가 長安에서는 mb-이고 洛陽에서는 m-로 일치하지는 않았지만 성모의 분류에서 두 지역 간의 차이가 없었으므로 음의 범주 측면에서 長安과 洛陽이 동일 방언에 속했다 해도 틀린 말은 아니다. 이에 따라 洛陽과 동일한 음 범주를 가지고 있던 방언 지역이 대단히 넓은 지역에 분포되어 있었다고 단언할 수 있다. 따라서 풀리블랭크가 전기 중고 중국어와 후기 중고 중국어로 나눈 것은 순전히 洛陽과 長安 간의 방언음의 차이에 기인한 것이 아니라 주로 음운의 역사적 변천의 결과에 기인한 것이라 할 수 있다[13].

2. ≪切韻≫의 음 분류 기준

≪切韻·序≫에 언급된 바와 같이 음운에 대한 논의의 결론이 대부분 蕭該와 顔之推에 의하여 도출되었으므로[蕭顔多所決定] ≪切韻·序≫와 더불어 顔之推의 ≪顔氏家訓≫은 ≪切韻≫의 성격을 이해하는데 가장 중요한 근거이다.

≪切韻≫의 성격에 대한 논의에서, 학자들은 ≪切韻·序≫와 ≪顔氏家訓·音辭篇≫을 가장 많이 인용한다. ≪切韻·序≫에서는 각종 方音을 비판하고 聲과 韻의 분류의 기준이 이전의 여러 운서들 간에 차이가 있었음을 지적했으며 ≪切韻≫의 주요 목적을 다음과 같은 한 마디로 정리했다.

남북지역 간의 차이와 古今의 시대에 따른 차이를 논의하여 정확하게 들어맞는 것들을 더 고르고 엉성한 것들은 삭제하였다.[因論南北是非, 古今通塞, 欲更捃選精切, 除削疏緩.]

≪顔氏家訓≫에서는 다음과 같이 밝히고 있다.

漢代 이후 각종 운서들이 대량 출현했으나 지역마다 각 지역에 따른 학풍이 있었다. 서로 비난하며 조소하여 저마다 指馬의 비

유14)를 하고 있으니 누가 옳은지 알 수가 없다. 공히 제왕의 도읍을 기준으로 각 지역의 방언을 참고하고 고금의 차이를 고증하고 난 후 그것들을 절충하고 고찰하여 헤아려 보니 오직 金陵과 洛陽의 말만 남는다.[自玆厥後, 音韻鋒出, 各有土風, 遞相非笑, 指馬之諭, 未知孰是, 共以帝王都邑, 參校方俗, 考覈古今, 爲之折衷, 権而量之, 獨金陵與洛下耳.]

    학자들은, 위의 ≪切韻·序≫와 ≪顔氏家訓≫에서의 언급을 ≪切韻≫이 남북과 고금의 음을 종합했다는 '종합 설'의 증거로 삼고 있다.
    그러나 위의 두 언급들은 전체 문장의 맥락을 종합해야 이해할 수 있다. 관건은 ≪切韻·序≫의 "남북지역 간의 차이와 古今의 시대에 따른 차이를 논의한다."와 ≪顔氏家訓≫의 "각 지역의 방언을 참고하고 고금의 차이를 고증한다."를 어떻게 이해하느냐에 있다. 순수하게 각 지역의 방언음과 고금의 음을 종합했다면 옳고 그름을 따질 것이 없음은 당연하다. 예를 들어, 누군가 北京 말과 上海 말을 하나의 음운 체계로 종합하고자 할 때 어떤 음이 맞고 어떤 음이 틀린 것인지 당연히 고민하지 않을 것이다. 또 반대로 그가 종합할 때 이 점을 고려한 것이 분명하다면 그의 생각 속에는 일정한 음 분류의 기준이 있었음을 의미하며, 이렇게 해야 취사선택이 가능하다. ≪切韻·序≫와 ≪顔氏家訓≫에서 '남북지역 간의 차이와 古今의 시대에 따른 차이에 대한 논의'에

---

14) 指馬의 비유의 출전은 ≪莊子·齊物論≫이다. 여기에 다음과 같이 기술되어 있다.
    손가락으로 손가락이 손가락이 아님을 비유하는 것은 손가락이 아님을 가지고 손가락이 손가락이 아님을 비유하는 것만 같지 못하다. 말을 가지고 말이 말이 아님을 비유하는 것은 말이 아님을 가지고 말이 말이 아님을 비유하는 것만 같지 못하다. 천지는 하나의 손가락이고 만물은 한 마리의 말이다.[以指喩指之非指, 不若以非指喩指之非指也 ; 以馬喩馬之非馬, 不若以非馬喩馬之非馬也. 天地, 一指也, 萬物, 一馬也.]

서, 어떻게 '종합'해야 하는가에 관한 언급은 전혀 없고 오히려 각 지역 방언음과 古書에 대한 注音을 비판하고 있다. 《切韻·序》에서는 다음 과 같이 비판했다.

> 吳와 楚 지역15)에서는 때때로 지나치게 가볍고 얕으며, 燕과 趙 지역16)에서는 지나치게 무겁고 탁하다. 秦과 隴 지역17)에서는 去聲 을 入聲으로 읽고, 梁과 益 지역18)에서는 平聲을 去聲과 같이 읽는다. [吳楚則時傷輕淺, 燕趙則多傷重濁, 秦隴則去聲爲入, 梁益則平聲似去.]

《顔氏家訓》에서도 이와 유사한 비판을 가하고 있다. 《切韻》 작 업에 참여했던 사람들이 기존 운서를 참고할 때 단순히 "나눈 것을 따 르고 합한 것을 따르지 않았다."라는 원칙에 의거한 것만은 아니다. 예 를 들면, 呂靜의 《韻集》에서는 '爲·奇·益·石'의 4개의 韻으로 나누 었는데[爲奇益石分作四章] 《顔氏家訓》에서는 4개의 운으로 나눈 것이 잘못되었다고 비판했다. 《切韻》에서는 '爲'와 '奇'를 支韻에 귀속시켰 고, '益'과 '石'를 昔韻에 귀속시켜 양분하였다. 또 徐仙民徐邈은 《經典 釋文·毛詩音》에서 '驟'를 '在遘反'으로19), 《經典釋文·左傳音》에 서 '椽'을 '徒緣反'으로20), 《通俗文》21)에서는 '搜'를 '兄侯反'22)으로 注했

• •

15) 吳와 楚 지역은 春秋 시대 吳·楚의 옛 땅으로 즉, 江南을 가리키며, 지금의 長江의 중하류 일대이다.
16) 燕와 趙 지역은 戰國 시대 燕·趙 두 나라가 소재했던 지역으로 즉, 北方을 대표하는 지역 이며, 오늘날 河北省 북부 및 山西省 서부 일대이다.
17) 지금의 陝西, 甘肅 등지로 西北 지역을 말한다.
18) 고대 漢中, 巴蜀 등지를 가리킨다.
19) '驟'는 崇母이나 反切上字를 從母인 '在'를 사용했다. 崇母와 從母의 관계는 상고음에서 가까 운 것이었지만 당시에는 이미 두 성모가 분리되었어야 함에도 여전히 동일하게 취급한 것 으로 잘못된 반절이라는 것이다. 《顔氏家訓》에서는 이 점을 비판하고 있는 것이다. 이를 후대의 等韻圖에서는 '類隔' 현상이라 한다.

는데 ≪顔氏家訓≫에서는 이들을 잘못된 注音이라 비판했다. 따라서 그들 각자의 생각에 각각의 표준음이 자리 잡고 있었음을 알 수 있다. 학자들은 운서를 편집할 때 '각 지역의 방언을 참고하고 고금의 차이를 고증[參校方俗, 考覈古今]'한 후, '절충[爲之折衷]'하려 했다. 그러나 여기 서의 '절충'은 '종합'이 아니라 그들이 수용했던 표준음의 기준에 맞지 않았던 엉성한 것을 버리는 '취사'의 개념이다. 그렇다면 표준음이란 무엇인가? 顔之推는, 각 지역의 빙인음이나 고대의 音注를 '고칠하여 헤 아려[權而量之]' 보면, 취사의 기준에 맞는 것은 金陵과 洛陽 두 지역의 말밖에 없다고 언급했다. 그러나 그들이 선택한 표준음에는 그 두 지역의 구두어와 완벽히 일치하지 않는 부분도 있다. ≪顔氏家訓≫ 에서는 "남방인은 '錢(從母)'을 '涎(邪母)'으로, 石(禪母)'을 '射(船母)'로, '賤(從母)'을 '羨(邪母)'으로, '是(禪母)'를 '舐(船母)'로 읽는다.[南人以錢爲 涎, 以石爲射, 以賤爲羨, 以是爲舐.]"고 비판했다. 金陵 사대부들의 독음 을 반영한 ≪玉篇≫에서 禪母와 船母, 從母와 邪母가 각각 변별되지 않 고 합병되어 있었기 때문에 金陵의 사대부들이 구사했던 구두어도 명 백히 그 비판의 대상이었다(周祖謨 1966). ≪顔氏家訓≫에서는 또 다음과 같이 언급하고 있다.

・・・・・・・・・・・・・・・・・・・・・・

20) 椽은 澄母이나 反切上字를 定母인 '徒'를 사용했다. 澄母와 定母의 관계는 상고음에서 가까 운 것이었지만 당시에는 이미 두 성모가 분리되었어야 함에도 여전히 동일하게 취급한 것 으로 잘못된 반절이라는 것이다. ≪顔氏家訓≫에서는 이 점을 비판하고 있는 것이다. 이것 역시 '類隔 현상'이다.
21) 東漢 服虔이 저술한 통속어 사전으로 현재는 일실되어 원문을 볼 수 없다.
22) '搜'는 生母이나 反切上字를 曉母인 '兄'을 사용했다. ≪顔氏家訓≫에서는 生母와 曉母가 이 와 같이 통한다면 "'兄'은 마땅히 '所榮反'으로 고쳐야 한다.[兄當音所榮反.]'고 언급하고 있어 잘못된 반절임을 비판하고 있다.

북방인은 '庶(御韻)'를 '戌(遇韻)'로, '如(魚韻)'를 '儒(虞韻)'로, '紫
(紙韻)'를 '姊(旨韻)'로, '洽(洽韻)'을 '狎(狎韻)'으로 읽는다.23)[北人
以庶爲戌, 以如爲儒, 以紫爲姊, 以洽爲狎.]

洛陽 지역 詩人들의 用韻에서 魚韻과 虞韻이 변별되지 않았으므로(羅
常培・周祖謨 1958, 潘悟雲 1983a) 위에서 언급한 '북방인[北人]'이 거주
했던 지역에는 洛陽이 포함되어야 한다.

≪顔氏家訓≫에서는 또 다음과 같이 언급하고 있다.

　　내가 鄴 땅에 온 이래로 오직 崔子約과 그의 조카 崔瞻, 李祖仁과
李蔚 형제만을 만났는데 이들이 언어에 대한 연구를 상당히 열심히
했고 조금은 옳은 부분이 있었다.[至鄴已來, 唯見崔子約・崔瞻叔姪・
李祖仁・李蔚兄弟, 頗事言詞, 少爲切正.]

이는 곧 그 당시 소수의 洛陽 사람들만이 정확한 발음을 구사했었음을
의미한다. 따라서 顔之推가 가지고 있었던 음의 기준이 洛陽이나 金陵
지역 사대부들의 구두어에 근거한 것이 아님을 알 수 있다. 그렇다면
그들의 음 분류의 기준은 무엇인가?

. . . .
23) 이는 북방인들의 韻類가 표준음이 아니었음을 의미한다.
　　'庶'와 '戌'은 ≪切韻≫에서 각각 御韻과 遇韻에 속하므로 이들의 차이는 開合의 차이이다.
　'如'와 '儒' 역시 각각 魚韻과 虞韻에 속하므로 이 두 韻 역시 開合의 차이로 변별된다. 이
　예는 北方人들이 魚韻과 虞韻을 구별하지 않았다는 증거이다. '紫'와 '姊'가 각각 紙韻과 旨
　韻에 속하므로 北方人들이 支韻과 脂韻을 구별하지 않았다는 증거이며 또 '洽'과 '狎'이 각각
　洽韻과 狎韻에 속하므로 洽韻과 狎韻을 구별하지 않았다는 증거이다.

그 기준은 바로 金陵과 洛陽의 두 지역 사대부들의 독서음 체계이다. 각 지역 방언에 보통 각자의 독서음이 있었으며 스승들이 학생들에게 문장 읽기를 가르칠 때에 반드시 독서음을 사용했다는 점은 전통 교육을 받았다면 누구나 다 알 것이다. 각 독서음은 각 방언의 구두어의 독음을 기초로 형성된 것이지만 지역별로 약간의 차이는 있었다.

陳寅恪(1949)은 다음과 같이 언급했다.

> 東漢은 太學이 가장 극성했고 학술과 문화도 안정되어 가는 추세였다. 당시 태학에서 사용되었던 독음은 이미 훌륭하게 완비되었던 복합체였던 것 같다. 이 복합체는 洛陽 주변의 수도권 지역의 음이 중심이 되었으며, 아울러 여러 파의 스승으로부터 전수받은 것과 각 지역의 방언도 종합되어 형성된 것이다.

太學의 독음은 당시의 독서음 체계로 洛陽 말이 기초 방언이 되어 형성된 것이다. 또 이 독음이 각 학자들로부터 대대로 전수되어 왔던 까닭에 옛 독음을 보존하고 있었고 구두어와는 다소 달랐다. 그러나 "각 지역의 방언이 종합되어 형성된 것이다."라는 언급은 陳寅恪의 억측이다. 崔子約, 崔瞻, 李祖仁, 李蔚 등의 발음이 정확할 수 있었던 것은 이들이 언어와 독서음 체계에 대하여 깊이 연구한 바 있었기 때문으로 이는 독서음과 구두어 사이에 일정한 거리가 있었음을 말해준다. 그렇지 않았다면 독서음에 대한 전문적인 훈련을 받을 필요가 없었을 것이다. ≪顔氏家訓≫에서는 또 "벼슬아치들의 말은 남방이 더 낫고 일반 백성의 말은 북방이 낫다.[冠冕君子, 南方爲優, 閭里小人, 北方爲愈.]"고 언급하고 있다. 이는 구두어에 대한 언급으로, 독서음 체계와 비교했을 때 그렇다는 것이다. 북방의 일반인들이 구사했던 것은 洛陽 말이고 남방의 일반인들이 구사했던 것은 吳 방언으로, 북방의 일반인들이 구사했던 말이 독서음 체계에 더 가까웠음은 당연하다. 반면, 남방 사대부들은 타지로부터 이주해 와 함께 거류했는데 정확하고 표준적인 말을 숭상했으므로 북방 사대부들에 비하여 이들의 말에 독서음의 특징이 더 많이 보존되어 있었던 것이다. 蕭該와 顔之推가 金陵 출신이었으므로 《切韻》의 聲과 韻의 분류가 이들에 의해 대부분 결정되었던 것 같다. 《切韻》이 《經典釋文》이나 《玉篇》과 작은 차이가 있었던 원인은 각 집안이나 스승으로부터 전수받은 독서음이 완벽하게 일치하지 않았기 때문이다. 開皇 초기에 陸法言의 집에서 음에 대한 논의에 참여했던 蕭該와 顔之推 등의 여덟 사람의 독서음 간에는 다소의 차이가 있어 논의의 필요가 있었을 것이다. 그렇지만 그들 간의 차이가 그다지 크지 않았으므로 간단한 논의를 통해 그때까지 논쟁의 대상이었던 의심스러운 문제를 해결했으니[向來論難, 疑處悉盡] 그들 몇 사람이 결정하여 정한 것으로[我輩數人, 定則定矣], 이 논의의 결과는 陸法言이 언급한 바와 같이 입에서 나오는 대로 기록한 것이다[隨口記之]. 만약 고금과 전 지역의 독음을 종합했던 것이라면 아주 짧은 시간의 논의를 통하여 정할 수는 없었을 것이다.

3. 《切韻》의 운 구분과 押韻

劉勰의 《文心雕龍》에서는 운들이 아래와 같이 나뉘어 압운되거나 獨用되었다.

- 나뉘어 압운한 韻들: 支·脂·微分用, 齊·佳分用, 夬·怪分用, 歌·麻分用, 豪·肴分用, 尤·幽分用, 蒸·分用, 侵·覃·談分用

- 獨用한 韻들: 東, 寒, 德, 點, 緝, 合 獨用

이들의 구분은 ≪切韻≫에서의 구분과 정확히 일치한다. 역시 3등운의 경우 李榮의 ≪隋韻譜≫에서는 다음과 같이 나뉘었는데 이것 역시 ≪切韻≫에서의 구분과 일치한다.

魚・虞有別, 支・脂有別, 支・微有別, 脂・微有別, 支・之有別, 元・仙有別, 殷文・眞臻有別, 東三・鍾有別

이들 자료에 나타난 정황은 ≪切韻≫의 운이 주관적 입장이 아닌 현실 언어에 근거하여 분류되었던 것임을 의미한다.

4. ≪切韻≫과 다른 韻書의 음 범주

≪切韻≫의 韻類는 동시대에 저술된 顧野王의 ≪玉篇≫(543년)과 상당히 가깝다. ≪玉篇≫에서 脂・之韻, 灰・咍韻, 眞・臻韻, 尤・幽韻, 嚴・凡韻 사이에 각각 변별이 없거나, 殷韻과 眞韻, 庚韻과 淸韻이 일부 혼동된 예를 제외하면 아래의 나머지 운에서는 ≪切韻≫과 ≪玉篇≫이 일치한다(周祖謨 1966b).

東・冬・鍾・江・支・微・魚・虞・模・齊・佳・皆・泰・祭・夬・廢・文・元・魂・痕・寒・刪・山・先・仙・蕭・宵・肴・豪・歌・麻・覃・談・陽・唐・耕・靑・侯・侵・鹽・添・蒸・登・咸・銜 (上・去・入聲 포함)

특히 동일 攝 내에서의 3등운과 4등운의 구분에 관해서는 두 저작이 완벽히 일치한다.

칼그렌은 ≪切韻≫과 ≪經典釋文≫ 간의 음 범주가 거의 일치함을 발견했다. ≪經典釋文≫은 隋 開皇 3년[583년]에 陸德明 단독으로 長安에서 완성한 것으로 ≪切韻≫의 편찬 시기보다 18년 이르다. ≪玉篇≫과 ≪經典釋文≫의 편찬 시기가 ≪切韻≫보다 앞서 있는데도 음 범주 면에서 ≪玉篇≫의 저자인 顧野王, ≪經典釋文≫의 저자인 陸德明과 陸法言이 극히 일치하는 것이 우연이 아님은 당연하다. 이는 위의 저작들의 음 분류가 허황된 것에 근거한 것이 아니라 실제 언어에 근거한 것임을 의미한다.

玄應 ≪一切經音義≫는 ≪切韻≫보다 조금 늦은 唐 永徽 말년[655년]에 편찬되었다. 周法高(1948b)의 고증에 의하면 玄應 音은 성모 면에서 ≪切韻≫과 대체로 일치하는데 특히 從母와 邪母, 船母와 禪母는 대부분의 현대 방언에서도 서로 변별이 되지 않는 성류 쌍들인데 玄應 音에서도 ≪切韻≫과 마찬가지로 변별되고 있다. 韻類에서도, 豪·肴·宵·蕭韻 및 淸·靑韻과 같이 等이 다른 韻 간의 변별이 명확하다. 동일 等에 속한 韻도 아래와 같이 나뉘었다.

1등: 東과 冬韻, 泰와 代韻, 談과 覃韻

2등: 佳와 皆韻, 怪와 夬韻, 3등의 東三과 鍾韻, 支와 脂·之韻, 魚와 虞韻, 祭와 廢韻, 眞과 殷韻, 文과 諄韻, 元과 仙韻

가장 중요한 것은 玄應이 重紐 3등과 4등을 나누었다는 점으로 다만 ≪切韻≫의 咸과 銜韻, 庚二와 耕韻, 3등의 脂와 之韻, 尤와 幽韻만 玄應 ≪音義≫에서 합병되었을 뿐이다. ≪切韻≫의 운류는 모두 100 여개인데(성조의 차이는 계산하지 않음) 玄應과 일치하는 것은 90여 개로 전체의 약 90%를 차지하고 있다.

玄應 ≪音義≫와 ≪切韻≫의 일치에 대하여 周法高(1948b)는 아래와 같은 몇 가지 가능성을 제시했다.

첫째, ≪音義≫가 완성된 시기가 ≪切韻≫보다 50년이 늦으므로 ≪切韻≫의 체계를 답습했을 가능성이 있다.

둘째, ≪音義≫와 ≪切韻≫ 모두 이들보다 다소 이른 시기의 어떤 운서들의 체계를 채택했을 가능성이 있다.

셋째, ≪音義≫와 ≪切韻≫의 각 저자가 수립한 인위적 음운 체계가 서로 우연히 일치했을 가능성이다.

이 중 세 번째 가정, 즉 두 운서의 체계가 우연히 일치했을 가능성은 극히 낮다. 또 王仁昫의 ≪刊謬補缺切韻≫의 小注에 따르면 隋·唐 이전의 각종 운서와 ≪切韻≫ 간의 체계가 일치하지 않았기 때문에 두 번째 가능성 역시 크지 않다. 첫 번째 가정이 그럴듯하지만 이를 뒷받침할 만한 어떤 증거도 찾을 수 없다. 玄應 ≪音義≫에서 陸法言의 ≪切韻≫을 언급한 적이 없다. ≪音義≫에서 몇 개의 音은 여러 개의 반절을 사용했는데 이들은 ≪切韻≫의 것과 다르다. ≪切韻≫과 마찬가지로 정밀한 음운 체계를 채택했고 ≪切韻≫과 다른 反切上下字를 임의로 취했으면서도 양자 간에 크게 어긋남이 없었을 수는 없다. 그러나 두 저작이 모두 당시의 실제 음성을 반영했다고 가정한다면 이와 같은 현상에 대한 설명이 가능하다. 따라서 두 저작의 저자가 살아있는 동일한 방언을 바탕으로 정밀히 관찰했다면 이들 간의 음운 체계가 근접했을 것이라 짐작할 수 있다. 玄應의 ≪音義≫가 임의로 반절을 기록했어도 대체인 체계를 이룰 수 있었다. 그러나, 만일 근거할 만한 살아있는 방언이 없었다면 서적의 기록에만 의거해서 저술하기는 쉽지 않았을 것이다.

5. 《切韻》切語[反切]의 繫聯과 음 범주

《切韻》에서 사용되었던 反切上下字는 성모나 운모 전체의 숫자를 훨씬 상회한다. 《切韻》이 인위적 체계이고 실제의 음 범주가 이보다 적었다면, 어떤 하나의 반절하자나 상자는 범주가 다른 운모나 성모에도 사용되었을 수도 있다. 그러나 반절상자와 반절하자의 繫聯을 통해 얻은 범주와 《切韻》에서의 운류와 성류는 일치한다. 이는 陸法言이 실제적 변별이 존재했던 모종의 현실의 음운 체계에 근거하여 反切로 注音했음을 의미한다.

그러나 《切韻》이 온전히 陸法言 자신의 음만을 기록한 것이 아니었음은 지적되어야 한다. 구두어에 출현하지 않았던 일부 僻字에 대해서는 陸法言 스스로도 그 독음을 몰랐을 가능성이 있으며, 이때는 다른 서적에서 音注를 찾을 수밖에 없었다. 또 陸法言이 자신이 알고 있는 독음이라도 권위 있는 저작에서 또 다른 音注를 발견한 경우, 그 독음이 그 자신이 알고 있는 독음과 다르다 생각했다면 그 반절을 異讀으로 처리하여 《切韻》에 수록했다. 이와 같은 音注가 金陵과 洛陽의 독서음 체계와는 다른 방언이나 고대 언어를 반영했을 가능성이 있다. 예를 들면, '薾'는 《切韻》에서 '人兮反'과 '奴低反'의 두 가지 독음이 있는데 이들 모두 日母와 결합하지 않는 4등운인[24] 齊韻에 속해 있다. 《切韻》의 전체 4등운 글자 가운데 日母는 '薾' 뿐이다. 게다가 이 글자는 벽자로 그 독음도 의심스럽다. '薾'에 대해서 《經典釋文》에는 아래와

······················

24) 日母 글자는 韻圖에서 대부분 3등운에만 출현하므로 4등운에 출현하는 경우는 극히 드물다.

같이 注音하고 있다.

> 109쪽 上: 乃兮反, 又人齊反
> 10卷 149쪽 下: 奴兮反, 醢有骨者也.[뼈 섞인 젓갈.] ≪字林≫作
> '腜', 人兮反
> 158쪽 上: 乃兮反, 又人兮反
> 12卷 182쪽 上: 字又作'𪙌', 乃兮反. ≪字林≫作'腜', 人兮反
> 29卷 408쪽 下: 本又作'𪙌', 同, 奴黎反. ≪字林≫作'臡', 音人兮
> 反. 謂有骨醢也.[뼈 섞인 젓갈.]

≪經典釋文≫의 체제에서, 앞에 기록된 反切이 표준음이며 표준어의
독음과 일치하지 않는 音注나 反切은 그 뒤에 참고용으로 열거했다. 日
母 齊韻의 '人兮反'과 '耳齊反'은 ≪字林≫과 徐邈의 독음일 뿐이다. 여기
에는 두 가지 가능성이 있다. 첫째, ≪字林≫이 반영한 방언에서 日母
도 齊韻과 결합했을 가능성이 있다. 둘째, ≪字林≫에서 日母와 泥母가
동음이어서 '人兮反'을 '奴兮反'로 기록했을 가능성이 있다. 陸德明과 陸
法言이 비록 표준음에 이 글자가 泥母 齊韻의 독음만 있었음을 알고는
있었지만 ≪字林≫이나 徐邈이 누렸던 고도의 학술적 권위에 영향을
받아 日母 齊韻을 반영한 반절도 異讀으로 처리해 수록한 것이다. ≪經
典釋文≫에서는 출처를 밝혔기 때문에 기원이나 사정을 알 수 있지만
≪切韻≫에서는 그 출처를 밝히지 않아 4등운과 日母가 결합하는 두
개의 특수한 예가 생긴 것이다. 일부 음운학자들은 ≪切韻≫의 음운
체계에서 따로 3등의 齊韻을 상정하기도 했다. 이와 유사한 예로, 소수
의 昌母 글자가 1등의 咍韻에 속해 있는 예가 있는데 일부 음운학자들
은 이들을 3등으로 간주했다. 일부 昌母 글자가 1등운인 咍韻에 있었던
것은 음운 체계의 구조 측면에서 정상적이 아님이 분명하다25). 그뿐만

아니라 이들 昌母 글자는 모두 벽자로 당시의 구두어에는 존재하지 않았던 것이 확실하다. 또 咍韻은 上古의 之部와 微部의 두 개의 운부에서만 기원했는데 之部나 微部에 기원을 둔 중고의 昌母는 일반적으로 (3등운인) 之韻이나 脂韻에만 귀속되어 咍韻에 귀속된 昌母의 독음의 기원을 찾을 수 없다. 그러므로 이 글자들의 독음은 의심스럽다. 따라서 《切韻》 음운 체계의 틀을 확정하기 위해 먼저 벽자를 따로 처리함으로써 이질적인 자료의 간섭으로부터 자유로워져야 한다.

　《切韻》이 실전[失傳]된 지 이미 오래되었으며 淸末이 되어서야 敦煌石室에서 그 殘卷이 발견되었다. 현재 완전하게 보존되어 전해진 것은 1947년 北京故宮博物院에서 영인한 唐代 增修本인 王仁煦의 《刊謬補缺切韻》(宋跋本이나 王三으로 약칭한다)과 宋代 增修本인 《廣韻》이 있다. 이들 두 운서의 반절이 《切韻》과 대체로 일치하므로 본서에서는 반절의 대부분을 이 두 책에서 인용할 것이다.

----

25) 昌母는 3등운에만 속해 있다.

2 ● 中古 중국어의 3등 介音

중고 중국어의 韻類 가운데 3등운의 수가 가장 많고 복잡하다. 심지어 이에 대한 정의도 일치하지 않는다. 연구의 편의를 위해 본서에서는 周法高(1970)에 의거하여 3등과 3등운을 구별하기로 한다. 韻圖에서 위로부터 세어 첫째 줄, 둘째 줄, 셋째 줄, 넷째 줄의 격자에 출현하는 것을 각각 1등, 2등, 3등, 4등이라 하겠다. ≪切韻≫의 어떤 운모 안에 각 성모의 글자 모두가 운도의 첫째 격자에 놓이면 1등운, 모두가 둘째 격자에 놓이면 2등운, 모두가 넷째 격자에 놓이면 4등운이라 부르며 1등운, 2등운, 4등운에 속하지 않은 운류를 3등운[26]이라 부르기로 한다.

---

26) 3등운의 경우, 성모나 상황에 따라 둘째 줄, 넷째 줄에 놓이는 경우도 있으므로 3등운이라 해서 모든 글자가 세 번째 격자에 놓이는 것은 아니다.

1. 개음의 반절 행위

중국어의 음절은 IMVE의 형식으로 나타낼 수 있다. 그 가운데 I는 자음 성모[initial], M은 개음[medial], V는 주요모음[vowel], E는 운미 [ending]를 나타낸다. I에 관한 정보는 반절상자에 반영되어 있으며, V 와 E에 관한 정보는 반절하자에 반영되어 있다. 이와 같은 정보는 그 지위가 확고한 것으로 이들은 아래와 같이 두 가지로 나타난다.

첫째, I는 반절상자로써 확정되고, V와 E는 반절하자로써 확정된다. 둘째, 성모 I - 글자는 非I - 글자를 반절상자로 사용할 수 없다. 주요모 음 V와 운미 E를 동반한 글자는 非-V나 非-E를 동반한 글자를 반절 하자로 사용할 수 없다. 이에 위배되는 예는 ≪切韻≫이나 ≪廣韻≫의 반절에서 찾을 수 없다.

그러나 반절에 나타난 개음 M에 관한 정보는 이와 같지 않다. M에 관한 정보는 보통 반절하자에 반영되었지만 반절상자에 반영된 경우 도 있다.

우선 3등 개음 상황을 살펴보자. 3등 개음을 i로 표시하면 3등의 음 절은 IiVE 형식이 된다. ≪廣韻≫에는 다음과 같은 세 가지의 반절 注音 방법이 있다.

(1) Ii- + -iVE

반절상자와 반절하자가 모두 3등인 경우로 대부분의 3등 글자가 이 에 속한다. 예를 들면, '居, 九魚切', '兵, 甫明切' 등이 있다.

(2) I- + -iVE

반절상자가 非3등, 반절하자가 3등인 경우이다. 예를 들면, '駒, 火營

切', '謀, 莫浮切', '鰶, 昨淫切', '濳, 昨鹽切', '麃, 滂表切', '孂, 呼恚切', '侐, 火季切', '目, 莫六切' 등이 있다.

(3) Ii－＋－VE

반절상자가 3등, 반절하자가 非3등인 경우이다. 예를 들면 東韻 3등에 '鳳, 馮貢切'가 있는데 이는 東韻 1등의 '貢'을 반절하자로 사용한 예이다.

合口 개음 w를 동반한 음절인 IwVE 형식도 다음과 같이 위와 유사한 반절행위를 하고 있다.

(1) Iw－＋－wVE

반절상하자가 모두 합구인 경우이다. 예를 들면 '暄, 況袁切', '華, 戶化切', '詭, 過委切', '薳, 韋委切', '遠, 云阮切' 등이 있다.

(2) I－＋－wVE

반절상자가 개구이고 반절하자가 합구인 경우이다. 예를 들면 '累, 力委切', '水, 式軌切', '揆, 求癸切', '準, 之尹切' 등이 있다.

(3) Iw－＋－VE

반절상자가 합구이고 반절하자가 개구인 경우이다. 예를 들면 '爲, 薳支切', '縣, 黃練切', '往, 于兩切', '迥, 戶頂切' 등이 있다.

이상과 같은 개음 i 와 w의 반절 행위로부터 우리는 다음과 같이 추론할 수 있다.

추론 1

음운의 어떤 변별자질이 어떤 때에는 반절상자에 반영되기도
하고, 어떤 때에는 반절하자에 반영되기도 한다면 이는 개음
의 변별만을 나타낼 뿐이다. 그 까닭은 성모나 주요모음, 운
미에 이러한 반절행위가 없기 때문이다[27].

추론 2

동일한 운목에 속한 각 운류는 동일한 주요모음과 운미를 동
반한다.

2. j化 문제

칼그렌은 다음과 같이 見組와 幫組 성모의 반절상자를 명확하게 1등
과 3등의 두 종류로 나누었다.

1등의 反切上字	3등의 反切上字
古公工沽革佳過	居擧九吉紀俱
苦康口肯空客闊	去丘豈區袪詰墟
五午吾	魚語愚牛宜危儀
博補北布伯晡	必卑兵筆彼比方府
普滂匹	丕敷芳撫
薄蒲步旁傍部	皮毗平婢符房扶
莫慕母模謨	彌眉美靡密武亡無

----

27) 성모는 늘 반절상자에 반영되고, 주요모음과 운미는 늘 반절하자에만 반영되어 있는 것으
로, 개음처럼 반절상자와 반절하자에 혼동되어 반영되어 있지 않다.

칼그렌은 3등운에서 성모에 후행하는 i가 모종의 방식에 의하여 성모에 미세한 변화를 일으킨 것이라고 했다. 즉 3등 /kia/ 형의 k와 1등 /ka/ 형의 k의 음색이 각각 다르다는 것이다. 현대 방언에서 見系 1등 글자는 개음 i를 동반하는 경우가 거의 없는 반면, 見系 3등 글자 대부분은 개음 i를 동반하고 있으며 이것이 대부분의 성모를 설면음으로 변화시켰다. 따라서 1등의 성모는 순수한 k, p 등이지만 3등 글자는 j化 성모인 kj, pj 등이 된다. 칼그렌의 운모 체계에서 3등운에 개음 i가 동반되었으므로 나중의 그의 음 표기에서 인쇄상의 번거로움을 피하기 위해 i앞의 j는 생략했다. 단, 일부 3등운에 I가 없고 모음의 성격을 지닌 i를 동반한 경우는 j化 기호를 사용했다. 예를 들면 '基'는 kji로 표기했다.

'j化說'은 중국의 학자들로부터 격렬한 비판을 받았다(陸志韋 1947, Chao 1941, 李榮 1956, 邵榮芬 1982a). 이 비판의 가장 주요한 이유는, 칼그렌의 주장과 같이 3등 성모가 j化되어 다른 等의 성모와 차별화되었다면 반절상자가 두 종류로 엄격히 구분되었어야 하는데 3등의 반절상자와 1·2·4등의 반절상자 사이의 경계가 그다지 명확하지 않았다는 것이다. 아래는 邵榮芬(1982a)이 정리한 ≪王三≫과 ≪廣韻≫ 3등[乙]과 1·2·4등[甲]의 반절상자간의 혼용 통계표이다.

	≪王三≫			≪廣韻≫		
	甲+乙 계	甲乙 혼용횟수	비율 (%)	甲+乙 계	甲乙 혼용횟수	비율 (%)
幫	131	14	10.8	139	16	10.7
滂	99	15	16.2	115	20	17.4
並	140	7	5.0	144	6	4.9
明	138	19	13.8	142	20	13.9
來	143	12	8.4	154	14	9.1

	《王三》			《廣韻》		
精	127	31	24.4	132	27	20.4
淸	106	24	22.6	112	22	19.6
從	102	31	30.4	106	17	15.6
心	126	8	6.3	130	6	4.6
見	244	2	0.8	247	2	0.8
溪	197	2	1.0	213	6	2.8
疑	152	2	1.3	165	5	3.0
曉	187	20	10.3	209	29	13.8
匣	193	1	0.5	195	1	0.5
影	217	29	13.4	226	31	13.6
합계	2,302	217	9.4	2,429	222	9.1

　陳澧는 《切韻考》 제2권에서 반절상자의 繫聯을 통해 脣音·喉音·舌根音의 반절상자가 1·2·4등과 3등의 양류로 나뉘어져 있음을 발견한 바 있다. 이 계련 방법에 의하면, 見組·幫組·影母·曉母·匣母·來母의 반절상자를 3등과 非3등의 양류로 나눌 수 있고 從母도 사실상 양류로 나눌 수 있다. 《王三》에서는 3등류의 幫組 '彼補麼切'만 유일하게 1·2·4등류의 반절상자를 사용했고, 《廣韻》에서는 3등인 見母 '詭過委切'와 曉母 '馨呼刑切'만이 1·2·4등류의 반절상자를 사용했다. 影母의 3등류에는 2등의 반절상자인 '握'이 출현하기도 한다. 疑母 '五'는 3등 글자인 '疑'를 반절상자로 사용했는데 그 결과 3등과 非3등의 반절류가 서로 연계되어 구분 없이 섞이게 되었다. 이와 같은 몇몇 개별 글자의 혼용 현상으로 말미암아 陳澧는 위에서 언급한 성모를 3등과 非3등으로 따로 구분하지 않아 성류를 40類로만 나누었다. 위의 표는,

幇組·精組·見組·影組·來母에 대하여 칼그렌과 邵榮芬이 等을 단위로 낸 통계에 근거해 도출한 결과이다. 이 결과에 의하면 반절상자가 3등과 非3등으로 나뉘어 사용된 비율은 90.9%이다. 칼그렌은 幇組·見組·影組·來母에서 반절이 대략 두 종류로 나뉘는 추세에만 관심을 기울였지 精組도 나뉘는 경향이 있었음에는 유의하지 않아 ≪切韻≫ 성모를 47류로 나누었다. 이외에 曾運乾 등의 일부 음운학자들이 精·淸·從·心母를 다시 두 종류로 나누었는데 이는 '51聲類說'의 근거가 된다. 그러나 상술한 분류에 정확하게 들어맞는 성류는 없다. 예를 들면, 1등 幇母 글자에 사용된 반절상자 가운데는 1등운의 '博補北布'와 4등운의 '邊'은 물론, 3등운의 '方甫'도 있다. 이는 幇母에서 3등과 非3등이 음소적[phonemic]으로 대립하지 않았음을 의미한다. 그 이후 또 다른 일부 음운학자들은 음소론의 원리에 입각하여 칼그렌의 j化說을 비판했는데 성모 부문에서 李榮(1956)은 36類로, 周法高는 37類로 나누게 된다. 아래 표는 각 학자의 분류 상황이다(周法高 1970에서 인용).

(守溫 : 唐守溫 36字母, 宋人 : 宋人 36字母, 陳澧 : 淸 陳澧 40聲類, 曾運乾 : 曾運乾 51聲類, 白滌洲 : 白滌洲 47 聲類, 李榮 : 李榮 36聲類, 周法高 : 周法高 37 聲類)

守溫[28]	宋人[29]	陳澧[30]	曾運乾[31]	白滌洲[32]	李榮[33]	周法高[34]
不	幇	幇	博	博	幇	幇
	非	方	方	方		
芳	滂	滂	普	普	滂	滂
	敷	敷	芳	芳		
並	並	並	蒲	蒲	並	並

守溫[28]	宋人[29]	陳澧[30]	曾運乾[31]	白滌洲[32]	李榮[33]	周法高[34]
	奉	房	符	符		
明	明	明	莫	莫	明	明
	微	(微)	武	武		
端	端	端	都	都	端	端
透	透	透	他	他	透	透
定	定	定	徒	徒	定	定
泥	泥	泥	奴	奴	泥	泥
	娘	娘	女	女		娘
知	知	知	陟	陟	知	知
徹	徹	徹	丑	丑	徹	徹
澄	澄	澄	直	直	澄	澄
精	精	精	作	子	精	精
			子			
清	清	清	倉	七	清	清
			七			
從	從	從	昨	昨	從	從
			疾			
心	心	心	蘇	蘇	心	心
			息			
邪	邪	邪	徐	徐	邪	邪
照	照	莊	側	側	莊	照莊
		照	之	之	章	照章
穿	穿	初	初	初	初	穿初
		穿	昌	昌	昌	穿昌
神	床	床	士	士	崇	床崇

守溫[28]	宋人[29]	陳澧[30]	曾運乾[31]	白滌洲[32]	李榮[33]	周法高[34]
		神	食	食	船	床船
審	審	疏	所	所	生	審生
		審	式	式	書	審書
禪	禪	禪	時	時	俟	禪
					常	
見	見	見	古	古	見	見
			居	居		
溪	溪	溪	苦	苦	溪	溪
			去	去		
群	群	群	渠	渠	群	群
疑	疑	疑	五	五	疑	疑
			魚	魚		
影	影	影	烏	烏	影	影
			於	於		
曉	曉	曉	呼	呼	曉	曉
			許	許		
匣	匣	匣	胡	胡	匣	匣
喩	喩	爲	于	于		喩云
		喩	以	以	羊	喩以
來	來	來	盧	盧	來	來
			力	力		
日	日	日	而	而	日	日

....
28) 唐 守溫의 《韻學殘卷·歸三十字母例》(敦煌寫本).
29) 宋 鄭樵《通志藝文略》, 王應麟 《玉海·守溫 <三十六字母圖>》 1卷.

趙元任(Chao 1941 : 207)은 반절상자의 개음과 반절하자의 개음이 일
치하는 경향이 있다는 '개음 조화[medial harmony] 설'을 주장했다. 즉
반절하자에 설면 개음이 있으면 반절상자도 설면 개음을 갖는 경향이
있다는 것이다. 趙元任은, 반절상자가 3등과 1·2·4등의 양류로 나뉘
는 경향이 있었던 이유가 ≪切韻≫ 시기의 4등 글자에 1·2등과 같이
설면 개음이 없는 반면 3등에만 설면 개음이 있었기 때문이라 했다.
그러나 반절상자가 설면 개음을 반드시 동반해야 한다는 강제성이 없
었으므로 서로 혼용된 예도 나타날 수 있었다.

j化 문제는 개음의 반절행위를 통하여 적절히 설명될 수 있다. 개음
은 반절상자에도 반영되고 반절하자에도 반영되었다. 반절상자와 하
자에 설면 개음이 동시에 출현한다면 발음하기 가장 자연스러운 반절
표기가 된다. 이는 대부분의 3등 글자를 3등의 반절상자와 3등의 반절
하자로 표기했던 이유이기도 하고, 또 趙元任의 '개음 조화설'과도 부합
한다. 그러나 그 개음이 반절상자에만 출현한 경우도 있지만, 반절하
자에만 출현한 예도 있는데 이것이 바로 많은 학자들이 칼그렌의 j化설
을 반박하는 근거이다.

3등 개음의 재구음에 관해서는 학자 간에 견해가 일치하지 않는다.
칼그렌은 4등 개음 i와는 다르게 i로 재구했다. 중국의 음운학자들은
j化설을 부정했고 일부 학자들은 4등에 설면 개음이 없었다고 주장했
다. 이에 따라 陸志韋, 李榮, 邵榮芬 등은 3등 개음을 단순히 i로 재구했

---

30) 陳澧, ≪切韻考≫.
31) 曾運乾, <切韻五聲五十一紐考>, ≪東北大學季刊≫ 第1期.
32) 白滌洲, <廣韻聲紐韻類之統計>, ≪北平女師大學術季刊≫ 2卷1期.
33) 李榮(1956), ≪切韻音系≫.
34) 周法高(1968), <論切韻音>, ≪香港中文大學中國文化研究所學報≫.

다. 鄭張尙芳(1998)은 3등 개음을 ‡로 재구했는데 전설 고모음 앞에서는
i로 읽으며 순음 앞에서는 ʉ로 읽는다 했다. 본서는 鄭張尙芳의 관점
에 동의하지만 일반적으로 많이 사용하고 있는 i로 이 음소를 표기
할 것이다.

3 重紐

1. 중뉴의 내용

≪切韻≫이나 ≪廣韻≫의 한 韻目 안에서 동일 성모의 글자들에 대해 복수의 반절을 사용해 나타낸 경우는 보통 開合이나 等에 차이가 있다. 예를 들면 陽韻 溪母의 小韻 '羌'과 小韻 '匡'은 개합의 차이로 변별된 각각 다른 소운이다. 또 東韻 見母의 소운 '公'과 소운 '弓'은 각각 1등과 3등으로 다른 소운이다. 그러나 일부 소운에는 개합, 등, 성모가 모두 같으면서도 각각 다른 반절을 사용한 경우가 있다. 이러한 현상은 다음과 같은 두 가지 경우로 대별된다.

첫째, 나중에 글자를 보탠 경우이다. 예를 들면 ≪廣韻≫의 昔韻 幫母에 '碧, 彼役切'과 '辟, 必益切'이 대립하지만 ≪切三≫의 '碧' 아래에 "□彳反, 新加.[새롭게 보탰다.]"로 注하고 있다. 이는 ≪切韻≫에 원래 글자인 '碧'이 없었으나 ≪切韻≫ 이후에 출현한 또 다른 사본이 고대의 어떤 운서로부터 '碧'과 함께 이 글자에 딸린 반절을 그대로 베껴서 첨가한 것임을 의미한다. 이 반절과 ≪切韻≫에 원래 있었던 幫母 소운의 반절이 각각 달랐던 까닭에 결과적으로 두 개의 소운이 나타나게 된 것이다. 이와 같은 이유로 중복 출현한 소운은 일반적으로 각 운류의 말미에 덧붙여져 있기도 하고 그 수가 미미하기도 해서 어떤 체계를 이루지는 못한다.

둘째, 두 개의 소운이 支·脂·眞·祭·仙·宵·侵·鹽의 여덟 개 운의 후음·설근음·순음에만 출현한 경우가 있는데 이때 글자 수는 적지 않다. 韻圖에서는 이들을 각각 3등과 4등 줄에 나누어 배치했다. 예를 들면 ≪王三≫의 脂韻 去聲 並母에는 '鼻, 毗四反'과 '備, 平秘反'이 있으며 韻圖에서 이들은 각각 4등 줄과 3등 줄에 배치되어 있다. 전통 음운학에서는 이를 '重紐'라 한다. 周法高(1948d), 李榮(1956) 등은 3등운의 분류에서 중뉴 4등은 A류, 重紐 3등은 B류로 지칭했다. 편의를 위하여 본서에서는 이들의 명칭을 경우에 따라 사용하기도 할 것이다.

중뉴 3, 4등의 대립이 있는 여덟 개의 운은 중고에서 다음의 음성 조건과 부합한다.

$$\begin{bmatrix} \begin{matrix} V \\ -low \\ +front \end{matrix} & \begin{matrix} E \\ -(back \wedge nasal) \end{matrix} \end{bmatrix}$$

중뉴는 순음·후음·설근음 글자에만 제한되어 있으나 다수의 음운학자들은, 후음에 影·曉母만 중뉴에 포함되며 匣·喩母가 포함되지 않는다고 주장한다(李榮 1956 : 140, 邵榮芬 1982a: 71 注 1, 李新魁 1984 : 76). 그 이유는, 喩三母云母=匣母는 喉牙音에서 유래했고 喩四母以母는 舌音에서 유래했으므로 그 성모의 기원이 다르며 중고에서도 서로 연관이 없고 이에 따라 喩三母와 喩四母가 각각 다른 성모이므로 이를 중뉴로 간주할 수 없다는 것이다. 이러한 견해는 非 중뉴운에는 적용되겠지만 중뉴 운에 출현한 특수한 현상을 무시한 것이므로 절반만 옳다고 하겠다. 모든 중뉴 운에는 합구의 以母 글자가 출현하는데 풀리블랭크(Pulleyblank 1962-3)는 이들 以母 글자가 云母에서 기원했다 했고 鄭張尙芳(1995a)은 더 나아가 이들이 사실상 云母의 중뉴 4등류라고 밝혔다.

	脂	支	祭	眞	仙	庚清
云合	帷	爲	鞨	筠	員	榮
以合	嫷	蟡	橞(≪集韻≫)	勻	捐	營

'營·尹'이 以母 合口에 속해 있어도 唐五代 티베트어 注音 ≪千字文≫에서 '營 ɦwe, 尹 ɦwin'으로 기록하고 있어 以母의 '楹'(jeŋ), '逸'(jir)과는 달리 云母 合口의 '熀'(ɦwe), '員'(ɦwen)의 注音과 유사하다. 따라서 중고시기의 일부 방언에서 云合과 중뉴 관계였다는 흔적이 이 글자들에 여전히 남아 있음을 알 수 있다. 潘悟雲(1997b)에 의하면, 상고의 *ɢ̥, *q̥h-, *ɢ-가 각각 중고의 影, 曉, 云母로 변화했는데 *ɢ̥와 *q̥h-에서 기원한 影母와 曉母가 각각 중뉴를 이루고 있었으므로 *ɢ-에서 기원한 云母는 초기에도 중뉴가 있어야 한다. ≪切韻≫에서는 중뉴 4등의 云母 가운데 전설 고모음을 동반한 경우 以母로 변화해 있었지만 다른 모음을 동반한 경우, 중뉴 3등류와 중뉴 4등류의 云母는 완전히 합병되어 있었던 것이다.

2. 重紐의 음성적 차이

陳澧는 ≪切韻考≫에서 반절하자의 계련 방법을 통하여 중뉴 3등과 4등이 각각 다른 음 범주에 속했다는 점에 대해 이미 주목하고 있었다. 그러나 반절하자의 계련은 결코 중뉴의 차이를 정확하게 반영할 수 없다. 예를 들면, 支韻 幇母 거성의 중뉴 4등 글자인 '臂'는 '卑義切로 注했고, 중뉴 3등 글자인 '賁'는 '彼義切로 注하여 동일한 반절하자를 사용하고 있다. 어떤 중뉴 3, 4등의 경우는 심지어 동일한 반절을 사용하기도 했다. 예를 들면, '葵'와 '逵'는 각각 다른 小韻인데 ≪廣韻≫에서는 이들을 모두 '渠追切'로 기록했다. 따라서 중뉴 3, 4등이 실제적인 음성적 차이가 있었는지에 대해 의구심을 가질 수도 있다. 중뉴에 대한 연구가 오랫동안 음운학계의 관심을 끌지 못했던 까닭이 이 때문이었을지도 모른다. 칼그렌은 *Etudes sur la phnologie chinoise*[≪中國音韻學研究≫]에서 중뉴 3등과 4등을 동일한 음으로 재구했고, 王力(1958)도 중뉴 문제를 중시하지 않았다. 李方桂(1971)는 중뉴를 방언 현상이라고 간단히 결론지었으며 동시에 그가 재구한 상고음과 중고음의 재구에서도 중뉴의 차이가 반영되지 않았다. 이후, 음운학계에서 칼그렌의 학설에 대한 광범위한 논의가 진행되면서 비로소 중뉴 현상에 대해 주목하기 시작했다.

먼저 다루어야 할 문제는, 중뉴에 음가[sound value] 상의 변별이 실제 존재했었지 여부이다.

章炳麟은 ≪國故論衡・音理論≫에서 중뉴의 양류가 魏晉 시대부터 전해 내려온 각기 다른 반절에 불과하며 ≪切韻≫ 시기에는 이미 음가 상의 변별이 소멸되었다고 주장했고 黃侃도 ≪並析韻部佐證≫에서 유사한 관점을 제기했다. 그러나 周祖謨(1940)는, ≪經典釋文≫, ≪博雅音≫, ≪萬象名義≫, ≪說文音≫ 등의 각종 문헌에 나타난 반절을 통해 중뉴가 단순히 글자 사용 상의 차이가 아니라 실질적인 음 범주의 차이임을 증명했다. ≪顔氏家訓・音辭篇≫에는 다음과 같은 언급이 있다.

'岐山'의 '岐'의 음은 '奇'이어야 하는데, 강남에서는 모두 '神祇'의 '祇'로 읽는다. 강남이 함락될 때 이 음이 관중 지방으로 퍼졌다. 두 음이 무엇에 근거하여 나왔는지는 알 수 없으니 나의 학문이 일천하여 전에 들은 바가 없기 때문이다.[岐山當音爲奇, 江南皆呼爲神祇之祇. 江陵陷沒, 此音被於關中. 不知二者何所承案, 以吾淺學, 未之前聞也.]

≪廣韻≫에서 '奇'는 支韻 群母 중뉴 3등이고 '衹'는 支韻 群母 중뉴 4등이다. '岐'에는 두 개의 독음이 있었는데 하나는 관중의 음이고 또 하나는 강남의 음이다. 이 가운데 강남의 음은 나중에서야 관중 지역으로 전파되었다. 陸德明의 ≪經典釋文・莊子音義≫에서 '岐'를 '其宜反 或祁支反'으로 적었고, 日本 古鈔本 ≪文選集注≫의 <吳都賦>에서는 公孫羅의 ≪音訣≫을 인용하여 '岐, 鶱音奇, 又巨支反'이라 했는데, 이 두 개의 반절은 ≪顔氏家訓≫과 부합한다. '奇'와 '衹' 사이에 실질적인 음성적 차이가 없었다면 顔之推도 '岐'의 두 개의 독음에 유의하여 분석할 필요가 없었을 것이며 '岐'의 注音에 대한 이상의 세 자료의 기록이 일치했던 것에 대해 기이하다는 평가만 할 수 있었을 것이다[35]. 周祖謨가 이에 의거해 두 종류의 중뉴의 독음이 확실히 달랐다는 것은 발견했지만 그것이 어떤 차이인지는 확정하지 못했다.

중뉴가 양류로 나뉜다는 증거는 日本 吳音과 한국 한자음에 나타나 있다. 이에 따라 일본 학자들도 비교적 일찍 이 문제에 유의하여 재구음을 제시했다. 이에 대해서는 有坂秀世(1937), 河野六郎(1939), 藤堂明保(1957)를 참조할 수 있다.

Nagel(1942)은 베트남 한자어에서 幫・滂・並・明母의 중뉴 3등이 p, ph, p, m로 실현되며, 중뉴 4등이 t, th, dʑ 음으로 실현된 점에 주목했다.

陸志韋(1939, 1947)와 王靜如(1941)는 일본과 한국의 한자음, 汕頭와 福州의 방언 자료에 근거하여 중뉴에 실질적인 음성적 변별이 있었음을 증명했다.

---

35) '其宜反'은 '奇'와 통하고, '祁支反'은 '巨支反'과 통한다. 즉, 반절하자 '宜'와 글자 '奇'는 중뉴 3등이고 '支'는 중뉴 4등이다.

이상의 자료들로써 ≪切韻≫의 중뉴에 실질적인 음성적 차이가 있었음을 충분히 증명할 수 있다. 아래는 이와 같은 차이가 무엇에서 비롯되었는지에 대한 논의이다.

중뉴 3·4등의 실질적인 음성적 차이가 성모, 개음, 주요모음 가운데 하나에 있다는 것이다. 중뉴가 성모의 차이라는 주장이 있지만 이 주장은 음성적 원리에도 맞지 않고 자료적 근거도 없어 그 영향력은 크지 않다. 이 가운데 영향력이 그래도 큰 것은 '모음 차이 설'과 '개음 차이 설'이다.

(1) 重紐의 모음 차이 설

周法高(1948d)는 반절하자의 계련법을 이용하여 각 중뉴 운을 두 종류로 나누었다. 小·笑·眞의 3개 운을 제외하면 그 분류의 결과는 운도에서의 결과와 일치한다. 그는 이들을 각각 A류와 B류로 칭했다. 반절하자와 운류 사이의 상관관계를 근거로 중뉴의 차이가 주요 모음에 있었다고 단정한 것으로 보인다. 小·笑·眞韻의 계련 결과가 운도의 배치와 달라 周法高는 이들을 1류와 2류로 나누었다[36]. 이에 따라 周法高의 A, B류와 운도에서의 중뉴 4등과 3등이 완전히 일치하지 않음을

....

[36] 周法高는 중뉴 운에 출현하는 글자를 대부분 A류와 B류로 나누었다. 즉 운도에서 3등칸에 출현하는 脣·牙·喉音 글자를 B류로, 나머지 글자는 A류로 규정했다. ≪廣韻≫이나 다른 ≪切韻≫系 운서에서 被切字와 반절하자의 성모 간의 관계가 대부분 들어맞지만 일부 운류의 경우 이러한 관계가 정연하지 않고 문란하다. 周法高는 이들을 1류와 2류로 나눈 것이다. 예를 들면 眞韻 合口에서 1류는 累良僞切, 僞危睡切, 睡·瑞是僞切인데 이 가운데 被切字 '僞'만 상기 분류의 B류에 속하며 나머지 被切字는 A류에 속한다. 그러나 被切字 '僞'의 반절하자는 '睡'로 상기 분류의 A에 속한다. 또 나머지 피절자 '累'와 '睡·瑞'의 반절하자는 3등 줄에 출현한 '僞'를 반절하자로 사용하고 있어 관계가 정연하지 않다. 또 2류는 恚於避切, 避毗義切인데 '避'는 상기의 A류로 분류되지만 그 반절하자 '義'가 3등 줄에 출현하므로 그 관계 역시 정연하지 않다. 나머지 小·笑韻도 이와 같다.

알 수 있다.

'모음 차이 설'을 주장한 대표적인 사람은 董同龢(1940)이다. 그의 주요 근거는 중뉴 4등의 독음이 4등운과 가깝고 중뉴 3등의 독음이 칼그렌의 3등 β류 즉 微·文·元韻 등과 가깝다는 데에 있다[37]. 구체적인 증거는 아래와 같다.

① 중뉴 3, 4등은 한국의 차용어에서 여전히 음가상의 변별이 있다. 아래는 칼그렌의 저서에 수록된 15세기 한국 한자음 음가이다.

	중뉴 4등	중뉴 3등
支韻	企 ki	寄 kɰi (微韻 '豈' kɰi)
	窺 hiu (齊韻 '奎' kiu)	詭 kue 麾 hui (微韻 '鬼' kui)
脂韻	棄 ki	器 kɰi (微韻 '豈' kɰi)
	葵 kiu (齊韻 '奎' kiu)	櫃 kui[38] 龜 kui (微韻 '鬼' kui)
	惟 iu	位 ui[39] (微韻 '威' ui)
眞韻	緊 kin	巾 kən[40] (殷韻 '斤' kɰn)
	均 kiun	窘 kun (文韻 '君' kun)
	尹 iun	隕 un (文韻 '云' un)
質韻	一 il	乙 ɰl (迄韻 '乞' kɰl)
仙韻	遣 kiən (先韻 '肩' kiən)	愆 kən (元韻 '建' kən)
	絹 kiən (先韻 '玄' hiən)	卷 kuən (元韻 '勸' kuən)
祭韻		衛 ui

37) 칼그렌의 β류의 특징은 3등운 가운데 설음과 치음이 없는 脣·牙·喉音 글자로 이루어져 있다. 본문에서 다시 언급하겠지만 董同龢는 이들이 다른 3등운에 비하여 더 열려 있고 이완된 음이라 설명하고 있다.

38) 칼그렌의 원본에는 'kui'로 표기되어 있으나 ≪訓蒙字會≫에 근거하여 본 역서에서는 'kui'로 수정한다.

② 慧琳 ≪音義≫에서는 仙韻의 중뉴 4등이 先韻에 합병되었고 중뉴
3등이 元韻에 합병되었다. 또 眞韻 중뉴 4등은 독립했고 중뉴 3등
은 文・殷韻에 합병되었다.

③ ≪古今韻會擧要≫에서 支・脂韻 喉牙音의 중뉴 4등은 다수가 齊韻
과 합병되었고, 중뉴 3등은 다수가 微韻과 합병되었다. 眞韻 개구
와 仙韻의 喉牙音은 慧琳 ≪音義≫의 상황과 일치한다. 宵韻 중뉴
4등은 대부분 蕭韻과 합병되었으나 중뉴 3등은 蕭韻과 섞이지 않
았다.

④ 칼그렌의 재구음에 의하면, 4등과 3등 β류는 두 가지 면에서 변별
된다. 첫째, 전자의 개음은 모음 성격의 i이고, 후자는 자음 성격
의 j이다. 둘째, 전자의 주요모음은 닫혀있는 긴장된 음인 반면
후자는 열려있는 이완된 음이다. 董同龢는 칼그렌의 개음에 대한
재구음을 받아 들였다. 董同龢는, 모음 성격의 i가 4등운의 위치를
차지하고 있어서 중뉴 3등의 개음을 i로 재구할 수 없으므로 모음
의 열림과 닫힘 혹은 긴장과 이완으로 변별하는 것이 유일한 가
능성이라고 주장했다.

⑤ 중뉴의 차이가 존재하는 방언에서는 그 차이가 주요모음의 차이
로 나타나는 경우가 많다. 이것 역시 董同龢와 周法高가 중뉴 3,
4등의 음성적 변별이 주요모음의 차이에 있다고 주장한 근거 가

39) 董同龢(1940)의 원본에는 'ue'로 표기되어 있으나 ≪訓蒙字會≫에 근거하여 본 역서에서는
'ui'로 수정한다.
40) 董同龢(1940)의 원본에는 kɯn으로 표기되어 있는데 이는 칼그렌(Karlgren 1915-26: 783)의
誤記를 옮겨 놓았기 때문인 것으로 보인다. 프랑스어로 저술된 원서에는 kʙɯn으로 표기되
어 있는데 중국어 번역본인 ≪中國音韻學硏究≫에서는 이 가운데 ʙɪ를 ɯ로 바꾸어 표기해
놓았다. 본 역서에서는 ≪訓蒙字會≫에 근거하여 kən으로 수정한다.

운데 하나이다. 董同龢는 이 차이가 긴장과 이완의 차이인지 열림
과 닫힘의 차이인지 단정할 수 없어 중뉴 3등의 주요모음 위에
단지 ˘ 기호만 첨가해 변별했다.

周法高(1948d)는 한국과 일본의 중국어 차용어 및 閩 방언의 중뉴 3,
4등의 독음에 근거하여 중뉴 3, 4등을 각각 다른 주요모음으로 재구했
다. 나중에 그는 그의 재구음을 다시 수정했는데 그 수정된 재구음은
아래와 같다(周法高 1968).

중뉴 4등	중뉴 3등	중뉴 4등	중뉴 3등
支 iɪ	ie	仙 iᴂn	ian
脂 iɪi	iei	鹽 iᴂm	iam
眞 iɪn	ien	宵 iᴂu	iau
侵 iɪm	iem	祭 iᴂi	iai

그러나 '모음 차이 설'은 분명히 다음과 같은 언어적 사실과 부합하
지 않는다.

① 중국인은 역대로 用韻에서 주요모음과 운미를 중시했지만 개음
은 상관하지 않았는데 이는 지금도 마찬가지이다. 陸法言이 ≪切韻≫
을 편찬한 중요한 목적 가운데 하나가 문인들에게 用韻의 기준을 마련
해 주는 것이었다. 따라서 ≪切韻≫에서 한 개의 韻目은 동일한 운미와
동일한 주요모음의 글자들로 이루어져 있었으며 이들의 개음에 차이가
있어도 무방했다. 邵榮芬(1982a)은 "≪切韻≫ 음가의 재구는 ≪切韻≫의
각 운에 동일한 한 개의 주요모음이 있어야 한다는 대가정에서 출발한
다."라고 했다. 이는 ≪切韻≫의 운모 연구에서 가장 중요한 원칙이다.
본서의 제2장에서는 반절행위를 통하여 "한 운목 아래의 여러 운류는 동

일한 주요모음과 운미를 동반한다."라는 추론 2를 수립한 바 있다.

이와 같은 陸法言의 운 분류 원칙에 근거하면 重紐 양류가 동일한 운목에 놓여 있으므로 그 주요모음은 동일해야 한다.

② 周法高는 刪韻을 ─an으로 재구했는데 刪韻과 仙韻의 중뉴 3등 ─ian의 음성적 관계와, 庚─韻 aŋ과 庚─韻 iaŋ과의 관계는 동일해야 한다. 그러나 仙韻의 중뉴 3등과 刪韻이 각각 다른 운목에 속한 반면 庚─韻과 庚─韻이 동일 운목에 속한 이유는 납득하기 어렵다.

③ (해외 한자음이나) 방언의 독음에 의거하여 중뉴 3, 4등을 재구한 周法高의 견해는 설득력이 없다.

㉠ 한국 한자음에서 支·脂韻 중뉴 3등은 ɰi이고 중뉴 4등은 i이다. 周法高는 ɰ를 주요모음으로 간주하고 있는 것이 분명하다. ɰi와 脂韻 중뉴 3등에 대하여 칼그렌이 재구한 iei는 차이가 크다. 한국 한자음의 ɰ가 사실상 중뉴 3등 개음 ɰ를 반영한 것이므로 脂韻의 중뉴 4등을 i로, 중뉴 3등을 ɰi로 재구해야 한국 한자음의 상황과 부합한다.

㉡ 支韻의 중뉴 3등이 厦門에서 ia라는 독음이 있음에 근거하여 周法高는 이들의 중고 모음이 a에 가까웠다고 단정했다. 그러나 支韻 가운데 厦門의 독음이 ia인 글자는, 오직 상고 歌部로부터의 기원만 있으므로 중고보다 훨씬 이른 시기의 구두어음 층위를 반영한 것이다. 따라서 이에 근거하여 중고음을 재구하는 것은 적절치 않다.

㉢ 眞韻 중뉴 3등의 한국 한자음은 ɰn, 吳音은 on이고 중뉴 4등의 한국 한자음과 吳音은 모두 in이다. 周法高가 이에 근거해

서 眞韻 중뉴 3등을 iIn으로 재구한 것 역시 설득력이 없다.

칼그렌은 4등운의 개음을 i로, 3등운의 개음을 i로 재구했다. 이때 중뉴 3, 4등에 또 하나의 개음을 상정하게 되면 한 언어에 3개의 설면 개음이 있게 되며 이 가능성은 그다지 크지 않다. 이는 '개음 차이 설'을 부정하는 일부 학자들의 생각일 것이다. 그러나 이후에 여러 학자들에 의해 4등에 설면 개음이 동반되지 않았음이 증명되었으므로 중뉴 3, 4등이 개음의 차이라고 가정해서 안 될 것은 없다.

(2) 重紐의 개음 차이 설

일본 한자음 가운데 여전히 重紐의 변별이 여전히 존재하고 있어 일본의 有坂秀世(1937)가 가장 먼저 개음 차이 설을 제기했다. 그는 중뉴 3등을 ï로, 중뉴 4등을 i로 재구했다. 또 영향력이 있는 중국의 음운학자로는 王靜如(1941)와 陸志韋(1947)가 있다. 이들은 중뉴 3등을 후설의 성격이 다소 강하고 다소 열린 개음인 I로 재구했다. 아울러 중뉴 3등의 성모를 발음할 때 입술이 모이는 경향이 있어 陸志韋는 I가 e와 ɨ 사이의 음일 것이라 주장했으며 王靜如는 다음과 같이 이것이 i, ï, ɨ 혹은 ɯ 가운데 하나일 것이라 주장했다.

중뉴 3등 개구	중뉴 3등 합구	중뉴 4등 개구	중뉴 4등 합구
k^wI	k^wIw	ki	kiw

周法高가 비판한 바와 같이 合口 w 성분 앞에 원순음화된 w를 더 첨가한 것은 불필요한 중복처럼 보인다. 즉 '龜'를 k^wIwĕi로 재구하면

이 음을 정확히 읽기 어렵다. 그러나 陸志韋의 재구도 뛰어난 점도 있다. 적어도 그는 중뉴의 차이가 개음에 있으며 중뉴 3등의 경우 개음이 더 후설적 성격임을 정확하게 지적한 것이다.

李榮(1956)은 중뉴 4등과 3등의 舌齒音을 하나의 범주로 분류하여 i로, 중뉴 3등은 j로 재구했다. 다만 j는 중뉴 4등의 개음과 변별하기 위한 기호일 뿐으로 음가에 대해서는 언급하지 않았다. 풀리블랭크(Pulleyblank 1962-3)는 중뉴 3등을 i로 표기했는데 이것의 실제 독음은 ï이다. 한편 그는 4등을 y(IPA의 j에 해당한다)로 표기했다. 邵榮芬(1982a)은 중뉴 3등을 i로, 4등을 j로 표기했다. 鄭仁甲(1994)은 중뉴 4등의 개음을 i로 재구했고 중뉴 3등의 개음을 ï로 재구했다. 鄭張尙芳(1995a)은 전설모음에 선행하는 3등 개음을 *-ɪ-로, 중설이나 후설모음에 선행하는 3등 개음을 *-j-로 재구했고 중뉴 3등은 3등의 개음 앞에 -ɯ-를 첨가했다. 그는 최근 -j-를 -ɪ-로 바꾸고, 중뉴 3등은 3등 개음 앞에 -ɣ-를 첨가함으로써 자신의 재구음을 수정했다(鄭張尙芳 1998).

李榮을 제외한 이상의 여러 학자들의 재구음은 사실상 대동소이하다. 즉 중뉴 3등의 개음은 더 후설적이고 더 열린 음인 반면, 중뉴 4등의 개음은 더 전설적이고 더 닫힌 음이라는 것이다. 본서 제18장의 상고 기원 부분에서, 중뉴 3등의 개음이 上古의 -r-에서 기원했음과 더불어, 중원 지역에서 중뉴 3등의 개음이 2등 개음과 유사한 경과했음에 대해 논의할 것이다. 그 음성변화는 다음과 같다.

$$-r- > -ɣ- > -ɯ- > -ɰ- > -ɪ- > -I-$$

ɯ는 정규의 모음이 아니다. 아마도 정규의 모음으로 변화한 몇 가지 방향이 있을 것인데, 일부는 전설음으로 변화하여 i가 되었거나 일부는

원순음화하여 u가 되었으며, 또 일부는 전설음화와 동시에 원순음화가 발생하여 y가 된 것으로 보인다. 중뉴 3등의 개음도 각 지역 방언에서 동일하게 변화한다. 필자는 ≪切韻≫ 시기의 2등과 중뉴 3등의 개음을 -ɯ-라 생각하는데 그 주요한 몇 가지 이유는 아래와 같다.

첫째, 云母 글자는 중뉴 3등 글자를 반절자로 대량으로 사용한 반면 중뉴 4등의 글자를 반절자로 사용한 경우는 거의 없다. 云母의 중고음이 ɦ-이고 동시에 합구 글자이므로 개음 w가 후행한다. ɦʷ는 음성적으로 ɣ나 ɯ와 아주 가깝다. 이와 같은 이유로 云母와 중뉴 3등의 글자들이 서로를 반절자로 사용한 것이다. 따라서 ≪切韻≫ 시기의 중뉴 3등 개음이 i나 ɪ 단계까지는 미치지 않은 ɣ, ɯ 혹은 ɯ이었을 가능성이 있다. ɣ, ɯ, ɯ는 음성적으로 가까워 어느 것으로 재구해도 무방하지만 이 가운데 ɣ는 제외하고자 한다. ≪切韻≫ 시기에 복자음이 없었으므로 Cɯ로 해석할 수 있다면 굳이 복자음인 Cɣ로 재구할 필요가 없기 때문이다. ≪切韻≫에서는 ɯ와 ɯ가 대립하지 않았으므로 편의를 위하여 ɯ가 아닌 ɯ로 표기하고자 한다.

둘째, 兪敏(1984b)은 慧琳 ≪音義≫ 제25卷에서 r를 '乙'로 대역했음에 근거하여 '乙'을 ʔrid로 재구함으로써 중뉴 3등이 Cr-이었다고 추론했다. 施向東(1983)은 玄奘의 산스크리트-중국어 역음에서 '姞 grid, 訖 krit, 乾 gran'의 예를 들어 兪敏의 견해를 지지했으며 이에 따라 唐初 中原의 방언음 가운데 중뉴 3등이 여전히 개음 ɹ을 동반했을 것이라고 추론했다. 慧琳 시기에 Cr-型 복자음이 더 이상 존재하지 않았던 것이 분명하므로 이때 r는 r의 음색과 가까운 모음이나 반모음에 지나지 않은 ɣ, ɯ, 혹은 ɯ이었을 가능성이 크다.

셋째, 아래에서 논의할 한국 한자음과 일본 한자음은 중뉴 3등 개음이 ɯ나 ə와 같은 음임을 반영하고 있다. 그러나 개음은 일반적으로 고모음이나 반모음이며 규칙 -r-> -ɣ-> -ɰ-> -ɯ-> -i-> -i- 에서도 중간에 ə 단계가 없으므로 위의 한자음에서 개음은 ə가 아니다. 일부 방언에서 중뉴 3등 개음이 u나 y로 변화했으므로 ɯ로 재구해야 이 현상과 부합한다.

다음은 중뉴의 '개음 차이 설'을 지지하는 몇 가지 증거에 대한 논의이다.

① 한국과, 일본의 한자음과 중국어 방언에서의 증거

중뉴 3, 4등에 대한 한국 한자음의 대음은 '개음 차이 설'을 지지하는 가장 중요한 증거이다. 有坂秀世 등의 이론적 근거는 모두 주로 한국 한자음이다. 鄭仁甲(1994)은 河野六郎의 ≪朝鮮漢字音の研究≫의 부본인 <資料音韻表>에 근거하여 중뉴 3등의 대음표를 가장 상세하게 작성했다. 鄭仁甲이 제시한 자료에 근거하여, 한국 한자어에 나타난 중뉴 3, 4등을 종류별로 나누어 살펴보자.

제1류

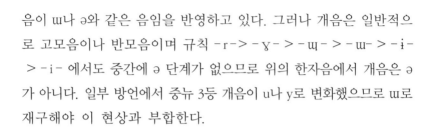

	支開		紙開		實開	
	중뉴 3등	중뉴 4등	중뉴 3등	중뉴 4등	중뉴 3등	중뉴 4등
見	奇畸羈 kïi		掎剞 kïi	枳 ki	徛寄 kïi	
溪	崎觭骹 kïi		綺 kïi	企跂 ki		企跂蚑 ki
群	奇琦碕騎錡 kïi	示伎岐歧芪 祇疧衹 ki	埼錡 kïi 技伎妓 ki		騎 kïi 芰 ki	
疑	宜儀崖 ïi		螘蟻齮 ïi		義議誼 ïi	
曉	羲曦戲 hïi				戲 hïi	
影	猗椅褘 ïi		倚椅猗 ïi		倚 ïi	縊 (i)ïi

	脂開		旨開		至開	
	중뉴 3등	중뉴 4등	중뉴 3등	중뉴 4등	중뉴 3등	중뉴 4등
見	肌飢 kïi		几机麂 kue		冀驥覬穊 kïi	
溪			屺 kïi		器 kïi	弃棄 ki
群	祁 kïi 耆鬐鰭 ki		跽 kïi		坮洎暨墍 kïi	
疑					劓 ïi	
曉		屎 hi			屓獻燹 hïi	
影		伊蛜黟黭 i			懿饐懿 ïi	

	眞		軫		震		質	
	중뉴 3등	중뉴 4등	중뉴 3등	중뉴 4등	중뉴 3등	중뉴 4등	중뉴 3등	중뉴 4등
見	巾 kən			緊 kin				拮 kil
溪					菣墐 kin			蛣詰趌 kil
群	菫(衿) kïn				僅覲殣 kïn			姞佶 kil
疑	垠銀誾圁(齗) ïn				憖 ïn			
曉					衅釁舋 hïn		肸肹 hil	欯 hil
喩	礥 hïn	寅 in		引蚓 in		靷胤 in		逸佚佾 il
影		因洇婣 in			印 in		乙釳 ïl	一壹 il

　　몇 개의 예외 글자를 제외하면 한국 한자음에서 止攝 중뉴 4등은 i로 실현되고 중뉴 3등은 ïi로 실현되므로 양자의 차이는 개음의 차이에 불과하다. 眞[質]韻의 중뉴 4등은 in[l]으로 실현되고 중뉴 3등은 ïn[l]으로 실현되는데 이는 중뉴 3등의 개음인 ï가 주요모음 i를 ï로 동화시킨 것이다. 한국어의 ï를 칼그렌은 ɯ로 표기했고, 鄭仁甲은 중뉴 3등의 개음

을 반모음 i와 중설모음 ə 사이의 약간 뒤에 있는 설면 중설모음이라고 기술했다. 鄭仁甲은 다음과 같이 밝혔다.

> ïi는 한국어에서 극히 적게 존재하는 음으로 고유어에서 ïi음인 경우는 거의 없다. 한 언어에서 거의 사용하지 않는 음으로 외국어의 어떤 특정한 독음을 대역한 경우는 그 외국어의 음색을 사실적으로 기술하고자 하는 동기에서 나왔음을 부인할 수 없다.

제2류

止攝 중뉴 3등과 4등의 합구음과 한국 한자어와의 대응 관계가 복잡하기는 하지만 중뉴 3등의 개음이 ɯ임을 알 수 있다.

	支合		紙合		實合	
	중뉴 3등	중뉴 4등	중뉴 3등	중뉴 4등	중뉴 3등	중뉴 4등
見	嬀潙 kiu	䜠規撌攜 kiu	姽垝祪詭 kuəi 庋庪 ki		(劤) koi	
溪	虧 kiu	窺闚 kiu		跬頍 kiu		
群			跪 kuəi			
疑	危峞 ui 厬 ïi		硊頠 ui		僞 ui	
曉	麾撝 hui	觿墮璹眭 hiu	毁譭烜 huəi		毁 huəi	
影	委倭萎逶 ui	伊蛜黟 i	委骫 ui		餧(委骫) ui	恚 huəi
喻	爲潙 ui		蔿藣蔿 ui		爲 ui	

	脂合		旨合		至合	
	중뉴 3등	중뉴 4등	중뉴 3등	중뉴 4등	중뉴 3등	중뉴 4등
見	龜 kuəi		簋氿軌 kuəi 晷 ku	癸 kiu	媿愧騩 koi	季 kiəi
溪			歸 kiu		喟嘳 kui	
群	逵頄頯戣 kiu 夔虁 ki	葵郯 kiu		揆 kiu	匱櫃尯饋 kuəi	
曉		屎 hi				睢 hiu
喩	帷 iu	遺惟維 iu	洧鮪痏 iu	壝唯瀡 iu	位 uəi	遺 iu

支·脂韻의 중뉴 4등 합구가 해외 한자음에서 iui이었을 가능성이 있다. 이는 혀가 전-후-전의 왕복 운동을 함으로써 발성된 것이나 경제원칙에 의거해 개음 i와의 이화작용으로 운미 i는 탈락하게 된다. 이러한 음성변화는 흔하다. 예를 들면 중국어에서도 '崖'는 원래 ¯iai이었으나 그 운미가 이와 같은 원인에 의해 탈락하여 현재의 ¯ia가 된 것이다. 중뉴 3등은 처음에 ʷɯi이었을 가능성이 있는데 개음 ɯ가 합구 개음에 동화되어 u로 변화하면서 운모가 ¯ui로 변화한 것이다.

제3류

	祭開	
	중뉴 3등	중뉴 4등
見	狪繲劚 kiəi[41]	
溪	憩揭甈 kəi	
群	偈 kəi	
疑		埶藝瘱 ŋiəi[42]
影	瘱 iəi[43]	
喩		曳裔泄 iəi[44] 鞑 tʻiəi[45]

	仙開		獮開		線開		薛開	
	중뉴 3등	중뉴 4등	중뉴 3등	중뉴 4등	중뉴 3등	중뉴 4등	중뉴 3등	중뉴 4등
見		甄 kiən	囝 kiən				釓揭 kəl	孑 hiəl[46]
溪	寋騫愆諐 kən		蹇孯 kən	遣 kiən		遣譴繾 kiən	揭朅 kəl[47]	
群	乾虔鍵 kən		件 kən				傑渴杰 kəl	
疑			甗巘 ən		彦諺唁 ən		鼼闑 əl	
曉	嘕嫣忊 hən							
影	焉漹鄢 ən							
喩	焉漹 əne	延綖 iən		演衍綖 iən		衍綖羨 iən		抴 iəl

• • • • • • • • • • • • • • • • •

41) 본서에는 kïəi로 표기되어 있으나 kiəi로 수정해야 한다.

42) 본서에는 ïəi로 표기되어 있으나 鄭仁甲의 오기를 따른 것이다. ≪訓蒙字會≫에 근거하면 '예'로 표기되어 있으므로 ŋiəi로 수정해야 한다.

43) 본서에는 ïəi로 표기되어 있으나 iəi로 수정해야 한다.

44) 본서에는 ïəi로 표기되어 있으나 ≪訓蒙字會≫에 근거하면 iəi로 수정해야 한다.

45) 본서에는 tïəi로 표기되어 있으나 ≪訓蒙字會≫에 근거하면 t'iəi로 수정해야 한다.

46) 본서에는 중뉴 3등 아래 있고 hiel로 표기되어 있으나 鄭仁甲의 오류를 따라 중뉴 3등 아래에 놓였으나 사실은 중뉴 4등에 놓여야 한다. ≪韻鏡≫ 제21轉 薛韻에서는 4번째 줄에 놓여 있다. hiel은 표기의 통일을 위해 hiəl로 바꾸어 표기한다.

47) 본서에는 kel로 표기되어 있으나 표기의 통일을 위해 kəl로 바꾸어 표기한다.

	鹽開		琰開		艶開		葉開	
	중뉴 3등	중뉴 4등	중뉴 3등	중뉴 4등	중뉴 3등	중뉴 4등	중뉴 3등	중뉴 4등
見			檢瞼撿 kəm					
溪				胅 kiəm				
群	鈐鉆黔鍼 kəm 拑鉗 kiəm							
疑			噞隒 əm		噞驗 əm			
曉			險獫玁 həm					
影	淹醃閹 əm	猒厭靨 iəm	奄弇 əm	黶魘 iəm	俺 əm	厭靨 iəm	腌 əp	厭魘 iəp
喩	炎 iəm	鹽閻阽 iəm		㷉琰 iəm		艶焰 iəm	曄饁 iəp	葉𤬜 iəp

위의 몇 개 韻母의 중뉴 4등에는 여전히 개음 i가 남아 있다. 예를 들면,
祭韻 iəi, 仙韻 iən, 薛韻 iəl, 鹽韻 iəm, 葉韻 iəp 등이다. 중뉴 3등의 개음
ɯ와 주요모음 ə는 합쳐진다. 예를 들면, 祭韻 əi, 仙韻 ən, 薛韻 əl, 鹽韻
əm, 葉韻 əp 등이다.

	祭合	
	중뉴 3등	중뉴 4등
見	劇橃蹶 kuəi	
溪		
群		
疑		
曉		
影		
喻	衛燆𡏥 ui 轊 iəi[48]	銳睿叡 iəi[49]

	仙合		獮合		線合		薛合	
	중뉴 3등	중뉴 4등	중뉴 3등	중뉴 4등	중뉴 3등	중뉴 4등	중뉴 3등	중뉴 4등
見			卷捲 kuən		眷睠 kuən	絹 kiən		
溪	弮棬圈 kuən							缺 kiəl
群	拳踡權 kuən 顴 kuan							
曉			儇翾嬛 hiən					威 hiəl
喻	員湲圓 uən	鉛鳶捐緣 iən		兗沇 iən	援院 uən	掾緣 iən		悅說閱 iəl
影		娟悁 iən						

48) 본서에는 ĭəi로 되어 있으나 표기의 통일을 위해 iəi로 바꾼다.
49) 본서에는 ĭəi로 되어 있으나 표기의 통일을 위해 iəi로 바꾼다.

중뉴 4등에서 i 개음은 유지되었고 합구 개음은 탈락했다. 예를 들면, 祭韻은 iəi, 仙韻은 iən, 薛韻은 iəl로 실현되었다. 중뉴 3등에서 개음 ɰ는 합구 개음에 동화되어 u로 원순음화 한다. 예를 들면, 祭韻은 ui, 仙韻은 uən으로 실현되었다.

중뉴 3·4등은 한국 한자어에서와 같이 일본 한자어나 기타 방언에서도 동일하게 반영된다. 福州 방언의 예를 들면 다음과 같다(陸志韋 1947).

중뉴 3등		중뉴 4등	
支三合	詭 kʻui	支四合	規 kie
脂三合	龜 kui	脂四合	癸 ki, kui
仙三合	捲 kuoŋ	仙四合	絹 kioŋ
眞三合	窘 kʻuŋ	眞四合	均 kiŋ

고대 일본어의 i에는 두 종류가 있었는데 하나는 혀의 위치가 다소 앞쪽에 있는 i이고, 다른 하나는 혀의 위치가 다소 뒤쪽에 있는 ï이다. 止攝 중뉴 3·4등은 萬葉假名에서 다음과 같이 각각 ï, i와 대응한다(鄭仁甲 1994: 137).

ki : 伎支岐企妓枳祇
kï : 奇騎寄倚

또 고대 일본어의 o에도 두 종류가 있었는데 하나는 원순의 o이고 또 하나는 河野六郎(1937)이 ə라고 주장했고, 大野晉(1953)이 ɵ라고 주

장한 비원순의 o이다. 일본 吳音에서 중뉴 4등의 모음은 보통 -i-로
실현되며, 중뉴 3등은 보통 비원순의 -o-로 실현된다. 예를 들면 아래
와 같다.

眞三 : 銀 gon,	質三 : 乙 ochu
眞四 : 因 in,	質四 : 一 ichi

'銀'의 중고음은 ŋɰin이다. 吳音이 차용한 중국어 방언에서는 개음
ɰ가 후행하는 i를 흡수하여 ŋɰŋ이 되었을 가능성이 있다. 이 때문에
일본인들이 gon[gən]으로 대역한 것이다. 이와 유사한 예가 다음과 같
이 중국어 방언에서도 보인다.

	銀	因
厦門	gun	in
潮洲	ŋɰŋ	iŋ
福州	ŋyŋ	iŋ

위의 세 개의 방언을 비교하면, 朝洲의 -ɰ-는 다소 이른 시기의 형식
으로 ɰ가 厦門의 u나 福州의 y로 변화했다고 보는 것이 위에서 언급한
ɰ의 변화 규칙과 부합한다. 眞韻 중뉴 3등은 대부분 上古의 文部인
*-ɰn에서 기원했다. 吳音이 차용한 방언과 위의 방언에서 '銀'의 韻母
가 시종일관 ɰn을 유지했을 가능성이 있는데, 이는 중뉴 3등의 개음이
-ɣ- > -ɰ-의 과정을 경과하면서 ɰ의 지위가 강화되어 i의 생성이
저지된 것으로, 중원 지역에서 ɰin로 변화한 것과는 다르다.

위의 각종 방언에서의 중뉴 형식에 대한 일반적인 해석은, 중뉴 4등

의 i 개음이 더 강하여 약한 합구 개음을 흡수한 반면, 중뉴 3등의 개음 ɯ의 경우 합구 개음 u의 영향을 받아 u로 변화했다는 것이다. 그렇지만 이보다 더 가능한 또 하나의 해석은 ≪切韻≫보다 조금 이른 시기에 3등 개음이 형성되어 가고 있었다는 것인데 이에 대해서는 본서의 제9장에서 다시 논의할 것이다. 위의 방언에서 중뉴 4등에는 설면 개음 i가 생성된 반면 중뉴 3등에는 본래부터 동반되고 있었던 개음 ɯ가 합구 개음의 영향을 받아 u로 변화함과 동시에 설면 개음의 생성을 저지했다는 것이다.

필자가 조사한 泰順 蠻講 말에서는 '飢'를 ky¹, '幾'를 ky³, '開'를 khy¹로 읽는다. 이와 같이 일부 방언에서 脂韻 중뉴 3등은 上古의 微部 글자와 합병한다. '幾・開'는 상고의 微部에 속하며 漢代의 독음은 *kɯi이다. 脂韻 중뉴 3등인 '飢'가 微部의 韻母와 합병되었는데 이는 '飢'가 kɯi의 단계를 경과한 바 있음을 의미한다.

② 베트남 한자어에서의 증거

베트남 한자어에서 중뉴 4등의 脣音 글자는 舌齒音化가 발생했으나 중뉴 3등에서는 여전히 脣音이 보존되고 있다. 이 현상은 일찍이 음운학자들의 관심을 끌었다(Nagel 1942, 周法高 1968, 潘悟雲・朱曉農 1982). 아래 표는 潘悟雲・朱曉農(1982)에서 인용한 것으로 성조는 생략하기로 한다.

韻	聲母	중뉴 4등: 舌尖音	중뉴 4등: 脣音	중뉴 3등: 脣音
支	幫	卑俾臂 ty	椑 bê	碑彼陂 bi
	滂	譬 si, thi, ty		披鈹 phi
	並	脾裨婢避 ty	紕 phi 埤 bi	皮疲被 bi
	明	彌瀰 di	獼 mi	靡糜縻 my 醾 mê
脂	幫	匕比妣秕仳庇屍 ty 痹 tê		悲鄙邲閟鉍秘 bi
	滂	屁 ty, thi		丕 phi
	並	毗瑟枇鉍貔鼻蚍 ty	寐 mi	痞圮備糒 bi
	明			眉湄楣嵋郿媚美 my 麋 mê
祭	幫	蔽 tê		
	並	敝獘弊幣 tê		
	明	袂 duê		
眞	幫	賓濱檳儐鑌殯鬢 tân		彬斌 bân 汾 phân 邠豳 mân
	滂	繽 tân		
	並	頻蘋顰瀕嬪牝髕 tân	臏 bin	貧 bân
	明	民泯 dân		岷緡旻閩愍敏緐閔憫 電 mân
質	幫	必畢蓽篳踾觱 tât		筆 but 鉍 bi
	滂	匹 thât		
	並	泌苾 tât		弼 bât
	明		蜜謐 mât 宓 mêt	密 mât
仙	幫	鞭 tiên	鯿褊 biên	變 biên
	滂	篇偏 thiên	翩 phiên	
	並	便 tiên		辯辨卞汴忭弁諞 biên
	明	緬面 diên	湎沔緜棉綿 miên	免勉娩冕 miên

韻	聲母	중뉴 4등: 舌尖音	중뉴 4등: 脣音	중뉴 3등: 脣音
薛	幫		鷩 biêt	
	滂	瞥 tê	瘭憋 biêt 瞥 miêt	
	並			別 biêt
	明	滅 diêt		
宵	幫	標髟杓飆 tiêu		鑣臕 phiêu 表裱俵 biêu
	滂	漂 siêu	螵飄嫖剽漂瘭標熛鏢 phiêu	
	並	摽 tiêu	鰾瘭瓢 biêu	殍 biêu
	明	秒眇渺淼藐妙 diêu 秒 xao	杪 mâo 秒 miêu	廟描 miêu 苗 meo
侵	幫			稟 bâm
	滂			品 phâm
鹽	幫			貶窆砭 biêm
庚三	幫			兵柄丙炳邴秉 binh
	並			病平坪評苹枰 binh
	明			明鳴 minh 皿命 manh
陌三	幫			碧 bich
清	幫	並倂摒 tinh	餅屏 binh	
	滂	聘娉 sinh		
	明	名洺 danh		
昔	幫		璧辟 bich	
	滂	闢辟僻癖 tich		
	並	辟 ty		
蒸	幫			冰 băng
	並			憑 băng
職	幫			逼愎 bức
幽	幫			彪 bưu
	明			謬繆 mâu

베트남 한자어에서 以母는 ɗ-[z-]인데 Maspero의 견해에 의하면 15세기 이전에는 j-였다고 한다(王力 1980b). 이는 j->z->z-와 같은 변화과정을 경과했을 가능성이 있다. 또 중고의 精組가 베트남 한자어에서 아래와 같은 변화과정을 경과했다는 사실에 주목할 필요가 있다.

精	淸	從	心	邪
ts->t-	tsh->th-	dz->t-	s->t-	z->t-

潘悟雲·朱曉農(1982)은, 幫母와 並母가 베트남 한자어에서 모두 b-로 읽혔으나 그 중뉴 4등의 개음 j로 인해 마찰 성분이 강화되어 邪母의 z-와 합병된 후 t-가 된 것으로 두 성모가 성조만 다를 뿐이라고 했다. 이들은 *bj->bz->z-> z->t-와 같은 변화과정을 경과한 것으로 보았다.

滂母의 강한 유기성분으로 인해 z-는 ɕ-로 변화하여 審母와 합병된 후 ʧʰ-로 변화했다. 그 변화과정은 *phj->phz->ɕ->ʧʰ-와 같다.

明母는 공명음[次濁音]으로 그에 후행하는 j-가 z-로 변화하지 않고 m이 탈락한 후 以母 j-에 합병된 후 z-가 되었다. 그 변화과정은 *mj->j->z-이다.

鄭張尚芳(1995a)도 徽 방언50)에서 i가 마찰 성분이 강한 jʐ로 읽히다 결국 설첨화가 된 예를 들어 이와 같은 음성변화에 대해 논증했다. 그 예는 아래와 같다.

50) 安徽, 浙江, 江西省에 걸친 지역에서 사용되고 있는 방언으로 많은 학자는 吳 방언에 귀속시키고 있다.

	鼻	地	幾(~個)
翕縣城 漁梁	phi	thi	tɕj
翕縣 杞梓里	pj	tj	tsๅ
績溪・城關	phๅ	tshๅ	tsๅ

鄭張尙芳은 또 서남지역의 소수민족 언어에서 발생한 유사한 음성변화의 예도 들었다. 드룽어[獨龍語, Dulong]에서 전설모음 i, e에 선행하는 b는 怒江 방언에서 z로 변화되었다. 예를 들면, 티베트 서면어에서는 sbjin, 드룽어에서는 bi/dzi, 怒江에서는 z인데 彝語의 bi/bๅ/bz와 비교하면 怒江에서 bj>bz>z와 같은 변화가 발생했음을 명확히 알 수 있다.

≪切韻≫ 시기의 중뉴 개음 -ɯ-와 -i-의 대립은 베트남 한자어에서 -i-와 -j-의 대립으로 발전했다. 중뉴 3등과 유사한 부류의 職韻 '逼 bức⁵[bɯk], 幽韻 '彪 bưu[bɯɯ] 등이 중국어의 pɯk과 pɯu의 독음을 각각 반영하고 있음은 주목할 만하다. 이는 베트남 한자어가 차용한 중국어 방언에서 중뉴 3등의 개음이 ɯ이며, 職韻의 경우에는 이 개음이 주요모음 ɯ와 합병되었음을 말해주고 있다.

③ 고문헌에서의 증거

　㉠ 慧琳 ≪音義≫에서 仙韻 중뉴 4등은 先韻과 섞이며 仙韻 중뉴 3등은 元韻과 섞인다. 眞韻 중뉴 3등은 殷・文韻과 섞이지만 眞韻 중뉴 4등은 이들과 섞이지 않는다. 元代 ≪古今韻會擧要≫에서 仙・眞韻의 분류 상황은 慧琳과 가깝다. 支・脂韻의 중뉴 4등 喉牙音이 齊韻과 합병된 반면 중뉴 3등의 喉牙音은 微韻과 합병되었다. 宵韻 중뉴 4등이 蕭韻과 합병된 반면 宵韻 중뉴 3등은 蕭韻과 합병하지 않았다. 周法高 등은 이러한 예

들을 근거로 중뉴 3, 4등의 차이가 주요모음에 있었음을 증명
했다. 그러나 실제로는 개음에 후행하는 주요모음이 개음의
영향을 받아 변화가 발생한 것이다. 중뉴 3등 개음은 혀의 위
치가 다소 뒤에 있어 주요모음을 뒤로 이동시켜 혀의 위치가
다소 뒤에 있는 元·殷·文·微韻 등과 섞이게 한 것이다. 중
뉴 4등 개음은 혀의 위치가 다소 앞에 있어 주요모음을 앞으
로 이동시켜 혀의 위치가 다소 앞에 있는 先·齊·蕭韻 능과
섞이게 하였다.

鄭張尙芳(1995a)은 아래의 몇 가지 문헌적 증거를 더 제시했다.

ⓛ ≪中原音韻≫에서 중뉴 3등인 '悲碑陂皮彼鄙筆密'은 齊微韻의
  합구(uei)에 귀속되었고, 중뉴 4등인 '脾比匕畀必畢蜜'은 齊微
  韻의 개구(i)에 귀속되었다. 元代 파스파 문자의 대음과 明代
  니콜라스 트리고[Nicholas Trigault]의 ≪西儒耳目資≫에서
  도 중뉴 3등은 u를 동반했고 중뉴 4등은 u를 동반하지 않아
  이와 상황이 유사하다. 이는 이 자료들이 반영하고 있는 여러
  방언에서 중뉴 3등의 개음이 ɯ에서 u로 변화했기 때문이다.

ⓒ 宋本 ≪廣韻≫ 끝에 첨부된 <辨四聲輕淸重濁法>에서는 중뉴
  4등 및 그와 같은 부류의 글자인 '翹絹避臂必匹一幷名輕'을 輕
  淸에 배치했고 중뉴 3등 및 그와 같은 부류의 글자인 '嬌眷廟
  眉兵明卿'을 重濁에 배치했다. 이는 적어도 宋代에 중뉴를 '輕
  淸'과 '重濁'으로 나누는 기준으로 삼았음을 말해주고 있다.
  潘悟雲(1983b)은 중국 고대의 '輕淸'과 '重濁'에 대한 여러 가
  지 각각 다른 복잡한 개념 가운데 하나가 혀의 위치의 전후에
  관한 것이라 했다. 즉, 전설의 위치에 있는 것은 輕淸이고 후

설의 위치에 있는 것은 重濁이라는 것이다. 중뉴 3등이 동반한 개음의 혀의 위치가 중뉴 4등보다 뒤에 있었기 때문에 중뉴 3등과 4등을 각각 重濁과 輕清으로 나눈 것이다.

㉣ 宋代 邵雍의 ≪聲音唱和圖≫는 ≪切韻≫의 체계에 의지하지 않고 독자적으로 저술되었다. 여기에서 '開發收閉'의 네 개의 등으로 나누었는데 이들은 대체로 각각 1, 2, 3, 4등에 해당한다. 네 개의 등이 모두 갖추어진 '音一, 音二, 音三, 音五'의 네 개의 도표에서 '開'는 1등에, '發'은 2등에, '收'는 일반 3등과 중뉴 3등에, '閉'는 중뉴 4등 및 일반 4등에 속한다. 이 가운데 音三과 音五에서는 아래와 같이 이를 가장 명확하게 보여주고 있다.

收: 乙(王) 美眉 | 丙備品平

閉: 一(寅) (米)民 | 必鼻匹瓶

'王·寅·米'의 세 글자를 제외한 나머지는 중뉴 관계가 전혀 혼란스럽지 않다. 이 가운데 '王'은 云母이고, '寅'은 以母로 각각 중뉴 3, 4등에 해당하며 '米'는 4등운이다.

④ 반절에서의 증거

지금까지 중뉴의 개음 차이 설을 지지하는 증거는 주로 방언의 자료와 해외 한자음에서 찾았다. 그러나 대부분의 음운학자들은 가장 중요한 증거에 주의하지 않았다. 즉 ≪切韻≫ 개음의 반절행위는 성모나 운모와 다른데[51] 중뉴의 반절행위가 개음과 일치한다는 것이다. 이는 중뉴가 개음의 차이를 반영한다는 가장 중요한 내부 증거이다.

㉠ 중뉴가 존재하는 韻系에서 반절하자를 계련하면 대체로 양류의 중뉴가 추출되는데 이에 관해서는 周法高(1948d)를 참조하기 바란다. 이에 따라 중뉴에 관한 정보가 반절하자에 반영되어 있음을 알 수 있다.

㉡ 그러나 중뉴의 차이는 경우에 따라 반절상자에 반영되어 있기도 하다. 예를 들면 '賁(중뉴 3등), 彼義切', '臂(중뉴 4등), 卑義切'에서 반절하자가 동일하므로 반절상자 '彼'(중뉴 3등)와 '卑'(중뉴 4등)에 의거하여 양자를 구분한다.

이와 같은 중뉴의 반절행위는 개음의 차이를 명백히 반영한다.

3. 3등 舌齒音의 개음

3등 개음이 개음의 차이에 의해 A와 B류로 나뉘었다면 설치음 글자는 A류에 속하는가 B류에 속하는가? 이에 대하여 세 가지 다른 주장이 있다. 董同龢(1940)와 周法高(1948d)는 설치음이 A류에 속한다고 보았다. 陸志韋(1947)는 知·莊組와 來母가 B류에 속하고 나머지 설치음이 A류에 속한다고 주장했다. 邵榮芬(1982a)은 설치음이 B류에 속한다고 주장했다.

이 문제에 대한 답은 반절 그 자체 내에서만 찾을 수 있다. 그러나 각 학자들의 반절의 정보를 이용한 방법이 각각 달라 도출된 결론도 각각 다르다. 邵榮芬(1982a)의 통계에 의하면 설치음과 B, A 양류의 脣喉牙音 간의 계련 횟수는 다음과 같다.

---

51) 이에 대해서는 제2장 2절의 개음의 반절행위를 참조할 수 있다.

	來	泥	知	精	莊	章	日
B류	7	1	7	6	9	7	6
A류	5		6	10	2	8	6

위와 같은 통계로는 어떤 문제도 설명할 수 없다. 邵榮芬의 통계처리가 어떻게 진행되었는지 구체적 상황을 알지 못하므로 그 결과에 대하여 평가를 내리기 어렵다. 그러나 ≪廣韻≫에서 A, B 두 종류의 脣喉牙音의 반절하자 가운데 설치음을 아래와 같이 분류하여 통계를 낸다면 문제에 대한 설명이 결국 가능해질 것이다.

	以母	精組	章組	日母	云母	知組	來母	娘母	莊組
B류	2	0	3	0	19	11	24	0	0
A류	29	17	21	10	0	5	13	0	0

동시에 周法高(1948d)의 표2 중뉴 반절하자의 계련 상황에 근거해 처리한 아래의 통계에서도 역시 거의 같은 결과를 얻었다. 周法高 논문의 小·笑韻의 1, 2류를 각각 A, B류로 바꾸었으며 眞韻은 통계에서 제외했다. 그 이유는 아래에서 다시 논의한다.

	以母	章組	精組	日母	娘母	云母	來母	知組	莊組
B류	0	2	1	1	1	9	5	6	17
A류	18	68	68	15	6	0	13	45	8

이상의 통계로부터 아래와 같은 결론을 얻을 수 있다.

(1) 以母는 A류와 가까우며 云母는 B류와 가깝다. 以母의 중고음은 j-로 A류의 개음 -i-와 상당히 가깝다. 云母는 ɦ로 중뉴 3등의 개음 ɯ와 아주 가깝다.

이와 같은 云母와 以母의 성격으로 인해 이들을 자주 反切下字로 사용하여 A와 B의 두 종류를 구분했다. 예를 들면 '彌ₐ, 武移切'의 반절하자는 以母이며 '靡ʙ, 靡爲切'의 반절하자는 云母이다.

(2) 精·章組와 日·泥母는 A류와의 관계가 밀접하다. 章組와 日母는 설면음으로 A류 개음 i와 당연히 가깝고 精組는 설첨음으로 역시 개음 i와 잘 어울린다.

(3) 莊組는 권설음인데 권설음의 음색은 동일 부위의 모음 ʅ와 가장 가깝다. ʅ의 음색과 포먼트[formant] 구조는 ɯ와 가깝고 i와 멀다. 이것이 莊組와 B류가 가까운 이유이다. A류나 B류의 반절하자로 莊組를 사용하지 않았으나, 莊組 글자의 반절하자에는 B류 글자가 많은 반면 A류 글자는 없다.

(4) 來母는 상고에서 *r-이며 현대에 이르기까지 l-로 변화했다. 중고의 음가는 l로(제4장의 논의 참조) 설첨음과 권설음 사이에 있어 그 반절행위는 A류와 B류 사이에 있다.

(5) 知組의 경우 그 반절행위가 A류와 B류 사이에 있어 來母와 유사하다. 이 같은 知組의 성격으로 인하여 중뉴 류의 反切에서 흔히 B류의 글자를 구분하는 기능을 하기도 했다. 예를 들면 '夭ʙ, 於兆切'과 '闋ₐ, 於小切'에서 反切上字는 같으나 反切下字가 각각 精組 '小'와 知組 '兆'이므로 이에 의거하여 A, B류를 구분할 수 있다. 유사한 예로 '妙ₐ, 彌笑切'과 '廟ʙ, 眉召切'이 있다.

知組 글자가 반절하자일 때에는 A류 글자와 계련되기도 하고 B류 글자와 계련되기도 하는데 이로 인하여 계련에서 혼란을 자주 야기한다. 이 때문에 周法高(1948d)의 표 2에서 小·笑韻系의 계련 결과가 혼란스러웠던 것이다.

宵韻 上聲의 '小, 私兆切'과 B류인 '夭, 於兆切'이 계련했으므로 '小'를 反切下字로 사용한 '闄A, 於小切'과 '標A, 方小切'을 포함한 여러 글자들이 B류와 계련하게 된다. 그러나 '兆'가 知組의 글자이므로 그 反切이 양류에 걸칠 수 있고 '小'나 '小'를 反切下字로 삼는 글자가 2류가 아닌 1류에 귀납되어야 함을 이해하면 여기에서 도출된 1, 2류의 분류는 중뉴의 분류와 완전히 일치하게 된다.

笑韻의 분류가 일치하지 않은 것 역시 반절하자로 사용된 知組 때문이다. '廟B, 眉召切', '妙A, 彌笑切'인데 韻書의 저자들은 반절상자를 각각 '眉B'와 '彌A'로 사용하여 구분하기도 했고 반절하자를 각각 知組인 '召'와 精組인 '笑'로 나누어 사용함으로써 구분하기도 했다. 이는 위의 '夭B'와 '闄A'에 대한 注音 방법과 일치한다. '廟B'의 반절하자가 '召'이므로 A류인 '趬, 丘召切'과 '虬, 牛召切', 以母인 '燿, 弋照切' 등을 포함해 '召'와 계련관계가 있는 몇 개의 글자를 모두 같은 종류로 끌고 온 것이다. 따라서 우리도 동일한 방법으로 笑韻의 A, B의 분류상의 혼란을 조정할 수 있다.

(6) 습口의 B류에서 w에 3등 중뉴 개음 ɯ가 후행하는데 w가 ɯ와 상당히 가까워 ɯ를 흡수했을 가능성이 있다. 이로 인해 A, B 양류의 반절이 서로 섞일 수도 있었을 것이다. 예를 들면, '葵A'와 '逵B'의 반절하자는 모두 '渠追切'이다. 眞韻의 章組인 '瑞'와 '僞B'의 반절하자가 계련함으로써 '觖A, 窺瑞切' 등의 일부 글자의 반절이 혼란스럽게 된 것이다. 또 知組의 경우 開口韻에서는 A류와 더 많이 계련하는 반면 습口韻에서

는 B류와 더 많이 계련하는데 이것 역시 개음 w의 후설적 성격이 반절하자의 선택에 영향을 주었기 때문이다.

중뉴 3등과 중뉴 4등의 개음이 각각 대립한 것을 제외하면, 다른 각 성모류에 후행하는 3등 개음은 대립하지 않았는데 그 이유는 개음의 혀의 위치가 선행하는 성모의 영향을 받았기 때문이다. 설면음에 후행하는 개음의 혀의 위치는 다소 앞쪽에 있어 i에 가깝다. 권설음에 후행하는 개음의 혀의 위치는 다소 뒤쪽에 있어 ɯ에 가깝다. 知・來・娘母의 혀의 위치는 章組보다 뒤에 있지만 莊組보다 앞에 있으므로 설면 개음의 위치도 i와 ɯ 사이에 있게 된다. 제9장에서, 이들 설치음 성모에 후행하는 개음이 음소적으로 동일한 하나의 i로 재구될 수 있지만 성모와 모음의 차이에 따른 변이음이 있었음에 대하여 논의할 것이다.

4. 重紐類

일부 학자들은 아래의 몇 가지 韻類도 중뉴에 귀속하고 있다.

(1) 上古의 耕部에서 기원한 淸韻은 중뉴 4등에 해당하고, 庚₃韻은 중뉴 3등에 해당한다. 淸韻에 見・知・章・幫・精組 및 來・日・以母가 존재한다는 사실은 중뉴 4등이 이들 성모(莊組는 없다)에 분포하고 있었으며 庚₃韻에는 見・幫組 및 云母(합구)가 있으며 이외에도 莊組의 글자도 있었음을 의미한다(邵榮芬 1982a). 이는 중뉴 3등이 이들 성모에 분포하고 있었음을 의미한다. 周法高(1948d)는 淸韻과 庚₃韻이 A류와 B류의 배합임을 이미 밝혔고, 李新魁(1984)는 庚₃韻과 淸韻이 합쳐져 중뉴 운을 이룬다고 명확히 밝혔다(庚₃韻은 B류, 淸韻은 A류이다). 邵榮芬(1982a)은 ≪經典釋文≫과 ≪萬象名義≫에서 庚₃韻과 淸韻이 나뉘어져 있지 않다고 주장했다. 베트남 한자어에서 淸韻의 脣音이 舌齒

音化된 반면 庚₁韻의 경우 脣音에 변화가 없어 이들 역시 각각 중뉴 4등과 3등의 음운 행위와 일치한다.

(2) 상고의 蒸・職部에서 기원한 중고 3등의 脣音과 舌根의 合口 글자에는 蒸・職韻의 '憑・冰・逼・域' 등과 東₁・屋₁韻의 '憑・夢・雄・福・郁' 등이 있다. 전자는 중뉴 3등에 속하고 후자는 중뉴 4등에 속한다.

(3) 상고의 幽部에서 기원한 尤韻은 중뉴 4등에 속하고, 幽韻은 중뉴 3등에 속한다.

상고의 기원으로 보면 상술한 庚₂・幽韻과 蒸韻의 일부 글자를 중뉴 3등류에 귀속해도 잘못되었다 할 수 없지만 중고에서 이들이 모두 개음 ɯ를 동반했는지 여부에 대해서는 구체적인 분석이 필요하다. 庚₂韻과 清韻이 ≪釋文≫에서 하나의 韻으로 합병되어 있었으나 이와 같은 이유로 이들이 중뉴 3등과 중뉴 4등의 관계라 단정 지을 수는 없다. 이들이 합병되어 대립하지 않았을 가능성도 있기 때문이다. 한국 한자음에 중뉴 양류가 체계적으로 반영되어 있음을 위에서 논의한 바 있는데 가장 중요한 특징은 중뉴 4등은 i를 동반했고 중뉴 3등은 i를 동반하지 않았다는 것이다. 예를 들면 仙₄韻은 ‐ən이고 仙₃韻은 ‐iən이며, 眞₃韻은 ɯn이고 眞₄韻은 ‐in이다. 그러나 庚₂韻과 清韻은 한국 한자음에서 모두 ‐iəŋ으로 실현되고, 蒸韻의 '冰・憑'은 piŋ으로, 幽韻의 '糾'는 kiu로 '幼'는 iu로 실현된다. 이는 한국 한자음이 수용한 중국어에서 이들 몇 개 운에 동반된 개음이 ɯ가 아닌 i에 더 가까웠음을 의미한다. 또 이들 운의 개음이 i일 수도 없다. 개음 i의 경우 베트남 한자어에서 j로 변화하면서 설치음화를 유발했지만 이들 운의 순음은 베트남 한자어에서 설치음화가 발생하지 않았다. 이 개음은 i도 아니고 ɯ도 아니지만 음가가 i에 비교적 가까웠으므로 이 음은 i일 수밖에 없다. 따라서

필자는 庚韻은 ˉia ŋ 으로, 蒸韻의 合口韻은 ˉʷiŋ 으로, 순음은 ˉiŋ 으로, 幽韻은 ˉiu로 재구하고자 한다. 중국어에서, uVu 유형의 음절이 배척되는 것과 마찬가지로 ɯVu 유형의 음절도 배척된다. 이들 운은 중뉴 3등류에 속해 있어 ɯ를 동반한 적이 있었으며 후설적 성격의 운미가 3등 개음 ɯ에 강력한 이화작용을 일으켜 ɯ를 앞으로 이동시켜 i로 변화시킨 것으로 보인다.

중뉴와 공통된 기원을 가지고 있는 몇 개의 韻類를 진정한 중뉴 3·4등과 구별하기 위하여 우리는 이들을 重紐類라 부르기로 한다. 예를 들면 庚韻은 중뉴 3등류가 된다.

중뉴 3등의 ˉɯi는 이중 개음이다. 鄭張尙芳에 의하면 이것이 나중에 ˉɨ로 합쳐진다고 했으나 ≪切韻≫ 시기에는 ˉɯi이었다고 보는 것이 더 타당하다. ˉɨ로 재구하면 중뉴 3등의 음운 행위와 부합하기는 하지만 일부 방언에서 ˉu로 변화한 현상과는 부합하지 않기 때문이다[52].

. . . .

52) 평순의 후설 고모음인 ˉɯ가 원순의 후설 고모음인 ˉu로 변화하는 것이 평순의 중설 고모음인 ˉɨ가 ˉu로 변화하는 것보다 용이하다는 의미이다.

4

中古 중국어의 聲母 체계

칼그렌(Karlgren 1915-26)이 재구한 중고의 성모 체계는 대체로 학계에서 수용되고 있으며 이후의 학자들에 의해 아래와 같은 몇 가지 문제에 대하여 수정이 진행되었다.

1. 禪·船母

船·禪母는 전국 각 지역의 방언에 따라 모두 파찰음으로 읽거나 모두 마찰음으로 읽어 거의 변별이 되지 않는다. 이 때문에 일부 학자들은 이들이 과연 각각 다른 성모였는지 의심하고 있다. 李方桂(1971)는 더 나아가, 상고의 대부분의 운부에서 船母가 있으면 禪母가 없고 禪母가 있으면 船母가 없음을 지적했다. 근대 방언에서의 변화과정에 근거해도 船·禪母를 구분하기는 어렵다. 따라서 그는, 禪·船母의 구분이 방언의 차이에 불과했을 가능성이 있고 ≪切韻≫ 제작을 위해 수집한 방언음 자료에 근거해 船·禪母를 나누었으므로 ≪切韻≫에서 이를 雅音이라 정한 것이라 추정했다. 그러나 중고시기에 禪·船母가 대립했음을 부정하는 견해는 받아들일 수 없다. 船母 글자가 더 적으므로 일부 韻類의 경우 船母는 없고 禪母만 존재하는 것은 이상할 것이 없다.

그러나 禪母는 없고 船母만 존재하는 운류가 거의 없다는 점은 의심스럽다. 또 ≪廣韻≫의 支‧脂‧麻‧魚‧蒸‧侵‧眞‧諄‧薛韻 등과 같이 船‧禪母가 대립하는 운류는 제법 많다. ≪顔氏家訓‧音辭篇≫에서 남방 사람들이 "'錢'을 '涎'으로, '石'을 '射'으로, '賤'을 '羨'으로, '是'를 '舐'로 읽는다.[以錢爲涎, 以石爲射, 以賤爲羨, 以是爲舐.]"[53]라고 비판했는데 이것은 남방 사람들의 음운 체계에 從母와 邪母, 禪母와 船母가 혼합되어 있었음을 지석한 것이다. 顔之推가 남방 사람들의 이와 같은 음성의 부정확성을 비판한 점으로 보아 그가 추종한 정확한 독음에서 禪‧船母가 엄격하게 변별되었음을 알 수 있다. 또 당시의 북방의 일부 韻書나 音注 자료에 근거하면 禪‧船母는 명확하게 변별된다. 예를 들면 曹憲의 ≪博雅音≫이나 顔師古의 ≪漢書注≫, 李善의 ≪文選注≫ 등의 반절에서는 禪母와 船母를 엄격하게 구분하고 있다. 顔之推가 언급한 바와 같이 禪‧船母의 혼합은 남방에서 시작되었다. 예를 들면 ≪經典釋文≫과 原本 ≪玉篇≫에서는 禪‧船母를 나누지 않았다(周祖謨 1966). 邵榮芬(1982a)은 禪‧船母의 합병 현상이 나중에 북방으로 점차 확산되었음에 대하여 상세히 고증한 바 있다. 玄應 ≪一切經音義≫에서는 禪‧船母가 여전히 대체로 변별되어 있었지만 몇 개의 예에서는 禪‧船母의 독음이 ≪切韻≫과 이미 달라지기 시작했다(周法高 1948b). 司馬貞의 ≪史記索引≫이나 何超의 ≪晉書音義≫의 반절도 이와 같다. 이보다 조금 뒤에 나온 李賢의 ≪後漢書注≫나 張守節의 ≪史記正義≫의 반절에서는

---

53) ≪廣韻≫에서 '錢'은 '昨仙切' 從母이고, '涎'은 '夕連切' 邪母이다. '賤'은 '才線切' 從母이고 '羨'은 '似面切' 邪母이다. 이 현상은 당시 남방 변이음의 특징을 보여 주는 것으로 從母와 邪母가 구분되지 않았음을 알 수 있다. 한편, '石'은 '常隻切' 禪母이고 '射'는 '食亦切' 船母이다. '是'는 '承紙切' 禪母이고 '舐'는 '神帋切' 船母이다. 이것 역시 남방 변이음의 특징을 보여주는 예로, 禪母와 船母가 구분되지 않았음을 알 수 있다.

禪·船母의 변별이 이미 사라져 있다. 또 그 후에 나온 慧琳 ≪一切經音義≫에서는 禪·船母가 완전히 합병되어 있다. ≪守溫韻學殘卷≫에서는 船母는 없고 禪母만 있는데 이는 禪·船母가 합병된 이후의 음운 체계를 기술한 것에 지나지 않는다.

李方桂의 관점은 사실상 칼그렌의 관점으로부터 비롯된 것이다. 칼그렌(Karlgren 1915-26)은, 각 지역 방언의 독음에서 이들 두 성모가 변별되지 않았음에 근거하여 반절이 출현하기 이전의 어떤 시기에 이들이 단일의 유성 파찰음 성모인 ʥ[dz]였으나 이후에 일부는 유성 마찰음 ʑ[z]로 변화한 반면 나머지 일부는 여전히 파찰음으로 남아 있게 된 것이라 주장했다. 그러나 칼그렌의 견해는 李方桂과 조금 다르다. 칼그렌은 ≪切韻≫에서 船母는 ʥ[dz]이고, 禪母는 ʑ[z]로 분명히 변별되었다고 주장했다. 그러나 문제는 그가 船母를 왜 dz로 재구하고 禪母를 왜 z로 재구했느냐에 있는 것으로 이는 船·禪母의 韻圖에서의 배열과 깊은 관련이 있다. 韻圖에서 章組와 莊組는 하나로 합병되어 照·穿·牀·審·禪母로 불린다. 이 가운데 莊組는 2등 칸에 출현했으므로 '照ᵤ·穿ᵤ·牀ᵤ·審ᵤ母'라 했고, 章組는 3등 칸에 출현했으므로 照ᵢ·穿ᵢ·牀ᵢ·審ᵢ·禪ᵢ母라 했는데 船母와 崇母를 합쳐 牀母라 했다. 崇母가 대부분의 중국어 방언에서 파찰음이므로 중고에서도 파찰음이어야 함을 알 수 있다. 船母와 崇母가 韻圖에서 모두 牀母로 불리고 있으므로 船母의 음성적 성격은 崇母와 같은 파찰음이다. 따라서 禪母는 유성 마찰음이 된다.

그러나 陸志韋(1947)와 풀리블랭크(Pulleyblank 1962-3), 邵榮芬(1982a)은, 운도에서 船·禪母의 위치가 잘못되었으므로 禪母는 dz, 船母는 z이어야 한다고 했다. 그 구체적 이유는 다음과 같다.

(1) 義淨 이전에는 산스크리트의 파찰음 ja와 jha에 대해 아래의 표와
같이 船母로 대역한 경우는 전혀 없고 모두 禪母 글자로 대역했으므로
8세기 이전에는 禪母가 여전히 파찰음이었음을 알 수 있다(邵榮芬
1982a).

	ja	jha
竺法護[Dharmarakṣa] 286[54]	闍	
無羅叉 291[55]	闍	
鳩摩羅什[Kumārajīva] 403~404	闍	
鳩摩羅什[Kumārajīva] 402~405	闍	
法顯 417	闍	重音闍
佛馱跋陀羅[Buddhabhadra] 418~420	社	
曇無讖 414~421	闍	膳
曇無讖, 慧嚴 등 424~432	闍	重音闍
僧伽婆羅 518	闍	禪
闍那崛多 587~591	闍	社
玄應 649	闍	膳 時柯反
玄奘 660	闍	
地婆訶羅[Divakara] 683	社	闍
地婆訶羅[Divakara] 685	社	
義淨 690~692	社	縒
實叉難陀[Śikṣānanda] 695~699	社	
善無畏[Śubhākarasimha] 724	若	社
不空[Amoghavajra] 771	若 仁左反	鄭

• •

54) ≪正法華經≫
55) ≪放光般若經≫

船母도 j를 대역하기도 했지만, 다음과 같이 산스크리트의 y를 대역한 경우나, ś에서 기원한 프라크리트의 ź를 대역한 경우가 더 많다(Pulleyblank 1962-3 : 68).

那述[那由他] nayuta, 阿述達 āśucittā, 兜術陀 Tuṣita, 實利 śarīra, 術婆迦 śubhakara, 實叉難陀 śikṣānanda

이외에 śramaṇa가 ≪魏略≫에서 '晨門'으로 대역된 것도 船母로 마찰음을 대역한 예이다.

(2) 일부 현대 중국어 방언에서는 船·禪母의 변별이 여전히 남아 있다. 예를 들면 北京 말에서 禪母 평성 글자는 대부분 tṣh-이고 船母 평성 글자는 대부분 ṣ-이다. 단, 몇 가지 예외는 있지만 禪母의 경우 '誰·時·殊·韶' 등의 소수의 글자에 불과하며 船母의 경우도 상용자 가운데 '脣·乘·船'의 소수의 글자만이 tṣh-로 읽히고 있다. ≪中原音韻≫의 支思韻과 魚模韻 등의 i와 u류의 韻에서 船·禪母가 모두 마찰음으로 변화했으므로 '時·殊'가 마찰음인 것은 규칙적 변화의 결과이다. ≪中原音韻≫ 先天韻과 眞文韻의 합구 평성에 속한 船·禪母가 모두 파찰음으로 변화했으므로 '船·脣'이 파찰음인 것도 규칙적 변화의 결과이다. '韶'가 ≪中原音韻≫에서 '朝·鼂'와 동일 小韻에 속해 있었던 것으로 보아 당시에는 여전히 파찰음이었다가 후대에 들어와서 마찰음으로 변화한 것임을 알 수 있다. 船母의 仄聲이 北京 말에서 모두 ṣ-이고 禪母의 仄聲이 비록 대부분 ṣ-이기는 하지만 상용자인 '植·殖'은 여전히 파찰음을 유지하고 있다.

湖南 金水鄕 苗族이 구사하는 중국어에서는 다음과 같이 禪母는 파찰음으로만 읽고 船母는 마찰음으로만 읽는다(邵榮芬 1982a).

船母	剩 ɕiŋ(陽去)	神 ɕiŋ(陽平)
禪母	石 dzia(陽去)	上 tɕio(陽去)

廣東, 臺灣, 湖南, 江西나 四川 지역은 물론이고 客家 말에서도 船母가 모두 마찰음인 반면, 禪母 중 일부는 마찰음이고 일부는 파찰음이다.

(3) 諧聲 체계에서 禪母는 중고의 폐쇄음인 定·澄母와 다소 가까운 반면 船母는 중고의 반모음인 以母나 마찰음인 心·邪母와 더 가깝다. 또 船母는 以母의 異讀을 가진 예가 많다. 예를 들면, '賸'은 '實證切'과 又讀 '以證切', '射'는 '神夜切'과 又讀 '羊謝切', '蛇'는 '食遮切'과 又讀 '弋支切', '嘴'은 '食聿切'과 又讀 '餘聿切'이 있다. 반면에, 禪母와 以母 사이의 異讀은 훨씬 적다. 諧聲과 異讀이 비록 상고의 음운 현상을 반영하고는 있지만 중고음이 결국 상고음으로부터 변화된 것이므로 이를 통해서도 禪母와 船母의 차이를 일부 알 수 있다. 즉 禪母와 폐쇄음과의 관계는 船母와 폐쇄음과의 관계보다 더 밀접하다.

2. 娘母

宋代의 韻圖에서 泥母는 端組와 함께 1등과 4등에 배치되어 있고 娘母는 知組와 함께 2등과 3등에 배치되어 있다. 그러나 칼그렌은 娘母와 知組의 음운 행위가 동일하지 않다고 주장했다. 즉 知組의 2·3등의 경우 동일한 반절상자를 사용하지만 泥母의 '奴'는 1등의 반절상자로도 사용할 수도 있고 2등의 반절상자로도 사용할 수도 있다. 따라서 泥·娘母의 차이는 다른 성모와 마찬가지로 1·2·4등이 함께 泥母 n-가 되고 나머지 3등은 娘母 nj-가 된다. 李榮(1956)은 칼그렌의 관점을 수용함과 동시에 더 나아가 다음과 같은 이유를 덧붙였다.

(1) ≪敦煌掇瑣≫ 제100호 ≪守溫撰論字音之書≫에 다음과 같이 기록
되어 있다.

> 端透定泥是舌頭音
>
> 知徹澄日是舌上音

이를 통해 知組에는 이와 배합하는 비음이 없고 日母에는 이와 배합
하는 구강음이 없었기 때문에 知組와 日母를 함께 모아 놓은 것임을
알 수 있다. 후대 사람들이 日母의 독음과 知組가 어울리지 않는다는
것을 깨닫고 娘母를 만들어 知組와 배합시킨 것이다.

(2) 방언에서는 泥・娘母의 차이가 없다.

羅常培(1931b), 李方桂(1971), 풀리블랭크(Pulleyblank 1962-3), 邵榮芬
(1982a) 등의 또 다른 학파의 학자들은 泥母와 娘母가 각각 다른 성모라
주장하고 있는데 이 가운데 邵榮芬의 논증이 가장 상세하다. 그의 주요
논거는 아래와 같다.

① 1등 泥母 글자인 '奴'가 2등의 반절상자로 사용된 몇 개의 예가
분명히 있다. 이것이 바로 전통음운학에서 말하는 類隔 현상이다. 그러
나 端母 글자도 知組의 反切上字로 사용되었던 類隔 현상이 있다. 邵榮
芬은, 몇 종의 운서에서 발견된 端・知組 간의 類隔 현상과 泥・娘母
간의 類隔 현상에 대해 아래와 같이 통계를 내어 두 종의 類隔 사이에
어떠한 차이도 없음을 발견했다.

	王三		廣韻		博雅音		晉書音義	
	小韻의 수	類隔의 수	小韻의 수	類隔의 수	反切의 수	類隔의 수	反切의 수	類隔의 수
端・知組	156	11	162	9	102	7	194	16
泥・娘母	116	10	123	9	99	8	115	13

端・知組의 類隔이 큰 비중을 점하고 있지 않으므로 전체적으로는 여전히 端母는 1・4등에, 知組는 2・3등에 출현하여 양자가 차별되는 추세이다. 이에 따라 음운학자들은 中古의 端・知組를 여전히 양분하고 있다. 泥・娘母 간의 類隔 현상이 端・知組 간의 類隔과 거의 같으므로 泥・娘母도 각각 다른 성모로 구별해야 한다.

麥耘(1991)은 ≪切韻≫의 음운 체계에서 日母를 知組와 배합하지 않고 유일하게 章組와만 배합했음을 지적했다. 日母로 娘母를 대신한다면 전체적인 음소 체계는 상당히 혼란해진다. 즉 端・透・定母는 1・4등에만 출현하지만 泥母(娘母 포함)는 네 개의 등에 모두 출현하며, 知・徹・澄母는 2・3등에 출현하지만 日母는 3등에만 출현한다. 守溫 字母의 시기는 ≪切韻≫보다 훨씬 늦다. 이때에 知組의 파찰음화가 시작되었고 日母도 권설의 마찰음으로 변화하기 시작했으므로 守溫字母에서 字母를 위와 같이 배합한 것이다. 반절상자의 계련에 의거하면 소수의 娘母 글자가 泥母에 귀속될 수 있겠으나 통계에 근거하면 두 성모를 나눌 수 있다. 아래 표는 그가 ≪王三≫에 근거한 통계의 결과인데 각 글자의 오른 쪽 상단에 표시된 숫자는 1・4등을 반절한 횟수이고 하단의 숫자는 2・3등을 반절한 횟수이다.

泥母	那$^{1}_{0}$	諾$^{2}_{1}$	內$^{1}_{0}$	乃$^{14}_{3}$	年$^{1}_{0}$	奴$^{43}_{6}$
娘母	儜$^{0}_{1}$	娘$^{0}_{1}$	尼$^{0}_{6}$	女$^{0}_{35}$	妳$^{0}_{1}$	

② 顔師古의 ≪漢書注≫에 나타난 反切上字에서 泥·娘母는 명확하게 나뉘어 있다. '女, 乃據切'는 유일한 예외로 誤字일 가능성이 크다.

③ ≪新譯大方廣佛華嚴經音義≫의 反切에서는 泥·娘母가 명확하게 나뉘어 있다.

④ 敦煌 중국어-티베트어 대음 寫本인 ≪阿彌陀經≫과 ≪金剛經≫에서는 다음과 같이 泥母는 'd-나 n-로 대음했고 娘母는 'j-로 대음하여 양자 간에 차이가 있다.

泥母	娘母
腦 'de'u	女 'ji
念 nem	尼 'ji

전사 표기 가운데 '는 티베트어의 小阿[a-chung]를 표시한 것으로 일반적으로 비음에서 기원했다고 알려져 있다. 羅常培에 의하면 'd-는 nd-이고 'j-는 nz-이다. ≪開蒙要訓≫의 注音에서는 泥母와 來母가 상호 音注한 경우와 娘母와 日母가 상호 音注한 경우가 흔하다. 예를 들면, '歷'[56]으로 '溺'[57]을 注하고, '叔'[58]으로 '戁'[59]을 注한 것 들이다(이상의 예는 羅常培 1933에서 인용하였다).

⑤ ≪古今韻會擧要≫에서도 泥·娘母는 아래와 같이 변별된다.

字母韻 聲	公	岡	羈	鞭	金	箝	訖
泥	農	囊	泥	年	南	鮎	怒
娘	醲	娘	尼	輾	賃	黏	暱

≪古今韻會擧要≫에서는 일부 글자가 이미 娘母에서 泥母로 변화하였다. 이 운서에서는 이에 대하여 특별히 주를 달아 설명하고 있다. 예를 들면, 小韻 '紉'의 '泥鄰切'에 대하여 "옛 음은 '尼鄰切'이다.[舊音尼鄰切.]"로 注했고, 小韻 '挐'의 '奴加切'에 대하여 "옛 음은 '女加切'이다.[舊音女加切.]"라 注했다. 이는 한편으로는 泥·娘母가 이미 합병되기 시작했음도 의미하지만 또 한편으로는 당시의 泥·娘母가 여전히 변별되었음도 의미한다. 그렇지 않았다면 娘母에서 泥母로 변화한 글자들에 대하여 注를 가할 필요가 없었을 것이다.

56) 來母 글자.
57) 泥母 글자.
58) 娘母 글자.
59) 日母, ≪廣韻≫ '人善切'.

⑥ 산스크리트-중국어의 대음에서 다음과 같이 泥母 글자로 n를 대역했고 娘母 글자로 ɳ를 대역했다.

	na	ɳa	ña
竺法護 286	那	那	惹
鳩摩羅什 403-404	那	拏	若
法顯 417	那	拏	若
佛馱跋陀羅 418-420	多	拏	若
曇無讖 414-420	那	拏	若
僧伽婆羅 518	輕那	那	若
闍那崛多 587-591	哪	拏	若
玄應 649	那 奴賀反	拏	若 耳賀反
玄奘 660	娜	拏	若
地婆訶羅 683	那 上聲	拏 上聲	壤
地婆訶羅 685	多	拏	壤
義淨 690-692	娜	拏	喏
實叉難陀 695-699	那	拏 妳可反	壤
善無畏 724	曩	拏	若

尉遲治平(1982)은 다음과 같이 밝혔다.

周隋의 長安 불경 번역에서 娘母는 일률적으로 산스크리트의 ɳ를, 泥母는 일률적으로 산스크리트의 n를 대역했는데 몇 개의 4등 泥母 글자만이 산스크리트의 ɳ를 대역했다. 현대 西安 방언음에서 泥母 4등은 娘母와 같은 독음을 가지고 있지만 1등의 泥母와는 그 독음이 다르다.

3. 日母

칼그렌은 日母를 ṇz-로 재구했는데, 그 재구의 주요 근거를 日母가 현대 방언에서 일부는 비음으로, 또 일부는 유성 마찰음이나 유성 파찰음으로 읽힌다는 점에 두고 있다. 심지어 같은 글자라 하더라도 두 개의 이독이 있다. 예를 들면 '日'은, 上海 말의 경우 서면어에서는 zəʔ^{8}로, 구두어에서는 ṇiɿʔ^{8}로 읽히며, 溫州 말의 경우 서면어에서는 zai^{8}로, 구두어에서는 ne^{8}로 읽히고 있다. 日母의 ṇz-는 두 가지 독음을 합친 것인데 대다수의 음운학자들이 이와 같은 칼그렌의 재구음을 수용했다. ≪切韻≫ 체계에서 日母만 복자음 성모로 재구되었는데 이는 음운 체계의 구조적 측면에서 보면 불규칙하다. 방언에서 서면어와 구두어의 이독이 존재하는 것은 각각 다른 역사 층위를 반영한 것으로 이와 같이 각각 다른 역사 층위의 내용으로써 역사 비교를 하는 것은 타당하지 않다. 풀리블랭크(Pulleyblank 1962-3 : 67)는 日母를 ń[ṇ]로 재구함과 동시에 중요한 사실을 발견했다. 唐代 이전과 初唐 시기에는 日母가 구개음화된 단순한 비음만을 대역했으나(위의 표 참조) 7세기 이후에는 日母가 산스크리트의 유성 무기 폐쇄음을 대역했으며 이와 동일한 현상이 日本 漢音 및 브라흐미[Brāhmī] 문자, 티베트 서면어, 고대 위구르 필사본 안의 중국어 전사에서도 보인다. 예를 들면 '若'은 7세기 이전에는 산스크리트의 ña[ṇa]를 대역했으나 이후에는 산스크리트의 ja를 대역했다. 이러한 변화는 비음 운미를 동반한 글자에서 가장 늦게 발생했다. 예를 들면 '穰'은 慧琳에서 여전히 산스크리트의 ña를 대역하고 있었다. 唐代 長安 방언의 비음 성모에서 동일 조음부위가 폐쇄되는 동작이 발생하게 되어 아래와 같이 부분적으로 탈비음화 현상이 발생했다.

$$\eta- > {}^\eta g-, \quad n- > {}^n d-, \quad \eta- > {}^\eta d-, \quad m- > {}^m b-, \quad \eta- > {}^n d\!z -$$

현대 陝西의 남부방언은 위와 같은 유형의 독음을 보존하고 있다. 8세기 이후, 長安 방언에서 日母가 이미 ${}^n d\!z-$로 변화했으므로 日母 글자로 산스크리트의 j-를 대역했으며, 비음 운미를 동반한 日母 글자만 여전히 ȵ-이었으므로 慧琳에서는 '禳'으로 산스크리트의 ña를 대역한 것이다.

지리적 측면으로 볼 때, 日母의 독음 ${}^n d\!z-$는 長安 방언의 특징에 불과하며 다른 방언에서는 여전히 ȵ-로 읽혔을 가능성이 있다. 비음이 일본의 吳音과 漢音이 각각 다르게 대역된 점으로 보아 그 차이를 알 수 있다. 즉 明母, 泥母, 日母는 吳音에서 각각 m-, n-, n-로 대역된 반면 漢音에서는 각각 b-, d-, dz-로 대역된다. 한편 吳音은 吳 지역 방언에서, 漢音은 長安 방언에서 기원한 것이다.

역사적 측면에서 보면 日母의 독음 ${}^n d\!z-$는 7 세기 이후에나 출현했으며 周隋 시기의 長安의 불경 번역에서는 日母 글자인 '若'으로 산스크리트의 ñ-를 대역했다(尉遲治平 1982).

長安 방언이 갖는 표준어로서의 지위로 인해 日母의 독음 ${}^n d\!z-$는 다른 지역의 방언에서도 수용되었고 이 독음의 파찰음도 ${}^n d\!z->dz->z->z\!-$와 같은 과정을 경과하여 마찰음으로 변화하게 된다. 유성 마찰음인 z\!-가 바로 남부 吳 방언의 서면어음 층위인 z-의 기원이다. 北京 말에서 z\!-는 계속해서 ɹ로 변화하고 있다.

이상의 종합하면 ≪切韻≫ 시기의 비음과 이에 대응하는 폐쇄음이

나 파찰음을 아래와 같이 정리할 수 있다.

明 m	泥 n	娘 ɳ	日 ȵ	疑 ŋ
幇 p	端 t	知 ţ	章 tɕ	見 k

4. 云母

曾運乾(1927)과 葛毅卿(1939), 羅常培(1939) 등은 중고의 云母가 3등의 匣母이었다가 나중에야 설면 개음의 영향을 받아 반모음으로 변화한 것이라 고증했다. 이 주장에 대한 근거를 주로 초기 문헌에서 匣母와 云母 간의 상호 반절 현상에 두고 있다. 예를 들면 다음과 같다.

上虞羅氏丙辰年影印本 ≪原本玉篇殘卷≫의 云部 제100에서 '云, 胡勲反'으로 되어 있고 通行本 ≪玉篇≫에서는 '于君反'으로 되어 있다. '胡'는 匣母이고 '于'는 云母이다.

敦煌本 ≪尚書釋文殘卷≫에서는 '滑, 于八反'으로 되어 있다. '滑'은 匣母이고 '于'는 云母이다.

≪經典釋文≫에서 '滑'에는 '胡八, 乎八, 于八'의 세 개의 反切이 있으며 '猾'에는 '于八, 戶八'의 두 개의 반절이 있다. '皇'에는 '于況, 胡光'의 두 개의 반절이 있다. ≪尚書釋文≫의 '蠻夷猾夏'의 '猾'에 대하여 今本에서는 '戶八反'으로, 敦煌寫本에서는 '于八反'으로 기록했다. '尤'에는 '有牛, 下求'의 두 개의 반절이 있고 '驨'에는 '于驕, 于嬌, 于苗, 戶驕'의 네 개의 반절이 있다. '滑·皇·猾·胡·乎·戶·下'는 匣母이고 '于·有·尤·驨'는 云母이다.

≪萬象名義≫에 반영된 原本 ≪玉篇≫의 음운 체계에서 匣母와 云母의

변별이 대단히 혼란스러웠기 때문에 周祖謨(1966)는 이들은 합쳐 '胡類'로 규정했다.

南齊 王融(468~494)의 雙聲詩에는 다음과 같이 匣母와 云母가 함께 있다.

園蘅眩紅苩, 湖荇燁黃花, 迥鶴橫准翰, 遠越合雲霞.

아래의 庾信(513~581)의 <問疾封中錄>도 雙聲詩이다. 이중에 '溪·綺'를 제외하면 모두 匣母와 云母의 글자로 이루어져 있다.

形骸遠學宦, 狹巷幸爲閑, 虹迥或有雨, 雲合又含寒.
橫湖韻鶴下, 迥溪狹猿還, 懷賢爲榮衛, 和緩惠綺紈.

周隋 시기 長安의 불경번역에서는 以母로 산스크리트의 반모음 y를 대역했고 vaṭ[活], vi[瑋]와 같이 云母와 匣母의 합구 글자로 산스크리트의 v를 대역했다. 따라서 당시의 云母가 以母와는 달랐으며 匣母와 동일했음을 알 수 있다.

그 이후 '喩母는 匣母에 귀속된다[喩母歸匣]'는 학설은 대체로 음운학계에서 받아들여지게 된다. 云母는 3등에만 존재하므로 匣母의 재구음 뒤에 3등 개음을 붙여 재구하고 있다. 曉母와 匣母는 칼그렌이 각각 x-와 ɣ-로 재구했는데 대부분의 음운학자들은 그의 재구음을 채택하고 있고 풀리블랭크(Pulleyblank 1962-3)는 h-와 ɦ-로 각각 재구했다. 潘悟雲(1997)은 아래의 두 가지 이유를 들어 풀리블랭크의 견해를 지지했다. 첫째, 潘悟雲(1997)은 上古의 *q-, *qh-, *ɢ-가 中古에 이르러 影·曉·匣母로 변화했음을 증명했다. *q-의 조음부위가 뒤로 이동하면서 ʔ-로 변화했으므로 *q-와 대응하는 *qh-, *ɢ-의 조음부위가 마찬가지로 뒤로 이동하게 되었으므로 이에 따라 앞쪽으로 치우친 설근음인 x-와 ɣ-가 아닌, h-와 ɦ-로 재구되어야 한다고 했다. 둘째, 宋代의 韻圖에서 曉母와 匣母는 설근음의 見母 k-류가 아닌 影母 ʔ-류와 동일한 후음에 귀속되었다. ≪切韻≫ 시기에 云母와 匣母의 관계는 曉母 3등과 1・2・4등의 관계와 동일하다. 曉母의 3등이 다른 음으로 재구되지 않고 1・2・4등과 동일하게 재구되므로 云母 역시 匣母와 다른 독립된 聲母로 간주할 필요가 없다는 것이다. 邵榮芬(1982a)의 체계에는 云母가 없다.

그러나 唐代 이후 云母와 匣母의 관계는 점차 멀어지게 된다. 宋代의 韻圖에서 云母는 以母와 동일한 喩母 아래에 배열되어 각각 喩三과 喩四로 명명된다. 각 지역 방언에서 云母 글자는 대부분 以母와 합병되어 있어 匣母와는 다르다. 全淸, 次淸, 全濁, 次濁의 분류법에 의한다면 云母와 以母는 次濁으로 분류되고 匣母는 全濁으로 분류된다. 이에 따라 云母와 以母의 上聲은 北京에서 上聲으로 읽지만 匣母의 경우 全濁 글자가 去聲이 된 규칙에 저촉 받아 去聲으로 읽는다. 또 ≪廣韻≫에서 云母의 반절행위는 曉母 3등과 완전히 동일하지는 않다. 曉母의 1・2・4등 글자가 曉母 3등 글자를 反切上字로 사용한 예가 24개인 반면, 匣母 글자(1・2・4등)에서 云母 3등을 反切上字로 사용한 예는 없다. 唐代 이후, 云母는 설면 개음의 영향으로 점차 반모음으로 변화했다. 국제음성기호의 표에는 ç와 동일한 부위에 반모음 j만 있지 ɕ-와 동일한 부위의 반모음은 존재하지 않는다. 중국어 방언의 j-는 대체로 ɕ-와 동일 부위인데 中古의 以母가 바로 여기에서 말하는 j-이다. 그러나 云母는 ɦ-에서 기원하여 以母와 합병되었는데 그 과정 중에 아마 ç와 동일 부위의 반모음의 단계를 경과했을 것이다.

5. 知·莊組

칼그렌은 知組를 ȶ-, ȶʻ-, ȡʻ-[ȶ-, ȶʻh-, ȡʻh-]로, 莊組를 tʂ-, tʂʻ-, dʐʻ-, ʂ[tʂ-, tʂʻh-, dʐʻh-, ʂ-]로 재구했다. 羅常培(1931b)는 知組를 ʈ-, ʈʻ-, ɖ-[ʈ-, ʈʻh-, ɖ-로 재구하여 莊組와 배합했다. 그의 재구음은 풀리블랭크 등의 서양 학자들에게 지지를 받았다. 이들의 주요 근거는 산스크리트-중국어의 대역에서 知組와 莊組 모두 산스크리트의 권설음을 대역했다는 점이다.

陸志韋(1947)는 羅常培의 견해에 반대하여 莊組를 ʧ-류로, 知組를 莊組와 동일 부위의 폐쇄음인 ȶ-류로 재구했다. 그 주요 이유는 다음과 같다.

① 불경에서 '吒' 등의 의심스러운 글자로 산스크리트의 ṭ 등을 대역했으며 심지어 偏旁 '口'를 첨가하여 '咃, 嗏'등의 글자를 만들었다. 知組에 常用字가 없는 것도 아닌데 따로 글자를 만든 이유는 무엇인가? 예를 들면 澄母 '茶'의 독음이 정말로 ɖa라면 이미 있는 글자인 '茶'를 사용하지 않고 '嗏'를 따로 제작하여 산스크리트의 ɖa를 대역한 이유는 무엇인가? 이는 당시의 중국어에는 권설음이 없어 독음이 유사한 '茶'에 偏旁 '口'를 첨가해 산스크리트의 ɖa를 대역한 것으로, 이를 통해 '茶'와 ɖa가 완전한 동음이 아니었음을 알 수 있다. 이외에 ṭ를 대역할 때 '吒'를 사용하지 않은 경우도 있다. 예를 들면 僧伽婆羅(460-524, Saṃghavarman)의 《文殊師利問經字母品》에서는 "輕多輕他......" 등의 방식으로 대역했다. 또 다음과 같이 來母 l로 ṭ, ɖ를 대역한 것은 이해하기 어렵다.

究羅瞋摩羅	Kuṭaśalmali	首羅	Cūḍa
僧伽梨	Saṁghaṭi	迦樓羅	Garuḍa
舍勒	Śaṭaka	陀毗羅	Drāviḍa
俱利槃陀迦	Cūḍapanthaka	拘鄰居輪	Kauṇḍinya

이는 당시의 중국어에 아직 권설 폐쇄음이 없어서 來母로 대역했음을 의미한다.

② 止攝은 ≪中原音韻≫에서 齊微韻과 支思韻으로 나뉘는데 전자의 모음은 -i, 후자의 모음은 -ʅ이다. 止攝의 知母는 '胝'를 제외하면 모두 齊微韻에 속한다. 知母가 ȶ-라면 知母가 -ʅ가 아닌 모음 -i를 동반하게 된 이유를 설명할 수 있고 현대에 이르기까지 tʂ-로 변화된 과정, 즉 ȶi > tɕi > tʂʅ의 과정도 용이하게 설명된다. 그러나 知母를 ʈ-로 재구한다면 tʂ-로의 변화과정을 설명하기 어려우며 발성 면에서도 ʈi와 같은 음은 발음하기 어렵다.

③ 番僧들이 字母를 만든 목적은 중국어와 산스크리트의 음을 잘 통하게 하기 위한 것이었다. 昌母가 tɕh-, 初母가 tʂh-라면 산스크리트의 c-와 kṣ도 그 차이가 대단히 큰 것인데, 등운학자들이 昌母와 初母를 하나로 묶어 穿母라 명명한 것은 이해하기 어렵다.

④ 莊組가 ʧ-이므로 撮口의 색채를 띠고 있었기 때문에 莊組에서 合口와 동일한 음운 행위가 있었다고 해석할 수 있다. 陽韻의 莊組 글자 '創·莊·霜' 등은 원래 開口였지만 여러 방언에서 合口로 읽는다. 脣音과 다소 유사하게 莊組 反切에는 늘 開合이 섞였는데 이는 바로 이러한 이치에서 비롯한 것이다.

麥耘(1991)은 陸志韋의 견해에 다음과 같이 비판했다.

① 麻韻에서 知·徹母의 글자 수가 적었던 까닭에 몇 개의 僻字로만 산스크리트의 ṭa, ṭha를 대역했다. 산스크리트의 ḍa, ṇa를 대역할 때에는 여전히 常用字인 '荼, 挐'를 사용했다. '嗏'는 유기음 ḍha를 대역할 때에만 사용되었으므로 '荼로 ḍa를 대역한 것과는 다르다. 來母로 ṭ 등을 대역한 것에 대하여 季羨林은 來母가 ṭ, ḍ 등이 아닌 l를 대역한 것이라 했다. 즉 불경 번역의 저본이 속어[프라크리트]나 중앙아시아의 고대 언어로 전사한 것들로 이들 언어에서 ṭ>ḍ>l의 변화과정이 발생했다는 것이다.

陸志韋가 운용한 자료에 대한 麥耘의 비판은 일리가 있지만 산스크리트의 권설음을 대역한 글자의 성격이 특수하므로 陸志韋의 견해는 여전히 주목할 만하다. 無羅叉와 玄應은 '咤로, 玄奘은 '攄로 산스크리트의 ṭha를 대역했다. 玄應, 地婆訶羅, 不空은 '吒로 ṭa를 대역했지만 上聲이라 注했으며, 實叉難陀는 '荼로 ḍa를 대역했지만 '徒解切'이라 注했다. 이로써 번역자들이 스스로 知組와 산스크리트의 권설음이 어울리지 않았다고 생각했음을 알 수 있다. 인도의 권설음에 대해서는 아래의 Ladefoged(1975)의 설명을 살펴보자.

> 권설음[retroflex sounds]은 혀끝의 아래 부분을 치경의 뒷부분과 접촉하거나 근접하도록 혀끝을 말아 올려 뒤로 이동시킴으로써 발성된다.

그러나 중국어의 권설음은 혀를 말아 올려 혀끝의 아래 부분이 치경에 접촉하는 것이 아니라 혀끝의 접촉 위치가 설첨음보다 조금 뒤에 있는 것에 불과한 것으로 치경의 뒷부분을 막아서 발성하는 것이다. 중국학자들은 이에 따라 이들을 설첨후음이라 부르는데 인도의 권설음과는 그 음색이 완전히 같지 않다.

② 권설음은 후치경음[post-alveolar]과 같이 撮口의 색채를 띨 수 있어 陽韻의 莊組가 合口의 독음을 갖는 현상을 설명할 수 있다.

③ 권설음이 i와 결합한 것은 비정상적인 음이 아니며 知·莊組 성모 뒤의 개음 i가 탈락한 현상도 설명할 수 있다.

莊組 글자의 경우 脣音을 反切下字로 사용한 경우가 많아 脣音과 유사한 점이 있다는 것은 사실이지만 麥耘은 陸志韋가 이에 관해 제기한 문제에 대해서는 적절하게 답하지 않았다. 사실은 脣音을 反切下字로 사용한 것은 莊組 2등 글자뿐 아니라 다른 2등 글자에도 제법 있다. 이는 中古 2등이 합구와 다소 가까운 개음 ɯ를 동반했기 때문이다.

풀리블랭크(Pulleyblank 1962-3: 108)는 知·莊·章·精組 사이의 諧聲 관계에 대하여 아래의 표를 만들었다.

1등	端 t	精 ts
2등	知 ṭ [ţ]	莊 tṣ [tʂ]
3등	知 ṭ [ţ], 章 c [tɕ]	莊 tṣ [tʂ], 精 ts
4등	端 t	精 ts

莊組와 知組가 평행하고 莊組가 권설음이므로 知組도 권설음이다. 그러나 반절행위로 볼 때 양자 사이에는 여전히 작은 차이가 있다. 知組는 來母와 마찬가지로 혀의 위치가 권설음과 설첨음 사이에 있다.

來母의 상고 중국어는 *r-(제17장 참조)이었는데, 현대에 이르기까지

ㅣ로 변화했다. 그러나 일부 현대 방언에서는 혀의 위치가 여전히 端・
透・定・泥母보다 다소 뒤에 있어 권설음에서 설첨음으로 변화하는 중
간 단계에 있다. 예를 들면 溫州 말에서 端組는 혀끝이 앞니와 치경 사
이에 접촉함으로써 조음되는 반면 來母는 혀끝이 치경이나 치경 뒷부
분과 접촉하면서 조음된다. 上海 말에서 ㅣ의 혀의 위치는 ㅌ-, ㅌʰ-, ㄷ-,
ㄴ- 보다 뒤에 있다. 아래는 張慶翔(1999)이 측정한 전자 구개위치도[電
腭位圖]이다.

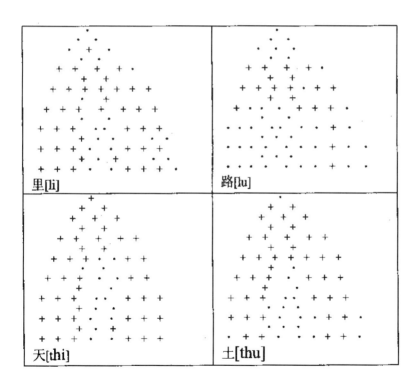

위의 도표에서 + 모양이 있는 곳은 설면과 구개가 접촉하는 위치인데 두 개의 도표를 비교하면 上海 말에서 ㅏ이 th-보다 다소 뒤에 위치함을 알 수 있다.

6. 俟母

董同龢(1954, 1948b)는 莊組에 유성 마찰음인 俟母도 존재했다고 주장했다. 주요 이유는 다음과 같다.

첫째, ≪切韻≫과 ≪王三≫의 두 개의 小韻 '漦'와 '俟'가 계련할 뿐만 아니라 小韻 '漦'와 小韻 '茬'가 대립하며 小韻 '俟'와 小韻 '士'가 대립한다. 둘째, ≪七音略≫에서 '漦'와 '俟'는 禪母 2등의 위치에 배열되어 있다. 李榮(1956: 92-93)도 董同龢와 동일하게 재구했다. 풀리블랭크 (Pulleyblank 1962-3: 69)는 이 같은 이유가 충분하지 않음을 지적했다. 그러나 唐代 突厥의 칭호인 '俟斤'이 Orkhon[顎爾渾] 비문의 irk(ä)n을 가리키는 것으로 보이는데 '俟'와 대응하는 ir가 파찰음이 아니므로 풀리블랭크는 俟母를 莊組의 유성 마찰음으로 재구하는 것에 동의했다.

아래는 周法高(1970)에 모아 놓은 여러 학자들의 재구음표에서 인용한 것으로 개별적으로 수정을 가한 곳도 있다.

제 학자들의 ≪切韻≫ 聲母類 재구음 비교표 1

字母	幫	滂	並	明	端	透	定	泥	娘
칼그렌	p	p'	b'	m	t	t'	d'	n	ń
李方桂	p	ph	b	m	t	th	d	n	ŋ
陸志韋	p	p'	b	m	t	t'	d	n	
董同龢	p	p'	b'	m	t	t'	d'	n	
李榮	p	p'	b	m	t	t'	d	n	
王力	p	p'	b'	m	t	t'	d'	n	
邵榮芬	p	p'	b	m	t	t'	d	n	ņ
풀리블랭크	p	ph	b	m	t	th	d	n	ŋ
周法高	p	p'	b	m	t	t'	d	n	ŋ
鄭張尚芳	p	ph	b	m	t	th	d	n	ņ
潘悟雲	p	ph	b	m	t	th	d	n	ŋ

제 학자들의 ≪切韻≫ 聲母類 재구음 비교표 2

字母	知	徹	澄	精	清	從	心	邪
칼그렌	ȶ	ȶ'	ȡ'	ts	ts'	dz'	s	z
李方桂	ṭ	ṭh	ḍ	ts	tsh	dz	s	z
陸志韋	ȶ	ȶ'	ȡ	ts	ts'	dz	s	z
董同龢	ȶ	ȶ'	ȡ'	ts	ts'	dz'	s	z
李榮	ȶ	ȶ'	ȡ	ts	ts'	dz	s	z
王力	ȶ	ȶ'	ȡ'	ts	ts'	dz'	s	z
邵榮芬	ȶ	ȶ'	ȡ	ts	ts'	dz	s	z
풀리블랭크	ṭ	ṭh	ḍ	ts	tsh	dz	s	z
周法高	ṭ	ṭ'	ḍ	ts	ts'	dz	s	z
鄭張尚芳	ȶ	ȶh	ȡ	ts	tsh	dz	s	z
潘悟雲	ṭ	ṭh	ḍ	ts	tsh	dz	s	z

제 학자들의 ≪切韻≫ 聲母類 재구음 비교표 3

字母	莊	章	初	昌	崇	船	山	書	俟	禪
칼그렌	tʂ	tɕ́	tʂ'	tɕ́'	dʐ'	dʑ'	ʂ	ɕ		ʑ
李方桂	tʂ	tɕ́	tʂh	tɕ́h	dʐ	dʑ	ʂ	ɕ		ʑ
陸志韋	tʃ	tɕ	tʃ'	tɕ'	dʒ	z	ʃ	ɕ		dz
董同龢	tʃ	tɕ	tʃ'	tɕ'	dʒ'	dʑ'	ʃ	ɕ	(ʒ)	z
李榮	tʂ	tɕ́	tʂ'	tɕ́'	dʐ	dʑ'	ʂ	ɕ	ʐ	ʑ
王力	tʃ	tɕ	tʃ'	tɕ'	dʒ'	dʑ'	ʃ	ɕ		z
邵榮芬	tʃ	tɕ	tʃ'	tɕ'	dʒ	z	ʃ	ɕ	ʒ	dz
풀리블랭크	tʂ	c	tʂh	ch	dʐ	(ʑ)	ʂ	ɕ	(ʐ)	dʑ
周法高	tʂ	tɕ́	tʂ'	tɕ́'	dʐ	ʑ	ʂ	ɕ		dʑ́
鄭張尙芳	tʃ	tɕ	tʃh	tɕh	dʒ	z	ʃ	ɕ		dz
潘悟雲	tʂ	tɕ	tʂh	tɕh	dʐ	z	ʃ	ɕ	ʐ	dz

제 학자들의 ≪切韻≫ 聲母類 재구음 비교표 4

字母	見	溪	群	疑	影	曉	匣	云	以	來	日
칼그렌	k	k'	g'	ng	˙	x	ɣ	j	∅	l	ńʑ
李方桂	k	kh	g	ng	˙	x	ɣ	j	ji	l	ńʑ
陸志韋	k	k'	g	ŋ	∅	x	ɣ		j	l	ȵʑ
董同龢	k	k'	g'	ŋ	ʔ	x	ɣ		∅	l	ȵ
李榮	k	k'	g	ŋ	ʔ	x	ɣ		∅	l	ń
王力	k	k'	g'	ŋ	∅	x	ɣ		j	l	ȶ
邵榮芬	k	k'	g	ŋ	ʔ	x	ɣ		∅	l	nʑ
풀리블랭크	k	kh	g	ŋ	ʔ	h	ɦ		l	l	ń
周法高	k	k'	g	ng	ʔ	x	ɣ	j	∅	l	ń
鄭張尙芳	k	kh	g	ŋ	ʔ	h	ɦ	j	l	l	ȵʑ
潘悟雲	k	kh	g	ŋ	ʔ	h	ɦ	j	l	l	ȵ

5

중고 중국어의 운모 체계

중고의 운모 체계에 대한 본서의 재구 원칙은 아래의 언어적 사실과 음성변화 규칙에 근거한다.

원칙 1: ≪切韻≫에서 동일 韻目에 속한 韻類는 주요모음과 운미가 동일하다. 어떤 운류가 각각 다른 韻目에 속해 있다면 주요모음이 다르든가 韻尾가 다르다. 예를 들면, 東_韻과 東_韻은 동일한 東韻에 속해 있으므로 주요모음과 운미는 같다. 이들의 차이는 오직 3등의 설면 개음의 동반 여부에 있다. 登韻과 蒸韻은 각각 다른 韻目에 속해 있는데 이는 각각 1등과 3등에 속해 있어 等이 다를 뿐만 아니라 주요모음도 다르다는 것을 의미한다.

원칙 2: ≪切韻≫에서 인접한 韻目의 韻類는 비교적 가깝다. 예를 들면, 江韻이 通攝 뒤에 배열되어 있는데 이는 江韻이 通攝과 마찬가지로 원순 모음을 동반했음을 의미한다.

『元韻이 韻圖에서 山攝에 속해 있었으므로 대다수의 언어학자들은 이를 iɐn으로 재구했다. 그러나 ≪切韻≫의 韻目 가운데 이 韻은 殷韻과 魂韻 사이에 배치되어 있다. 이는 元韻이 臻攝과 독음이 근접했음을 의미한다. 六朝와 隋唐의 운문을 살피면, 元韻이 痕・魂・殷韻과 더 많이 압운한 반면 山攝 글자와는 다소 소원했음을 알 수 있다. 따라서 ≪切韻≫ 시기의 음을 iɤn로 재구해야 하며, 이에 따라 魂韻 ŭon, 痕韻 ən, 殷韻 in과 가깝게 된다.』[60]

원칙 3 : 재구된 韻母는 중국어의 대체적인 음성변화 규칙과 부합한다. 예를 들면 다음과 같다.

중설·후설 모음은 후설 고모음의 방향으로 변화한다.: Cɑ 〉Cɔ 〉Co 〉Cu

후설 고모음인 u와 ɯ 앞에서 과도음 -ə가 자생할 수 있다.: Cu 〉Cᵊu 〉Cəu, Cɯ 〉Cᵊɯ 〉Cəɯ

『2등운의 모음』은 상고의 *Cr -에서 기원하여 *Cr- 〉Cɣ- 〉Cɯ- 〉Ci -에 Ci-의 변화과정을 경과함으로써 전설음화된다. 개음의 전설음화가 주요모음의 전설음화를 야기했을 것이다. 甲類 운부를 예로 들면, 江韻은 상고의 東部 *oŋ 과 冬部 *uŋ 에서 기원했다. 그 주요모음이 모두 후설 고모음이었으므로 개음이 동반되었다는 전제 하에서는 -ɔŋ 으로 전설음화할 수밖에 없었다. 다른 운부의 모음은, 이와 같이 혀의 위치가 뒤에 있지 않았으므로 모두 전설모음으로 변화하였다.

麻韻에 대해서 각 학자들이 거의 -a-로 재구했지만 사실은 -æ-로 재구해야 한다. -æ-로 재구하면 2등이 전설모음을 동반했다는 규칙뿐 아니라 역사 문헌의 기록과도 부합한다.

觀智院本 ≪類聚名義抄≫[61]의 麻韻의 吳音 독음은 아래와 같다.

· ·

60) 『 』안은 潘悟雲 선생께서 통신을 통해 보내 온 보충된 내용이 들어 있다. 아래도 마찬가지이다.

61) ≪類聚名義抄≫은 11-12세기의 일본의 중국어-일본어 사전이다. 6,000여조에 달하는 漢字

芭	把	馬	吒	家	駕	價	假	牙	雅
ha	ha	me	ta	ke	ka	ke	ke	ge	ke

揸	詐	叉	沙	啞	暇	暇	寡	瓦	化
ɕa	sa	ɕa	ɕa	a	ka	ke	kua	kua	kue

吳音에서 麻韻은 a와 e의 두 개의 모음으로 실현된다. 여기에는 두 가지 가능성이 있다. 첫째, 麻韻의 吳 지역에서의 독음이 æ일 가능성이 있다. 그러나 일본어에 æ음이 없으므로 이와 비교적 가까운 a나 e로 대역했을 것으로 보인다. 둘째, 麻韻이 당시의 吳 지역의 여러 방언에서 a와 e의 두 개의 음을 가지고 있었을 가능성이 있다. e가 a에서 기원했기 때문에 a에 가까운 æ의 독음을 반영했을 가능성이 더 크다. 어떤 경우이든 麻韻은 당시의 吳 지역에서 æ의 독음을 경과한 바 있다. 현대 吳 방언과 閩 방언과 같이 麻韻이 佳韻과 독음이 같은 방언이 일부 있는데, 이 경우가 바로 중고 麻韻의 æ에서 기원한 것이다.

麻韻을 æ로 재구하면, 江韻 이외의 모든 2등은 전설 모음을 동반하게 된다. 한 개의 韻攝에 두 개의 2등운이 출현할 수 있으므로 우리는 이들의 주요모음을 각각 æ와 ɛ로 정한다.』

원칙 4 : a, i, u는 가장 기본적인 모음이면서 운모이다. 중고 중국어의 모음이나 운모에서 이 세 개의 음은 반드시 존재한다. 중국어의 각 방언의 모음과 운모 체계를 살피면 이 세 개의 모음 이외에도, e, o, ɛ, ɔ와 ɯ, ɨ, ə와 같은 ɯ류의 음이 흔한데 이들은 음을 재구할 때 우선하여 선택되는 것들이다.

. . . .

의 俗體와 正體를 수록하고 그 아래에 訓하는 방식을 취했다. 여기에는 중고 중국어의 음운, 어휘, 일본 한자음에 대한 정보가 담겨있다.

칼그렌이 재구한 중고 중국어의 운모에 대하여, 여러 학자들은 다음과 같은 내용을 담은 여러 가지 수정안을 제시했다.

1. 4등운

4등운의 反切上字는 1·2등과 함께 동일한 종류에 속하며 3등과는 다르다. 따라서 칼그렌은 4등운의 성모가 非 j化類라 주장했다. 그러나 대다수의 현대 중국어 방언에서 4등운이 3등운과 마찬가지로 설면 개음을 동반하고 있다. 칼그렌은 이에 근거하여 4등운이 중고시기에 설면 개음을 동반했음이 분명한데 이는 3등운의 개음인 j가 아니므로 i이어야 한다고 주장했다.

趙元任(Chao 1941), 陸志韋(1947), 李榮(1956), 풀리블랭크(Pulleyblank 1962-3), 邵榮芬(1982a) 등은 이와 다른 견해를 가지고 있다. 이들은 4등운이 1등운과 마찬가지로 어떠한 개음도 동반하지 않았으며 현대 방언의 개음 i는 나중에 생성된 것이라 여기고 있다. 즉 4등운이 전설 고모음을 동반했으며 이러한 전설고모음 앞에서 과도음 i가 흔히 생성될 수 있었다는 것이다. 이와 같은 주장의 주요 근거는 아래의 두 가지이다.

첫째, 4등운에서 성모와 운모의 결합관계는 2등운이나 3등운과는 다르며 1등운과 같다. 예를 들면 1·4등의 경우 端組는 있으나 知組는 없으며, 2·3등운의 경우 知組는 있으나 端組는 없다. 1·4등은 설면 자음인 章組와 결합하지 않는데 이는 이들이 원래부터 설면 개음을 동반하고 있지 않았음을 말해준다. 둘째, 대음 자료와 방언 자료에 근거하면 4등운에 中古에서 설면 개음이 동반되지 않았음을 알 수 있다. 李榮과 邵榮芬은 산스크리트 대음의 예를 들어 중고의 4등 글자가 산스크리트

의 -e를 대역하는 데에만 사용되었다고 설명했다. 아래는 李榮(1956)
이 제시한 法顯에서 地婆訶羅에 이르기까지 산스크리트의 字母 'e'의 대
음례이다.

東晉 法顯(417년)	咽(烏前反, 烏見反)
北凉 曇無讖(414-421년)	曀(≪集韻≫에서는 小韻 '咽'인데 '曀'으로도 적고 있다.)
劉宋 慧嚴 등(424-432년?)	曀
梁 僧伽婆羅(518년)	瑿(烏雞反, 於計反)
隋 闍那崛多(587-591년)	曀
唐 玄應(649년?)	鷖(烏雞反, 原注 烏奚反)
唐 地婆訶羅(683년)	瑿(烏雞反, 於計二反)

邵榮芬은 密宗의 眞言[陀羅尼]을 근거로 4등에 설면 개음이 없었음을
증명했다. 진언은 呪文이므로 음성적으로 대단히 정확해야 했다. 아래
에 地婆訶羅(685년)에서의 예를 들어 보았다.

bhagavate 薄伽伐帝	suddhe 輸提	raśme 囉濕弭
saṃcodite 珊珠地帝	mudre 慕低隷	vajre 跋折囇
vajragarbhe 跋折囉揭鞞	dhiṣṭhite 地瑟耻帝	

위에서 '帝·提·弭·隷·鞞'는 4등운의 글자이다. vajre에서 re를 '囇'로
대역한 것은 운모가 4등의 '黎'와 같았음을 의미하고, 편방 '口'를 더한
것은 성모에서 중국어의 l-과는 달리 r-로 읽었음을 의미한다.

潘悟雲(1987c)은 중국어로부터 차용한 베트남어의 예를 들어 4등운
에 개음 i가 없었음을 증명했다. 4등 글자는 베트남 한자어에서 i 개음

을 동반하고 있지만 古 베트남 한자어에서는 개음 i를 동반하지 않았다. 한편 베트남 한자어는 ≪切韻≫ 이후의 역사 층위를 반영하고 있으며 古 베트남 한자어는 ≪切韻≫ 이전의 역사 층위를 반영하고 있다.

	邊	點	墊	繭	煉	蓮
베트남 한자어	biên^1	đ iên^3	đ iêm^5	kiên^3	luyên^6	liên^1
古 베트남 한자어	bên^1	đ êm^5	đ êm^6	ken^5	ren^2	sen^1

	殿	蜆	叫	結	節	貼
베트남 한자어	đ iên^6	hiên^6	kiêu^5	kiêt^5	tiêt^5	thiêp^5
古 베트남 한자어	đ ên^2[사당]	hên^5	kêu^1	kêt^5	têt^5	thêp^5

	編	挑	瘰	箭	添
베트남 한자어	biên^1	khiêu^1	biêt^5	tiên^4	thiêm^1
古 베트남 한자어	bên^6	khêu^1	bêt^6	tên^1	thêm^1

4등운이 현대 중국어 방언의 구두어음에서 개음 i를 동반하지 않는 경우가 흔히 있지만 서면어음에서는 개음 i를 동반하기도 한다. 아래는 浙江 泰順 蠻講 말의 예이다.

	點	雕	叫	節	了	醒
구두어음	tẽ^3	tɛy^1	ɛy^5	tsɛʔ^7	lɛy^3	sã^3
서면어음	tiã^3	tiɛy^1	kiɛy^5	tɕiɪʔ^7	liɛy^3	siɪŋ^3

	青	條	泥	蓮	先
구두어음	tsha̠^{1}	tɛy^2	nei^2	le̠^{2}	se̠^{1}
서면어음	tshiɪŋ^1	tiɛy^2	n̠i^2	liẽ^2	ɕiẽ^1

潘悟雲(許寶華・潘悟雲 1994)은 반절에 나타난 내부 증거를 통해, 4등
운이 ≪切韻≫ 시기에는 i 개음이 없었고 唐代 이후에야 생성되었음을
증명했다. ≪切韻≫에서 4등운의 喉牙音에 대해 1등 글자를 反切上字로
자주 사용했으나 ≪集韻≫에서는 4등 글자를 사용했다. 齊韻의 舌根音
을 예로 들면 아래와 같다.(≪切韻≫의 反切은 宋跋本 王仁昫의 ≪刊謬
補缺切韻≫의 것을 채택했다.)

	雞	谿	倪	醯	奚	鷖
≪王韻≫	古嵇反	苦嵇反	五嵇反	呼雞反	胡雞反	烏雞反
≪集韻≫	堅奚切	牽奚切	研奚切	馨奚切	弦雞切	煙奚切

이러한 반절상자의 변동은 '類隔切'을 '音和切'로 바꾸었던 이치와 동
일하다. ≪切韻≫ 시기에는 4등운이 설면 개음을 동반하지 않았기 때
문에 1등운의 反切上字를 사용했다. 宋代에 들어오면서 4등운의 주요
모음 e 앞에 이미 i 개음이 생성되어 있었던 까닭에, ≪切韻≫의 반절을
계속해서 사용한다면 실제 발음과 괴리가 있게 되므로 반절상자를 4등
글자로 바꾸게 된 것이다.

鄭張尚芳(1987)은 중고의 4등운에 개음 i가 동반되었다고 주장했는데
이는 상고시기에 주요 모음이 ʏ였던 일부 글자가 중고에 이르기까지

어떻게 4등운으로 변화할 수 있었는지에 대하여 설명하기 위해 상정한 것이다. 예를 들면, 錫韻의 '戚'과 '叔'이 해성하고 先韻의 '殿'과 '臀'이 해성하는데 이들의 상고의 주요모음은 모두 u이다. 그는 중고 4등운의 상고의 기원을 크게 두 종류로 나눌 수 있다고 했다. 첫째는 상고에 전설 모음이었던 것으로 支 e, 錫 ek, 耕 eŋ, 脂 il, 質 it, 眞 in 등인데 원래 i 개음이 없었으나 ˉek 〉 iek, ˉin 〉 ˉien과 같이 e 앞에서 설면 개음이 생성되었거나 i 뒤에서 과도음 e가 생성된 것이라 했다. 이는 다른 여러 학자들의 견해와 일치한다. 둘째는 상고에 중설·후설모음을 동반했던 것들이다. 이들의 주요 모음이 상고에서 중고에 이르기까지의 과정에서 후설모음화-고모음화-분열의 단계를 경과했는데 유독 4등운에서만 중설·후설의 위치에서 e로 변화했을 것으로 보고 있다. 이에 대해서는 또 다른 설명이 필요하다. 그는 이러한 4등 글자들이 상고 시기부터 ˉɨ를 동반했기 때문에 주요 모음이 ˉɨ에 동화되어 전설모음인 ˉe로 변화했다고 주장했다. 예를 들면 '戚'이 tshiuk 〉 tsiek과 같이 변화했다는 것이다. 그러나 위의 증거에 따르면 4등운에는 중고의 i 개음이 동반되지 않았다. 鄭張尙芳이 제기한 문제는 두 종류로 나누어 설명할 수 있다. 첫째, '戚'류의 글자는 tshiwk 〉 tsek을 경과했을 가능성이 더 크다. 둘째, '殿'의 상고 운모는 *ɯn인데 모음 ɯ가 나중에 전설 모음화를 통해 i가 됨으로써 眞韻 in에 합병되었다가 결국 중고의 先韻에 귀속된다. '臀'의 상고 운모는 *un으로 상고의 *ɯn과 *un은 상호 해성이 가능하다.

대부분의 학자는 4등운의 주요 모음이 e라는데 동의하고 있으나 陸志韋(1947)와 邵榮芬(1982a)은 ε로 재구했다. 邵榮芬이 이와 같이 재구한 주요 이유는 다음과 같은 두 가지이다.

(1) 칼그렌은 眞韻을 iĕn으로, 幽韻을 iĕu로 재구했다. 李榮(1956)은 칼그렌이 주장한 韻의 '모음 장단에 의한 대립 설'에는 동의하지는 않았지만 眞·幽韻의 재구음은 여전히 칼그렌을 따르고 있다. 이유는 그가 先韻을 en로, 蕭韻을 eu로 재구했기 때문인데 眞韻을 ien으로 幽韻을 ieu로 재구하면 山攝과 臻攝, 效攝과 流攝 사이의 영역의 경계가 사라지게 된다. 4등운의 주요 모음을 ɛ로 재구하면 眞韻을 ien으로, 幽韻을 ieu로 재구해도 무방하므로 '모음의 장단에 의한 대립설'을 완전히 제거할 수 있다.

그러나 칼그렌의 眞·幽韻에 대한 재구음은 받아들일 수 없다. 眞韻의 중고음은 in으로, 幽韻을 iu로 재구해야 先韻 en이나 蕭韻 eu과의 경계를 명확하게 나눌 수 있다.[62]

(2) 顯無讖, 慧嚴, 謝靈運, 僧伽婆羅는 齊韻 글자로 산스크리트의 e를 대역하기도 했지만 ai도 대역했다. 이는 4등 글자의 주요모음이 e보다 더 열린 음이었음을 말해 주고 있다.

그러나 불경 가운데에는 齊韻 글자로 산스크리트의 i를 대역한 예가 일부 있는데 이는 齊韻 모음의 혀의 위치가 그다지 낮지 않았음을 의미한다. 산스크리트에는 e만 있으므로 대음자료에만 의거해서는 중고의 4등이 e인지 ɛ인지 판정하기 어렵다. 그러나 베트남 한자어에 근거하

....

62) 칼그렌의 재구음을 따르게 되면 眞韻과 先韻이 각각 다른 攝에 속해 있음에도 동일한 주요 모음인 e를 갖게 되어 문제가 있고, 幽韻과 蕭韻 역시 각각 다른 攝에 속해 있으므로 동일한 주요모음인 e를 가질 수 없다. 眞韻과 幽韻의 주요모음을 고모음으로, 先韻과 蕭韻의 주요 모음을 반고모음으로 재구하게 되면 이들 사이의 경계가 명확해진다는 의미이다.

면 이 문제를 해결할 수 있다. 베트남 한자어에는 e(ε)도 있고 ê(e)도 있다. 古 베트남 한자어에서 4등운의 대부분이 e가 아닌 ê와 대응하므로 4등운의 주요모음을 e로 재구하는 것이 더 타당하다.

2. 合口韻

중고에 합구 개음이 있었다는 점은 모든 학자들이 동의하고 있다. 그러나 합구 개음의 종류가 한 가지였는지 두 가지였는지에 대해 학자들의 견해는 다르다. ≪切韻≫의 陽·耕·仙·脂·支韻과 같은 일부 韻은 개구와 합구의 글자를 모두 가지고 있다. 이와 같이 한 개의 운에 개구와 합구가 모두 존재하는 경우, 칼그렌은 합구 개음을 약한 w로 재구했다. 또 灰·魂·桓·戈·諄韻 등에는 합구음만 있는데 이들과 개합 관계로 대응하는 咍·痕·寒·歌·眞韻 등은 개구 글자만 있다. 칼그렌은 이들 合口韻에 강한 u 개음이 있었기 때문에 開口韻과 구분된 것이라고 주장했다. 중국의 많은 학자들은 이와 다른 견해를 가지고 있다. 그들은 ≪切韻≫의 戈·桓·諄韻이 원래는 歌·寒·眞韻에 속해 있다가 ≪廣韻≫에 와서야 각각 두 개의 운으로 나뉘게 되었으므로 ≪切韻≫의 음운 체계에서 합구 개음은 한 종류만 있었다고 주장하고 있다. 합구 개음을 일부 학자는 일률적으로 u로, 또 일부 학자는 일률적으로 w로 재구하고 있다.

戈·桓·諄韻이 원래 歌·寒·眞韻에 귀속되어 있었던 반면 咍·灰韻이 ≪切韻≫에서도 두 개의 운목으로 나뉘어 있었기 때문에 咍·灰韻에 대하여 언급하지 않을 수 없다. 동일한 蟹攝에서도 泰韻은 개구와 합구가 동일 운목 아래에 놓여 있으나, 咍·灰韻은 각각 다른 운목으로 나뉘어 귀속되어 있었다. 이들 두 운의 운미가 같았다는 것은 문제가 되지 않으므로 논외로 하면 그 원인은 두 가지 가능성 밖에 없다. 첫째, 칼그렌이 주장한 바와 같이, 泰韻이 약한 개음을 동반한 것과는 달리 灰韻이 강한 합구 개음을 동반했을 가능성이 있다. 둘째, 泰韻에서 개구와 합구의 주요모음은 동일했고, 咍・灰韻의 주요 모음은 각각 달랐을 가능성이 있다. 위에서 이미 합구 개음이 '강'과 '약'의 두 종류로 나뉘었다는 가설이 부정되었으므로 첫 번째 가능성은 부정된다.

≪切韻≫의 내부 증거에 근거하면 咍・灰韻도 단순히 개합의 차이에 의하여 나뉜 것이 아니다. 가장 강력한 증거는 아래와 같이 咍・灰韻에서 脣音이 대립하고 있다는 것이다.

	咍	灰	海	賄	代	隊
幫		杯 布回				背 補配
滂		胚 芳杯				配 普佩
並	㟣 扶來	裴 薄恢	倍 薄亥	㻪 薄罪		佩 薄背
明		枚 莫盃	㵳 莫亥	浼 武罪	䳟 莫代	妹 莫佩

≪切韻≫ 체계에서 순음에 개합의 대립이 없었다는 것이 학계 대부분의 공통된 인식이며 단지 咍・灰韻에만 개합의 대립이 있었을 가능성은 그다지 크지 않다. 순음의 개합 대립이 가능하지 않았다면 유일한 가능성은 이들의 주요 모음이 달랐다는 것이다. 이는 사실상 咍・灰韻이 개합의 차이일 뿐 아니라 주요모음의 차이임이 내부 자료를 통해 증명된 것이다. 陸法言이 이들을 양류로 나눈 근거는 이들이 동반했던 주요모음이 불일치했기 때문이지 어떤 강한 합구 개음을 동반했기 때문은 아니다. 이는 위에서 제기한, 운목이 다른 운류의 주요모음이 각

각 달라야 한다는 원칙 1과 일치한다.

대다수의 학자들은 칼그렌이 제기한 '양류의 합구 개음 설'에 반대함과 동시에 開合口 관계인 哈·灰韻의 주요모음이 동일했다고 주장한다. 이들의 근거가 충분한지 여부를 또 다른 관점에서 살펴보기로 한다.

陸志韋(1947)는 李季節이 《韻譜》에서 哈韻과 灰韻이 나뉘지 않았음에 근거하여 이 두 운이 동일한 운으로 그 안에 개합구의 양류가 있었다고 설명했다. 이 이유가 충분하지 않음은 명확하다. 이는 李季節의 방언 및 운 분류에 대한 기준이 陸法言과 달랐던 것인데 그렇지 않았다면 陸法言이 십 여 년 동안 정열을 쏟아 엉성하고 느슨한 것을 제거[除削疏緩]할 필요는 없었을 것이다.

邵榮芬(1982a)은 《五經文字》, 《經典釋文》, 《博雅音》, 《字林》, 《玄應音義》 등에서 哈·灰韻의 脣音이 대립하지 않았음을 인용하여, 《切韻》의 哈·灰韻에서 脣音 간의 대립을 믿을 수 없다고 설명했다. 그러나 哈·灰韻의 脣音이 《五經文字》에서 대립하지 않았다는 이유로 이들이 《切韻》에서도 대립하지 않았음을 어떻게 논리적으로 유도할 수 있을지 의문이다. 그는 중뉴 현상에 대하여 논의하면서 다음과 같이 언급한 바 있다.

우리가 《切韻》 韻의 음가를 재구할 때, 《切韻》의 각 韻에 한 개의 주요모음만 존재했다는 대 가정에서 출발했다. 《切韻》에서 동일한 韻에 있는 두 개의 중뉴 류를 주요모음의 차이로 간주한다면 이와 같은 가정에 위배된다. 《切韻》의 음을 재구할 때 이 가정은 어길 수 없다.

咍·灰韻 두 운 모두가 진정으로 동일한 주요모음을 동반했다고 가정하면, 이들을 상이한 두 개의 韻目으로 나누어 배열한 점은 이해하기 어렵다.

李榮(1956)은 ≪切三≫에 小韻 '膪'가 존재하지 않았음을 지적했고 이를 근거로 이 小韻의 존재를 부정했다. 그러나 이 小韻을 배제한다고 해도 대립하고 있는 다른 小韻들이 더 있다. 예를 들면 '倍'와 '琲'가 ≪切三≫, ≪王一≫, ≪王二≫에서 대립하며, '穭'와 '妖'도 ≪唐韻≫과 ≪王二≫에서 대립하고, '穭'와 '浼'도 ≪切三≫과 ≪王二≫에서 대립한다. 趙元任(Chao 1941)은 '倍'와 '琲'가 ≪切韻≫ 殘卷에서 동일한 反切을 가지고 있으며 ≪切一≫에는 賄韻 글자가 없고 ≪切二≫의 賄韻과 海韻에서는 두 반절이 모두 빠져있다고 했다. 그러나 ≪切三≫, ≪王一≫, ≪王二≫, ≪王三≫, ≪廣韻≫에서는 '倍'와 '琲'가 각각 賄韻과 海韻에 나뉘어 속해 있다. 趙元任의 근거가 무엇인지 모르겠다. 趙元任의 자료가 근거가 있다 해도 이 한 가지의 자료에 근거하여 다른 일치된 다섯 종의 자료를 부정할 수는 없다.

따라서 지금까지 咍·灰韻의 脣音이 동일한 종류였음을 증명할 수 있는 설득력 있는 자료는 없다. 위의 표에 열거된 대립하는 몇 개의 脣音이 속한 小韻의 일부는 생소한 글자들로 이루어져 있어 그 신뢰성이 의심스럽다. 그러나 灰韻의 '陪·裴·培·徘·杯'와 咍韻의 '倍'는 극히 일반적인 글자로 陸法言이 이들을 각각 咍·灰韻에 나누어 배치한 것은 그 나름의 음성적 원인이 있었던 것이다.

咍·灰韻은 아래와 같이 각 방언에서의 독음이 완전히 일치하지는 않다(北京大學中文係 1989).

方言	北京	上海	長沙	福州	溫州	蘇州	南昌
灰韻	uei	uei	uei	uei	ai	uE	ui
脣音	ei	ei	ei	uei	ai	E	i
咍韻	ai	E	ai	ai	c	E	ai

咍·灰韻에 대한 각 방언을 A, B의 형식으로 표기하면 위의 표는 아래와 같이 바꿀 수 있다.

方言	北京	上海	長沙	福州	溫州	蘇州	南昌
灰韻	B	B	B	B	B	A	B
脣音	B	B	B	B	B	A	C
咍韻	Λ	A	A	A	A	A	A

위의 표에 의하면 방언 별로 세 부류로 나눌 수 있다. 첫째, 蘇州에서는 咍·灰韻이 同韻이며, 둘째, 南昌에서는 咍·灰韻이 나뉘고, 순음도 독립한다. 셋째, 北京 등지에서는 咍·灰韻이 나뉘며 脣音은 모두 灰韻과 같이 읽힌다. 咍·灰韻은 상고의 之部와 微部에서 기원했으며 두 운은 開合 관계이다. 이들이 위의 방언에서 각각 다른 음으로 변화한 것은 순전히 합구 개음의 차이에 의한 것이다. 咍·灰韻이 개음의 차이로 분리될 때에 합구 글자에서 가장 먼저 변화가 발생했다. 순음이 합구 글자와 다소 유사하기 때문에 음성변화의 방향도 합구 글자와 같다. 아래에서 논의하겠지만, 일부 운류의 순음 글자에 동반된 합구 성분은,

음소적 성격의 w보다 약한 非음소적 성격을 가지고 있어 순음에서의 변화가 합구 글자보다 다소 지체되었으며 변화 시에는 어휘 확산이 진행 중이었다. ≪切韻≫ 시기에는 순음 글자가 어휘 확산의 방식으로 변화하고 있었다. 즉 '培·裵와 같은 일부 순음은 이미 灰韻으로 귀속되었고 '偝'와 같은 일부 순음은 咍韻에 잔류하게 된다. 이것이 ≪切韻≫에서의 咍·灰韻 대립의 진상이다.

중고의 순음에 개합의 대립이 없다고 해서 실제 음가에서도 개합의 차이가 없었다고 할 수 없다. ≪切韻≫의 반절하자에 의거하면 일부 운류의 순음이 非음소적인 합구 성분을 동반한 것처럼 보인다. 예를 들면 元韻의 순음은 합구의 글자만 반절하자로 사용하고 있다. 宋代의 韻圖에서는 순음을 개합으로 나누었다. 일부 순음 글자가 합구 성분을 동반하지 않았다고 한다면 宋代의 운도 작자들이 무엇을 근거로 개합으로 나누었겠는가? 그 뿐만 아니라 그 개합의 분류는 운서에서 순음 글자에 대한 반절하자의 개합의 수와 대체적으로 상관관계가 있다. 아래는 李榮의 ≪切韻音系≫와 邵榮芬의 ≪切韻研究≫에서의 순음 글자의 반절하자의 개합의 수와 ≪韻鏡≫에서의 각 韻 순음 글자의 개합의 분류를 비교한 표이다.

《韻鏡》	脂開		齊開		泰開		祭開		山開		麻開		蒸開	
反切下字	開	合	開	合	開	合	開	合	開	合	開	合	開	合
《王三》	7	0	9	0	4	0	1	0	5	0	8	0	3	0
《廣韻》	7	0	8	0	3	0	1	0	5	0	8	0	3	0

《韻鏡》	登開		淸開		支開		仙開		陽開		唐開		耕開	
反切下字	開	合	開	合	開	合	開	合	開	合	開	合	開	合
《王三》	6	0	9	0	12	2	12	2	6	1	11	2	8	1
《廣韻》	6	0	8	1	12	3	11	2	5	2	11	2	8	1

《韻鏡》	眞開		先開		靑開		桓合		戈合		庚開		皆開	
反切下字	開	合	開	合	開	合	開	合	開	合	開	合	開	合
《王三》	12	1	11	1	9	3	4	4	9	2	9	3	2	2
《廣韻》	8	1	9	2	9	3	2	5	1	9	6	2	2	1

《韻鏡》	佳開		夬合		微合		元合		刪合		文合	
反切下字	開	合	開	合	開	合	開	合	開	合	開	合
《王三》	5	3	0	1	0	2	0	7	2	4	0	2
《廣韻》	5	2	0	1	0	1	0	7	3	4	0	1

위의 표에서 순음의 반절하자는 세 가지 유형으로 나눌 수 있다. 첫째는 합구 글자만 반절하자로 사용된 경우로 文·元·微韻 등이 이에 해당한다. 둘째는 개구의 글자만 반절하자로 사용된 경우로 脂·齊·泰韻 등이 이에 해당한다. 셋째는 반절하자에 개합구가 모두 보이는 경우로 佳·皆·唐·陽韻 등이 이에 해당한다. 《廣韻》과 《王三》의 상황은 대체로 차이가 없다. 다만 寒桓·歌戈韻의 경우 《廣韻》이 《王三》보다 순음에 후행하는 합구 성분이 더 두드러져 있는 차이가 있을 뿐이

다. 그 이유는 이 두 운의 주요모음이 隋唐代에서 宋代에 이르기까지 점차 원순음화 되었기 때문이다. 위의 표는, 일부 운류의 경우 순음 뒤에 반드시 합구 성분이 동반되었어야 함을 말해주고 있다. 그렇지 않다고 가정하면 첫째 유형의 순음에 開口의 반절하자가 하나도 없었던 반면, 둘째 유형의 순음에 합구의 반절하자가 없었던 이유를 설명하기 어렵다. 무엇보다도 순음 글자의 개합 분류는 현대 방언 가운데 순음의 음운 행위와도 일치한다. 중고의 어떤 한 韻이 어떤 방언에서 개합의 차이로 각각 다른 운류가 된다면 순음 글자의 변화 방향은 흔히 宋代 운도에서의 개합의 분류에 따른다. 예를 들어 仙韻의 순음은 개구인데 이들은 합구의 독음 ⁻yan과는 다르게 普通話에서 개구 글자와 함께 ⁻iɛn으로 변화한다. 元韻의 순음이 합구로 귀속되므로 廈門 말의 순음의 서면어음은 개구의 서면어음인 ⁻iɛn과는 달리 일반 합구 글자와 동일하게 ⁻uan으로 읽힌다.

중고에서 순음에 후행하는 이러한 합구 성분에는 음소적 가치가 없었으며 그 출현 여부는 오로지 주요모음의 성격과 관계가 있다. 이와 같은 현상은 普通話의 순음 글자에서도 찾아 볼 수 있다. 예를 들면 '波' puo의 경우 원순 운모 o에 보통 과도음 u가 선행하게 된다. 이때 u가 음소적 가치가 없으므로 漢語拼音方案에서는 이를 생략하고 있다. 그렇지만 음소적 가치가 없다고 해도 역사 음운의 변화에서는 대단히 큰 역할을 한다. 즉 순음이 3등 글자에 출현할 때에는 다음과 같은 輕脣化가 발생한다(李方桂 1971).

$$p_w \rightarrow pf \rightarrow f \ / \ \_\_ \ jVX$$

李方桂는 이 문제에 대해 다음과 같이 정확히 지적했다.

> 순음 성모는 어떤 모음 앞이나 어떤 상황 아래에서 원순의 경향
> 을 갖게 되어 *pʷ-, *pʷh- 등으로 변화한다… … 순음 성모의 원순
> 화 성분의 생성에 관한 규칙은 대략 다음과 같이 정할 수 있다.

$$*p \rightarrow p \ / \ \_rVX, \ \_Vng, \ k, \ u, \ \_(j)iVX$$

(V: 모음, X: 운미 -m, -n, -ng, -p, -t, -k, -i, -u)

$$*p \rightarrow p^w \ / \ \_Vn, \ t, \ \_jVX(宵韻은 제외)$$

위와 같은 李方桂의 공식은 단지 열거에 그친 것으로 만족스럽지 않
다. 사실은 여기에는 다음의 네 가지 요소가 기능하고 있다.

(1) 과도음 w의 출현은 주요모음의 전설성이나 후설성과 관계가 있다.
먼저 운미 -n, -t를 동반한 운류를 살펴보자. 文·元·寒·物·月·曷韻
등과 같이 원순 성분을 동반했던 운은 모두 중설·후설의 모음을 동반
하고 있으며 先·仙·屑·薛韻 등과 같이 원순 성분이 없는 운은 모두
전설모음을 동반하고 있다. 따라서 이는 아래의 공식으로 나타낼 수
있다.(V: 주요모음, E: 운미)

$$*p \rightarrow p^w \ / \ \_\begin{bmatrix} V \\ -front \end{bmatrix}\begin{bmatrix} E \\ +front \end{bmatrix}$$

순음에 중설·후설 모음이 후행하면 그 과도 단계의 포만트[formant]
가 u에 가깝게 되므로 과도음 w로의 변화가 용이하다.

(2) 후설음 운미는 과도음 w를 강하게 배척하는 기능이 있다. 中原 중국어의 역사 음성변화에서 중요한 특징 가운데 하나는 혀의 왕복 동작을 배제하는 것이다. 예를 들면 iai 류의 일부 음소는 역사 변화과정 중에 점차 사라지게 되어 결국 ia(崖)나 ai(埃)로 변화하게 된다. 같은 원리에 의하면 역사적 음성변화에서 wau 류의 출현은 배제된다. 따라서 效攝의 순음 뒤에서는 과도음 w가 생성되지 않는다. 운미 −ŋ와 −k 의 혀의 위치가 −u와 근접하므로 순음 글자 역시 과도음 w를 동반하지 않는 것이 일반적이다.

(3) 과도음 w의 생성의 난이도는 주요모음의 고저와 관계있다.

개구도[degree of aperture]가 가장 큰 운은 泰・麻・歌韻 등으로 이들 韻순의 음 글자는 대부분 개구에 속해 있다. 歌韻의 주요모음이 점차 후설 고모음의 방향으로 변화하였고 ≪廣韻≫ 시기에는 대부분 이미 −ɔ로 변화했으므로 순음 뒤에서도 합구 성분이 출현하기 시작했다. 이는 음의 원리로 쉽게 설명된다. 즉 합구 개음은 고모음으로 개구도가 큰 저모음과 충돌하여 처음에는 그 출현이 제약을 받았던 것이다.

(4) 2등 순음은 합구에 가깝다.

2등 글자의 주요모음은 모두 전설모음으로 처음에는 합구 개음과 충돌했다. 그러나 위에 제시한 표에서 删・佳・皆・夬韻 등에서는 반절하자로 합구 글자를 많이 사용했는데 이는 전설모음을 동반한 다른 운류와 다소 다르다. 이는 2등 개음 ɰ로 인해 순음 pɰ-의 음색이 pu-에 상당히 근접하게 된 것이다.

마지막으로 언급해야 할 것은, 4등운의 일부 개구 글자가 합구에서 기원했다는 것이다. 예를 들면 '鎣・鋞은 개구 글자이지만 동일 聲符의

'熒·營'은 합구이다. 이는 '熒·鎣'이 중고 이전에 합구 성분이 이미 탈락했음을 의미한다. 董同龢(1948a)는 설근음이나 후음에 후행하는 ^{w}가 전설 고모음 e 앞에서 탈락하는 경향이 있었음을 지적했다. 이러한 음성 변화는 《切韻》 이후에도 발생하고 있었다. 예를 들면 '縣'은 《切韻》에서 합구 글자였는데 현대 北京 말에서는 개구의 ɕiɛn^{51}이다.

3. 眞·蒸·侵韻

(1) 眞韻

칼그렌은 眞韻을 -ǐĕn으로 재구했다. 이 재구음은 대부분의 음운학자에 의해 계승되고 있으나 풀리블랭크(Pulleyblank 1962-3)만이 眞韻을 in으로 재구했다. in은 각종 언어에서 흔히 보이는 韻이므로 중고 중국어의 많은 韻 가운데 in이 존재하지 않았다는 것은 이해하기 어렵다. 칼그렌이 근거한 아래의 방언 자료에서도 眞韻이 in에 더 가까웠음을 보이고 있다.

	緊	因	寅	眞	人	隣	津	民
한국 한자어	kin	in	in	tɕin	in	in	tɕin	min
漢音	kin	in	in	ɕin	dzin	rin	ɕin	bin
吳音	kon	in	in	ɕin	nin	rin	ɕin	min
베트남 한자어	kɛŋ	ɐŋ	zɐŋ	tɕɐŋ	ȵɐŋ	lɐŋ	tɐŋ	zɐŋ
客家	kin	in	in	čin	ȵin	lin	tsin	min
歸化	tɕiɛŋ	iɛŋ	iɛŋ	tʂəŋ	z̧əŋ	leɛŋ	tɕiɛŋ	miɛŋ
太原	tɕiəŋ	iəŋ	iəŋ	tsəŋ	z̧əŋ	leəŋ	tɕiəŋ	miəŋ
文水	tɕiə̃	iə̃	iə̃	tʂə̃	z̧ə̃	leə̃	tɕiə̃	mbiə̃

베트남 한자어의 in〉ɐ̱n의 변화는 국지적인 음성변화일 가능성이 있다. 平話와 壯語의 중국어 차용어에서 眞韻은 모두 ɐ̱n이다. 버마어 가운데에도 다음과 같이 유사한 대응 관계가 존재한다.

버마어	mlan̤³ [좁다]	klan̤³ [협소하다]	hran̤² [길다]
중국어	眠 *mlin	緊 *klĭn˙	引 *lĭn˙

그러나 버마 서면어의 an̤이 *iŋ 이나 *in에서 기원했음을 논증한 학자가 있다. 이에 관해서는 龔煌城(Gong 1995)을 참조하기 바란다. 이러한 버마 서면어의 음성변화를 통해 베트남어의 ɐn이 더 이른 시기에는 in이었을 것으로 추정할 수 있다. 칼그렌이 조사한 중국어 방언 지역은 주로 山西 지역인데 眞韻은 이들 지역에서 주로 iɛ ŋ , iə ŋ , iɜ류의 음으로 읽힌다. 칼그렌은 이에 근거하여 眞韻을 ˉiĕn으로 재구했던 것으로 보이며 다른 方言의 in은 ꞯĕn의 ĕ가 탈락함으로써 형성된 음이라고 주장했다. 그러나 실제 상황은 이와 반대이다. 즉 위의 山西 방언의 경우는 다음과 같이 i와 비음 운미 사이에서 기생된 과도음이 모음으로 변화한 것이다.

$$in > i\eta > i^e\eta > ie\eta > i\varepsilon\eta$$

산스크리트-중국어의 대음 자료에서 眞[質]韻 글자는 산스크리트의 ¬en[t]이 아닌 ¬in[t]을 대역했다(尉遲治平 1982, Coblin 1991). 眞韻과 先韻

을 각각 -ǐĕn과 -ien로 재구한 칼그렌에 의거하면 두 운의 주요모음이 동일하게 되어 이들의 관계가 가까워야 하지만 〈隋韻譜〉에서 이 두 운은 서로 압운하지 않는다.

『臻·櫛韻에는 莊組 글자만 있는데 莊組 성모의 권설적 성격으로 인해 眞韻의 平·入聲 글자의 주요모음이 眞·質韻보다 다소 더 개방되어 독립된 韻目으로 독립하였다. 음가는 ɪn[t]으로, in[t]의 변이음이다.』

(2) 侵韻

칼그렌(1915-26)은 深攝의 재구에 관해 다음과 같이 서술하고 있다.

> 일부 소수의 예외를 제외하면 深攝과 臻攝이 완벽하게 평행함을 알 수 있다. 이 두 攝의 주요모음은 古代에 동일했다. 다만 臻攝과 深攝이 각각 -n과 -m의 韻尾를 동반했다는 점이 달랐을 뿐이다. 深攝의 운이 α 류[63]에 속했으므로 운모의 고대 음가는 3·4등의 -ǐəm이다.

칼그렌은 여기에서 심각한 잘못을 범하고 있다. 그는 臻攝의 α류인 眞韻을 ǐĕn으로 재구했고 β류인 殷韻을 ǐ ən으로 재구했다.

侵韻이 α류에 귀속되었으므로 眞韻과 평행한 ǐĕm으로 재구해야 한다. 그러나 본서의 논의에 따르면 侵韻은 -im으로 재구되어야 한다. 풀리블랭크(Pulleyblank 1962-3: 78-79)가 바로 -im으로 재구했다.

. . . .

63) 칼그렌은 3·4등운을 α, β, ᵞ류로 나누었는데 α류는 3등운 가운데 4등 칸에도 배치된 글자를 포함한 韻이 이에 속하며 β류는 3등 칸에만 배치된 글자로 이루어진 韻으로 구성되어 있다. 한편 ᵞ류는 4등운으로 구성되어 있다.

(3) 蒸韻

칼그렌은 蒸韻을 -iəŋ으로 재구하여 登韻 -əŋ과 배합했다. 그러나 아래의 세 가지 이유로 칼그렌의 재구를 부정한다.

첫째, 만일 이들이 칼그렌이 재구한 바와 같이 주요모음이 동일하고 1등과 3등이라는 等의 차이만 있었다면 東_韻과 東_韻, 麻_韻과 麻_韻 庚_韻과 庚_韻 등과 같이 동일 韻目에 속해 있어야 한다. 그러나 蒸·登 韻은 ≪切韻≫에서 각각 독립된 운목을 이루고 있으므로 그 주요모음은 같지 않았다.

둘째, 李榮의 〈隋韻譜〉에 의하면 蒸·登韻은 소수의 경우를 제외하면 대체로 압운하지 않았다. 이는 東_韻과 東_韻 간에 대량의 압운이 있었던 상황과 전혀 다르다.

셋째, 외국어의 대음 자료에는 蒸韻과 登韻의 주요모음의 차이가 반영되어 있다. 베트남 한자어에서 登韻은 -ăŋ[-ăŋ]이고 蒸韻은 -uŋ[-ɯŋ]으로 蒸韻이 고모음이다. 풀리블랭크(Pulleyblank 1962-3: 77)는, 蒸[職]韻이 어떤 때에는 登[德]韻과 같이 외국어의 ə를 대역할 때도 있고 어떤 때에는 i를 대역할 때도 있음에 주목했다. 가령 '耆域'=Jīvaka의 예에서는 職韻 글자인 '域'이 산스크리트의 슈와[schwa]를 대역했다. 또 더 이른 시기의 대역인 '安息'=*Arśak도 동일한 현상을 반영한다. 그러나 2 세기의 역음 '拘翼'=산스크리트 Kauśika는 職韻 글자인 '翼'이 śika를 대역했다. 이는 당시 주요모음의 혀의 위치가 상당히 높아졌음을 의미한다. 日本 吳音에도 이와 유사한 현상이 있다. '息'의 吳音은 soku, '翼'은 iki이며 '臆'은 oki, 抑은 iki이다. 여기에서의 'o'는 고대 일본어의 비원순음 ə에 해당하며 중국어의 登[德]韻을 대역했다. 이와 같은 대음 자료의 상황을 살피면 蒸職韻이 登德韻과 비교적 가까워 양자가 동일한 음을 대역하기도 했지만 蒸職韻이 경우에 따라 ㅓ류의 음을 대역하기도 했음을 알 수 있다.

周法高(1968)와 邵榮芬(1982a)은 蒸韻을 ㅓieŋ으로 수정하여 眞韻의 ㅓien과 배합했으며 鄭張尙芳(1987)은 ㅓɯŋ으로 재구했다가 나중에 ㅓŋ로 수정했고 余逝永(1985)은 jiŋ으로 수정했다. 蒸韻의 재구음 ㅓieŋ은 靑·淸韻의 음가와 아주 가깝기 때문에 채택할 수 없다. 蒸韻의 중고의 재구음이 ㅓieŋ이었다면 靑·淸韻과 압운했어야 한다. 그러나 〈隋韻譜〉에 의하면 蒸韻과 靑·淸韻이 通押한 예는 없다. 登德韻의 한국 한자음은 ㅡɯŋ[k]이며 日本 吳音에서는 ㅡoː와 ㅡoku이다. 이 가운데 'o'는 고대 일본어에서 비원순 乙類의 'o'로 일본의 학자들은 'ə'에 해당한다고 주장한다. 따라서 이들이 반영하고 있는 중국어의 登韻은 əŋ류의 음이며 德韻은 ək류의 음이다. 한국 한자음에서 蒸韻의 일부 글자는 登德韻과 동일하게 ㅡɯŋ[k]으로 실현되고 있으며, 일부는 ㅓŋ[k]으로 실현된다. 日本 吳音에서 蒸韻은 ㅓioː로, 職韻은 ㅓioku로 실현되어 登德韻과 가깝다. 그러나 職韻은 한편으로는 ㅓiki로도 실현된다. 한국 한자음과 吳音은 대체로 일치한다. 즉 蒸職韻의 주요모음은 登德韻의 ə와 가까우면서도 i와도 가까웠는데 이는 ə와 i 사이에 있는 ㅓ이었을 가능성이 가장 크다. 따라서 필자는 蒸職韻을 ㅓŋ[k]으로 재구하고자 한다. 蒸韻은 ≪中原音韻≫에서 다음과 같은 변화과정을 통해 梗攝 3·4등과 합류하여 iŋ이 된다.

$$^*\overline{\text{ɯ}}\eta > i\eta > i\eta$$

4. 1·2등 重韻

칼그렌은 蟹·咸·山攝 1·2등의 重韻에 장단의 차이가 있다고 주장
했다.(아래의 점은 短音임을 나타낸다.)

哈 ɑi	覃 ɑm	皆 ɐi	咸 ɐm	山 ɐn
泰 ɑi	談 ɑm	佳 ai	銜 am	刪 an

陸志韋, 王力, 董同龢, 李榮, 邵榮芬, 鄭張尚芳 등의 중국의 여러 학자
들은 이에 대하여 부정적인 태도를 가지고 있는데 이들은 重韻이 장단
의 차이에서 기인한 것이 아니라 음색의 차이에 기인한 것이라 여기고
있다. 이와 같은 주장의 주요 이유 몇 가지를 아래에 종합했다.

① 廣州 말에서 운미를 동반하고 주요모음이 a인 운의 경우에만 모
음의 장단 대립이 있고[64] 다른 중국어 방언에서는 모음의 장단에 의한
대립은 없다. 그러나 廣州 말의 단모음은 음색이 ɐ에 가깝게 변화된다.
역사적으로 보면 廣州 말의 단모음은 대체로 중고의 內轉類에서 기원
했는데 중고의 內轉 운들은 外轉에 비해 개구도가 작으며 개구도가 작
은 모음의 길이는 대체로 짧다. 이를 음운적으로 처리할 수 있는 방법
에는 두 가지가 있다. 첫째, 廣州 말에서 운미를 동반한 a가 장단으로
나뉜다고 가정하고, 이 가운데 단모음의 개구도가 작다고 여기는 것이
다. 둘째, 廣州 말의 운미를 동반한 a류의 운과 ɐ류의 운이 있는데 이들
의 장단의 차이가 부수적인 자질이라 여기는 것이다. 이와 같은 두 가

---

64) 예를 들면 三 [saːm]과 心 [sam]의 대립을 들 수 있다.

지 처리 방법이 모두 불가능한 것은 아니지만 역사적 기원으로 볼 때 이 경우는 후자일 수밖에 없다.

② 칼그렌은 '장단 모음 변별 설'의 주요 근거를 한국 한자어에서 찾았다. 그에 의하면, 한국 한자어의 短音 a는 咍·皆韻 등의 주요모음을 대역했고, 長音 a는 泰·佳韻 등의 주요모음을 대역했다. 그가 언급한 短音 a는 한글자모의 'ㆍ'에 해당하며, 長音 a는 한글자모의 'ㅏ'에 해당한다. 朝鮮朝의 鄭麟趾 등이 편찬한 ≪訓民正音解例≫에서 "'ㅏ'는 'ㆍ'와 같지만 입이 더 벌어진다.['ㅏ'與'ㆍ'同而口張.]"[65]라고 언급했는데 이는 양자의 차이가 장단의 차이가 아닌 음색의 차이임을 말해 주고 있다.

③ 산스크리트에도 장음 a와 단음 a가 대립하는데 산스크리트-중국어의 대음에서 咍韻 글자로 단음 a를 대음했거나 泰韻 글자만 장음 a를 대음한 경우는 없다.

1·2등 重韻의 실제 음가에 대해서는 각 학자의 견해가 다소 다르다. 아래는 각 견해에 대한 논의이다.

『① 佳·皆·夬韻의 처리가 가장 어렵다. 위에서 논의한 바와 같이 江韻 이외의 모든 2등운은 모두 전설 저모음 æ나 ɛ이다. 상고의 기원에 근거하면 夬韻과 鎋韻이 배합하는데, 鎋韻은 -æt으로 재구되고 夬韻은 -æi로 재구되며, 이에 따라 나머지 두 개의 佳·皆韻을 위한 선택 범위는 ɛ만 남는다. 觀智院本≪類聚名義抄≫의 吳音에서 麻韻의 독음은 다음과 같다.

65) 본서의 원문에는 'ㅏ'와 'ㆍ'의 자리가 뒤바뀌어 있다. 본 역서에서는 ≪訓民正音≫ 원전에 근거해 수정하였다.

買	佳	佳	解	懈	崖	嶰	隘	邂	稗	賣	罣	絓	絓
mai	kue	kei	ke	ke	kai	kai	ai	kai	hai	mai	kue	kuai	ke

따라서 당시의 金陵 말의 佳韻에 두 개의 독음이 있었음을 알 수 있다. 이는 아마도 이중 모음이 단모음으로 변화하는 과정 중이었기 때문일 것이다. 李榮(1956)은 佳韻을 æ로 재구했고, 皆韻을 æi로 재구했다. 夬韻이 이미 æi로 재구되었으므로 佳韻은 -ɛ로, 皆韻은 -ɛi로 재구된다.

② 2등운이 중복된 韻은 이외에도 庚~耕, 刪~山, 銜~咸이 있다. 위에서 논의한 바와 같이 2등은 æ나 ɛ로 제한된다. 따라서 耕韻과 淸·靑韻은 모두 상고의 耕部 *-eŋ에서 기원했으며, 庚二韻은 陽韻과 함께 상고의 陽部 *aŋ에서 기원했다. 다른 특별한 원인이 없다면 상고의 *-eŋ에서 기원한 2등운이 *-aŋ에서 기원한 2등운보다 혀의 위치가 더 앞쪽에 있고 개구도가 더 작은 주요모음을 동반하고 있다고 볼 수밖에 없다. 따라서 耕韻은 ɰɛŋ으로, 庚二韻은 ɰæŋ으로 재구한다.(2등 개음 ɰ에 대해서는 제18장의 논의를 참조하시오.)

王力(1936)은, 南北朝 詩人의 用韻에서 山韻은 仙·先韻과 가깝고 寒韻과는 멀고, 刪韻은 寒韻과 가깝고 仙·先韻과는 멀다고 밝혔다. 李榮의 〈隋韻譜〉에 의하면 刪韻도 仙韻과 대량으로 압운했으므로 이 韻 역시 혀의 위치가 다소 앞쪽에 있었던 것으로 보인다. 또 刪韻이 寒韻과 더 가까웠으므로 개구도가 山韻보다 더 컸을 것이다. 동시에 刪韻이 상고의 *-an과 *-on에서 기원했고, 山韻이 상고의 *-en, *-in, *-ɰn, *-un에서 기원했으므로 개구도도 좀 더 작았을 것이다. 따라서 刪韻은 æn으로 재구하고, 山韻은 ɛn으로 재구한다.

위와 동일한 이치로 銜韻이 상고의 *-am과 *-om에서 기원했고, 咸韻
이 상고의 *-em, *-im, *-ɯn, *-un에서 기원했으므로, 銜韻은 æm으로
재구하고, 咸韻은 ɛm으로 재구한다.』

③ 거의 모든 학자들이 泰韻을 ɑi로 재구했으나 咍韻의 재구에 대해
서는 각 학자들의 견해 사이에는 큰 차이가 있다. 陸志韋, 王力, 李榮,
邵榮芬은 ɒi로 재구했고 드라구노프(Dragunov 1928), 풀리블랭크
(Pulleyblank 1962-3), 周法高(1968)는 əi로 재구했으며, 鄭張尙芳(1987)은
ʌi로 재구했다. 음성변화 규칙의 관점으로는 əi로 재구하는 것이 가장
합리적이다. 咍韻은 上古의 之部 ɯ와 微部 ɯl에서 기원했다. 微部의 운
미는 漢代에 -i로 변화함에 따라 ɯl은 ɯi가 된다. 이후에 ɯi는 다시 əi
로 변화했는데 이는 상고의 蒸部 ɯŋ이 중고의 登韻 əŋ으로 변화했던
현상과 평행하다. 상고의 之部는 또 다른 방식을 통해 중고의 咍韻으로
변화했다. 원칙 3에 근거하면 후설 고모음 앞에 과도음 ə가 생성될 수
있는데 상고 중국어의 幽部가 중고의 豪韻으로 변화한 것이 바로 이러
한 예에 속한다. 예를 들면 '考'는 *khuˀ>khˀuˀ>khəuˀ>M. khɑu와 같이
변화했다.

상고의 之部 *ɯ 역시 후설 고모음으로 幽部와 유사한 변화를 경과했
다. 예를 들면, '改'는 *kɯˀ>kˀɯˀ>kəɯˀ와 같이 변화했다. 중국어에서 운
미 -ɯ가 배척되므로 원래의 운미 -ɯ는 나중에 전설음화되어 운미 -i로
변화했다. '改'는 계속하여 kəɯˀ>M. kəiˀ와 같이 변화하여 상고의 微部
에서 기원한 咍韻과 합병된다. 이후에 후설모음은 계속해서 저모음화
되면서 咍韻은 əi로부터 현대 중국어에 이르러 ai로 변화했다.

중고의 咍韻과 灰韻의 주요모음이 대립했다는 점은 위에서 논의한
바 있다. 이 두 운은 상고에서 개합의 차이에 불과했으나 중고 중국어

에서 灰韻의 주요모음은 咍韻과 차이가 발생하게 된다. 이는 灰韻의 주요모음이 합구 개음으로 인해 후설음화와 원순음화를 거쳐 wəi 〉 woi와 같이 변화했다는 것으로 설명할 수밖에 없다.

　베트남 한자어의 咍韻은 -ai, 灰韻은 -oi이며, 武鳴 壯語(李方桂 1953)에서 중고시기의 咍韻과 灰韻으로부터 차용된 단어는 각각 -ai와 -∅i 〈 -oi로 실현되는데 이들 모두 두 운의 중고음이 각각 -əi와 -uoi이었음을 반영하고 있다. 나중에 -uoi의 모음이 열리게 되어 다음과 같이 泰韻과 합병한다.

$$woi > wɔi > wʌi > wɑi$$

　泰韻과 咍韻의 관계가 정립되었으므로 이들과 평행한 談韻과 覃韻도 각각 -ɑm과 -əm으로 재구할 수 있다.

5. 宕攝[66]

　칼그렌은 唐韻을 -ɑŋ으로, 陽韻을 -iaŋ으로, 庚韻을 -ɐŋ으로, 庚韻을 -iɐŋ으로 재구했다.

　唐・陽韻이 각각 다른 운목에 속해 있으므로 원칙 1에 근거하면 이들의 주요모음은 달라야 한다. 그러나 董同龢, 周法高, 풀리블랭크는 唐韻을 ɑŋ으로, 陽韻을 -iɑŋ으로 재구했으므로 이 원칙과 어긋난다. 본서는 칼그렌의 재구음을 수용한다.

---

66) 원서에는 제5절의 제목이 宕・梗攝으로 되어 있으나, 저자와의 서신을 통해 宕攝으로 변경하였고 梗攝에 관한 내용은 위의 제4절로 옮겨 저자의 수정 의견을 반영해 번역했다.

陽韻은 廢·凡·乏韻과 더불어 순음이 모두 輕脣化되었다는 특징이 있다. 이는 이들이 모두 동일한 주요모음인 -a-를 동반했기 때문이다. 따라서 본서에서는 廢·凡·乏韻을 각각 ai, am, ap으로 재구한다.

6. 止攝

止攝 가운데 之韻의 재구음에 대한 견해가 가장 다양하다. 칼그렌은 之韻과 脂韻을 동일한 운모로 재구했는데 그 이유는 이들이 각 지역의 방언에서 독음의 차이가 없었기 때문이다. 李榮(1952)은 之韻을 iə로 재구했는데 그 이유를 之韻이 上古의 之部에서 기원했다는 점에 두고 있다. 칼그렌과 李方桂는 之部을 모두 əg로 재구했다. 이 가운데 운미를 제거하면 ə가 남는다. 王力(1958)과 풀리블랭크(Pulleyblank 1962-3: 83)도 이와 동일한 재구음을 채택했다. 隋代의 압운에서 之韻이 微韻과 멀고 脂韻과 가까웠다. 邵榮芬(1982a)은, 脂韻을 i로 재구하면 之韻의 재구음인 iə로는 脂韻과의 통압 관계를 설명하기 어렵다고 지적했다. 따라서 그는 之韻을 ie로 재구해야 脂韻 i와 용이하게 압운할 수 있었다고 주장했다. 그러나 之韻을 ie로 재구하면 ie가 上古의 之部 ə(ɯ로 재구해야 한다)로부터 변화된 이유를 설명하기 어렵다. 鄭張尙芳(1987)은 之韻을 ɯ로 재구했지만 최근 필자에게 ɯ를 ɨ로 수정했다고 알려왔다. 之韻을 ɨ로 재구하는 것이 더 합리적인 이유는, 산스크리트-중국어 대음 자료에서 之韻 글자로 산스크리트의 i를 대역한 바 있으며 또 之韻을 ɨ로 재구하면 i와 음성적으로 더 가깝게 되며 *-ɯ 〉-ɨ와 같은 기원에 대한 해석이 더 용이하기 때문이다.

微韻에 대해 칼그렌은 -ĕi로 재구했고 趙元任(Chao 1940)은 -ɪəi로 수정했으며 대부분의 음운학자들이 이를 채택하고 있다. 鄭張尙芳

(1987)은 jɯi로 재구했지만 之韻의 수정된 재구음으로부터 유추하면 ˉii로 수정해야 한다. 중고 중국어의 음운 체계에서 ə와 i는 동일한 음소에 속한 두 개의 변이음[allophone]으로 1등은 ə, 3등은 i이다. 3등의 설면 개음은 ə를 고모음화시켰고 ə는 설면 개음을 중설화시켰다. 微韻이외에 殷·蒸韻도 각각 ˉin과 ˉiŋ으로 수정해야 한다.

외면상, 칼그렌이 支韻을 iĕ로 재구한 것에 대해 학자들 간에 큰 이견이 없는 듯하지만 칼그렌의 견해를 수정한 학자들 대부분은 ĕ에서 短音의 기호인 ˘를 제거하여 ie류의 음으로 재구했다. 그러나 i와 e 가운데 어느 것이 주요모음인지는 밝히지 않았다. 칼그렌에 따르면 支韻의 주요모음은 i이다. ≪切韻≫ 韻目에서 支韻이 脂韻 i, 之韻 i, 微韻 ii와 서로 이어져 있어 원칙 2에 근거하면 이들 간의 주요모음은 반드시 서로 가까운 i류의 음이 된다. 이는 다음의 周隋 시기의 불경번역을 통해서도 알 수 있다(尉遲治平 1982).

ci 支(支)	vy 婢(支)	phi 譬(支)
si 私(脂)	ci 指(脂)	ḍi 稚(脂)
ṭhi 癡(之)	ji 市(之)	si 思(之)
vi 韋(微)	vi 瑋(微)	

支韻 글자가 e를 대역한 경우도 몇 개 있다. 예를 들면 '企'로 bhīmamukhi[毗摩目企]의 khi를 대역했지만 akhemukhe[阿企目企]에서는 khe를 대역했다. 그러나 대부분의 경우는 i를 대역했다. 이때 支韻의 i는 주요모음이며 e는 北京말의 iɛ의 ɛ와 같은 짧은 후전이음[off-glide]이었음을 가능성이 가장 크다.

7. 流攝

칼그렌은 尤韻을 ⁻iəu, 侯韻을 -əu로 재구했다. 李榮(1956: 145)은 이들을 각각 ⁻iu와 ⁻u로 수정했는데 그 주요 근거는 아래와 같이 隋와 唐의 교체 시기에 발생한 산스크리트 u와 o의 대음의 변화이다.

	u	ū	o
法顯(417)	短憂	長憂	烏
顯無識(414~421)	郁	優	烏
慧嚴 등(424~432?)	短憂	長憂	烏
僧伽婆羅(518)	憂	長憂	烏
闍那崛多(591)	優	嗚	嗚
玄應(649?)	塢 烏古反	烏	汚
地婆訶羅(683)	烏 上聲	烏	烏
不空(771)	塢	汚 引	汚
不空(771)	塢 上聲	汚	汚
智廣(780~804?)	短甌 上聲聲近屋	長甌 長呼	短奧 去聲近汚
慧琳(810)	塢 '烏古反'이며 '鄔'이라 해도 통한다[烏古反或亦作鄔亦通]	汚 '塢古反'으로 길게 연장해서 발성하며 입을 작게 벌린다[塢古反引聲牙關不開]	汚 '襖固反'이다. 입을 크게 벌리고 길게 읽는다. '汚'가 중복해서 나타났지만, 입을 벌린 정도가 다르다.[襖固反大開牙引聲雖卽重用汚字其中開合有異]

위의 표에 의하면 隋 이전에는 尤·屋韻의 주요모음이 u이었고 模韻의 주요모음이 o이었다. 唐 이후에 模韻은 u로 변화했다. 칼그렌의 재구음에 대한 李榮의 수정은 상당히 정확하다. 여기서 밝혀야 할 것은,

侯·尤韻이 ≪切韻≫에서 두 개의 韻目으로 나뉘었으므로 원칙 1에 근거하여 이 두 韻의 주요모음이 조금 달라야 한다는 점이다. 隋 이전에는 산스크리트의 u를 대음하는 글자 가운데에는 侯韻 글자가 없고 모두 尤韻 글자들이다. 이는 1등운의 변화 속도가 3등운보다 빨랐기 때문인데, 1등운은 이미 u에서 əu로 변화했다.

侯·尤·幽韻은 각각 u, iu, iu로 재구한다.

8. 臻攝合口

칼그렌은 魂韻을 uən으로 재구하여 痕韻과 개합 관계로 배합했다. 이 재구음은 여러 학자들에 의하여 수용되었지만 이 두 韻이 ≪切韻≫에서 두 개의 다른 운목으로 나뉘어 있었으므로 재구 원칙 1에 의하면 동일한 주요모음일 수 없다. 다음의 대역 자료에 근거하면 魂韻의 주요모음은 o일 가능성이 크다(武鳴 壯語의 예는 李方桂(1953)에서 인용했고 周隋의 산스크리트-중국어 대역의 예는 尉遲治平(1982)에서 인용했다).

	吳音	漢音	한국 한자어	베트남 한자어	武鳴 壯語	周隋의 산스크리트-중국어 대역
魂	on	on	on	oŋ	∅n < on	un
沒	otɕi	otsu	ol	ot	ot	ud

특히 '溫'은 日本 吳音과 漢音에서 모두 uon으로 실현되었는데 이는 주요모음 앞에 합구 성분이 더 있었음을 의미한다.

9. 遇攝

遇攝에 대한 논의가 가장 많고 반드시 상고의 기원과 연계하여 재구해
야 하므로 본서의 제12장에서 상고 魚部와 함께 다시 논의하기로 한다.

아래 표는 주로 周法高(1970)에 근거했으며 동시에 李方桂(1971), 邵
榮芬(1982a), 鄭張尙芳(1998)과 필자의 재구음도 수록했다. 음성 기호는
각 학자들의 고유 표기를 따랐다. 칼그렌의 표기와 국제음성기호는 다
음과 같이 대응한다.

$$â = [ɑ], a = [a], ä = [ɛ], ɒ = [æ]^{67)}$$

그는 기호 아래에 점을 첨가하거나 혹은 기호 위에 ˘를 첨가하거나
아래에 ‿를 첨가하여 短音임을 나타내었다.

예를 들면 ậ는 [ăi]에 해당한다. 李榮은 칼그렌의 기호를 채택했는데
인쇄의 편의를 위하여 칼그렌의 ɑ를 일률적으로 a로 고쳐 표기했으며
ệ는 [ɒ]를 나타내었다. 다른 학자들의 경우는 국제음성기호의 표기법과
대체로 일치한다. 아래 표에서는 平聲으로 나머지 上聲과 去聲을 포괄
하기로 하며 陽聲韻에는 이와 대응하는 入聲韻도 포함되어 있다. 예를
들면 唐韻의 ɑ ŋ 에는 鐸韻 ɑk도 포함되어 있다. 合口韻은 開口韻에 포함
되어 있는데, 합구운의 경우 합구 개음만 첨가하면 되지만 학자마다
합구 개음의 재구가 다르다. 즉 칼그렌, 王力, 陸志韋는 w로 표기했고
董同龢, 李榮, 周法高, 邵榮芬, 鄭張尙芳은 u로 표기했다. 그러나 독립된
합구운인 文韻·灰韻 등은 각각 따로 열거했다.

. . . .

67) 칼그렌의 *Grammata Serica Recensa*(1957:4)에서는 ɒ를 '영어의 but에 해당'한다고 했으므로
본서의 표기인 [æ]는 [ʌ]와 같은 다른 음가로 수정되어야 할 것이다.

제 학자들의 ≪切韻≫ 韻母 재구음 비교표 1

韻攝	等	韻目	칼그렌	董同龢	李榮	王力	邵榮芬
果攝	1등	歌	â	ɑ	â	ɑ	ɑ
	3등	戈	jâ	jɑ	iâ	ǐɑ	iɑ
假攝	2등	麻	ɑ	a	a	a	a
	3등	麻	jɑ	ia	ia	ǐa	ia
遇攝	1등	模	uo	uo	o	u	uo
	3등	虞	ju	juo	io	ǐu	io
		魚	jwo	jo	iɒ̌	ǐo	ɔi
蟹攝	1등	泰	âi	ɑi	âi	ɑi	ɑi
		咍	âi	Ai	ɐi	ɒi	ɒi
		灰	uâi	uAi	uɐi	uɒi	uɒi
	2등	佳	ai	æi	ä	ai	æi
		皆	ăi	ɐi	äi	ɐi	ɐi
		夬	ai(?)	ai	ai	æi	ai
	3등A	祭	jäi	jæi	iäi	ǐɛi	jæi
	3등B	祭	jäi	jæi	iäi	ǐɛi	iæi
		廢	jɐi	jɐi	iɐi	ǐɐi	iɐi
	4등	齊	iei	iɛi	ei	iei	ɛi
止攝	3등A	支	(j)iĕ	je	ie	ǐe	jɛ
	3등B	支	(j)iĕ	jĕ	ie	ǐe	ɪɛ
	3등A	脂	(j)i	jei	i	i	jɪ
	3등B	脂	(j)i	jĕi	i	i	ɪi
		之	(j)i	(j)i	iə	ǐə	ie
		微	(j)ĕi	jəi	iəi	ǐəi	iəi

韻攝	等	韻目	칼그렌	董同龢	李榮	王力	邵榮芬
效攝	1등	豪	âu	ɑu	âu	ɑu	ɑu
	2등	肴	ɑu	au	au	au	au
	3등A	宵	i̯äu	jæu	iäu	ǐɛu	jæu
	3등B	宵	i̯äu	jǽu	iäu	ǐɐu	iæu
	4등	蕭	ieu	iɛu	eu	ieu	ɛu
流攝	1등	侯	ə̆u	u	u	əu	əu
	3등A	幽	i̯ĕu	jəu	iĕu	iəu	ieu
	3등B	尤	i̯ə̆u	ju	iu	ǐəu	iəu
咸攝	1등	談	âm	ɑm	âm	ɑm	ɑm
		覃	ậm	Am	ə̂m	ɒm	ɒm
	2등	銜	am	am	am	am	am
		咸	ăm	ɐm	æm	ɐm	ɐm
	3등A	鹽	i̯äm	jæm	iäm	ǐɛm	jæm
	3등B	鹽	i̯äm	jǽm	iäm	ǐɛm	iæm
	3등	嚴	i̯ɒm	jɐm	iɐm	ǐɐm	iɐm
		凡	i̯wɒm	juɐm	iuɐm	ǐwɐm	iɐm
	4등	添	iem	iɛm	em	iem	ɛm
深攝	3등A	侵	i̯əm	jem	iəm	ǐěm	jem
	3등B	侵	i̯əm	jěm	iəm	ǐěm	iem
山攝	1등	寒	ân	ɑn	ân	ɑn	ɑn
	2등	刪	an	an	an	an	ɐn
		山	ăn	æn	än	æn	æn
	3등A	仙	i̯än	jæn	iän	ǐɛn	jæn
	3등B	仙	i̯än	jǽn	iän	ǐɛn	iæn
	3등	元	i̯ɒn	jɐn	iɐn	ǐɐn	iɐn
	4등	先	ien	iɛn	en	ien	ɛn

韻攝	等	韻目	칼그렌	董同龢	李榮	王力	邵榮芬
臻攝	1등	痕	ən	ən	ən	ən	ən
		魂	uən	uən	uən	uən	uon
	2등	臻	iɛn	(j)en	iĕn	ĭen	ien
	3등A	眞	jĕn	jen	iĕn	ĭĕn	jen
	3등B	眞	jĕn	jĕn	iĕn	ĭĕn	ien
	3등	殷	iən	jən	iən	ĭən	iən
		文	juən	juən	iuən	ĭuən	iuən
宕攝	1등	唐	âng	ɑŋ	âŋ	ɑŋ	ɑŋ
	3등	陽	jɑng	jɑŋ	iaŋ	ĭaŋ	iɑŋ
梗攝	2등	庚	ɒng	ɐŋ	ɐŋ	ɐŋ	aŋ
		耕	ɛng	æŋ	äŋ	æŋ	ɐŋ
	3등	庚	jɒng	jɐŋ	iɐŋ	ĭɐŋ	iaŋ
		清	jäng	jɛŋ	iäŋ	ĭɛŋ	iæŋ
	4등	靑	ieng	iɛŋ	eŋ	ieŋ	ɛŋ
曾攝	1등	登	əng	əŋ	əŋ	əŋ	əŋ
	3등 A B	蒸	jəng	jəŋ	iəŋ	ĭəŋ	ieŋ
通攝	1등	東	ung	uŋ	uŋ	uŋ	uŋ
		冬	uong	uoŋ	oŋ	uoŋ	oŋ
	3등	東	jung	juŋ	iuŋ	ĭuŋ	iuŋ
		鍾	jwong	juoŋ	ioŋ	ĭwoŋ	ioŋ
江攝	2등	江	ång	ɔŋ	åŋ	ɔŋ	ɔŋ

제 학자들의 ≪切韻≫ 韻母 재구음 비교표 2

韻攝	等	韻目	陸志韋	Pulley-blank	周法高	鄭張尚芳	潘悟雲
果攝	1등	歌	ɒ	ɑ	ɑ	ɑ	ɑ
	3등	歌	ɪɑ	jɑ	iɑ	iɑ	iɑ
假攝	2등	麻	a	a	a	ɣa	ɣa
	3등	麻	ia	ja	ia	ɨa	ia
遇攝	1등	模	wo	ou	uo	uo	ŭo
	3등	虞	ɪwo	jou	iuo	ɨo	iŭʊ
		魚	io	jo	io	ɨʌ	iɤ
蟹攝	1등	泰	ɑi	ɑi	ɑi	ɑi	ɑi
		哈	ɒi	əi	əi	ʌi	əi
		灰	wəi	uəi	uəi	uʌi	ŭoi
	2등	佳	æi	ae	æi	ɜɣ	ɜɣ
		皆	ɐi	aəi	ɛi	ɣɜi	ɣɜi
		夬	ai(ɐi)	ai	ai	ɣai	ɣai
	3등A	祭	ɪɛi	jei`	iæi	iɛi	iɛi
	3등B	祭	ɪɛi	jei`	iai	ɣiɛi	ɯiɛi
	3등	廢	ɪɐi	jɑi`	iɑi	ɨɐi	iai
	4등	齊	ɛi	ei	iɛi	iei	ei
止攝	3등A	支	iei	je	iɪ	iE	iɛ̆
	3등B	支	ɪei	je	ie	ɣiE	ɯiɛ̆
	3등A	脂	iɛ̆i (>i)	ji	iɪi	iI	i
	3등B	脂	ɪɛ̆i (>ɪ)	ji	iei	ɣiI	ɯi
	3등	之	i(ɛ̆)i (>i)	jə	i	ɨ	ɨ
		微	ɪəi	jəi	iəi	ɨi	ɨi

韻攝	等	韻目	陸志韋	풀리블랭크	周法高	鄭張尙芳	潘悟雲
效攝	1등	豪	ɒu	ɑu	ɑu	ɑu	ɑu
	2등	肴	ɐu	au	au	ɣau	ɣæu
	3등A	宵	iɐu	jeu	iæu	iɛu	iɛu
	3등B	宵	ɪɐu	jeu	iau	ɣiɛu	ɰiɛu
	4등	蕭	ɛu	eu	iɛu	eu	eu
流攝	1등	侯	əu	u	əu	əu	əu
	3등A	幽	iěu	jiu	iɪu	iɪu	iu
	3등B	幽		(jiu)	ieu		
	3등	尤	ɪəu	ju	iəu	ɨu	iu
咸攝	1등	談	ɑm	ɑm	ɑm	ɑm	ɑm
		覃	ɒm	əm	ɐm	ʌm	əm
	2등	銜	am	am	am	ɣam	ɣæm
		咸	ɐm	aəm	æm	ɣɐm	ɣɐm
	3등A	鹽	iɐm	jem	iæm	iɛm	iɛm
	3등B	鹽	ɪɐm	jem	iam	ɣiɛm	ɰiɛm
	3등	嚴凡	ɪɐm	jɑm	iɑm	iɐm	iam
	4등	添	ɛm	em	iɛm	em	em
深攝	3등A	侵	iěm	jim	iɪm	iɪm	im
	3등B	侵	ɪem	jim	iem	ɣiɪm	ɰim
山攝	1등	寒	ɒn(ɑn)	ɑn	ɑn	ɑn	ɑn
	2등	刪	ɐn	an	an	ɣan	ɣæn
		山	an	aən	æn	ɣɐn	ɣɐn
	3등A	仙	iɐn	jen	iæn	iɛn	iɛn
	3등B	仙	ɪɐn	jen	ian	ɣiɛn	ɰiɛn
	3등	元	ɪɐn	jɑn	iɑn	iɐn	iɣn
	4등	先	ɛn	en	iɛn	en	en

韻攝	等	韻目	陸志韋	폴리블랭크	周法高	鄭張尙芳	潘悟雲
臻攝	1등	痕	ən	ən	ən	ən	ən
	1등	魂	wən	uən	uən	uən	ŭuon
	2등	臻	ĭĕn	ïn	en	ɪn	ɪn
	3등A	眞	iĕn	jin	iɪn	iɪn	in
	3등B	眞	ĭĕn	ʲjin	ien	ɣjɪn	ɰin
	3등	殷	ĭən	jən	iən	in	in
		文	ĭwən	juən	iuən	iun	iun
宕攝	1등	唐	ɑŋ	ɑŋ	ɑŋ	ɑŋ	ɑŋ
	3등	陽	ĭɑŋ	jɑŋ	iɑŋ	iɐŋ	iaŋ
梗攝	2등	庚	aŋ	aŋ	aŋ	ɣæŋ	ɣæŋ
		耕	ɐŋ	aəŋ	æŋ	ɣɛŋ	ɣɛŋ
	3등	庚	ĭæŋ	jaŋ	iaŋ	ɣiæŋ	iæŋ
		清	iɛŋ	(jeŋ) jeŋ	iæŋ	iɛŋ	iɛŋ
	4등	青	ɛŋ	eŋ	iɛŋ	eŋ	eŋ
曾攝	1등	登	əŋ	əŋ	əŋ	əŋ	əŋ
	3등A	蒸	iĕŋ	jəŋ	iɪŋ	ɨŋ	ɨŋ
	3등B	蒸			ieŋ		
通攝	1등	東	uŋ	uŋ	uŋ	uŋ	uŋ
		冬	woŋ	oŋ	uoŋ	uoŋ	ŭoŋ
	3등	東	ĭuŋ	juŋ	iuŋ	ɨuŋ	iuŋ
		鍾	ĭwoŋ	joŋ	ioŋ	ioŋ	iŭoŋ
江攝	2등	江	ɔŋ	auŋ	ɔŋ	ɣʌŋ	ɣɔŋ

鄭張尙芳(1998)의 중고 운모 체계 표(陽聲韻은 入聲韻을 포함한다.)

等	1	3	3	2	3	2	3·4	4	3·4
모음	ɑ	iɑ	iɐ	ɣa (ɣæ)	ia / ɣia	ɣɤ	ɣiᴇ_B / iᴇ_A	ie	ɣiɪ_B / iɪ_A
-∅	歌一	歌三		麻二	麻三	佳	支		脂
-ŋ	唐		陽	庚二	庚三	耕	清	青	
-m	談		嚴凡	銜		咸	鹽	添	侵
-n	寒		元	刪		山	仙	先	臻眞
-i	泰		廢	夬		皆	祭	齊	
-u	豪			看		宵		蕭	幽

等	1	3	1	2	3	1	3	1	3
모음	ə	(i) / ɯ	ʌ	ɣʌ	iʌ	uo	io	u	iu
-∅		之			魚	模	虞		尤
-ŋ	登	蒸		江		冬	鍾	東一	東三
-m			覃						
-n	痕 (魂)	殷 文	魂			(魂)			文
-i	(灰)	微	咍灰			(灰)			
-u	侯	(尤)							

본서에서는 鄭張尙芳의 재구음을 아래와 같이 다소 수정하였다.

음소	a				e			i
等과 개음	1	3 i	2 ɣ	3 i	2 ɣ	3A i / 3B ɯi	4	3A i / 3B ɯi
모음 / 韻尾	ɑ	a	æ	ɛ	E	e		i
-∅	歌		麻二	麻三	佳	支		脂
-ŋ	唐	陽	庚二	庚三	耕	清	青	
-m	談	嚴(凡)	銜		咸	鹽	添	侵
-n	寒		刪		山	仙	先	臻眞
-i	泰	廢	夬		皆	祭	齊	
-u	豪		肴			宵	蕭	幽

음소	ə		o				u	
等과 개음	1	3 i	2 ɣ	3 i	1	3 i	1	3 i
모음 / 운미	ə	ɨ	ɔ	ɣ	ŭo	ŭɔ	u	
-∅		之		魚	模	虞	侯	
-ŋ	登	蒸	江		冬	鍾	東一	東三
-m	覃							
-n	痕	殷		元	魂			文
-i	哈	微			灰			
-u		尤						

『嚴韻의 평성과 입성의 순음 성모 뒤에 전전이음[on-glide] ŭ가 생성되어 주요모음의 음색에 영향을 주게 된다. 陸法言은 이로부터 凡韻을 따로 분리했지만 상성과 거성은 나누지 않았다. 따라서 위의 표에서는 이들을 여전히 함께 배열하고 있으며 다만 凡韻을 괄호 안에 넣어 처리하였다. ≪切韻≫의 6 개 모음의 음소 및 그 변이음을 아래의 표와 같이 나타내었다.

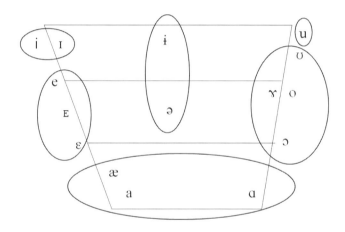

① ≪切韻≫ 체계에는 6 개의 모음 음소 a, e, i, ə, u, o가 있으며 15개의 변이음인 ɑ, æ, a, ɛ, ɜ, e, ə, i, ɪ, ɨ, u, ɔ, ʊ, o, ɣ가 있다.

② ≪切韻≫의 운 분류 원칙은 非음소적이다. 대체로 소속 운목이 다른 글자는 그 韻이 반드시 다르다. 즉 주요모음이나 운미가 다르다. 따라서 唐韻과 陽韻, 登韻과 蒸韻, 痕韻과 魂韻, 殷韻과 文韻, 侯韻과 尤韻, 模韻과 魚韻, 哈韻과 灰韻의 주요모음은 각각 변별된다. 이와 같은 변별에는 음소적인 것도 있고 非음소적인 것도 있다.

③ 2등은 개음 ɣ를 동반한다.

④ 3등은 개음 i를 동반하며 이 개음이 나중에 생성된 것이므로 여러 가지 변이음을 가지고 있다. 즉 전설 고모음 앞이나 설면 자음 뒤에서는 i가 되고, u와 순음 성모 뒤에서는 ʉ일 것이며, 설근음 뒤에서는 ɯ일 것이다. 나중에 3등의 설면 개음으로 점차 합병된다.

중뉴 4등은 개음 i를 동반하며, 중뉴 3등은 개음 ɯi를 동반한다.

⑤ 1등운의 주요모음은 ɑ, ə, o u로 제한된다.

⑥ 2등운의 주요모음은 æ, ɛ, ɔ로 제한된다.

⑦ 4등운의 주요모음은 e로 제한된다.

⑧ 3등운의 주요모음은 æ, a, i, I, ɨ, u, E, o, ɤ로 제한된다. ɑ가 3등운에 출현하는데 이는 戈韻의 몇 개의 글자에만 해당한다. 이들 글자는 외래어를 번역하는 데에만 사용된 것으로 상고로부터의 기원을 찾을 수 없다. 따라서 이들을 역사 음성변화 표에서 삭제한다.

⑨ 중뉴의 대립은 음소 E와 i에만 나타난나.

⑩ 경순화가 발생한 음절의 주요모음은 a, ɨ, ɤ, u, o로 제한된다.

⑪ o, ʊ 음소에는 모두 전이음 ŭ가 선행하며 이는 普通話의 상황과 유사하다.

⑫ 음소 변이음이 출현하는 음성 조건은 아래와 같다.(I는 성모 자음을, E는 운미를, ( )는 선택적임을, #는 음절의 종결을 나타낸다.)

a → ɑ / I(i) ___#   a → æ / Iɤ ___

e → ɛ / Iɤ ___   e → E / I(ɤ)i ___

ə → ɨ / Ii ___   o → ɤ /Ii ___

o → ɔ / Iɤ ___   o → ʊ /Iiŭ ___

i → ɪ / (tʂ, tʂh, ʂ, dʐ)i ___ (n, t)』

6

中古 중국어의 聲調 체계

중국어 음운사에서 성조값의 역사에 관한 연구가 가장 어렵다. 그 원인은 크게 두 가지로 나눌 수 있다. 첫째, 각 방언에서 성조값의 변화가 가장 복잡하여 같은 陰平류라도 北京에서는 平調로 읽으며, 上海에서는 하강조[降調]로 읽고, 合肥에서는 굴곡조[曲折調]로 읽고 있어 방언의 성조값에 대한 역사 비교를 통해 고대의 성조값을 구할 수 있는 좋은 방법을 지금까지 찾지 못했다. 둘째, 고대 문헌에서의 성조값에 대한 기술이 모호하다. 따라서 칼그렌(Karlgren 1915-26)은 성조류에 관하여 각 방언의 성조를 간단히 비교하고 논의했을 뿐이다. 그 이후에 성조값의 역사적 연구 분야에서 나름대로 성과가 있는 학자들은 周祖謨 (1958), 周法高(1948c, 1963), 梅祖麟(Mei, Tsu-lin 1970), 丁邦新(1975a), 邵榮芬(1982a), 潘悟雲(1982), 尉遲治平(1986) 등이다. 이들은 佛經과 悉曇家들의 고대 성조에 대한 기술을 이용하여 연구를 진행했다. 특히 일본의 悉曇家들은 산스크리트-중국어 대음과 중국어 음운학을 결합하여 고대 중국어의 성조값에 대하여 매우 의미 있는 기술을 했는데 이 자료들은 위의 학자들의 연구의 주요한 근거가 되었다.

고대의 성조값에 대한 연구에는 주로 성조의 장단과 고저의 형태에 관한 두 부분이 포함되어 있다.

1. 聲調의 장단에 대한 연구

周法高는 중고의 平聲은 長音이고 仄聲은 短音이라 했다.

(1) 玄應 ≪一切經音義≫에서는 일곱 쌍의 산스크리트-중국어 음절 (a, ā, i, ī 등)에 대하여, 長音은 언제나 평성 글자로 대역했고 短音은 仄聲 글자로 대역했는데 측성 가운데 세 개는 상성 글자[哀·塢·理]이고 1개는 입성 글자[壹]이다.

(2) 義淨이 33개의 산스크리트 단음 글자를 모두 측성 글자로 대역했다. 이외에도 여섯 쌍의 산스크리트 음절에 대하여 장음은 언제나 평성으로 대음했고 단음은 측성으로 대음했다. 측성 글자 중 두 개는 상성 글자[枳·矩]이고 두 개는 거성 글자[計·哈]이며 한 개는 입성 글자[脚]이다.

(3) 산스크리트에 장단의 대립이 있을 때에는 각각 다른 성조의 글자로 구별했다. 예를 들면 다음과 같다.

長		短	
śāriputra	奢利富多囉	śarīra	舍梨子
śīla	尸羅	śila	試羅
puruṣāḥ	補嚕沙	puruṣaḥ	補嚕灑
puruṣāḥ	布路沙	puruṣaḥ	布路殺

梅祖麟은 측성이 평성보다 짧다는 周法高의 일부의 견해에만 동의했다. 그는 더 나아가 진정한 短調가 상성이므로 산스크리트의 短音 번역에 사용된 글자가 대체로 상성 글자이며, 거성 글자가 더 적게 사용되었다고 주장했다.

(1) 義淨은 ≪南海寄歸內法≫에서 산스크리트의 단음을 대역한 33개의 字母에 대하여 "모두 상성으로 읽어야 한다.[皆須上聲讀之.]"라 注했다. 安然은 ≪悉曇藏≫에서 이를 인용했지만 이들이 어떠한 성조였는지에 대해서는 관심을 두지 않았다.

(2) 羅常培(1931b)가 나열한 19종의 산스크리트-중국어 대역 字母 가운데 5종의 經文은 모두 字母 아래에 성조로 주석을 가하여 산스크리트의 단음을 나타내었는데 이들은 모두 상성이었다. 예를 들어 산스크리트의 짧은 i에 대하여 空海의 ≪悉曇字母釋義≫, 慧琳의 ≪一切經音義≫, 不空의 ≪瑜珈金剛頂經釋字母品≫, ≪文殊問經≫에서는 모두 '伊上'이라 기록하며 대역했고 智廣의 ≪悉曇字記≫에서는 '短伊'로 번역함과 동시에 '上聲'이라 注했다.

(3) 일본의 몇 명의 법사가 전파한 唐代 성조에 관하여 安然의 ≪悉曇藏≫에서는, 正法師가 전파한 陽上은 "급히 읽지 않는다.[不突呼之.]"라 했고 다른 법사들이 전파한 상성은 "급히 읽는다.[突呼之.]"라고 기술하고 있는데 이는 상성이 短調였다는 의미이다.

(4) 일본의 梵唄는 唐代의 성조를 반영한 것으로 보이는데 여기에서 각 성조의 성격에 대해 다음과 같이 밝히고 있다. 평성은 그 성조값이 평탄하고 다소 낮아 1, 2, 3 (4度)로 노래 부르며, 상성은 가장 높고 가장 짧은 것으로 5度와 6度로 노래 부르고, 거성은 길이가 연장된 상승조[昇

調로 4도에서 5도까지 이어지거나 5도에서 6도까지 이어진다. 입성은 자음 운미를 동반하며 짧지만 힘찬 것으로 6도로부터 5도까지 혹은 5 도로부터 4도까지 하강하는 음조로 노래한다.

(5) 오드리쿠르(Haudricourt 1954)는 古 베트남 한자어 자료를 통해 상성이 상고 중국어에서 성문폐쇄음 운미를 동반하고 있었음을 증명 했다. 定安·文昌·浦城·建陽 등 일부 현대 중국어 방언에서는 상성에 여전히 성문폐쇄음 운미가 보존되어 있다. 음향 음성학적 분석에 의하 면 무성 폐쇄음 운미를 동반한 음절은 언제나 높고 짧다. 현대 버마어 의 높은 음조는 카친어[景頗語, Kachin]의 -ʔ와 대응하며 라후어[拉祜語, Lahu]에서는 성문폐쇄음이 높은 음조로 변화했다.

丁邦新(1975a: 10)은 다음과 같이 언급했다.

산스크리트의 長音의 글자를 나타내는 데에는 세 가지 대체법이 있다. 첫째, 측성 글자와 대립할 때에는 일반 평성 글자를 사용한 다68). 둘째, 평성이나 단음의 平聲과 대립할 때에는 長音의 평성 글자를 사용한다69). 셋째, 상성 글자와 대립할 때에는 長音의 평성 이나 늘여 읽는[引] 거성을 사용한다70).

----

68) 예를 들면, 玄應 ≪一切經音義≫에서는 단음 i를 측성인 '壹'로 표기한 경우 이와 대응하는 장음 ī는 평성인 '伊'로 나타내었다.
69) 예를 들면, 法顯의 ≪大般泥洹經文字母品≫에서 단음 i를 '短伊'로 표기한 경우 이와 대응하 는 장음 ī는 평성인 '長伊'로 나타내었다. 또 僧伽婆羅의 ≪文殊師利問經字母品≫에서 단음 i를 평성의 '伊'로 표기한 경우 이와 대응하는 장음 ī는 평성인 '長伊'로 나타내었다.
70) 예를 들면 空海의 ≪悉曇字母釋義≫에서 단음 i를 '伊上聲'으로 표기한 경우 이와 대응하는 장음 ī는 '伊去聲長引號'로 나타내었다.

따라서 그는 平上去聲이 일반적으로 길이가 보통이고 入聲만이 짧은 음이라 여긴 것이다.

그러나 산스크리트의 단음도 거성으로 注하는 경우가 있다. 尉遲治平(1986)은 일본의 悉曇家들이 전파한 성조가 여덟 개도 있고 여섯 개도 있는데 이는 방언의 배경이 달랐기 때문이라고 밝혔다. 八聲家의 上聲 重音은 六聲家의 去聲에 해당하는 것으로 성조의 굴곡이 처음에는 낮은 곳에서 출발하여 상승하며 모두 短調이기도 하다. 따라서 산스크리트의 단음에 대하여 八聲家는 상성이라 注했고 六聲家는 거성이라 注했지만 사실상의 성조값은 동일하다. 尉遲治平도 安然이 기술한 성조 상황을 근거로 상성이 단조이고, 거성의 경우 '角引, 稍引' 등의 기술이 있으므로 장조며, 평성이 장단 가운데 어느 쪽에도 치우쳐 있지 않았으므로 평성 글자로 장음이나 단음을 대역할 때에는 각각 '長'이나 '短'의 자구를 덧붙여 注했던 것이라 주장했다.

鄭張尙芳(1987)은 중고 상성에 성문폐쇄음 운미가 있다고 주장했는데 그 근거를 溫州 各 縣의 방언에서 陰上聲과 陽上聲 모두 성문폐쇄음 운미를 동반한 상승조라는 점에 두고 있다. 예를 들면 台州의 黃巖, 天台, 三門 지역에서는 모두 성문폐쇄음을 동반하고 있는데 어떤 경우는 溫州에서보다 더 강하게 읽는다. 趙元任(1928)은 黃巖의 상성이 후두가 강하게 긴장하여 음절이 둘로 꺾여 나뉜 것 같다고 기술했다. 海南 閩 방언의 상성은 黃巖과 유사하며 徽 방언의 屯溪, 祁門城, 黟縣, 休寧, 婺源 등의 方言點에서도 상성은 성문폐쇄음을 동반하고 있다. 그러나 鄭張尙芳이 의미한 성문폐쇄음 운미의 범위에는 후두부의 긴장도 포함되어 있다. 예를 들면 溫州의 상성은 사실상 후두의 긴장에 불과한 것으로 성문폐쇄음은 아니다. 따라서 상성은 여전히 舒聲에 속한 것으로 임의로 연장하여 읽을 수 있다.

중고의 상성이 짧고 높게 읽혔다는 정황은 믿을만하다. 그러나 짧고 높게 읽힌 상성이 浦城의 경우와 같이 성문폐쇄음을 동반한 것일 수도 있고 溫州의 경우와 같이 단순한 후두 긴장에 불과할 수도 있다. 그렇다면 상성의 성문폐쇄음 운미가 중고에서도 보존되어 있었던 것일까? 唐初 王梵志의 詩는 구두어와 가장 가까운데 그의 측성 압운례에서는 입성이 독립되어 있었고, 상성과 거성이 합류되어 있어 서로 압운이 가능했다. 唐初의 歌韻은 -ɑ이고 鐸韻은 -ɑk인데 상성에 성문폐쇄음이 동반되었다면 歌韻의 상성은 -ɑʔ로 재구되었어야 할 것이다. 그렇다면 鐸韻 -ɑk의 운미가 불파음[unreleased]이므로 상성의 -ɑʔ과 가까웠어야 하지만 서로 압운한 예가 없다. 이는 중고의 북방 지역에서 상성의 성격이 거성과 가까운 舒聲調이었음을 의미한다. 한편 베트남 한자어에서는, 陽上과 대응하는 것이 跌聲으로 명확한 성문폐쇄음을 동반하고 있었다. 따라서 베트남 한자어가 차용한 중고 중국어 방언에서 陽上에 여전히 성문폐쇄음 운미가 있었다는 사실 정도는 인정할 수 있다.

2. 中古 성조값에 대한 연구

고대의 성조값을 연구하기 위해서는 주로 일본의 몇 명의 悉曇家들의 중요한 기록에 근거해야 하는데 연구 결과에 차이가 있는 이유 역시 이들 기록에 대한 상이한 이해 때문이다. 가장 중요한 것으로 表, 金, 正, 聰 등의 네 사람의 성조를 기록한 安然의 ≪悉曇藏≫(AD 880년)이 있다. 이외에도 八聲家와 六聲家의 성조 기술에 관한 내용을 기록한 승려 明覺 ≪悉曇要訣≫(AD 1073년 경)과 승려 了尊의 ≪悉曇輪略圖抄≫(AD 1287년)가 있다.

(1) 安然 ≪悉曇藏≫의 성조 기록

우리나라 일본에는 두 가지 음이 전해 졌다. 그 가운데 表가 전파한 음의 특징은 다음과 같다. 평성은 평탄하고 낮으며 輕과 重이 있다. 상성은 평탄하고 높으며71) 輕은 있고 重은 없다. 거성은 조금 연장된 음으로 重과 輕(의 구별72))이 없다. 입성은 갑자기 그치며 內와 外가 없다. 평성의 怒聲73)은 重과 다르지 않다. 상성의 重音은 거성과 다르지 않다.

金이 전파한 음의 소리의 기세와 성조의 고저나 성조값의 굴곡은 表와 다르지 않다. 그러나 상성의 重은 평성의 輕과 重의 조합과 다소 같아 重으로 시작하여 輕으로 끝난다. 발성에 차이가 있다. 입술과 혀가 움직이는 사이에, 즉 발성 시 성조의 상승도 다르다.

承和 말[AD 847년]에 正 법사가 왔는데 처음에는 洛陽 방언을 익히고 다음에는 太原 방언을 들었고 마지막으로 長安 방언을 공부했다. 소리의 기세[성조]가 달랐는데 四聲에 모두 輕重이 있었다. 평성에는 輕과 重이 있으며 이 가운데 輕은 다시 輕과 重으로 나뉜다. 輕의 重은 金의 怒聲에 해당한다. 상성에는 輕과 重이 있으며 이 가운데 輕은 金의 평성의 輕과 상성의 輕을 조합한 것과 유사하여 평성으로 시작하여 마지막에는 상성으로 읽는다. 重은 金의 상성 重과 유사하여 급하게 읽지 않는다. 거성에는 輕과 重이 있으며

---

71) '直', '低'와 '昻'에 대하여 梅祖麟(Mei Tsu‒lin 1970: 93)은 각각 영문 'level'과 'low', 'high'로 옮겼다. 본 역서는 이에 따라 각각 '평탄하다'와 '낮다', '높다'로 번역한다.

72) 梅祖麟(Mei Tsu‒lin 1970: 93)의 번역 'with no (distinction between) the light and the heavy'에 따라 (   ) 안의 문구를 넣어 번역했다.

73) 梅祖麟(Mei, Tsu‒lin 1970)에 의하면 怒聲이 鼻音[nasal]이나 설측음[lateral]에 해당하므로 전통 용어인 '次濁音'에 해당한다.

이 가운데 重은 길고 輕은 짧다. 입성에는 輕과 重이 있으며 이 가운데 重은 낮고 輕은 높은 음이다.

元慶 초[AD 877년]에 聰 법사가 왔다. 그는 오랫동안 長安에 머물며 진사들과 교유했고 남북으로도 두루 다녀 각 지역의 음을 잘 알고 있었다. 四聲에는 모두 輕, 重, 强, 弱이 있다. 평성과 입성의 輕重은 正 법사와 같다. 상성의 輕은 正 법사의 상성 重과 유사하다. 상성의 重은 正 법사의 평성 輕의 重과 비슷하다. 평성 輕의 重은 金의 怒聲이다. 다만 강하게 읽는다는 것이 다른 점이다. 거성 가운데의 輕과 重은 상성의 重에서 나온 것 같다. 그러나 상성을 꺾어 길게 읽으면 거성이 된다. 음절 끝에서 輕과 重으로 나뉘는 미세한 차이가 있다. 평탄하게 끝나는 것은 輕이고 다소 높은 것은 重이다. 이들 가운데 강하게 읽는 것은 역시 怒聲이다.

[我國日本元傳二音：表則平聲直低, 有輕有重；上聲直昂, 有輕無重；去聲稍引, 無重無輕；入聲徑止, 無內無外；平中怒聲與重無別；上中重音與去不分.

金則聲勢低昂與表不殊, 但以上聲之重稍似相合平聲輕重, 始重終輕, 呼之爲異, 脣舌之間亦有差升.

承和之末, 正法師來；初習洛陽, 中聽太原, 終學長安, 聲勢大奇. 四聲之中, 各有輕重. 平有輕重, 輕亦輕重, 輕之重者, 金怒聲也. 上有輕重, 輕似相合金聲平輕・上輕, 始平終上呼之；重似金聲上重, 不突呼之. 去有輕重, 重長輕短. 入有輕重, 重低輕昂.

元慶之初, 聰法師來, 久住長安, 委搜進士, 亦游南北, 熟知風音, 四聲皆有輕重著力. 平入輕重同正和上. 上聲之輕, 似正和上上聲之重. 上聲之重似正和上平輕之重；平輕之重, 金怒聲也. 但呼著力爲今別也. 去之輕重, 似自上重；但以角引爲去聲也. 音響之終, 妙有輕重；直止爲輕, 稍昂爲重；此中著力, 亦怒聲也.]

(2) 승려 明覺의 ≪悉曇要訣≫에서의 성조 기록

시작이 높고 끝이 낮은 것은 평성의 輕이다. 시작과 끝이 모두 낮은 것은 평성의 重이다. 시작과 끝이 모두 높은 것은 입성의 輕이다. 시작과 끝이 모두 낮은 것은 입성의 重이다. 그러므로 重音의 시작 부분이 낮은 음임을 알 수 있다. 시작과 끝이 모두 높은 것을 상성이라 하는 것은 六聲家들의 주장이다. 시작이 낮고 끝이 높은 음은 상성 가운데의 重이라 할 수 있다.

[初昂後低爲平聲之輕, 初後俱低爲平聲之重, 初後俱昂爲入聲之輕, 初後俱低爲入聲之重, 當知重音者初低音也. 初後俱昂名爲上聲, 是六聲之家義也. 初低後昂之音可爲上聲之重.]

3. 승려 요존의 ≪悉曇輪略圖抄≫에서의 성조 기록

평성의 重은 시작과 끝이 모두 낮고 평성('輕'이 빠져 있다)은 시작이 높고 끝이 낮다. 상성의 重은 시작이 낮고 끝이 높으며 상성의 輕은 시작과 끝이 모두 높다. 거성의 重은 시작이 낮고 끝이 하강하며 거성의 輕은 시작이 높고 끝이 하강한다. 입성의 重은 처음과 끝이 모두 낮으며 입성의 輕은 처음과 끝이 모두 높다. … … 四聲에 각각 輕과 重이 있어 八聲이 된다. 상성의 重은 거성의 重을 겸하고 거성의 輕은 상성의 輕을 겸하므로 상성의 重과 거성의 輕을 제외하면 六聲이 된다. … … 吳音과 漢音은 서로 통하는데 평성

의 重과 상성의 輕이 같고, 평성의 輕과 거성의 重이 같고, 상성의
重과 거성의 輕이 같으며 입성의 輕과 입성의 重은 같다.

[平聲重初後俱低, 平聲(脫 "輕" 字)初昂後低, 上聲重初低後昂, 上
聲輕初後俱昂, 去聲重初低後偃, 去聲輕初昂後偃, 入聲重初後俱低,
入聲輕初後俱昂. …… 四聲各輕重八聲. 上重攝去聲之重, 輕攝上聲
之輕, 除上重去輕六聲. …… 吳漢音聲互相博, 平聲重與上聲輕, 平聲
輕與去聲重, 上聲重與去聲輕, 入聲輕與同聲重.]

周祖謨, 梅祖麟, 尉遲治平은 安然의 기록을 상세하게 분석했는데 그
가운데 특히 梅祖麟과 尉遲治平의 분석이 더욱 치밀하다.

먼저 각 학자들의 몇 개의 용어에 대한 해석을 종합적으로 서술하기
로 한다.

문헌 가운데 '表'는 아마 '袁'을 잘못 적은 것 같다. 즉 AD 736년에
일본에 온 袁晉卿을 말한다. '金'은 吳音을 일본에 전해 준 신라 학자인
金禮新이다. '正'은 惟正[Issei]로 承和 14년[AD 847년]에 唐에서 일본으로
돌아갔다. '聰'은 智聰[Chiso]으로 元慶 元年[AD 877년]에 일본으로 돌아
갔다. '低'와 '昂'은 음의 높이를 의미한다. '輕重'은 聲母의 淸濁의 차이로
인하여 성조가 陰과 陽으로 나뉜 것을 말한다. 尉遲治平은, '輕重'이란
엄밀히 말하자면 후반 부분의 음의 고저와는 상관없이 성모의 淸濁의
차이로 인하여 달라지는 陰과 陽 각각의 첫 부분의 성조값을 의미하는
것이라고 주장했다. 이에 따라 ≪悉曇要訣≫에서는 "重音의 시작 부분
이 낮은 음임을 알 수 있다."고 언급했다. '怒聲'은 次濁이다. 尉遲治平은
悉曇에서는 산스크리트의 g, gh, j, jh, d, dj 등의 성모를 唐 開元의 3대
학자인 善無畏, 金剛智, 不空이 처음으로 비음으로 대역했으므로 여기

에서의 怒聲은 산스크리트의 全濁과 중국어의 次濁을 가리킨다고 주장했다.

다음은 각 성조값에 대한 논의이다.

邵榮芬(1982a)은 ≪切韻≫의 평성이 中平調라 주장했는데 그 이유는 아래와 같다.

(1) 명칭으로 보면 평성이 평탄한 음조인 것 같다.

(2) 隋唐 시기의 성조에 관한 일부 기술로 보아 평성은 平調였던 것 같다. 遍照金剛[74]은 ≪文鏡秘府論≫에서 다음과 같이 기술했다.

> 봄에는 양기가 온건해져[중화되어] 그 혜택이 고루 미쳐 치우침이 없으니 이는 곧 평성의 형상이다.[春爲陽中, 德澤不偏, 卽平聲之象.]

또 劉滔의 "평성은 느리므로 쓸모가 가장 많다.[平聲眹緩, 有用處最多.]"라는 언급을 인용하였다. 唐의 승려인 處忠은 ≪元和韻譜≫에서 "平聲은 슬프면서도 안정되어 있다.[平聲哀而安.]"라고 했다.

(3) 齊·梁 이후 唐初에 이르기까지 점진적인 형성 과정을 거친 近體詩의 격률에서 協韻했던 글자는 일반적으로 仄聲이 아닌 平聲인데 이는 평성이 平調로서 길게 늘여 읽기 편했기 때문임이 분명하다.

(4) 산스크리트의 각 字母를 따로따로 읽을 때에는 대부분 평성 글자로 대역했으며 단모음을 구별할 때에만 다른 성조의 글자로 대역했다. 이것 역시 당시의 평성이 길게 늘여 읽을 수 있었던 성조였음을 의미한다. 地婆訶羅[Divakara] 이전에는 대부분 평성 글자에 '長'이나 '短' 등

----

74) 空海의 法號이다.

의 수식어를 붙여 산스크리트의 장모음과 단모음을 각각 대역했다. 예를 들면 '短阿'는 'a'를 대역했고 '長阿'는 'ā'를 대역했는데 이것 역시 평성이 平調의 성격이었음을 의미한다.

'表'가 기술한 방언에서 평성은 이미 '平輕'과 '平重'으로 나뉘었다. 평성이 "평탄하고 낮다.[直低.]"고 한 것에 대하여 梅祖麟은 低平調라 했고 尉遲治平도 平重을 低平의 11로 추정했으며 平輕을 低降의 21로 추정했다. 이는 다른 漢音 글자에서 平輕이 하강조였음을 고려해서 도출된 추정이라 생각한다. 그러나 安然은, 表의 방언에서 平輕과 平重을 모두 "낮고 평탄하다.[直低.]"로, 즉 모두 平調라고 기술하고 있어 ≪切韻≫의 평성과 동일하며, 다만 성모의 淸濁이 달라 성조가 '平輕'과 '平重'으로 나뉜 것이라는 점을 명확하게 언급했다. 明覺의 기술에 의하면 輕은 시작점이 重보다 높아 平重이 11이라면 平輕은 22나 33이어야 한다. 了尊과 明覺이 기술에 의하면 漢音 八聲家와 六聲家들은 모두 平輕이 '시작은 높고 끝은 낮다[初昂後低]'고 보았는데 이에 따라 丁邦新(1975a)과 尉遲治平(1986)은 모두 하강조로 재구했다. 平重에 대해서는 八聲家와 六聲家 모두 "시작과 끝이 모두 낮다.[初後俱低.]"고 보았는데 이는 '表'와 '金'의 것과 동일한 것으로 丁邦新과 尉遲治平은 이것이 低平일 것이라 추정했다. 그러나 正法師가 전파한 독음에서는 平輕이 輕과 重으로 다시 나뉜다. 平輕의 重은 平聲의 次濁에 해당하여 '表'의 방언 가운데의 平重과 함께 묶이지만 正法師가 전파한 방언에서는 따로 독립해 있다. 正法師가 분류한 평성의 세 부류의 성조값의 차이에 대해서는 고증된 바가 없다.

상성은 '表'의 방언부터 輕과 重으로 이미 나뉘기 시작했는데 '表'의 방언과 六聲家가 전파한 방언에서는 상성의 重이 거성의 重으로 합병 되었으며 다른 기술에서는 상성의 重이 모두 독립되어 있다. '表'의 방 언에서는 상성의 輕이 "평탄하고 높다.[直昂.]"고 기술되어 있는데 八聲 家와 六聲家가 전파한 방언에서는 모두 "시작과 끝이 평탄하고 높다.[初 後直昂.]"라고 기술되어 있다. 梅祖麟, 丁邦新, 尉遲治平은 이들이 모두 高平調라 주장했다. 그러나 正法師의 방언에서는 다르게 읽었는데 이 에 대해서는 상성의 重과 함께 다음과 같이 논의한다.

 '金'의 상성 重의 성조값에 대한 安然의 기술은 난해하다. 그는 이에 대하여 다른 어떤 성조보다 훨씬 많은 지면을 할애하여 기술했는데 이 는 이 성조의 성조값이 일반적이지 않았음을 의미한다. 梅祖麟은 이것 을 상승조라 했고 安然은 이 성조가 시작하고 끝날 때의 실제 성조값에 근거하여 상승조라고 확정지었다. 그러나 이것이 단순한 상승조였다 면 "시작은 낮고 끝은 높다."라는 서술이면 충분할 것으로 구태여 많은 지면을 할애하여 구구절절 기술할 필요는 없다. 다시 말하면 "발성이 다르다.[呼之爲異.]", "입술과 혀가 움직이는 사이에 성조의 상승도 다르 다.[脣舌之間亦有差升.]" 등은 일반적인 상승조에 대한 기술이 아니다. 尉遲治平은 '金'의 '上重=平重+平輕'이 '低升强長'라 했으며 '金'이 추정한 平重의 낮고 평탄한 11, 平輕의 낮은 하강조인 21을 합하면 '低升强長'이 된다고 했는데 이것이 무엇을 의미하는지 알 수 없다. 베트남 한자어 에서 중국어의 陽上은 跌聲으로 대역되었는데, 跌聲의 성조 형태는 低 平調에서 곧바로 약간 높은 平調로 도약하는 것이다. 이는 두 개의 높 이가 다른 平調가 결합하여 이루어진 것 같아 외국인에게는 청각적으 로 두 개의 음절로 들린다. "발성이 다르다.[呼之爲異.]", "입술과 혀가 움직이는 사이에 성조의 상승도 다르다.[脣舌之間亦有差升.]", "급히 읽는다.[突呼之.]"와 같은 언급들은 바로 이 같은 특수한 성조를 고심 차게 기술한 대목이다. 실제로 일부 중국어 방언의 상성의 성조값에서도 이와 같은 성조 형태가 존재하고 있다. 趙元任(1928: 85)은 黃巖 말의 상성에 명확한 성문폐쇄음이 동반되어 전체 음절이 꺾여 두 개로 나뉜 것 같다고 했다. 이러한 유형의 상성의 형태는, 海南의 일부 방언(梁猷剛 1964)이나, 浙江의 三門과 같은 다른 몇 개의 방언에서도 보인다. 이외에도 敦煌에서 출토된 몇 종의 티베트이 중국어 대역의 불경에서 중국어의 상성 글자는 흔히 티베트 서면어에서 두 개의 모음으로 대역했다(羅常培 1933). 아래에 ≪千字文≫에서의 예를 들어 본다.

組 dzo'o 紡 pho'o 酒 dzu'u 擧 ku'u 象 syo'o

이와 같은 정황은, 唐五代의 상성이 바로 '발성이 다른[呼之爲異]' 형태에 속하며 티베트족 사람들에는 청각적으로 두 개의 음절로 들렸음을 말해 준다.

正法師가 전파한 방언에서는 上輕이 이와 같은 성조 형태였던 것으로 '金'의 平輕과 上輕이 조합된 것이다. 위에서 논의한 '金'이 언급한 平輕은 아마 33이었고, 上輕도 '直昂'인 高平의 55이었을 것인데 이는 正法師의 上輕이 33에서 55로 급격하게 도약하는 형태였음을 의미한다. 그의 상성 重은 '金'의 上重에 해당하지만 급하게 읽지 않는다[不突呼之]. 따라서 낮은 곳에서 높은 곳으로 완만하게 상승하는 형태였음을 알 수 있다.

聰法師가 전파한 방언에서의 상성은 이미 그 형태가 달라졌다. 그의 上輕은 正法師의 上重과 유사한 일반적인 상승조이고 上重은 正法師의

平輕의 '重'과 유사하다. 그러나 正法師이 언급한 '平輕'의 '重'이 어떤 성조값을 가졌는지에 대하여 安然은 구체적으로 기술하지 않았다.

八聲家의 上重은 시작은 낮고 끝은 높아[初低後昂] 丁邦新과 尉遲治平은 상승조라 주장했다.

去聲의 성조값에 관해서는 학자들의 견해가 일치하지 않는다. 邵榮芬(1982a)은, 遍照金剛[空海]이 ≪文鏡秘府論≫에서 "가을에는 이슬이 맺히고 나무가 떨어져 근본을 떠나는데 이는 거성의 모양이다.[秋, 霜凝木落, 去根離本, 卽去聲之象.]"라고 언급한 것과 處忠이 ≪元和韻譜≫에서 "거성은 맑고 심원하다.[去聲者淸而遠.]"라고 언급한 것에 근거하여 거성이 하강조이거나 하강했다 상승하는 음조였다고 주장했다. 梅祖麟은, 安然의 "거성은 조금 끄는 소리이다.[去聲稍引.]", "거성 가운데의 輕과 重은 상성의 重에서 나온 것 같다. 그러나 상성을 꺾어 길게 읽으면 거성이 된다.[去之輕重, 似自上重, 但以角引爲去聲也.]"라는 언급에 근거하여 去聲이 다소 길고 높은 상승조라 주장했다. 丁邦新은 了尊의 "거성의 重은 시작이 낮고 끝이 하강하며 거성의 輕은 시작이 높고 끝이 하강한다.[去聲重初低後偃, 去聲輕初昂後偃.]"의 설명에 근거하여 거성의 輕은 높은 하강조이고 거성의 重은 낮은 하강조나 중간 높이의 하강조라 주장했다. 尉遲治平은 굴곡형이라 주장했는데 '角引'의 '角'과 '初昂後偃'의 '偃'을 '굴곡'의 의미로 이해한 것이다. 이상과 같이 거성의 성조값에 관한 기술이 각각 다른 이유는 방언의 차이에 기인한 것 같다. 중국어 방언의 보편적인 유형을 살피면 성조값의 추정을 위해 아래의 몇 가지도 참고할 수 있다.

① 하강조는 가장 흔한 성조 유형 가운데 하나로, 거의 모든 중국어 방언의 성조값에 갖추어져 있다. ≪切韻≫에서 평성이나 상성이 하강

조가 아니었으므로 거성을 하강조로 추정하는 것은 당연하다.

② 중국어의 대부분의 방언에서 하강조는 하나뿐이다. 두 개가 있다면 다른 특징을 수반하게 된다. 예를 들면, 높은 하강조는 淸音 성모를 동반하고 낮은 하강조는 濁音 성모를 동반한다는 것 등이다. 八聲家와 六聲家의 漢音에서 平輕이 하강조이었기 때문에 去輕이 하강조이었을 가능성은 그다지 크지 않다.

尉遲治平은 漢音을 八聲家와 六聲家로 나누었는데, 六聲家의 경우 상성이 거성과 합류한다고 고증했다.

입성의 성조값에 대한 고증에서는 별다른 이견이 없다. '表'와 '金'의 방언에서는 입성이 여전히 나뉘어져 있지 않았다. 正法師, 聰法師, 八聲家와 六聲家가 전파한 방언에서는 入輕과 入重으로 이미 나뉘었는데 入輕은 높고 촉급한 음조이고 入重은 짧고 촉급한 음조였다. 현대에도 입성 운미를 동반한 방언이 있는데 이들은 모두 짧고 촉급하여 음의 길이와 성조 중의 높이가 성소를 변별하는 기능을 한다. 이때 성조 형태는 부수적인 특징일 뿐으로 성조를 변별하는 기능이 없다. 또 성조가 지나치게 짧고 촉급하기 때문에 성조 형태가 어떠했는지 정확하게 확정하기 어렵다. 唐代의 入聲調도 여전히 운미를 동반하고 있어 촉급한 소리에 불과하므로 구체적인 성조 형태가 어떠했는지 고증할 필요는 없으며 다만 성조층이 높은 음조였는지 낮은 음조였는지를 고증하기만 하면 된다.

第2篇

上古篇

7

上古 중국어의 음절 유형

동아시아 언어의 음운 연구에서 음절에 관한 문제는 늘 중요한 위치를 차지하고 있다. 漢字가 대부분 단일 음절을 나타내고 있으며 동아시아의 티베트 서면어 문자, 버마어 문자, 태국어 문자, 傣語 문자, 쯔놈[字喃], 西夏 문자, 파스파 문자, 한글, 일본어 문자 등의 옛 문자들도 대부분 한 개의 字母로 단일 음절을 나타내므로 동아시아 언어에서 음절이 차지하는 비중이 얼마나 큰지 알 수 있다. 보드만(Bodman 1980: 37)은 다음과 같이 언급했다.

> 음절이 음운 체계의 구조를 가장 잘 설명해주고 있으므로 음절을 기본 단위로 선택하는 것은 적절하다. 오랫동안 음절이 중국어를 기술하는 근간이라고 여겨 왔다. 티베트-버마어군의 언어에서도 음절이 음운 체계의 단위이기도 하고 가장 중요한 형태론적 단위이기도 하므로 그 중요도는 중국어에서와 같다.

1. 중국어의 음절 구조

北京 음을 중심으로 현대 중국어의 음절 구조를 설명해 보자. 한 개의 음절에는 성모와 운모가 있으며 운모는 다시 韻頭, 韻腹, 韻尾로 나

뉜다. 이 가운데 다른 성분은 있어도 되고 없어도 되지만 운복만은 반
드시 있어야 하는 요소이다. 본서에서는 운두를 介音, 운복을 주요모음
이라 부르기로 한다. I, F, M, V, E를 각각 성모, 운모, 개음, 주요모음과
운미라 하면 北京 말의 음절 σ는 다음의 구조와 같다. (   )는 선택적
[optional]임을 의미한다.

서양 언어학자들도 아래와 같이 이와 유사한 음절 구조로 분석하고
있다.

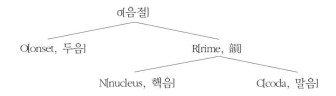

양자를 비교하면 중국어에는 개음이 더 있다. 어떠한 음절 구조를
채택하여 기술할 것인지는 전적으로 개별 언어의 상황에 따라 달라진
다. 영어의 핵음은 ai, au 등의 복합모음을 포함하고 있는데 fine[fain]과
같은 음절은 위와 같은 음절의 틀에 잘 적용된다. 이때 f는 두음, ai는
핵음, n은 말음이 된다. 한편 北京 말의 운모에는 ain과 같은 음이 없다.
au, ai 등에 대하여 u와 i를 운미로 처리하면 주요모음이 모두 단모음이

되므로 음절 구조는 대단히 정연해 진다. 영어의 ju는 상승 이중모음 [crescendo diphthong]이다. 단지 j 때문에 개음이라는 음운 단위를 설정할 필요 없이, j를 핵음의 구성 부분으로 처리할 수도 있고 복자음 Cj-의 구성 부분으로 처리할 수도 있다. 그러나 北京 말의 개음 i, u, y가 모음과 체계적으로 결합하므로 개음이라는 음운 단위를 설정하면 음절에 대한 기술은 대단히 간결해 진다. 그렇지만 중국어의 일부 남방 방언의 경우, 北京 말에 적용되는 음절 기술이 동일하게 적용되는 것은 아니다. 예를 들면, 閩東 말의 ai ŋ 류의 운모에서 a를 주요모음으로 간주하고 ŋ을 운미로 간주한다면 i는 어떻게 처리할 것인가? i라는 또 다른 음운 단위를 설정하든지 영어의 경우와 같이 ai를 복합모음으로 구성된 핵음으로 처리해야 할 것이다.

《切韻》의 음운 체계에서는 합구의 경우 개음 w를 동반하며 이는 3등 개음 i나 2등 개음 ɰ와 함께 한 음절에 출현할 수 있다. 그렇다면 '仙'이 siɛn라면 '宣'은 siwɛn인가 swiɛn인가? 이때에는 합구 개음을 성모의 원순 성분으로 처리하여 Cʷ-로 보는 것이 바람직하다. 이와 같다면 《切韻》의 음운 체계는 아래와 같이 현대 北京 말과 동일한 음절 구조를 갖게 되므로 중고의 개음을 성모 자음 뒤에 붙여 Cʷ-나 CW-로 표기하기로 한다.

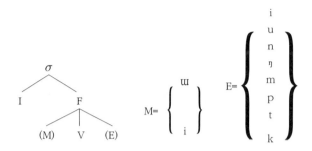

≪切韻≫에서 비록 개음의 개념에 대하여 명확하게 서술하고 있지는 않으나 반절을 분석하면 개음이 독립된 음운 단위로 존재했음은 의심의 여지가 없다. 본서의 제2장에서, 개음이 反切下字와도 관계가 있고 反切上字와도 관계가 있는 특별한 반절행위에 대하여 논의한 바 있다. 고대인들은 비록 현대 개념의 음절 구조 이론을 알지 못 했어도 언어에 대한 직감에 의해 개음이 성모와도 다르고 운모와도 다르다는 것을 알고 있었다. 따라서 중고 중국어의 음절 분석에서 개음을 독립된 음운 체계 단위로 간주하면 음절 구조 분석도 더욱 간결해지고 고대인들의 언어 심리와도 부합하게 된다.

그러나 ≪切韻≫의 음절 구조를 상고 중국어에 그대로 적용할 수는 없다. 야혼토프(Yakhontov 1960a)와 풀리블랭크(Pulleyblank 1962-3), 李方桂(1971) 등은 중고의 합구 개음이 후대에 생성된 것이라 보았다. 즉 중고의 합구 개음은 상고의 음운 체계에서 원순의 설근음·후음에만 후행하므로, 진정한 합구 개음이라 할 수 없고 원순의 설근음·후음에서 생성된 것이라(kʷ-⟩kw-, khʷ-⟩khw-, gʷ-⟩gw-, ŋʷ-⟩ŋw-, hʷ-⟩hw-) 할 수 있다. 풀리블랭크(Pulleyblank 1962-3)는 중고의 3등 설면 개음이 나중에 생성된 것이라 했고 鄭張尙芳(1987)은 더 나아가 설면 개음이 상고의 단모음에서 기원했다고 주장했다. 야혼토프(Yakhontov 1960b)와 풀리블랭크(Pulleyblank 1962-3)는 2등과 중뉴 3등의 기원을 상고의 복자음 Cr-에 두었다. 章組 글자만이 j를 동반하고 있는 것으로 보았지만 이것 역시 구개음화된 자음인 Cj-로 처리할 수 있다. 따라서 상고 중국어에서 개음이라는 음운 단위를 완전히 제거할 수 있으므로 그 음절 구조는 아래와 같게 된다.

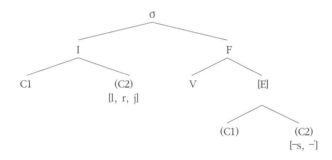

2. 음절 유형

중국어 음운학 연구자들이 관심을 갖는 주요 대상은 ≪切韻≫, ≪中原音韻≫, 현대 北京 음 등이다. 이들 모두 다소 획일적인 음절 유형을 가지고 있어 연구자들은 상고 중국어의 음절 유형도 이와 같았을 것이라 여기고 있다.

그러나 중국의 소수민족언어의 음절 유형이 훨씬 더 복잡한 까닭에 소수 민족 언어의 전문가들이 여러 가지 음절 유형에 대한 문제를 먼저 제기했다.

전형적인 음절 이외에도 동남아시아의 제 언어에는 부음절 유형도 존재하고 있으며 특히 남아시아 언어의 경우 이러한 음절 유형이 가장 전형적으로 나타나고 있다. 이들이 일반적으로 주요음절의 절반의 길이로 나타나고 있어 매티소프(Matisoff 1973)는 부음절과 주요 음절이 단어를 구성하는 경우 '한 개 반 음절 단어[sesquisyllabic word]'라 명명했다. 쇼토(Shorto 1960)는 후행하는 주요음절[major syllable]과 구별하기 위해 '부음절[minor syllable]'이라는 용어를 사용했으며 소수 민족 언어 분야의 중국 내 전문가들은 통상 부음절을 '약화음절'이라 부르고 있다. 그러나 음절이 약화되는 방식에는 몇 가지가 있다. 일부의 약화음절은 어미에 나타나기도 하고 일부는 성조나 성모에만 나타나기도 한다. 부음절은, 약화 음절 중 주요음절에만 선행함과 동시에 그 운모가 음소적 가치를 상실한 것만을 가리킨다. 부음절의 음운적 기능이 사실상 자음과 같다고 해서 매티소프(Matisoff 1973)는 '전치자음[pre-initial consonant]'이라 명명했다. 음운 체계의 측면에서 고려하면 부음절의 운모에 기능 부담이 전혀 없으므로 이를 전치자음이라 해도 안 될 것은 없다. 그러나 음성적 측면을 고려하면 부음절에도 공명 정점[響度峰, sonority peak]이 있어 음절로서의 특징을 갖추고 있다. 다시 말하면, 이를 자음으로 처리하면 이것과 후행하는 성모 자음이 결합하게 되어 복자음으로 간주될 수 있지만 많은 언어에서 복자음은 한 개 반 음절과 구별된다.

王敬騮(1984)는 팔라웅어[崩龍語, Palaung][75]의 부음절에 대하여 탁월한 서술을 하고 있는데 그의 서술을 아래에 정리해 본다.

---

75) 중국 雲南省 서부의 德昂族이 사용하는 언어로 언어적으로는 몬-크메르어군에 속한다.

음절이 주요음절과 부음절로 나뉘는 것은 중국 남방의 많은 소수 민족 언어의 음성 구조에 공통적으로 나타나고 있는 특징이다. 주요음절 대부분은 그 자체로 의미를 갖고 있어 독립적으로 운용될 수 있으나 일부는 부음절이 있어야만 의미를 갖게 되고 독립적으로 운용될 수 있는 언어 단위가 된다. 부음절은 일반적으로 단독으로 존재하거나 단독으로 운용될 수 없고 순수한 어형성[word-formation]의 기능만 있을 뿐이다. 어떤 것은 일정한 어휘 의미와 어법 의미를 가지고 있기도 하다. 예를 들면 팔라웅어에서, 주요음절의 성모와 조음부위가 동일한, 부음절의 鼻音 성모는 自動을 나타내거나 명사화시키는 기능이 있다. 부음절은 단독으로 발성하는 경우 그 의미 파악이 어려우며 주요음절과 결합해야만 의미를 갖고 있는 독립적으로 운용할 수 있는 언어 단위가 될 수 있다. 음성적 측면으로 볼 때, 주요음절은 일반적으로 강세를 받아 聲과 韻이 명확한 반면 부음절에는 일반적으로 강세가 없다. 부음절의 성모 자음이 주요음절의 성모와 조음부위가 같은 鼻音일 경우, 부음절의 모음은 탈락하고 비음은 성절적[syllabic]이 된다. 예를 들어 ⁿtɕăh[빗]가 이에 해당한다. 다른 자음의 경우, 약화 모음을 동반하고 있는데 음색이 자음 성모에 따라 차이를 보이므로 그 모음이 어떠한 성격을 가진 것인지 단정하기 어렵다. 이러한 까닭으로 이러한 부음절을 통상 약화 음절이라 부르는 것이다. 글자 수의 정연함을 중시하는 민가와 운문에서 부음절을 독립된 한 개의 글자로 간주하기도 하고 독립된 글자로 간주하지 않기도 한다. 부음절이 때로는 주요음절에 합병되어 있어 두 개의 성모로 복자음을 이루기도 하지만 진정한 복자음 성모를 동반한 주요음절은 부음절과 주요음절로 절대로 나눌 수 없다. 각 개별 언어에서 부음절은 부음절이고 복자음은 복자음으로 이들 간의 경계는 대단히 명확하다.

孫宏開(1982)가 기술한 드룽어[獨龍語, Drung, Dulong][76]에는 거의 3
분의 1의 단어가 어근 앞에 전치성분이 첨가되어 있다. 이러한 전치성
분은 다음과 같은 특징을 가지고 있다.

(1) 전치성분을 동반한 성모에는 복자음이 나타나지 않는다.

(2) 음절은 약화 음절이고 운모는 가볍고 짧게 읽는다.

(3) 전치성분의 운모 가운데 ɑ와 ɑ ŋ을 제외한 나머지는 모두 고모음
   이다. 이때, 舌面前이나 舌面中의 성모에 후행할 때에는 전설 고
   모음 i이며, 다른 성모에 후행할 때에는 후설 고모음 ɯ이지만 실
   제 음가는 ə이다.

(4) 전치성분을 동반하는 어근이, 다른 단어와 함께 합성어를 구성할
   때에 전치성분은 항상 탈락한다.

(5) 전치성분의 성조는 저강조인 31만 있지만 후행하는 어근이 고강
   조인 53일 때에는 이에 동화되어 53으로 읽는다.

(6) 전치성분의 모음 ɯ가 모음이 i, u인 어근과 연독될 때에 ɯ는 i와
   u에 각각 동화된다. 예를 들면 $tɯ^{31}mi^{55}$[불]는 $ti^{31}mi^{55}$로 연독되며,
   $pɯ^{31}du^{55}$[질녀]는 $pu^{31}du^{55}$로 연독된다.

(7) 전치성분의 모음은 일정한 조건 하에서 탈락할 수도 있다.

따라서 드룽어에서 ɑ와 ɑ ŋ을 포함한 모든 전치성분이 부음절임을
알 수 있다.

카친어[景頗語, Kachin][77]에서 일부 다음절 단어의 첫 음절에는 강세

---

76) 중국 雲南省에서 사용되는 시노-티베트어족의 티베트-버마어군에 속한 언어이다.

77) 중국의 雲南省 서남부 국경지역 일대와 버마 일부 지역에 분포하는 언어로 티베트-버마어

가 없다. 非 강세 음절에서 운모의 독음은 다소 불분명해 보통 중성 모음 ə에 가까운 약화 모음으로 변화한다. 약화 모음은 음소적 가치가 없어 보통 ə̆로 표기한다(劉璐 1984).

버마어의 非 강세 음절도 부음절에 속하는데 이는 강세가 없기도 하지만 중설모음 ə를 동반하며 운미를 동반하지 않고 성모도 복자음이 아니다. 따라서 이 음절의 韻母는 음소적 가치를 사실상 상실하게 되므로 北京大學 동아시아 학과에서 출판한 ≪緬漢詞典≫에서는 아예 짧은 가로 선을 넣어 표기했다. 예를 들면 ∞ᢆ[율무]는 kəli³인데 ≪緬漢詞典≫에서는 k⊣ĺ로 표기했다.

전형적인 부음절은 짧고 강세가 없으며 운모가 단순모음으로 구성될 뿐만 아니라 음소적 가치를 상실했으므로 부음절 전체의 지위는 한 개의 자음과 동등하다. 부음절의 성모는 대부분 단순 자음이지만 복자음일 경우도 배제할 수 없다. 예를 들면 태국어의 kra-duːk[뼈, ກຣະດູກ]에서 부음절은 kra이다.

한 개 반 음절은 중국어의 방언에도 널리 분포하고 있다.

陳潔雯(1984)은, 中山 방언의 두 개의 자음으로 이루어진 성모를 동반한 일부 구두어 단어에서, 첫 번째 자음에 삽입의 성격을 지닌 슈와 [schwa]가 후행하고 있음을 다음의 예를 들어 밝혔다.

군에 속한 언어이다.

漢字	개별 글자의 독음	한 개 반 음절 단어
角	kɔːk˩	kᵊlɔːk˩ (kᵊlɔːk˩ tɐu˨ 에 출현한다.)
結	kiːt˧	khᵊliːt˥
筆	pɐt˥	pᵊlɐt˥
胳	kɔːk˩	kᵊlʌːk˥
凡	fɐːn ˩˩	pᵊlʌn˨ (ɦɐm˨ pᵊlʌn˨ 에 출현한다.)

趙秉旋(1984)은 太原 방언의 한 개 반 음절을 騈詞라 칭했다.

단음절 단어	騈詞	단음절 단어	騈詞
擺 pai	薄唻 pəʔlai	爬 pʰa	撲拉 pʰəʔla
跑 pʰau	撲澇 pʰəʔlau	棒 põ	薄浪 pəʔlõ
蹦 pəŋ	薄棱 pəʔləŋ	笨 pəŋ	薄楞 pəʔləŋ
刮 kuaʔ	刮臘 kuəʔlaʔ	巷 xõ	黑浪 xəʔlõ
環 xuæ̃	忽欒 xuəʔluæ̃	裹 kuə	骨裸 kəʔluə
合 xaʔ	黑臘 xəʔlaʔ	更 kəŋ	圪棱 kəʔləŋ
干 kæ̃	圪欄 kəʔlæ̃	擦 tsʰaʔ	測臘 tsʰəʔlaʔ
拖 tʰə	特羅 tʰəʔlə	團 tʰuæ̃	突欒 tʰəʔlæ̃

일반 음절과 부음절 사이에는 여러 가지 중간 유형이 존재하고 있다.

梁玉璋(1982)이 기술한 福州 방언의 切脚 단어[切脚詞78)는 사실상 2음

• •

78) 反切上字와 反切下字를 각각 발성하여 被切字를 의미했던, 고대 중국의 비밀어인 '切脚語'와
유사하다. '切脚語'란 명칭은 宋代에 붙여진 이름이다. 이것과 구분하기 위해 원문의 '切脚
詞'는 이에 해당하는 '切脚 단어'라 번역했다. 이들은 독음은 있으나 글자가 없는 2음절 단순

절 단어와 한 개 반 음절 단어의 중간 유형이다. 선행 음절이 고정된 운모를 가지고 있지는 않지만 그렇다고 그 모음이 슈와도 아니다. 다만 후행 음절과 같은 개음과 주요모음을 채택할 뿐으로 실제로는 이미 음소적 가치를 상실하였다. 그러나 음절의 강세는 상실되지 않는다.

개별 글자	切脚 단어	개별 글자	切脚 단어
吊 tau²¹³	ta¹¹lau²¹³	痀 kieu⁵⁵	kie³¹lieu⁵⁵
閂 souŋ⁵⁵	so³¹louŋ⁵⁵	捆 kʰuŋ³¹	kʰu³¹luŋ³¹
夾 kɛiʔ⁵⁵	kɛ³¹lɛiʔ⁵⁵	滑 kouʔ⁵⁵	ko³¹louʔ⁵⁵

達讓 僜語[79]의 접두사에는 일반적으로 강세가 없고 성모에는 복자음이 나타나지 않으며 운모는 i, ɑ, ɯ의 세 개만 있다. 그러나 이들은 드룽어의 상황과 다르다. 드룽어의 부음절은 성모의 성격에 따라 그 운모를 i로 읽을 때도 있고 ɯ로 읽을 때도 있어 실제적인 음소적 가치가 없는 반면, 達讓 僜語의 세 개의 모음은 어떤 조건에 의해 유도된 것이 아니다(孫宏開 1980).

이러한 중간 유형을 모두 준부음절이라 부르기로 한다.

부음절은 보통 접두사이지만 접두사라고 해서 모두 부음절은 아니다. 드룽어에서는 모음 i와 ɯ를 동반한 접두사만이 부음절이며, ɑ, ɑŋ이 음소적 가치를 갖고 있기 때문에 부음절이 아니다. 北京 말의 '馬蟻[개미], 馬蜂[나나니벌], 馬藍[마람]'의 '馬'는 접두사이지만, 강세도 있고

어[單純詞]이다.

79) 僜語는 중국의 티베트 지역과 인도와의 국경지역에 분포하며 達讓 僜語와 格曼 僜語로 나뉘며 티베트-버마어군에 속한다.

운모 a도 독립적인 음소를 가지고 있어 임의대로 다른 음으로 읽을 수 없었으므로 부음절이라 할 수 없다. 이외에도 부음절은 어형성[word-formation] 면에서 다양하게 나타난다. 첫째, 中山 말에서 '角' k³lɔːk의 부음절이나 주요음절 모두 단독으로 어근을 충당할 수 없고 두 가지가 결합해야 하나의 형태소가 된다. 둘째, 카친어의 ǎ³¹ʃat³¹[밥]에서 어근은 ʃat³¹이며 부음절은 접두사로 어법 의미나 어휘 의미는 전혀 없다. 셋째, 카친어의 ʃǎ³¹tu³¹[보내다]에서 부음절 ʃǎ³¹는 접두사이며 구체적인 어휘 의미는 없으나 사역의 어법 의미가 있다. 넷째, 드룽어의 부음절 nɯ³¹는 친족의 칭호의 접두사로 제2인칭의 소유를 나타낸다. 이는 제2인칭 nɑ⁵³가 허화된 것으로 어법 의미도 있고 어느 정도의 어휘 의미도 있다. 음성 현상과 어형성 현상이 여러 가지 면에서 관련은 있겠지만 우리는 이들을 엄격하게 구별하고자 한다. 부음절에 대한 논의에서는 음성 평면에만 관심을 두기로 한다.

부음절의 표기 방법에는 여러 가지가 있다. 중국의 소수민족언어의 음에 대해, 실제 음가에 의거하여 표기하는 방법이 자주 통용되고 있다. 부음절이 성절적 비음이나 성절적 치찰음[sibilant]인 경우에는 모음을 동반하지 않으므로 비음이나 치찰음 자음으로 직접 표기한다. 부음절이 약화 모음을 동반할 때에는 약화된 이후의 음가로 표기한다. 일부 저작에서는 부음절 안의 약화 모음을 생략한 경우도 있다. 예를 들면 北京大學 동아시아 학과의 ≪緬漢詞典≫에서는 g⁻za와 같이 짧은 가로선인 '⁻'으로 나타내었다. 王敬驪(1984)는 s'ŋa와 같이 격음기호인 ''''를 사용하기도 했다. 그러나 짧은 가로선을 사용하는 경우는 형태 기호로 오해받을 소지가 있고, 격음기호를 사용하는 경우는 제1강세 기호와 혼동될 수 있다. 필자는, g·ra와 같이 작은 원형의 점으로 표기함으로써 음소적 가치가 없는 슈와임을 나타내기로 한다. 단, mpla, lto, spu 등과 같이 성절적 비음이나 유음, 치찰음 뒤에는 원형의 점을 첨가하지 않겠다.

위에서는 주로 음운론적 관점에서 부음절의 특징을 다루었는데 무엇보다 더 중요한 것은 부음절에도 음성적 특징이 있다는 것이다.

언어학계에서 음절에 대한 명확한 정의를 내리지 못했다 하더라도 전형적인 음절에서 각 단음[phone]이 공명도 순서의 원칙에 의해 배열되어 있음은 받아들여지고 있다. 언어학자들은 각종 음의 공명도가 아래의 서열과 같은 등급의 차이가 있다고 주장한다.

폐쇄음 < 파찰음 < 마찰음 < 비음 < 유음 < 반모음 < 고모음 < 저모음

음절의 핵심 부분에 가까워질수록 공명도는 커지며 음절의 주변으로 갈수록 공명도는 작아진다. 따라서 pl-과 같은 자음의 서열은 자주 보이지만 lp-와 같은 음은 적다. 그 이유는 유음의 공명도가 폐쇄음보다 크기 때문이다. 石毓智(1995)는 이 같은 이론을 이용하여 중국어의 소위 대음절 구조라 하는 의성어나 연면어[聯綿詞] 류에 대하여 논의했는데, 이때 대음절 속의 두 개 음절의 배열 순서가 단음절 안의 각 단음의 배열 순서와 같이 공명도 원칙을 따르고 있다고 했다. 예를 들면 '窟窿'의 후행 음절의 성모인 l-의 공명도는 선행 음절의 kh-보다 크다. 이는 중국어에서 일반적인 음절 이외에도 또 다른 종류의 음절인 대음절이 존재했다는 중요한 문제를 제기한 것이다. 王洪君(1996)은 이러한 대음절을 다음과 같이 선회식[回旋式]과 전치식[前冠式]으로 양분했다.

첫째, 선회식에서 두 음절은 성조가 동일하다. 이는 雙聲이나 疊韻의 방식으로 구성된 대음절로 '劈啪', '呫嗻' 등이 있다. 이때 두개의 음절은 그 길이가 같을 뿐 아니라 각각 독립된 공명 정점이 있어 전형적인 2음절이다.

둘째, 전치식은 일반적으로 선행 음절이 짧고 약하고 음절 구조가 간단하며 운미를 동반하지 않고 모음의 공명도가 극히 미미하며 과도기 음의 성격인 중설 단모음 ə?를 자주 동반한다. 예를 들면 太原 말의 '薄睞' pə?lai[攔]가 있다. 王洪君은 이와 같은 전치식의 대음절만이 단음절과 유사하다고 했다. 선행 음절은 가볍고 짧으며 그 모음은 슈와이거나 성모의 조음부위와 아주 가깝다. 즉 설근음 뒤에서는 ɯ, u이고 순음 뒤에서는 u이며 설면음 뒤에서는 i, y이며 설첨음 뒤에서는 ʅ, ɿ로, 후행 음절과 이어서 읽을 때에는 無 운모에 무한히 수렴하게 되어 선행 음절이 폐쇄음 성모에 가까워진다. 후행 음절의 성모가 l-이면 두 음절이 결합하여 pl-, kl- 등과 같은 복자음처럼 들린다. 후행 음절의 성모가 폐쇄음이면 선행 음절에는 spa의 첫째 자음과 같이 앞쪽에 돌출된 작은 공명 정점이 있다. 王洪君의 전치식이 바로 본서에서 말하는 한 개 반 음절에 해당한다.

부음절과 주요음절은 두 개의 공명 정점을 이루고 있으므로 두 개의 음절이다. 이것이 우리가 부음절을 자음이 아닌 음절로 처리하는 음성적 근거이다.

부음절과 상관있는 것은 복자음 유형이다.

시노-티베트어족 언어에서 전형적인 복자음의 각 분절[segment]은 공명도 순서의 원칙에 따라 왼쪽에서 오른쪽으로 배열되어 있다[80]. pl-, kl-, pr-, dr-, ps-, bʐ-, khɕ-, fɹ- 등의 예가 이에 해당한다. 중국의 소수 민족언어 전문가들은 이들을 일반적으로 乙類 복자음이라 칭하고 있다.

또 甲類 복자음이라 불리는 자음의 서열이 있는데 이것은 마찰음이나 유음, 비음, 반모음에 폐쇄음이나 파찰음이 첨가된 형식으로 구성되어 있다. 예를 들면 sp-, st-, zg- 3d-, xts-, mp-, nt-, ȵtɕ-, lt-, jb- 등이다. 이와 같은 자음서열의 경우 선행 음이 후행 음보다 공명도가 크므로 음절 구조의 공명도 원칙에 부합하지 않는다. 대다수의 언어에서 한 개의 음절에 한 개의 주요모음을 동반하기 때문에 많은 사람들은 이와 같은 자음서열을 복자음이라 간주하고 있다. 이와 같은 자음서열에서 두 개의 자음 사이에 모음이 없기 때문에 복자음으로 간주하고 있는 것이다. 서양의 언어학자들이 공명도 원칙을 음절 구조에 운용할 때 'spa'와 같은 음에서는 문제가 발생할 수 있다(Ladefoged 1975)[81].

潘悟雲(1999a)은, 한 개 반 음절에 모음 또는 심지어 유성음이 반드시 동반되는 것은 아니라고 주장했다. 여러 중국어 방언에서 비음은 성절적일 수 있다. 영어의 hidden과 ladle은 각각 hɪdṇ과 leɪdḷ로 읽히는 경우가 많다. 이때 d에서 기류의 저해가 형성되는데 설첨에서 저해가 제거되는 것이 아니라 비강이 열리거나 설측이 열려 기류가 비강이나 설측을 통해 통과한다. 이때 d와 이에 후행하는 n이나 l 사이에 모음이 없으므로 성절적 ṇ나 ḷ가 모음의 기능을 담당하게 된다(Ladefoged

---

80) 공명도가 큰 단음이 오른쪽에 배치되어 있다.
81) 한국어나 중국어를 비롯한 여러 언어에서는 한 개의 음절 정점이 한 개의 공명 정점과 동일하다. 그러나 영어의 'spa'는 단음절 단어인데 s와 a가 p보다 공명도가 크므로 한 개의 음절 안에 두 개의 공명 정점이 있는 것이다. 이러한 경우 공명 원칙에 부합하지 않으므로 단순한 복자음이 아니므로 부음절과 주요음절로 이루어진 구조가 되는 것이다.

1975). 비음이나 유음뿐 아니라 마찰음도 성절적일 수 있다. 溫州의 '河' vu^{31}는 단지 음운 체계 기술의 균형을 맞추기 위해 두 개의 단음으로 표기한 것일 뿐으로 실제는 음절 전체에서 v에서 u에 이르는 이행 과정이 있는 것이 아니라, 처음부터 끝까지 하나의 단음인 $ν^{31}$이다. 錢乃榮(1992)은 溧陽 말의 '利'를 $li_z{}^{231}$로 표기했다. 이때 z는 모음의 마찰 정도가 강함을 나타낸 것으로 실제는 조음부위가 앞쪽에 치우친 z라고 필자에게 알려줬다. 撒尼 彝語의 bz^{11}[주다, 給]에서 z는 운모 역할을 한다. 安徽 績溪 말에서 '鼻'는 $pห^{22}$로, '眉'는 $mı^{44}$로 표기되는데(平田昌司 1998), 엄밀히 말하자면 각각 phz^{22}와 mz^{44}로 읽힌다. 또 성절적 단음이라고 해서 성대가 반드시 진동해야 하는 것은 아니다. 귓속말의 경우 성대가 진동하지는 않지만 음절을 나눌 수 있다. 이는 무성음인 경우에도 각 단음의 공명도가 달라지지 않아 귓속말의 경우에도 각 음절에 공명정점이 존재하기 때문이다. 러시아어에서 전치사 dsl는 모음을 동반하지 않는 무성 마찰 자음이지만 다른 음과 이어서 발성할 때에는 공명 정점이 있다. 따라서 음절이라고 해서 반드시 모음이 동반되는 것이 아니며 음절의 중요한 특징인 한 개의 공명 정점치를 가지고 있다고 할 수 있다. 가장 전형적인 음절은 한 개의 모음을 동반한 것이다. 따라서 '모음을 동반하지 않은 음절'이라는 관념은 수용되기 어렵다. 그러나 일부 자음이 성절적임을 알게 되었으므로 비음이 성절적일 수 있다는 점에는 이의가 없다. 따라서 mpla는 m̩pla로 기술되는데 그 중 pla는 주요음절이고 m̩는 성절적인 부음절이다. 팔라웅어의 n̩da[여덟], mpa[다리 난간], ŋ̍kom[왕밤](王敬騮·陳相木 1984)에서 부음절은 성절적 비음이다. mpla의 m이 부음절이므로 rtak의 r도 이와 음성적 성격이 동일하므로 당연히 부음절이다. 가롱어[嘉戎語, rGyarong][82]의 r은 무성 자음 앞에서 무성의 r̥로 동화된다. 예를 들면 rtak[기회]의 실제 독음은

ɹtak인데, 이때 rtak과 다른 점은 단지 r가 무성음이라는 것일 뿐으로, 단음들의 공명도의 크기와 순서는 동일하다. 유음의 무성음화뿐만 아니라 모음의 무성음화도 음절의 공명 구조에 변화를 주지는 못한다. 普通話의 '站起來'는 구두어에서 tʂan⁵¹tɕʰi⁰lai⁰로 읽는다. 이때 '起'의 모음이 무성음화되지만 음절 구조를 변화시키지는 않는다. ɹtak의 ɹ을 부음절로 인정하면, stak의 공명 구조가 ɹtak과 완전히 일치하므로 s도 부음절로 볼 수 있다. 그러나 王洪君(1996)은, 음절 구조에 대한 논의에서 '공명도 순서 원칙' 이외에도 '길이' 즉 서양 언어학계에서 최근 제기된 모라[mora]도 고려해야 한다고 했다. 팔라웅어의 məgǐn[모자]에서 부음절인 mə의 공명도는 주요모음보다 크지만 주요모음에 비하여 더 짧고 가볍게 읽으므로 부음절이다. 영어와 중국어의 강세 음절은 2모라이고 비강세 음절은 1모라이다. 길이가 1모라가 되지 않을 때에는 음절을 이룰 수 없다. 영어의 sway와 중국어의 '歲' suei는 다르다. 전자의 s는 후자의 s에 비하여 길다. 필자는 영어의 sway를 away와 같은 한 개 반음절이라 간주하는데 이 중 s는 a와 길이가 같아 1모라를 이루고 있는 반면, 중국어의 '歲'의 s는 1모라가 되지 않는다.

潘悟雲(1999a)은 위에 근거하여 복자음에 대하여 다음과 같이 명확한 정의를 내렸다.

> 공명도 순서 원칙에 부합하는 자음서열을 복자음이라 한다. 상술한 갑류 복자음인 spr-, ŋ kl- 등의 자음서열은 부음절인 s-나 ŋ- 뒤에 복자음을 동반한 주요음절 pr-과 kl-이 첨가된 것으로 간주한다.

· ·
82) 중국 四川省 일대에 분포하며 티베트-버마어군에 속한다.

이러한 근거를 바탕으로 潘悟雲(1999a)은 더 나아가 티베트 서면어의 전치자모 문제를 논의했다.

고대 티베트어의 서사 체계에서, ﾗﾍﾞ[rgad]의 ﾗ와 같은 일부 자모는 기본 자모 위에 있어 상치자모[上置字母]라 한다. 또 ﾗﾍﾞﾗ[gdag]의 ﾍﾞ는 기본 자모 앞에 있어 전치자모[前置字母]라 한다. 이들 자음이 기본 자모에 선행했다는 점은 동일한데, 티베트어 문자 창제자가 어떤 근거로 어떤 것은 위에 놓고 어떤 것은 앞에 놓았겠는가? 상치자모를 기본 자모 위에 겹쳐 서사함으로써 복합 자모를 구성하였고, 전치자모는 기본 자모 앞에 서사한 것이다. 티베트 서면어는 음절 문자로 운미를 동반하는 경우를 제외하면 한 개의 자모로 한 개의 음절을 나타낸다. 상치자모와 전치자모의 서사 방식이 상이하다는 것은 전치자모가 모음을 동반했던 독립된 음절이었음을 말해주고 있다. 따라서 고대 티베트어에서 ﾗﾍﾞﾗ의 사실상의 독음은 gdag가 아닌 gadag이어야 한다. Franke가 발표한 투루판 고대 티베트어의 寫本에서 mkhjen을 makhjen으로 기록하고 있다(兪敏 1984). 이는 전치자모 ﾍ[m]가 성절적임을 알려주는 가치 있는 문헌적 증거이다. 음성적 원리에 의하면 전치자모에도 반드시 모음이 있어야 한다. 폐쇄음을 발성할 때 그 폭발 시간은 상당히 짧지만 각 폐쇄음은 변별할 수 있다. 이러한 변별이 가능한 것은 폐쇄음과 앞과 뒤의 모음과의 접합부에 과도음의 징후가 나타나기 때문이다. 그러나 두 개의 폐쇄음끼리만 연결된다면 과도음 징후가 존재하지 않으므로 선행 자음이 어떤 음인지 구분하기 어렵다. 그러므로 gdag와 같은 음에서 g 뒤에 단모음이 삽입되어야만 d의 선행음이 g임을 알 수 있다.

티베트 서면어의 상치 자모를 충당할 수 있는 것으로는 지속음인 s,

r-, l-만 있다. 부음절을 동반한 일부 언어에서, 부음절의 성모가 마찰음이나 비음, 유음과 같은 지속음일 때 모음은 항상 탈락하여 성모 자음은 성절적이 된다. 예를 들면 드룽어에서 $suɯ^{31}naŋ^{55}$은 $snaŋ^{55}$으로 변화한다. 티베트 서면어에서 성모 sC-를 동반한 일부 단어는, 獨龍河 드룽어의 동원어에서 주요음절에 부음절 suɯ를 첨가한 형식과 다음과 같이 대응한다.

	수달	보충하다	임신하다	코
티베트어	sram	slan	sbrum	sna
드룽어 (천천히 읽을 때)	$suɯ^{31}ɹăm^{53}$	$suɯ^{31}lăn^{55}$	$suɯ^{31}buɯm^{55}$ [부화하다]	$suɯ^{31}na^{55}$
드룽어 (빨리 읽을 때)	$s.ɹăm^{53}$	$slăn^{55}$	$sbuɯm^{55}$ [부화하다]	sna^{55}

티베트어의 접두사 s-는 어떤 실제 의미를 지녔던 형태소로부터 허화된 것으로 보인다. 베네딕트(Benedict 1972)는, 티베트어에서 신체 부위와 동물의 명칭과 관계있는 접두사 s-의 기원을 티베트-버마어군 언어의 syal식용 고기, 동물]에서 찾을 수 있다고 주장했다. 티베트어에서 사역을 나타내는 접두사는 카친어의 부음절 ʃă와 대응하는데 이는 드룽어의 부음절 suɯ에 해당하며 중국어의 '使' $srɯ̆$ 〉 M. ʂ-와도 관계가 있다. 따라서 古 티베트어의 sC-는 한 개 반 음절인 săC-에서 기원했을 가능성이 있다. 티베트 서면어 시대에 부음절 sa, ra, la에서 모음이 탈락하여 s-, r-, l-가 되었으나 기타 부음절에서는 여전히 슈와 ă가 동반되어 있었다. 이에 따라 티베트어 문자의 창제자는 전자를 상치자모로 처리하여 주요음절과 겹치게 서사했고 후자를 전치자모로 처리하여 주요음절과 분리하여 서사한 것이다.

베네딕트(Benedict 1972: 37)는 재구된 원시 티베트-버마어군 언어에서 복자음이 '어근의 어두[root-initial]' 위치에만 출현한다고 했으며 이를 다음과 같은 두 가지 형태로 나누었다.

(a) 폐쇄음 혹은 비음 + 유음[r~l]

(b) 자음(혹은 (a)류의 복자음) + 반모음[w~y]

그는 또 다른 형태의 자음서열로서 접사가 포함된 경우도 들었다. 특히 접두사에 대하여 다음과 같이 서술했다(1972: 103).

> 티베트-버마어군 언어의 접두사는 원시 티베트-버마어 시기에 어근과 분리되어 있었고 그 기능이 다양했다. 현대 티베트-버마어군 언어에서 어근과 함께 하나가 된 것은 훗날의 변화에 의한 것이다.

그의 관점에 의하면, 티베트 서면어에서 Cr-, Cl-, Cj-류만이 복자음이었으며 LC-, NC-, SC-, CC-의 전치자음은 접두사에서 유래했으므로 원래는 분리할 수 있었던 부음절에 속했다 할 수 있다.

王洪君(1996)은 '영어에 한 개 반 음절(王洪君의 2음절[雙音] 전치식83)에 해당)이 없는 것은 영어의 복자음 동반 음절이 중국어의 한 개 반 음절과 성격이 같기 때문'이라고 했다. 이에 따라 복자음 성모를 갖춘 언어에는 한 개 반 음절이 출현하지 않을 것이라 결론지었다. 그러나 많은 동남아시아의 언어에 복자음도 있고 한 개 반 음절도 동시에 분명히 존재한다. 그 이유는 영어의 복자음 유형이 동남아시아 언어의

---

83) 영어의 2음절 선회식 의성어로는 ding-dong, tick-tack, flip-flop, zip-zap 등이 있다(王洪君 1996: 170). 2음절 전치식의 의성어는 *dedong, *betack, *zazap 등의 형식이 될 것이나 이 형식은 영어에 존재하지 않는다.

복자음 유형과 다르기 때문이다. 즉 영어에서 복자음은 그들 자음 간의 결합이 느슨하다. 예를 들면 glad에서 g가 폭발 과정을 경과한 후 아주 짧은 모음이 동반되면서 마치 한 개 반 음절인 gᵊlad처럼 들린다. 梁敏·張均如(1996)의 캄-타이어의 복자음에 관한 다음의 기술에 의하면 캄-타이어의 복자음의 발성 유형은 영어와 분명히 다르다.

> 이들 복자음을 발성할 때 첫째 단음의 폐쇄음이나 비음은 둘째 단음의 l-나 r-과 동시에 저해가 형성·유지되었다 개방되는데 양자 사이에는 간격이 없다.

동아시아의 다른 언어의 복자음의 발성 유형이 캄-타이어와 같은지 여부에 대해서 필자는 많은 자료를 보지 못했다. 그러나 여러 언어에서 복자음이 융합해 파찰음으로 변화한 바 있다. 가령 티베트어의 gru가 라사[拉薩] 말에서 tʂhu로 변화한 것을 들 수 있다. 이와 같은 현상으로, 두 자음 사이의 결합력이 아주 강했을 것이라고 추정할 수 있다. 이들 언어에서 복자음 동반 음절과 한 개 반 음절 사이에 상당한 차이가 있었다는 것이 바로 이들이 공존할 수 있는 이유이다. 상고 중국어가 바로 복자음과 한 개 반 음절의 공존 단계에 있었던 것이다.

3. 상고 중국어의 음절 유형

대부분의 음운학자들은, 연면어를 제외한 중국어의 형태소가 단음절로 구성되어 있으며 '一字─一音節─一形態素'가 중국어의 중요한 특징이므로 한 개 음절에 대한 성모, 운모, 성조의 재구가 중국의 상고음 연구의 전체 내용이라 여기고 있다. 이러한 경향에 대하여 가장 먼저 이견을 제시한 학자는 俞敏(1984a)이다. 그는 티베트 서면어의 전치자모가 모음 a를 동반했었을 것이라고 주장했다. 예를 들면 ^{치정치}[mn.am]은 ^{치'정치}[man.am]으로 읽어야 하고 전치자모 ^치[ma]는 어법적 기능만 있는 형태소라는 것이다. 상고 중국어에도 유사한 형태소가 있다. 예를 들면 ≪詩經・文王≫의 "王之藎臣, 無念爾祖.[왕의 충신은 조상을 생각한다.]" 에 대해 ≪毛傳≫에서는 "無念, 念也."라 했다. 陳奐 ≪詩毛氏傳疏≫에서 는 "無는 발화사[發聲]로 無念爾祖는 念爾祖의 의미이다.[無, 發聲, 無念爾 祖, 念爾祖]"라고 했다. 兪敏은 티베트 서면어의 전치자모 ^치[ma]가 어휘 의미를 가지고 있지 않았던 것처럼 '無'(상고음 *ma) 역시 어휘 의미를 갖지 않았으며 선행 실사인 '藎臣'을 조응[anaphora]하는 어법적 기능만 있다고 했다. 이와 유사한 예로 '不'이 있다. ≪詩經・車攻≫의 "徒御不 警, 大庖不盈.[길을 걷는 자나 마차를 타는 자나 모두 근신하고 주방에 도 가득 차 있다.]"에 대하여 ≪毛傳≫에서는 "不警, 警也. 不盈, 盈也."라 했다. 즉 '不'은 어법적 기능만 있으며 어휘 의미가 없는 티베트 서면어 의 전치자모 ^ㅈ(b-)에 해당한다. 그러나 兪敏은 부음절이라는 개념을 인 식하지 못했던 까닭에 이들 형태소와 일반적인 음절이 음성적으로 어 떤 차이가 있는지에 대해서는 설명하지 않았다. 그는 章太炎의 '一字重 音說'을 거듭 천명했다. 이는 상고 중국어에서 한 글자에 여러 개의 음 절이 출현할 수 있다는 것이다. 예를 들면 '命'에 ma와 '令'의 두 개 음절 이 있었다는 식이다. 이는 대단한 식견이지만 상고 중국어 음성의 전 체 구조 측면에서는 더 나은 논의를 진행하지 못했다. '命'에 두 개의 음절이 있다고 한다면 중고에서 동일한 조건인 明母 庚韻 3등의 '鳴・ 電'도 두 개의 음절로 이루어진 것이 아니었던가? 중고의 庚韻 3등에 속한 다른 脣音의 글자에도 두 개의 음절이 있었는가? '命'이 두 개의 음절로 이루어졌다면 중고에 이르기까지 어떠한 과정을 경과해 한 개 의 음절로 변화했는가?

俞敏이 열거했던 부음절이 남긴 고문헌에서의 흔적 이외에도, 아래 와 같이 고문헌에서 접두사를 동반한 예도 찾을 수 있다.

접두사 '馬'(*mra):

馬蜩, 馬荔, 馬陸, 馬蚿, 馬蚰, 馬踐, 馬藍, 馬蓼, 馬舄, 馬胅, 馬 薊, 馬薸, 馬雞, 馬蘄, 馬蟻, 馬藺, 馬薤

접두사 '胡'(*ga), '渠'(*gǎ), '拒'(*gǎ):

胡蝶, 胡蓁, 胡梨, 胡繩, 胡鱅, 渠略, 渠却, 拒斧

접두사 '姑'・'蛄'(*ka), '居'・'崌'(*kǎ):

姑獲, 姑楡, 蛄䗊, 居暨, 崌蝫

접두사 '不'(*pǔ), '丕(豾, 魾)'(*phrǔ):

不律, 不蜩, 不過, 不來, 豾貍, 魾鯗

고대 중국어에서 이들 접두사는 명확한 의미를 갖지 못했고, 다만 후행하는 복합어[詞組]와 합쳐져 합성어가 될 수 있었을 뿐이다. 음성 적으로는 대부분 魚部 [a]와 之部 [ɯ] 글자이다. 따라서 상술한 예에 나 타난 '馬', '姑', '胡', '不' 등은 부음절로 보인다.

서양의 일부 학자는 티베트어의 전치자모에서 영감을 받아 '상고 중 국어의 전치자음[pre-initial]'이라는 개념을 일찍이 제시한 바 있다. 張琨 (Chang, Kun 1976)은 중국어의 '전치비음을 동반한 폐쇄음[prenasalized stop]'에 관하여 논의했고 이외에도 많은 학자들이 상고 중국어의 *sC- 성모에 대하여 논의했다. Sagart(1999)는 상고에 폐쇄음의 전치자음도 있었다고 주장했다. 그러나 이들의 관념에서 폐쇄음에 선행하는 전치 자음은 음절이 아닌 자음의 일종일 뿐이다. 앞에서 부음절은 부음절이 고 복자음은 복자음으로 이 둘이 명확하게 구별되어야 함을 이미 밝힌 바 있다. 아래의 논의에서는 부음절과 복자음을 구별하여 상고 중국어의 재구와 관련시키고자 한다.

俞敏의 관점과 상술한 서양학자들의 관점을 결합하면, 다음과 같은 결론을 얻을 수 있다.

전치자음은 음절이다. 그러나 자음으로서의 기능만 있을 뿐이고 운모에 음소적 가치가 결핍되어 있는 부음절이다.

그러나 이전에는 부음절에 대한 음성변화 측면의 신중하고 체계적인 논의가 진행되지 않았다.

潘悟雲(1987a)은 복자음의 변화 규칙에 관한 연구에서 상고 중국어의 복자음을 두 가지 유형으로 나누어 제시했다. 첫째 유형은 더 긴밀한 결합력을 가진 복자음 *Cr-, *Cl- 형이다. 폐쇄음 부분은 상대적으로 더 길고 강세도 있어 중고에 이르러서도 이 부분은 보존되었다. *Cr- 형은 중고에 이르러 2등운이나 중뉴 3등운으로 변화했고, *Cl- 형은 중고에 이르러 1・4등운이나 非 중뉴 3등운으로 변화했다. 둘째 유형은 비교적 느슨한 결합의 복자음인 *C-r-, *C-l- 형으로, 이때 폐쇄음 부분은 상대적으로 짧고 강세가 약하여 나중에 탈락했다. *C-r- 형은 폐쇄음이 탈락하면서 중고의 來母로 변화했으며, *C-l- 형에서는 후행 유음이 선행 폐쇄음에 의해 폐쇄음화됨으로써 端組가 되었으며 *C-는 탈락했다. 이에 의하면 앞이 약하고 뒤가 강한 복자음 유형과 앞이 강하고 뒤가 약한 복자음 유형으로 다시 나눌 수 있다. 그러나 이와 같이 복잡한 복자음 체계가 있었다는 것은 믿기 어렵다. 潘悟雲은 이후에 진행한 남방의 소수 민족 언어의 연구를 통해 비로소 전자가 일반적인 복자음이고 후자가 한 개 반 음절임을 이해하게 된다. 일부 남방 언어에는 지금까지도 복자음 음절과 한 개 반 음절이 공존하고 있다. 상세한 논의는 제17과 제18장에서 진행하기로 한다.

潘悟雲(1999a)은 부음절이, 2음절 형태소가 단음절 형태소로 전환하고 있는 중간 단계의 형태라고 주장했다.

현대 중국어에서 형태소는 대체로 단음절적[mono-syllabic]이지만 상고 중국어에는 통상적으로 '연면어[聯綿詞]'라고 하는 2음절 형태소가 여러 개 있었다. ≪詩經≫에서 다음과 같이 여러 개의 예를 발견할 수 있다.

窈窕, 參差, 崔嵬, 虺隤, 蔽芾, 厭浥, 委蛇, 差池, 黽勉, 踟躕, 蝀蝀, 芣苢, 朷杜, 蜉蝣, 蟋蟀, 椒聊, 綢繆, 棲遲, 窈糾, 天紹, 猗儺, 倉庚, 拮据, 果贏, 伊威, 倭遲, 常棣, 鴛鴦

동남아시아의 여러 언어에서도 위와 유사한 雙聲이나 疊韻의 방식으로 구성된 단순어를 볼 수 있다. 예를 들면 베트남어에는 다음과 같이 자모 c로 시작하는 연면어들이 있다.

canh¹cach⁵ [딱딱한 물건을 때리는 소리], cao¹cat⁵ [입이 큰 새], cau¹co¹ [수심에 찬 얼굴], căm¹căm¹ [부들부들 떠는 모양], câm²câp⁶ [떨다], cong¹queo¹ [구불구불하다], cot⁵ket⁵ [삐걱삐걱], cơn¹cơ² [경박하다], cuc⁴căn² [거칠다], cuc⁶kich⁶ [천박하고 거칠다], cui¹cut⁵ [외롭다] cun¹cut⁵ [메추라기], cun²cut⁶ [급히 뛰는 모양], cun⁴cơn⁴ [짧다], cuôn²cuôn⁶ [물살이 센 모양], cut⁵kit⁵ [삐걱삐걱], cam¹lam¹ [탐욕스럽다], cang⁵nang⁵ [비틀거리며 걷는 모양], cau²nhau² [소곤거리다], cuc⁶suc⁶ [거칠다] cum⁵num⁵ [전전긍긍하다], cư²rư² [풀이 죽다], căn¹dăn⁶ [신신당부하다], căn¹văn⁶ [캐어묻다], căn²nhăn² [중얼거리다], căng²nhăng³ [졸라대다]

이러한 2음절 형태소는 지리적으로 북방 방언에 비하여 남방 방언에
더 많이 분포하고 있으며, 현대 중국어에 비하여 소수민족 언어에 더
많이 분포하고 있다. 고대의 특징이 중국어의 북방 방언보다 남방 방언
에 더 많이 보존되어 있고 중국어보다 소수민족 언어에 더 많이 보존
되어 있다는 것이 일반적인 인식이다. 따라서 이러한 2음절 단순어가
동아시아 언어에 공통적으로 존재했던 오래된 특징임을 알 수 있다.
역사적으로 이들은 현대 중국어보다 상고 중국어에 더 많이 존재한다.
다른 소수민족 언어에서의 상황도 이와 같을 것으로 보인다. 현대 캄-
타이어의 형태소 대부분이 단음절로 이루어져 있지만 고대 캄-타이어
에 대해 "吳와 蠻夷 지역에는 발어사가 많다. 여러 말이 함께 한 단어를
이룬다.[吳蠻夷多發聲, 數語共成一言.]"(《世本》)라고 언급한 점은 고대
캄-타이어에서 다음절 형태소가 여전히 우위를 점했음을 말해 준다.
따라서 동아시아 언어에서 다음절 형태소가 고대의 특징이었다는 점
과 아울러 이들이 점차 소실되는 과정에 있음도 알 수 있다.

또 이들 연면어의 음절의 배열이 공명도 순서 원칙과 반드시 부합하
는 것은 아니었다. 예를 들면 '常棣'에서 '常'의 공명도가 '棣'보다 크다.
모든 형태소가 雙聲이나 疊韻 관계는 아니었다. 예를 들면 《詩經》의
'螽斯, 戚施, 斯螽, 鞉鞡', 《楚辭》의 '攝提, 鶗鳩, 僵個, 侘傺'에 쌍성어나
첩운어는 없다. 소수민족 언어에는 쌍성이나 첩운 관계가 아닌 연면어
가 더 많다.

이러한 점은 동아시아의 원시 언어에 많은 2음절 형태소가 있었고
의미와 음성의 두개의 평면에서 동시에 간결화되었음을 시사한다. 동
아시아 각 민족의 언어에서는 심리적으로 2음절 형태소 가운데 제2음
절을 더 중시했다. 이에 따라 의미가 제2음절에 편향되어 이것이 어근

이 되었다. 제1음절의 의미는 허화를 통해 접두사가 되었는데, 경우에 따라 의미의 흔적을 보존했거나 철저히 허화되어 단순한 2음절을 이루는 음성 성분이 되었다. 南島語族[Austronesian Language Family] 언어의 형태소가 바로 이러한 유형에 속한다.

제1음절은 음성 평면에서 일련의 간결화로 나타났다.

(1) 성모의 간결화가 복자음의 단순 자음화로 나타났으므로 대다수 언어의 부음절은 복자음의 형태로 존재하지 않는다. 성모 간결화의 극단이 주요음절의 성모와 동일한 성모를 취하는 형식으로 나타나면서 雙聲의 연면어가 되었다.

(2) 운모의 간결화는 두 가지 주요한 방식에 의해 운모의 중성화로 나타났다. 첫째, 주요음절 운모의 영향을 받아 운모의 중성화가 발생한 것으로, 일반적으로 주요음절과 동일한 운모를 취하여 疊韻의 연면어를 구성한 것이다. 둘째, 운모의 중성화는 오직 부음절 자체의 구조와 관계있다. 예를 들면, 드룽어의 부음절 운모에는 i와 ɯ만 있는데 양자가 출현하는 음성 환경은 상보적이다. i가 舌面前과 舌面中 성모에만 후행하므로 모음은 사실상 음소적 가치를 상실하게 된 것이다.

(3) 성조의 중성화를 통해 결국 강세가 소멸되어 약하고 짧은 음절로 변화했다. 제1음절의 운모는 중성화 과정에서 음소적 가치를 상실함과 동시에 성조가 강세를 잃게 되어 부음절로 변화했다.

先秦 시기의 중국어에는 대량의 복자음 단어와 대량의 한 개 반 음절 단어가 동시에 존재했다. 이러한 음성 유형은 현대의 일부 南亞語族 [Austro-Asiatic Language Family] 언어의 것과 유사하다. 고대에는 한 개의 한자로 한 개의 음절을 나타내었는데, 이는 복자음 언어에서 한 개

반 음절인 k·la가 청각적으로, 2음절인 kala와 가까웠던 것이 아니라 복자음의 단음절 kla와 더 접근해 있다는 것과 관계가 있다. 따라서 고대인들은 한 개 반 음절 단어를 한 개의 음절로 간주하여 단일 漢字로 서사했다. ≪詩經≫에서는 운율적인 필요에 의해 경우에 따라 부음절을 한 개의 한자로 따로 처리하기도 했다. 예를 들면 '無念爾祖'의 '無'를 한 개의 글자로 처리한 경우이다. 이는 王敬驪가 제시한 팔라웅어의 韻文에서, 부음절이 성우에 따라 한 개의 글자로 처리된 것과도 유사하다. 상고 중국어에서 한 개 음절이나 한 개 반 음절을 단일 한자로 서사한 관계로 양자를 구별하기는 어렵다. 이 때문에 상고 중국어를 재구하기란 쉽지 않다. 따라서 부음절의 음운 행위에 대한 연구가 상고 중국어 연구에 새로운 돌파구를 마련해줄 열쇠가 될 것이다.

8

諧聲의 원칙

段玉裁가 '同聲必同部'라는 유명한 이론을 발표한 후 해성관계는 중국어 상고음 연구에서 지금까지 가장 중요한 근거가 되어 왔다. 운부의 구분이 여전히 ≪詩經≫ 韻脚의 계련에 근거했다고 하면 상고의 성모 연구는 해성에만 의거했다고 할 수 있다.

해성관계가 상고음 연구의 가장 중요한 출발점이므로 해성 현상을 분석하는 일은 지극히 중요한 문제일 수밖에 없다. 이 문제가 해결되지 않으면 상고음 연구는 전반에 걸쳐 엄밀한 이론적 기초를 상실하게 된다.

1. 해성 현상에 대한 기존 연구

淸代 학자들은 諧聲, 假借, 異讀이 동일한 음운 현상을 반영했음을 일찍이 발견했다. 두 개의 운부나 성모가 상호 가차할 수 있으면 해성과 이독 관계도 가능한데, 淸代 학자들은 이를 '通轉'이라 정의했다. 段玉裁가 언급한 바와 같이 상호 통전하는 글자 모두가 동일한 운부에 속했다면 문제는 간단하다. 그러나 해성이나 가차 관계가 있는 두 개의 글자라도 각각 성모도 다르고 운모도 다른 경우를 자주 볼 수 있었으므로 淸代 학자들은 통전의 범위를 넓게 잡았다. 즉, 두 개의 글자가 쌍성첩운 관계가 있는 경우 모두 통전이 가능한데 淸代 학자들은 이를 '一聲

之轉이라 통칭했다. 또 이들이 언급한 雙聲이나 疊韻은 성모나 운모가
반드시 완전히 동일해야하는 것이 아니며 유사한 경우도 쌍성이나 첩
운에 포함되었다. 이리하여 대부분이 '通'하지 않는 것이 없고 '轉'하지
않는 것이 없는 지경에 이르게 되었다. 쌍성 통전에 의하면 '雞'는 '狗'와
통하고, '紅'은 '黃'과 통하게 되며, 첩운 통전에 의하면 '虎'는 '兔'와 통하
고, '菊'은 '竹'과 통하게 된다. 王力(1965b)은 "동음만이 상호 대체할 가
능성이 있었다. 근래에 들어와서는 근본을 벗어나 더 악화되어 쌍성은
추구하지 않고 첩운만 추구하니 통하지 않는 것이 없고 가차가 아닌
것이 없게 되었다."고 하며 일침을 놓았다. 그러나 가차나 해성관계가
모두 동음 관계는 아니며 유사한 음인 경우가 많다. 따라서 거의 모든
음운학자들은 음이 유사한 글자로 해성이나 가차할 수 있었다는 사실
을 수용하고 있다. 그러나 '음이 유사하다[音近]'는 기준은 무엇인가?
'음이 유사하다'는 것은 모호한 개념이다. 일부 음운학자들은 이에 몇
가지 해성에 관한 원칙을 제시함으로써 그 범위를 제한하고자 했다.
예를 들면 칼그렌(Karlgren 1923: 22-23)은 다음과 같은 해성 원칙을 제
시했다.

① 설첨 폐쇄음[端組] 간에는 서로 해성한다.
② 설첨 파찰음과 마찰음[精組]은 서로 해성한다.
③ 권설 파찰음과 마찰음[莊組]은 서로 해성한다.
④ 설면 폐쇄음[知組] 간에는 서로 해성한다.
⑤ 설첨 폐쇄음[端組]은 설첨 파찰음·마찰음[精組]과는 해성할 수
   없다.
⑥ 설첨 파찰음·마찰음[精組]은 권설 파찰음·마찰음[莊組]과 해성
   한다.

⑦ 설면 파찰음[章·昌·船]과 유성 마찰음[禪]은 서로 해성한다.

⑧ 위 항목 ⑦의 설면음은 무성 설면 마찰음[書]과 해성하지 않는다.

⑨ 설첨 파찰음·마찰음[精組]이나 권설 파찰음·마찰음[莊組]은 설면 파찰음·마찰음인 章·昌·船·禪母와 해성할 수 없다.

⑩ 설첨 폐쇄음[端組]은 설면 폐쇄음[知組]과 해성할 뿐 아니라 설면 파찰음·마찰음인 章·昌·船·禪母와도 해성한다. 그러나 마찰음인 書母와는 절대로 해성하지 않는다.

李方桂는 이보다 더 신중하게 처리했는데 다음과 같은 두 가지 원칙만을 제시했다.

① 상고의 조음부위가 동일한 폐쇄음은 서로 해성할 수 있다.

② 상고의 설첨 파찰음이나 마찰음은 그들끼리 해성할 수 있으나 설첨 폐쇄음과는 해성하지 않는다.

위에서 제시된 해성 원칙은 聲轉에 관한 淸代 학자들의 학설보다 훨씬 진전된 것이지만 문제가 완전히 해결된 것은 아니다.

(1) 이들 해성 원칙과 관련된 음 범주가 모두 중고음을 가리키고 있으므로 많은 반례에 직면할 수 있다. 칼그렌과 李方桂는 설첨 마찰음이 설첨 폐쇄음과 해성할 수 없다고 주장했는데 상고음의 입장에서 해성 관계를 바라보면 이 원칙은 정확하다. 예를 들면 상고음 s-는 t와 절대로 해성하지 않는다. 그러나 중고음의 입장에서 바라보았을 때, 일부 心母가 端母와 상고에서 해성한 예를 발견할 수 있다. 예를 들면 心母 '袈'과 端母 '督' 간의 해성이다. 또 '袈'은 ≪廣韻≫에서 '先篤切'과 '冬毒切'의 두 개의 독음이 있다. 그러나 상고의 설첨 마찰음이 설첨 폐쇄음과 해성하지 않으므로 해성관계가 발생한 중고의 心母와 端母는 상고에서

단순한 s-와 t-의 관계가 아님이 확인된다.

또한, 중고음의 측면에서 해성을 관찰하면 해성관계가 있었으면서도 중고음에서 음이 크게 다른 여러 개의 예를 찾을 수 있을 것이다. 예를 들면 다음과 같은 것들을 들 수 있다.

膠: 見母 M. k- ~ 繆: 明母 M. m-
丙: 幫母 M. p- ~ 更: 見母 M. k-
勺: 禪母 M. dz- ~ 豹: 幫母 M. p- ~ 的: 端母 M. t- ~ 約: 影母 M. ʔ- ~ 杓: 以母 M. j- ~ 皭: 精母 M. ts-

과거 음운학자들이 중고음을 기준으로 해성을 분석했던 이유로 두 가지를 들 수 있다. 첫째, 중고음이 어느 정도 확정된 것으로 이미 알고 있는 요소였기 때문이다. 이와 같이 이미 알고 있는 것으로부터 미지의 것을 탐구하는 것은 과학의 기본적인 방법이다. 둘째, 상고음의 언구 수준에 한계가 있었기 때문이다. 예를 들면 王力의 상고음 체계에서 상고의 성모가 중고의 성모와 큰 차이가 없었으므로 상고음 성류에 근거한 해성 분석은 중고음 성류에 근거한 해성 분석과 큰 차이가 없었다. 상고음 연구가 심화됨에 따라 상고음에 대하여 더 많은 지식을 갖게 되면서 이를 해성 분석에 이용하게 되었다. 예를 들어, 淸代 학자들의 상고 운부에 대한 분석이 이미 공인되었던 까닭에 이로부터 출발한 상고 운모에 대한 해성 연구가 더 일찍 진행되었다. 최근 들어 상고 성모에 대한 연구도 큰 발전을 이룩했으므로 상고 성모에 대한 해성 분석 역시 상고 성모에 관련된 새로운 지식을 근거로 삼아야 할 것이다. 더욱 중요한 것은, 이미 얻은 지식을 근거로 일련의 가설도 수립할 수 있었고 이들 가설이 해성 분석의 중요한 출발점이 되었다는 점이다.

(2) 음운학자들이 제기한 해성의 원칙은 해성 현상에 대한 귀납일 뿐이므로, 이와 같은 해성 현상이 있었던 이유에 대해 더 발전된 연구가 필요하다.

이러한 현상을 분석하기 위해서는 해성이나 가차의 개념에 대해 먼저 언급해야 할 것이다.

가장 오래 전에 출현한 漢字는 단어의 의미를 모두 도형으로 묘사할 수 있었다. 예를 들면 '其'는 古文字에서 '키[簸箕]' 모양을 본떠 만든 글자이다. 그러나 3인칭의 소유의 개념과 같이 도형으로 묘사하기 어려운 단어들도 일부 있다. 그렇지만 3인칭의 소유 개념은 '키'의 의미인 '其'와 동음이었던 까닭에 고대인들이 '其'의 자형을 빌려 사용하게 되었는데 이와 같은 글자의 운용 방법을 '假借'라 한다. 이는 후대 사람들의 '別字'에 해당한다. 그러나 同音同形의 글자가 많아지게 되자 혼란이 자주 야기되었던 탓에 고대인들은 또 다른 글자 제작 방법을 생각해 내게 된다. 사람들은 한 글자의 편방에 의미를 나타내는 形符를 첨가함으로써 동음동형의 다른 글자와 구별했는데 이러한 방식으로 제작된 글자가 形聲字이다. 이것이 바로 가차자가 형성자[84]와 동일한 음운 행위를 갖게 된 까닭이다.

상술한 해성과 가차 현상에 대한 분석을 수용한다면 위에서 각 학자들이 제시한 해성의 원칙은 해결할 수 없는 모순에 부딪히게 된다. 예를 들면, 거의 모든 음운학자들이 p, ph, b를 상고에서 독립된 음소로

84) 제7장의 '해성자'라는 용어와 같은 의미이다. 본 역서에서는 원문에 따라 표기하였다.

다루고 있는데 음소적 정의에 의하면 이들 세 개의 자음에 의미 변별 기능이 있으므로 이들을 서로 임의로 대체해 사용할 수는 없다. 그러나 해성 원칙에 의하면 이 세 개 자음의 폐쇄음이 조음부위가 동일하여 상호 차용할 수도 있었다. 이에 따라 음소 원칙과 해성 원칙 사이에 모순이 발생하게 되어 '유사음' 가차설은 淸代 학자들의 '一聲之轉'과 큰 차이가 없다. 음소 이론이 보편적으로 적용되어야 하므로 음소 원칙과 해성 원칙 사이에 모순이 발생하면 우선 음소 원칙을 따라야 하고 해성 원칙에 관해서는 또 다른 해석을 해야 한다.

2. 해성현상과 상고 중국어 형태

潘悟雲(1987b)은 해성이 상고 중국어의 음성 현상을 반영했던 것이 아니라 형태 현상을 반영했던 것이라 밝혔다. 그는 중국어의 다음과 같은 異讀 현상으로부터 이유를 들었다.

(1) 異讀이 반드시 방언 현상은 아니다.

중국어의 수많은 이독은 흔히 방언 현상으로 해석된다. 현대 중국어 방언에서 중원 지역의 방언 간의 음성적 차이는 주로 음가의 차이에서 비롯한 것으로, 음 범주 간의 차이는 결코 크지 않다. '愛'가 北京에서는 ai^{51}, 西安에서는 $\eta æ^{55}$의 독음을 가지고 있어 성모, 운모, 성조의 차이가 크지만 이들 독음은 모두 중고의 影母, 泰韻, 去聲의 음 범주에 속한다. 고대의 여러 방언 간의 격차가 현대 중국어에서보다 더 크지는 않았을 것이기 때문에 이들 간의 음 범주의 차이가 현대 방언 간에서의 차이보다 크지는 않았을 것으로 보인다. 고대 운서의 반절 注音은 음가가 아닌 음 범주를 반영한 것이다. ≪廣韻≫에서 이독은 수천 개에 이른다. 이러한 이독을 모두 방언의 차이로 여긴다면 고대 각 방언 간의 음 범주의 차이 역시 크다고 가정할 수밖에 없다. 그러나 이와 같은 가정은 상정하기 어렵다.

≪經典釋文≫의 注音을 살피면 여러 異讀이 이미 漢代 경학자의 音注에 나타났음을 알 수 있다. 東漢 시기의 洛陽의 서면어음이 표준음으로 공인되었고 魏晉 이후에 이르기까지 문인과 명사들은 洛生咏을 할 수 있음에 자부심을 가졌다. 이를 통해 이들 경학자들의 注音이 洛陽의 표준어에 근거했음을 알 수 있다. 예를 들면, 鄭玄은 北海[85] 高密 사람으로 東郡의 張恭祖에게 수학하기도 했으므로 齊 지역 말에 익숙했으며 또 扶風[86]에서 馬融에게 수학하여 秦 지역 말에도 익숙했다. 이에 따라 그의 音注에는 '齊人語', '齊魯之語', '秦人語' 등의 용어가 자주 등장한다. 이 音注에 방언이 언급되었다는 것은 그에게 표준어에 대한 개념이 있었음을 의미하는데, 齊方言, 秦方言 등이 표준어가 아니었기 때문에 주석을 통해 특별히 注를 통해 밝힐 필요가 있었던 것이다. 孔子가 표준어를 중시하기 시작한 이래 중국의 사대부들은 표준어로 고대의 경전을 낭송하고자 했다. 鄭玄과 같은 太學 출신의 대학자들은 고대 聖賢의 말에 대해 당연히 당시의 표준어로 주음하려 했다. 그의 音注가 널리 전파된 중요한 원인은 그가 표준이로 주음했기 때문이다. 그러나 그의 상당수의 음주는 ≪切韻≫에 남아있지 않다. ≪禮記・曲禮上≫의 "초요기는 위에 있어 군졸들의 사기를 굳세게 한다.[招搖在上急繕其怒.]"에 대하여 鄭玄은 "急猶堅也, 繕讀曰勁."이라 注했다. ≪切韻≫의 '繕'에는 見母 勁韻의 이독이 없다. 鄭玄이 이것이 방언임을 밝히지 않았으므로 당시 洛陽 표준어의 이독의 하나라 할 수 있으나 다만 후대의 구두어에서

사라졌을 뿐이다.

이와 같이, 중국어의 여러 이독은 이독의 일부가 방언 현상을 반영하기도 했으나 더 많은 경우는 방언 현상과 무관함을 알 수 있다.

(2) 언어의 형태 현상은 음성 현상과 다르다.

음성 현상은 일반적으로 음성 조건과 관계가 있는 것으로 어휘 평면과는 무관하며 어떤 하나의 음성 현상은 모든 어휘에 차별 없이 적용된다. 예를 들면, 영어에서 s-에 후행하는 무성 폐쇄음의 유기 성분이 탈락하는 것은 전형적인 음성 현상이다. 이는 음성적인 원인에 기인하기도 한다. 즉 마찰음 s-와 유기 성분이 연속되면 기류의 소모가 지나치게 되어 후행 폐쇄음에서 유기 성분이 탈락한 것이다. 또한 특정 언어집단의 발성 습관으로부터 기인하기도 한다. 즉, 이러한 현상이 영어에 나타난다고 해서 다른 언어에서도 반드시 나타나는 것은 아니다. 그러나 영어 사용자 집단 내에서, 어두 자음 s-에 무성 폐쇄음이 후행하면, 어떤 단어이든 무성 폐쇄음의 유기 성분은 반드시 탈락한다. 반면, 형태 현상은 어휘 평면에서 선택적이다. 예를 들면, 영어의 과거 시제에서 접미사 -ed가 동사에 후행하는 것은 형태 현상의 하나이지만 모든 동사의 과거 시제에 -ed가 후행하는 것은 아니다. 그뿐 아니라 과거 시제에 접미사 -ed를 동반한 것은 음성 평면과는 무관한 것으로 발음의 생리적 원인에 기인한 것도 아니고 영어 사용자 집단의 발음 습관에 기인한 것도 아니다. 이들과 관련이 있는 것은 역사적 배경을 가지고 형성된 특정한 어휘 내용뿐이다. 異讀은 음성 평면에서 선택적이다. 즉 일부 글자는 幫母 [p-]와 並母 [b-]의 이독이 있지만, 幫母의 모든 글자가 並母의 이독이 있는 것은 아니다.

(3) 일부 언어학자들의 연구를 통하여 일부 異讀이 고대의 형태 현상을 반영하고 있음을 확인할 수 있다.

현대 중국어가 형태가 극히 궁핍한 언어인 반면, 8-9세기 티베트 서면어의 고문헌의 자료에 근거하면 당시의 티베트어에 다양한 형태 변화가 있었음을 알 수 있다. 관계가 아주 밀접한 친족 언어인 중국어와 티베트어가 형태면에서 이처럼 크게 달랐음은 상정하기 어렵다. 이에 대해서는 다음과 같이 가정할 수밖에 없다. 이 두 언어의 형태가 아주 궁핍했지만 이후에 티베트어에서 형태 변화가 발생했다고 가정하거나, 두 언어의 형태가 처음에는 다양했지만 중국어의 형태가 역사 변화 단계에서 사라졌다고 가정하는 것이다. 그러나 티베트어의 경우 형태가 증가한 것이 아니라 끊임없이 감소했으므로 전자의 경우는 가능하지 않다. 설령 중국어라 해도 원래 성모의 淸濁, 즉 무성음과 유성음이 각각 사역과 자동의 형태를 나타내다가[87] 현대 중국어에 이르기까지 점차 '使……', '叫……'와 같은 형식으로 나타나게 된 것이다. 상고 중국어의 형태가 굴절[inflection]의 영역에 속한 것인지 어형성[word-formation]의 영역에 속한 것인지 때때로 확정하기는 어렵지만 생산성

••••••••••••••••••••
87) 王力(1965b)(〈古漢語自動詞和使動詞的配對〉, 《龍蟲並雕齋文集》)은 사역동사[使動詞]와 상대되는 개념으로 '자동사[自動詞]'라는 용어를 사용하고 있으며, 종래의 타동사에 상대되는 개념의 자동사와 다르다는 점을 밝혔다. 본서의 번역에서는 사역동사와 상대되는 개념의 자동사는 그대로 연용해서 '자동사'라는 용어를 그대로 사용하기로 한다. 또 타동사[及物動詞]와 상대되는 개념의 자동사는 위의 사역의 개념과 상대되는 자동사와 구별하기 위해 본서에서 사용하고 있는 '非及物動詞'라는 용어를 한국 한자음으로 그대로 옮겨 '비급물동사'로 쓰기로 한다.

그는 또 사역을 나타내는 몇 가지 유형을 귀납했는데 그 가운데 하나가 성모의 淸濁이 자동과 사역을 구분하는 요소임을 밝혔다. 즉 일부의 동일 글자에서 자동은 보통 유성음인 탁음, 사역은 무성음인 청음이었다. 예를 들면 '敗'가 유성음인 並母의 '薄邁切'일 경우는 자동을 나타내고 무성음인 幫母의 '補邁切'일 경우는 사역을 나타낸다는 것이다.

[productivity]을 점차 상실하는 굴절 현상이었을 가능성이 더 크다. 본 서에서는 두루뭉술하게 '형태'라는 말로 이들을 개괄하기로 한다. 한자 가 표의문자인 까닭에 각종 음성의 굴절과 접사 성분이 자형을 통해 직접적으로 표현되기 어려웠다. 이들의 형태는 주로 두 가지 방식으로 나타냈다. 첫째, 다른 글자로 대체하여 나타낸 것이다. 이는 동일 단어 에 대한 서로 다른 형태를 다른 자형으로 대체한 것이다. 예를 들면 '立'과 '位'는 각각 동사, 그리고 그로부터 파생된 명사 형식이다. 둘째, 동일 글자 즉 동일 자형으로 동일 단어의 이형태[allomorph]를 나타낸 방법이다. 예를 들면 '量'은 동사이면서 명사이다. 그러나 전자는 상고 의 평성인 *g·raŋ에서 기원했고, 후자는 상고의 거성 *g·raŋs에서 기원했다[88]. 이는 한 개의 글자로 복수의 형태를 나타냈던 것이 나중 에 각각 異讀이 된 예이다. 이에 대해서는 상고 중국어의 형태 상관 부분에서 상세하게 논의할 것이다.

종합하면, 중국어에서 많은 이독 가운데 일부는 방언 현상일 수도 있지만 더 많은 경우는 단지 상고 중국어에서의 형태만을 반영한 것이 라 할 수 있다.

潘悟雲은 고대 중국어의 異讀 현상에서 출발하여 非동음 글자 사이 의 諧聲 관계에 대하여 다음과 같이 분석했다.

해성 행위는 어휘 평면에서도 선택적이다. 예를 들면 '賓'과 '丏'이 그 러하듯이 幫母와 明母가 해성하는 현상이 일부 있었다. 明母(m-)와 幫

---

88) 티베트어에서 -s는 과거시제나 동사의 명사화를 나타내는 표지이기도 하다(梅祖麟 1980). '量'의 예를 든다면 티베트어의 동원어는 두 개가 있다. 첫째는 ɦgrang으로 '수를 세다'의 의미의 동사이며, 또 하나는 grangs로 '수'의 의미를 나타내는 명사이다.

母(p-)의 음성이 가깝다는 이유로 상호 해성이 가능했다고 가정하면 明母와 幫母가 해성하는 현상이 일부 소수의 해성족에서만 나타나고 대다수 幫母의 해성족에 明母가 없었던 이유를 설명하기 어렵다. 따라서 해성 현상이 전적으로 음성 현상과만 관련된 것이 아니라 어휘와도 깊은 관련이 있음을 알 수 있다.

고대어에서 한 글자에 여러 개의 독음이 있는 경우는 흔하다. 자형 A에 두 개의 이독인 A₁과 A₂가 있어 각각 두 개의 다른 형태를 나타낸다고 가정해 보자. A₁과 A₂는 동일 어근으로부터 파생된 것으로 음성적으로 모종의 연계가 있게 된다. 이는 영어에서 동일 어근에서 파생된 단어 세트인 sit~sat, do~does, talk~talked, sleep~sleeping 등의 관계와 흡사한 것으로 모종의 음성적 관계가 있다. 潘悟雲은 이러한 관계를 '음성의 형태 상관'이라 했다. 가령 A₂와 독음이 동일한 또 다른 단어가 있어 A의 자형을 빌리거나 A에 形符를 보태어 새로운 形聲 글자인 B를 만들었다고 가정해보자. 이때 B와 A의 해성관계는 사실상 B와 A₂ 사이의 동음 차용 관계이다. 나중에 형태가 탈락하면서 A에서 A₂의 독음이 사라지고 A₁의 독음만 남게 되었다고 가정해 보자. B와 A₁ 사이의 음성 관계는 A₂와 A₁의 음성 관계와 동일하므로 양자 사이에는 모종의 음성적 형태 상관만 남게 된다. 이에 따라 후대 사람들은 B와 A를 '유사음 形聲 글자' 관계라고 받아들이게 된다. 상황은 반대가 될 수도 있다. 가령 어떤 글자에 두 가지 이독 A₁과 A₂가 있는데 이 가운데 A₂가 또 다른 글자인 B와 同音이며, 동시에 B의 자형을 차용했다고 하자. 여기에 形符를 덧붙여 새로운 形聲 글자 A가 생성된 후 A₂가 사라지고 나면 A에는 A₁의 독음만 남게 되는데 이때 A와 B는 '유사 음 形聲' 관계가 된다. 예를 들면 '雇'는 ≪廣韻≫ '侯古切로 상고음은 *glaˀ에 해당하고

의미는 '농절기나 잠상의 철을 알리는 후조[農桑候鳥]'로 당연히 本字가
된다. 또 '古暮切'의 독음도 있는데 이는 상고음 *klas에 해당하며 ≪廣
韻≫에서는 '새[鳥也]'로 정의했다. 이로써 '조류의 명칭'을 나타냈던 '雇'
에 두 개의 형태로 반영된 두 개의 독음이 있었음을 알 수 있다. '古暮
切'의 독음에 대한 또 다른 석의인 "이어서 '고용하다' 의미로 가차되었
다.[相承借爲雇賃字.]"는 당연히 가차된 의미임을 알려주고 있다. 나중
에 여기에 偏旁 '亻'이 더해져 새로운 形聲 글자인 '僱'가 생성되었는데
'僱'와 '雇' 사이에는 '古暮切'의 독음에서만 동음 가차 관계가 있다. ≪漢
語大字典≫에 이르러서는 '僱'가 여전히 '古暮切'의 독음을 가지고 있지
만 '雇'의 '農桑候鳥'의 의미는 '侯古切'의 독음만 남아 있을 뿐 '古暮切'의
독음은 폐기되었다. 만약 ≪廣韻≫이 일실되었다면 '僱'와 '雇'가 동음
차용 관계임을 나타낸 흔적을 다시는 찾을 수 없었을 것이다.

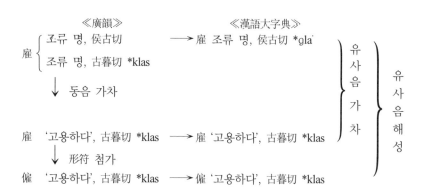

3. 음성의 형태 상관

위와 같은 해성 현상에 대한 분석에 의하면, 가차나 해성은 그 언어적 관계가 결국 이독 간의 음성 관계로 귀결된다. 고대 중국어에서는 형태의 탈락과 함께 이독도 이미 대부분 사라지게 되었다. 지금 남아 있는 이독만을 근거로 음성의 형태 상관 규칙을 귀납한다면 완벽한 결과를 얻을 수 없다. 그러나 해성이 반영한 음성 관계가 이독과 동등하므로 해성을 통해 상고 중국어의 음성의 형태 상관에 관한 주요 규칙을 도출할 수 있다. 아래는 潘悟雲(1987b)이 제시한 몇 가지 주요한 음성의 형태 상관 규칙이다. 단, 해성이 음성의 형태 상관 규칙을 간접적으로 반영할 뿐이라는 점에 유의해야 할 것이다. 예를 들면 '催' *klas와 '崔' *gla˙ 사이에는 직접적인 형태 상관이 없으며 '崔' *klas와 *gla˙의 사이에 음성의 형태 상관관계가 존재한다는 사실만을 간접적으로 반영한다는 것이다.

(1) 운미가 동일하며 주요모음이 유사한 운모의 형태 상관

구체적 예를 들면, aE~eE, eE~iE, ɯE~uE, uE~oE, oE~aE, ɯE~aE(~는 교체를, E는 韻尾를 나타낸다) 등이 있다. 이러한 교체는 淸代 학자들이 언급한 旁轉에 해당한다. 예를 들면 E가 −ŋ이라면, aE~eE는 陽部(−aŋ)와 耕部(−eŋ) 사이의 교체를 나타낸다. 아래는 이와 같은 형태 상관의 예이다.

aE~eE	亡 *măŋ~㡃*mreŋ , 單*tan~僤*ten, 梜*krap~夾*krep
eE~iE	紕*bě符支切~紕*phǐ匹夷切, 演*len˙~寅*lin, 砥*tjě諸氏切~砥*tjǐs脂利切
ɯE~uE	翊*lɯk~煜*lŭk, 冒*mɯk莫北切~冒*muks莫報切, 艮*kɯns~很*khun˙
uE~oE	咻*qhǔ許尤切~咻*qhǒ˙況羽切, 轐*buk~樸*bok, 挽*mŭms~免*mǒn˙
oE~aE	醹*qo烏侯切~醹*qǎs依倨切, 睅*gron˙~旱*gan˙, 溘*khop~盍*gap
ɯE~aE	居*kɯ居之切~居*kǎ九魚切, 黔*grɯm~甘*kam

이와 같은 음성 형태 상관은 영어의 sing~sang~sung에 해당하는 것으로 중국어의 경우 이와 같은 음성 교체 현상은 많이 알려져 있지 않다. 경우에 따라 이러한 음성의 형태 상관은 두 개의 字形으로 나타나기도 한다. 예를 들면 引 *lǐn˙~演 *lěn˙, 盍 *gap~合 *gop, 談 *gdam~譚 *gdom 등이다. ≪莊子≫에는 다음과 같이 '談'도 출현하고 '譚'도 출현한다.

〈天運〉: 공자가 노자를 만나고 돌아 간 후 삼 일 동안 말을 하지 않았다.[孔子見 老聃歸, 三日不談.]

〈則陽〉: 선생님은 왜 왕에게 제 이야기를 하지 않으셨습니까?[夫子何不譚我于 王?]

동일 문헌에 '談'과 '譚'이 함께 출현했다는 것은 이 두 글자의 의미가 같지 않았음을 말한다. 이 같은 몇 가지 예만 가지고는 '譚'이 타동사로 '~을 언급하다'의 의미이고 '談'이 명사나 비급물동사[非及物動詞]89)를 충

• •

89) 앞서 주에서 밝혔듯이 사역동사와 상대되는 개념의 '자동사'와 타동사의 상대 개념으로 일 반적으로 사용되고 있는 '자동사[intransitive verb]'를 구별하기 위해 타동사의 상대 개념인

당할 수 있다는 결론만을 내릴 수 있을 뿐이다. 그러나 ≪孟子≫, ≪論衡≫ 등의 다른 상고 문헌에는 '譚'은 없고 '談'만 있다. 이들 방언에서 이 단어에 한 개의 독음만 있었거나 '談'에 두 개의 독음이 있다가 그 중 어느 하나가 나중에 탈락했을 가능성이 있는데, 후자의 가능성이 더 크다. 司馬遷의 〈報任安書〉에서는 "同子가 함께 수레에 오르자 袁絲의 낯빛이 변하였다.[同子參乘, 袁絲變色.]"라고 했다. 여기에서 '同子'는 漢 文帝의 환관인 趙談을 가리킨 것으로 司馬遷의 부친인 司馬談을 피휘하기 위해 '同子'로 바꾸어 불렀던 것이다. '談'의 독음이 *gdom이므로 '同'의 독음인 *gdoŋ과 가까웠기 때문에 '同'으로 가차했던 것이다. 피휘에서의 가차는 일반적인 가차와 다르다. 즉 동음의 글자를 사용하는 것은 諱를 범하는 것이기 때문에 동음 글자를 사용하지 않는다. 그렇지만 음의 차이가 큰 글자를 사용하게 되면 누구를 가리키는지 정확히 알 수 없었으므로 음의 차이가 큰 글자도 사용하지 않았다. '同'과 '談'은 동음이 아니지만 음성적으로는 아주 가까웠다. '談'과 '譚'의 관계는 티베트어의 '말하다'의 의미를 가진 gtam과 gtom의 관계와 대응하는 것으로 보인다.

(2) 주요모음이 같고 운미의 부위가 같은 운모의 형태 상관

구체적 예로는 V~Vk~Vŋ, Vl~Vt~Vn, Vp~Vm(V는 주요모음을 나타낸다) 등이 있다. 이와 같은 교체는 淸代 학자들의 對轉에 해당한다.

••••••••••••••••••••••

'자동사[intransitive verb]'는 본서에서 채택하고 있는 용어인 '非及物動詞'를 한국 한자음으로 그대로 옮겨 쓰기로 한다.

V~Vk~Vŋ	甫 *pă~搏 *pak, 掠 *g‧răk~京 *kră ŋ , 帑 *ŋa ŋ 他朗切~帑 *na乃都切
Vl~Vt~Vn	獻 *h ŋ ăns~讞 * ŋ răt, 可 *khal̆~笴 *kan̆, 旦 *tans~怛 *tat
Vp~Vm	譀 *qhrap~敢 *klam̆

이와 같은 음성 상관의 형태 의미는 아직 명시되지 않았는데 그 형태 의미는 한 가지에 그치지 않을 것이다. 일부 학자는 몇 가지 흥미로운 예를 다룬 바 있다.

鄭張尙芳은 다음과 같이 운미 -l를 동반한 代詞의 경우 강조식이 된다고 주장했다.

일반식	吾 * ŋ a	汝 *njă	夫 *pă	胡 *ga
강조식	我 * ŋ al̆	爾 *njĕl̆	彼 *păl̆	何 *gal

풀리블랭크(Pulleyblank 1960)는 다음의 몇 개의 지시대사 중 '時'가 非강세 형식을 나타낸다고 했다.

時: 中古 dzɨ, 寔: 中古 dzɨk, 實: 中古 dzit

潘悟雲(2000b)은, 상고 중국어의 지시대사 가운데에는 다음과 같이 모음이 ə로 약화되면서 일반식과 교체한 약화식이 있었다고 밝혔다. 여기서 ə는 상고의 모음 ɯ의 변이음이다. 이에 대해서는 제13장에서 논의한다.

余 lǎ	汝 n̠aˊ	女 nǎˊ	者 kjǎˊ	居 kǎ	是 gjěˊ	彼 pǎlˊ
台 lɯˊ	而 n̠ɯ̈ˊ	乃 nɯˊ	之 kjɯˊ	其 gɯˊ	時 gjɯˊ	匪 pɯ̈lˊ

아래 단어족[90]은 모두 운미의 교체를 통하여 형성된 것이다.

孔 *khloŋˊˊ ~ 科 *khol ~ 窾 *khonˊ ~ 坎 *khomˊ

이외에도 많은 해성 현상이 위에서 언급한 두 개 조목의 음성의 형태 상관을 동시에 포함하고 있다. 예를 들면 '譀 呼甲切 *qhrap'과 '撖 口含 切 *khom'의 경우, 주요모음이 a~o의 교체를 보이고 있고 운미도 p~m 의 교체를 보이고 있다. ≪春秋≫의 '掩餘'에 대하여 司馬遷은 ≪史記·吳太伯世家≫에서 '閹'을 피휘하기 위해 '蓋餘'로 바꾸어 불렀다. '蓋'는 ≪廣韻≫에서 '古太切', '古盍切', '胡臘切'의 세 개의 독음만 남아 있으며 이들은 상고음의 *kaps, *kap, *gap에 각각 해당한다. '掩'은 '衣儉切'로 상고음 *qǒmˊ에 해당한다. '蓋'의 독음 *kaps로는 이 글자로 '掩'의 *qǒmˊ 을 대체했을 것이라 연상하기는 어렵다. 사실 '蓋'는 남방의 여러 방언 에서 상고음의 *komˊ에 해당하는 見母 覃韻 상성의 독음을 가지고 있었 지만 후대 사람들이 *komˊ이 '蓋'의 또 다른 독음이라는 것을 알지 못했 기 때문에 방언 글자인 '閛'을 만들어 대체하게 된 것이다. '蓋'의 또 다 른 독음이 *komˊ이라면 이 글자로 '掩' *qǒmˊ을 대체한 것은 피휘의 조건

90) 원문에서는 '詞族'으로 되어 있다. '字族'이나 '語族'이라고도 한다. 이는 동일한 어원에서 파 생된 단어군으로, 음이 같고 의미가 가깝거나, 음이 가깝고 의미가 통하는 同根語로 이루어 져 있다.

과 부합한다. 즉 두 글자가 상이한 음을 가졌기에 금기를 피할 수도 있었고 음성적으로도 가까웠으므로 어떤 글자를 대체했는지 추정할 수 있다. '뚜껑[蓋子]'은 카친어에서 $m\check{a}^{31}kap^{31}$이고, 阿儂 눙어[怒語, Nung] 에서 $d\varepsilon^{31}t\varepsilon\mathrm{u}^{55}khom^{31}$이다. 카친어의 어근은 kap이고 눙어의 어근은 khom으로 이 중 어느 하나가 또 다른 하나로부터 변화되어 온 것으로 가정하면 음성적 설명이 불가능하다. 가능한 해석은, '뚜껑'이 원래 두 가지 형식인 ‾ap과 ‾om이었는데 카친어는 ‾ap을 보존했고 눙어는 ‾om 을 보존하고 있다는 것이다. 이는 중국어 '蓋'의 ‾ap과 ‾om의 이독 관계 와 대응한다.

(3) 동일 부위 폐쇄음의 형태 상관

여기에는 유성음과 무성음의 교체와 유기음과 무기음의 교체가 포 함되어 있다. 무성음 성모와 이와 대응하는 유성음 성모 사이에 諧聲, 假借, 異讀이 대량으로 존재하며 일부의 형태적 의미도 이미 밝혀졌다. 예를 들면 동일한 글자에 유성음과 무성음의 두 개의 녹음이 있었다면 무성음 성모로 읽힌 것은 사역동사가 되고 유성음 성모로 읽힌 것은 자동사가 된다. 이에 관해서는 周祖謨(1945), 周法高(1962), 王力(1965a) 이 논의한 바 있으며 아래는 潘悟雲(1991b)이 종합하여 서술한 예이다.

> 敗 : ≪廣韻≫에서 '薄[91]邁切'은 "스스로 깨지는 것을 '敗'라 한다.[自破曰~.]"라는 자동사의 의미로 풀고 있다. 또 다른 독음 '補[92]邁切' 에 대하여 "다른 사람을 무찌르는 것을 '敗'라 한다.[破他曰~.]"의 사역동사의 의미로 풀고 있다. 자동사의 예로 ≪左傳‧隱公五年≫

"정치가 자주 어지러워 망했다.[亂政亟行, 所以~也.]"가 있는데 ≪釋文≫에서는 '如字'[93]라 하여 따로 注音하지 않았다. 사역동사의 예는 ≪左傳·隱公五年≫ "宋의 군사를 黃에서 무찔렀다.[~宋師于黃.]"가 있는데 ≪釋文≫에서는 "敗, 必[94]邁反, ~他也."로 注했다.

折 : ≪廣韻≫에서 '常[95]列切'은 "꺾였지만 이어졌다, 즉 구부러졌다[斷而猶連也].."로 자동사이다. 또 다른 독음 '旨[96]熱切'은 "꺾다.[拗折.]"의 사역동사이다. 자동사의 예인 ≪左傳·昭公十一年≫ "큰 나무가지는 반드시 꺾입니다.[末大必~.]"에 대하여 ≪釋文≫은 '如字'라 하여 따로 注音하지 않았다. 사역동사의 예로 ≪詩經·將仲子≫ "우리 집의 버드나무를 꺾지 마세요.[無~我樹杞.]"가 있는데 ≪釋文≫에서는 '之[97]舌反'으로 注했다.

別 : ≪廣韻≫에서 '皮[98]列切'은 "떠나다.[離也.]"로 자동사이다. 또 다른 독음인 '方[99]別切'는 "나누다.[分別.]" 즉 "서로 떨어지게 해서 둘이 되게 한다."의 사역동사의 독음이다. ≪詩經·邶風·谷風≫의 "가는 길 차마 발이 떨어지지 않는다.[行道遲遲.]"에 대하여 鄭箋에서는 "길 떠나는 사람이 이별할 때에는 천천히 가려한다.[行于道路之人, 至將于~尚舒行.]"고 했다. 이는 자동사의 예로 ≪釋文≫에서는 '如字'라 하여 따로 注音하지 않았다. ≪詩經·生民≫의

---

93) 자주 사용되는 음 혹은 원래의 음으로 읽는다는 의미이다.
94) 幫母로 무성음이다.
95) 禪母로 유성음이다.
96) 章母로 무성음이다.
97) 章母로 무성음이다.
98) 並母로 유성음이다.
99) 幫母로 무성음이다.

"克岐克嶷."에 대하여 鄭箋에서는 "그 모습이 총기가 있고 식별력이 있다.[其貌嶷嶷然, 有所識~也.]"고 했으며 ≪釋文≫은 '彼[100]列反'으로 注했다.

著 : ≪廣韻≫에서 '直[101]略切'은 "붙다.[附也.]"의 의미로 자동사의 예이다. 이독인 '張[102]略切'는 "옷을 몸에 입힌다.[服衣于身.]"의 의미로 사역동사의 예이다. 자동사의 예인 ≪左傳·莊公二十二年≫ "바람이 먼지를 일으켜 먼 곳의 땅에 떨어진다.[風行而~于土.]"에 대하여 ≪釋文≫은 '直[103]略反'으로 注했다. 사역동사의 예인 ≪禮·曲禮上≫의 "신을 신을 때에는 무릎을 꿇고 신을 든다.[就屨, 跪而舉之.]"에 대하여 鄭玄은 "'就'는 신는[몸에 붙게 하는] 것이다.[就猶~也.]"라 注했고 ≪釋文≫은 '丁[104]略反'이라 注했다.

解 : ≪廣韻≫에서 '胡[105]買切'은 "曉也."라 했고 이독 '佳[106]買切'은 "脫也."라 하여 어느 것이 자동사이고 어느 것이 사역동사인지 구별하기 어렵다. 그러나 ≪釋文≫의 예는 이보다 명확하다. ≪莊子·徐無鬼≫의 "市南의 宜僚가 구슬 놀이를 하여 초나라와 송나라의 전쟁의 문제가 해결되었다.[市南宜僚弄丸而兩家之難~.]"에 대하여 郭注에서 "항복하라는 적국 사신의 위협에도 침묵으로 일관하고 태연자약함으로써 전쟁의 문제가 스스로 해결되었다.

---

100) 幫母로 무성음이다.
101) 澄母로 유성음이다.
102) 知母로 무성음이다.
103) 澄母로 유성음이다.
104) 端母로 무성음이다. 端母는 전기 중고음에서 간혹 知母와 互切이 가능했던 '類隔'의 일종으로 '丁略反'은 ≪廣韻≫ 知母인 '張略切'과 통한다.
105) 匣母로 유성음이다.
106) 見母로 무성음이다.

[息訟以默, 澹泊自若, 而兵難自~.]'라고 했고 ≪釋文≫에서는 '音
蟹107)'로 注했다. 이는 앞의 독음이 자동사임을 나타내고 있다.
또 ≪易·解≫에 대하여 王注는 "군자의 도로 재난과 위험을 없
앴다.[以君子之道, ~難釋險.]'라 했고 ≪釋文≫에서는 '佳買反'으
로 注했는데 이는 뒤의 독음이 사역동사임을 나타내고 있다.

壞: ≪廣韻≫에서 '胡108)怪切'은 "스스로 깨지다.[自破也.]"의 의미로
자동사이다. 이독 '古109)壞切'은 "~을 깨뜨리다.[毁也.]"의 의미를
가진 사역동사이다. 자동사의 예로 ≪左傳·文公十三年≫ "종묘
의 중앙 부분이 부서졌다.[大室屋~.]'가 있는데 ≪釋文≫에서는
'如字'라 하여 따로 注音하지 않았다. 사역동사의 예로 ≪書·序≫
의 "孔子의 옛 집을 헐었다.[~孔子舊宅.]"가 있는데 ≪釋文≫에서
는 '音怪110)'로 注했다.

斷: ≪廣韻≫에는 '徒管切'와 '都管切'의 두 개의 독음이 있는데 ≪釋文≫
에서는 사역의 의미일 경우 모두 端母의 글자로 注했다. 예를 들
면 ≪左傳·襄公十八年≫ "태자가 검을 뽑아 뱃대 끈을 잘랐다.
[大子抽劍~鞅.]"에 대하여 ≪釋文≫은 '~音短111)'이라 注했다.

屬: ≪廣韻≫에서 '市112)玉切'은 "붙다, 비슷하다.[附也, 類也.]"의 의미
로 자동사이다. 이독 '之113)欲切'는 사역동사이어야 하지만 ≪廣

- -
107) 匣母로 유성음이다.
108) 匣母로 유성음이다.
109) 見母로 무성음이다.
110) 見母로 무성음이다.
111) 端母로 무성음이다.
112) 禪母로 유성음이다.
113) 章母로 무성음이다.

韻≫의 주석에는 반영되어 있지 않다. ≪儀禮・鄉飮酒禮≫의 "모두 이것에 속하지 않는다.[皆不~焉.]"는 자동의 의미로 쓰인 예인데 이에 대하여 ≪釋文≫은 注音하지 않았다. ≪釋文≫은 사역의 의미를 후자의 독음으로 注했다. 예를 들면 ≪禮・經解≫의 "시문을 엮어 놓고 사물들을 배열한 것은 春秋의 가르침이다.[~辭比事, 春秋教也.]"에 대하여 '~音燭114)'이라 注했다.

卷 : ≪廣韻≫의 '巨115)員切'와 '居116)轉切'은 ≪釋文≫에서 각각 자동과 사역의 의미를 반영하고 있다. ≪詩經・卷阿≫에 대하여 ≪釋文≫은 "音權117), 굽어 있다[曲也].'로 注했다. ≪詩經≫에는 이 의미에 해당하는 예로 다섯 개가 있는데 ≪釋文≫은 모두 이 음으로 注했다. 반면 ≪詩經・邶・柏舟≫ "나의 마음은 멍석이 아니라 둘둘 말 수 없다.[我心匪席, 不可~也.]"에 대하여 ≪釋文≫은 "卷, 眷118)勉反."이라 주했다. ≪詩經≫에서 '卷'은 세 개의 예에서 사역용법으로 사용되었는데 이 경우에는 모두 이 음으로 注했다.

盡 : ≪廣韻≫에서 '慈119)忍切'은 "다하다.[竭也].'의 자동사로 풀고 있으며 ≪釋文≫에서는 注音하지 않았다. 예를 들면 ≪左傳・莊公四年≫에 "임금의 복은 다 끝났습니다.[王祿~矣.]"가 있다. 두 번째 음인 '卽120)忍切'에 대하여 ≪釋文≫에서 사역의 의미일 경우 사용했

---

114) 章母로 무성음이며 이는 앞의 '之欲切과 통한다.
115) 群母로 유성음이다.
116) 見母로 무성음이다.
117) 群母로 유성음이다.
118) 見母로 무성음이다.
119) 從母로 유성음이다.
120) 精母로 무성음이다.

다. 예를 들면, ≪禮・曲禮上≫의 "빈자리에 앉을 때에는 끝까지 뒤로 물러나 앉고 먹는 자리에 앉을 때에는 바짝 앞으로 다가 앉 는다.[虛坐~後, 食坐~前.]"에서 "'盡後'라는 것은 자리의 끝을 다하게 하는 것이다.[盡後者, 使席之後方盡也.]"의 의미인데 ≪釋文≫은 이 에 대해 '津[121]忍反'으로 注했다.

유성음 성모와 무성음 성모가 각각 자동과 사역을 나타낸 현상은 古 티베트어, 로바어[珞巴語, Lhoba], 프리미어[普米語, Primi], 羌語[Qiang], 彝語, 爾蘇語, 라후어[拉祜語, Lahu] 등[122]에 광범위하게 보이며 그 예는 格桑居冕(1982), 孫宏開(1980, 1981, 1982), 陸紹尊(1983), 陳士林(1962), 張蓉蘭(1987)에 제시되어 있다. 載瓦語[123]에서는 이완 모음과 긴장 모음 이 교체됨으로써 자동과 사역이 구분된다. 載瓦語에서 모음의 이완과 긴장의 대립이 고대 언어의 성모의 유성음과 무성음의 대립에서 기원 한 것이므로 載瓦語의 자동과 사역도 결국 성모의 유성음과 무성음 간 의 굴절 변화로 실현된 것이다(戴慶夏 1981). 따라서 중국어에서 성모 의 유성음과 무성음의 교체가 사역과 자동의 변화를 나타낸 것은 고대 언어의 형태 현상 가운데 하나임을 알 수 있다. 그러나 이러한 형태는 漢 이후에 그 생산성을 잃게 되어, 어휘 현상으로서 이독에 남아 있을 뿐이다.

한편 사역과 자동의 의미라 말하기 어려운 유성음과 무성음의 교체 의 예도 몇 가지 있다. 예를 들면 '見'에는 '古電切'과 '胡甸切'이 있는데 후자가 전자의 사역 형식으로 일반적으로 인식하고 있어 "보게 하는

---

121) 무성음 精母로 앞의 '卽忍切'과 통한다.
122) 이상의 언어들은 모두 티베트-버마어군에 속해 있다.
123) 티베트-버마어군에 속해 있는 언어이다.

것을 '見'이라 한다.[使見曰見.]"로 해석하고 있다(周法高 1962, 王力 1965a). 이 경우에는 유성음 성모가 사역의 의미를 나타내고 있어 위에서 서술한 상황과 정반대이며 의미에서도 문제가 있다. 자동과 사역 간의 관계는 '사역동사+사역대상='使'+사역대상+자동사'이지만 ≪論語·微子≫의 "見胡甸切其二子焉."은 "使其二子見古電切.[그 두 아들에게 만나도록 시켰다.]"이 아닌 "使其二子被見古電切.[그 두 아들로 하여금 만남을 당하게 했다.]"이다. 潘悟雲(1991b)은 상고 중국어에 방향성 범주가 있었을 가능성이 있으므로 무성음 성모가 방향이 그 반대를 향하고 있음을 나타낸 것이라고 주장했다.

동일 부위 폐쇄음의 유기와 무기의 교체가 형태 현상인지 음성변화의 결과인지에 대해서는 고증이 더 필요하다. 일부 학자들은 古 티베트어에서 유기 폐쇄음과 무기의 폐쇄음 간에 대립이 없었다고 주장한다(車謙 1981). 베네딕트(Benedict 1972: 20)는 티베트-버마어군 언어의 유기와 무기의 폐쇄음의 교체에 대하여 다음과 같이 언급했다.

> 무성 폐쇄음은 음절 첫 머리에 놓이면 유기음이지만, 접두사가 선행하면 대부분 혹은 전부가 무기음이다. 티베트어는 이러한 형식을 대부분 충실히 반영하고 있다… … 따라서 단순하게 무성 폐쇄음과 유성 폐쇄음으로만 재구해야 하며 유기음인지 무기음인지는 접두사 성분의 유무에 따라 다르다고 추정해야 한다.

중국어에서 유기음과 무기음의 대립이 나중에 생긴 것인지의 여부와 형태적 의미가 있었는지의 여부에 관해서는 아직까지 의미 있는 결론을 내리지 못했다. 동아시아와 동남아시아의 언어에서 유기음과 무기음의 대립이 나중에 발생했음을 지지하는 흔적들은 점차 많아지고 있다. 즉, 원시 캄-타이어에는 유기와 무기의 대립이 없었으며(梁敏·

張均如 1993) 남아어족과 남도어족의 여러 언어에도 이와 같은 대립은 없다. 이 같은 대립의 발생이 순수한 음성변화에 의한 것인지 형태적 원인에 의한 것인지에 대해서는 연구가 더 필요하다. 유기음 성모가 무기음 성모에서 변화되어 왔다면 일부는 변화했고 또 일부는 지속적으로 무기음의 형식을 보존하고 있는 이유는 무엇인가? 베네딕트는 티베트어에서 유기성이 무표지 형식으로 접두사가 유기 성분의 탈락을 야기했다고 주장했다. 이는 영어에서 s-에 후행하는 폐쇄음의 유기 성분이 탈락하는 현상과 상당히 유사하다. 중국어도 이와 같다면, 유기음이었는지 무기음이었는지는 결국 폐쇄음에 접두사가 선행하는지 여부에 달려 있으므로 사실상 결국 형태 문제로 귀결된다.

(4) 유음들 사이의 형태 상관
여기에는 다음과 같은 l~r와 ʎ~ɣ의 교체도 포함하고 있다.

藍*g・ram ~ 鹽*k・lăm　　谷ᵣᵤₗₒₖ切*k・rok ~ 谷ᵧₑₛₕₖ切*k・lŏk

해성 현상에서 l와 r가 교체하는 예는 유음에 폐쇄음 성분이 선행하는 경우가 대부분이며 단순한 l와 r의 해성례는 적다. ≪周禮・匠人≫ "里爲式然後可以傅衆力.[규정이 정해진 후에 여러 사람의 힘을 더할 수 있다.]"에 대해 ≪釋文≫에서 "里音己."라고 注했는데 이는 l(己 *lɯˀ)와 r(里 *rɯˀ)가 通假한 예이다.

(5) 동일 부위의 비음 형태 상관
여기에는 m와 m̥의 교체, n와 n̥의 교체, ŋ과 ŋ̊의 교체가 있다. 예를

들면 다음과 같다.

能*nɯ ŋ ~ 態*nɯs　　無*mǎ ~ 撫*mǎ　　兀*ŋut ~ 髡*ŋun

중고 중국어를 기준으로 조음부위가 다른 비음 간의 해성·가차·
이독 현상도 제법 있다. 예를 들면 다음과 같다.

猱(泥母) ~ 矛(明母),　貉(明母) ~ 額(疑母),　彌(明母) ~ 爾(日母), 堯(疑
母) ~ 橈(泥母),　兒(五稽切, 疑母) ~ 兒(汝移切, 日母)

조음부위가 다른 폐쇄음 간에는 해성할 수 없으므로 조음부위가 다
른 비음 간의 해성도 해성 원칙과 모순이 되는 것처럼 보인다. 조음부
위가 다른 비음 간의 해성이나 가차에 대한 적절한 분석은 현재까지
이루어시시 않고 있다. 潘悟雲(1999a)은, 상고에서 조음부위가 다른 비
음 간에는 해성이나 가차할 수 없으며 중고의 기준에서 조음부위가 다
른 비음 간에 해성 현상이 있었던 것은 나중의 변화에 기인한 것임을
명확히 지적했다. 예를 들면 '兒'의 疑母 독음은 *ŋe이었고 日母 독음은
*ŋjě이었다. '矛'는 *mru이었고 '猱'는 *m・lu > m・nu > nu의 과정을
경과한 것이다. '貉'은 *mGrak > mrak, '額'은 *ŋgrak > ŋrak의 과정
을 경과한 것이다.

(6) 어근 앞에는 *s-나 *N-[*ŋ-]과 *m-를 포함한 전치비음], *P-[양순
폐쇄음], *K-[설근폐쇄음] 등의 접두사를 첨가할 수 있다. 이후에 潘悟雲
은 접두사 *Q-[구개수 폐쇄음, uvular stop], *ㄴ[유음], *KL-[설근 폐쇄음+

유음], *PL-[양순 폐쇄음+유음], *QL-[구개수 폐쇄음+유음]을 더 보탰다.

① *s-: 靠*khuks ~ 糙*skhuks　　膘*plew_{甫嬌切} ~ 膘*splew·_{子小切}

티베트-버마어군 언어에서 접두사 s-의 가장 중요한 기능은 사역의 용법인데 중국어의 *s-에도 이러한 기능이 있다. 潘悟雲(1991b)은 다음 과 같은 예를 들었다.

失: *sljĭt > M.ɕ-는 사역동사이고 '佚*lĭt는 자동사로 '失'에 두 개의 독음이 있었던 것이다. 예를 들면 ≪莊子·徐無鬼≫의 "천하의 명마는 스스로 천성의 재질을 갖추고 있으며 신중하고 스스로 를 잊은 듯합니다.[天下馬有成材, 若卹若失.]"에 대하여 ≪釋文≫ 은 "音逸, 司馬本作佚."이라 注했다. ≪荀子·襄公≫의 "그 말은 장차 도망갈 겁니다.[其馬將失.]"에 대하여 "讀爲逸."로 注했다. 사 역 용법이 더 보편적이었으므로 자동의 용법과 구별하기 위하 여 자동사의 경우는 편방 '亻'을 더한 것이다. 그러나 일부 고문 헌에서는 자동사도 '失'로 기록했으며 이때 학자들은 以母로 읽 도록 注했다.

施: ≪廣韻≫ '式支切' *sljel은 일반적인 독음이다. 따라서 ≪釋文≫에 서는 '如字'로 간주하여 注音하지 않았다. 이와 같은 독음으로 읽 는 경우 ≪釋文≫에서는 모두 사역의 의미이다. 예를 들면 ≪左 傳·襄公二十一年≫ "왕이 그에게 은혜를 베풀다.[王~惠焉.]"에 대하여 ≪釋文≫에서는 '如字'라 했는데 '施惠'는 '은혜가 미치도 록 하다[使惠及]'의 의미를 가지고 있으므로 受事를 동반한다. 경 우에 따라 受事는 생략된다. 예를 들면 ≪左傳·哀公二十六年≫ "나라 사람들에게 대윤에게 벌을 주도록 했다.[使國人~于大尹.]"

에 대해서 杜注에서는 "대윤에게 벌을 주다.[~罪于大尹.]"라 했다.
杜預는 여기에서 '施'가 자동사가 아니며 뒤에 受事인 '罪'가 생략
되었음을 특별히 밝혔다. '施'에는 또 다른 독음인 以豉切 *lêls가
있는데 이 음으로 읽는 경우 ≪釋文≫에서는 모두 자동의 의미
가 있다 했다. 예를 들면 ≪詩經·葛覃≫ "칡넝쿨 자라 골짜기
깊숙한 곳까지 뻗었다.[葛之覃兮, ~于中谷.]"에 대해서 ≪釋文≫
은 '毛以豉反'이라 했다. ≪左傳·昭公三十一年≫의 "군주께서는
선군의 우호관계를 생각하시는데 떠돌이에게도 미쳤다.[君惠顧
先君之好, ~及亡人.]"에 대하여 ≪釋文≫은 "施, 以豉反."이라 했는
데 이것은 "君惠顧先君之好."라는 일 전체가 떠돌이[亡人]에게 (영
향을) 미쳤다는 것이지 '임금의 은혜'가 떠돌이에게 베풀어졌다
는 것은 아니다. 따라서 여기에서 '施'는 施事만 있고 受事[124)는
없다.

預: ≪廣韻≫에서 '羊洳切'로 '즐겁다'는 의미이다. 예를 들면 ≪詩經·
白駒≫의 "끝없이 즐기다.[逸~無期.]"가 있다. '舒·紓'는 ≪廣韻≫에
서 '傷魚切'이며 상고음은 *sljă로 '편안하게 하다'의 의미이다.
≪左傳·成公三年≫의 "두 나라는 사직을 도모하여 그 백성을
편안하게 했다.[二國圖其社稷, 而求紓其民.]"에서 '紓其民'은 "백성
을 편안하게 하다"의 의미이다.

潘悟雲(2000a)은 이들 書母 글자가 *lj- 〉 M. ɕ-의 과정을 경과했을 가
능성이 있으며 이럴 경우 이들도 무성음 성모가 사역을 나타내는 예라

---

124) 여기에서 말하는 受事란 '惠'를 가리키는 것으로 受事가 없다는 것은 '은혜'가 베풀어지는
것이 아니라는 의미이다. 그 대신 앞의 정황 즉 "君惠顧先君之好."가 施事이고 이것의 술
어는 자동사 '施'가 되어 떠돌이에게 영향을 주었음을 나타내고 있다.

고 했다.

喪: '喪' *smaŋ이 '亡' *măŋ의 사역 형식이라는 점은 여러 학자들이
논의한 바 있다. '亡'이 원래는 두 개의 독음을 가지고 있다가 그
중 *smaŋ이 나중에 탈락되었을 뿐이라 추정된다. ≪左傳·昭公
二十三年≫의 "魯 나라의 叔孫이 죽는다면 반드시 邾 나라를 멸
할 것이다.[魯亡叔孫, 必亡邾.]"에서 앞의 '亡'은 자동사이고 뒤의
'亡'은 사역동사이다. '亡'에 두 개의 독음이 없었다면 이와 같은
문장을 이해하기 어려울 것이다.

② *N-: 完*gon ~ 元*ŋgŏn   白*brak ~ 陌*mbrak

'齦'는 중국어의 각 방언에서 대부분 疑母로 읽지만 여러 閩 방언에서
는 匣母로 읽는다. 예를 들면 다음과 같다.

厦門	潮州	福州	建甌	泰順 蠻講	石陂
ka³³	ka³⁵	ka²⁴²	kau⁴²	ka²²	gao⁴

'齦'에 疑母와 匣母의 두 종의 성모가 있다는 것은 상고에서 *ŋgaw이었
을 가능성이 있음을 의미한다. 閩 방언의 경우는 어근 형식인 *gaw에
서 기원했으며 나머지 방언의 경우는 접두사 형식인 *ŋ-에서 기원했
다. 나시어[納西語, Nakhi, Nasi]125)의 ŋgɯ³³永寧坝, 혹은 gɯ¹¹大研鎮[씹다]와
대응한다. 鄭張尙芳(1995b)에 의하면 이는 태국어의 giːaw^C2[씹다, เคี้ยว]
와 대응한다.

· ·
125) 티베트-버마어군에 속해 있다.

③ "*P-: 彔 *rŏk ~ 剝 *prok   藥 *lăk ~ 濼 *phlak

보드만(Bodman 1980)에 의하면 중국어 '八' *pret의 p-는 접두사이다. 티베트 서면어에서는 brgjad<*b-rjat이고, 루세이어[盧舍依語, Lushai, Lusei]에서는 pà-riát이며, 버마어에서는 hras⁴[ŋ⁶]이다. 이에 근거하면 r-이 어근 성모이고 p-가 접두사임을 알 수 있다.

④ *K-: 與 *laˀ ~ 擧 *klaˀ   鬲 *rek ~ 翮 *grek

⑤ *Q-: 立 *rŭp ~ 位 *Grŭps   詑 *lăl七支切 ~ 詑 *qhlăl香支切

'位'와 '立'은 金文에서 동일 글자로 동일한 어근을 가지고 있다. '位'는 後起字로 '立'의 과거 형식으로 보인다. '位'는 '立'이라는 동작이 완성됨으로써 이루어진 '이미 그렇게 된 상태'이다. 접두사 G-와 접미사 -s는 모두 이와 같은 형태 기능을 갖는다.

⑥ *KL-: 睪 *lăk ~ 澤 *grlak   萇 *lăŋs ~ 長 *grlăŋ

'長' *grlăŋ >*dăŋ과 '萇' *lăŋs는 사실상 동일 단어로 이 가운데 gr-는 분명히 접두사이다. 바어[佤語, Va]¹²⁶)의 laŋ[길다]과 glaŋ[이렇게 길다]은 중국어의 '萇'이나 '長'과 외면적으로 상당히 유사하다.

⑦ *PL-: 樗 *lĕŋ ~ 騁 *phrlĕŋˀ   儱 *roŋ力董切 ~ 襱 *brlŏŋ直隴切

(7) 어근 뒤에 접미사 *-s(중고의 거성으로 변화했다), *-ˀ(긴장 성문음 혹은 성문폐쇄음이며 중고의 상성으로 변화했다)를 첨가할 수 있다.

量 *g·răŋ呂張切~量 *g·răŋs力讓切, 羊 *lăŋ~養 *lăŋˀ

....

126) 남아어족에 속한 언어이다.

*-s와 *-´에 관해서는 제10장의 논의를 참조하기 바란다.

(8) 어근 성모와 모음 사이에 다음과 같이 접요사[中綴, infix] *-l-, *-r-, *-j-를 삽입할 수 있다.

袍 *bu ~ 庖 *bru   區 *khŏ ~ 樞 *khjŏ   兒 *ŋe五稽切 ~ 兒 *ŋjě汝移切

≪廣韻≫은 '兒'의 독음 '五稽切'에 대하여 "姓也."로 주했는데 이는 가차자이다. ≪經典釋文≫에서는 疑母 齊韻의 독음이 ≪詩經·閟宮≫: '노인에게 다시 난, 어린이의 이와 같이 튼튼한 이[黃髮兒齒]'에만 보인다고 명확하게 밝혔다. ≪釋文≫에서는 '五兮反'으로 주하고 있지만 이것 역시 '齯'의 가차자이다. '兒'라는 가차자에 疑母 齊韻의 독음이 있다는 것은 '어린이'라는 의미를 가진 '兒'에 疑母 齊韻의 독음이 있었고, 또 日母 支韻의 독음과 모종의 의미상의 차이도 있었음도 말해 준다. 그러나 현재는 이에 대한 문헌적 근거가 없다.

많은 학자들이 아래 글자들에 대하여 논의한 바 있다.

至 *kljĭts > *tjĭts > M. tɕei   致 *krlĭts > *tĭts > M. ti

'致'는 '이르게 하다[使至]'의 의미로, 이 가운데 r는 사역의 의미를 나타낸 접요사일 가능성이 있다.

(9) 장모음과 단모음 사이의 형태 상관

鄭張尙芳(1987)에 의하면, 중고 3등은 상고에서 단모음을 동반한 음절에서 기원했고 중고의 다른 등은 상고에서 장모음을 동반한 음절에서 기원했다. 중고 3등 글자는 1·2·4등의 글자와 대량으로 해성이나 가차한다. 장모음과 단모음 사이의 교체가 어떠한 형태 현상을 반영했는지에 대해서는 향후 연구가 필요하다.

(10) 구개수 폐쇄음 *Q-와 설근 폐쇄음 *K-의 형태 상관

중고의 影·曉·匣·云母와 見·溪·群母는 상호 해성·가차·이독의 관계가 있다. 潘悟雲(1997b)은 상고에 구개수 폐쇄음 *q-, *qʰ-, *ɢ- 등이 중고에 이르러 影·曉·匣·云母로 변화했다고 했다.

(11) 부음절을 동반한 단어와 부음절을 동반하지 않은 단어의 형태 상관

부음절은 일반적으로 접두사로 사용되므로 당연히 형태적 기능이 있다. 이에 관해서는 제7장의 부음절에 관련된 논의를 참조하기 바란다.

어떤 음들이 서로 해성이 가능한 지에 관한 원칙뿐 아니라 어떤 음들이 서로 해성이 불가능한 지에 관한 원칙도 있어야 한다. 그 내용은 다음과 같다.

(1) 마찰음과 폐쇄음은 형태적으로 무관

설첨 마찰음과 설첨 폐쇄음은 서로 해성할 수 없었던 반면 설근 마찰음과 설근 폐쇄음은 서로 해성할 수 있었다는 것이 이전의 음운학자들의 관점이었다. 이 같은 관점을 가졌던 것은 중고의 曉母나 匣母가 見·溪·群母와 해성한 예가 상당히 많았기 때문이다. 潘悟雲(1997b)은 여러 조목의 고증을 통하여, 匣母는 상고에서 ɢ나 ɡ이었고, 설근 폐쇄음과 해성하는 曉母는 qh이었다고 밝혔다. 이에 따라 상고의 마찰음이 폐쇄음과 형태적으로 무관함을 확정하게 되었다.

(2) 비음과 폐쇄음은 형태적으로 무관

조음방법이 다른 폐쇄음 간에도 해성이 가능하다. 따라서 幫母가 출현한 해성족에는 일반적으로 滂母와 並母도 출현할 수 있고 見母가 출현하는 해성족에는 일반적으로 溪母와 群母도 출현할 수 있다. 비음과 폐쇄음 사이에도 해성관계가 있다면, 幫母가 출현한 해성족에 일반적으로 明母도 출현할 수 있다는 추론이 가능하다. 그러나 실제는 그렇지 않다. 幫母가 출현한 해성족에 明母가 결코 보편적으로 함께 출현하는 것은 아니고 일부 소수의 해성족에서만 幫母와 明母가 함께 출현한다. 예를 들면 '丏'을 聲符로 하는 해성족에는 幫母 '賓', 滂母 '繽', 並母 '蠙'도 있고 明母 '丏'도 있다. 이들 비음은 결코 순수한 비음이 아니라 폐쇄음에 선행하는 성절적 비음이다.

$$*mb\text{-} > *mm\text{-} > m\text{-}$$
$$*nd\text{-} > *nn\text{-} > n\text{-}$$
$$*\eta g\text{-} > *\eta\eta\text{-} > \eta\text{-}$$

4. 유사 음 사이의 해성 현상

상술한 해성 현상에 대한 이해에 의하면 상호 해성하는 두 글자는 반드시 완전한 동음이어야 한다. 동음이 아니라면 반드시 음성의 형태 상관관계이어야 한다. 예를 들면 '古'와 '苦'는 상이한 음이지만 각각 유기음과 무기음으로 음성의 형태 상관에 속한다. '二'*njĭs>ṇi와 '次'*snĭ s>tshĭs는 상이한 음이다. 그러나 어근 성모 ṇ와 n-는 유성과 무성의 교체이고 s-는 접두사로 역시 음성의 형태 상관에 속한다. 그렇지만 음도 상이하고 음성의 형태와 무관한 형성자도 여럿 있다. 예를 들면, '咨'*stĭ>tsĭ와 '二'*njĭs는 해성하지만 어근 성모 t-와 n-는 음성의 형태 상관이 아니다.

潘悟雲(1987b)의 주장은 기본적으로 옳다. 가차자라는 것은 別字를 쓴 것이다. 현대인이 別字를 쓰는 언어 심리를 통해 고대인들의 가차 규칙을 어느 정도 추정할 수 있다. 현대인들은 일반적으로 동음의 글자로 別字를 쓴다. 예를 들면 '手帕'를 '手怕'로 바꾸어 쓸 수 있지만 일반적으로 '手垻'로 바꾸어 쓰지 않는다. 그렇지만 음성적으로 유사한 글자로 別字를 쓸 가능성도 일부 배제할 수 없다. 대체할 만한 동음의 글자를 찾지 못했을 경우에는 특히 더 그러하다. 그러나 가차는 개인적으로 別字를 쓰는 것과는 조금 다르다. 즉 가차는 사회적 행위의 하나로, 가차자를 쓰는 경우 사회에서 인정을 받아야 한다. 개인적으로는 '手帕'를 '手垻'로 바꾸어 쓸 수 있으나 사회에서는 동음의 가차자를 수용하려하기 때문에 사회적으로 인정받기는 어려울 것이다. 따라서 가차하려면 반드시 동음이어야 한다는 원칙에 입각한다는 표현이 그래도 정확하다. 이로써, 형성자 사이의 관계가 반드시, 동음관계이든지 음성의 형태 상관에 속했다고 추론할 수 있다. 그러나 潘悟雲(1987b)은 형성자가 다음과 같이 두 종류로 나뉜다는 것을 고려하지 않았다.

첫째, 먼저 가차자가 생긴 후 나중에 形符가 더해진 경우가 있다. 예를 들면, '箕'의 本字인 '其'에 *kǔ와 *gǔ의 두 개의 독음이 있었는데 제3인칭 소유격을 나타내는 경우 *gǔ 독음의 '其'를 차용한 것이다. 나

중에 '키[簸箕]'라는 의미의 단어에서는 독음 *gʷĭ가 탈락하고 제3인칭 소유격을 나타내는 *gʷĭ와는 다른 독음인 *kʷĭ가 남게 되었다. 이 때 '其'라는 字形 하나로 두 개의 단어를 동시에 나타내었다면 독음에서 혼란이 야기되었을 것이다. 이 때문에 '키'의 의미를 가진 단어에 대해 '其'에 形符 '竹'을 첨가해 새로운 형성자인 '箕'를 제작하였는데 이로써 변별이 생긴 것이다. 이에 따라 '箕'는 *kʷĭ로, '其'는 *gʷĭ로 읽히게 되었다.

둘째, 가차자의 단계를 경과하지 않은 형성자가 있다. 예를 들면 '咨'는 '次'를 성부로 하고 있다. 그러나 반드시 '咨'의 의미로 '次'를 먼저 가차한 후 나중에 形符 '口'가 더해 진 것이라 할 수는 없다. 글자를 만들 때에, 만들고자 하는 글자의 독음이 '次' snĭs와 아주 가깝기는 했지만 완전한 동음이 아니었으므로 '次' 아래에 형부 '口'를 첨가한 것이다. '口'를 첨가함으로써 이 단어의 의미 귀속을 나타내기도 했고 '咨'가 '次'와는 결코 완전한 동음이 아니었음을 나타낼 수 있었다. 形符가 변별의 표지였고 동음이 아니라도 동일한 聲符를 사용했기 때문에 혼란을 야기하지 않았다. 이러한 상황에서 소리는 유사했지만 음성의 형태 상관이 없었던 형성자들이 일부 출현했다. 그렇지만 '음성적으로 유사하다'라는 개념의 모호함에 대해 위에서 언급했으며 이에 대해서는 명확한 범위를 설정해야 한다. 아래에 몇 개의 항목을 제시한다.

(1) *K・T-이나 *K・L은 *KL과 음성적으로 유사하고, *P・T-나 *P・L-은 *PL-과 음성적으로 유사하다.

'張'의 티베트어 동원어가 gdaŋ[열다]이므로 '張'의 상고 중국어는 *g・tăŋ>*tăŋ으로 재구되는데 이 가운데 g・는 부음절로 나중에 탈락한다. 위에서 논의한 바와 같이 성부 '長'의 상고음은 *grlăŋ>dăŋ이고 어근은 '兼' *lăŋs이다. '張'과 '長' 사이의 해성관계는 *g・t와 grl-의 유사음 관계이다. ‘張’의 어휘 의미는 ‘활을 당기다’이다. 이는 결코 자형 ‘長’을 먼저 가차했다가 나중에 형부 ‘弓’을 더한 것이 아니라 글자를 만든 사람이 ‘張’의 음성이 ‘長’과 비교적 가깝다고 여겨 ‘長’을 성부로 선택한 것이다. 또 形符 ‘弓’은 의미적으로 ‘활[弓]’과 관계가 있음을 나타냄과 동시에 ‘張’과 ‘長’이 동음이 아님을 나타내는 표지가 된 것이다. 이로써 ‘長’과 변별된 것이다.

(2) 무성 비음은 동일 부위의 폐쇄음과 음성적으로 유사하다. 위에서 든 ‘次’ sn̥ĭs와 ‘咨’ *sti의 해성은 바로 이러한 경우에 속한다.

5. 해성분석과 역사 비교 연구

상고 중국어를 재구하기 위해 두 가지 중요한 방법을 이용한다. 하나는 해성분석이고 또 하나는 역사 비교 연구로, 이중 어느 하나도 빼놓을 수 없을 뿐만 아니라 이들 간의 관계도 상호 밀접하다.

(1) 해성분석은 상고 중국어 재구의 발판

李方桂의 <上古音硏究>에는 친족 언어와의 역사 비교 연구의 예가 거의 없다. 이는 한편으로는 그의 치학 방법이 엄정했음을 말해 준다. 즉 시노-티베트어족에 대한 역사 비교 연구가 성숙하지 않았던 상황에서 경솔하게 결론을 내려서는 안 된다는 것이다. 또 한편 그의 연구는 중국어의 상고음 연구에서 중국어의 내부 증거가 상고음 연구의 발판이라는 아주 중요한 원칙을 반영하고 있는데, 비교 자료와 내부 증거가 충돌할 경우에는 우선 내부 증거를 따라야 한다는 것이다. 두 개의 예를 들어 본다. 보드만(Bodman 1980)은 티베트 서면어의 khjim[햇무리, 달무리]에 근거하여 중국어의 ‘祲’[햇무리, 상서로운 기운, 妖氣]을

*sgjim(s)으로 재구했다. 그는 또 티베트 서면어의 stim[진입하다, 침투하다, 흡입하다]에 근거하여 중국어의 '侵'을 *sthjim으로 재구했다. 해성 원칙에 의하면 동일 성부를 가진 '寢'과 '侵'을 각각 sg-와 sth-로 재구할 수 없다. 이 상황에서는 해성 원칙을 따를 수밖에 없다. 티베트 서면어의 두 단어 가운데 하나는 동원어가 아니거나 티베트 서면어가 고대의 형식으로부터 멀어진 것일 수 있다. 이를테면 stim이 원시티베트어의 *sklim에서 기원한 것은 아닐까? 상고 중국어의 시기가 티베트 서면어보다 최소한 천 여 년이나 더 이른 것이므로 당연히 중국어 내부의 증거가 더 중요하다.

(2) 비교 자료의 연구를 통한 해성 분석

해성 체계는 상고의 음운 체계 내에서 어떤 관계만을 반영할 뿐이고 구체적인 음가를 반영하지 않는다. 이는 구체적 수치를 변수에 대입해야만 구체적인 함수치를 얻을 수 있는 대수식과 같다. 여기에서의 구체적 수치가 바로 비교 자료이다. 해성 분석을 통해 상고음을 재구할 때에는 반드시 재구의 참조가 될 실제 언어가 있어야 한다. 일부 음운 학자들이 구체적인 비교 자료를 직접 이용하지 않았어도 이들의 재구음을 살피면 비교 자료가 영향을 미쳤음을 알 수 있다.

티베트어와 중국어의 동원 관계는 가장 명확하다. 게다가 티베트 문자가 창제되기 1,000여 년 전에는 티베트족이 가장 폐쇄된 靑藏 고원에 고립되어 있었고 唐 이전까지도 외부와의 접촉이 적어 티베트어는 상대적으로 고대 언어 성분을 더 많이 보존할 수 있었다. 그러므로 중국어와의 역사 비교가 가능한 언어 중, 티베트 서면어가 반영하는 古 티베트어가 상고 중국어와 가장 가깝다. 따라서 시노-티베트어족의 비교 연구에 종사하는 대부분의 언어학자들은 티베트 서면어가 상고 중국음을 재구하는데 가장 중요한 참고 자료라 여기고 있다.

티베트 서면어는 형태 변화가 다양하다.

티베트 서면어에는 b-, d-, g- 등의 폐쇄음 접두사와 l-, r- 등의 유음 접두사 등이 있고 가장 중요한 것으로 치찰음[sibilant]과 비음 접두사가 있다.

티베트 서면어의 비음 접두사에는 ɦ-<*ŋ-과 m-의 두 가지가 있다.

티베트 서면어에는 a, i, u, e, o의 5개의 모음이 있으며 이보다 이른 시기의 티베트어에는 ɯ(⌃)도 있었다.

티베트 서면어에는 복합 모음이 없다.

티베트 서면어의 폐쇄음 뒤에 j, l, r, w을 첨가하여 복자음을 구성할 수 있다.

티베트 서면어에는 성조가 없다.

티베트 서면어에는 -b, -d, -g, -m, -n, -ŋ, -l, -r, -s와 같은 운미가 있다.

티베트 서면어에는 개음절[open syllable]이 있다.

티베트 서면어의 폐쇄음 운미에는 유성음과 무성음의 대립이 없다.

물론 상고 중국어의 재구를 위해 티베트 서면어에만 의존하는 것만으로는 부족하고 나아가 더 오래된 원시 티베트-버마어군 언어의 특징도 참고해야 한다.

티베트 서면어에서 설첨 폐쇄음 뒤에 유음을 동반할 수 있지만 다른 티베트-버마어군의 언어와 비교하면 이들 폐쇄음들은 나중에 생긴 것으로 보인다. 예를 들면 티베트어의 drug<*grug[六은 버마어의 khrɔk^4[ြောက်]과 대응한다. 베네딕트(Benedict 1972: 42)는 "원시 티베트-버마어군의 언어를 *dr-, *dl-, *tr-, *tl-, *sr-과 같은 복자음으로 재구할 필요는 없다."고 지적했다. 즉, 유음은 설근 폐쇄음과 양순 폐쇄음 뒤에만 출현한다.

원시 티베트-버마어군의 언어에는 구개수 폐쇄음이 있다(馬學良 1991).

티베트 서면어에는 부음절이 있다(제7장의 논의 참조).

위와 같은 티베트 서면어의 음운 특징들은 상고 중국어의 재구에 반영되었다.

9

3등 개음의 상고 기원

1. 3등 개음의 생성 시기

풀리블랭크(Pulleyblank 1962-3)는 중고의 3등 개음이 애초에 없었을 것이라고 밝혔는데 그가 제시한 증거는 다음과 같다.

(1) 초기 중국어에는 疑母인 ŋ으로 외국어의 j를 전사한 예가 있다. 예를 들면 '業波羅'로 Yapala 즉 Yavana를 대역했다. 이는 당시의 중국어에 아직 개음 j가 생성되지 않았음을 의미한다. j가 생성되어 있었다면 疑母 글자인 '業'으로 대역하지 않았을 것이다.

그러나 풀리블랭크가 제시한 이 예는 당시의 성모 자음에 j-가 없었음을 증명할 수는 있지만 개음에 -j-(즉 -i-) 자체가 없었음을 증명해 주지는 못한다.

(2) 3등 글자는 외국어에서 j를 동반하지 않았던 성모를 대역하는데 자주 사용되었다. 예를 들면 '焉耆'로 Argi를, '央匱'로 토하리어[吐火羅, Tokhara]의 aṅkwaṣ를, '優波塞'으로 산스크리트의 upāsaka를, '扞彌'로 Khema를, '扞泥'로 khvani를, '大宛'으로 그리스어의 Τάχοροι(Tahoroi)를, '于闐'으로 Khotan을 대역했다. 여기에서 '焉·央·匱·優·扞·彌·宛·于'는 모두 3등 글자이지만 이들과 대응하는 외국어에는 단음[phone]

i나 j가 없다.

풀리블랭크는 처음에, 상고에 장모음과 단모음이 대립했으며 상고와 중고 사이에 장모음 앞에 개음 i가 생성되었다고 주장했다. 나중에 그는 '중국어 음절의 두 개 유형'이라는 학설로 이를 대체했다. 즉 그가 주장한 A형은 상고 중국어에서 i를 동반하지 않았던 음절로 1등, 4등, 2등인데 -án과 같이 고조음성 액센트[acute accent] 기호로 표기했고 B형은 중국어에서 i가 나중에 생성된 음절로 -àn과 같이 저조음성 액센트[grave accent] 기호로 표기했다(Pulleyblank 1973). 그에 의하면, 상고 중국어의 음절의 길이는 2모라이었는데 제2모라에 강세가 놓인 경우 A형 음절이 생성되었고 제1모라에 강세가 놓인 경우 B형 음절이 생성된 것이다.

보드만(Bodman 1980: 188)은, "절반에 가까운 중고 중국어의 음절에 개음 j가 동반되었으므로 개음 j의 중요성은 아무리 강조해도 지나치지 않다."고 정확하게 밝혔다. 그는 풀리블랭크가 제기한 '중국어 음절의 두 개의 유형'이라는 이론은 받아들였지만 중국어의 j는 다음과 같이 두 종류로 나누어야 한다고 했다. 첫째는 티베트-버마어군 언어의 j와 대응하는 j인데, 그는 이를 원생성[primary] j라 명명했다. 둘째는 중국어 자체에서 나중에 생성된 것으로 차발성[secondary] j라 명명했다. 그러나 이와 같은 분류에는 몇 가지 문제가 있다. 첫째, 여러 서양 학자들에게는, 티베트-버마어군 언어의 형식이 중국어보다 훨씬 이르므로 티베트-버마어군 언어에도 존재하는 j만이 원생성이며, 그렇지 않은 j의 경우 중국어에서 훗날에 생성되었다는 불문율과 같은 관점이 있는 것 같다. 중고 중국어의 형식이 상고 중국어에서 직접 계승된 것이라고 가정하면 티베트-버마어군 언어의 형식이 2~3천 년 전의 상고 중국어보다 반드시 훨씬 오래된 것이라 여길 어떠한 이유도 없다. 둘째, 티베트-버마어군 언어의 j의 기원에 대해 현재까지 명확하게 밝혀진 바가 없다. 셋째, 어떠한 j가 원시 티베트-버마어군 언어에 존재했었는지에 관해서도 각 학자의 주장이 다르다. 베네딕트(Benedict 1972: 47)는 '魚'의 원시 티베트-버마어를 *ŋja로 재구했는데 이는 티베트 서면어에서 '물고기'가 'ɲa'라는 점에 근거한 것임이 분명하다. 그러나 티베트어의 'ɲa'가 버마어의 ŋa[물고기]보다 반드시 이른 시기의 형식임을 지지할 만한 충분한 증거는 없다. 어떤 형식의 시기적 순서가 실제의 연대와 필연적 관계가 있는 것은 결코 아니기 때문이다. 현대 중국어가 고대 중국어보다 시기적으로 늦기는 하지만 일부 현대 방언에서는 중고 중국어보다 더 오래된 특징을 제법 찾을 수 있다.

鄭張尙芳(1987)도 풀리블랭크의 '중국어 3등 개음의 後起說'을 수용했지만 鄭張尙芳이 제시한 자료 대부분이 중국어의 내부증거들로 이루어져 있어 역음 자료에 비하여 더 설득력이 있다.

(1) ≪切韻≫의 운류는 4 개 등에서의 분포가 균일하지 않다.

等	1등	2등	3등	4등	총계
韻의 수	14	12	30	5	61
백분율	23%	20%	49%	8%	100%

위의 표에 나타나듯이 1·2·4등운의 수를 합쳐야 3등운의 전체 수와 같다. 중국어의 친족 언어의 경우, 개음 j를 동반한 음절이 개음 j를 동반하지 않은 음절보다 훨씬 적어 ≪切韻≫의 상황과는 많이 다르다. 따

라서 ≪切韻≫ 이전 시기에 존재했던 구개음의 수는 ≪切韻≫에 미치지 않았을 것이다.

(2) 성모와 운모의 결합 관계에서도 1·2·4등은 3등과 크게 다르다. 1·2·4등은 총 19개의 성모와 결합하지만(2등의 知·莊組는 1·4등의 端·精組과 상보적이다), 3등과 결합하는 성모의 수는 19개가 아니다. 따라서 3등을 한 종류로, 나머지 1·2·4등을 합쳐 한 종류로 분류할 수 있을 것이다. 이는 중고의 운류가 3등의 한 종류와 1·2·4등의 한 종류로 균등하게 나뉘었다는 점과 일치한다.

(3) 鄭張尙芳(1996)은 3등 개음의 증식이 처음에는 북방 중국어에만 보였다는 점을 밝혔다. 唐 玄應 ≪一切經音義≫에서는 때때로 남방음도 겸하여 기록했는데, 북방의 음은 3등으로 읽히고, 남방의 음은 1·2·4 등으로 읽히는 경우가 흔하다. 예를 들면 다음과 같다.

> 曬：北土霜智反, 江南所隘反卷9.
> 髯：江南而甘反, 關中如廉反卷56.
> 鞘：江南音嘯, 中國音笑卷59.
> 灒又作濺：江南子旦反, 山東音湔卷64.
> 欨：江南苦代反, 山東丘旣反卷65.

중국어 방언에서는 흔히 3등 글자가 구두어음일 경우는 洪音으로, 서면어음일 경우는 細音으로 읽히는데, 그 이유는 바로 서면어음의 세음이 북방에서 유래했기 때문이다. 예를 들면, 廣州에서는 音 ɐm, 銀 ŋɐn, 頸 kɛŋ, 例 lɐi, 牛 ŋɐu, 流 lɐu이고 廈門에서는 允 un, 九 kau, 越 uat, 六 lak, 別 pat, 密 bat, 十 tsap, 雨 hɔ, 有 u, 眉 bai로 읽힌다.

潘悟雲(1996b)은 浙江 남부의 吳 방언과 閩 방언의 구두어음과 서면어음의 이독을 통해 3등의 설면 개음이 나중에 생성되었음을 증명했다. 아래에 泰順 蠻講 말의 예를 들어 본다.

	長	兩	央	秋	共	盟	飮
서면어음	tɕiã^2	liɔ̃^{3}	iɔ̃^{1}	iɔ̃^{1}	kiəŋ^6	miɪŋ^2	iɪŋ^3
구두어음	tɔ̃^{2}	lɔ̃^{3}	ɔ̃^{1}	ɔ̃^{1}	kəŋ^6	mẽ^2	ã^3

	明	病	柄	平	姓	井	聲
서면어음	miɪŋ^2	piɪŋ^6	piɪŋ^5	piɪŋ^2	siɪŋ^5	tsiɪŋ^3	siɪŋ^1
구두어음	mã^2	pã^6	pã^5	pã^2	sã^5	tsã^3	tshẽ^1

	舅	舊	有	牛	九	白	流
서면어음	kiou^6	kiou^6	iou^3	ȵiou^2	kiou^3	kiou^6	liou^2
구두어음	ku^6	ku^6	u^6	ŋ̩^{2}	kau^3	kau^6	lau^2

	別	密	拾	尺	燭	曲	綠
서면어음	piʔ	miɪʔ^8	ɕiɪʔ^8	tɕhiɪʔ^7	tɕyɔʔ^7	khiəʔ^7	lyɔʔ^7
구두어음	pəʔ	mɛʔ^8	sɛʔ^8	tshœy^5	tsœy^5	khuəʔ^7	lœy^6

	駒	句	具	縷	珠	盂	雨
서면어음	ky^1	ky^5	ky^6	ly^3	tɕy^1	y^2	y^3
구두어음	kœy^1	kœy^5	kœy^6	lœy^3	tsœy^1	hou^2	hɔ^6

	借	涙	錘	晝	扭
서면어음	$tɕia^5$	ly^6	thy^2	$tɕiou^5$	$n̠iou^1$
구두어음	$tsœy^5$	$lœy^6$	$tœy^2$	tau^5	$nɛy^2$

	巾	筋	近	船	輪	林
서면어음	$kyœŋ^1$	$kyœŋ^1$	$kyœŋ^6$	$syœŋ^2$	$lyœŋ^2$	lin^2
구두어음	$kœŋ^1$	$kœŋ^1$	$kœŋ^6$	$sœŋ^2$	$lœŋ^2$	lan^2

	去	暑	虛	噓	蔬	處
서면어음	khy^5	$ɕy^3$	$ɕy^1$	$ɕy^1$	$sʅ^1$	$tɕhy^5$
구두어음	$khœy^5$	$sœy^3$	$hœy^1$	$hœy^1$	$sœy^1$	$tshœy^5$

	使	士	事	指	紫	皮	被
서면어음	$sʅ^3$	$sʅ^6$	$sʅ^6$	$tɕi^3$	$tsʅ^3$	phi^2	pi^3
구두어음	sai^3	tai^6	sai^6	$tsai^3$	$tsei^3$	$phɔi^2$	$pɔi^6$

위의 방언 자료에 의하면 3등의 구두어음은 홍음이고 서면어음은 세음인데 구두어음의 역사 층위가 서면어음보다 이르므로 3등에 구개음이 동반되지 않은 것이 더 이른 형식임을 알 수 있다.

일본어의 吳音과 漢音의 상황은 蠻講 말의 상황과 평행하다. 吳音과 漢音에서의 3등 설면 개음의 실현은 대체적으로 세 가지 경우로 나뉜다. ① 모두 설면 개음이 있다. ② 모두 설면 개음이 없다. ③ 漢音에는 있으나 吳音에는 없다. 아래 표는 세 번째 경우를 나타낸 것이다 (Karlgren 1915-26의 중국어 번역판인 ≪中國音韻學硏究≫에서 인용).

	疆	强	秧	暢	良	娘	九	牛	優
漢音	kioː	kioː	ioː	tɕoː	rioː	dzoː	kiu	giuː	iuː
吳音	koː	goː	oː	toː	roː	noː	ku	gu	u

	共	胸	獵	急	及	語	箸	呂
漢音	kioː	kioː	rioː	kiu	kiuː	gio	dzo	rio
吳音	gu	ku	roː	koː	goː	go	do	ro

	極	脚	約	竹	曲	獄	綠
漢音	kioku	kiaku	iaku	tɕiku	kioku	gioku	rioku
吳音	koku	kaku	aku	toku	koku	goku	roku

일본어 吳音이 반영한 역사 층위는 漢音보다 이르다. 위에서 인용한 예에서 漢音에는 설면 개음이 있지만 吳音에는 없다. 이는 이들 예에 나타난 설면 개음이 나중에 생성된 것임을 의미한다.

산스크리트-중국어의 대음 자료에서 3등 글자로 대역한 산스크리트 음절에 i가 없는 경우가 흔하다. 兪敏(1984a)은 이에 대하여 아래와 같이 언급했다.

> 나는 ≪切韻≫의 음운 체계에서 3등 개음 i의 존재에 대하여 의심하고 있다. 陸志韋 선생은 I로 표기했는데 이 가운데 최소한 일부분은 나중에 생성된 것으로 있어서는 안 되는 것이다. 현대 방언을 조금이라도 공부했다면 이와 같은 느낌은 더 할 것이다. '弗'을 예로 들어 보자. 後漢 시기에는 산스크리트의 put을 대역했다. 따라서

Śāriputra를 '舍利弗' 로 대역했고 閩南 방언에서도 '弗'을 [put]
으로 읽는다. 이것은 아주 자연스럽다. 칼그렌의 *Compendium of
Phonetics in Ancient and Archaic Chinese*와 같은 음운학 저작을 살
펴보자. 맙소사! ≪切韻≫의 음을 piuət로 재구했다. 또 '無' 를
예로 들어 보자. 後漢 시기에는 이 글자로 산스크리트의 mo를 대
역했다. 예를 들면 namas의 변이체인 namo를 '南無' 로 대역
했다. 오늘날에도 북경의 승려는 이 같이 읽는다. 閩北 방언의 문미
의문사인 '也無'에서도 mo로 읽는다. *Compendium*을 또 살펴보자.
맙소사! '無'는 있지도 않고 대신 동음의 '舞'가 있는데 miu로 되어
있다. 중국에서 승려 目連을 모르는 사람은 없을 것이다. 그의 이름
은 산스크리트로 maudgalyāyana이고 팔리어로는 moggallāna이
다. '目'은 mog을 나타냈다. 支謙이 번역한 ≪持句經≫에서 산스크
리트의 mukha에 대응하는 '目佉'의 '目'은 muk과 대응하며 현대
廣州 客家음은 [muk]이다. *Compendium* 을 또 살펴보자. 맙소사!
여기에는 miuk으로 되어 있다. 漢族의 언어에 톱질의 왕복 운동과
같은 일진일퇴식의 변화가 많다는 말인가? 아니면 (언어 변화의) 중
간 단계를 논하는 학자들이 한사코 화려한 언사를 즐기는 것인가?

  위와 같은 兪敏의 지적은 정확하다. 그러나 중고의 3등 글자에 설면
개음이 있었다는 칼그렌의 결론은 여전히 옳으며 이에 관해서는 여러
개의 다양한 자료적 증거가 있다. 최소한 중고의 어느 시기에는 3등
글자에 설면 개음이 존재하고 있었다. 그렇지 않았다면 현대 방언에서
의 3등 글자의 독음에 개음 i가 생성된 이유를 설명할 수 없다. 兪敏이
열거한 자료는 전기 중고시기에 3등 글자에 개음 j가 아직 생성되지
않았음을 설명할 뿐이다. 중고의 음운 체계에는 put이라는 음절은 없
었다. 이 시기의 沒韻 幫母 글자는 put이 아닌 puot이므로 승려들이 '弗'
piut으로 산스크리트의 put을 대역한 것은 매우 자연스러운 일이다.
piut의 실제 독음은 pɪut으로 put과 상당히 근접했다. 이 점에 대해서는

본장 마지막 부분에서 다시 논의하기로 한다.

3등 개음 i 문제는 산스크리트-중국어 대음의 문제에만 국한되지 않는다. 중국어의 3등 글자와 대응하는 친족 언어의 동원어에 다음과 같이 일반적으로 개음 i가 없으므로 시노-티베트어족 언어를 비교해 본 사람들은 중국어의 3등 개음 문제로 골머리를 앓고 있다.

중국어	티베트 서면어	중국어	티베트 서면어
語 *ŋǎ	ŋag [말]	變 *prŏns	ɦphul [변화하다]
滅 *met	med [존재하지 않다]	飛 *pŭl	ɦphur [날다]
銀 *ŋŭn	dŋul [은]	六 *g·ruk	drug [여섯]
糞 *plŭns	brun [대변]	九 *kŭ	dgu [아홉]

2. 상고의 단모음에서 생성된 3등 개음

개음 i가 나중에 생성된 것이라면 그 생성을 유발한 원인은 무엇인가? 성모에 기인한 것이 아님은 분명하다. 개음 i가 성모로 인해 생성되었다고 가정하면, 그 경우는 성모 *Cj에만 해당된다. *Cj가 중고의 章組의 기원이라는 점은 성모 부분에서 논의할 것이다. 운미도 분명 아니다. 그렇다면 남는 것은 주요모음이다.

鄭張尙芳(1987)은, 상고의 모음에 장단의 대립이 있었으며 이 가운데 단모음에서 개음 i가 생성되었다고 했다. 그 이유는 다음과 같다.

(1) 모음의 대립 양상은 통상 '장단, 긴장과 이완, 권설 여부' 등으로 나뉜다. 시노-티베트어족 각 언어의 상황으로 볼 때 모음의 장단 대립

이 가장 보편적이며, 오늘 날 중국어의 방언에도 장모음과 단모음의 구별이 있다. 캄-타이어의 대다수 언어, 苗瑤語의 瑤語, 티베트-버마어군 언어 중 드룽어, 儂語, 몬바어[門巴語, Monpa] 등과 같은 친족 언어에는 장모음과 단모음의 대립이 있다.

(2) 廣州 말의 모음에는 다음과 같이 장단의 구분이 여전히 존재한다.

| 4등 長(33調) | 跌 tit | 結 kit | 切 tshit | 屑 sit |
| 3등 短(5調) | 質 tsɐt | 吉 kɐt | 七 tshɐt | 失 sɐt |

馬學良·羅季光(1962)은 시노-티베트어족 언어에서 장·단모음의 변화 상황에 근거하여 규칙을 도출했다. 즉 廣州 말에서 '質' 등이 단모음 ǐt에서 저모음 ɐt으로 변화한 것과 같이, 짧은 고모음이 저모음으로 변화했다는 것이다. 또 이들은 "긴 고모음이 약화되고 과도음이 확장됨에 따라 고모음 韻이 저모음 韻으로 변화했다."고 밝혔는데 다음의 贛방언의 臨川 말에는 이러한 변화가 반영되어 있다.

| 4등 長 | 跌 tiet | 結 tɕiet | 切 tshiet | 屑 ɕiet |
| 3등 短 | 質 tsit | 吉 tɕit | 七 tshit | 失 sit |

(3) 산스크리트의 단모음 ka, kha, ga만을 대역하기 위해서 고안된 전용 자모인 '迦, 佉, 伽'는 중고에 이르러 모두 3등의 독음을 갖게 되어 개음 i를 동반하게 되었다.

(4) 티베트 서면어의 일부 단어는 설면 개음 j를 동반하는데 이는 중고 중국어의 3등 개음과 유사한 기원을 갖고 있을 가능성이 있다. 티베

트-버마어군의 여러 언어에서는 이미 장단의 대립이 소멸되었다. 그러나 드룽어는 6개의 모음이 모두 장단으로 나뉘어 있어 여전히 장단음을 완벽하게 보존하고 있다. 티베트어와 드룽어의 동원어를 살펴보면, 다음과 같이 드룽어에서 단모음을 동반한 단어와 j 개음을 동반한 티베트 서면어의 단어가 대응하고 있는 예를 상당수 찾을 수 있다.

古 티베트어	드룽어	古 티베트어	드룽어	古 티베트어	드룽어
mjig [눈]	mě?	khjim [집]	cǔm	phjaŋ [자루]	blǎŋ
smjin [익다]	mǐn	khjag [얼음]	cǎ?	skjogs [그릇]	-kɔ̌?
smjo [미치다]	mǔk	mjos [(술에) 취하다]	mě?	khjog [구부러지다]	gɔ̌?
smjan [藥]	mǎn	phjogs [방향]	ɕɔ̌?	zabs [다리]	rěp [서다]
brgjad [여덟]	çǎt	gtɕig [하나]	tǐ	ɕig [이(蝨)]	ɕǐ?

이와 마찬가지로 드룽어와 중국어의 동원어 가운데, 드룽어에서 단모음의 단어가 중국어의 3등운과 대응하는 예가 다음과 같이 다수 존재한다.

肥 bǔr [뚱뚱하다]	亡 amǎŋ [잃다]	新 -sǎr	廢 biǔt [무너지다]	菜 -lǔp
飛 běr	匿 rǎ?	面 mǎr [얼굴]	立 rěp	常 adǎŋ
柄 blǎŋ [한줌]	膺 prǎŋ [가슴]	母 amǎi	風 bǔŋ	顫 adǎm [떨다]
尋 lǎm [발(庹)]	蝨 ɕǐ?	服 bɔ̌? [옷]	止 xrǎi [발(脚)]	一 tǐ?
滅 amǐt	絶 atɔ̌t	出 klɔ̌t	七 s-ŋǐt	八 çǎt
覆 blǔ?	墳 -pǔn	痺 pǐt	牆 tɕǎŋ	駬 -sǎi [붉다]
辛 sǎi [맵다]	習 sɯlǎp [배우다]	目 mě?	宮 kǔm [집]	牀 tsǎŋ
曲 d-gɔ̌?	父 apǎi	銀 ŋǔl	六 krǔ?	

한편 드룽어에서 장모음의 단어는 다음과 같이 중국어의 1·2·4등
과 자주 대응한다.

1등	擔 ɑtɑm	盤 bɑn	趕 s⁻kɔn [쫓다]	搭 ɑdɑp [박수치다]
2등	巷 grɔŋ [마을]	殺 sɑt	硬 greŋ	板 ben
4등	年 niŋ	犬 d⁻gɯi	閉 pit	銑 ser [금(金)]

가장 의미 있는 것은 아래의 동원어로, 중국어의 장단음과 정확하게
대응한다.

3등(短)	痹 pĭt	飛 bĕr
4등(長)	閉 pit	匾 ber [납작한 대바구니]

武鳴 壯語의 성모가 ʔ-인 관계어[關係詞]에서, 다음과 같은 많은 경우
에서 단모음 ǎ는 중국어의 3등과 대응하고 장모음 a는 중국어의 1·2
·4등과 대응한다.

3등	臆 ǎk [가슴]	因姻 ǎn	要 ǎu
2·4등	惡 ak	安 an	幺 au [아우]

影母는 龍州 壯語의 관계어에도 이와 유사한 현상이 있는데 다음과
같이 3등은 짧게 읽고, 1·2·4등은 길게 읽는다.

3등	一 ĭt⁷	厴 ĭm [배부르다]	挹 ĭp⁷ [줍다]	臆 ɔk⁷ [가슴]
1·4등	烟 in⁵	燕 en⁵	呹 eu⁵ [떠들다]	輆 ek⁷

(5) 高誘의 ≪淮南子≫ 注와 ≪呂氏春秋≫ 注에서 '急氣'라고 한 것은 3등에 대한 독음이고, '緩氣'라 주한 것은 非 3등에 대한 독음이다. 아래에 高誘의 注 가운데 열 개를 들어 보았다.

① ≪淮南子·地形≫: "그 땅은 기장에 적합하며 긴 털 소와 코뿔소가 많다.[其地宜黍多㹈犀.]"

注: '㹈'는 '綢繆의 '繆'[127]와 가깝게 읽으며 급히 발음하면 이 음을 얻는다.[㹈讀近綢繆之繆, 急氣言乃得之.]

② ≪淮南子·氾論≫: "칼을 들고 장난치면 태조가 그 팔을 눌러 부러뜨린다.[相戲以刃者太祖軵其肘.]"

注: '軵'[128]은 '밀다'의 의미이다. '茸'[129]과 가깝게 읽으며 급히 발음한다.[軵, 擠也, 讀近茸, 急察言之.]

③ ≪淮南子·說山≫: "계속해서 자르고 문지르면 우차라 할지라도 문지방을 잘라낼 수 있다.[劙靡勿釋牛車絶轔.]"

注: '轔'[130]은 '藺'[131]과 가깝게 읽으며 혀를 급히 움직여 발음하면 이 음을 얻는다.[轔讀近藺, 急舌言之乃得也.]

④ ≪淮南子·說林≫: "도망친 말을 찾는 데 신경을 쓰고자 하더라도

127) ≪廣韻≫의 幽韻 武彪切로 3등운에 속한다.
128) ≪廣韻≫의 腫韻 而隴切로 3등운에 속한다.
129) ≪廣韻≫의 鍾韻 而容切로 3등운에 속한다.
130) ≪廣韻≫의 眞韻 力珍切로 3등운에 속한다.
131) ≪廣韻≫의 震韻 良刃切로 3등운에 속한다.

마구간의 문을 열어 놓으면 안 된다.[雖欲謹, 亡馬不發戶轔.]"

　注: '轔'은 '鄰'132)과 유사하게 읽으며 급히 발음하면 이 음을 얻는다.
　　[轔讀似鄰, 急氣言乃得之也.]

⑤ ≪淮南子·俶眞≫: '소 발자국에 괸 물[牛蹄之涔]'

　注: '涔'133)은 '延祜曷問'134)으로 읽는다. 급히 발음하고 입을 오므려
　　발음한다.[涔讀延祜(祜莊遠吉校本)曷問, 急氣閉口言也.]

⑥ ≪淮南子·修務≫: "얼굴이 못생겼고 입이 일그러져 있다.[嗜脵哆
噅.]"

　注: '嗜'은 '權衡'의 '權'135)으로 읽으며 급히 발음한다.[嗜讀權衡之權,
　　急氣言之.]

⑦ ≪淮南子·修務≫: "오랑캐 중에서도 이해의 도리를 아는 사람이
있지만 사람들은 그를 무지막지하다고 한다.[胡人有知利者而人謂之駤.]"

　注: '駤'136)는 '質'137)과 유사하게 읽으며 천천히 발음하는 것으로 이

----

132) ≪廣韻≫의 眞韻 力珍切로 3등운에 속한다.
133) 周祖謨(1963)는 王仁煦 ≪切韻≫의 3등운 侵韻 '鉏簪切'로 보고 있으나 鄭張尙芳(2003(≪上
　　古音系≫): 177)은 이외에도 ≪集韻≫의 3등운 侵韻 '徐心切', 3등운 鹽韻 '慈鹽切'과 2등운
　　의 '在銜切', '仕忏切'도 제시했다. 이 가운데 2등운일 가능성은 부정했다.
134) '延祜曷問'의 네 글자에 대한 해석은 불분명한데 鄭張尙芳의 논의(2003(≪上古音系≫): 176
　　-178)를 정리하면 다음과 같다.
　　먼저 두 가지 가능성이 있는데 '祜曷問'이 '黏皃肉'의 訛形일 가능성이 있고 또 하나는 '路
　　陽局'의 訛形일 가능성이 있다는 것이다. 그렇다면 이 가능성 가운데 어디에 해당하든지
　　'延'과 유사한 음이어야 하는데 '涔'은 ≪集韻≫에도 '延'과 같은 성모인 以母의 독음이 없
　　다는 것이다. 그러나 '涔'이 3등운임에는 틀림없으므로 본서에서 말하는 3등운 글자를 빨
　　리 발음한다는 취지와는 벗어나지 않는다.
135) ≪廣韻≫의 仙韻 巨員切로 3등운에 속한다.
136) ≪廣韻≫의 至韻 陟利切로 3등운에 속한다. 아래에서 "천천히 발음한다."고 언급한 내용
　　과 3등운의 경우 "빨리 발음한다."는 일치하지 않는다. 이에 대해 鄭張尙芳(2003: 178)은
　　'駤'가 '恎(窒)'의 가차자일 것으로 보고 있다. '恎'이 ≪廣韻≫ '徒結切' 4등 屑韻 定母로 非

음은 설첨에서 얻는다.[駤讀似質, 緩氣言之者, 在舌頭乃得.]

⑧ ≪淮南子・原道≫: "교룡이 물에 산다.[蛟龍水居.]"

注: '蛟[138]'는 '人情性交易'의 '交[139]'로 읽으며 천천히 발음하면 될 뿐이다.[蛟讀人情性交易之交, 緩氣言乃得耳.]

⑨ ≪淮南子・本經≫: "황충이 들에 가득하다.[飛蛋滿野.]"

注: '蛋'은 황충이다. 沇州에서는 '螣[140]'이라 하는데 '螣'은 '殆'와 유사하게 읽고 천천히 발음한다.[蛋, 蝗也, 沇州謂之螣. 螣讀近殆, 緩氣言之].

⑩ ≪呂氏春秋・愼行≫: "崔杼의 아들들은 서로 암투를 벌였다.[崔杼之子相與私鬨.]"

注: '鬨[141]'은 '鴻'과 가깝게 읽으며 천천히 읽는다.[鬨讀近鴻, 緩氣言之.]

周祖謨(1963)는 '急氣'가 모두 세음의 글자이고, '緩氣'가 모두 홍음의 글자임에 유의하였다. 그러나 ⑤와 ⑦의 예는 성립하기 어려운 면이 있다. 鄭張尙芳(1998)은 ⑤와 ⑦이 사실상 3등 글자가 아니라는 점을 상세하게 고증했다. 따라서 그는 高誘 시대에 중고의 3등을 '急氣', 즉 단음으로 읽었고 중고의 非 3등 글자를 '緩氣', 즉 장음으로 읽었다는 결론을 내렸다.

3등 글자이므로 이 예가 3등의 예로 적절하지 않다고 하였다.

137) ≪廣韻≫에서는 質韻 之日切과 至韻 陟利切의 음이 있는데 모두 3등운에 속한다.

138) ≪廣韻≫의 肴韻 古肴切로 2등운에 속한다.

139) ≪廣韻≫의 肴韻 古肴切로 2등운에 속한다.

140) ≪廣韻≫에는 登韻(徒登切), 寑韻(直稔切), 德韻(徒得切)에 각각 있는데 의미는 모두 '螣蛇'로 되어 있는데 방언의 차이가 반영된 것이 아닌가 생각한다. 이 가운데 '殆'와 가깝게 읽는 것은 德韻으로 1등운에 속한다.

141) ≪廣韻≫에는 絳韻(胡絳切)과 送韻(胡貢切)에 있는데 각각 2등운과 1등운에 속한다.

3등 개음이 상고의 단모음에서 기원했다는 주장은 합당한 언어적 사실에 근거한 것으로 보인다. 즉 보드만(Bodman 1980: 188)도 풀리블랭크의 "중국어 음절에 A형과 B형 음절이 있었다."는 새로운 음성 분석에 대해 티베트-버마어군 자료에서 관련 증거를 찾을 수 없음을 지적하며, 풀리블랭크가 처음에 제기한 '장·단모음 대립설'보다 못하다고 주장했다[142]. 특히 원시 티베트-버마어군 언어에서 장·단모음이 대립했다고 재구할 필요가 있다고 판단되면 장단음 대립설의 기능성이 더 크다고 했다.

　스타로스틴(Starostin 1989)도 3등이 단모음에서 기원했고 1·2·4등이 장모음에서 기원했다고 주장하고 있어 鄭張尙芳과 동일한 관점을 가지고 있다. 鄭張尙芳은 필자에게, 백스터가 1995년 제28회 국제 시노-티베트어 학술회의에서 상고 3등이 j 개음을 동반했었다는 학설을 폐기하고 단모음을 동반했음을 인정했다고 알려주었다.

3. 3등 개음 생성에 대한 음성적 설명

　그렇다면 단모음을 동반한 음절에 개음 j가 생성될 수 있었던 이유는 무엇인가? 鄭張尙芳(1987)의 견해는 다음과 같다.

---

142) 풀리블랭크(Pulleyblank 1962-3: 99ff., 141ff.)는 본서의 입장과는 반대로 중국어의 3등운의 개음인 j가 상고 중국어의 장모음에서 생성된 것이라 했다. 그러나 그는 Pulleyblank(1973: 119)에서 중국어에서 j가 없는 1·2·4등을 A형, j가 생성된 3등을 B형으로 규정하여 원래 자신의 학설을 수정한 바 있다. 이때 그는 중국어 음절이 2모라로 구성된 것으로 보고 제2모라에 강세가 있는 경우는 A형이 되고, 제1모라에 강세가 있는 경우는 B형이 되어 개음이 생성된다고 보았다. 보드만은 풀리블랭크(Pulleyblank 1962-3)의 애초의 주장이 풀리블랭크(Pulleyblank 1973)보다 낮다고 여긴 것이다.

어쩌면 단모음이 지나치게 짧아 개음 j가 증식되면서 음절 길이의 균형을 이루는 역할을 했고, 이후에 모음의 장단 대립이 소멸되면서 단모음의 음소 기능을 보상하는 역할을 했을지도 모른다. 이로써 모음의 장단 대립으로부터 강약이나 洪細의 대립으로 전환된 것이다.

그는 이후의 연구에서, 상고시기에 단모음 앞에 먼저 개음 ɯ가 생성되었고, 이후 중고시기에는 i로 변화했으며 다시 순음 뒤에서는 ʉ로, 전설모음 앞에서는 i로 변화했음을 명확하게 밝혔다(鄭張尚芳 1996).

潘悟雲(1998)은 3등 개음의 생성에 대하여 다음과 같은 음성 분석을 진행했다.

상고 중국어에서 음절은 장단의 차이가 있었다. 즉 복자음을 동반한 음절 CCV(C)는 단순자음을 동반한 음절보다 조금 더 길었고 장모음을 동반한 음절도 단모음을 동반한 음절보다 조금 더 길었다. 훗날 중원 지역의 중국어에서 복자음이 점차 소실됨으로써 애초부터 장음절인 CCV(C)는 CV(C)형으로 축소되어 원래의 CV(C)형 음절과 길이가 같게 되었다. 이와 같은 음절 길이를 같게 하려는 움직임 또한 단모음의 길이를 장모음 음절의 방향으로 향하게 한다. 이 시기에 어떠한 변화가 발생했는지 알아보자.

상고의 '姑' *ka와 '居' *kǎ의 예를 들어 보자. 이들은 각각 다른 글자들로 kǎ를 ka와 동일한 길이로 만들기 위해 짧은 ǎ의 길이를 단순히 연장할 수는 없다. 이렇게 했다면 '姑'와 '居'가 동음이 되어 버리기 때문이다. 모음을 연장할 수 없었다면 성모를 연장해야 하는데 성모 k는 연장할 수 없다. 만일 굳이 연장하려 한다면 파열을 통해 k를 발성한 후

k를 발성할 때와 동일한 혀의 위치를 유지하면서 성대를 진동시킨 후 a로 넘어가야 한다. 이 때 k와 a 사이에 ɯ와 유사한 과도음이 생성되어 kă>kᵚa와 같은 변화를 경과하게 된다. 또 pă를 관찰해 보자. 파열을 통해 p를 발성한 후 두 입술이 즉시 옆으로 퍼지지 않는다면 이때 생성되는 음은 w와 유사한 과도음이다. 즉 pă > pʷa와 같은 변화를 경과한 것이다. 또 파열을 통해 p를 발성하고 난 후 두 입술이 즉시 옆으로 퍼지지만 혀가 p를 발성할 때의 상태를 유지하면, ㅡ에 후행하는 음 a 앞에서 생성된 과도음은 ɯ에 가까워 pă > pᵚa의 변화를 경과하게 된다. tă에서도 이와 동일한 변화가 발생했다. t가 파열을 통해 발성된 후 과도음 ɯ를 경과해 a로 넘어간다(tă > tᵚa). 물론 k, p, t의 조음부위가 각각 다르므로 생성된 각각의 과도음도 완전히 동일하지는 않다. 즉 k의 혀의 위치가 가장 뒤쪽에 있어 이때 생성된 ɯ의 혀의 위치도 p나 t를 발성할 때 생성된 과도음보다 다소 뒤쪽에 있게 된다. 그러나 이들 과도음은 모두 ɯ류의 음이다. 한편 설면음 성모에서만 과도음 i가 생성되므로 그 변화과정은 tɕă > tɕⁱa가 된다.

3등 개음이 과도음 ɯ 단계를 경과했다는 유력한 증거는 베트남 한자어에서 찾을 수 있다. 음성 대조의 편의를 위해, 아래의 베트남어 음성 표기는 칼그렌(Karlgren 1915-26)의 중국어 번역본인 《中國音韻學硏究》(1946)의 전사음을 채택한다.

洋 zɯəŋ[1]	張 ţɯəŋ[1]	强 kɯəŋ[2]	良 lɯəŋ[1]
九 kɯu[3]	謀 mɯu[1]	肘 ţɯu[4]	就 tɯu[6]

베트남 한자어에서 陽韻은 ɯəŋ이고, 尤韻은 ɯu이다. 이 시기에 이 두

개의 韻에 이미 개음 j나 i가 생성되었다면 베트남 사람들은 이들을 각각 iaŋ과 iu로 대역했을 것이다. 따라서 베트남 한자어 시기에 이르기까지 베트남 한자어가 차용한 중국어 방언에서, 이 두 운의 개음이 여전히 ɯ와 근접했었음을 알 수 있다. 다른 일부의 3등운의 개음도 ɯ와 유사한 음의 단계를 경과했을 가능성이 있다. 예를 들면 '劍', '劫', '騎', '鏡', '園'은 베트남 한자어에서 각각 kiem[5], kiep[5], ki[2], kin[5], vien[2]이지만 더 이른 시기의 형식은 각각 gɯəm[1], kɯəp[5], kɯəi[4], gɯəŋ[1], vɯən[2]이다. 이는 3등 개음이 ɯ에서 i로 변화했음을 의미한다. 이외에도 '鋸' kɯa[1], '許' hɯa[5] [허가하다], '距' kɯa[6] ['鷄距[닭의 며느리발톱]'], '梳' sɯa [빗], '序' tɯa[6][서문] 등의 예는 3등 개음 ɯ가 출현한 시기에도 魚韻 글자가 여전히 ʌ로 추정되는 a류 음을 유지했음을 말해 준다. 《切韻》이나 이보다 조금 더 이른 시기의 경우, 일부 방언에서의 魚韻의 주요모음은 ʌ였다 (제14장 참조). 태국어의 차용어는 '席' sɯɯa[B1][자리, 멍석, 늫이], '履' kɯɯak[D1][신발, 늧이], '亮' rɯɯaŋ[A2][밝다, 늫이], '方' bɯɯaŋ[C1][방면, 늧이]이고 武鳴 壯語의 陽韻 차용어에서는 -ɯaŋ이 -iaŋ보다 훨씬 많다. 鄭張尚芳(1996)은 이 증거들이 3등 개음이 ɯ 단계를 경과한 바 있음을 의미한다고 했다.

ɯ는 정칙 모음이 아니라 정칙 모음인 i를 향하여 변화하고 있었을 것이다. 중국어의 역사에서 ɯ > ɨ > i와 같은 음성변화는 수차례 발생했다. 예를 들면 之韻은 상고에서 -ɯ였는데 중고에 이르러 -ɨ로 변화했다가 근대 중국어에서 다시 -i로 변화했다. 또 중고의 2등 개음은 -ɯ- 단계를 경과한 바 있고, 다시 -ɨ로 변화한 후 결국에는 -i가 되었다. 예를 들어 '江'은 kɯɔŋ > kɨæŋ > kiaŋ과 같은 변화과정을 경과했다. ɯ류의 과도음은 3등 글자의 성모 뒤에서 생성된 후, CɯV > GiV >

GⅣ와 같은 과정을 통해 상당히 빠른 속도로 전설음화했으며 결국 3등의 설면 개음으로 변화했다.

2등 개음도 상고의 *-r-에서 기원했고 중고에 이르러 -ɰ-로 변화했다. 물론 2등의 -ɰ-는 3등의 -ɰ-와는 같은 시기에 공존하지 않았다. 3등 개음이 여전히 과도음 -ɰ-에 머물러 있을 때 2등 개음은 여전히 -r-이었을 것이며, 2등 개음이 -ɰ-로 변화했을 때에 3등 개음은 그 이전에 설면 개음으로 이미 변화해 있었다.

유음이나 비음, 마찰음은 모두 연장할 수 있는 자음들이다. 상고에서 단모음 음절에 동반된 성모가 이들 자음 가운데 하나로 충당되었다면 성모를 연장하는 방식으로도 음절의 길이를 연장할 수 있었을 것이다. 따라서 이들 성모의 글자에서 3등 개음이 출현했던 시기는 오히려 더 늦었을 것이다. 일부 역음 자료에서 이들 성모 뒤에 일반적으로 3등의 설면 개음이 없었던 것도 바로 이러한 이유 때문이다. 예를 들어 일본 吳音의 설면음에서 '張'은 tɕoː < tɕau, '丈·長'은 dʑoː < dʑau, '常·尙'은 dʑoː < dʑau로 설면 개음이 이미 생성되었다. 그러나 '良'은 roː < rau, '娘'은 noː < nau, '牆'은 zoː < zau이므로 이들이 각각 ɹraŋ, ɲnaŋ, ˌzzaŋ (吳語는 從母와 邪母가 나뉘어있지 않았다)의 단계에 있었으므로 설면 개음이 아직 형성되지 않았던 것으로 보인다.

제3장에서, 重紐가 포함된 韻類의 설치음 성모에서 그에 후행하는 개음의 혀의 위치가 선행 성모의 영향을 받은 바 있음을 논의한 바 있다. 章組·精組·以母·日母에 개음이 후행하는 경우 그 개음의 위치는 다소 앞쪽에 있어 i에 가깝다. 莊組·云母에 개음이 후행하는 경우 그 개음의 혀의 위치는 다소 뒤쪽에 있어 ɰ에 가깝다. 知組·來母·娘母 성모의 혀의 위치는 章組보다는 뒤이고 莊組보다는 앞이므로 후행하는

개음의 위치도 i와 ɯ 사이에 있었다. 사실은 非 중뉴의 운류의 설치음에서도 동일한 현상이 있다. 麥耘(1992: 122)은, ≪王三≫에서 東₃·之·虞·陽ⅢⅠ·蒸韻에 출현하는 각 성모류와 반절하자 간의 접촉 빈도에 대한 통계에 근거해 성모를 다음과 같이 네 종류로 나누었다. 첫째는 脣喉牙音으로 이들의 반절행위는 중뉴 B류에 해당한다. 둘째, 章組·精組·以母·日母이다. 이들의 반절행위는 중뉴 A류에 해당한다. 셋째는 莊組이고 넷째는 知·來母이다. 莊組는 B류에 가깝고 知·來母는 A류와 B류 사이에 있다. 脣喉牙音이 전설모음에 선행하는 경우와 중설이나 후설모음에 선행하는 경우는 혀의 위치가 각각 달랐으며 非 중뉴류의 3등은 중설이나 후설모음을 동반했으므로 그 혀의 위치가 다소 뒤에 있어 성모에 후행하는 개음의 혀의 위치도 이에 영향을 받아 다소 뒤에 있었다.

주요모음의 혀의 위치는 3등 개음의 성격에도 영향을 주었다. 鄭張尙芳은 주요모음이 전설 고모음인 i나 ɛ인 경우 3등 개음은 i이고 주요모음이 중설모음인 경우 개음은 ɨ이며 후설모음에 선행하는 개음은 혀의 위치가 더 뒤쪽에 있는 ɯ라고 했으며 주요모음이 u인 경우 개음이 원순음화되어 ʮ에 가까웠다고 주장했다. 일부 역음 자료에서 尤·虞·東₃韻은 개음이 없는 u, uŋ과 자주 대응했다. 그러나 그렇다고 이들 운에 3등 개음이 없었다는 것은 아니다. 이들이 동반한 개음은 ʮ류의 음으로 ᵘu의 음색이 iu가 아닌 u에 더 가까웠기 때문에 이 같은 현상이 나타난 것이다.

따라서 ≪切韻≫ 시기가 설면 개음이 생성되고 얼마 지나지 않은 시기였음을 알 수 있다. 이들이 성모나 모음의 차이로 인한 변이음들이지만 음소적으로 동일하므로 본서에서는 /i/로 표기하기로 한다.

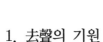

10

聲調의 上古 기원

1. 去聲의 기원

오드리쿠르(Haudricourt 1954)는 아래의 표와 같이, 중고 중국어의 去聲 글자가 베트남 한자어의 銳聲[sắc, 무성음 성모인 경우]이나 重聲[nặng, 유성음 성모인 경우)과 대응하고 古 베트남 한자어의 問聲[hỏi]이나 跌聲[ngã]과 대응함을 발견했다[143].

중국어	古베트남 한자어	베트남 한자어	중국어	古베트남 한자어	베트남 한자어
寄	gởi³[위탁하다]	ky⁵	卦	que³[괘]	quai⁵
芥	cai³[겨자]	giới⁵	嫁	ga³[시집가다]	gia⁵
膾	goi³[회]	khoai⁵	櫃	cui³[궤짝]	qui⁴
赦	tha³[석방하다]	xa⁵	試	thử³[시험하다]	thi⁵
歲	thôi³[해, 년]	tuể⁵	兎	thôi³[토끼]	tho³
帶	dai³[띠]	đai⁵	肺	phôi³[폐]	phê⁵
慰	ui³[격려하다]	ui³	義	nghia⁴[正義]	nghia⁴
助	chửa⁴[돌보다]	tro⁶	箸	đua⁴[젓가락]	trơ⁶

143) 베트남어는 6개의 성조로 이루어져 있는데 본서의 분절 뒤에 표기된 성조 번호와 성조 명칭의 관계는 다음과 같다.
1: 平聲[ngang] 2: 弦聲[huyền] 3: 問聲[hỏi] 4: 跌聲[ngã] 5: 銳聲[sắc] 6: 重聲[nặng]

중국어	古베트남 한자어	베트남 한자어	중국어	古베트남 한자어	베트남 한자어
袋	ɗay⁴[어깨 끝]	ɗai⁶	帽	mu⁴[모자]	mao⁶
昜	dê⁴[쉽다]	di⁶	利	lai⁴[날카롭다]	li⁶
露	lo⁴[명확하다]	lô⁶			

마스페로(Maspero 1912: 102)는 베트남어의 問聲과 跌聲이 남아어족 언어의 무성 마찰음 ⁻s, ⁻ś 혹은 ⁻h 운미를 동반한 단어와 대응한다는 사실을 밝혔다. 예를 들면 '일곱' bay³는 몬어[孟語, Mon]의 t'ăpăh, '코' mui⁴는 몬어의 muh, '뿌리' rê³는 몬어의 rüh, 므농어[墨儂語, Mnong]의 ries와 대응한다.

오드리쿠르는, 남아어족 언어인 베트남어가 원시 시기에 성조가 없다가 나중에 問聲과 跌聲이 생성된 것으로 가정했다. 이때 마찰음 운미가 먼저 ⁻h로 변화했는데 후음 ⁻h를 발성할 때 성대가 이완됨으로 인해 선행 모음의 음고가 급격히 낮아지면서 하강조가 되었다고 했다. 하강조는 처음에 운미 ⁻h의 부수적 특징이었다가 나중에 점차 의미 변별의 특징을 갖게 되었으며 운미 ⁻h는 그 변화과정에서 탈락한 것으로 가정했다.

고대 베트남인들은 마찰음 ⁻s 운미를 동반한 問聲이나 跌聲으로 중국어의 거성 글자를 대역했는데 이는 중고 중국어의 거성이 이른 시기에 운미 *⁻s를 동반한 적이 있었음을 의미한다. 상고에서 ⁻p, ⁻t, ⁻k와 접촉했던 거성 글자의 운미는 ⁻ps, ⁻ts, ⁻ks이다. 예를 들면, '度'가 동사일 때에는 입성의 *dak이고, 명사일 때에는 거성의 *daks이다. 이러한 재구는, 일부 蟹攝나 止攝 글자와 ⁻p 韻尾 간의 교체 현상과 부합한다. 예를 들면 '蓋'에는 泰韻과 盍韻의 두 가지 독음이 있는데 이 중 盍韻

독음의 상고 형식은 *kap이고 泰韻의 독음은 *kaps>kats>kɑi의 변화를 경과하면서 -p가 -s에 동화되어 -t로 변화한 것이다. 李方桂(1971)는 '蓋'의 泰韻의 독음을 *-ab으로 재구했지만 이와 같이 재구한다면 운미 -b를 동반한 운에 거성 글자만 있었던 이유에 대해서는 설명할 수 없다.

오드리쿠르의 관점은 곧 여러 학자들에 의해 수용되었다.

풀리블랭크(Pulleyblank 1962-3 : 217-219)는 다음과 같이 대량의 대음 자료에 근거해 치찰음 운미가 적어도 3세기 중국어에 여전히 존재하고 있었음을 증명했다.

(1) 베일리[Bailey]는 *Gandhari* 에서 다음과 같이 거성 글자가 치찰음 이나 설치 마찰음을 대음한 여러 개의 예를 들었다.

波羅奈 : 산스크리트 Vārāṇasī
三昧 : 산스크리트 samādhi
提謂 : 산스크리트 Trapuṣa, 코탄어[Khotan, 和闐] tträväysa
忉利 : 산스크리트 trāystriṃśa, 코탄어 ttrāvatriśa
阿魏[夬匱] : 코탄어 aṃguṣdä, 토하리어 B. ankwaṣ, 위구르어 'nk'pwš
舍衛 : Śrāvastī
迦維羅衛 : 산스크리트 Kapilavastu

위의 '奈·昧·謂·利·魏·匱·衛'는 모두 거성 글자로, 대음 자료에 근거하면 이들이 마찰음 운미를 동반했었음을 알 수 있다.

(2) 초기 불경 번역에서도 같은 예가 있다. 예를 들면 支讖의 번역에서 '阿會亘'은 Abhāsvara, '阿迦貳吒'는 Akaniṣṭha, '首陀衛'는 śuddhāvāsa, '須豐'는 sudṛśa를 대음했다.

(3) ≪魏略≫에서 '對馬'는 일본의 Tsushima(假名 tu-si-ma)의 역음이다.

(4) 漢代의 역음

貴霜 : Kushan

貳師 : Nesef

'都賴'는 ≪漢書≫에 보이는데 드그루[De Groot]는 이것이 Talas라 고 증했다.

'罽賓'에 대해 레비[S. Lévi]와 샤반[Chavannes]은 Kashimir라 고증했다.

'罽'에 대해 ≪漢書≫에서는 康居의 5개 왕국 가운데 가장 서쪽에 있었던 왕국이라 했는데 Khwarezmia의 옛 수도인 Kāth일 가능성이 있다.

일부 대음 자료에 대한 풀리블랭크의 해석은 다소 억지스럽다. 예를 들면 '貴霜' Kushan의 sh를 '霜'의 성모임과 동시에 '貴'의 운미로도 처리하여 모호하다. 丁邦新이 이 점을 비판했지만 '罽賓'의 '罽'가 Kash를 대역했다고 본 것은 설득력이 있다.

鄭張尙芳(1994)은 다음과 같은 대음 자료를 통해 중국어의 거성이 고대에 운미 -s를 동반했음을 증명했다.

隋代에 해당하는 東로마 시기의 학자인 시모카타[T. Simocatta]가 저술한 Historian[≪역사≫]에서 중국을 Taugast(돌궐어로는 Tawghač, 元初에는 '桃花石'으로 대음했다)로 칭했는데 ≪德經≫은 이것이 '大魏'(北魏를 가리킴)의 역음이라 했다. 이로써 '魏'에 -s가 있었음을 분명히 알 수 있다(약초명 '阿魏'가 Kucha어의 ankwaṣ를 대역했음을 참조하시오).

한국어와의 대응에서, '篦'는 pis[빗], '芥'는 kas[갓], '器'는 kɯrɯs[그릇], '制'는 tsis[짓다], '味'는 mas[맛], '界'는 kas[가]과 대응한다.

일본어와의 대응에서, '柰'는 nasi[배나무], '芥'는 kalasi 등과 대응하는데 이들 역시 -s가 동반되었음을 반영한다.

중국어의 운미 *-s와 티베트어의 운미 -s가 대응하는 예를 아래에 더 들어보았다.

量 gaŋs [수량]	二 gnis [2]	壩 rags [제방]	晝 gdugs [정오]
霧 rmugs [안개]	亟 mgjog [빠르다]	候 sgugs [기다리다]	紀 sgrigs [질서, 법률]
外 ŋos [가장자리]	峇 gtugs [고소하다]	澮 fiobs [도랑]	世 rabs [세대]

그러나 중국어의 모든 거성 글자가 티베트어의 동원어에서 -s 운미를 갖는 것은 아니기 때문에 이러한 예만으로는 문제를 설명할 수 없다. 그러나 운미 -s가 중국어와 티베트어에서 동일한 어형성 기능이 있다는 점은 의미가 있다. 포리스트(Forrest 1960)는 거성의 의미 변별 기능이 티베트어의 -s와 유사하다는 점에 유의했다. 풀리블랭크(Pulleyblank 1973: 113 ff.)는 다음과 같이 언급했다.

> 중국어의 *-s와 티베트어의 -s 사이의 일치는 대단히 중요하다. 그것은, 어휘 간의 고립된 개별적 대응뿐 아니라 인도유럽어에 적용했던 형태론적 방법을 적용함으로써 중국어와 티베트어 간의 관계를 수립할 명백한 가능성을 처음으로 열었기 때문이다.

梅祖麟(1980)은 이를 바탕으로 거성 글자의 운미 -s가 갖는 어형성의 기능에 대하여 깊이 연구했다. 그는, 동사를 명사로 전환시킨 운미 -s의 기능이 상고 중국어 고유의 기능이며 그 기능은 古 티베트어에 존재했던 기능과도 서로 대응한다고 했다.(梅祖麟의 논문에서는 李方桂의

재구음을 사용했으나 아래 표의 괄호 안에는 필자의 재구음을 첨가해
비교토록 하였다.)

入 *njəp > ńźjəp (*njŭp > n̩ip)	內 *nəbh > *nədh > nuədh > nuâi (*nups > *nuts > *nus > *nuiɕ > *nui > M. nuoi)
立 *gliəp > ljəp (*ɢ·rŭp > lip)	位 *gwjəbh(?) > *gwjədh >iwi (*ɢrŭps > *ɢrŭts > ɦrɯiɕ > M. ɦwɯi)
泣 *khljəp > khjəp (*khrŭp>khɯip)	淚 *gljəbh > *ljədh > *ljuədh > lhwi (*g·rŭps > rŭts > rŭts > *ruiɕ > M. lwi) (聲符 '戾'는 古文에서 '位'로 적었다.)
執 *tjəp > tśjəp (*tjĭp > tɕip)	摯, 贄 *tjiəbh > *tjiədh > tśi (*tjĭps > *tjĭts > *tɕiɕ > M. tɕi)
盍 *gap > ɣâp (*gap > ɦap)	蓋 *kabh > *kadh > kâi (*kaps > *kats > *kas > *kaiɕ > M. kɑi)
合 *gəp > ɣâp (*gop > ɦəp)	會 *gwabh > *gwadh > *ɣwâi (*gops > *gots > *gwas > ɦwaiɕ > M. ɦwɑi)

梅祖麟의 마지막 두 개의 예는 정확하지 않다. 정확하지 않다고 판단한
것은 상고 문헌에서 '蓋'와 '會'가 명사의 기능만 충당했다는 근거를 찾
지 못했기 때문이다. ≪說文≫의 "盍, 覆也.[덮다.]"에서 '盍'은 동사이고
"蓋, 苫也.[덮개]"에서 '蓋'는 명사이다. '蓋'는 ≪廣韻≫에 두 개의 독음이
있는데 그중 하나는 '胡臘切'로 '盍'과 동음이며 명사인 '苫蓋[덮개]'로 注
하고 있다. 또 하나는 '古太切'로 동사인 '覆也[덮다]'로 注하고 있다.
≪廣韻≫의 注는 ≪說文≫의 해석과 뒤바뀌었다. 사실은 '盍'이 '蓋'의 初
文으로 甲骨과 金文에서는 '그릇 위에 덮개를 더한 모양'이었다. '蓋'가
출현하기 전에는 '盍'으로 동사와 명사를 모두 충당했다. 이때 *gap은
동사를, *kaps는 동사의 완성태와 명사를 함께 나타내었다. 훗날 중국

어가 한 개의 형태소가 한 개의 독음을 갖는 방향으로 전환함에 따라 동사와 명사를 구별하기 위해 '盍' 위에 形符 '艹'를 첨가함으로써 '蓋'는 '덮개'라는 의미만을 나타내게 되었고 '盍'에는 '胡臘切'의 독음만 남게 되었다. 중국어에서 형태가 소멸됨에 따라 '덮다'의 의미의 독음인 *gap 이 구두어에서 점차 사라지게 되어 '덮다'의 의미의 완성태 형식인 *kaps가 동사의 모든 의미를 충당하기 시작한 것이다. 이것이 바로 '蓋'의 '古太切'이 이후의 구두어에서 동사도 충당하고 명사도 충당하게 된 배경이다. 그러나 '蓋'가 갓 출현했을 때에는 언제나 '盍'과 통용되었다. 예를 들면 '盍'의 '어찌...하지 않는가何不'의 의미는 '何不'의 合音으로 匣母 盍韻의 독음일 뿐이다. 그러나 '蓋'도 이 의미로 자주 사용되었다. 예를 들면 ≪禮記·檀弓上≫의 "그대는 어찌하여 그대의 생각을 공에게 말하지 않는가子蓋言子之志於公乎?"에 대하여 鄭玄은 "'蓋'는 모두 '盍'으로 바꾸는 것이 옳다. '盍'은 '어찌...하지 않는가'의 의미이다.[蓋皆當爲盍, 盍, 何不也.]"라고 주했다. 이는 ≪禮記≫가 저술된 시기에는 여전히 '蓋'와 '盍'이 자주 통용되었으나 鄭玄 시대에 그 용법에 이미 차이가 발생했음을 의미한다. ≪切韻≫의 일부 音義는 고대 字書의 것을 베낀 것이다. 만약 어떤 고대의 字書에 '蓋'에 '古太切'과 '胡臘切'의 두 개의 독음이 기록되어 있었고, '덮다, 덮개覆也, 苫蓋'와 같은 명확하지 않은 석의가 있었으며, 陸法言의 구두어에서 '덮다'의 의미를 가진 동사가 '古太切'이었다면 匣母 盍韻이 '덮개'의 독음이라고 오해했을 수도 있다. 잘못된 대응은 이 때문에 생긴 것으로 상세한 분석을 통해 그 유래를 알 수 있다.

사가르(Sagart 1986)는, 浦城·南城·寧都·永康·遂溪 등의 방언의 거성에 短音의 특징과 후두 긴장의 특징이 있다고 했다.

≪悉曇藏≫에는, 正法師가 전파한 중국어는 "去聲의 輕과 重 가운데 重은 길고 輕은 짧다.[去有輕重, 重長輕短.]"로, 聰法師가 전파한 중국어의 거성은 "음절 끝에는 輕과 重으로 나뉘는 미세한 차이가 있다. 평탄하게 끝나는 것은 輕이고 다소 높은 것은 重이다.[音響之終, 妙有輕重, 直止爲輕, 稍昂爲重.]"로 기록되어 있다. 이 두 방언에서 陰去는 모두 짧은 음조[短調]이다. 산스크리트의 운미 -h[visarga]를 중고의 거성으로 대역하지 않고 입성 운미인 -k로 대역했다. 따라서 상고 중국어의 운미 -s가 중고에 이르기까지 -h로 변화하지 않고 후두 긴장 특징을 동반한 거성으로 변화했다고 주장한 것이다.

鄭張尙芳(1994)은 사가르의 견해에 동의하며 티베트 서면어의 -ms와 -ŋs 운미가 각각 현대 라사[拉薩] 말에서 -mʔ와 -ŋʔ로 변화된 것과 같이 -s 〉 -ʔ의 변화 예가 많다고 했다. 중국어 방언에서 徽 지역 말 가운데 江西의 南城 말을 제외한 祁門 歷口・洪村・木塔에서 陰去는 모두 성문폐쇄음이나 후두 긴장의 특징을 동반하며, 黟縣에서는 유성음 성모의 거성과 무성음 성모의 입성이 동일 성조이며 모두 -ʔ를 동반하고, 山西의 陽曲에서 '續・置・稚・際・務' 등은 마치 운미 -ʔ를 동반한 입성처럼 읽는다고 했다. 이로써 운미 -s가 -ʔ로 변화한 흔적이라고 여긴 것이다.

현대 방언의 성조 상황을 살피면 거성이 두 가지 변화를 경과한 것으로 보인다. 첫째는 사가르가 언급한 바와 같이 거성의 운미 -s가 성문폐쇄음으로 변화한 후 다시 후두 긴장의 특징으로 변화한 것이다. 거성에 후두 긴장 특징이 동반된 방언에서는 상성에 성문폐쇄음이나 후두 긴장 특징이 동반된 예는 보이지 않는다. 또 하나의 변화 방향은 -s가 -h로 변화한 후 다시 하강조로 변화한 것이다. 상성에 여전히 후두 긴장 특징이 동반된 방언의 거성은 보통 이러한 변화에 속한다. 전형적인 예는 溫州 방언으로 상성에는 후두 긴장의 특징이 있으며 거성은 하강조인 것이다.

2. 上聲의 기원

오드리쿠르(Haudricourt 1954)는 다음과 같이 중고 중국어의 상성 글자가 베트남 한자어의 問聲(무성음 성모를 동반한 글자)이나 跌聲(유성음 성모를 동반한 글자)과 대응하는 반면, 古 베트남 한자어에서는 상성이 銳聲이나 重聲과 대응한다고 밝혔다. 아래의 예를 보자.

중국어	古베트남 한자어	베트남 한자어	중국어	古베트남 한자어	베트남 한자어
感	cam^5 [감동받다]	cam^3	寡	goa^5 [홀아비와 과부]	qua^3
捲	cuôn^5 [말다]	quyên^3	苦	kho^5 [고달프다]	khô^3
巧	kheo^5 [교묘하다]	xao^3	紙	giây^5 [종이]	chi^3
種	giông^5 [종족]	chung^3	主	chua^5 [주인]	chu^3
嬸	thim^5 [숙모]	thâm^3	草	thau^5 [거칠다]	thao^3
紫	tia^5 [자홍색]	tư^3	斗	đâu^5 [말(斗)]	đâu^3
比	vi^5 [비교하다]	ty^3	板	van^5 [판자]	ban^3
本	vôn^5 [원본]	ban^3	瓦	ngoi^5 [지붕]	ngoa^4
貯	chưa^5 [저축하다]	trư^4	染	nhuôn^6 [물들이다]	nhiem^4
忍	nhin^6 [참다]	nhân^4	禮	lay^6 [경례]	lê^4
每	moi^6 [모두]	môi^4	冷	lanh^6 [차다]	lanh^4

오드리쿠르는 더 나아가 베트남어의 重聲과 銳聲이 남어어족 언어의 성문폐쇄음 운미 -ʔ를 동반한 단어와 대응함을 고증했다. 예를 들면,

la⁵[면, 쪽]는 리앙어[Riang]의 laʔ와 대응하고, 크무어[克木語, Khmu]의 hlaʔ와 lua⁵[쌀]는 리앙어의 koʔ와 크무어의 rəmkoʔ와 대응하고, cho⁵[개]는 리앙어와 크무어의 soʔ와 대응하며, chây⁵[虱]는 리앙어의 siʔ와 대응한다. 성문폐쇄음 운미를 동반한 음절에서 성대의 긴장도가 증가함으로써 상승조가 생성되는데 처음에는 이러한 상승조가 성문폐쇄음의 부수적인 특징이었다가 성문폐쇄음이 탈락한 후 銳聲이나 重聲으로 변회히게 된 것이다. 고대 베트남 사람들은 성문폐쇄음 운미 -ʔ를 동반한 銳聲과 重聲으로 중국어의 상성을 대역했다. 이는 중고 중국어의 상성이 더 이른 시기에 운미 -ʔ를 동반한 바가 있었음을 의미한다.

사가르(邢公畹 1991 참조)는 중국어와 남도어족 언어가 친족어라는 관점에서 출발하여 중국어의 상성이 남도어족 언어의 *-q와 대응한다는 점을 밝혔다. 그렇다면 중국어 상성의 상고 기원인 *-ʔ가 *-q에서 기원했는지 여부에 관한 문제를 제기할 수 있다. 鄭張尙芳(1994)은 이 관점에 동의하는데 그 이유는 다음과 같다.

(1) 일부 중국어의 상성 글자가 아래와 같이 티베트어의 -g와 대응한다.

중국어	티베트어	중국어	티베트어
語	ŋag [말하다]	許	sŋag [찬양하다]
武	dmag [군대]	後	ɦog [아래]
韭	sgog [부추]	友	grog [친구]
擧	kjag [집다]		

앞의 네 개의 예는 보드만(Bodman 1980)이 이미 주목했던 것인데 아래에 몇 개의 예를 더 제시한다.

중국어	친족어
女	티베트어 ŋag [여자]
煮	버마어 kjak[밥을 익히다 < *klak[ကျက်]
	루세이어[Lushei] tlak[소금을 사용하지 않고 익히다]
腦	버마어 u³hnɔk⁴[뇌, ဦးနှောက်]

그러나 보드만은 이들 중국어의 상성 글자를 *-Vːk로 재구했다. 여기서 기호 'ː'는 상성의 후두 긴장 특징을 나타낸다.

(2) 鄭張尙芳(1994)은 상성에 애칭의 기능이 있다고 했다. 浙江 麗水, 廣東 韶關·南雄·福建 邵武 말 등에서 운미 -ʔ는 애칭 형식이다. 중국어의 친족 명칭에는 상성이 많다. 예를 들면 '祖·禰·考·妣·父·母·子·女·姊·弟·舅·嫂·婦 등이다. '頂·首·腦·眼·耳·口·齒·嘴·吻·額·頷·項·頸·領·乳·肚·手·肘·掌·爪·拇·指·髀·股·腿·踝·踵·體' 등의 신체 명칭도 상성이다. 따라서 이러한 애칭이 상고 중국어에도 이미 존재했음을 알 수 있다. 중국어의 상성 운미의 초기 형식은 -q로, 인도네시아어의 운미 -k와 어떤 어원적 관계가 있을 가능성이 있다. 예를 들면, 인도네시아어의 nénék[조부], bapak[부친], emak[모친], anak[자녀], adik[남동생] 등은 중국어의 '禰·父·母·女(孥)·弟'와 각각 대응한다. 또 古 돌궐어에서 애칭을 나타내는 접미사인 -qia와 -kiä가 중국어와 상호 영향 관계가 있었을지도 모른다.

(3) 古 남도어족 언어의 운미 -q는 현대에 이르러 -ʔ나 -h로 변화했다. 예를 들면 타오어[邵語, Thao][144]의 panaq[쏘다], 阿眉斯語[145]의

• • • • • • • • • • • • • • • • • • • •

144) 臺灣 平埔族의 邵族人이 사용하는 언어로 臺灣 원주민 언어의 하나이다.
145) 臺灣 원주민 언어의 하나이다.

pana?, 布嫩語146)와 인도네시아어의 panah는 중국어의 '弩' *naq>*na?
와 대응한다.

(4) 버마어의 높고 평탄한 음조는 중국어의 상성과 거성과 각각 대응
한다. 이 가운데 중국어의 상성과 대응하는 예는 아래와 같다.

耳	輔	疕	屎	手	虎	荏
na:	pa:[뺨]	phe[상처딱지]	khje	hnjɯ	kja:	hnam[참깨]
နား	ပါး	ဗွေး	ချေး	ဟညွ်	ကျား	နှမ်း

犬	馬	尾	烶	戶	伴	主
khwe	mra ŋ	mri:	mi:[불]	d-kha:	pwan[친구]	cɯ
ခွေး	မြင်း	မြီ	မီး	ဒ်ခါး	ပွန်း	စု

九	五	洗	滿	賈	苦	負
kɯ	ŋa:	tshe	hmwan	ka:	kha:	pɯ
ကိုး	ငါး	ဆေး	မွန်း	ကား	ခါး	ပုံ

중국어의 상성과 대응하는 -h는 -q에서 기원했으며 그 변화는 남도
어족 언어의 -q>-h와 동일하다.

풀리블랭크(Pulleyblank 1962-3: 225-227)는 상성 글자가 폐쇄음 운미
를 대음한 예를 몇 가지 들었다. 그 목적은 상성 글자가 성문폐쇄음
운미를 동반했음을 설명하기 위한 것이었다. 그는 중국어의 성문폐쇄
음 聲母가 돌궐어의 구개수 폐쇄음인 q를 대역했으므로 성문폐쇄음
운미도 당연히 돌궐어의 -q를 대역할 수 있었다고 했다. 돌궐어의 q를

146) 臺灣 원주민 언어의 하나이다.

대역한 중국어 影母 글자가 사실상 *q로 재구되므로 돌궐어 ¬q를 대역한 중국어의 상성 글자 역시 *q이었을 가능성이 있다. 이에 대해서는 본서의 제21장에서 다시 논의할 것이다. 아래는 풀리블랭크가 제시한 예들이다.

'獅子'는 토하리어[147] A의 ṣecake와 토하리어 B의 śiśäk에서 기원했을 가능성이 있는데 이는 상성 글자인 '子'로 ¬k 운미 음절을 대역한 것이다.

'昆子'는 ≪魏略≫에서 '모피가 있는 짐승'으로 기술하고 있다. 이는 돌궐어의 qarsaq[북극여우]일 가능성이 있다.

地名인 '子合'은 '朱駒波'로도 대역된다. 이 둘은 각각 다른 시기의 대음으로 '合' *gop은 '駒波' M.kiʊpɑ와 대응하고 '子' *tsɯq은 '朱駒' M.tɕiʊkiʊ와 대응한다.

'史'는 고대에 Kesh 人의 姓으로 사용되었다. Kesh는 Sogdiana[粟特]의 중심지이다. '史'는 음성적으로 *sulik(Sogdian)에 해당한다(필자는 '史'를 *srɯq으로, '粟特'은 *sŏklɯɯk으로 재구했다).

(흉노의) 冒頓이 정복한 '渾庾' *gunðoʔ(필자는 *Gunlŏ<*Gunlŏq로 재구한다)는 '葷粥' *hūnðūk(필자는 *hŭnlɯk<*qhŭnlɯk로 재구한다)일 가능성이 있다.

≪逸周書≫의 "'輕呂'로 그것을 쳤다.[而擊之以輕呂.]"에 대하여 孔晁은 "'輕呂'는 검의 이름이다.[輕呂, 劍名.]"로 注했는데 '輕呂'의 上古音은

---

147) 인도-유럽어족에 속하며 A와 B로 나뉜다. 이 두 언어는 6-8세기까지 타림분지(현재 中國 新疆 자치지역)에서 사용되다가 점차 위구르어에 동화되어 현재는 절멸되었다.

*khě ŋ raq으로 돌궐어의 ɖï ŋ ïraq과 대응했을 가능성이 있다(이상은 Pulleyblank 1962-3에서 인용).

상성이 원시 중국어의 운미 *-q에서 기원했다고 가정하면 비음과 설측음[lateral] 운미의 음절도 -q를 동반했는지 여부도 밝혀야 한다. 鄭張尚芳(1994)은 아래의 몇 가지 증거를 들어 폐음절의 上聲 -m?, - ŋ ?, -n?, -l?이 -mb, -ng, -nd, -ld에서 기원했다는 가설을 제기했다.

嬗[느리다] *tan?<*tand은 古 티베트어의 dald[느리다]과 대응한다.

坐 sdol?<*sdold는 古티베트어의 sdod[앉다]과 대응한다.

臉 krěm?과 頰 kleb은 티베트 서면어의 figram[뺨]과 대응하는데 이들은 더 이른 시기의 kremb류의 음에서 기원했을 가능성이 있다.

상고 시대에는 상성 운미가 각 지역 방언에서 모두 동일하지는 않았을 것이다. 어떤 방언에서는 상당히 오래된 형식인 *-q를 보존하고 있었을 것이고 어떤 방언에서는 *-?이었을 수도 있으며, 또 다른 방언에서는 더 나아가 성문폐쇄음이 탈락하고 후두 긴장 특징만 남아 있었을 것이다. 보드만(Bodman 1980)은 상고의 상성이 후두 긴장 특징에 불과하다고 했다. 상고의 압운에서 상성이 평성과 압운하는 예는 두 성조 글자의 전체 압운 합계의 1/10을 차지하고, 상성이 거성과 압운하는 비율도 1/10 정도이다. 그러나 상성이 입성과 압운하는 비율은 1/51(張日昇 1968)에 불과하다. 이로부터 상성이 평성이나 거성과 더 가까웠던 반면, 입성과는 다소 멀었음을 알 수 있다. 상성의 운미가 -q나 -ʔ이었다면 그 음성적 성격은 입성에 가까웠을 것이다. 따라서 상성은 상고의 중원 지역에서 현대의 溫州 말과 거의 같은 형태로서 후두 긴장 특징만 있어 평성이나 거성과 함께 동일한 舒聲類에 속했던 것으로 보인다. 필자는 이를 '˘'로 표기하여 성문폐쇄음과 구별하기로 한다.

중국어의 성조가 운미에서 기원했다는 점에 대해서는 의문이 없으며 현재의 논쟁의 초점은 성조의 생성 시기에 관한 것에 있다.

陳愛文·于平(1979)은 ≪普通話三千常用詞表≫의 통계에 근거하여 현대 普通話의 경우 병렬식 2음절 단어의 두 글자가 平上去入의 순서로 배열되는 경향이 있음을 발견했다. 이들은, 사람이 발화할 때에 힘을 적게 들이려는 본능적 욕구가 있음을 다음과 같이 주장했다.

> 평성을 발성할 때 가장 힘이 적게 들고 상성과 거성이 그 다음이며 입성을 발성할 때 힘이 가장 많이 든다. 또 무성음 성모의 陰調를 발음하는 하는 것이 유성음 성모의 陽調를 발음하는 것보다 힘이 덜 든다. 따라서 두 글자를 연속해 발화할 때 힘이 적게 드는 음을 앞에, 힘이 많이 드는 음을 뒤에 놓았다고 할 수 있다.

丁邦新(1975)은, ≪論語≫·≪孟子≫·≪詩經≫에서 병렬 구조로 이루어진 2음절 단어도 四聲의 성조 순으로 배열된 경향이 있었다고 했다. 이는, 상고에 이미 성조가 존재했다는 점을 반박하기 어려운 내부 증거인 것으로 보인다. 그러나 "2음절 단어가 四聲의 성조 순으로 배열된 경향이 있었다."는 해석 말고도 또 다른 해석도 가능하다. 상고의 평성은 零韻尾[zero ending]나 공명음[resonant] 운미를, 상성은 후두 긴장 성분을, 거성은 마찰음 운미를, 입성은 폐쇄음 운미를 동반했다고 가정하고 운미의 발음 강도를 작은 것으로부터 큰 것까지 차례대로 배열하면 바로 平, 上, 去, 入의 순서가 된다. 각 성조별로 발음할 때 힘의 강도가 달랐던 것이 성조 형태[調形]의 차이 때문이 아니라 운미의 성격이 달랐기 때문이라는 것이다. 위에서 제시한 여러 자료는 상성에 후두 긴장의 특징이 있으며 거성에 마찰음 운미가 있었음을 지지하는 훌륭한 증거이다. 그러나 설령 그렇다 해도 상고에 이미 성조가 존재했었을 가능성을 배제힐 수는 없다. 오드리쿠르가 구상한 것처럼, 마찰음 운미가 항상 성대의 이완을 동반해서 성조가 하강할 수 있었고 성문폐쇄음 운미를 갖거나 후두를 긴장함으로써 성조가 상승할 수 있었다. 따라서 운미 특징과 성조 특징은 자연스럽게 공존할 수 있었다. 그러므로 문제는 상고에 성조가 있었는지의 여부가 아니라 성조가 변별의 기능을 했었는지의 여부이다. 지금까지 입성 운미가 남아있는 현대 방언에서는 入聲調의 경우 성조 형태[調形]가 성조를 변별하는 기능을 하지 못한다. 예를 들면 上海 말의 입성에서 성조 변별의 기능을 담당하는 것은 성조 형태가 아닌 음의 길이이다. 따라서 상고 각 調類의 성조 형태는 운미의 부수적 특징에 불과하며 상성의 성문폐쇄음 운미와 거성의 마찰음 운미가 탈락된 이후에야 성조 형태가 변별의 기능을 하게 되었다고 단정할 수 있을 것 같다.

11

上古 중국어의 韻尾

　　淸代의 음운학자들은 중고에서 모음, 비음, 폐쇄음으로 끝나는 음절을 각각 陰聲韻, 陽聲韻, 入聲韻이라 칭했다. 이 개념들도 상고음 연구에까지 적용되었지만 이 가운데 陰聲에 대한 정의는 학자마다 다르다. 칼그렌 이후, 운미에 대한 재구가 저마다 달라 陰聲韻에 대한 이해도 차이가 있다. 이에 관해 크게 두 학파로 나뉜다. 첫째 학파의 대표로 王力(1960)을 들 수 있다. 그는 陰聲韻을 두 종류로 나누었다. 하나는 중고의 입성과 압운했던 거성 글자로, 상고 중국어에서 폐쇄음 운미가 동반되었던 것으로 보았다[148]. 나머지 陰聲 글자는 陰聲韻으로 분류하여 상고에 폐쇄음 운미를 동반하지 않았던 것으로 여겼다. 이러한 관점을 가진 학자로는 王力 이외에도 보드만, 백스터, 鄭張尙芳 등이 있다. 둘째 학파의 대표로 李方桂(1971)를 들 수 있다. 그는 중고의 거의 모든 陰聲 글자를 入聲과 함께 상고에서 폐쇄음 운미를 동반한 것으로 분류했고 歌韻 등의 일부 소수 글자만을 폐쇄음 운미를 갖지 않았던

---

148) 王力은 상고 중국어에서 입성과 압운했던 거성 글자가 長入聲의 형태로 규정하여 폐쇄음을 동반했던 것으로 보았다. 그는 한편 중고 중국어의 入聲 글자를 短入聲의 형태였다고 규정함으로써 양자를 구별하였다.

것으로 분류했다. 李方桂의 일부 陰聲 글자를 王力은 입성으로 분류하
고자 했다. 분류로 인한 번거로움을 피하기 위해 본서에서는 중고의
음성에 대한 정의를 그대로 사용하기로 한다. 그러나 이 가운데 상고
에서 입성과 압운했던 중고의 음성 글자들은 '促類陰聲 글자'로 부르고,
나머지는 '舒類陰聲 글자'로 부르기로 한다. 王力은 促類陰聲 글자를 입
성으로 분류했고 李方桂는 유성음 운미를 동반한 것으로 보았다. 또 본
서에서는 王力의 명칭을 채택하여, *-ŋ과 *-k로 끝나는 운부 및 이와
대응하는 陰聲韻인 魚·支·之·幽·侯部 등은 甲類韻으로, *-n와 *-t로
끝나는 운부 및 이와 대응하는 陰聲韻인 歌·脂·微部 등은 乙類韻으
로, *-m와 *-p로 끝나는 韻部는 丙類韻으로 부르기로 한다.

1. 上古의 入聲 韻尾

칼그렌이 입성 운미를 *-p, *-t, *-k로 재구한 주요 근거는 일본의 吳
音이나 漢音에서 입성 글자가 -b, -d, -g가 아닌 -p, -t, -k로 음역된 점
이다. 예를 들면 '各'은 kaku로 음역되었는데 당초에 일본인들에게 '各'
이 청각적으로 kag으로 들렸다면 kagu로 대역했을 것이라는 것이다.
칼그렌의 이와 같은 증거는 부정하기 어려워 그가 재구한 중고의 입성
운미인 -p, -t, -k는 지금까지도 수용되고 있다. 그러나 중고 중국어의
운미가 -p, -t, -k라고 해서 상고 중국어도 반드시 -p, -t, -k라 할 수 없
다. 최근 들어 俞敏(1984a)과 鄭張尙芳(1987, 1990a)은 상고의 입성 운미
가 *-b, *-d, *-g라는 견해를 제기했다. 아래는 이들이 제시한 증거이다.

(1) 俞敏의 주요 근거는, 아래와 같이 중국어 입성 글자에 유성음 운
미가 동반되었음이 초기의 산스크리트-중국어 대역에 반영되었다는
점이다.

漢字	산스크리트	원 대역	원 단어	原經律論
遏	ar	遏迦	arghya	摩登迦經
鬱	ud	鬱頭	udraka	中本起經
揭	gar	蔡揭	sāgara	阿彌陀經
掘	gul	鴦掘摩羅	amgulimala	撰集百緣經
涅	nir	涅槃	nirvāṇa	般舟三昧經
弗	pur	弗沙	puruṣa	摩登伽經
拔	bhad	拔陂	bhadrapāla	拔陂菩薩經
佛	bud	佛	buddha	理惑論
律	rud	阿那律	aniruddha	維摩詰經
薩	sar	薩云若	sarvajña	般舟三昧經
越	var	震越	civara	文殊師利問菩薩署經

(2) 鄭張尙芳은, 어떤 방언에서 유성 저해음[149] 성모가 입성 운미와 공존하는 경우 입성 운미가 -ʔ로 변화하지 않았다면 운미는 흔히 유성음의 형식을 취하는데, 이때 유성 폐쇄음 운미의 무성음화는 유성 폐쇄음 성모의 무성음화와 평행하다고 했다. 예를 들면 성모에 여전히 유성 폐쇄음이 남아 있는 아래의 현대 방언에서는 유성음 입성 운미가 여전히 존재한다.

••••••••••••••••••••

149) 본서의 원문에서는 전통 용어인 '全濁音'을 사용하고 있으나 본 역서의 상고음 편에서는 이에 해당하는 현대 음성학 용어인 유성 저해음[voiced obstruent]을 사용하기로 한다.

廣東 連山 말

운미 ˉg	息 sɛg⁵	滴 ʔdeg³⁵	賊 zɑg¹³	白 bag¹³
운미 ˉd	雪 sod⁵⁵	橘 koɐd⁵	血 hyd⁵	滑 ɦuad¹³

江西 湖口 말

운미 ˉg	直 dzig²³	角 kɔg⁵	踢 ɖig²³	各 kɔg⁵
운미 ˉ l	割 kol⁵	骨 kuɐl¹⁵	拔 bal²³	

(3) 아래에 나타난 상고 중국어로부터 차용한 일본어 단어는 입성이 유성 폐쇄음 운미를 동반했음을 반영한다.

운미 ˉg

麥 mugi, 琢 togu, 直 sugu, 削 sogu, 剝 pagu

운미 ˉd

筆 fude(< pude)

葛 kadu, '葛羅' kadura에 보인다.

窟 kude, 현대 일본어의 의미는 '부엌 뒤의 연기가 나가는 구멍'이다. 한국어의 '굴뚝'[窟突]과 비교할 수 있다.

綴 tudu, 티베트어의 sdud[연속하다]와 대응한다.

物 mono(< ˉmodo)

운미 ˉb

甲 kabu, '甲兜' kabuto에 보인다.

頜 kubi, 현대 일본어의 의미는 '머리', '목'이다.

汲 kumi(< ˉkubi)

蛤 gama(< ˉgaba), 중국어의 '蛤 > 蝦蟆'와 같은 식의 변화이다.

(4) 티베트 서면어의 폐쇄음 운미는 ¯p, ¯t, ¯k가 아닌 ¯b, ¯d, ¯g이다. 티베트어 문자가 아주 오래된 문자 가운데 하나이므로 그 폐쇄음 운미의 유성음적 성격이 고대 언어의 특징을 반영하고 있음은 명백하다.

俞敏과 鄭張尙芳의 증거가 충족되었으므로 필자는 그들의 재구에 전적으로 동의한다. 그러나 상고의 폐쇄음 운미에 무성음과 유성음의 대립이 없었으므로 *¯p, *¯t, *¯k로 재구하든 *¯b, *¯d, *¯g로 재구하든 음소적으로는 전혀 차이가 없다. 대다수의 음운학자들이 *¯p, *¯t, *¯k로 재구할 뿐만 아니라, 시노-티베트어족 언어에서 티베트 서면어를 제외하면 폐쇄음 운미가 대체로 ¯b, ¯d, ¯g가 아닌 ¯p, ¯t, ¯k이므로 비교의 편리를 위해 필자의 저작에서는 상고의 입성 운미를 ¯p, ¯t, ¯k로 표기하고자 한다.

2. 陽聲韻部의 韻尾

余迺永(1985)은, 陰聲韻의 거성에 운미 ¯s가 동반되었고 상성에 운미 ¯ʔ가 동반되었다는 관점은 받아들였지만 陽聲韻의 비음 운미 뒤에는 어떠한 운미도 출현하지 않았다고 했다. 그 이유는 ≪詩經≫의 陽聲韻의 전체 韻脚 1,656개 글자 가운데 상성과 거성이 각각 100여 글자에 불과할 뿐 아니라 그 가운데 거의 절반이 평성과 압운했다는 것이다. 이러한 압운 행위는 陰聲韻의 상황과 현저한 차이가 있다. 실제로 段玉裁의 ≪六書音均表≫에서도 陽聲 韻部가 모두 평성에 들어가 있는데 이는 余迺永의 관점과 일치한다. 王力(1980a)은, 운미가 ¯ŋ이나 ¯n인 陽聲韻인 경우 이들에 속했던 여러 거성 글자가 평성에서 기원했으며, 운미가 ¯m인 陽聲韻의 거성 글자도 여러 개가 입성에서 기원했다고 주장했다. 풀리블랭크(Pulleyblank 1962-3: 231ff.)는 譯音 자료에서 仄聲이 ¯ŋ

인 예를 찾기 어렵다 밝혔는데 이는 아마도 같은 맥락일 것이다. 그러나 아래의 몇 가지 증거는 고대의 陽聲 韻部에도 상성과 거성이 존재했음을 지지한다.

(1) ≪詩經≫의 압운을 살피면 陽聲韻의 상성이나 거성도 어느 정도의 독립성이 있었음을 알 수 있다. 거성이 거성과 압운했던 경향이 대단히 두드러졌음에 대해서는 周祖謨(1941)가 상세하게 설명했다. 예를 들면 元部에서 거성끼리 獨用한 예는 38개인데, 거성과 상성이 同用한 예는 8개, 거성과 평성이 同用한 예는 18개라고 했다. <匏有苦葉>에서 '雁·旦·泮'이 협운하고, <羔裘>에서 '晏·粲·彦'이 협운하며, <女曰鷄鳴>에서 '旦·爛·雁'이 협운하고, <頍弁>에서 '霰·見·宴'이 협운했는데 이들 모두가 거성 글자이다. <氓>에서는 '怨·岸·泮·晏·旦·反'이 협운하는데 이들 6개의 韻脚 가운데에는 평성 글자가 없으며 '反' 이외에는 모두 거성 글자이다. <邶·柏舟>에서 '轉·卷·選'이 협운하고, <伐木>에서 '阪·衍·踐·遠·愆'이 협운했는데 '愆'을 제외하면 모두 상성 글자이다. 따라서 양성운에서 상성과 거성이 독립적으로 압운한 추세가 陰聲韻만큼 뚜렷하지는 않지만 이들 간의 경계는 여전히 뚜렷하다고 할 수 있다.

(2) '量'이 동사일 때는 평성이며, 명사일 때는 거성이다. 이는 티베트 서면어의 ɦraŋ[수를 세다(동사)], graŋs[수량(명사)]와 각각 대응한다. 명사 '量'에 운미 -s가 후행하지 않았다면 어떠한 근거로 동사와 구별되었고 또 나중에 어떻게 거성으로 변화했겠는가?

(3) 潘悟雲(1987b)은, 王力 등이 진행한 상고 성조에 대한 연구에서 先秦의 一字多音 현상을 간과한 채 중고 이후의 형식인 漢字의 一字一音을 상고 성조 연구의 출발점으로 삼았고 중고 이후의 통상적인 독음으

로 先秦 韻文의 성조를 비교했다는 점을 문제점으로 지적했다. 상고시기에 평성과 거성의 두 개의 독음을 가진 어떤 글자가 있었다고 가정해 보자. 이 글자가 先秦 운문에서 평성의 독음에 해당하는 글자로서만 출현했다가 훗날 공교롭게 평성의 독음이 사라지고 거성의 독음만 남게 되었다면 오늘 날의 기준으로 ≪詩經≫의 韻을 바라볼 경우 평성과 거성이 合韻했다는 결론에 이르게 될 것이다. 그는 아래와 같이 두 개의 예를 들었다.

'降'에는 원래 두 개의 독음이 있었다. 하나는 匣母 江韻 平聲으로 자동사이고 또 하나는 見母 江韻 去聲으로 사역동사이다. 이 두 개의 의미는 나중에 합병되었는데 見母 去聲이 통상적인 독음이 되면서 이 독음이 사역과 자동의 의미를 겸하게 된다. 匣母 평성의 독음이 字書에는 남아 있지만 거성의 독음과 의미가 완전히 같으면서도 구두어에서 다시는 사용되지 않게 된 異讀 글자가 되었다. 그렇지만 ≪經典釋文≫에서는 ≪詩經≫의 40개의 '降'에 대하여 注音한 바 있어 이 독음의 수명이 언제 끝났는지 알 수 있다. 즉 자동사에 대해서는 보통 '戶江反'으로 注한 반면 사역동사에 대해서는 따로 주음하지 않고 見母 去聲임을 의미하는 '如字'라 기록했다. ≪詩經≫·≪楚辭≫·≪禮記≫ 등의 운각에 출현했던 '降'에는 자동사의 용법만 있어 모두 평성으로 읽혔다. 만일 ≪經典釋文≫이 어떠한 단서도 제공하지 않은 채 현대의 거성의 독음과 先秦의 평성 운각만 비교했다면 현재 남아 있는 거성이 상고의 평성에서 변화된 것이라고 결론지었을 것이다.

周祖謨(1941)는 耕部 거성이 독용된 41개의 예와, 평성과 통압한 34개의 예를 인용했다. 그 가운데 '正'이 평성과 압운한 예가 19개 있다. '正'에는 평성과 거성의 두 가지 독음이 있지만 현존하는 고대 문헌에서의

주음은 혼란스럽다. '正'은 다음과 같은 몇 가지 주요한 의미를 지니고 있다. ① ≪詩經·猗嗟≫의 "과녁을 빗나가지 않는구나.[不出正兮.]"에서는 '화살 과녁'의 의미인데 ≪釋文≫에서는 '音征'으로 주했으며 ≪詩經≫의 운각은 모두 평성 글자이다. ② '치우지지 않고 올바르다'는 의미의 '正'은 거성이며 운문에도 반영된 바 있다. 예를 들면 ≪易·臨≫에서는 '正·命'이 협운하고 ≪易·訟≫에서는 '正·敬'이 협운한다. ③ '首'의 의미이다. '正月'은 '음력 정월[首月]'의 의미로 각 지역 현대 방인의 구두어에서도 '正'은 여전히 평성으로 읽는다. 베트남어에서 '正月'의 의미인 경우는 giêng¹으로 읽히며 중국어의 평성과 대응한다. 그러나 ≪詩經·正月≫의 '正'에 대해 ≪釋文≫은 '音政'이라고 注했는데 이는 거성에 해당한다. ≪詩經·節南山≫의 "하늘이 공평하지 않아 우리 왕이 편안하지 않다. (신하의) 그 사악한 마음을 제지하지 않아 도리어 (백성들이) 그 왕을 원망하는구나.[昊天不平, 我王不寧, 不懲其心, 覆怨其正.]"에 대해서는 주음하지는 않고 "長也."로 해석하고 있다. ≪釋文≫에서 '長'에 대하여 '張丈反'으로 주음하고 있으므로 '長'이 '길다'의 의미가 아니라 '머리[首]'의 의미임을 알 수 있다. 또 '正'은 이 장에서 평성과만 압운한다. ≪詩經·斯干≫의 "넓고 평평한 뜰, 높고 곧은 기둥, 대청은 곧고, 방안은 낮에는 넓고 밝으며 밤에는 어두우니 군자가 편하게 살 곳이다.[殖殖其庭, 有堂其楹, 噲噲其正, 噦噦其冥, 君子攸寧.]"의 '正'에 대하여 ≪毛傳≫은 "長也."로 ≪釋文≫은 "正, 音政."으로 주했다. '長'의 의미를 가진 '正'에 대하여 陸德明이 일부러 거성으로 읽도록 주한 이유는 당시의 많은 문인들이 이를 평성으로 읽고 있었으므로 陸德明이 音注를 통해 이를 바로 잡으려 했던 것이다. 그러나 고대 문헌에서 '長'으로 해석된 '正'은 모두 평성과 압운했고 '正月'의 '正'이 평성이었음은 글을 몰랐던 농부도 알 수 있었는데 이 음은 일찍이 베트남으로 전파되었다.

따라서 의미가 '首'인 '正'이 평성이어야 하므로 陸德明의 주음이 잘못되었음을 알 수 있다. 만일 이러한 의미의 '正'을 거성으로 처리한다면 평성과 거성 간의 通押이라 여겨지는 예는 당연히 많을 것이다.

그렇지만 《詩經》의 陽聲韻의 예에서 상성과 거성 글자가 많지 않았음은 분명한 사실이다. 이는 陰聲과 명확히 대비되는 것으로 이 현상에 대한 분석이 필요하다. 陽聲韻 이외에 陰聲韻의 歌部 운각도 대부분 평성 글자였음을 발견할 수 있다. 다음 절에서 歌部의 운미가 *ㅓ이었음에 대하여 논의하겠지만, 공명 자음의 운미인 ㄱ나 ㅓ에 운미 ﹣s가 후행하면 운미 자음이 지나치게 늘어지므로 노래하기 적합하지 않았던 것으로 보인다. 상성은 후두 긴장의 성격을 가지고 있었는데 운미 ㄱ나 ㅓ를 후두 긴장음으로 바꾸면 그 역시 노래하기에 적합하지 않았다. 따라서 이들 운부에 상성과 거성이 많지 않았던 것이다. 풀리블랭크가 제시했던 대역 글자 가운데에 仄聲의 ﹣ŋ 운미 글자가 적었던 것도 이와 같은 발음상의 문제에 기인했던 것으로 보인다.

3. 陰聲韻部의 韻尾

중고 음성운의 상고 운미의 성격에 관하여 각 학자들은 다양한 논의를 진행했는데 종합하면 대체로 두 학파로 나눌 수 있다. 첫째 학파는 칼그렌과 李方桂의 견해가 중심이다. 이들은 상고의 음성운에 유성 폐쇄음 운미가 동반되었다고 주장했다. 둘째 학파는 王力을 대표로 하는데 그는 음성운의 음절이 상고에 모음이나 공명음으로 끝났다고 주장했다.

음성운이 상고시기에 폐쇄음 운미를 동반했다고 주장한 학자들의 주요 근거는 음성운이 모두 입성운과 協韻·諧聲했다는 점이다. 예를

들면 '措'의 聲符는 '昔', '蓋'의 聲符는 '盍'이다. ≪大雅・生民≫에서는 '害'
와 '月'이 압운한다. '昔・月・盍'의 운미가 각각 *-k, *-t, *-p임이 분명하
므로 '措・害・蓋' 역시 이 운미들과 가까운 모종의 폐쇄음 운미를 반
드시 동반했다는 것이다. 칼그렌은 이들의 운미를 유성 폐쇄음 *-g, *-
d, *-b로 각각 재구했는데, 여러 학자들이 그의 재구음에 동의했지만
몇 개의 소수 운부에 대한 견해는 다음과 같이 다르다.

(1) 칼그렌은 전통 魚部와 侯部를 각각 두 종류로 대별했다. 첫째는
입성과 압운하는 글자로 그 운미를 *-g로 재구했다. 예를 들면 魚部의
'度・乍・霸・射・借'와 侯部의 '務・裕・竇' 등이다. 둘째는 입성과 압
운하지 않는 것들로 어떠한 운미도 갖지 않았다는 것이다. 예를 들면
魚部의 '家・苦・土・魚'와 侯部의 '句・主・數' 등이다. 董同龢(1948a)는
해성이나 ≪詩經≫의 압운 등 여러 측면에서 많은 예를 들어 위의 두
종류 간에 상호 관계가 있었으므로 사실상 이들을 나눌 수 없다고 설
명했다. 李方桂(1971)는 董同龢의 견해에 동의하며 전통 魚部와 侯部를
*-g로 재구했다.

(2) 칼그렌은 전통 微部를 두 종류로 나누었다. 첫째는 입성과 압운
한 글자들로 그 운미를 *-d로 재구했다. 둘째는 입성과 압운하지 않았
지만 文部 *-n와 관계가 있는 글자들로 그 운미를 *-r로 재구했다. 그러
나 董同龢(1948a)는 여러 개의 근거를 제시하며 사실상 이들을 명확하
게 나눌 수 없다고 했다. 이에 따라 董同龢와 李方桂(1971)는 이들의 운
미를 모두 *-d로 재구했다. 微部 가운데 '火', '縈', '爾' 등의 소수의 글자
들은 중고에 이르러 운미 -i를 동반하지 않은 歌韻이나 支韻으로 귀속
되었는데 이들을 제외한 나머지는 중고에 이르러 운미 -i를 동반한 韻
으로 변화했다고 했다. 董同龢는 李方桂의 관점을 받아들여 歌韻이나

支韻으로 귀속된 글자들이 동반했던 운미 *-r가 중고에 이르면서 탈락한 것으로 보았다. 그러나 운미가 *-d인 글자는 많았으나 운미가 *-r인 글자가 현저히 적었다는 점은 음운 체계의 구조 상 적합하지 않다. 사실상 이들 소수의 글자는 전통 歌部에 속해 있어야 한다. 이에 따라 운미가 *-r인 글자들과 微部의 관계는 歌·微 旁轉으로 해석할 수 있다.

(3) 칼그렌은 전통 歌部를 두 종류로 나누었다. 첫째는 *-n와 관계가 있었던 것으로 역시 *-r로 재구했다. 예를 들면 <邶風·新台>에서 '瀰'가 '鮮'과 압운했고, '驒'에 '徒河切'과 '徒干切'의 두 개의 독음이 있었던 것을 들 수 있다. 둘째는 *-n와 관계가 없는 것으로 어떠한 운미도 동반하지 않았다고 여긴 것이다. 董同龢는 歌部 끼리의 해성이나 협운도 있었지만 이것 말고도 歌部와 元部 사이에도 해성이나 협운이 있었다고 했는데 이를 對轉 현상이라 했다. 諧聲과 ≪詩經≫의 압운을 통해서는 양분할 수 없었으므로 董同龢는 이들을 한 종류로 합쳤는데 이때 이들이 어떠한 운미도 동반하지 않았다고 했다. 李方桂(1971)도 董同龢와 같이 이들을 하나로 보았는데 이들의 운미를 *-r로 재구한 점은 董同龢와 다르다.

陰聲韻이 자음 운미를 동반했다는 견해에 반대하는 주요 논거는 아래의 몇 가지이다.

(1) CV 형이 언어에서 가장 흔하고 가장 자연스러운 구조이므로 전 세계의 거의 모든 언어는 개음절을 가지고 있다. 王力(1960)은 "현존하는 시노-티베트어족 언어 가운데, 칼그렌이 재구했던 상고 중국어처럼 개음절이 대단히 적은 언어는 전혀 찾을 수 없다. 사이먼[Simon]이 재구했던, 개음절이 전혀 없는 언어는 더더욱 말할 필요가 없다."고 했다. 상고 중국어가 개음절이 없거나 극히 적은 언어라고 추정한다면 이는

언어의 보편적 현상과 부합하지 않는다. 그러나 李方桂(1956)는 "타오어[邵語, Thao]에는 모음으로 시작하는 글자가 없고 모두 성문폐쇄음으로 시작하며 모음으로 끝나는 글자도 없으며 모두 성문폐쇄음으로 끝난다."고 했다. 풀리블랭크(Pulleyblank 1962-3: 211 ff.)는 개음절이 결핍된 언어의 또 다른 예를 들었다. 7세기의 古 몬어[古孟語, Old Mon]는 3개의 단모음 a, i, u와 5개의 장모음 ā, ī, ū ,ē, ō를 인도어의 字母로 표기하였다. 장모음은 차용어와 두 개의 문미 조사에만 출현하고 단모음은 모두 음성적으로 운미 -ʔ를 동반한다. 그러나 이들이 언급한 -ʔ가 성문폐쇄음이라 할 수 있는지에 대해서는 의문의 여지가 있다. 동남아시아 언어에서 성모를 ʔ-로 표기하는 경우가 있는데 이는 음소적으로는 모두 零聲母이다. 이것은 소위 '탁류'[150]라고 하는 것과 마찬가지로, 모음 발화 시 성문이 열리는 특유의 방식에 지나지 않는다. 중국어의 현대 방언에서 운미 -ʔ는 보통 성문 자질로 나타나는데 음성학적으로 자음의 조음 특징[articulation]과는 다른, 발성 특징[phonation]에 속한다. 古 몬어의 -ʔ가 이러한 성격이었는지 여부는 아직도 명확하지 않다. 李壬癸는, 타오어에서 성문폐쇄음 운미가 다음 글자와 연속될 때에는 자연스럽게 탈락되어 음소 단위를 이루지 못한다고 했다(余逎永 1985: 166 재인용). 따라서 이와 같은 경우, 칼그렌과 李方桂의 상고 운미 *-b, *-d, *-g, *-r와 동일시하면 안 된다. 풀리블랭크(Pulleyblank 1962-3)와 余逎永(1985)은 李方桂의 -g를 -ɦ로 수정했으며 周法高(1969)는 -ɣ로 수정했는데 실제로 이것은 -g와 零韻尾 사이의 중간을 취한 것에 지나지

150) 현대방언 가운데 주로 吳方言의 유성 저해음이 유기의 성분이 있는 것으로 알려져 있는데 이와 유사한 것으로 보인다. 예를 들면 王力은 吳方言의 유성 저해음인 bʱ-, dʱ-, gʱ-를 pʱ-, tʱ-, kʱ-로 재구했는데 ɦ이 바로 탁류와 같은 음으로 추정할 수 있다.

않는다. 또 진정으로 개음절이 없는 한 두 개의 언어를 찾아낸다 해도 개음절을 동반한 수 천 개의 언어와 비교하면 어떤 문제도 설명할 수 없다. 그러나 일부의 재구된 고대 언어는 모두 폐음절이었던 것 같다. 예를 들면 원시 인도유럽어족 언어의 어근은 CVC형(Chrystal 1988)이고, 원시 남도어족 언어의 어근도 CVC형이며(Blust 1988), 古 티베트어의 폐음절 어근이 현대 티베트어보다 훨씬 많지만, 원시 중국어 역시 CVC 형이었는지의 여부에 대해서는 앞으로 연구가 필요하다. 그러나 상고 중국어 단계의 모든 음성운을 폐쇄음 운미로 재구할 필요는 없다.

(2) 시노-티베트어족 언어의 특징 가운데 하나는, 폐음절이 폐쇄음 이나 공명음으로 끝날 경우 이들은 일률적으로 불파음[unreleased sound][151]이다. 불파음은 선행 모음에 대한 후전이음[off-glide]의 일종 인데 저해가 제거되지 않으므로 그 폐쇄음이 무성음인지 유성음인지 청각적으로 구분하기 어렵다. 따라서 시노-티베트어족 언어에서 폐쇄 음 운미에는 무성과 유성의 대립이 있을 수 없다(王力 1960). 그러나 王力이 제시한 증거가 불충분했다는 이유와, 현대 시노-티베트어족 언 어의 폐쇄음 운미가 불파음이라는 이유로 상고 중국어의 운미도 불파 음이었다는 결론을 도출할 수는 없다.

(3) 魏建功(1929)은, '吁'는 탄식하는 소리, '呱'는 우는 소리, '許許'는 나

---

151) 王力은 董同龢(1948a: 46)의 '唯閉音[implosive]'이라는 용어를 그대로 사용하였다. 그러나 현대적 의미에서 'implosive'는 한국어의 '내파음'에 해당한다. 이 음은 성문의 위와 아래의 공기 압력차를 이용하여 공기가 성문 아래로 빨려 들어가면서 발성된다. 그러나 현대적 의미에서 중국어의 입성 운미의 발성 방법은 이와 달리, 공기가 허파로부터 출발하여 조 음 기관의 특정 부위에서 저해를 받지만 저해가 해제되는 과정이 생략된 방식이다. 이러 한 음을 unreleased sound, 즉 '불파음'이라고 한다. 따라서 본 역서에서는 '불파음'으로 모두 바꾸어 번역한다.

무를 베거나 물건을 힘껏 들어 올리는 소리로 이들 의성어 글자들이 개음절이어야 한다고 밝혔다. 陰聲이 모두 폐음절이라고 주장한 陸志韋(1947) 조차도 이에 대해서 다음과 같이 회의적인 입장을 취하고 있다.

> 옛 서적의 한 구절을 임의로 펴 읽어 보자. '井灶·門戶·箕帚·臼杵'와 같은 것들은 -ŋ, -g, -n, -g, -g -g -g -g로 읽는데 이렇게 읽기 힘들어서야… …≪大雅≫와 ≪頌≫의 '於乎'를 ɑg-xɑg로 재구하는 것보다 ɑ-xɑ로 재구하는 것이 훨씬 더 실제와 부합한다.

유사한 예 몇 개를 더 들어보자. '鳥'는 새가 우짖는 소리를 본뜬 것이고, '鳩·牟·咩·狐'는 각각 비둘기, 소, 양, 여우의 우는 소리로부터 이끌어내어 발성한 것이므로 폐쇄음 운미를 동반한 촉급한 성조라 할 수 없다. 상고 중국어의 어기 조사와 어기사 대부분은 甲類의 陰聲 글자이다. 예를 들면 '夫·乎·邪·矣·耳·哉·歟·兮·些·玆·胥·斯·吁·嘻·咨·噫·嗚呼' 등이다. 이들은 모두 소리에 이끌려 만들어낸 단어이다. 이들이 -g를 동반한 폐음절이었다면 당시 屈原이 〈帝高陽之苗裔兮(나는 고양 임금의 후예)〉를 어떻게 소리 높여 노래 부를 수 있었는지 상상하기 어렵다. '呼'가 -g를 동반하지 않아야만 시원스럽게 발음할 수 있는 소리가 된다.

(4) 음성 운미가 -b, -d, -g라면 이들과 입성 운미 -p, -t, -k의 관계는 성모 b-, d-, g-와 p-, t-, k-와의 관계처럼 밀접할 것이다. 그러나 음성운 가운데 거성이 입성과 다소 밀접하다는 것 이외에는 평성이나 상성이 입성과의 관계가 보잘 것 없으므로 언급할 바가 못 된다(陳新雄 1972).

(5) 潘悟雲(1997a)은 음성운에 폐쇄음 운미가 동반되지 않았음을 지

지하는 또 다른 내부 증거를 제시했다.

中原의 음성 변천사에서 '모음의 후설 고모음화'라는 중요한 음성 규칙이 있다. 이는 주요모음이 후설 고모음의 방향으로 변화하여 마침내 후설 고모음의 극단인 u나 ɯ로 변화한 후 다시 분열을 거쳐 복합모음이 되었다는 것이다. 이후에는 복합모음을 구성했던 두 단음 간의 간격이 다시 서로 벌어지는 방향으로 변화했다. 예를 들면 다음과 같다.

> 魚部 模韻 : a(상고) > ɑ(前漢) > ɔ(後漢) > o(중고) > u(현대)
> 幽部 豪韻 : u(상고) > əu(중고 이전) > ɑu(중고)
> 侯部 侯韻 : o(상고) > u(중고 이전) > əu(중고)
> 之部 咍韻 : ɯ(상고) > ᵊɯ > əi(중고)

그러나 이러한 음성변화 규칙에는 일정한 조건의 제한을 받는데, 전설 고모음 韻(支·脂韻)에서는 이러한 규칙이 적용되지 않으며 전형적으로 1등운에 나타난다. 아래에 甲類韻의 1등 開口韻을 예로 들었다.

상고	魚 a	鐸 ak	陽 aŋ	之 ɯ	職 ɯk	蒸 ɯŋ
중고	模 o	鐸 ɑk	唐 ɑŋ	咍 əi	德 ək	登 əŋ
현대	u	o	ɑŋ	ai	ɤ	əŋ
상고	幽 u	覺 uk	冬 uŋ	侯 o	屋 ok	東 oŋ
중고	豪 ɑu	沃 uok	冬 uoŋ	侯 əu	屋 uk	東 uŋ
현대	ɑu	u	uŋ	ou	u	uŋ

위의 표를 통해 양성운이 운미를 계속해서 동반하고 있어 상고에서 현대에 이르기까지 큰 변화가 없었음을 알 수 있다. 입성운이 중고에

이르러서도 여전히 운미를 동반하고 있었으므로 중고 이전에는 입성운의 주요모음은 이들과 대응하는 양성운과 완전히 동일하다. 그러나 중고 이후에 입성 운미가 탈락하여 舒聲韻으로 변화함에 따라 음의 변화 속도는 갑자기 빨라지게 되었다. 舒聲韻이 상고에 운미를 동반했는지 여부는 아직도 논의가 필요한 문제이지만 중고시기에 운미가 이미 모두 탈락해 있었으므로 이들의 변화의 속도가 양성이나 입성보다 조금 더 빨랐던 것이다.

입성이 운미가 탈락하기 이전에는 양성운의 변화 속도와 같았으므로 다음과 같은 결론을 얻을 수 있다. 음성운이 상고에 폐쇄음 운미를 동반하고 있었다면 운미가 탈락하기 전에는 그 변화 속도 역시 양성이나 입성과 같았어야 할 것이다. 반면 변화 속도가 동일하지 않았다면 이들이 어떠한 운미도 동반하지 않았다 할 수 있다.

칼그렌파의 관점으로 보았을 때 음성운의 폐쇄음 운미는 어느 시기에 탈락하기 시작했는가? 음성운이 상고에 폐쇄음 운미를 동반했다고 하는 이들 주장의 주요 근거는 음성운과 입성운이 통압했다는 점이다. 이 현상이 늦게는 漢代까지도 존재하고 있었는데 羅常培·周祖謨(1958)는 음성운과 입성운 사이의 많은 압운례를 제시했다. 따라서 칼그렌파의 관점에 의하면 음성 글자가 漢代에도 여전히 폐쇄음 운미를 동반하고 있었다고 할 수 있다. 그러나 음성운의 변화 속도는 前漢 시기에 양성이나 입성과 이미 명확히 달라져 있었다. 가장 두드러진 예가 바로 魚部와 侯部이다. 이 韻部들은 先秦 시기에는 근본적으로 서로 압운하지 않았으나 漢代에 들어오면서 대량으로 압운하게 된다. 그러나 이들과 대응하는 양성운 陽部와 東部 사이나 입성운 鐸部와 屋部 사이에는 압운 현상이 없었다(羅常培·周祖謨 1958). 이 현상을 설명하려면 魚

部가 前漢 시기에 이미 ɔ를 향해 변화하고 있어 侯部 o와 간헐적으로 압운했다고 상정해야만 한다. 반면 陽部와 鐸部의 주요모음에 변화가 없어 東部나 屋部와 압운하지 않았던 것이다. 魚部의 변화 속도가 陽部나 鐸部와 달랐다는 것은 前漢 시기의 魚部에 운미가 없었음을 의미할 뿐이다.

이와 같은 여러 가지 이유가 상고 중국어가 모든 음절이 폐음절이었거나 폐음절이 다수를 차지했던 언어일 수 없음을 말해주고는 있으나 명망 있는 여러 음운학자들은 상고의 음성운이 폐쇄음 운미를 동반했다고 주장하고 있다. 그 이유는 도대체 무엇인가? 다음과 같은 陸志韋 (1947)의 언급으로 이 문제에 대해 답하고자 한다.

> 《詩經》의 압운과 해성을 통해 일부를 입성과 분리했다고 해서 그 분리된 일부가 상고에 개음절이었다고 증명할 수는 없다. 우리의 결론이 상식과 부합하지 않더라도 자료에 의거해 이와 같은 결론을 얻었을 뿐이다. 재구의 결과는 재구의 방법을 따라야 한다. 고금을 막론하고 지금까지 이 방법만 있으며 이것 이외에는 참고할 만한 비교 언어학적 현상이 없다.

중국의 학문에는 자료를 대단히 중시하는 훌륭한 선통이 있다. 상식과 맞지 않더라도 자료를 따를 수밖에 없지 않은가! 문제는 자료를 어떻게 분석하는가에 있다. 이 학파의 자료 처리의 근거와 방법 및 논리의 사유는 대체적으로 다음과 같이 귀납할 수 있다.

근거 1: 상고 입성은 운미 *-p, *-t, *-k를 동반한다.

근거 2: 어떤 두개의 운이 서로 압운·해성한다면 이들의 운미는 반드시 같거나 대단히 유사하다.

근거 3 : 일부 음성운이 입성운과 압운·해성한다면 이들 음성운의 운미는 입성 운미와 상당히 가까웠을 것이므로 *-b, *-d, *-g일 가능성이 크다.

근거 4 : 음성운 A가 입성과 압운·해성하지 않아도, 음성운 B가 입성과 압운·해성하고 또 A가 다시 B와 압운·해성한 경우, A도 운미 *-b, *-d, *-g를 동반한다.

근거 5 : 이상의 계련을 통해, 음성운이 모두 *-b, *-d, *-g를 동반했다는 결론에 이르게 된다.

그렇다면 이와 같은 주장의 문제점은 무엇인가?

(1) 제8장에서, 해성이 음성 문제와도 관련이 있고 어형성이나 굴절의 문제와도 관련이 있음을 논의한 바 있다. 따라서 음성에 관한 문제를 다룰 때에 해성 현상은 참고만 할 수 있지 근거로 삼을 수는 없다. 그렇지 않다면 李方桂의 歌部 *-ar 조차도 祭部 *-ad에 귀속되어야 한다. '大'는 '唐佐切'과 '徒蓋切'의 두 개의 독음이 있고, '奈'는 '奴箇切'과 '奴帶切'의 두 개의 독음이 있으며, '蛻'는 '湯臥切'과 '他外切'의 두 개의 독음이 있는데 이들 글자의 첫째 음은 歌部에 속해 있고 둘째 음은 祭部에 속해 있다. 李方桂의 祭部가 입성의 月部와 해성·압운했으므로 근거 4에 의하면 歌部의 운미도 *-d로 재구해야 한다. 칼그렌은 전통 微部를 두 가지 종류로 나누었다. 첫째는 입성과 압운했던 것이고 둘째는 입성과 압운하지 않았던 것이다. 압운 상황으로만 보면 칼그렌의 구분은 정확하다. 그러나 董同龢는 여기에 해성관계를 도입하고자 했다. 즉 '遺'는 칼그렌이 구분한 微部의 첫째 유형이고 '貴'는 둘째 유형이지만 양자가 서로 해성하므로 董同龢에 의하면 둘 사이의 경계는 명확하게

나눌 수 없다.

(2) 입성과 압운이 가능했던 운부에서 그 운미가 입성과 동일했거나 유사했다는 점에 대해서는 의문의 여지가 없다. 그러나 어느 정도를 유사하다고 할 수 있나? 반드시 폐쇄음 운미가 있어야만 서로 압운할 수 있었을까? 위에서 논의한 바와 같이 *-t가 상고에서 유성음 *-d이었을 가능성도 있다. 乙類의 음성운에 *-ɨ가 동반되었으며 -d와 -ɨ가 음성적으로 상당히 가까워 이 관계가 성립할 수 있음에 대해서는 다음 장에서 논의할 것이다. *-k가 불파음이라면 이 음이 개음절과도 가까웠다 할 수 있다. 특히 詩歌의 韻脚은 소리를 길게 끌면서 노래를 불렀던 것으로 ak을 늘여서 부르면 -a와 거의 같게 된다.

(3) 어떠한 것들을 입성과의 통압이라 할 수 있었는지에 대해 학자들의 견해의 차이는 대단히 크다. 董同龢와 李方桂는 두 종류의 韻이 서로 압운한 예가 있으면 互押한다고 했다. 또 A와 C가 직접 압운하지 않았다 해도 A와 B가 통압하고, B와 C가 통합하는 예를 찾기만 하면 A와 C가 통압한 것으로 볼 수 있다고 했다. 예를 들면 魚部의 '家'類는 대부분 입성과 압운하지 않은 반면 '路'類는 입성과 자주 압운했으므로 칼그렌은 이들을 양분했다. 그러나 董同龢는 '家'類와 '路'類가 압운한 몇 개의 예를 찾아내어 모든 魚部의 음성이 사실상 하나의 부류라 단정했다. 그러나 '家'類가 입성과 압운하지 않는 반면 '路'類가 대량으로 압운한 이유와, 중고의 평성과 상성이 '家'類인 반면 '路'類의 대부분의 글자가 거성인 이유를 董同龢는 무시했다. 이것이 통압 자료를 어떻게 처리할지에 대한 방법론적 문제와 관련이 있음을 알 수 있다. 압운에 엄격하고 느슨한 차이가 있어 合韻 현상이 자주 출현할 수 있었으므로 압운 현상을 통해 운모의 성격을 논의할 때에는 엄격한 '通'과 '不通'에 집착

하지 않고 압운 행위의 경향을 분석하는 것이 바람직하다. 예를 들어 ABBBBBB, AAAA, BBBB, AAABAAA와 같은 네 개의 압운 예가 있다고 하자. 董同龢의 방법에 의하면 A와 B가 서로 압운하므로 이들 모두 동일 韻類에 속하게 된다. 또 다른 방법으로, 인접한 두 韻脚을 하나의 압운 단위로 보면 A와 A의 접촉에는 7개의 압운 단위가 있고 B와 B의 접촉에는 8개의 압운 단위가 있으며 A와 B의 접촉에는 3개의 압운 단위가 있으므로 A와 B가 나뉘어 A와 A가, B와 B가 압운한 경우가 A와 B 사이의 통압보다 훨씬 더 많다. 따라서 A와 B가 각각 다른 韻類이지만 이들이 단지 다소 가까웠기 때문에 合韻할 수 있었다는 것이다. 칼그렌의 방법은 후자의 것과 거의 같지만 분명히 더 과학적이다. 그러나 칼그렌은 그 방법을 끝까지 관철하지 못했다. 董同龢는, 평성이든 상성이든 거성이든 모두가 입성과 해성·협운한 예가 있으며 之部, 幽部, 宵部, 侯部, 佳部에도 魚部에서 발생했던 것과 같은 압운 현상이 있었고 명확하게 지적하며 칼그렌이 魚部를 양분한 점을 비판하였다. 그의 결론은 다른 각 운부가 두 종류로 나뉘지 않으므로 魚部도 양분해서는 안 된다는 것이다. 그러나 입성과의 압운이 많고 적음에 근거하여 魚部를 양분했으므로 다른 각 음성운도 양분해야 하며, 입성과 압운한 음성운 대부분이 중고의 거성이라는 것이 필자의 견해이다.

첫 번째 방법에 의한 결론은 陰과 陽으로 나누어야 한다는 것이다. 두 번째 방법에 의한 결론은 陰·陽·入으로 나누어야 한다는 것이다. 입성과의 압운이 많고 적음에 근거하면 모든 운부는 나뉘는 추세이다.

潘悟雲(1997a)은 甲·乙·丙의 세 부류의 韻 별 陰聲의 상황을 다음과 같이 상세하게 분석했다.

(1) 丙類 운의 음성 운미

중고의 일부 음성 글자와 -p 운미의 입성 글자 사이에는 해성관계가 있다. 예를 들면 會~合, 位~立, 蟄~執, 蓋~盍, 內~入 등이 있다. 董同龢는 ≪上古音韻表稿≫에서 -p 운미의 입성 글자와 해성하는 음성 글자 대부분이 거성이며 중고의 代・隊・怪・祭・至・霽韻에 한정된다고 밝혔다. 非 거성 글자는 '懷・褱' 두 개만 있다. 이 가운데 '褱'는 '懷'의 本字로 일반적으로 '眔'을 聲符로 하고 있는 것으로 알려져 있다. 이에 따라 董同龢는 이들을 丙類로 분류했다. '眔'은 중고 定母 合韻에 속해 있으며 '懷'는 중고 匣母 皆韻에 속해 있는데 '眔'을 聲符로 하는 글자 중에는 중고 見母 山韻에 속한 '鰥'도 있다. 음운적으로 이들과 '眔'의 관계가 상당히 멀기 때문에 聲符가 '眔'이라는 것은 대단히 의심스럽다. 이 두 글자를 제외하면 중고 거성 글자만 남는다. 李方桂(1971)는 이들의 운미를 -b로 재구함으로써 이들과 중고의 -p 운미 입성 글자와의 해성관계를 설명했다. 예를 들면 '蓋 kabh>kadh가 이에 속한다. 그러나 이와 같은 재구로는 이들이 거성에 국한되어 있는 이유와 -b가 -d로 변화한 음성적인 이치를 설명할 수 없다. 풀리블랭크(Pulleyblank 1962-3: 233 ff.)는 '蓋 kaps>kats와 같이 운미 -p가 후치운미 -s에 동화된 결과라고 했다. 즉 후치운미 *-s를 동반했기 때문에 중고에 이르러 거성으로 변화한 것이라 분석한 것이다.

(2) 乙類 운의 음성 운미

董同龢(1948a)와 李方桂(1971)는 모두 해성관계를 통하여 음성과 입성의 관계를 非 거성의 범위까지 확대했다. 예를 들면 평성 '葵'와 입성 '闋'이 해성관계에 있다는 것이다. 제8장에서, 해성 현상이 음성과 관계도 있고 어형성이나 굴절과도 관계가 있음을 논의한 바 있다. 해성의

계련을 통하면 평성, 상성, 거성, 입성을 펠 수 있을 뿐 아니라 심지어
는 甲類, 乙類, 丙類, 陰聲, 陽聲, 入聲을 모두 펠 수도 있다. 이는 서로
전환되지 않는 것이 없고 서로 통하지 않는 것이 없는 '成均圖'와 같다.
압운만이 순수한 음성 현상을 반영했으므로 운미의 성격에 대하여 신
뢰할만한 증거를 제시할 수 있다. 그러므로 운미의 음가를 논의하고자
한다면 해성은 참고만 하되 주로 압운에 근거해야 한다.

李方桂(1971)는 歌部를 -ar로 재구함으로써 祭部 -ad와 대립시켰는데
그 이유를, 후자는 입성과 압운했고 전자는 입성과 압운하지 않았기
때문이라 했다. 그러나 사실상 다른 乙類 운의 陰聲도 이와 같이 둘로
나눌 수 있다. 段玉裁의 《六書音均表》 제15 脂·微部의 '次·泥·旨·
夷·几·氏·尾·師·衣·西·妻·齊·眉·伊·矢·飛·米·美·追·
歸·䨥 등의 평성이나 상성의 陰聲 글자들은 입성 글자와 압운하지 않
았으며, '一·七·室·瑟·實·吉·出·卒·律' 등의 입성 글자들은 평
성·상성의 陰聲 글자들과는 압운하지 않아 둘 간의 경계는 상당히 명
확했다. 거성의 陰聲 글자는 다음과 같이 두 종류로 나뉜다. 첫째는 '遂
·屆·謂·棄·四·內·愛·畀' 등으로 입성과는 압운했지만 평성·
상성의 음성 글자와는 압운하지 않았다. 또 하나는 '畏·壞·躋·隮·
濟' 등으로 평성·상성의 음성 글자와만 압운했고 입성과는 압운하지
않은 부류이다. 脂·微部가 歌部와 다른 점은, 歌部가 祭部와 合韻하지
않은 반면 脂部와 微部 간에는 일부 合韻의 예가 있다는 것이다. 예를
들면 '戾'는 促類의 陰聲 글자이지만 <采菽> 5장의 '戾'는 평성인 '維'와
압운한다. '類도 促類의 陰聲 글자로 <皇矣> 4장에서 상성인 '比'와 압
운한다. 그러나 이와 같은 소수의 예는 나머지 韻脚의 수많은 경우에
비하면 아무 것도 아니다. 일부 合韻 현상이 있다고 해서 脂·微部의

두 부류를 합칠 수는 없다. 李方桂가 歌部를 *‑r로 재구한 것에 근거하면 脂·微部에서 입성과 압운하지 않는 부류의 운미도 *‑r로 재구해야 한다.

따라서 乙類 운도 丙類와 마찬가지로 입성과 압운한 일부 음성 글자가 거성 글자로, 폐쇄음 운미에 후치운미 ‑s가 첨가된 형태에서 기원한 것임을 알 수 있다. 폐쇄음 운미가 탈락하고 난 후에 후치운미 ‑s는 ‑iɕ가 되며 중고에 이르러 ‑i로 변화했다. 이 과정은 *‑ts>*‑s>*‑iɕ>‑i와 같다(본서의 아래 논의 참조).

李方桂의 *‑r에 해당하는 운미에 대하여 각 학자들의 재구음은 다르다. 王力(1978)은 鄭張尙芳의 건의를 받아들여 歌部를 a에서 *‑ai로 수정했다. 이에 따라 그가 재구한 을류의 음성 운미는 *‑i로 통일되었다. 이들과 동일한 견해를 가진 학자인 백스터(Baxter 1980)는 다음과 같이 古 베트남 한자어를 증거로 들어 歌部에 운미 *‑i가 동반되었다고 주장했다.

중국어	古베트남 한자어	중국어	古베트남 한자어
磨	mai² [갈다]	蛾	ngai² [누에나방]
舵	lai⁵ [키]	羅	chai² [그물]

鄭張尙芳(1984)은 다음과 같이 방언과 소수민족언어의 여러 예를 제시하여 歌部의 운미가 *‑r가 아닌 *‑i임을 증명했다. 아래는 방언에 나타난 예이다.

溫州	個 kai⁵, 餓 ŋ ai⁶, 蛾[불나방] mai² < ŋ wai², 籤 pai⁵, 劃[고기를 썰다] tshai⁵, 裸 lai⁴, 膈 lai², 唾 thai⁵
福州	籬 lai², 跛[다리를 절다] pai³, 河[하천] xai², 舵[꼬리키] tuai⁶, 大 tuai⁶, 我 ŋ uai³, 破 phuai⁵, 火 xuěi³, 粿 kuěi³, 捼 nuěi², 麻 muai²
福安	螺 lɔi², 蓑 sɔi⁶, 坐 sɔi⁶, 劃[풀을 베다] tshɔi⁵, 火 hui³, 夥 hui³, 粿 kui³, 卵[채란용 새] lɔi²

친족 언어의 동원어와 인접 국가의 차용어에서는 다음과 같이 운미 ┤를 동반한다.

興安 勉瑤語	左 tsai⁵, 籬 lai², 破 phai⁵, 搓 tsai¹, 魾[짜다] dzai², 沙 fai¹, 坐 tswěi⁴, 惰《集韻》徒臥切 lwěi⁶, 蓑 fěi¹
龍州 壯語	個 ka:i⁵, 左 hla:i⁴, 沙 hla:i², 螺 ho:i¹
태국어	左 za:j[C2][짜이], 膈 ra:j[B2][라이], 歌 ga:j[A2][까이], 架 ka:j[B1][조립하다, 까이], 唾 thuj[A1][뚜이]
베트남어	個 cai⁵[kail], 左 trai⁵, 劃[고기를 썰다] thai⁵, 梭 thoi¹, 瓦 ngoi⁵, 噯[부추기다] xui⁵[sui]
한국어	個 kai, 鎖 soai, 倭 uai, 磨[돌을 갈다] mais

위의 자료에 의하면 을류 음성 운의 운미가 상고의 어떤 시기에 *-i (혹은 -j)의 단계를 경과한 바가 있음은 의심할 여지가 없다. 그러나 해성 시기에도 *-i이었는지에 대해서는 별도의 논의가 필요하다. 을류 음성 운은 다음과 같이 티베트 서면어 동원어의 -r, -l, -d와 대응한다.

중국어	티베트 서면어	중국어	티베트 서면어
荷	dgal [등에 싣다]	磋	star [윤 내다]
彼	phar [저것]	披	phral [나누다]
呵	glal [하품하다, 입을 벌리다]	帔	ber [외투]
飛	fiphir [날다]	邇	njer [가깝다]
底	mthil [아래 부분]	茨	tsher [납가새]
坐	sdod [앉다]		

고대 티베트 서면어에 운미 -i가 없는 것은 그 이전의 특징을 보존하고 있는 것이다. 古 베트남 한자어에서 歌韻은 -i를 동반했는데 이는 상고 중국어 후기에 차용된 단어이다. 그러나 현대 베트남어에 운미 -l가 없다고 해서 베트남어 자체에서 *-l->-i와 같은 음성변화가 발생했을 가능성을 배제할 수는 없다.

또, ≪詩經≫의 <隰桑>에서 '阿·何'[152]가 '難'[153]과 合韻하고, <新臺>에서 '洒'[154]가 '殄'[155]과 合韻하며, '匕'[156]와 '牝'[157]이 諧聲하는 등, ≪詩經≫의 歌部와 元部, 微部와 文部, 脂部와 眞部는 압운·해성한다. 歌部·微部·脂部의 상고 운미를 *-i로 재구한다면 *-n와의 합운 현상을 설명하기 어렵다. 歌部나 微部가 *-n와 합운하므로 이들의 운미는 설첨 공명음일 수도 있고 *-r, *-d나 *-l일 수도 있다. 칼그렌은 *-n와

· ·

152) 歌部에 속해 있다.
153) 元部에 속해 있다.
154) 微部에 속해 있다.
155) 文部에 속해 있다.
156) 脂部에 속해 있다.
157) 眞部에 속해 있다.

압운·해성하는 음성운을 *-r로, *-t와 압운·해성하는 음성운을 *-d로 재구했다. 李方桂는 *-t와 관계있는 음성운은 *-d로 재구했으며 *-t와 관계없는 음성운은 *-r로 재구했다. 풀리블랭크(Pulleyblank 1962-3)는 乙類 운의 음성 운미를 *-ð로 재구하여 以母의 *ð-와 대응시켰다. 그는 처음에 재구한 성모 *-ð를 나중에 *l-로 수정했으므로 운미도 *-l로 수정해야 한다. 중고 以母 j는 상고에서 *l-인데, 이것과 운미 *-l가 *-j로 변화한 것은 평행하다. 슈에슬러(Schuessler 1974a)는 乙類 운부의 음성 운미가 *-l임을 논증했다. 乙類 운의 음성운이 後漢과 三國의 산스크리트-중국어 대역 자료에서 ㅜ나 ㅓ와 대응함을 兪敏(1984a)은 다음의 예로 밝혔다.

迦: gal, 陀: dhar, tar, 波: par, 和: pal, 耆: gir, gr, 尼: nir, 惟: vr̥

그는 歌部와 元部의 對轉 현상이 al과 an간의 혼합이라 했다. 鄭張尙芳도 나중에 그 스스로가 재구한 *ㅟ를 *ㅓ로 수정했다.

이상을 종합하여 을류 운에서 변화한 중고의 음성운과 양성운의 상고 운미를 다음과 같이 재구한다.

	평성	상성	거성	
음성운	*-ㅓ	*-ㅓ́	*-ls	*-ts
양성운	*-n	*-ń	*-ns	

(3) 甲類 운의 음성 운미

갑류 운의 음성 글자도 분명히 두 가지로 대별된다. 첫째는 입성과 압운했던 것으로 대부분이 거성 글자이다. 나머지는 입성과 압운하지 않았던 것들로 대부분 평성이나 상성이며 거성 글자도 소수 있다. 칼그렌은 이 기준에 의거하여 魚部를 '家'類와 '路'類로 나누었다. 실제로 다른 갑류의 각 운도 이와 같이 양분할 수 있지만 칼그렌이 이 방법을 끝까지 관철하지 않았을 뿐이다. 段玉裁는 일찍이 입성과 압운하는 글자의 대부분이 거성이었음을 알았기 때문에 '古無去聲'설을 제기한 것이다. 王力(1960)은 ≪六書音均表≫의 6개 운부를 근거로 통계를 내었는데 입성 글자와 非 거성 글자의 압운 비율[%]은 아래와 같다.

之部	幽部	宵部	侯部	魚部	支部
10.5	4.7	16.4	8.8	9.6	15.4

郭錫良(1987)은 王力의 ≪詩經韻讀≫을 토대로, 그 스스로 韻脚이 아니라고 판명한 예를 제외하고 나머지 일부 글자를 舒聲에서 입성으로 재조정하여, 그 비율에 관해 다음과 같은 통계를 내었다.

之部	幽部	宵部	侯部	魚部	支部
6.1	3.2	9.1	4.9	7.6	4

'來' 등의 일부 중고 음성 글자가 상고시기에 입성의 독음이 있었을 가능성을 고려하면, 진정으로 陰入 통압에 속한 예는 2.6%가 조금 넘을 뿐이다.

그러나 이러한 전통적인 통계 방법에는 몇 가지 문제점이 있다. 예를 들면, <遵大路>에서는 '路·袪·惡·故'가 협운하고, <東方未明>에서는 '圃·瞿·夜·莫'이 협운하는데 이들 압운 방식이 나타내고 있는 정보는 각각 다르다. 전자의 예는 舒聲과 促聲의 압운이다. 후자의 예는, 앞의 두 글자가 舒聲이고 뒤의 두 글자가 促聲이므로 운 바꿈[換韻]이라 볼 수 있다. 필자는 또 다른 방법인 互用과 通用의 계산 방법을 제시한 바 있다. 두 개의 韻脚이 연속해서 접촉하는 것을 하나의 압운 단위로 본다면, 위 <東方未明>에는 네 개의 韻脚이 있는데, 한 개의 促聲 獨用 단위[158], 한 개의 舒聲 獨用 단위[159], 한 개의 舒促 合用 단위[160] 등 세 개의 압운 단위로 이루어져 있다. 이 가운데 舒促 合用 단위는 압운 단위 전체의 1/3만을 차지한다. 이와 같은 방법에 의거하면 그 결과는 다음과 같다.

之部	幽部	宵部	侯部	魚部	支部
8	2	22	6	5	9

宵部를 제외하면 각 운부의 陰入聲의 통압 비율은 王力의 통계보다 낮다. 이를 다시 郭錫良의 방법을 적용해 처리하면 비율은 더 감소할 것이다. 예를 들면 之部와 職部가 통압하는 비율은 6%로 낮아지며 支部와 錫部가 통압하는 비율은 2%가 된다. 舒聲과 促聲의 合用에만 근거해서 음성운의 운미를 *ᵍ로 재구하기에는 합용의 비율이 낮아 증거로

• •
158) '夜'와 '莫'의 압운 단위를 가리킨다.
159) '圃'와 '瞿'의 압운 단위를 가리킨다.
160) '瞿'와 '夜'의 압운 단위를 가리킨다.

활용하기에 충분치 않다. 더욱 심각한 것은 이와 같이 재구하면 더 어려운 문제에 봉착하게 된다는 것이다. 즉 상고 중국어 전체가 폐음절인 이유는 무엇인가? 입성 글자와의 해성·통압의 예에서 거성 글자가 차지하는 비율이 90% 이상인 이유는 무엇인가? 시노-티베트어족 언어에서 위와 같은 재구를 지지할 수 있는 무성음과 유성음으로 이루어진 쌍의 운미를 지금까지 찾아내지 못한 이유는 무엇인가? 따라서 다음과 같이 갑류 운의 舒聲類는 어떠한 운미도 동반하지 않는 개음절로 재구하고, 입성 글자와 해성·통압의 관계가 있는 음성 글자(즉 促類 음성 글자)는 *-ks로, 舒類 거성 글자는 '모음 + *-s'로 재구하고자 한다.

	평성	상성	거성	
음성운	*-∅	*-∅ˑ	*-∅s	*-ks
양성운	*-ŋ	*-ŋˑ	*-ŋs	

그러나 개음절의 음성 글자가 입성과 압운한 이유는 무엇인가? 바람직한 해석은 상고의 입성 운미가 중고와 마찬가지로 불파음이었다고 가정하는 것이다. 이에 따르면 *-a는 *-ak과 음색이 가깝게 된다. 특히 詩歌의 韻脚 위치에서는 소리를 길게 연장할 수 있는데 *-ak이 연장되면 *-a와 가깝게 된다. *-al과 *-at의 관계와 비교하면 a와 ak 사이의 음색이 조금 더 가깝다. 이것이 갑류 운에서의 陰入聲의 통압의 예가 을류 운에서보다 많은 이유이다.

또 하나의 문제는, 魚部를 개음절 *-a라 한다면 魚部가 鐸部 *-ak과는 압운하면서도 月部 *-at과 압운하지 않는 이유가 무엇인지이다. 그것은 a가 설첨음 운미 -t에 선행함에 따라 혀의 위치가 앞으로 이동하여 전

설의 a가 되므로 魚部의 -a의 음색과 많이 다르기 때문이다.

또 宵部와 藥部의 통압례가 많은 이유도 밝혀야 한다. 宵部는 운미 -w를 동반하며 입성 藥部는 운미 -wk을 동반하는데 -k가 불파음이라면 -wk과 -k^{w}는 그다지 큰 차이가 없게 된다. 李方桂가 바로 -k^{w}로 재구한 것이다. -k^{w}와 -w의 음색이 상당히 근접했기 때문에 宵部와 藥部의 合韻이 많았던 것이다.

4. 韻尾 -s의 변화

促類 음성운과 舒類 음성운은 중고에 이르러 대부분 동일한 운모로 변화했는데 전자의 성조가 거성이라는 차이만 있다. 예를 들면 之部 舒聲은 중고에 이르러 咍·海·代韻으로 변화했고, 促類 陰聲은 代韻으로 변화하여 舒聲類의 거성과 동일하다. 다만 -ats와 -als가 각각 중고의 泰·夬·廢·祭韻과 箇·禡·眞韻으로 변화했다는 점이 다르다.

남아어족 언어와 버마어, 베트남어 등에서는 운미 -s가 먼저 운미 -h로 변화했는데 중국어에서도 이와 같은 변화를 경과했을 가능성이 있다. 풀리블랭크(Pulleyblank 1962-3: 221-223)는 갑류 운의 -s가 먼저 탈락했다고 주장했다. 서기 90년 班超에 대항하기 위해 파견된 월지(月氏)의 장군 '謝'는 페르시아어로 šāhi[임금, 왕]이다. 《漢書》의 '護澡'는 Waxš 강의 조공 국가의 이름인 Waxšab일 가능성이 있다. '謝'와 '護'는 상고 중국어에서 모두 *-ks로 끝난다. 이때 '謝'와 '護'로 -h와 -x를 대역한 것은 *-s가 당시에 이미 *-h로 변화했음을 의미한다.

*-ls의 대음 예는 찾기 어렵지만 풀리블랭크(Pulleyblank 1962-3: 224)는 '大益'을 들었다. '大益'은 이란인들의 거주 지역인 Dihistan에 위치했

던 곳으로 고대의 명칭은 Daha-, Δάαι(Daoi), Δάσαι(Dasai)이다. 歌韻은 역사적으로 *-al＞*-aj＞*-a＞M.-ɑ의 변화를 경과했다. 따라서 *-als가 먼저 *-ajh로 변화했을 가능성이 있고 j와 -h가 함께 *-ç나 *-ɕ로 합쳐졌을 가능성이 더 크다. 풀리블랭크는 大益이 *Dahik을 대역했을 가능성이 있다고 했다. 필자는, '大益'의 그 당시 중국어 독음이 *daiɕ ʔĕk이었는데 이중 '益' ʔĕk이 ik을 대역했으며 '大' daiɕ는 dahi의 대역으로, 이중 중국어 韻尾 -ɕ가 hi와 대응한다고 여긴다.

풀리블랭크(Pulleyblank 1962-3: 219)는 다음과 같이 언급했다.

> 지금까지 우리가 논의한 역음 자료의 음가는 모두 순수 치찰음 [s]이며(혹은 이후의 일부 불경에서는 어느 정도 구개음화되고 유성음화된 [ś] 혹은 [ź]도 일부 포함하고 있을 것이다), 운미 *-ts로 재구된 흔적은 없다.

제10장에서 중국어의 *-ts로 -s를 대음한 많은 예를 제시했다. 이에 대한 비교적 적절한 설명은 *-ts가 일찌감치 *-s로 변화했다고 가정하는 것이다. 풀리블랭크는 '蒲類'의 예를 들었다. 이는 Barköl 湖의 고대 명칭이기도 하고 漢代의 유목 왕국이기도 하다(≪漢書≫). 펠리오[Pelliot]는 이것이 ≪元和郡縣志≫의 '婆悉厥' M. basitkᵂiet으로 *bărs-köl과 같은 음을 나타낸 것으로 보인다고 했다. '婆悉厥'은 蒲類에서 이미 탈락한 치찰음을 보존하고 있지만 -r-는 탈락해 있다. 漢代의 형식은 *barus와 같은 음으로 보인다. 이 이름도 돌궐어의 bars[호랑이]와 관계가 있을지도 모른다. 이와 같은 예를 통하여 '類'가 漢代에 *rŭts에서 *rŭs로 이미 변화했음을 알 수 있다.

그러나 *-ts가 *-s로 변화한 이후 또 다시 중고에서 -i로 변화했던 이

유는 무엇인가? 鄭張尙芳(1994)은 일부 언어에서 -s가 흔히 -ih로 변화
했음을 지적했다. 예를 들면, 바어[佤語, Va]의 來迷 말의 pɯs[毒], phrus
[분출하다], kɔs[국자]가 岩帥 말에서 각각 pɯih, phruih, kɔih로 변화했
다(王敬騮 1986). 또 인도네시아어의 -s는 참어[占語, Cham]파의 라데어
[雷德語, Rade, Rhade]에서도 -ih로 변화했다. 예를 들면 인도네시아어의
berus[잔털]와 beras[쌀]는 라데어에서 각각 ʔbruoih와 braih로 변화했다.
중국어의 祭·泰·夬·廢韻도 이러한 과정을 경과한 것이다. 예를 들
면 泰韻은 *-ats > -as > -ɑiɕ > -ɑi를 경과했다. 운미 -h는 베트남어에서
처럼 인후부가 이완되면서 하강조를 형성했다. 필자는 이것이 위의 네
개의 韻에만 국한되지 않고 -ts로 끝나는 글자가 모두 이와 같은 과정
을 경과한 것이라 생각한다. 예를 들면 '蒲類'의 '類'는 漢代에서 *rus이
었다가 이후에 *ruih > lwi를 경과한 것으로 보인다.

사가르(Sagart 1986)는 중요한 언어적 사실을 지적했다. 즉 다음과 같
이 산스크리트의 -ḥ[visarga]는 입성의 -k로 대역된 예가 있지만 거성으
로 대역된 예가 없다는 것이다.

        sarvadharmaḥ : 薩嚩達莫
        namaḥ sarvatathagatebhyaḥ : 曩莫薩嚩怛他櫱帝毘藥
        nam ram raḥ svaha : 喃嚂落嚩賀
        ram ram raḥ raḥ : 嚂嚂落落

이에 따라 그는 거성이 -h의 단계를 경과한 적이 없다고 했으며, 만일
-h 단계를 경과했다면 거성의 -h가 산스크리트의 -ḥ를 대역했었을 것
이라 했다. 그러나 *-ts로부터 변화된 *-ih에서 -h가 i의 영향으로 사실

상 설면음의 성격을 갖게 되어 ⁻ç나 ⁻ɕ와 같은 음으로 변화했다는 것이 본서의 견해이다. 풀리블랭크(Pulleyblank 1962-3: 217-219)가 제시한 몇 개의 예를 살펴보자. '罽賓'은 Kashimir를, '切利'는 Khotan어의 ttāvatriśa를, '須瞢'는 sudŗśa를 대역했다. '罽', '利', '瞢'의 운미는 각각 shi, śa, śa와 대응하는 것으로 모두 구개음이다. '波羅奈'는 산스크리트의 Vārāṇasī이고, '三昧'는 산스크리트의 samādhi이고, ≪魏略≫의 '對馬'는 일본의 Tsushima이며 假名은 tuᵣsi-ma이다. 중국어의 거성 운미와 대응하는 것은 ⁻si와 dhi류의 음이다. 이러한 자료를 통하여 중국어의 거성 운미가 설면음적 성격을 가지고 있었음을 알 수 있다. 갑류 운의 ⁻s가 ⁻h 단계를 경과하면서 이미 탈락했으므로 당시의 중국어에는 ⁻s가 없었다. ⁻ts로부터 변화된 ⁻ɕ만이 산스크리트의 ⁻s와 다소 가까웠으므로 산스크리트의 ⁻s나 ⁻ś를 대역한 것이다.

그러나 *-ts>*-s>*-iɕ의 변화 속도는 각 韻마다 달랐다. *-ats의 모음의 간극도[aperture]가 가장 컸으므로 운미가 가장 오랫동안 유지되어 남북조 시기에도 입성 ⁻t 운미 글자와 여전히 압운하고 있었다(丁邦新 1987). 운미 *-ts를 동반한 다른 운들은 *-ls를 동반한 운과 합병되었지만 *-ats만이 祭·泰·夬·廢韻으로 변화하게 되어 ≪切韻≫에서 평성이나 상성과 배합하지 않게 된 것이다. 이것은 이들이 음성변화의 대열에서 이탈하게 된 배경이다.

중고의 模·歌·泰韻을 예를 들면 이들의 운미 변화는 다음과 같다.

甲類韻 :　　*ⁿas
　　　　　　　　　　　> *ⁿas *ⁿah → *ⁿa → M. o 模韻
　　　　　　 *ⁿaks

乙類韻 :　　*ⁿals → *ⁿais → *ⁿaiɕ → *ⁿai → *ⁿa → M. ɑ 歌韻
　　　　　　 *ⁿats → *ⁿats → *ⁿas → *ⁿaiɕ → *ⁿai → M. ɑi 泰韻

丙類韻 :　　*ⁿaps → *ⁿats → *ⁿas → *ⁿaiɕ → *ⁿai → M. ɑi 泰韻

갑류 운의 *ⁿas가 *ⁿah로 변화하면서 운미는 단순하게 탈락했다. 그
러나 을류 운의 *ⁿas는 ⁿaiɕ로 변화했다. 동일한 음이라도 역사 시기가
달랐기 때문에 그 변화과정이 달랐던 것으로 보인다.

상고의 운미 *ⁿs가 일부 중국어 방언에서 *ⁿʔ로 변화한 것에 대해서
는 제12장에서 논의하기로 한다.

5. 韻尾 *ⁿw

백스터(Baxter 1978)는 다음과 같이 幽部를 다시 두 부분으로 나누었다.

*ⁿu > 豪₁　　　　　　　　　*ⁿiw > 蕭四
*ⁿru > 肴₂　　　　　　　　　*ⁿriw > 肴₂
*ⁿ(r)ju > 尤₃　　　　　　　 *ⁿ(r)jiw > 幽₃(喉牙脣音)/尤₃(舌齒音)

백스터(Baxter 1979)는 또 宵部를 다시 두 부분으로 나누었다.

*ⁿaw > 豪₁　　　　　　　　　*ⁿew > 蕭四
*ⁿraw > 肴₂　　　　　　　　　*ⁿrew > 肴₂
*ⁿ(r)jaw > 宵₃　　　　　　　 *ⁿjew > 宵四
　　　　　　　　　　　　　　　*ⁿrjew > 宵₃

余逎永(1985)은 藥部도 宵部와 마찬가지로 다시 양분해야 한다고 주장했다.

이와 같은 운부의 재분류는 이치에 맞다. 4등운과 중뉴 4등은 전설 고모음에만 출현한다. 그러나 幽部를 u로만 재구하고 宵部를 aw로만 재구한다면 이들 운부에서 중고의 4등운 蕭韻과 중뉴 4등의 宵韻으로 변화한 이유를 설명할 수 없다. 余逎永이 주장한 바와 같이 이들과 대응하는 입성운도 당연히 두 부분으로 나누어야 한다.

鄭張尙芳이 재구한 상고의 甲・乙・丙類 韻에는 6개의 모음이 있는데 음운 체계의 대칭 원칙에 의하면 -w로 끝나는 운부도 6개의 모음이 있었을 가능성이 있다. 일부 해성의 흔적으로 보면 운미가 *-w인 여러 운부의 상황은 백스터가 재구한 것보다 조금 더 복잡하다. 상고의 한 운부로부터 기원한 중고 1등운은 한 개만 있다. 예를 들면 鐸部에서 기원한 1등운은 鐸韻만 있고, 屋部에서 기원한 1등운은 屋_韻만 있다. 그러나 藥部에서 기원한 중고의 1등운은 鐸・沃・屋_韻의 3개가 있다. 이는 藥部를 세 부분으로 나누어야 함을 의미하는 것 같다. 상고의 屋部 *-ok가 중고의 屋_韻으로 변화했다면 藥部에서 기원한 屋_韻이 *-owk에서 기원하여 *-ok과 합병되었을 가능성은 없을까? *-w 운미의 글자가 그리 많지 않기 때문에 甲・乙・丙類韻의 상황에 근거해 다음과 같은 가설을 유추할 수밖에 없다. 이에 대해서는 향후 연구가 필요하다.

	I *C(l)⁻	II *Cr⁻	III *C(l)⁼	IV *Cr⁼
宵₁ aw	豪	肴	宵	宵₃(저조음성) 宵(知·莊組)
藥₁ awk	鐸	覺	藥	藥(저조음성) 藥(知·莊組)
宵₂ ew	蕭	肴	宵	宵₃ 宵(知·莊組)
藥₂ ewk	錫	覺	藥	藥(저조음성) 藥(知·莊組)
幽₁ uw	갑류 운의 幽部 u와 동일하다.			
覺₁ uwk	갑류 운의 覺部 uk와 동일하다.			
幽₂ ɯw	豪(저조음성) 蕭(고조음성)	肴	尤	幽(저조음성) 尤(知·莊組)
覺₂ ɯwk	沃(저조음성) 錫(고조음성)	覺	屋₃	屋₃(저조음성) 屋₃(知·莊組)
幽₃ iw	蕭	肴	尤	幽(저조음성) 幽(知·莊組)
覺₃ iwk	錫	覺	屋₃	屋₃(저조음성) 屋₃(知·莊組)
宵₃ ow	豪	肴	宵	宵₃(저조음성) 宵(知·莊組)
藥₃ owk	屋	覺	藥	藥(저조음성) 藥(知·莊組)

12

魚韻 과 魚部

1. 魚部의 재구

魚部의 음가를 고증하는 일은 중국 상고음 연구에서 중요한 작업 가운데 하나이다. 그 이유는 a가 거의 모든 언어의 모음 체계에서 가장 중요한 음이며 魚部의 음가가 바로 a이기 때문이다. 이 음가가 모음 체계에서 좌표적 원점이므로 이와 대응하는 상고 운부를 고증하면 다른 운부의 위치도 쉽게 찾을 수 있다.

그러나 魚部는 칼그렌의 상고음 체계에서 *-a가 아닌 *-o와 *-ɔ로 재구되었으며 많은 서양학자들이 지금까지도 그의 재구음을 원용하고 있다.

魚部의 재구에 관한 초기 연구에서 중요한 공헌을 한 저작으로 汪榮寶의 ≪歌戈魚虞模古讀考≫를 꼽을 수 있다. 汪榮寶는 "魚虞模는 魏晉 이전에도 a로 읽었다."고 주장했다. 그 주요한 이유는 다음의 몇 가지로 분류할 수 있다.

(1) 어떤 언어든지 開口呼가 많다. 산스크리트에서 ┓a를 동반한 음절이 전체의 90%이상을 차지한다. ≪史記≫와 ≪漢書≫에 타나난 외국인명 가운데에 魚·虞·模韻[161]의 글자로 대역한 예가 많다. 예를 들면,

'姑·孤·車·渠·吾·都·屠·塗·徒·圖·奴·蒲·莫·諸·且·蘇
·疏·胥·烏·于·呼·虛·狐·壺·胡·余·盧·閭' 등이 있다.

(2) 宋·齊 이후에 歌·戈韻으로 대역한 음은 魏晉 이전에는 魚·虞·
模韻으로 대역한 경우가 많다. 예를 들면 산스크리트의 Buddha에 대하
여, 宋·齊 이후에는 '佛陀'로 대역했지만 魏晉 이전에는 '浮圖'로 대역했
다. 이중 '陀'는 歌韻 글자이고 '圖'는 模韻 글자이다.

(3) 조류명의 경우, 우는 소리를 모방한 것이 많다. 즉 '烏'는 a인데
이는 까마귀가 우는 소리이다.

(4) '嗚呼'는 aha로 입을 벌리고 숨을 내쉬는 소리이다.

(5) '父'는 ba로 읽었는데 지금의 '爸'에 해당한다.

魚部의 주요모음이 a라는 것은 중국음운학계에서 거의 정론이 되었
다. 李方桂, 王力, 鄭張尙芳, 풀리블랭크, 周法高, 야혼토프, 백스터 등은,
운미에 대한 견해만 다를 뿐, 주요모음이 a라는 점에 대해서는 견해가
일치한다.

이상의 여러 학자들은 魚部와 陽部·鐸部 간의 對轉 관계를 고려하여
魚部를 재구했다. 특히 魚部가 鐸部와 대량으로 압운·해성·가차했으
므로 李方桂 등은 魚部와 鐸部를 하나의 운부로 분류했다. 이 운부들
사이의 對轉 관계는 사실상 상고의 어형성이나 굴절을 반영하고 있다.
즉 모음이 동일하고 운미가 교체한다는 것이다. 예를 들면 '吾' *ŋa~'卬'
*ŋaŋ, '如' *n̠ă~'若' *n̠ăk은 모두 운미의 교체를 통한 어휘의 파생 방식
을 반영한 것이다. 칼그렌도 陽·鐸部를 각각 *-aŋ과 *-ak으로 재구했

---

161) 이들 중고 중국어의 韻은 대부분 상고 중국어의 魚部에서 기원했다.

다. 그러나 魚部를 *ʷo로 재구하면 이와 같은 對轉 관계와 부합하지 않게 된다.

상고의 대음 자료는 증거로 활용할 수 있지만 아쉽게도 그 양이 많지 않다. 아래는 풀리블랭크(Pulleyblank 1962-3)에 산재되어 있는 몇 개의 예이다.

‘烏弋山離’《漢書》는 Alexandria로 魚部 글자인 ‘烏’*qa(漢代에는 ʔa로 변화했다.)로 a를 대역했다.

‘扜泥’《漢書》는 kuhani 혹은 khvani인데 魚部 글자인 ‘扜’ *qʷǎ로 kuha나 kuva를 대역했다.

‘且末’은 Calmadana인데 魚部 글자인 ‘且’로 Cal을 대역했다.

‘都密’《後漢書》은 tarmita인데 魚部 글자인 ‘都’*ta로 tar를 대역했다.

‘都賴水’《漢書》는 Talas인데 魚部 글자인 ‘都’로 *ta를 대역했다.

鄭張尙芳(1995b)은 아래와 같은 대음 자료를 제시했다.

《春秋·昭公元年》經文의 “晉의 荀吳가 군대를 이끌고 오랑캐를 大鹵에서 무찔렀다.[晉荀吳帥師敗狄于大鹵.]”에 대하여 《穀梁傳》에서는 “중국(즉, 周나라)에서는 ‘大原’라 하고 오랑캐들은 ‘大鹵’라 한다.[中國曰大原, 夷狄曰大鹵.]”라 했다. 따라서 ‘大鹵’가 狄族의 언어임을 알 수 있는데, 돌궐어의 초원을 의미하는 dala와 일치한다.

《左傳·哀公元年》의 “吳王夫差가 越族을 夫椒에서 무찔렀다.[吳王

夫差敗越于夫椒.]'에 대하여 杜預는 "'夫椒'는 吳郡 吳縣 서남쪽 太湖에 있
는 '椒山'이다.[夫椒, 吳郡吳縣西南太湖中椒山.]'라고 注했다. '夫椒'가 '椒
山'에 대응하므로 '夫'가 고대 越族 언어에서 '산'의 의미임을 알 수 있다.
한편 캄-타이어에서는 '수식어-중심어 구조'에서 중심어가 수식어 앞
에 놓인다. 현대 캄-타이어에서 '돌산[암석]'은 pa, pha, pja(<*pla)이다.
≪左傳≫에서도 '夫'가 지명 앞에 놓여 '산'의 의미를 갖는 두 개의 예가
있다. 하나는 昭公 10년의 기록에 출현하는 '夫于'로 중국어 명칭은 '於
陵'이다. '于'는 고대에 '於'와 통했고 '夫'는 중국어에서 '陵[언덕]'의 의미
이다. 또 하나는 桓公 11년의 기록에 출현하는 '夫鍾'으로 이에 해당하
는 중국어 명칭은 '龔岳' 혹은 '龔丘'이다. '鍾'의 상고음은 *kljŏŋ이고 '龔'
의 상고음은 *klŏŋ으로 음성적으로 유사한 글자간의 통가이다. '夫'는
중국어의 '丘[언덕]'와 '岳[높은 산]'에 해당하는 의미를 갖는다. '夫于'와
'夫鍾'은 모두 山東의 옛 東夷 지역에 있다.

  '余杭', '余姚'. ≪太平寰宇記≫에서는 "夏의 禹 임금이 동쪽으로 떠나
여기에 배를 놓고 상륙했으므로 이름을 '余杭'이라 했다.[夏禹東去, 舍舟
航登陸于此, 乃名余杭.]'라 했는데 '余杭'이란 '배를 놓은 곳'이라는 의미
이다. '余'의 상고음은 *lǎ이며 캄-타이어에서는 땅이나 밭을 la(仡佬語),
za(侼黃), ja(캄어)라 한다.

  또 풀리블랭크(Pulleyblank 1984: 209)는 아래와 같은 베트남어의 차
용어를 들어 중고의 魚・虞韻의 주요모음이 –ǎ이었음을 증명했다.

베트남어	漢字	베트남어	漢字
cưa¹ [톱]	鋸	sửa¹, thưa¹ [드물다]	疏
chứa⁵ [저장하다]	貯	tựa⁶ [서론]	序
chữa² [배제하다]	除	xưa¹ [옛날]	初
chữa⁴ [수리하다]	助	đua⁴ [젓가락]	箸
hứa¹ [동의하다]	許	bua⁵ [도끼]	斧
lừa² [당나귀]	驢	vua² [돕다]	扶
ngừa² [방지하다]	禦	mua⁵ [춤추다]	舞

베트남 한자어에서 魚韻이 -ɯ[ɯ]이고 虞韻이 -u이므로 위의 차용어
는 베트남 한자어보다 이른 역사 층위를 반영한다.

古 베트남 한자어에서 a로 읽는 魚部의 글자에는 模韻의 글자도 포함
되어 있는데 아래의 예는 필자가 보충한 것들이다.

베트남어	漢字	베트남어	漢字
bua³ [펴다, 뿌리다]	布	cửa³ [문]	戶
da⁴ [해제하다], gia⁴ [해제하다]	除 *grlǎ > *đǎ	lua⁴ [드러나다, 폭로하다]	露
lừa [나머지]	餘	ma³ [묘]	墓
na⁵ [쇠뇌]	弩	qua⁶ [까마귀]	烏 *qa
thừa¹ [소송하다]	訴	tua¹ [장식, 술]	蘇
tửa³ [구더기]	蛆	vua² [그릇, 사발]	盂
ra⁵ [광주리]	'筥' 또는 '簇'로 기록되며, '呂'와 동음이다.		

魚部에 대응하는 티베트 서면어의 동원어는 ¬a인데 이는 魚部가 *¬a
임을 지지하는 중요한 증거이다. 아래는 潘悟雲(1991a)에서 제시된 예
이다.

	티베트 서면어		티베트 서면어
烏	ka [까마귀]	女	ɳa [여자]
吾	ŋa [나]	五	lŋa [다섯]
御	mŋag [파견하다, 시키다]	豝	phag [멧돼지]
武	dmag [군대]	洳	na [수초지]
雇	gla¬mi [고용인부. mi: 사람]	渠	rga [도랑]
魚	ɳa [물고기]	武	dmag [군대]
苦	kha [맛이 쓰다], khag¬po [힘들다]	睹	lta [보다]
父	pha	傅	bla [스승]
擧	kjag [들다]	無	ma [아니다, 없다]
餘	lhag¬ma [나머지]	除	ɦdag [없애다]
膚	pags [껍질]	鳧	bja [새]
社	ja [땅귀신]	語	ŋag [말]
渡	ɦda [넘어가다]	侶	ra¬mdaɦ [짝]
巫	ɦba¬po [무당]	模	ɦbag [초상]
汝	naŋ [너]	塗	ɦdag [바르다]
笆	ra¬ba [울타리]		
胡	rga¬ba [늙은], '胡'에는 '늙은'의 의미가 있다.《詩經·載芟》 "선조[노인]도 편하리라.[胡考之寧.]"		
華	khra¬ma [모양이 복잡한 무늬], khra¬khra [흑백 무늬, 반점]		
弩	mda [활](<*mbla, 錯那 몬바어의 bla[3], 버마 서면어의 mra[3] [ɓ͡ɑ]와 비교. '弩'의 상고 중국어는 *m·la>*m·na>*na이다.		
虎	stag [호랑이](<*sklag, 聲母의 변화는 stoŋ [비어있다]<skloŋ 과 비교되며 중국어의 '空'*khoŋ 과 대응한다.) '虎'의 상고 중국어는 *qhlaʔ이다.		

魚部와 대응하는 鐸部 *ˉak과 陽部 *ˉaŋ은 티베트 서면어의 동원어에
서도 다음과 같이 모음 a를 동반한다.

	티베트 서면어		티베트 서면어
格	bkag [저지하다]	嚇	skrag [두려워하다]
坼	ɦtɕhag [찢어지다]	髆	phrag [어깨]
赤	khrag [피]	略	rag [대충]
夜	zag [하룻밤]	夕	zla [달]
亦	lag [손]	百	brgjia <*brja [百]
着	gzag [두다, 놓다]	諾	gnaŋ [승인·허가하다]
藏	gsaŋ [숨기다, 숨다]	房	baŋ [창고]
房	braŋ [주소]	硬·梗	ɦkhraŋ, khraŋ [딱딱하다]
將	ɦtɕhaŋ [쥐다]	岡	sgaŋ [산 정상]
量	graŋs [쉬], ɦgraŋ [수를 세다]	氓	dmaŋs [백성]
揚	laŋ [일어나다]	鹵	tɕhaŋ [술]
裝	skaŋ [충만하다]	牆	gjaŋ [벽, 담]
涼	graŋ [차다, 춥다]	犅	glaŋ [소]
腸	gzaŋ [항문]	祥	gɟaŋ [복]
羊	gɟaŋˉmo [면양]	爽	saŋ [깨끗하게 하다, 깨끗하다]
湯	thaŋ [탕, 즙]	臧	bzaŋ [좋다]
膀	braŋ [가슴]	永	rgjaŋ [멀다]
張	gdaŋ [열다]	脹	skraŋ [부어오르다]

2. 魚部와 中古 韻類와의 관계

魚部와 중고 운류 간의 관계에 대하여 대다수 음운학자들은 열거하는 방식으로 서술하고 있지만 鄭張尙芳과 백스터만이 엄격한 음운의 틀에서 다루었다. 이들은 상고음 체계의 각 운부를 모두 4 종류로 나누었다. 본서에서는 다음과 같이 이들을 각각 Ⅰ, Ⅱ, Ⅲ, Ⅳ류로 부르기로 한다.

	Ⅰ	Ⅱ	Ⅲ	Ⅳ
鄭張尙芳	C(l)-	Cr -	C(l)⁼	Cr⁼
백스터	C(l)-	Cr -	C(l)j-	Crj-

제Ⅱ류와 Ⅳ류는 개음 *-r를 동반하며 제Ⅰ류와 제Ⅲ류는 개음을 동반하지 않았거나 개음 *-l-을 동반하기도 했다. 鄭張尙芳은 제Ⅰ류와 제Ⅱ류는 장모음을 동반했으며 제Ⅲ류와 제Ⅳ류는 단모음을 동반했다고 주장했다. 백스터는 제Ⅲ류와 제Ⅳ류의 경우 개음 j를 동반한 반면 제Ⅰ류와 제Ⅱ류는 개음 j를 동반하지 않았다고 했지만 최근 그도 제Ⅲ류와 제Ⅳ류가 단모음을 동반했다고 수정하여 이 두 사람의 음운의 틀은 완전히 일치하게 되었다. *-r-와 *-l-는 복자음을 구성하는 각각의 단음에 불과하다. 그러나 *-r-가 중고에 이르러 개음으로 변화했으므로 역사적 해석의 편의를 위하여 본서에서는 李方桂(1971)의 명칭을 채택하여 개음 *-r-라 부르기로 한다. 동시에 명칭의 통일을 위하여 *-l-역시 개음이라 칭한다.

다음의 표는 魚部가 두 학자의 음운 틀 안에서 어떻게 나타나고 있는지 보이고 있다. 더욱 체계적으로 서술하기 위해 魚部와 대응하는 입성의 鐸部와 陽聲의 陽部도 함께 논의하기로 한다.

백스터(Baxter 1992)의 재구음 체계는 다음과 같다.

상고	중고	성모 유형	상고	중고	성모 유형	상고	중고	성모 유형
‐a	模	전체	‐ak	鐸	전체	‐aŋ	唐	전체
‐ra	麻二	전체	‐rak	陌二	전체	‐raŋ	庚二	전체
‐ja	魚	開口	‐jak	藥	전체	‐jaŋ	陽	전체
	虞	合口						
‐jA	麻三	고조음성	‐jAk	昔	고조음성			
‐rja	魚	開口	‐rjak	陌三藥	고조음성	‐rjaŋ	陽	고조음성
	虞	合口		陌三	저조음성		庚三	저조음성

鄭張尙芳의 재구음 체계는 다음과 같다.

상고	중고	성모 유형	상고	중고	성모 유형	상고	중고	성모 유형
Ca	模	전체	Cag	鐸	전체	Caŋ	唐	전체
Cja	麻二	舌齒	Cjag	昔	舌齒			
Cra	麻二	전체	Crag	陌二	전체	Craŋ	庚二	전체
Că	魚	開口	Căg	藥	전체	Căŋ	陽	전체
Cʷă	虞	合口						
Cră	支三	저조음성	Crăg	陌三	저조음성	Crăŋ	庚三	저조음성
	魚	知·莊組		藥	莊		陽	莊

두 학자의 음운 틀 사이에는 다음과 같은 차이가 있다.

(1) 鄭張尙芳의 Crǎ는 백스터의 *‐rja에 해당하며 鄭張尙芳은 이를 支韻 중뉴 3등을 여기에 포함시켰는데 ≪說文≫에 보이는 것은 曉母의 '戲'만 있다. 글자의 수가 너무 적은 관계로 거의 모든 음운학자들은 상고의 魚部에 支韻 글자를 포함시키지 않았지만 이 글자에 대해서는 예외로 처리한 것 같다. 그러나 '戲'는 '虖'를 聲符로 하는 상용 글자로 '於戲'와 '嗚呼'가 通假하므로 '戲'가 魚部에 속해 있었음은 의심의 여지가 없다. 동시에 魚部와 歌部의 주요모음이 모두 *‐a이므로 음운적으로 평행하다. 歌部 Cral과 魚部 Cra는 모두 麻韻으로 변화했다. 歌部 Crǎl이 支韻으로 변화했으므로, 魚部 Crǎ도 당연히 支韻으로 변화했을 가능성이 있다. 그러나 魚部의 支韻 중뉴 3등에 '戲'만 존재했던 이유와 다른 글자들은 어떻게 변화했는지에 대해서는 설명이 필요하다. ≪莊子·人間世≫의 "伏戲와 几蘧가 끝까지 행했던 것이다.[伏戲几蘧之所行終.]"의 '戲'에 대하여 ≪釋文≫은 "崔氏[162]는 '犧'로 적었다.[崔氏作犧.]"라 注했다. '犧'가 歌部 글자이므로, 魚部 Crǎ에 속했던 支韻의 여러 글자가 상고시기에 이미 歌部와 섞였을 가능성이 있다. 이와 같은 추정을 지지할 또 하나의 증거가 있다. ≪禮記·月令≫의 鄭玄의 注 '必戲'에 대하여 ≪釋文≫은 "戲는 '戲'[163]로도 적는다.[戲又作戲.]"라 했다. ≪說文≫에서는 '戲'가 '雇聲'이라 밝혔는데 '雇'는 魚部 글자이다. 그러나 先秦의 韻文에서 '戲'는 오직 歌部와 압운했다.

(2) 莊組가 상고시기에 개음 *‐r‐를 동반하고 있었으므로 백스터가

---

162) 崔譔을 가리킨다.
163) 중고의 支韻 중뉴 3등에 속해 있다.

중고 魚·藥·陽韻의 莊組 글자를 鄭張尙芳의 Crǎ에 해당하는 위치인 *-rj-에 배치한 것은 정확한 분석이다. 그러나 중고 陌韻의 莊·崇母의 反切下字는 陌_韻에 속한 글자인 반면, 山母와 初母 글자의 反切下字는 陌_韻에 속한 '戟이다. 이에 따라 백스터는 山母와 初母가 陌_韻에 속하는 것으로 보고 *-rjak類로 분류했다. 그러나 중고 魚韻 莊組를 *-rja의 위치에 배치한 이상 藥韻 莊組도 *-rjak류의 위치에 배치해야 한다. 또 藥韻 莊母인 '斮은 이 위치에 확실하게 배치되어 있다. 따라서 같은 *-rjak류라 할지라도 陌_韻도 있고 藥韻도 있게 된다. 이 문제에 대해서는 두 가지 처리 방법이 있다. 첫째, 鄭張尙芳과 같이 陌韻에서 莊·崇母와 初·山母가 상보관계라 여겨 이들 모두를 2등으로 분류할 수도 있고, 둘째, 백스터가 처리한 것과 같이 陌韻의 莊組를 2등과 3등으로 각각 나눌 수도 있는데 이와 같이 처리하면 동일한 음운 위치에 두 개의 중고 韻이 출현하게 된다.

邵榮芬(1982a)은 '庚韻系 莊組 성모 글자'에 대하여 상세한 논의를 진행했다. 이는 지금까지 해결되지 않은 문제이므로 이에 대한 음운학계의 논쟁만을 아래에 소개한다.

庚·陌韻의 莊組 글자 가운데에는 小韻 '鎗, 楚庚切' 등과 같이 반절하자가 2등인 경우도 있고, 小韻 '省, 所景切' 등과 같이 반절하자가 3등인 경우도 있다. 대다수의 음운학자들은 庚韻의 莊組를 2등에 귀속시켜야 한다고 주장하고 있는데(Karlgren 1915-26, 陸志韋 1947, 李榮 1956), 그 이유는 다음과 같다.

① ≪切韻≫의 莊組는 후치경음[post-alveolar]으로 읽는다. 후치경음은 그 성격상 2등과 3등이 쉽게 혼동된다.

② 莊組를 2등에 분류하면 庚_系에는 喉·牙·脣音만 남게 되어 微·
元·凡韻 등과 같은 부류에 속하게 된다.

③ 庚韻과 麻韻은 모두 2등과 3등으로 이루어져 있는데 麻韻의 莊組
가 한 종류만 있으므로 庚韻의 莊組도 한 종류만 있어야 한다.

④ 庚韻의 莊組에서는 반절하자가 3등인 小韻과 반절하자가 2등인 小
韻이 상보관계를 이루고 있다.

邵榮芬은, 이러한 이유만으로는 庚韻의 莊組를 하나로 귀속시킬 수
없음을 정확히 지적했다. 예를 들면, 동일한 음운 조건을 가진 두 종류
의 음이 평행한 음운 행위를 할 수도 있지만 이것은 가능성에 불과한
것이지 반드시 그래야 하는 것은 아니다. 즉 한 개의 음소로 귀납되는
두 개의 단음은 반드시 상보관계이어야 하지만 상보관계에 있다고 해
서 반드시 하나의 음소로 귀납되는 것은 아니다. 그러나 반대로 庚韻의
莊組를 둘로 나누어야 한다는 강력한 언어적 사실이 없다면 위에서 열
거한 여러 조건으로 볼 때 庚韻의 莊組가 한 종류로 귀납될 가능성이
있다고 추정할 수는 있다.

庚韻의 莊組를 2등과 3등으로 양분한 邵榮芬의 증거 가운데 아래 두
개는 대단히 강력하다.

① ≪篆隸萬象名義≫에서 庚_韻과 淸韻은 이미 섞여 있다. ≪切韻≫
庚韻에서 반절하자가 3등이었던 글자들은 모두 ≪篆隸萬象名義≫
에서 庚_韻이 아닌 庚_韻에 귀납되어 있다. 예를 들면 아래와 같다.

庚_韻	淸韻
勁, 渠生反	叮, 丑生反
黥, 渠生反	竀, 丑生反
	桯, 丈生反
	伶, 來生反
	跉, 力生反

≪篆隷萬象名義≫에서 淸韻과 庚_韻은 각각 다른 韻이므로, '生'이 2등에 속했다고 가정하면 淸韻 글자가 庚_韻의 글자인 '生'을 반절하자로 사용했을 수는 없다.

② 일본 漢音의 庚_韻·耕韻은 모두 ‒o:이고 庚_韻은 ‒ei이다. '生·笙·牲·省'은 일본어에서 ‒ei이다. 따라서 이들 莊組 글자는 3등이어야 한다. 또 베트남 한자어의 庚_韻에는 ‒inh와 ‒anh의 두 개의 독음이 있지만 庚_韻에는 ‒anh만 있다. '生·笙·牲'은 베트남 한자어에서 ‒inh이므로 庚_韻이어야 한다. 풀리블랭크(Pulleyblank 1962‒3)가 이미 이에 대한 증거를 제시한 바 있다.

③ ≪廣韻≫의 小韻 '生'을 제외하면, ≪切三≫·≪王一≫·≪王二≫·≪王三≫·≪唐韻≫·≪廣韻≫에서 모든 庚·陌韻의 莊組 글자의 반절하자가 2등과 3등의 둘로 나뉘어 있으며 이들에 대한 각 운서에서의 처리는 극도로 일치하고 있다. ≪廣韻≫에서는 小韻 '生'의 반절하자가 2등 글자인 '庚'이지만, 그 이전의 다른 운서들에서는 일률적으로 3등의 '京'이 반절하자로 사용되었다.

따라서 庚韻의 莊組를 2등과 3등으로 나누어야 함을 알 수 있다. 그러나 陌韻의 初‧山母를 3등으로 처리한다면 백스터의 *-rjak 위치에서 藥韻과 陌三韻의 대립이 형성될 것이다. 이에 대하여 邵榮芬은 "반절하자가 2등인 莊組는 상고의 陽部에서 기원했고, 반절하자가 3등인 莊組는 상고의 耕部에서 기원했으므로 그 경계는 명확하다."고 이미 언급했다. 陌韻의 음운 행위가 庚韻과 평행하므로 상고 鐸部에서 기원한 莊組 글사도 2등에 귀속시켜야 한다. 본서에서는 이들 莊組 글자를 잠징직으로 2등에 귀속시킴으로써 백스터의 *-rjak 위치에서의 모순을 해결하기로 한다.

  (3) 상고의 魚部와 鐸部에는 중고의 麻_韻과 昔韻 글자가 포함되어 있다. 이들의 중고음 성모에는 精組‧章組‧以母‧邪母만 있으므로 이들의 상고음에 개음 *-r-이 동반될 수 없음을 알 수 있다. 백스터는 이들을 개음 *-j-을 동반한 부류에 배치했는데 이는 鄭張尙芳의 Că류에 해당한다. 그러나 이 위치에 이미 중고의 魚韻과 藥韻이 점하고 있어 백스터는 이들을 *-jʌ와 *-jʌk으로 재구하여 *-ja, *-jak과 구분할 수밖에 없었다. 백스터는 *ʌ가 a와의 변별을 위한 기호에 불과하다 밝히기는 했으나 *a와 음성적으로 어떠한 차이가 있는지는 해결해야 할 문제이다. 鄭張尙芳은 이들을 Ca류에 배치했는데 이 위치에는 이미 중고의 模韻과 鐸韻이 있다. 그는 중고의 模韻과 鐸韻은 상고의 성모에 개음 -j-가 동반되지 않았고 麻_韻과 昔韻은 상고에서 개음 *-j-가 동반되었다고 주장했다. 예를 들면 '庫'는 *khlas로, '尺遮切'의 '車'는 *khlja로, '九魚切'의 '車'는 *klǎ로 재구했다. 그러나 이와 같은 재구는 단지 글자의 배치를 위한 것처럼 보이며 확실한 증거는 없다. 다음은 상고의 鐸部에 속했던 《廣韻》의 昔韻과 藥韻 글자를 성모에 따라 배열한 표인

데 양자가 거의 상보적임을 알 수 있다.('+'는 글자가 존재함을, '-'는 글자가 없음을 나타낸 것이다. 숫자로 표기된 부분에 글자가 비록 존재하지만 따로 논의가 필요하므로 표 아래에서 다시 설명한다.)

	並	見	溪	群	曉	云	知	徹	澄	來	莊	日
藥	+	+	+	+	+	+	+	+	+	+	+	+
昔	-	-	-	-	-	-	-	-	-	-	-	-

	章	昌	禪	書	船	精	清	從	心	邪	以
藥	②	-	-	③	-	-	+	-	-	-	-
昔	+	+	+	+	+	+	①	+	+	+	+

① '皵' 한 글자만 있으며 又音 '七雀切'은 藥韻이다. ≪爾雅 · 釋木≫ '楛皵'에 보이며 郭注에서는 "나무 껍질이 얽혀 있는 것을 말한다.[謂木皮甲錯.]"와 같이 언급했다. ≪釋文≫에서는 "楛, 七各反. 皵, 謝音164)鳥, 郭音夕."이라 했다. ≪爾雅 · 釋木≫에서는 또 "홰나무의 작은 잎은 '榎'라 하며, 크고 거칠다.[槐小葉曰榎, 大而皵楸.]"라고 했으며 郭注에서는 "오래되어 껍질이 거친 것을 '楸'라 한다.[老乃皮麤皵者, 爲楸.]"라고 했다. ≪釋文≫에서는 "孫, 七各, 七路 二反."이라 했다. '皵'에 대한 ≪釋文≫에서의 여러 개의 注音이 여러 지역의 방언음을 반영했을 가능성이 있지만 淸母 昔韻에 대한 독음은 없다. 여러 독음 가운데 孫炎의 注音인 '七各反'이 가장 音義에 적합하며, 郭璞은 '皵'이 '甲錯'의 '錯'이라고 명확하게 언급했다.

---

164) 謝嶠의 音義이다.

② '斫·筋·譩'의 세 글자만 있으며 이 가운데 '筋·譩'는 字典에만
출현하는 글자로 문헌적 증거가 없다.

③ '猧' 한 글자만 있다. ≪說文≫에서는 "개가 놀라서 사람이 가까이
하지 못하게 한다는 의미이다. '犬'이 意符이고 '舄'이 聲符이다. 南
楚에서는 서로 놀라게 하는 것을 '猧'이라 하며 '愬'와 같이 읽는
다.[犬猧猧不附人也. 從犬, 舄聲. 南楚爲相驚曰猧, 讀若愬.]"라 했다.
聲符 '舄'은 心母이다. 精組는 보통 莊組와 해성하지만 聲符가 '舄'
인 글자 중 유일하게 '猧'만 章組의 글자이다. 따라서 ≪廣韻≫에
서 書母라 한 것은 의심스러우며 ≪說文≫에서 "讀若愬."이라 한
것이 더 믿을 만하다.

위의 표에서 藥韻과 昔韻의 대립의 예에서 믿을 만한 것은 사실상
'斫' 한 글자뿐이다. 더욱 중요한 것은, 상보관계인 경우 어떤 성모류의
글자가 한 韻에는 대량으로 출현하지만 다른 한 韻에는 한 글자도 없는
경우가 일반적인 것으로, 이는 우연한 현상이 아니다. 예를 들면, 鐸部
의 以母 글자인 '睪繹譯懌醳驛嶧襗圛斁亦弈帟腋掖液' 등은 昔韻에만 출현
했고 藥韻에는 以母 글자가 단 한 개도 없다. 또 鐸部의 從母 글자인
'籍踖藉耤獵猎簎' 등은 昔韻에만 출현했지만 藥韻에는 從母 글자가 단 한
개도 없다. 이와는 반대로 鐸部의 喉牙脣音, 來母, 知組, 莊組는 모두 藥
韻에 집중되어 있으나 昔韻에는 단 한 개도 없다.

우리는 제3장에서 ≪廣韻≫ A, B류의 脣牙喉音의 반절하자 가운데
설치음의 종류에 관하여 통계를 낸 바 있다. 즉, 莊組 글자가 A류나 B
류의 반절하자로 사용되지는 않았으나 莊組 글자가 피절자일 때 A류를
반절하자로 사용하지 않고 B류를 反切下字로 사용했으므로 이에 따라
다음과 같이 莊組 글자를 云母류로 귀속시킨 바 있다.

	以母	精組	章組	日母	云母	知組	來母	莊組
B류	2	0	3	0	19	11	24	0
A류	29	17	21	10	0	5	13	0

위의 표와 앞의 표를 비교하면 鐸部의 제III류가 藥韻과 昔韻으로 나뉜 것이 성모의 종류와 관계가 있음을 알 수 있다. 以母・邪母・精組・章組를 以母류라 부르고, 莊組・云母・知母・來母를 云母류라 하기로 한다. 제2장과 제3장에서 3등 개음의 성격이 성모・운모와 관계가 있음에 대하여 논의한 바 있다. A류의 반절하자로 以母류가 많이 사용된 것은, 이들의 조음부위가 다소 앞에 있어 동반된 3등 개음의 혀의 위치도 다소 앞쪽에 있기 때문이다. 또 云母류가 B류의 반절하자로 많이 사용되었던 것은, 이들의 조음부위가 다소 뒤에 있어 동반된 3등 개음의 혀의 위치도 다소 뒤쪽에 있기 때문이다. 이는 다음과 같은 점을 시사한다.

鐸部의 藥韻과 昔韻은 그 기원이 원래 같았던 것으로 조음부위가 앞쪽에 있는 以母류의 성모와 그 3등 개음의 영향으로 모음의 조음부위가 앞으로 이동함으로써 중고에 이르러 전설의 昔韻 iɛk으로 변화했으며 개음도 그 혀의 위치가 앞쪽에 있는 i가 된 것이다. 조음부위가 뒤쪽에 있는 云母류인 성모와 3등 개음의 영향으로 혀의 위치가 다소 뒤쪽인 藥韻 iɐk으로 변화했을 것이다. 더 이른 단계에서는 개음이 ɯ이었다. 한편 베트남 한자어의 藥韻은 -ɯɤɕ-ɯək]으로 실현된다.

성모의 유형으로 볼 때, 魚部의 麻韻과 鐸部의 昔韻에 以母・邪母・章組・精組만 있었다는 점에서 이 두 운은 완벽한 평행관계에 있다. 그러나 魚韻과 麻韻 사이에는 상보관계가 아주 적다. 다만 從母와 船母

의 경우 麻三韻에는 평성과 거성만 있고 魚韻에는 상성만 있어 從母와 船母만이 상보 관계의 흔적이 있는 것처럼 보일 뿐이다. 昔韻과 藥韻의 관계로부터 다음의 내용을 유추할 수 있다.

> 麻三韻과 魚韻은 원래 같은 종류였는데 성모의 영향으로 개음과
> 주요모음에 변화가 발생했지만 그 변화가 입성처럼 완벽하지 않았
> 으므로 음성변화 도중에 중지된 것이다.

그러나 이것 역시 추정에 불과하며 이에 대해서는 고증이 더 필요하다.

이상을 종합하여 본서에서는 鄭張尙芳의 재구음을 다음과 같이 수정한다.

상고	중고	성모 유형	상고	중고	성모 유형	상고	중고	성모 유형
Ca	模	전체	Cag	鐸	전체	Caŋ	唐	전체
Cra	麻二	전체	Crag	陌二	전체	Craŋ	庚二	전체
Că	虞ʷ 魚	云母류	Căg	藥	云母류	Căŋ	陽	非·知· 莊組
Că	麻三	以母류	Căg	昔	以母류	Căŋ	陽	非·知· 莊組
Cră	支三	저조음성	Crăg	陌三	저조음성	Crăŋ	庚三	저조음성
Cră	魚	知·莊組	Crăg	藥	知·莊組	Crăŋ	陽	知·莊組

3. 中古 魚韻의 재구

칼그렌은 遇攝을 다음과 같이 재구했다.

> 模韻: ‑uo, 虞韻: ‑i̯u, 魚韻: ‑i̯wo

칼그렌은 魚韻을 합구로 규정했는데 그 주요 근거를 ≪等韻切音指南≫[165] 에서 魚韻을 합구에 배치한 것에 두고 있다. 羅常培는 ≪指南≫이 후기의 韻圖이기 때문에 믿을 만하지 못하다 했다. 그는, 魚韻이 ≪韻鏡≫ 등의 초기 운도에서 제11轉 開口에 배치되어 있었으며 ≪通志·七音略≫에 '重中重'[166]으로 표기되어 있었다는 점에 근거해 칼그렌의 魚韻에 대한 재구음에서 개음 w를 삭제하여 ˘jio로 수정했다.

周法高(1948a)는 魚韻이 개구의 성격을 지녔음에 대하여 더 발전된 증거를 들었다. 그는 羅常培가 제기한 이유 이외에 다음과 같은 이유를 보충했다.

(1) 산스크리트-중국어 대음에서 산스크리트의 개음절 ˘o, ˘u를 대역할 때에 魚韻의 글자를 적게 사용했다. 즉, 唐 이전에는 주로 尤·侯·虞韻의 글자를 사용했고 唐代에는 虞·模韻의 글자를 다수 사용했으므로 魚韻의 주요모음이 ˘o나 ˘u일 수는 없다.

(2) 魚韻과 虞韻이 서로 섞이지 않았던 南北朝 詩文의 압운의 예에서 模韻은 魚韻이 아닌 虞韻과 통용했다. 동시에 ≪廣韻≫에서는 魚韻에 대해 '獨用'으로, 虞韻에 대해 '模同用'으로 注하고 있다. 따라서 模韻은 魚韻이 아닌 虞韻과 가까웠음을 알 수 있다.

平山久雄(1995)은 魚韻 개구의 성격에 대하여 다음과 같이 더 상세하게 서술했다.

---

165) ≪康熙字典≫에 딸린 韻圖이다.
166) ≪通志·七音略≫에서 '重'은 주로 開口, '輕'은 주로 合口를 나타냈는데 그 자세한 의미는 현재 알 수 없다.

(1) 敦煌 S.2729, P.3383의 ≪毛詩音≫ 殘卷에서 被切字가 개구이면 반절상자도 대부분 개구이며, 피절자가 합구이면 반절상자도 대부분 합구이다. 魚韻의 반절상자는 예외 없이 모두 개구인데 이는 魚韻이 개구에 속했다는 증거이다.

(2) ≪慧琳一切經音義≫에서 피절자가 개구이면 반절상자도 개구로 합구 글자는 섞여 있지 않다. 魚韻의 반절상자에도 합구 글자가 없다.

(3) 邵雍의 ≪皇極經世聲音唱和圖≫에서 '辟'은 개구에 해당하고, '翕'은 합구에 해당하는데, 魚韻은 '五聲・辟星'에 배치되어 있고 模・虞韻은 '五聲・翕辰'에 배치되어 있다.

(4) 魚韻에 해당하는 한국 한자어는 ə, 베트남 한자어는 ɯ이다.

魚韻이 개구에 속해 있다는 인식에 근거하여 다음과 같은 두 가지 재구음을 상정한다.

周法高(1948a)는 魚韻의 주요모음으로 두 가지 가능성이 있다고 했다. 하나는 o보다 열린 ɔ이고 또 하나는 o와 대립하는 비원순음이지만 ɤ의 정도까지는 미치지 못하는 음이다. 魚韻 글자로 산스크리트의 a를 대음한 예가 몇 개의 조목이 있으며 虞韻에는 이러한 예가 없음에 근거하여 魚韻의 모음을 o와 a 사이의 ɔ라 가정하면 이 같은 대음 현상을 설명할 수 있다.

李榮(1956)과 邵榮芬(1982a)은 이 재구음을 수용했다.

平山久雄(1995)은 魚韻을 -ɪəl라 주장했는데 그 근거는 다음과 같다.

(1) 魚韻의 일본 漢音과 吳音이 모두 ‑iyo이며 여기에서 o는 乙類의 o 즉 비원순의 ə이다.

(2) 魚韻의 한국 한자어는 보통 ‑ə이며 莊組의 경우만 ‑o이다.

(3) 베트남 한자어의 魚韻은 보통 ‑ɯ이고 莊組만 ‑ə이다.

(4) 汕頭에서 見系는 ɯ나 i로, 莊組는 ‑o로, 知系는 보통 ‑u로 읽는다.

梅祖麟(Mei, Tsu‑lin 1979)은 魚韻의 남방 중고음을 ‑iɤ로 재구했다.

중국의 여러 방언에서 魚韻의 중고 층위는 ə, ɤ, 혹은 ɯ와 같은 독음이었던 것으로 보인다.

潘悟雲(1999b)은 閩 방언과 浙南 吳 방언의 역사 비교를 통하여 이 일대의 魚韻의 중고 층위가 다음과 같은 기원을 가졌음을 증명했다.

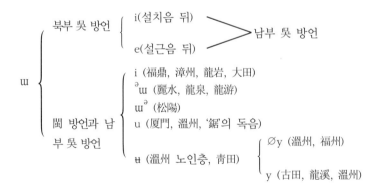

ɯ의 독음은 계속해서 華南까지 전파되었을 가능성이 있다. 베트남 한자어와 壯語의 중고 중국어의 차용어 및 平話의 중고 층위에서 魚韻은 모두 ɯ로 읽힌다(藍慶元 1999). 이는 중고의 華南에 平話의 전신으

로 보이는 권위 있는 중국어 방언이 반드시 존재했었음을 의미한다. 따라서 남쪽으로는 베트남, 북쪽으로는 廣西 북쪽의 壯族과 布依族 등의 언어가 魚韻의 독음이 ɯ이었던 권위 있는 방언으로부터 어휘를 차용했던 것으로 보인다.

唐五代 서북 지역 방언음의 중국어-티베트어 대음 자료에서 虞韻은 ㄱu로, 魚韻은 ㄱu, ㄱi로 기록되어 있다(羅常培 1933). 이는 魚韻이 이 지역에서 -ɯ이었는데 이 음이 티베트인들에게 청각적으로 ㄱu로 들리기도 했고 ㄱi로 들리기도 했음을 의미한다.

'唐京雅音'이라 전해지는 일본 漢音에서도 虞韻은 ㄱu이고 魚韻은 乙類의 ㄱo이다. 일본 학자들은 魚韻이 非 원순 ㄱə류의 음이었다고 주장하고 있다(平山久雄 1995).

한국 한자음에서 虞韻은 ㄱu이고 魚韻은 ㄱə이다. 한국 한자음이 인근 지역인 幽燕의 방언에서 전해졌다고 가정한다면 한국 한자음에서 魚·虞韻의 독음은 幽燕의 방언의 특징을 반영하고 있을 가능성이 있다.

그러나 사실상 이러한 독음의 분포는 훨씬 더 광범위하다. 일부 방언에서 虞韻은 거의 ㄱy나 ㄱu의 독음을 가지고 있지만 魚韻은 서면어음과 구두어음의 두 개의 독음을 가지고 있는 경우가 많다. 서면어음에서는 虞韻과 같으며 구두어음은 서면어음의 영향을 받아 대부분 虞韻과 섞인다. 그러나 일부 방언에서는 여전히 개구로 읽힌다. 특히 '離去'의 '去'에 대하여 다음과 같은 여러 방언에서 서면어음과 구두어음의 異讀을 여전히 보존하고 있다(北京大學中文係 1989).

	濟南	西安	太原	武漢	成都	蘇州
서면어음	tɕhy	tɕhy	tɕhy	tɕhy	tɕhy	tɕhy
구두어음	tɕhi	tɕhi	khə?	khɯ	tɕhie	tɕhi

	溫州	長沙	雙峰	南昌	厦門	潮州
서면어음	tɕhy	tɕhy	tɕhy		khu	
구두어음	khei	khɤ	tɕhi	tɕhiɛ	khi	khɯ

서면어음과 구두어음의 異讀 현상이 비교적 많이 보존되고 있는 또
하나의 글자는 '鋸'이다. 다음을 살펴보자.

	武漢	成都	蘇州	長沙	雙峰	南昌
서면어음	tɕy	tɕy	tɕy	tɕy	tɕy	tɕy
구두어음	kɤ	ke	kɛ	kɤ	ka	kiɛ

이들 서면어음과 구두어음의 異讀 현상이 일부 개별 글자에만 출현하
지만 각 방언에서의 음성 형식이 일치하는 것은 우연이 아니다. 이는
고대의 魚韻이 이들 지역에서 ɯ류의 음으로 읽혔던 적이 있음을 의미
한다.

　魚韻의 음가에 대한 논의를 진행하려면 다음과 같이 본서에서 제시
한 중국어 모음의 후설 고모음화 규칙을 언급해야 한다.

$$a > ɒ > ɑ > ɔ > o > ʊ > u$$

模韻과 虞韻이 이 규칙의 영향을 받은 것은 분명하다. 後漢-三國의 산스크리트-중국어 대음 자료에서 다음과 같이 模韻의 글자로 ˉo를 대역하기도 했고 간혹 ˉa를 대역하기도 했기 때문이다(兪敏 1984).

산스크리트	漢字 대음	산스크리트	漢字 대음
ka	姑 康僧會	ta	都 支識
tā	吐 支謙	dha	度 竺佛朔, 屠 支謙
ra	盧 支謙	la	盧 支識

模韻 글자로 ˉo를 대역하기도 했고 ˉa를 대역하기도 한 것은 이들이 각각 다른 역사 층위에 속했음을 의미하고 模韻이 a에서 o의 방향으로의 변화, 즉 후설 고모음화의 과정을 경과했음을 의미한다.

다음은 虞韻 글자로 支婁迦讖의 번역에서 산스크리트 자료를 대음한 예이다(Coblin 1983).

	須菩提 subhūti	阿須倫 asura
	須颰祇耨 sudarśana	摩訶須薩和 mahāsusārthavāha
須	須揵提 sugandhika	須深 susaṃprasthita
	須摩提 sumati	須門 sumanā
	須達 sudatta	
殊	文殊師利 mañjuśr	
踰	踰旬 yojana	
	拘翼 kauśika	漚和拘舍羅 upàyakauśalya
拘	拘文羅 kumuda	拘利 koṭi
	拘遬摩 kusuma	摩訶拘絺 mahākauṣṭhila
	波坻槃拘利 pratibhānakūṭa	拘束 kusuma
俱	俱讀滑提 gautamapati	俱耶匿 godānīya

虞韻은, 설근음에 후행하는 경우에는 ‑o에 가깝고 설첨음에 후행하는 경우에는 ‑u에 가깝다. 따라서 당시의 虞韻이 ʊ이어서 선행하는 성모에 따라 음색이 조금씩 달랐을 가능성이 있음을 알 수 있다. 虞韻에는 두 개의 상고 기원이 있다. 하나는 상고 侯部 *‑o에서 기원한 것이고 또 하나는 상고 魚部 합구음 *‑wa에서 기원한 것으로 이들은 나중에 중화되어 ‑o가 되었다. 모음의 후설 고모음화 규칙은 虞韻에서도 동일하게 적용되어 *‑o에서 *‑ʊ로 변화했다가 다시 ‑u로 변화한 것으로 상정한다.

일부는 후설 고모음화 규칙이 적용되기도 했지만 상술한 방언에서 魚韻은 또 다른 방향으로 변화했다. 즉, 다음과 같이 3등 글자의 非 원순음 개음이 원순음화를 저지한 것이다.

$$‑a > ‑ɑ > ‑ʌ > ‑ɤ > ‑ɯ > ‑ɨ > ‑i$$

그러나 魚韻이 모든 방언에서 이와 같은 변화의 과정을 경과한 것은 아니다. ≪切韻·序≫의 "북방인들은 '庶'[167]를 '戍'[168]로 읽고, '如'[169]를 '儒'[170]로 읽는다.[北人以庶爲戍, 以如爲儒.]"라는 인급을 통하여 당시 북방에서 魚韻과 虞韻이 이미 합병되어 있었음을 알 수 있다. 潘悟雲(1983a)은 詩人의 用韻을 통하여 魚韻과 虞韻이 이미 曹魏 시대의 洛陽과 鄴下 일대에서 섞여 있었음을 증명했다. 虞韻이 원순의 ‑o나 ‑ʊ이었

----

167) 魚韻 글자이다.
168) 虞韻 글자이다.
169) 魚韻 글자이다.
170) 虞韻 글자이다.

다면 魚韻도 원순음이었을 것이다. 東漢 시기에는 魚韻이 상고 侯部의 虞韻 글자와 대량으로 압운했고 심지어 일부 몇 몇 글자는 幽部와 압운한 예도 있다(羅常培·周祖謨 1958). 魚部 글자가 이들 방언에서 원순음이 아니었다면 虞韻 ˉo나 幽部 ˉu와 압운했다는 사실과 부합하지 않는다. 따라서 洛陽 일대에서 魚韻은 다음과 같은 후설 고모음화가 발생했다고 할 수 있다.

$$*\text{-}\tilde{a} > \text{-}iæ > \text{-}iɔ < \text{-}iɔ < \text{-}io(虞韻과 합병)$$

그렇다면 ≪切韻≫의 魚韻이 어떠한 변화과정을 통해 형성되었는지에 대해 논의해 보자.

鄭張尙芳은 魚韻을 ˉiʌ로 재구했는데 이것이 바로 여러 방언의 魚韻 ɯ의 기원임을 위에서 논의한 바 있다. 그러나 ≪切韻≫의 韻目에서 魚韻과 虞韻을 가까이 배열하고 있어 이들 간의 음성이 다소 가까웠음을 알 수 있다. 즉 虞韻이 io라면 魚韻은 iɔ류의 음이 되겠지만, iʌ로 재구한다면 麻ᵤ韻 ia나 歌ᵤ韻 iɑ에 더 가깝게 된다.

산스크리트-중국어 대음에서 魚韻 글자로 대음한 경우가 극소수인데 이들 대음의 예는 대부분 o와 대응한다. 예를 들면 ‘慮’로 lo를 대음했다(尉遲治平 1982). 이것이 ɔ류의 음을 나타내었을 것으로 추정하지만 예가 너무 적어 확정할 수 없다.

潘悟雲(1996b)은, 閩 방언의 魚韻에서 중고 층위인 ɯ 이외에도 歌韻의 상고 층위로 귀속된 예도 있음을 지적했다. 다음은 ‘去취향동사’와 歌部 글자 ‘賀’를 비교한 것이다.

	福州	建甌	建陽	松溪	沙縣
去	khɔ^5	khɔ^5	khɔ^5	kho^5	kho^5
賀	xɔ^6	xɔ^6	xɔ^6	xo^6	xo^5

상고 중국어의 魚部는 ‑a이고 歌部는 ‑al이다. 이들은 중고에 이르기까지 다음과 같이 모두 후설 고모음의 방향으로 변화하였다.

魚部 : a → ɑ → ɔ → o
歌部 : al → ai → ɑ → ɔ → o

魚部은 歌部보다 한 발 앞서 변화했는데 歌韻이 ɑ로 변화했을 때 魚韻은 이미 ɔ로 변화해 있었다. 그러나 언어현상에서 일부 고빈도 단어의 음성변화는 지체되었다. 예를 들면 인칭대사 ‘他’는 중고 歌韻에 속해 있는데 歌韻이 ɑ에서 o로 변화했을 때에도 ‘他’는 원래 단계에 여전히 머물러 있어 결국 麻韻의 a와 합병된다. 閩 방언에서 魚韻의 ‘去’도 이와 유사한 면이 있다. 이 글자는 음성변화의 대열에서 이탈하여 결국 歌韻 글자와 합병된다. 閩 방언에 나타난 증거를 통하여 魚韻이 일부 방언에서 그 주요모음이 ɔ류의 단계를 경과한 바가 있었음을 알 수 있다.

13 ● 甲類 韻部

상고 운부에 대한 연구는 ≪詩經≫의 韻脚에 대한 연구로부터 출발했다고 할 수 있다. 압운에는 언제나 合韻 현상이 있으므로 ≪詩經≫의 운부를 나누는 가장 큰 관건은 合韻을 어떻게 가려내느냐에 있다. 단모음의 韻類보다 운미를 동반한 韻類 간의 合韻이 용이하다. 예를 들어 北京 말에서 ㄱi와 ㄱu는 일반적으로 압운하지 않지만 ㄱin과 ㄱun은 쉽게 압운한다. 상고 운부에서는 오직 甲類 운의 陰聲만 운미를 동반하지 않는다. 본서의 연구는 이로부터 출발한다. 陰聲韻部가 일단 정해지면 入聲韻部와 陽聲韻部도 이에 따라 확정된다.

본서는 주로 ≪詩經≫의 押韻, 해외의 대음자료와 비교자료를 통해 鄭張尙芳(1984)이 제시한 상고 운부의 재구음을 증명할 것이다. 비교의 대상이 되는 언어 자료는 중국어, 티베트 서면어와 古 베트남 한자어에 집중될 것이다. 앞 장에서 상고 魚部를 *ㄱa로 확정한 바 있는데 이는 상고의 모음 체계의 수립을 위한 참조점이 된다. 다른 陰聲韻部는 이것과의 비교를 통하여 그 지위를 정하게 된다.

1. 幽部

幽部에서 기원한 중고 운은 豪·肴·尤·幽韻 등인데 이들 모두는 중고음에서 단음 u를 동반하고 있다. a와 거리가 가장 먼 모음은 u와 i인데 甲類韻 가운데 幽部와 魚部만이 상호 아무런 관계가 없으므로 u를 충당하기에 가장 적절한 것은 바로 幽部이다.

'鳩'는 幽部 글자로 고대에서는 '비둘기'의 총칭이었다. ≪詩經·氓≫의 "아 비둘기여![于嗟鳩兮!]"에 대하여 ≪毛傳≫에서는 "'鳩'는 산비둘기이다.[鳩, 鶻鳩也.]"라 했다. ≪呂氏春秋·仲春紀≫의 "꾀꼬리가 울면 하늘의 매는 뻐꾸기로 대체된다.[蒼庚鳴, 鷹化爲鳩.]"에 대하여 高誘는 "'鳩'는 뻐꾸기이다.[鳩, 蓋布穀鳥也.]"라 注했다. 비둘기가 우는 소리는 ku나 gu이다. 따라서 많은 소수민족들은 우는 소리로 그 명칭을 정하거나 그 우는 소리를 그대로 묘사했다.

아래는 뻐꾸기에 대한 일부 티베트-버마어군의 언어에서의 명칭이다.

道孚	却域	木雅	Bokar 로바어	巍山 彝語	土家
ku ku	$ku^{55}ku^{33}$	$kə^{55}ku^{33}$	kə ku	$cɛ^{55}ku^{33}$	$mau^{55}khu^{21}$

아래는 산비둘기에 대한 일부 언어에서의 명칭이다.

베트남어	龍州壯語	臨高	勉瑤	水	仫佬
cu^1	nuk^8ku^1	ku^4ku^2	$nɔ^8gu^1$	qau^2	$nɔk^8kau^2$

서양의 언어에서도 이와 유사한 명칭이 있다. 예를 들면 뻐꾸기는 영어에서 cuckoo[kukuː]이다.

상고 역음의 증거를 더 살펴보자. '浮圖'는 Buddha를 대역했고, ≪史記≫의 '身毒'과 ≪漢書≫의 '天竺'은 산스크리트의 Hinduka를 대역했으며, ≪後漢書≫의 '柳中'은 Luckchun을 대역했다. 兪敏(1984a)은 u가 '幽部'의 영역에 속한다고 밝혔다. 侯部 글자는 산스크리트의 u를 대역하기도 했지만 많은 경우 o를 대역했다. 반면 幽部는 아래와 같이 o를 대역한 예가 없고 u만 대역했다.

u	ku	cu	tyu	bhu	bu	yu	ru	śu	su
優憂	鳩九	周	舟	浮	浮	油	留	修首	修羞

古 베트남 한자어의 幽部 글자도 아래와 같이 u이다.

誘 du[4] [유혹하다]	考 khu[6] [늙다]
卣 lu[1] [항아리]	帽 mu[4] [모자]
鑄 ɗuc[5] [주조하다]	尻 khu[1] [엉덩이]
攪 su[5] [섞다] < kru	受 chiu[6] [받아들이다]
柔 diu[6] [부드럽다]	餿 thiu[1] [음식이 쉬다]
菊 khuc[5] [들국화]	倏 luc[5] [갑자기]
肘 khuyu[3] [팔꿈치]	

幽・覺・冬部는 아래와 같이 티베트 서면어의 u, ug, uŋ과 각각 대응한다.

胞 phru⁻ma [자궁, 태반]	褓 phrug[아이, 동물의 새끼]
鳩 ɦaŋ⁻gu [비둘기]	九 dgu
舅 khu⁻bo [숙부, 백부]	晝 gdugs [정오]
虯 klu [용]	球 gru [실꿍]
肘 gru	舟 gru [배]
嫂 sru⁻mo [형수]	鑄 ldug, lug
缶 phru [도지기]	酒 su
擣 rdugs [공격하다]	堡 phru [궁전, 보루]
道 lugs [도리, 규정]	揉 njug [쓰다듬다]
毒 dug [독]	告 gtugs [고소하다, 일러바치다]
復 phug [동굴]	攪 dkrug [섞다]
篤 stug [두텁다]	六 drug [여섯]
纛 gdugs [우산]	叔 sgrug [받다, 따다]
冲 chuŋ [작다]	粥 thug [고기국, 죽]
忠 druŋ [충성]	統 gduŋ [혈통]

2. 侯·屋·東部

《詩經》에서 侯·東部는 幽·冬部와 압운할 수 있었다. 예를 들면, <生民>에서 '揄'가 '蹂·叟·浮'와, <棫樸>에서 '趣'가 '橚'와, <小戎>에서 '驅'가 '收·軸'와, <旄丘>에서 '東同'이 '戎'과, <山有扶蘇>에서 '松·龍·童'이 '充'과, <蓼蕭>에서 '同'이 '濃·仲'과 合韻하였다. 따라서 侯·東部가 u, uŋ에 비교적 가까운 韻이었음을 알 수 있다. 또 侯·東部는 魚·陽部와도 합운했다. 예를 들면 <皇矣>에서 '附·侮'가 '禡'와, <烈文>에서 '公·邦·崇·功'이 '疆·皇'과 合韻했는데 이는 侯

· 東部의 주요모음이 다소 열려 있었기 때문에 간혹 a나 aŋ과도 합운할 수 있었음을 의미한다. 상고의 역음에서 侯·屋部 글자가 u를 대역하기도 했다. 예를 들면 ≪漢書≫에서 '高附'로 Kabul을, ≪後漢書≫에서 '木鹿'으로 Muru를 대역했다. 그러나 a를 대역한 예도 있다. 예를 들면 ≪漢書≫에서는 '番兜'로 Partava를 대역했다. 烏孫과 月氏人의 작호인 '歙侯' 즉 돌궐인의 yabgu는, Kūjula kadphises의 銀貨에서는 yavuga로도 기록되어 있다. '侯'는 gu를 대음하기도 했고 ga를 대음하기도 했다(Pulleyblank 1962-3 : 95). 이러한 현상은 위의 압운 현상과 평행하다. a와 u 사이의 음은 o이다. ≪漢書≫에서 '樓蘭'으로 Krorayina를, ≪後漢書≫에서 '粟弋'으로 Sogdiana를 대역했는데 이는 바로 侯部의 '樓'로 Kro를 대역한 것이고 屋部의 '粟'으로 Sog을 대역한 것이다. 위에서 언급한 바와 같이 漢魏의 산스크리트-중국어 대역에서는 侯部가 幽部와 동일하게 산스크리트의 u를 대역하기도 했지만 o를 대역한 예도 있다. 예를 들면 歐 o, 樓 ro, 拘 ko, 頭 dro, 須 so, 睺 ho 등이 있다(兪敏 1984a). 이것이 幽部와 侯部의 차이이다. 이를 통해 侯·屋·東部의 가장 적당한 재구음이 o, ok, oŋ임을 알 수 있다. o, ok, oŋ과 u, uk, uŋ 사이에 합운과 대역 현상이 있었다고 해도 문제가 없고 o, ok, oŋ과 a, ak, aŋ 사이에 음성 관계가 있었다고 가정해도 무리가 없다. 또 /o/가 변이음인 ɔ로 읽을 수도 있으므로 /a/와도 아주 가깝다.

侯·屋·東部의 글자는 다음과 같이 古 베트남어의 주요모음에서 o로 실현된다.

叩 kho³ [두드리다]	瓵 lo⁶ [작은 병]
踰 lo² [건너다]	逾 lô⁵ [지나치다]
窬 lo⁴ [작은 굴]	漏 ro² [물이 새다]
喩 ro⁴ [이해하다]	簍 ro⁶ [대광주리]
豎 sô⁵ [수직]	狗 cho⁵ [개] < klo
角 goc⁵ [구석]	錄 loc⁶ [선택하다, 선발하다]
燭 ɖuoc⁵ [횃불]	贖 chuôc⁶ [보상하다]
局 cuôc⁶ [한 차례]	缸 cong¹ [항아리]
俑 dong⁴ [인형, 허수아비]	勇 dong⁴ [향용]
蛹 dông⁶ [번데기]	凍 ɖong⁵ [얼어붙다]
松 long¹ [느슨해져 떨어지다]	龍 rong² [용, 제왕]
鐘 chuông¹ [종]	腔 giong⁶ [구강, 가락]
種 giông⁵ [종류, 종자]	從容 thong¹dong¹ [침착하다]

侯·屋·東部는 또 다음과 같이 티베트 서면어의 o, og, oŋ과 대응한다.

侯部

鷗 ko [갈매기, 물오리]	喉 ko [목덜미, 아래턱]
鉤 kjo [쇠갈고리]	摳 rko [파다]
垢 figo [오염, 오점]	后 figo [수령, 신]
湊 fitshogs [모으다, 합치다]	後 fiog [아래, 다음]
喩 lo [해석하다, 설명하다]	頭 thog [머리, 꼭대기]
樓 thog [건물]	螻 grog [개미]

屋部

聚 sog [모으다]	曲 kjog [꼬불꼬불하다]
讀 klog [읽다]	族 tsho [부족]
殼 kog [껍질, 외피]	谷 grog [급류가 흐르는 깊은 계곡]
谷 gshoŋs [깊은 계곡]	綠 rog [검푸른색]

東部

空 kjoŋ [공중]	公 goŋ [수령, 스님]
巷 groŋ [마을]	容 loŋ [한가하다]
涌 loŋ [loŋ loŋ 파도가 일다]	用 loŋs [누리다]
空 stoŋ [비어있다]<skloŋ	洞 doŋ [동굴]
桶 ldoŋ [차통]	蒙 moŋs [우롱당하다]
容 shoŋ [용납하다]	駹 mdoŋ [얼굴에 흰점이 있는 말]
奉 fibroŋs [따르다, 섬기다]	

그러나 다음과 같이 티베트 서면어 동원어의 주요모음이 u인 경우도 있다.

侯部

鉤 kju [갈고리]	驅 dkju [달리다]
候 sgug [기다리다]	寇 rku [도둑질하다]
乳 nu [유방]	霧 rmu [안개]
住 fidug [머물다]	隅 gru [가장자리, 모퉁이]

屋部

曲 kug [꼬불꼬불하다]	角 khug [구석]
哭 ŋu [울다]	屬 gtugs [속하다]
觸 gtugs [닿다]	剝 bru [벗기다]
俗 lugs [풍속]	谷 luŋ [산골짜기]
裕 lhugs [충분하다]	燭 dugs [불 붙이다]

東部

鴻 kruŋ [기러기]	江 kluŋ [강, 하곡]
孔 khuŋ [굴, (작은) 구멍]	頌 sgruŋ [이야기, 기담]
空 dguŋ [하늘, 허공]	棟 gduŋ [대들보]
痛 gduŋ [고통]	蜂 buŋ [벌]
龍 fibruŋ [용]	封 spuŋ [쌓이다], phuŋ [언덕]
冢 rduŋ [작은 언덕, 흙더미]	

古 티베트의 단어에는 다양한 형태가 있어 한 단어에 여러 가지 음성 형식이 있고 이들이 각각의 어법이나 어휘 의미를 가진 경우가 많다. 이러한 형태 변화의 일부는 이미 명확히 밝혀져 있다. 예를 들면 동사의 주요모음 a가 o로 변화하면 명령형이 된다. 그러나 기능이 아직도 밝혀지지 않은 형태 변화도 대단히 많다. 일부 단어는 원래 여러 개의 형태가 있었다. 그러나 그 가운데에는 한 개 혹은 여러 개의 형태가 사라져 버린 것도 있고 심지어 어근의 형태가 완전히 사라져 버린 것도 있어 중국어와 티베트어 사이의 음성 대응 상황을 파악하기 어려

운 면이 있기 마련이다. 예를 들면, 중국어의 어떤 단어가 상고에 o였으나 이와 대응하는 티베트어 동원어에 두 개의 변이 형태인 o와 u가 존재했다고 가정해 보자. 이 때 o가 나중에 탈락했다고 가정하면 역사적으로 중국어의 侯部 글자는 티베트어의 u에 대응하는 예만 남기게 된다. 따라서 중국어와 티베트어의 고대 형태가 복원되지 않으면 이 두 언어의 음성 비교에서 이와 같이 엉켜버릴 수도 있다. 티베트어의 u와 o의 두 개의 음과 대응하는 경우가 侯部 뿐 아니라 幽部에서도 발견된다. 그러나 幽部는 u와 대응하는 예가 더 많고 侯部는 o와 대응하는 예가 더 많으므로 이것이 바로 幽部와 侯部를 가르는 경계가 된다.

3. 支・錫・耕部

支部의 음성변화에는 두 가지 특징이 있다. 첫째, 이로부터 기원한 중고의 韻類에는 중뉴 4등이 포함되어 있다. 둘째, 4등운은 있으나 1등운은 없다. 이는 전설 고모음을 동반한 운부의 공통적인 특징으로 이 특징은 음을 재구하는 데에 아주 중요한 역할을 하며 다른 운부의 재구에서도 이와 같은 특징을 볼 수 있다. 자주 보이는 전설 고모음은 i와 e이다. 다음의 자료를 통하여 支部를 e로 확정할 수 있다.

'哶'는 支部 글자로 ≪說文≫에서는 "양이 우는 소리이다.[羊鳴也.]"라 했다. 이는 '烏・鳩'와 마찬가지로 의성어이다. 양이 우는 소리는 mi가 아닌 me에 가깝다. 이외에도 중고음을 통해서도 支部는 e로 재구되어야 한다. 중국어에서 3등운의 변화 속도가 1등운보다 느리므로 중고 3등운과의 비교를 통한 재구를 하기에 가장 적절하다. 중고의 3등운 가운데 支部에서 기원한 것은 支韻 ie이고 脂部에서 기원한 것은 脂韻 i이다. 이들은 상고의 독음과 가깝다. 支部가 i라면 중고에 이르러 e로 변화된 이유를 설명하기 어렵다. e로 재구하면, 여러 방언에서 자주 보이는 e>ie와 같은 변화에서 e 앞에 i가 기생하게 된 현상과 부합한다.

중원지역의 고대의 취사도구에도 변화가 있었고 끊임없이 변경지역으로 전파되기도 했다. 지금의 각 지역의 취사도구의 명칭은 변경지역에 가까울수록 옛것을 보존하고 있는 경우가 많다. 예를 들면, 솥[鍋子]은 吳 방언에서 '鑊'이라 하는데 이는 漢代의 취사도구이다. 廣州에서 '煲'라 하는 것은 원래 秦漢 시대의 취사도구인 '釜'이다. 福建省에서 '鼎'이라 하는 것은 先秦 시대의 취사도구이다. 한편 壯族이 rek이라 부르는 것은 사실은 '鬲'字로 신석기 시대에 華夏로부터 전파된 것이 분명하다. '鬲'은 錫部 來母로 상고음은 *rek이다.

古 베트남 한자어에서 支·錫·耕部는 다음과 같이 주요모음 e를 동반하고 있다.

卦 que³ [괘]	易 dễ⁴ [쉽다]
溪 khe¹ [시내]	錫 thiêc⁵ [주석]
隻 chiêc⁵ [한 마리]	井 giêng⁵ [우물]
正 giêng¹ [정월]	鉦 chiêng¹ [징]
零 riêng¹ [고독하다]	崢嶸 chênh¹vênh¹ [험준하다]

支·錫·耕部는 다음과 같이 티베트 서면어 동원어의 e, eg, eŋ과 대응한다.

枝 figje [가지, 갈래]	岐 gje [둘로 나누다]
支 gdeg [지지하다]	隔 gegs [방해하다] khegs [저지하다, 닫다]
積 rtseg [쌓다]	益 khe [이익, 수익]
鯢 sgreg [구역질내다]	擎 sgreŋ [들다, 들어 올리다], gdeŋs [들다]
冊 glegs [판, 책]	頂 steŋ [위, 지붕]
定 gdeŋ [결정하다]	輕 kheŋs [거만하다]
頸 ske [목]	成 figeŋs [완성하다]
零 reŋ [외롭다, 분산하다]	禎 skjeŋs [수치스럽다]
盛 figeŋs [충만하다]	

龔煌城(1995)은 다음과 같이 支·錫·耕部와 티베트어서면어의 ig, iŋ의 대응례를 제시했는데 그 예는 많지 않다.

滴 gdig	尺 mkhrig [팔목]
適 sgrig [적절히 안배하다]	系 fikhjig, bkjig [묶다]
整 gliŋ [모두]	名 miŋ [이름]
爭 fidziŋ [다투다]	

4. 之·職·蒸部

≪詩經≫의 韻脚에서 之部는 侯部와 유사하게 幽部와도 合韻하고 魚部와도 합운한다. <召旻>의 '止'·'茂'의 합운, <楚茨>의 '備戒'·'告'의 합운, <閔予小子>의 '疚'·'造考孝'의 합운은 之部와 幽部가 합운한 예이다. <蝃蝀>의 '母'·'雨'의 합운, <巷伯>의 '謀'·'者虎'의 합운, <常武>의 '士'·'祖父'의 합운은 之部와 魚部가 합운한 예이다.

고대의 역음에서 之·職部가 u를 대역한 경우가 있다. 예를 들면 '龜玆

로 Kucha를 대역했는데 이 가운데 之部의 '龜'가 Ku를 대역한 것이다.
'丘就却'은 Kujula kadphises의 대역으로 之部의 '丘'로 Ku를 대역했다. 한
편 a를 대역한 것도 있다. 예를 들면 '龜玆'의 '玆'는 之部인데 cha를 대역
했다. ≪漢書≫에서 '師子'는 śiśäk을, ≪漢書≫에서 '塞'은 Saka를, ≪史
記≫에서 '安息'은 Arśak을 대역한 것이다(Pulleyblank 1962-3). 이 가운
데 之部의 '子'와 職部의 '塞'과 '息'은 각각 sak과 śak을 대역했다. 이 같
은 대역 방식은 侯·屋部와 유사하지만 다른 면도 있다. 즉 侯·屋部는
o를 대역했지만 之·職部는 이러한 대역의 예가 없다. 또 之·職部는
i, e를 대역했지만, 侯·屋部는 이러한 대역의 예가 없다. 예를 들면,
'烏弋山離' Alexandria에서 '弋'은 lek을 대역했다. a, u, i, e를 모두 대역할
수 있는 음은 ə일 수도 있고 ɯ일 수도 있다. ə로 재구하면 a나 e와의
대역 관계를 쉽게 설명할 수 있어 대부분의 음운학자들이 이와 같이
재구하고 있다. ɯ로 재구하면 u, i의 대역을 쉽게 설명할 수 있다. 본서
에서는 之部가 두 개의 음소 변이음을 가진 것으로 본다. 드룽어의 ɯ에
는 음소 변이음 ə가 있는데(孫宏開 1982) 특히 약화음절에 출현할 때에는
슈와 ə로 읽는다. 제8장에서 다음과 같이 상고 중국어의 지시대사에 약
화식의 범주가 있음을 논의한 바 있다.

余 lă	汝 n̪aˇ	女 năˇ	者 kjăˇ	居 kă	是 gjĕˇ	彼 păˇ
台 lɯˇ	而 n̪ɯˇ	乃 nɯˇ	之 kjɯˇ	其 gɯˇ	時 gjɯˇ	匪 pɯˇ

위의 표에서 약화식은 모두 之部 글자이다. 각 언어의 모음의 약화 형
식이 언제나 ə이므로 之部 글자를 사용하여 나타낸 것이다. '龜'와 '玆'
두 글자 모두 之部로 단어 끝의 '玆'가 약화음인 tsə이었으므로 cha를
대역했던 것 같다.

之部의 표준 독음인 ɯ는 之部와 幽部 사이에 밀접한 관계가 있다는 사실과 부합할 뿐 아니라 之部의 중고로의 변화 방향과도 더욱 잘 부합한다. 之部를 李方桂의 -əg로 재구하거나 王力의 *-ə로 재구하면 之部에서 기원한 중고의 咍韻 M.-əi의 운미 *-ɪ의 기원을 설명할 방법이 없다. 鄭張尙芳(1998)은 *-ɯ>*-əɯ>*-əi>M.-əi(鄭張尙芳은 咍韻을 -ʌi로 재구했다)의 변화과정을 제시한 바 있다. 이 규칙은 咍韻의 변화 경로를 잘 설명해 주고 있다. 또 之部 合口 喉牙音인 '郵·牛·久' 등이 Cʷɯ>Cǔ>M. Ciu의 과정을 경과하여 尤韻에 귀속된 원인도 잘 설명해 주고 있다.

古 베트남 한자어는 상술한 재구와 정확하게 부합한다. 상고 중국어의 之·職·蒸部의 주요모음은 다음과 같이 古 베트남 한자어의 ɯ[ɯ], ơ[ə]와 대응한다.

ɯ로 대음한 예

忌 cữ⁴ [금기]	字 chữ⁴ [글자]
試 thử³ [해보다]	墨 mực⁶ [먹물]
力 sức⁵ [힘]	層 từng² [층]
曾 từng² [일찍이]	繩 thừng² [끈, 밧줄]
肯 khửng⁵ [기꺼이]	

ơ로 대음한 예

疑 ngơ² [의심하다]	棋 cơ² [장기]
旗 cơ² [깃발]	祀 thơ² [제사]
侍 thơ² [시중들다]	絲 tơ¹ [실]
似 tơ⁶ [유사하다, 닮았다]	坯 phơ¹ [벽돌]
俟 chơ² [기다리다]	載 chơ³ [실어 나르다]
市 chơ⁶ [시장]	時 giơ² [시간]

之·職·蒸部와 티베트어 동원어 사이의 음성 대응 관계가 가장 복잡하다. 이는 세 韻部 글자가 원시 시노-티베트어에서 복잡한 기원을 가지고 있음을 반영하고 있다.

o와 대응하는 예

友 grogs [우정, 친구]	畝 rmog [논밭]
裘 klog [모피 윗옷]	韭 sgog [마늘, 부추]
息 srog [숨, 생명]	牧 ĥbrog [목장]
亟 mgjog [빠르다]	

a와 대응하는 예

治 gta [치료하다]	顋 sna [귀]
字 btsa [아들을 낳다]	豺 mtsha [승냥이]
慈 mdza [아끼다, 화목하다]	右 gʔjas [오른쪽]
母 ma [어머니]	黑 smag [어둡다]
匿 snag [숨기다]	織 thag [짜다, 엮다]
蠅 sbraŋ [파리, 벌]	

i와 대응하는 예

理 sgrig [배치하다, 정리하다]	紀 sgrigs [순서, 법률]
絲 sri [실]	基 gzi [기초, 토대]
齒 ri [치아]	理 rig [보다, 알다, 이해하다, 학문]
滓 tshigs [찌꺼기]	飴 li [고구마(즙)]
陵 ri [산]	蒸 gling [횃불]

e와 대응하는 예

朋 fiphre ŋ [반쪽]	礙 figegs [방해하다]

5. 脂₂·質₂·眞₂部

(1) 中古 脂·質·眞韻의 음가

칼그렌은 眞[質]韻의 중고음을 iĕn[t]으로 재구했으며 대부분의 음운
학자들은 이것과 가까운 재구음을 채택하고 있다. 예를 들면, 董同龢는
jen으로, 王力은 ǐĕn으로, 陸志韋와 李榮은 iĕn으로, 邵榮芬은 ien으로 재
구했다. 제5장에서 眞[質]韻을 *ɨn[t]로 수정해야 함에 대하여 논의한 바
있다. 칼그렌의 眞[質]韻에 대한 중고음 재구가 상고의 脂·質·眞部의
재구에 영향을 끼친 것은 당연한 일이다. 세 韻部의 주요모음을 e로
재구한 사람은 칼그렌 이외에도 王力과 周法高가 있다. 이를 채택하면
이들의 상고음 운모 체계에는 주요모음 i를 동반한 운모가 없게 된다.
그러나 이는 언어의 보편적 현상과 분명코 부합하지 않는다. 李方桂
(1971)는 이 운부들의 주요모음을 i로 재구했다. 그에 의하면 중고 1등
운에 i 모음이 결여되어 있고 상고의 脂·質·眞部에서 기원한 중고음

에 1등운이 없으므로 이들 운부의 주요모음이 i이었을 가능성이 있다는 것이다. 이는 정확하기는 하지만 이유는 충분치 않다. 즉 중고 1등운에는 모음 e도 결여되어 있으므로 이들의 주요모음이 e가 안 될 이유는 없다.

脂·質·眞部의 주요모음이 i인 것은 분명하다. 이에 관한 증거는 다음과 같다.

① 상고의 대음자료(Pulleyblank 1962-3)

역음	외국어	역음	외국어
扞泥	Kuhani 혹은 Khvani	天竺, 身毒	Hinduka
都密	Tarmita	大秦	Dakshina
撑犁	tengri [흉노어의 하늘]		

② 古 베트남 한자어

중국어	古 베트남 한자어	중국어	古 베트남 한자어
閉	bit[5] [막다, 닫다]	橘	quit[5] [귤]
印	in[1] [인쇄하다]	緊	kin[5] [긴밀하다, 빈틈없다]
夷	li[1] [매끈매끈하다]	二	nhi[2] [두 번째]
信	tin[1] [믿다]	申	xin[1] [신청하다]

③ 티베트어의 동원어가 il, ir, id, in이다.

중국어	티베트어	중국어	티베트어
底	mthil [하부, 기본]	擠	gtsir [누르다]
吉	skjid [즐겁다]	臏	bjin [정강이]
緊	gtɕin [긴밀하다]	親	gɕin [사이좋다]
盡	zin [끝나다, 완전하다]	二	gɲis [둘]
堅	gtɕin [견고하다]		

民 mi, 日 ɲi[태양], 漆 rtsi 등의 일부 동원어는 운미를 동반하지 않는데 그 원인은 알 수 없다.

(2) 甲類韻에서 기원한 脂·質·眞韻

풀리블랭크(Pulleyblank 1960, 1962-3)는 일부 방언 운미가 전설모음에 동화되어 혀의 위치가 전이[前移]되었음에 대해 논의했다. 백스터(Baxter 1980)는 상고 운모 *ᵻk이 일부 방언에서는 錫部 *ek로 합류되어 들어갔고 또 다른 일부 방언에서는 質部 *it와 합류되어 들어갔다고 했다. 보드만(Bodman 1980)은 백스터의 재구음을 채택했으며 동시에 다음과 같은 자료를 제시했다.

漢字	관계어	漢字	관계어
節	티베트어 tshigs [마디, 부분]	跌	티베트어 dig-pa [비틀비틀]
薪	티베트어 ɕiŋ [나무], 日旺語 sying [땔감]	實	렙차어 grik [열매를 맺게 하다]
譾	티베트어 gleŋ [말(하다)]	蝨	티베트어 ɕig [이]
臣	티베트어 gjin [무시하다]	栗	佯黃말 lik [밤]
鐵	티베트어 ltɕags [철], 원시 台語 *hlek	年	티베트어 niŋ ['去年'na-niŋ에 나타남], 원시 瑤語 *hnyaŋ [년, 해]

　　鄭張尙芳은 일찍이 문화혁명 시기에 운미가 고모음 i의 영향을 받아 -t와 -n으로 변화했다는 *ik＞it와 *iŋ＞in의 가설을 제기한 바 있는데 문화혁명 이후에 이를 정식으로 발표했다(鄭張尙芳 1984, 1987).

　　潘悟雲(1994)은 제 학자들의 견해에 대하여 상세히 논의함으로써 전통 脂·質·眞部의 일부가 *-i, *-ik, *-iŋ으로도 갈라져 나왔음을 증명했다. 본서에서는 이들을 脂₂·質₂·眞₂部로 명명해 乙類韻의 脂₁·質₁·眞₁部와 구별하기로 한다.

　　① ≪詩經≫에서 을류 운은 일반적으로 갑류 운과 압운하지 않지만 脂·質·眞部에 속한 일부 글자는 갑류와 압운하며 다음과 같이 주로 ＜雅＞와 ＜頌＞에 나타난다.

電令 ＜十月之交＞	岡薪 ＜車轄＞
命申 ＜采薇＞	天臻矜 ＜菀柳＞
玄矜民 ＜何草不黃＞	躬天 ＜文王＞
人天命申 ＜假樂＞	天人命人 ＜卷阿＞

旬民塡天矜 ＜桑柔＞	甸命命命 ＜韓奕＞
泚匹 ＜文王有聲＞	抑秩匹 ＜假樂＞
密卽 ＜公劉＞	榛苓人人 ＜簡兮＞
零人田人淵千 ＜定之方中＞	顚令 ＜東方未明＞
令仁 ＜盧令＞	粼命人 ＜揚之水＞
苓巓信 ＜采苓＞	粼顚令 ＜車隣＞
栗室卽 ＜東門之墠＞	日室室卽 ＜東方之日＞

이러한 압운 현상은 다음과 같이 群經의 韻에도 나타난다.

元天形成天命貞寧, 情正精情天平 ≪易·乾≫	元生天 ≪易·坤≫
生貞盈寧, 正民 ≪易·屯≫	中成正淵 ≪易·訟≫
正賢天 ≪易·大畜≫	信正, 成命人 ≪易·革≫
成民 ≪易·節≫	名均 ≪楚辭·離騷≫
明身 ≪楚辭·惜育≫	天名 ≪楚辭·哀郢≫
榮人征 ≪楚辭·遠游≫	耕名身生眞人淸楹 ≪楚辭·卜居≫
實疾卽 ≪易·鼎≫	抑替 ≪楚辭·懷沙≫

② 상고의 甲·乙類는 운미가 달라 일반적으로 서로 압운하지는 않았지만 일부 脂·質·眞部 글자가 다음과 같이 甲類 운부와 諧聲·互讀 관계가 있음을 알 수 있다(괄호 안에 상고 운부명을 표시했다).

乙類 韻部	甲類 韻部
毖泌秘密蜜宓諡瑟 (質)	弋 (職) 繐 (錫)
血恤洫侐 (質)	侐洫 (職)
節癤楖柳聖 (質)	聖卽柳 (職)

乙類 韻部	甲類 韻部
溢鎰諡 (質)	諡益隘嗌縊 (錫)
乙札 (質)	厄扼軶呝 (錫)
堅腎賢臣緊 (眞)	翌鏗 (耕)
身 (眞)	鈞 (耕)
奠 (眞)	奠鄭 (耕) 擲躑 (錫)
顚眞塡鎭滇稹嗔巔 (眞)	幀 (耕)
胼駢骿 (眞)	并餅屛拼瓶姘 (耕)
黽澠 (眞)	黽澠 (耕) 蠅繩 (蒸)
零令 (眞)	零令 (耕)
千年秊 (眞)	邞 (耕)
秭姊 (脂)	第肺 (之)
祁視示 (脂)	示 (支)
霓祝蜺 (質)	霓蜺輗 (支)

'平'은 '房連切'의 *brĕn과 又讀 '符兵切'의 *brĕŋ이 있는데 이와 같이 갑류 운부와 을류 운부가 해성이나 互讀하는 글자도 물론 일부 있다. 그러나 위에서 열거한 바와 같이 갑류 운부와 을류 운부의 해성·互讀의 예가 脂·質·眞部에만 국한되어 있는 것은 결코 우연한 일이 아니다. 갑류 운과 관계가 있는 상고의 脂·質·眞部는 사실상 *-i, *-ik, *-iŋ이다. 본서에서는 이들을 脂₁·質₁·眞₁部라 칭하며, 을류 운의 脂·質·眞部를 脂₂·質₂·眞₂部로 부르기로 한다.

③ 전통 脂·質·眞部 가운데 일부는 다음과 같이 티베트 서면어 동원어의 *-i, *-ig, *-iŋ과 대응한다.

几 khri [좌석]	脂 tshi [수지, 유지]
死 ɕi	禮 sri [존경하다, 순종하다]
涕 mtɕi [눈물]	屎 ltɕi
夷 zi [평화스럽다, 조용하다]	妣 phji [조모]
四 bzi	跌 ldig [넘어지다], dig [비틀거리다]
窒 dig [말 더듬다]	噎 g·jigs [숨이 막히다]
一 gtɕig	砌 rtsig
節 tshigs [관절, 절기]	虱 ɕig
膝 tshigs	薪 ɕiŋ [나무, 땔나무]
臣 giŋ [하인]	甸 gliŋ [대륙, 지역]
田 liŋs [사냥하다]	靛 mtiŋ [남색]
引 riŋ [길다]	伸 sriŋ [늘이다]
年 niŋ ['去年' khaniŋ에 나타남]	

또, 음운 체계의 구조를 살피면, 을류 운 가운데 脂・質・眞部가 주요모음 i를 동반하고 있으므로 갑류 운에는 당연히 주요모음 *ɯ가 있어야 한다. 鄭張尙芳 등이 제기한, *ik>it, *iŋ>in와 같이 후설음 운미가 전설 모음 i의 영향으로 前移되었다는 주장은 이론적으로도 타당하다. 그러나 脂2部의 *ɯ가 脂1部의 *ɯl로 변화할 수 있었던 이유에 대해서는 적절하게 설명되지 않았다.

해성 시기에 脂2・質2・眞2部와 脂1・質1・眞1部의 경계는 여전히 명확했다. 《詩經》 시기에 이르러 脂2・質2・眞2部가 脂1・質1・眞1部에 합병되기 시작했는데 일부 지역에서는 이미 합병되었고 齊・唐・鄭 등의 일부 지역에서는 이들 간의 변별이 여전히 유지되고 있었다. 〈雅〉와 〈頌〉이 시기적으로 다소 이른 까닭에 이들의 변별이 유지된 압운의

예가 더 많았다. ≪易經≫은 시기적으로 더 이른 단계에 있었으므로 그 압운 상황은 해성 현상과 거의 일치한다. 楚國에서는 이 두 韻類의 차이가 ≪楚辭≫ 시기까지도 유지되었다. 이상에 의거하여, 갑류 각 운부 및 이들과 중고 운류와의 관계를 다음과 같이 정리했다.

	I *C(l)-	II *Cr-	III *C(l)⁼	IV *Cr⁼
魚 a	模	麻二	虞(w)/魚麻三	支三(저조음성)/魚(知·莊組)
鐸 ag	鐸	陌二	藥 昔(以母類)	陌三(저조음성)/藥(知·莊組)
陽 aŋ	唐	庚二	陽	庚三(저조음성)/陽(知·莊組)
支 e	齊	佳	支四(저조음성)/支	支三(저조음성)/支(知·莊組)
錫 eg	錫	麥	陌四(저조음성)/昔	陌三(저조음성)/昔(知·莊組)
耕 eŋ	青	庚二	清	庚三(저조음성)/清(知·莊組)
脂₂ i	齊	皆	脂四(저조음성)/脂	脂三(저조음성)/脂(知·莊組)
脂₂ ig	屑	黠	質四(저조음성)/質	質三(저조음성)/質(知·莊組)
質₂ iŋ	先	山	眞四(저조음성)/眞	眞三(저조음성)/眞(知·莊組)
之 ɯ	灰(合口) 咍	皆	尤(合口 저조음성)/之	脂三(저조음성)/之(知·莊組)
職 ɯg	德	麥	屋三(合口 저조음성)/職	職三(저조음성)/職(知·莊組)
蒸 ɯŋ	登	耕	東三(合口 저조음성)/蒸	蒸三(저조음성)/蒸(知·莊組)
幽 u	豪	肴	尤	幽三(저조음성)/

	I •C(l)-	II •Cr-	III •C(l)=	IV •Cr=
				尤(知・莊組)
覺 ug	沃	覺	屋三	?
冬 uŋ	冬	江	東三	?
侯 o	侯	肴	虞	?
屋 og	屋	覺	燭	?
東 oŋ	東	江	鍾	?

14

乙類 韻部

陰陽入 3分 학파 음운학자들의 이론에 의하면, 전통적 乙類 운부에 歌·月·祭·元部, 微·物·文部와 脂·質·眞部만 있어 주요모음이 3개에 불과하므로 갑류 운부의 6개보다 3개가 적다. 일부 음운학자들의 연구에 의하면 歌·月·祭·元部는 3개의 부분으로 다시 나눌 수 있다.[171] 본서에서는 이들을 각각 歌$_1$·月$_1$·祭$_1$·元$_1$部, 歌$_2$·月$_2$·祭$_2$·元$_2$部, 歌$_3$·月$_3$·祭$_3$·元$_3$部로 부르기로 한다. 이중 微·物·文部는 각각 다시 양분되는데 본서에서는 이들을 각각 微$_1$·物$_1$·文$_1$部와 微$_2$·物$_2$·文$_2$部로 칭한다. 이들과 脂$_1$·質$_1$·眞$_1$部를 합하면 갑류와 마찬가지로 6개의 모음이 된다. 이들 운부를 다시 나눈 중요한 근거 가운데 하나는 중고음에 존재한 양류의 중뉴이다. 3등운의 설치음에는 중뉴의 대립이 없고 이들의 상고 기원은 중뉴 4등운과 같으며 설치음 중 知·莊組만 중뉴 3등의 부류에 귀속된다. 따라서 脣音·舌根音·喉音만을 예로 들어 논의를 진행하기로 한다.

---

171) 예를 들면 鄭張尙芳(1987)과 백스터(Baxter 1992)는 ≪詩經≫의 압운, 해성 현상, 시노-티베트어족의 동원어 관계 등에 근거하여 이들의 주요 모음을 *-r, *-c, *-o로 구분하였다.

1. 歌₂·月₂·祭₂·元部

李方桂와 王力은 전통 歌·月·祭·元部의 주요모음을 *-a-로 재구했다. 董同龢(1948a: 95-102)는 해성관계를 통해 전통 元月部가 양분될 수 있음을 발견했다. 즉, 仙[薛]韻 중뉴 3등과 刪[鎋]·元[月]韻을 하나로, 仙[薛]韻 중뉴 4등과 山[黠]·先[屑]韻을 또 하나로 나누어 이들 사이의 경계를 명확히 나누었다. 그는 이들을 각각 支派₁과 支派₂라 했는데 陽聲韻을 예로 들면 다음과 같다.

支派₁	支派₂
焉蔫(仙₌) : 焉傿(元)	絹蜎(仙₍ᵤ₎) : 月𦩋(先)
顔(刪) : 彦諺(仙₌)	沔(仙₍ᵤ₎) : 丏眄(先)
鍵(仙₌) : 建健(元)	夐𢓜(仙₍ᵤ₎) : 邊(先)
莞(刪) : 院(仙₌) : 元(元)	瞁䌫(仙₍ᵤ₎) : 縣䌓(先)

董同龢는 두 支派의 주요모음을 달리 재구했다. 즉, 支派₁의 모음을 다소 열려 있는 -an[t]으로 재구했고 支派₂의 모음을 다소 닫혀 있는 -ɛn[t]으로 재구했다. 그 이유는 다음과 같다.

(1) ≪詩經≫ 韻과 해성에서 月·元部가 質·眞部와 관계가 있는 경우는 모두 支派₂에 귀속된다. 예를 들면 <十月之交> 8장에서 '徹·逸'[172]이 협운하고, <賓之初筵>에서 '設·逸'[173]이 협운하며 <正月> 8장에서는 '結·厲·滅·威'[174]이 협운하고 '𨲠'[175]은 '甄'[176]과 해성한

• •

172) '徹'과 '逸'은 각각 月部와 質部에 속한 글자이다.
173) '設'과 '逸'은 각각 月部와 質部에 속한 글자이다.

다. 董同龢의 체계에서 質·眞部가 et, en로 재구되므로 支派₂를 -ɛn[t]으로 재구했다.

(2) 王力(1936)은 南北朝의 詩韻을 통해 山·仙·先韻과 寒·桓·删韻으로 나뉜다는 것을 발견했다.

위와 같은 董同龢의 연구 결과는 한동안 지지를 받지 못했으며 李方桂 조차도 그 학설을 받아들이지 못했다. 이후에 鄭張尙芳, 보드만-백스터, 余迺永(1985) 등이 이와 유사한 견해를 내놓았는데 이들의 연구는 董同龢보다 더 정밀하고 다룬 범위도 더 넓었다. 余迺永은 더 나아가 전통 祭·月·元部를 廢·月·元部와 介·薛·仙部의 6 韻部로 나누었는데 그 내용은 아래 표와 같다. 표에서 D류는 李榮의 子類韻 즉 喉牙脣音만 있는 운류이다.

	1등	2등	중뉴 3등	D류
廢	泰	夬	祭	廢
月	曷	鎋	薛	月
元	寒	删	仙	元
	2등		중뉴 4등	4등
介	皆		祭	霽
薛	黠		薛	屑
仙	山		仙	先

174) '結'은 質部에 속한 글자이고 '厲滅威'은 月部에 속한 글자이다.
175) 眞部에 속한 글자이다.
176) 元部에 속한 글자이다.

董同龢와 余迺永의 공통적인 결점은, 중뉴 3등이 해성관계에 의해 사실상 양분될 수 있음을 간파하지 못했다는 것이다. 하나는 支派₁의 '訐・揭・讖・寒・變'이고 또 하나는 支派₂의 '孼・趑・闋・妛・扒・譎'이다. 중고 4등운과 1등운이 동류라는 점을 고려하면 余迺永의 분류는 아래의 표와 같이 수정할 수 있다. 한편 그가 명명한 介・薛・仙部를 祭₂・月₂・元₂部로 바꾸어 부르기로 한다.

	I	II	III	IV
	1등	2등	D류	B류
祭₁	泰	夬	廢	祭三
月₁	曷	鎋	月	薛三
元₁	寒	刪	元	仙三

	I	II	III	IV
	4등	2등	A류	B류
祭₂	霽	皆	祭四	祭三
月₂	屑	黠	薛四	薛三
元₂	先	山	仙四	仙三

이는 사실상 鄭張尙芳과 보드만-백스터의 상고 운부 및 상고 운부와 중고 운류와의 관계를 나타낸 표이다. 일반적으로 4등운이나 重紐 4등이 출현하는 운부에는 언제나 전설 고모음인 e나 i가 동반되며 '介・薛・仙'은 보드만-백스터와 鄭張尙芳의 체계에서 *ets, *et, *en으로 재구된다. Ⅰ, Ⅱ, Ⅲ, Ⅳ류에 대해서는 제12장의 논의를 참고하기 바란다.

董同龢와 余廼永의 또 다른 결점은 전통 歌部가 다시 나뉠 수 있음을 간과한 것이다. 음운 체계의 대칭성을 고려한다면 歌部도 당연히 양분되어 祭部·月部·元部와 대응해야 한다. 元·月·祭部와 중고 운류의 관계를 나타낸 표를 참조하면 歌部를 아래와 같이 양분할 수 있으며 이들과 중고 운류와의 관계도 파악할 수 있다.

	I	II	III	IV
歌₁	1등	2등	D류	B류
	歌	麻	?	支三
	I	II	III	IV
歌₂	4등	2등	A류	B류
	齊	佳	支四	支三

지금부터 이 가설의 성립 여부를 증명하겠다.

支韻은 歌·麻韻과 대량으로 해성하므로 齊·佳韻과 해성하는 몇 개의 支韻 글자를 찾으면 支韻을 위와 같이 양분할 수 있음을 증명할 수 있다. 확실한 예는 '罷'字이다. ≪易·中孚≫에서는 '罷·歌'가 협운하고, ≪荀子·成相≫에서는 '施·罷·戲'가 협운하며 또 '罷·私·施·移'가 협운하므로 '罷'가 전통 歌部의 글자임은 분명하다. '罷'를 聲符로 하는 諧聲族 글자는 支韻 중뉴 3등과 佳韻에만 출현하며 아울러 '罷'는 또 佳韻과 支韻 중뉴 3등의 異讀이 있다. 위의 표와 비교하면 '罷'가 歌部임에는 의심의 여지가 없다. ≪左傳·昭公十九年≫에서 "지금은 궁궐이 한없이 크고, 백성들의 인심이 나날이 어지러워지며, 일하다 지쳐 죽어 버려진다.[今宮室無量, 民人日駭, 勞罷死轉.]"의 '罷'는 '피폐하고 쇠

약해지다'는 의미이다. 풀리블랭크(Pulleyblank 1962-3)는 티베트 서면
어의 brgjal[졸도하다, 극도로 쇠약해지다](Jäschke 1934), ɦo brgjal[고생하
다, 지치다], 렙차어[列布查語, Lepcha]의 pjäl을 들어 비교했는데 이러한
대응은 그런대로 신뢰할 만 하다. 李方桂(Li, Fang-kui 1959)는 티베트
서면어의 ‐rgj‐의 고대 형식을 *‐rj‐로 재구했다. 티베트 서면어의 일부
‐ja‐는 아래와 같이 *‐e에서 기원했을 가능성이 있다.

서면 티베트	중국어
brgjal < *brel [기절하다. 극도로 쇠약해지다]	罷 *brel
brgjad < *bred [여덟]	八 *pret
rgjam < *rem [암염]	鹽 *k·lăm
brgjags < * bregs [여행 식량]	糒 *brtŭks
brgja < *bre [百]	百 *prak

그러나 歌₂部에 속한 중뉴 3등 글자 가운데 신뢰할 만한 예는 이들
해성족에서만 찾을 수 있다.

支韻 중뉴 4등 글자는 거의 대부분 支部로 이루어져 있다. 전통 歌部
에 속한 글자 가운데 비교적 신뢰할 수 있는 예는 '爾'를 聲符로 하는
글자들에만 있다. ≪詩經·行葦≫에서 '葦·履·體·泥·弟·爾·几'가
협운한다. 이때 '爾'를 *‐al로 재구하면 脂部 글자 *‐il과 압운할 수 없으
므로 *‐el로 재구해야 한다.

歌₁部의 제Ⅲ류는 중고의 어떤 운에 속하는가? 支韻에는 余迺永이 의
미한 D류가 없으며 전통 歌部의 支ᵢᵥ韻에는 '爾'를 성부로 하는 해성족
글자만 있는데 이들은 歌₂部에 속한다. 그렇다면 유일하게 歌₁部의 제

Ⅲ류 위치의 중고 운류를 채울 수 있는 것은 支韻 중뉴 3등이다. 우리는 앞의 갑류 운의 분석으로부터 다음과 같은 사실을 알아내었다. 중뉴 3등은 제Ⅳ류에서 기원했으며 이들이 개음 *-r-를 동반한 특징을 가지고 있으므로 중뉴 3등 글자의 대부분은 來母 글자 *r-나 2등 글자 *Cr-와 자주 해성한다. 예를 들면 '罷'와 같은 글자는 2등의 이독도 있고 2등 글자와 해성관계도 있다. 이를 통하여 이들이 歌部의 제Ⅳ류에 속했음을 명확히 알 수 있다. 그러나 歌部의 支韻에서는 이와 같은 해성 현상이 드물고 오히려 1등 글자와 해성한 예가 있다. 예를 들면 '皮'는 1등의 '波'와 해성하고, '義'는 1등의 '我'와 해성한다. 따라서, 이들 支韻이 제Ⅳ류의 위치가 아닌 제Ⅲ류의 위치에 있었지만 이후의 변화과정에서 제Ⅳ류와 합병되어 중고의 支韻으로 변화한 것으로 추정한다.

鄭張尙芳(1987)은 수많은 중국어 내부 증거를 통해 *el, *et, *en에 대해 많은 고증을 했다. 예를 들면 다음과 같다.

≪詩經·墓門≫에서 '然' *-en은 支部의 '斯·知' *-e와 협운한다.

≪漢書·貨殖傳≫의 "이에 范蠡와 計然을 썼다.[乃用范蠡·計然.]"에 대하여 顔師古는 "또 달리 '計研'이라 불린다.[一號計研.]"고 注했으며, ≪吳越春秋≫와 ≪越絶書≫에서는 '計倪'로도 기록했는데 '研'은 *-en이고 '倪'는 支部 글자로 *-e이다.

≪周禮·職方氏≫의 "쇠, 주석, 대나무, 화살을 갈았다.[揚州......利其金錫竹箭.]"에 대하여 "옛 책에는 '箭'을 '晉'으로 적었다.[故書箭爲晉.]"이라 注했고, ≪儀禮·大謝禮≫의 "여러 화살을 엮었다.[綴諸箭.]"에 대하여 "古文에는 '晉'으로 기록했다.[古文作晉.]"고 注했다. 이때 '箭'이 *-en이어야 眞部의 '晉' *-in과 통가할 수 있다.

≪說文≫에서는 '汃'의 聲符가 '八'이라 했고, ≪廣韻≫에는 '汃'에 '府巾切'과 '普八切'의 두 개의 반절이 있다. 이 가운데 '府巾切'이 상고음의 *prĭn에 대응하므로 '八'이 *pret이어야 양자 간에 해성할 수 있다. 또 '八'은 州語의 차용어에서 장모음의 pet이다.

이외에도 아래와 같이 여러 개의 또 다른 증거가 있다.

(1) 古 베트남 한자어에서 다음과 같이 -e-로 歌₂ · 月₂ · 元₂部를 대역했다.

邊 bên¹ [가장자리]	編 bên⁶ [편직하다]
蜆 hên⁵ [가막조개]	揀 ken⁵ [고르다]
繭 ken⁵ [누에고치]	撇 phêt⁵ [필획의 삐침]
癟 bet⁶ [납작하다]	煉 ren² [단련하다]
連 rên² [계속해서]	冽 ret⁵ [차다]
蓮 sen¹ [연]	慳 sen³ [인색하다]
箭 tên¹ [화살]	剪 xen⁵ [자르다]

(2) 歌₂ · 月₂ · 元₂部는 티베트 서면어의 동원어에서 모음 -e-를 동반한다.

중국어	티베트어	중국어	티베트어
邇 *njĕl	njer [가깝다]	挈 *khet	khjer [신다]
蔽 *pĕts	sbed [은폐하다]	別 *brĕt	bjer [나누다]
産 *skhren˙	skjed [생식하다, 생산하다]	霰 *sqen	ser [우박]
籬 *b‧rĕl	bres [울타리]	遣 *khĕn˙	skjel [보내다]
連 *b‧rĕn	fibrel, sbrel [연계하다]	八 *pret	brgjad [여덟]<*bred
罷 *brĕl	brgjal [피곤하다]<*brel		

2. 歌₃·月₃·祭₃·元₃部와 微₂·物₂·文₂部

전통 歌·月·祭·元部와 微·物·文部에는 원순 모음이 동반되지 않았다. 야혼토프(Yakhontov 1960a)는 아래와 같이 대단히 중요한 몇 개의 해성과 압운 행위에 대하여 정확하게 주목하였고 아울러 이를 통하여 이들 운부의 일부 글자가 원순 모음을 동반했음을 증명했다. 본서에서는 원순 모음을 동반했던 운부를 歌₃·月₃·祭₃·元₃部와 微₂·物₂·文₂部로 부르기로 한다.

(1) 상고의 갑류 운부에서 기원한 운류의 합구음에는 설근음과 후음 성모의 글자에만 있다. 예를 들면 kwaŋ(光)은 있지만 twaŋ은 없다. 그러나 상고 을류 운부에서 기원한 운류의 합구 글자에는 모든 성모의 글자가 다 갖추어져 있다. 예를 들면 kwan(管)도 있고 twan(短)도 있다.

(2) 상고의 갑류 운부에서 동일 운부의 개구와 합구는 서로 압운할 수 있었다. 예를 들면 '剛' *kaŋ과 '黃' *gwaŋ은 압운할 수 있었다. 그러나 을류 운부에서 동일 운부의 합구 글자는 통상 서로 압운했지만 개구 글자와의 압운은 그리 많지 않았다. 예를 들면 다음과 같다.

≪詩經·大雅·雲漢≫ 第5章 韻脚：川·焚·熏·聞·遁

≪詩經·魏風·伐檀≫ 第3章 韻脚：輪·脣·倫·囷·鶉·飧

≪詩經·齊風·猗嗟≫ 第3章 韻脚：變·婉·選·貫·反·亂

그는 상고 운부의 압운 관계를 통해 상고 운부를 다음과 같이 4종으로 나누었다.

(a) TONG, KONG, PONG

(b) TENG, KENG, KWENG, P(W)ENG

(c) TWEN, KWEN(일부 음절), P(W)EN(일부 음절)

(d) TEN, KEN, KWEN(일부 음절), P(W)EN(일부 음절)

중국어에서 개음은 압운에 영향을 주지 않는데 (c)조와 (d)조가 서로 압운하지 않았으므로 (c)조의 합구 성분이 결코 개음이 아닌 주요모음에 있었음을 알 수 있다. (b)조와 (d)조의 합구 성분은 해성에만 영향을 주었고 압운에는 영향을 주지 않았다. 이는, 설근음 성모가 원순성 동작이 가미된 원순 설근음인 k^w, kh^w, g^w 등임을 의미한다. 그러므로 그는 (c)조가 사실상 TON, KON, PON으로 (a)조와 대응하고, (b)조가 (d)조와 대응하므로 네 개의 음절 그룹 모두가 상당히 정연한 체계를 갖추고 있었다고 주장했다.

그는 이상의 음절 유형을 통하여 상고의 원순 모음 동반에 관한 몇 개의 원칙을 정했다.

원칙 1. 중고의 개구 글자는 상고에서 非 원순 모음을 동반했다.

원칙 2. 중고 합구의 설치음은 상고에서 원순 모음을 동반했다.

원칙 3. 云母는 상고에서 非 원순 모음을 동반했고 以母는 원순 모음을 동반했다.

원칙 4. 설근음과 해성하는 心·邪母의 합구 글자 가운데 '歲·穗 등과 해성관계가 있는 '㕎[177]·惠[178]' 등이 非 원순 모음의 운부에만 출현했으므로, '歲·穗 등의 상고음은 각각 非 원순 모음의 *sxw-, *zgw-류로 재구된다.

원칙 5. 을류 운 가운데 순음과 합구 설근음은 원순 모음을 동반한 (c)조에서 기원했을 가능성도 있고, 非 원순 모음의 (d)조에서 기원했을 가능성도 있다. 이들의 주요모음의 성격에 관한 문제는 아래의 과정을 통해야 해결할 수 있다.

① 해성관계에 근거하여 이들이 동반했던 주요모음의 성격을 확정하고자 한다. 예를 들면 '軍'은 云母 글자와 해성하는데[179] 云母가 非 원순 모음을 동반했으므로 '軍'도 非 원순 모음을 동반한 것이다. '䜌'은 '變'과 해성하는데 '變'이 원순모음을 동반했으므로 '䜌'도 원순모음을 동반한 것이다. '短'은 '豆'와, '最'는 '取·叢'과, '瞳'은 '重'과 각각 해성한다. '豆·取'의 상고 모음이 *-o이고, '叢·重'의 상고 모음이 *-oŋ이므로 '短·最·瞳'은 원순모음을 동반한 것이다.

② 연면어의 첩운 관계는 주요모음의 원순 여부를 확정하는데 도움을 줄 수 있다. 예를 들면 '婉䜌, 崔嵬' 가운데 '䜌·崔'는 설치음의 합구 글자로 상고에서 원순모음이었다. 따라서 '婉·嵬'도 상고에서 원순모음을 동반한 글자라고 추정할 수 있다.

③ 상고 韻文을 통해 주요모음의 성격을 확정할 수 있다. 야혼토프는 先秦 운문의 대량의 韻脚을 분석하여, 을류 운부에서 원순모음의

---

177) 祭部 글자이다.
178) 脂部 글자이다.
179) 예를 들면, '運·暈·煇' 등의 云母 글자들이다.

글자가 그들 간에는 서로 압운했지만 非 원순모음의 글자와 압운
하는 예가 적음을 발견했다. 이에 따라 원순모음의 설치음과 압
운하는 설근음이나 순음이 대부분 원순모음을 동반했다고 확정
할 수 있다.

위와 같은 야혼토프의 원칙은 대체로 정확하지만 아래와 같이 몇 가
지 검토해야 할 것이 있다.

(1) 云母가 非 원순모음을 동반했다고 단정한 야혼토프의 주요 이유
는, 그가 원순모음을 동반한 것으로 인식한 侯·屋·東·幽·覺·冬·
宵·藥部 등의 일부 갑류 운부에 云母가 출현한 바가 없었다는 것이다.
그러나 云母 글자는 처음에 이들 운부에 속해 있었다가 이들 云母 글자
가 후설적 성격의 운미로 인한 이중의 이화작용에 의해 변화되어 다른
운부로 옮겨간 것이다. 이에 대해서는 제21장에서 다시 논의할 것이다.
宵·藥部 모두가 원순모음을 동반했던 것은 아니므로 이 두 운부에 云
母 글자가 없었던 것은 아니다. 예를 들면 '鴞'는 宵部 글자이다. 또 상
고에서 원순모음을 동반한 을류 운부에도 云母가 있다. 예를 들면 '圓'
*Grŏn은 티베트 서면어의 goʎ[원]와 대응하며 古 베트남 한자어의 tron^2
<gron과 대응한다.

(2) 설근음과 해성하는 s-, z- 모두가 非 원순모음을 동반했던 것은
아니다. '松·頌·俗' 등은 명백히 원순모음을 동반했다.

(3) 중고의 중뉴 4등과 일반 4등이 상고에서 전설 고모음의 운부에만
출현했으므로 중뉴 4등이나 4등이 출현한 해성족은 모두 非 원순모음
의 글자들이다. 예를 들면 '癸·規·圭·捐·缺·橘' 등이 있다. 아래
3개의 해성족에 대해서는 논의가 필요하다.

'匀'을 聲符로 하는 '均'은 중뉴 4등이지만 '匀'이 以母이며 합구의 설치음이므로 상호 충돌하는 것처럼 보인다[180]. 그러나 '匀'은 원래 云母 글자인데 전설 고모음을 동반했던 云母는 중고에 이르기까지 以母로 변화한다. 이에 관해서는 제3장의 논의를 참조하기 바란다. 心母의 '荀'과 邪母의 '旬'의 상황은 원칙 4.의 '歲·穗'의 경우와 같다.

'季'가 聲符인 韻脚은 ≪詩經≫에서 3회 출현한다. <芄蘭>에서는 '遂·悸'가 협운하고, <皇矣>에서는 '拔·兌·對·季·季'가 협운하여 원순모음을 동반한 글자와 통압하고 있으며 <魏風·陟岵>에서만 '季·寐·棄'가 협운한다. 이에 따라 야혼토프는 '季'가 상고에서 원순모음을 동반했다고 주장했지만 '季·悸'가 중뉴 4등 글자이므로 주요모음이 i가 될 수밖에 없어 質部 *-its에 귀속시켜야 한다. ≪詩經≫에서 質部와 物部는 통압할 수 있었다.

'崔' 해성족이 원순모음을 동반했다는 점에 대해서는 문제가 없지만 이 해성족의 '睢·催·嫟'는 중뉴 4등으로 非 원순모음을 동반했던 것처럼 보인다. 야혼토프는 이 해성족에 대해서도 완벽히 확신하지 못했다. 이들 3개의 글자는 脂韻 曉母 합구의 중뉴 4등이다. 그러나 曉母 합구의 중뉴 3등에는 '瓗·燹'의 두 글자만 존재하며 그 독음도 상당히 의심스럽다. '瓗'의 聲符가 '壹'이므로 합구의 독음이 출현할 수 없다. '燹'에는 '蘇典切'과 '息淺切'의 두 개의 독음이 더 있으며 ≪說文≫에서는 이 글자의 聲符를 '豩'이라 언급하고 있는데 이들 모두 '許位切'의 독음과 부합하지 않는다. 따라서 脂韻 曉母 합구 중뉴 4등의 독음이 중뉴

---

180) '匀'이 以母의 합구 설치음이라 가정하면, 앞의 원칙 2.와 3.에 의하면 원순 모음을 동반해야 한다. 그러나 동일 해성족의 '均'이 非 원순의 전설 고모음에서 기원한 중뉴 4등이므로 '匀'이 원순 모음을 동반해야 한다는 원칙과 충돌한다는 의미이다.

3등일 가능성이 있다. 중뉴 류에서 반절하자의 혼란은 흔하다.

(4) 歌・月・祭・元部 가운데 원순모음을 동반했던 대부분의 글자가 그들끼리 압운했는지의 여부는 야혼토프의 이론적 근거이지만 李方桂 (1971)는 이에 대해 부정적 태도를 가지고 있었다. 이 문제에 대해서는 상세한 논의가 필요하다.

≪詩經≫의 운가로 출현했던 전통 歌部 글자 대부분이 非 원순모음을 동반하고 있었는데 오직 <鄭風・蘀兮>에서만 원순모음의 '吹・和'끼리 협운하고 있다. 다른 고대 전적에서도 다음과 같이 유사한 몇 개의 예를 찾을 수 있다.

≪老子≫ 第 2章: '和・隨' 협운

≪老子≫ 第 29章: '隨・吹・嬴・隳' 협운

≪書・益稷≫: '胵・惰・墮' 협운

전통 月・元・祭部에서 원순모음의 韻끼리 압운하는 예도 있기는 하지만 非 원순모음과의 압운례도 적지 않으므로 야혼토프의 "≪詩經≫에서는 소수의 예외만 찾을 수 있다."라는 언급은 과장된 것이다. 李方桂(1971)는 이들 운부에 원순모음의 운이 존재했음을 부정했다. 그는 "≪詩經≫의 상황으로 보면 불가능하다. 최소한 ≪詩經≫ 시기에는 *uat으로 변화해 있었다."고 했다. 갑류 운부에서 東部 *oŋ이 陽部 *aŋ과 압운하지 않았던 반면 을류 운부에서 *on이 *uan과 대량으로 압운했던 이유는 무엇인가? 그러므로 李方桂의 의심도 근거가 없는 것이 아님을 알 수 있다. 이와 같은 전통 元部에서의 압운 현상에 대해 야혼토프는, *on의 주요모음이 a에 다소 가까운, 개구도가 다소 큰 *o이었을 것이라 분석했다. 그는 *-o-가 -ua-로 변화했을 수 있다고 여긴 것 같다.

그는 또 근대 중국어의 역사에서 o→ua와 같은 변화를 찾을 수 없으므로 루마니아어와 Chuvash어의 역사적 음성변화에서 인용할 수밖에 없다고 했다. 그러나 중고와 근대 중국어에서도 좋은 예를 찾을 수 있다. ≪切韻≫에서 桓韻이 寒韻과 동일 韻目에 있었으므로 wan으로 재구되어야 함을 알 수 있다. 이들은 ≪中原音韻≫에서 桓歡韻 on로 변화했고 (楊耐思 1981), 현대 官話에서 다시 uan으로 변화했는데 이는 wan>on>uan의 과정을 경과한 것이다. -on에서 -wan까지의 중간 과정은 -on>-uɔn>-wɔn>-wan이며 ≪詩經≫ 시기에서도 이와 같은 변화를 경과해 元₃部가 이미 -ɔn으로 변화되어 있어 -an과의 압운이 가능했던 것으로 보인다.

그러나 을류 운목에서 원순 모음 간의 압운 경향은 다음과 같이 명확하다.

　<邶風・栢舟> 第3章: '轉・卷・選' 협운

　<野有蔓草> 第1章: '溥・婉・願' 협운

　<猗嗟> 第3章: '變・婉・選・貫・反・亂' 협운

　<素冠>: '冠・欒・博' 협운

　<縣> 第8章: '拔・兌・駾・喙' 협운

　<都人士> 第2章: '撮・髮・說' 협운

　<南山> 第1章: '崔・綏・歸・歸・懷' 협운

　<雲漢> 第3章: '推・雷・遺・遺・畏・摧' 협운

　<卷耳> 第2章: '嵬・隤・罍・懷' 협운

　<蕩> 第3章: '類・懟・對・內' 협운

　<漸漸之石> 第2章: '卒・沒・出' 협운

　<雲漢> 第5章: '川・焚・熏・聞・豚' 협운

<伐檀> 第3章: '輪·脣·倫·困·囷·飧' 협운

<葛覃> 第3章: '湣·昆·昆·聞' 협운

<伐檀>第3章이나 <雲漢> 第3章의 연속된 6개의 운각이 모두 원순모음을 동반한 운부에 속해 있다는 사실은 이 점을 잘 설명해 주고 있다.

을류 운에서 원순모음 운류를 따로 분리한 것은 상고 운모의 연구에서 중요한 돌파구를 마련한 것이다. 보드만(Bodman 1980)과 鄭張尙芳은 모두 야혼토프와 동일한 관점을 가지고 있다. 보드만의 운모 체계에 *on과 *un이 있지만 야혼토프의 체계와는 완전히 일치하지 않는다. 야혼토프는 중국어의 내부 증거를 근거로 을류 운부에서 기원한 합구류의 설치음이 상고에서 모두 원순모음이었다고 주장했다. 반면 보드만은 외부의 비교 자료를 더 중시하였으므로 내부 증거와는 그다지 일치하지 않는다. 예를 들면 보드만은 '算'을 skwar>swan으로 재구했는데이 점에서는 야혼토프보다 못하다. 문화혁명 시기에 야혼토프의 저작을 전혀 볼 수 없었던 상황에서 鄭張尙芳은 독립적으로 동일한 결과를 도출했는데 그가 증거로 사용한 자료가 더 풍부하다. 아래에 본서에서 채택한 재구음을 덧붙여 그가 활용했던 중국어의 일부 내부 자료를 제시했다(鄭張尙芳 1987).

'濡' '人朱切' *njŏ와 '奴官切' *non의 독음이 있다.

'郰' '側鳩切' *skro와 '在丸切' *sglon의 독음이 있으며 '叢' *sgloŋ과 통한다.

'叩(關)' *khos는 '款(關)'*khonˀ으로도 적었다.

'窾' *khonˀ은 '孔' *khoŋˀ이다.

≪莊子·養生主≫의 '導大窾'의 '窾'에 대하여 ≪釋文≫에서는 "徐苦管

反, 又苦禾反… …向音空."이라 注하고 있는데 이들 세 독음은 각각 *khon, *khol, *khoŋ이다.

≪莊子·徐無鬼≫에 대하여 ≪釋文≫에서 "卷婁, 猶拘攣"이라 注하고 있는데 '卷婁'는 *kǒnro, '拘攣'은 *kǒron이다.

≪史記·宋微子世家≫의 '景公頭曼'의 '頭曼'을 ≪漢書·古今人表≫에서 '兜欒'으로 기록했는데 '曼'*mlon은 '欒'*m·ron과 통한다.

'溫'烏渾切 *qun, '媼'烏晧切 *qu, '喔'烏沒切 *qut

≪戰國策·趙策≫의 "沒死以聞."의 '沒'*mut은 '冒'*muks와 통한다.

≪史記·殷本紀≫의 '九侯'를 '鬼侯'로도 기록했는데, '九' *kǔ와 '鬼' *kǔl는 통한다.

潘悟雲(1987c)은 다음과 같이 古 베트남 한자어 자료를 인용하여 을류에 원순 모음을 동반한 운부가 있었음을 증명했다.

歌$_3$·月$_3$·祭$_3$·元$_3$部

垂 thôi[1] [늘어뜨리다]	吹 thôi[3] [(바람이) 불다]
炊 thôi[3] [끓이다]	跪 ngôi[2] [앉다]
瓦 ngoi[5] [기와]	蛻 lôt[5] [허물]
脫 sot[5] [누락하다] < *khrot	脫 lot[6] [내빼다]
脫 thôt[5] [무의식 중에 말이 나오다]	圓 tron[2] [둥글다]
浣 gôi[6] [목욕하다]	彎 uôn[5] [구불구불하다]
變 lôn[6] [변화하다]	轉 lôn[6] [자면서 몸을 뒤척이다]
源 nguôn[2] [원천, 근원]	蒜 toi[3] [마늘]
亂 rôn[6] [번잡하다]	晚 muôn[6] [늦다]
捲 cuôn[6] [말다]	

微₂·物₂·文₂部

錐 dui² [송곳]	腿 ɗui² [넓적다리]
退 lui¹ [후퇴하다]	憝 tui³ [원망하다]
噴 phun¹ [뿜다]	裙 cun² [짧은 치마]
臀 trôn¹ [엉덩이]	嫩 non¹ [여리다]
佛 but⁶ [부처, 산스크리트의 Budda와 대응]	筆 put⁵ [붓, 일본어의 조기 차용어 fude와 대응]
兀 ngut⁵ [높이 솟은 모양]	

이들 운부의 글자와 대응하는 티베트 서면어의 동원어도 원순모음을 동반하고 있다.

歌₃·月₃·祭₃·元₃部

상고 중국어	티베트 서면어	상고 중국어	티베트 서면어
坐 sgol˙	sdod [앉다]<*sglod	外 ŋots	ŋos [가장자리]
說 ljŏt>ɕ-	ɢod<*ljod [말하다]	掘 glŏt	rkod [파다]
官 kon	khol [하인]	宣 sqlŏn>s-	sgron [알리다, 말하다]
崔 ɢon>ɦ	ɦol [부엉이]<*ɢol	管 kon˙	kol [일을 시키다]
跪 grŏl˙	ɦikhod [앉다]	過 klol	ɦgor [늦어지다]
脫 kh·lot>th-	lhod [느슨하다], glod [느슨해서 떨어지다]	涫 kon	kor [끓이다]
船 ɢljŏn>z-	sgrol [배로 건너다]	圓 ɢrŏn>ɦ-	gor [둥근 돌, 원형]
溥 g·lon>d-	rlon [습하다]	旋 sɢlŏn>z-	sgor [빙빙 돌다]

微₂·物₂·文₂部

상고 중국어	티베트 서면어	상고 중국어	티베트 서면어
帷 Grŭl>ɦ-	gur [천막]	遺 k·lŭl>j-	lus [남다]
饋 grŭts	skur [보내다, 주다]	潰 gluts	gud [쇠미해지다]
貴 klŭts	bkur, gus [존경하다]	憒 kluts	ɦkhrul [잘못, 혼란하다]
屈 khŭt	rgur [아래로 구부리다]	卒 stut>ts-	sdut [끝나다]
損 squn˙>s-	gun [소모하다]	糞 pŭns	brun [대변]
昏 hmɯn>h-	dmun [어둡다]	鈍 gduns>d-	rtul [둔하다]
麇 krŭn	tɕhun [모으다]	墩 ktun>t-	rduŋ [작은 흙무덤]

3. 微₁·物₁·文₁部

전통 微·物·文部에서 微₂·物₂·文₂部를 따로 분리해 논의했으므로 남은 것은 微₁·物₁·文₁部이다. 여기에서 이상한 현상을 발견할 수 있다. 즉 微₁·物₁·文₁部에서 舌齒音이 유달리 적었다는 것 이외에도 '先·殿·薦·西·洗·庋' 등의 중고의 4등운 글자가 일부 있었다는 것이다. 중고시기에 4등으로 귀속된 다른 몇 개의 운부의 주요모음은 모두 i와 e이었으므로 微·物·文部에 4등운이 존재했던 이유는 설명하기 어렵다. 李方桂(1971)는 微·物·文部에 속했던 설치음 합구 글자 모두가 나중에 생긴 것이라 했다. 예를 들면 '突' *dət>duət, '存' *dzən>dzuən과 같이 상정했다. 그가 재구한 상고음 체계에서 微·物·文部의 주요모음이 ə이고 또 설치음에 합구 성분이 없었으므로 이와 같은 방법으로 중고 灰·魂·沒韻 등의 설치음의 기원을 설명할 수 있었다. 그러나 앞서 원순모음이 존재한 바 있다고 했는데 이들 설치음의 기원을 원순모

음을 동반한 微₂·物₂·文₂部라고 분석할 수 있다. 그럼에도 李方桂의
분석에는 나름대로 정확한 곳이 있다. 즉 중고의 灰·魂·沒韻의 합구
설치음 가운데 상당 부분은 상고에서 분명히 개구음이었다. 예를 들면
'存'은 聲符가 '才'*dzɯ이고 '在'*dzɯ̌와도 명확한 어원 관계가 있다. 따라
서 중고의 '存'은 *dzɯn>*dzun>*dzuən>dzuon과 같은 과정을 경과했
을 가능성이 있다. 이와 같은 변화는 중고 이후에도 여전히 진행되고
있었다. 예를 들면 '呑'은 중고의 痕韻 글자로 thən이었지만 현대 북경
말에서는 이미 합구의 thuən으로 변화했다. 모음 ɯ는 두 가지 방향으
로 변화했을 것이다. 첫째는 ɯ>u와 같이 원순모음으로 변화한 것인
데 微₂·物₂·文₂部와 합병하여 중고의 합구운으로 변화한 글자들로 주
로 喉牙脣音이 이에 해당한다. 지금 이들을 해성관계를 통해 분리하기
는 어렵다. 또 '存'*sdɯn>*dzun>M. dzuon과 같은 일부 설치음 글자도
있다. 둘째는 ɯ>i>i와 같이 전설모음으로 변화한 것이다. 이들은 脂·
質·眞部와 합류하여 중고의 4등운이 되었으며 다음과 같이 주로 설치
음으로 이루어져 있다.

西 *sɯl > *sil > M. sei
殿 *dɯns > *dins > M. den
戻 *rɯts > *rits > M. rei

이상의 논의를 통하여 상고의 각 을류 운부와 중고 운류의 관계를
아래의 표에 나타내었다.

	Ⅰ *C(l)-	Ⅱ *Cr-	Ⅲ *C(l)ᵉ	Ⅳ *Crᵉ
歌$_1$al	歌	麻二	支三(저조음성) 支麻三(고조음성)	支(저조음성) 支(知·莊組)
月$_1$at	曷	鎋	月(저조음성)/薛(고조음성)	薛三(저조음성)/ 薛(知·莊組)
祭$_1$ats	泰	夬	廢(저조음성)/祭(고조음성)	祭三(저조음성)/ 祭(知·莊組)
元$_1$an	寒	刪	元(저조음성)/仙(고조음성)	仙三(저조음성)/ 仙(知·莊組)
歌$_2$el	齊	佳	支四(저조음성)/支(고조음성)	支三(저조음성)/ 支(知·莊組)
月$_2$et	屑	黠	薛四(저조음성)/薛(고조음성)	薛三(저조음성)/ 薛(知·莊組)
祭$_2$ets	霽	怪	祭四(저조음성)/祭(고조음성)	祭三(저조음성)/ 祭(知·莊組)
元$_2$en	先	山	仙四(저조음성)/仙(고조음성)	仙三(저조음성)/ 仙(知·莊組)
歌$_3$ol	歌	麻二	支三(저조음성)/支(고조음성)	支三(저조음성)/ 支(知·莊組)
月$_3$ot	曷	鎋	月(저조음성)/薛(고조음성)	薛三(저조음성)/ 薛(知·莊組)
祭$_3$ots	泰	夬	廢(저조음성)/祭(고조음성)	祭三(저조음성)/ 祭(知·莊組)
元$_3$on	寒	刪	元(저조음성)/仙(고조음성)	仙三(저조음성)/ 仙(知·莊組)
脂$_1$il	齊	皆	脂四(저조음성)/脂(고조음성)	脂三(저조음성)/ 脂(知·莊組)
質$_1$it	屑	黠	質四(저조음성)/質(고조음성)	質三(저조음성)/ 質(知·莊組)
its	霽	怪	至四(저조음성)/至(고조음성)	至三(저조음성)/ 至(知·莊組)
眞$_1$in	先	山	眞四(저조음성)/眞(고조음성)	眞三(저조음성)/ 眞(知·莊組)

	I *C(l)−	II *Cr −	III *C(l)⁼	IV *Cr ⁼
微₁ɯl	哈/灰(저조음성) / 齊(고조음성)	皆	微(저조음성)/脂(고조음성)	$脂_{三}$(저조음성)/ 脂(知・莊組)
物₁ɯt	沒(저조음성) / 屑(고조음성)	黠	物/迄(저조음성) / 質(고조음성)	$質_{三}$(저조음성)/ 質(知・莊組)
ɯts	代/隊(저조음성) / 霽(고조음성)	怪	未(저조음성)/至(고조음성)	$至_{三}$(저조음성)/ 至(知・莊組)
文₁ɯn	痕/魂(저조음성) / 先(고조음성)	山	文/殷(저조음성) / 眞(고조음성)	$眞_{三}$(저조음성)/ 眞(知・莊組)
微₂ul	灰	皆	微(저조음성)/脂(고조음성)	$脂_{三}$(저조음성)/ 脂(知・莊組)
物₂ut	沒	黠	物(저조음성)/質(고조음성)	$質_{三}$(저조음성)/ 質(知・莊組)
uts	隊	怪	未(저조음성)/至(고조음성)	$至_{三}$(저조음성)/ 至(知・莊組)
文₂	魂	山	文(저조음성)/眞(고조음성)	$眞_{三}$(저조음성)/ 眞(知・莊組)

15

● 丙類 韻部

1. 上古 丙類 韻部와 中古韻의 관계

전통 음운학에서 丙類[*-m, *-p]는 대부분 談·盍·侵·緝의 네 개의 운부로만 나뉜다. 주요모음을 기준으로 나누면 사실상 談[盍]과 侵[緝]의 두 종류만 있다. 갑류나 을류와 비교하면 병류 운부의 수가 특히 적어 음운 체계의 분포 면에서 균형이 맞지 않는 것처럼 보인다. 淸代 학자들은 ≪詩經≫의 韻脚을 근거로 운부를 나누었는데 丙類 글자가 ≪詩經≫의 운각으로 출현한 경우는 특히 적다. ≪六書音均表≫에는 13개의 예만 있으며 群經의 韻까지 포함해도 19개에 지나지 않는다. 운각의 수가 적기 때문에 통계에 오류도 있을 수 있고 합운의 예도 일부 있어 운부의 경계를 나눔에 혼란을 야기할 수 있다. 상황이 이러하므로 운부 구분의 주요한 근거를 ≪詩經≫ 韻에서만 찾을 수는 없고 해성 분석에서도 찾아야 한다. 黃侃은 ≪論學雜著≫에서 처음으로 談[盍]部를 談[盍]과 添[帖]으로 다시 나누었으나 칼그렌에서 李方桂나 王力에 이르기까지 그의 견해를 채택한 학자는 없었다. 그 사이에 丙類 韻部를 재분하는데 가장 탁월한 공헌을 한 학자는 董同龢(1948a: 108-111)로 談·盍部의 해성 분석에 대하여 다음과 같은 결론을 내렸다.

(1) 중고의 覃[合韻은 상고의 侵[緝]部뿐 아니라 談[盍]部에도 출현한다.

(2) 중고의 添[帖]韻은 咸[洽]韻과는 다소 가깝지만 銜[狎]韻과는 다소 멀다.

(3) 해성관계에 의하면 중고의 鹽[葉]韻은 다음과 같이 두 종류로 나뉜다. 첫째는 覃[合]韻·咸[洽]韻·添[帖]韻과 해성한 종류이고 둘째는 談[盍]韻·銜[狎]韻과 해성한 종류이다. 그는 이들을 각각 鹽₁[葉₁]와 鹽₂[葉₂]로 명명했다.

그는 결국 전통 談[盍]部를 다시 覃[合]韻류와 談[盍]韻류로 나누었는데 이는 黃侃의 견해와 대체로 일치한다.

(4) 중고의 嚴[業]韻과 凡[乏]韻은 覃[合]韻류와도 해성하고 談[盍]韻류와도 해성한다.

(5) 상고의 談[盍]部 가운데 侵[緝]部와 관계있는 것은 모두 覃[合]韻류이다.

董同龢의 분석은 黃侃보다 훨씬 깊이가 있다. 董同龢는, 鹽[葉]部를 鹽₁[葉₁]과 鹽₂[葉₂]로 나눈 것 이외에도 중뉴 3등과 중뉴 4등으로 다시 나눌 수 있다고 주장한 바 있다. 계련방법을 적용하면, 黃侃이 談과 添으로 나누고 盍과 帖으로 나눈 것 이상이 있다는 것이다[181]. 董同龢의 분석은 대단히 정확하다 할 수 있다. 그러나 안타까운 것은 그가 운부를 더 이상 세밀히 나누지 못했다는 것이며, 더 안타까운 것은 그의 스승 연배

· · · · · · · · · · · · · · · · · · · ·

181) 董同龢(1940)는 鹽₂[葉₂]이 重紐 3등에 해당하며, 鹽₁[葉₁]이 重紐 4등에 해당한다고 한 바 있다. 전자의 경우 '奄·弇'을 聲符로 하는 글자들로 구성되어 있고 후자의 경우 '厭'을 聲符로 하는 글자들로 이루어져 있는데 이들이 각각 운도에서 3등과 4등에 배치되어 있음을 지적한 것이다. 黃侃의 분류에 의하면 전자는 添[帖]에 들어가 있고 후자는 談[盍]에 들어가 있다.

의 대 음운학자인 李方桂나 王力 등의 다른 음운학들이 그의 학설을 채
택하지 않았다는 것이다.

이 방면에서 전통적 韻部 분류의 수준을 뛰어넘은 학자는 鄭張尙芳
(1987), 보드만(Bodman 1980), 백스터(Baxter 1992) 등이다. 이들의 상고
음운 체계에는 6개의 모음이 있으며 이에 근거하면 丙類를 *‑am, *‑em,
*‑om, *‑im, *‑ɯm, *‑um으로 재구할 수 있다. 보드만(Bodman 1980)의
구상은 티베트‑버마어군 소속 언어의 예와 비교함으로써 실현되었다.
백스터(Baxter 1992)의 재구 체계는 그의 스승인 보드만보다 훨씬 체계
적이다. 백스터의 체계는 아래와 같다(괄호 안은 본서에서 채택한 재
구음이다).

상고음	중고음	성모 유형	상고음	중고음	성모 유형
‑am	談韻	전체	‑em	添韻	전체
‑ram	銜韻	전체	‑rem	咸韻	전체
‑jam (‑ăm)	鹽韻	고조음성	‑jem (‑ĕm)	鹽韻	고조음성
	嚴韻	설근음		鹽韻 중뉴 4등	저조음성
	凡韻	순음			
‑rjam (‑ăm)	鹽韻	고조음성	‑rjem (‑rĕm)	鹽韻	고조음성
	鹽韻 중뉴 3등	저조음성		鹽韻 중뉴 3등	저조음성

상고음	중고음	성모 유형	상고음	중고음	성모 유형
⁻om	覃韻	전체	⁻im	添韻	전체
⁻rom	咸韻	전체	⁻rim	咸韻	전체
⁻jom (-ŏm)	鹽韻	고조음성	⁻jim (-ĭm)	侵韻	고조음성
	嚴韻	설근음		侵韻 중뉴 4등	저조음성
	凡韻	순음			
⁻rjom (⁻rŏm)	鹽韻	고조음성	⁻rjim (⁻rĭm)	侵韻	고조음성
	嚴韻	설근음		侵韻 중뉴 3등	저조음성
	凡韻	순음			

상고음	중고음	성모 유형
⁻im (⁻ɯm) ⁻um	覃韻	전체
⁻rim (⁻rɯm) ⁻rum	咸韻	전체
⁻jim (-ŭm) ⁻jum (-ŭm)	侵韻	고조음성
	侵韻 중뉴 3등	설근음
	東韻 3등	순음과 원순 설근음
⁻rjim (⁻rŭm) ⁻rjum (⁻rŭm)	侵韻	고조음성
	侵韻 중뉴 3등	설근음
	東韻 3등	순음과 원순 설근음

음성변화를 고려하면, 백스터의 *⁻im과 鄭張尙芳의 *⁻ɯm 가운데 후자가 더 설득력이 있다.

백스터는 *⁻im과 *⁻um이 훗날 중화[neutralization]되었음을 정확하게 지적했다. 그러나 이러한 중화는 백스터가 언급한 *-im이 *-um으로 변화한 것이 아니라 그 반대의 방향으로 진행된 것이다. 백스터는 중고 覃韻이 상고로부터 *-im 〉 *-um 〉 -om의 과정을 경과했다고 보는 것이 타당하다고 주장했다. 그러나 제5장에서 논의한 바와 같이 중고 覃韻은 -əm이다. 그렇다면 우리는 여기서 음성변화에 관하여 두 가지 가설을 수립할 수 있다. 첫째 가설은, 백스터가 언급한 바와 같이 주요모음이 폐음절 운미 -m에 동화되어 u가 되었다는 것이다. 둘째 가설은, 원순 주요모음이 폐음절 운미 -m와의 이화작용으로 非 원순음이 되었다는 것이다. 병류 운의 전체적 음성변화 상황을 고려하면 두 번째 가설이 사실과 더 접근해 있다. 예를 들면 '風' *plŭm이 이화를 통해 중고에 이르러 piuŋ이 된 것이다. 중고시기에서 병류 운에 원순 모음이 결여된 것은 이화의 결과이다. 따라서 상고의 *-um은 다음과 같은 음성변화를 경과한 것이 분명하다.

$$*\text{-um} > *\text{-}\mathrm{wm} > \text{M. -əm}$$

상고 중국어에서 -um과 -ɯm이 여전히 변별되어 있었지만 -um이 -ɯm의 방향으로 변화가 이미 시작되었기 때문에 해성이나 압운에서 서로 섞이게 되어 이들을 명확하게 나눌 수는 없다.

서양 중국어 음운학자 가운데 폐음절 운의 분류 및 이들의 중고 운류와의 관계에 대하여 가장 탁월한 분석을 한 사람은 백스터이다. 그러나 일부의 해성 분석이 완벽하지 못했는데 그에 대해서는 다음과 같은 논의가 필요하다.

(1) *-om 韻

중고에서 咸攝은 山攝과 평행한 음운 행위를 하고 있으나 그가 상정한 *-om이 중고까지 변화했던 방향은 *-on과 평행하지 않다. 그가 설정한 *-on의 중고까지의 변화과정을 참조하면 위에 제시된 그의 체계는 아래와 같이 수정할 수 있다.

상고음	중고음	성모 유형	상고음	중고음	성모 유형
ˉom	覃韻	전체	ˉon	寒韻 합구	전체
ˉrom	咸韻	전체	ˉron	刪韻 합구	전체
ˉjom(ˉŏm)	鹽韻	고조음성	ˉjon(ˉŏn)	仙韻 합구	고조음성
	嚴·凡韻	저조음성		元韻 합구	저조음성
ˉrjom (ˉrŏm)	鹽韻	知·莊組	ˉrjon(ˉrŏn)	仙韻 합구	知·莊組
	鹽韻 중뉴 3등	저조음성		仙韻 중뉴 3등 합구	저조음성

① 嚴韻과 凡韻에 대한 백스터의 *-jom류를 수정한다. 嚴·凡韻의 음운 행위가 백스터가 *-jon류에 배치한 을류의 元韻과 평행하므로 嚴·凡韻은 당연히 *-jom의 위치에 놓아야 한다.

② *-rjom류의 鹽韻을 중뉴 3등으로 정한다. 저조음성[gravel] 성모의 유형은 仙韻 중뉴 3등이 백스터의 *-jon에 속해있는 상황과 평행하다. 백스터는 鹽韻 중뉴 3등이 *-om의 위치에 있었음을 고려하지 않았기 때문에 중뉴 3등 鹽韻의 '貶'을 *prem으로 재구한 것이다. '貶'과 해성하는 '乏, 方勇切'은 중고의 鍾韻에 속해 있는데 이는 상고의 *plŏ ŋ과 대응하므로 '貶'은 *plŏms에서 기원한 것이다. 이때 운미 ˉm은 모음 o와의

이화작용에 의해 -ŋ으로 변화한다. '泛'은 중고 凡韻 글자이지만 '方勇切'의 이독이 있으므로 그 상고음은 *plŏm˙이어야 한다. 또 이 글자와 대응하는 티베트 서면어의 동원어는 ɦbrub[범람하다, 넘쳐흐르다]으로 원순 모음을 동반하고 있다. 따라서 '貶'의 상고음이 *prŏm˙임을 알 수 있다(백스터의 *prjomʔ에 해당). 또 '僉'을 聲符로 하는 해성족 글자들이 운모 *-om을 동반했으므로 이 해성족 가운데 중뉴 3등 글자인 '儉·驗·檢' 등의 운모는 *-rŏm(백스터의 *-rjom에 해당)이어야 한다.

(2) *-ɯm 韻과 *-um 韻

백스터의 *-in(*-ɯn) 韻 가운데 고조음성[acute] 음은 중고에서 先韻으로 변화한다. 그러나 그가 재구한 *-im(즉 *-ɯm)은 중고에서 모두 1등의 覃韻으로 변화한다. 물론 운미 *-m와 운미 *-n를 동반한 운의 변화 방향이 완전히 평행하지 않았다고도 볼 수도 있지만 동원어의 비교와 단어족 간의 비교에 근거하면 *-ɯm에서 기원한 중고 운류 가운데에 4등운이 있음을 알 수 있다. 심지어 일부 중고 添[帖]韻 글자 가운데에는 *-um[p]에서 기원한 것도 있다. 이는 *-um[p]이 *-ɯm[p]의 방향으로 변화했다가 나중에 중고의 添[帖]韻으로 변화된 것이다. 아래에 몇 가지 중고 4등의 예를 제시해 본다.

백스터는 '簟'을 *limʔ으로 재구했다. 그러나 '覃'을 聲符로 하는 글자들은 상고음에서 *-om이나 *-um에 제한되어 있다. 이에 대해서는 아래에서 다시 논의할 것이다.

백스터는 '念'을 *nims로 재구했다. 그 이유는 이 글자가 중고의 4등운이기 때문이다. 이 글자의 聲符는 분명히 '今'이다. 그러나 백스터는 '今'을 *krim으로 재구했는데 이는 그의 체계에서 -im이 중고에서 4등운으로 변화하지 않기 때문으로 보인다. 따라서 '念'과 '今'을 각각 다른

운모로 재구한 것이다.

‘劦’이 聲符인 해성족은 중고의 帖・業・齊韻에만 보인다. 해성 분석으로만 보면 ‘協’은 상고에 *gep이었던 것 같다. 그러나 고문헌 상에 나타난 ‘協’에 대한 訓釋에 의하면 *gup에 더 가까웠던 것으로 분석할 수 있다. ≪詩經・江漢≫에서는 “矢其文德, 洽此四國.[그의 덕을 펴서 온 세상을 조화롭게 한다.]”이라 했고 ≪禮記・孔子閑居≫에서는 “弛其文德, 協此四國.”이라 했다. ≪詩經・抑≫箋에는 “脅肩諂笑.[어깨를 들썩이며 아첨의 웃음을 짓다.]”라 했고 ≪釋文≫이 근거한 판본에는 ‘脅肩’이라 했다. ≪莊子・天運≫의 “予口張而不能嗋.[내가 입을 벌렸으나 입을 다물 수 없다.]”에 대하여, ≪釋文≫에서는 “合也.[다물다.]”라 했다. ≪爾雅・釋天≫의 “太歲在天曰協洽.[太歲가 하늘에 있는 것을 協洽이라 한다.]”에서 ‘協’과 ‘洽’(*grop)은 疊韻의 연면어를 구성한다. ≪史記・曆書≫에는 ‘昭陽汁洽二年’이라 했고 ≪史記・天官書≫에는 ‘叶洽歲’라 했는데 이 예들은 ‘協’을 대신해서 각각 ‘汁’과 ‘叶’으로 적은 것이다. 또 ‘協’에 대해 ≪說文≫에서는 “从劦十”이라 하여 會意로 여기고 있다. ‘協’은 金文에서 ‘叶・旪’으로도 적고 있어 역시 ‘十’이 聲符임을 알 수 있다. 이와 같은 여러 개의 예를 통하여 ‘協’이나 ‘協’으로부터 소리를 얻은 글자들이 ‘合’이나 ‘十’이 성부인 글자들과 아주 밀접한 관계가 있었음을 알 수 있다. ‘合’이 상고에 원순 모음을 동반했었음에 대해서는 아래에서 따로 자료를 제시하면서 논의하기로 한다. ‘十’은 일부 친족 언어에서도 원순 모음이라는 특징을 가지고 있다. 예를 들면 티베트 서면어는 btɕu, 三洞水語三洞는 sup[8], 布努語는 cɤu[8], 勉語는 tsjop[8]이다. 같은 聲符의 글자인 ‘汁’은 ‘액체’의 의미도 있고 ‘눈[雪]’의 의미도 있다. ≪禮記・月令≫의 “가을의 월령을 행하면 날씨는 비와 눈이 내린다.[行秋令, 天時雨汁.]”에 대하여 注에서는 “‘雨汁’은 비와 눈이 섞여 내리는 것이다.[雨汁者, 水雪

雜下也.]"라 하고 있다. 티베트 서면어의 동원어인 khu에도 두 가지 의미가 있다. 하나는 '액체'의 의미이며 khu ɦiphja ŋ s에서는 '눈'의 의미로 쓰이고 있다. 티베트 서면어의 btɕu[汁]와 khu[汁]는 원래 운미 -b를 동반했다가 모음 u와의 이화작용으로 -b가 탈락한다. 이상의 자료에 의하면 상고의 '協'은 *gep이 아닌 *gup으로 재구해야 할 것이다.

이상의 몇 가지 예를 통해 중고 添·帖韻의 일부가 상고의 *-ɯm[p]이나 *-um[p]>*-ɯm[p]에서 기원했음을 알 수 있다.

제14장에서 논의한 바와 같이, 상고의 *-ɯl, *-ɯt, *-ɯm에는 두 종류의 변화가 있다. 첫째는 저조음성[grave] 자질 성모에서 주요모음이 *-u-로 변화한 것이고, 둘째는 고조음성[acute] 자질 성모에서 주요모음이 *-i-로 변화한 것이다. *-ɯm[*-ɯp]의 음운 행위는 *-ɯn[*-ɯt]과 완전히 평행하여 고조음성의 조건 하에서는 중고의 添帖韻으로 변화한다. 차이점은 일부 저조음성 자질의 단음에서도, 고조음성의 조건에서도 발생할 수 있었던 동일한 변화가 발생했다는 것이다. 예를 들면 '協'이 *gup>*gɯp>*gip>M. ɦep과 같이 변화한 것으로 이는 음의 원리 측면에서도 설명이 가능하다. 즉 합구 운미와의 이화로 ɯ의 u로의 변화가 저지되면서 i로 변화하려는 힘이 강화된 것이다.

따라서 *-ɯn과 *-ɯm은 다음과 같은 평행한 음운 행위를 한다.

상고음	중고음	성모 유형	상고음	중고음	성모 유형
⁻ɯm	覃	저조음성	⁻ɯn	痕魂	저조음성
	添	고조음성		先	고조음성
⁻rɯm	咸	전체	⁻rɯn	山	전체
⁻ŭm	侵	고조음성	ŭn	眞	고조음성
	侵三	설근음		殷	설근음
	東三	순음과 원순 설근음		文	순음과 원순 설근음
⁻rŭm	侵	고조음성	⁻rŭn	眞	고조음성
	侵三	설근음		眞三	저조음성
	東三	순음과 원순 설근음			

(3) 상고의 *m에서 기원한 중고 通攝 글자 가운데에는 백스터가 열거한 東韻 3등 이외에도 東韻 1등의 '芃·贛·戇', 冬韻의 '浲', 鍾韻의 '覂' 등이 있다. 또 江韻의 '夆·浲·絳·降'도 이러한 변화의 예에 속한다.

아래에 제시된 몇 가지 예는 중고 曾攝의 일부 글자도 상고의 *m에서 기원한 것임을 의미한다. 상고의 *ɯm은 이화작용을 통하여 두 개의 각각 다른 방향으로 변화하였다. 하나는 운미에 이화가 발생하여 *ɯ ŋ으로 변화한 것이고 또 하나는 모음에서 이화가 발생하여 *ɯm>*ɯm과 같은 변화를 경과한 것이다. 일부 글자의 경우 두 가지 변화가 동시에 발생했을 가능성도 있다.

'熊'에 대해서 ≪說文≫에서는 그 聲符를 '炎'이라 하고 있으므로, 許愼의 방언에서 '熊'과 '炎' 모두 운미 *m를 동반한 云母로 두 글자의 독음이 상당히 가까웠음을 알 수 있다. '熊'은 廈門 말의 구두어 독음에서 여전히 운미 ‑m를 동반하고 있어 him[24]으로 읽히고 있는데 潮州 방언도 이와 같다. ‘熊’은 친족 언어에서 대부분 운미 ‑m와 원순 모음을 동반하고 있다. 한국에서의 중국어 차용어는 ‘kom[곰]’이며 일본으로 전해진 후에는 kuma가 되었다.

‘孕’은 ‘妊’과 동의어이다. 티베트 서면어의 동원어는 lhums[자궁, 모태], rum[胎, 자궁, 부화하다], sbrum[임신하다]이다. ‘孕’은 각 지역 방언에서의 독음이 색다르다. 太原·溫州·雙峰·梅縣·潮州·福州에서는 以母의 蒸韻이지만, 北京·濟南·武漢·合肥·揚州·蘇州·南昌에서는 以母 眞韻 합구의 독음을 반영하고 있다. 이들 지역에서는 深攝과 臻攝이 합병되었는데 眞韻의 독음이 조기의 ‑um에서 기원했을 가능성이 있다. 그렇다면 ‘孕’의 상고음이 *lŭm이었을 가능성이 있는데, 일부 방언에서는 *lŭm>*lŭŋ>M. jiŋ을 경과하여 蒸韻으로 변화했고 北京 등지에서는 *lŭm>*lŭn>M. jun을 경과하여 眞韻 합구로 변화한 것으로 보인다.

‘勝’의 성부는 ‘朕’인데 ‘朕’은 중고의 侵韻에 속한다. ≪周書·柔武≫에서는 ‘心’과 ‘勝’이 협운한다. ‘心’의 상고음이 *slŭm임에 대해서는 아래에서 따로 논의할 것이다.

또 덧붙여 지적해야 할 점은, 운미의 이화가 여러 개의 음성 조건과 관련되어 있어 반드시 어휘 확산 현상이 발생했다는 것이다. 따라서 일부 운부의 중고까지의 변화과정은 그다지 일률적이거나 정연하지 않았다. 그 주요한 이유로 다음의 세 가지를 들 수 있다.

(1) 상고의 독음이 *‑om인 일부 글자가 이화작용에 의해 중고의 東韻(芃·贛)과 鍾韻(覂)이 되었다.

(2) *-um을 동반한 '孕·臨' 등의 일부 글자가 이화작용에 의해 *-ɯm이 되었으므로 *-um과 *-ɯm을 구분하기 어렵게 되었다.

(3) *-ɯm에서의 일부 운미가 이화작용에 의해 *-ɯŋ으로 변화했을 수도 있다. 아래 표에서 밑줄 친 부분은 이와 같은 예외적 변화가 발생한 글자가 소속된 중고의 운류이다.

개음 유형	聲母 유형	전통 談部			전통 侵部		
		am	em	om	ɯm	um	im
I	고조음성	談	添	覃	添 登	覃	添
I	저조음성	談	添	覃 東一	添	冬	添
II	고조음성	銜	咸	咸	咸	咸	咸
II	저조음성	銜	咸	咸 江	咸	江	咸
III	고조음성	鹽	鹽	鹽	侵三 蒸	侵	侵
III	저조음성	嚴 凡	鹽四	嚴 凡 鍾	侵 蒸 東三(合口)	東三	侵四
IV	知·莊組	鹽	鹽	鹽	侵	侵	侵
IV	저조음성	鹽三	鹽三	鹽三	侵 蒸 東三(合口)	東三	侵三

2. 丙類 韻部의 諧聲 분석

潘悟雲(1992)은 상고 중국어가 6모음 체계라는 가정에 근거하여 병류운의 재분에 대해 비교적 상세하게 분석했다. 그 분석의 주요 근거는 다음과 같다.

(1) 갑류 운과 을류 운의 각 모음에 적용했던 동일한 해성분석

(2) 상고의 차용어와 친족 언어 동원어의 모음의 성격

(3) 연면어의 疊韻 관계

해성 분석은 다음과 같이 두 단계로 나누어 진행했다.

첫째, 전통 談[盍]部와 侵[緝]部의 경계를 나누었다.

전통 談[盍]部와 侵[緝]部는 대략적인 분류로 경계가 명확하지 않아 더 자세히 나누고 할 것도 없다. 두 종류의 경계에 대한 과거 학자들의 견해는 일치하지 않았다. 예를 들면 段玉裁는 '占·籤·兼·猒·氾·僉·劦' 등의 해성족을 侵[緝]部에 귀속시켰으나 董同龢(1948a)는 談[盍]部에 귀속시켰다.

상고의 주요모음은 a, e, o의 열린 모음과 ɯ, i, u의 닫힌 모음의 두 종류로 대별된다. 병류 운 가운데 談[盍]部와 侵[緝]部는 사실상 각각 열린 모음과 닫힌 모음을 동반한 종류이다. 동일한 주요모음을 동반한 운부 간에는 흔히 유사한 음운 행위가 있다. 따라서 갑류와 을류의 분석을 통해 얻은 열린 모음과 닫힌 모음을 판별했던 원칙을 병류에도 적용할 수 있다. 상고의 갑류와 을류 운 가운데에는 각각 열린 모음과 닫힌 모음의 운부에서 기원해 중고 시기에 한 개의 운으로 합병된 예도 일부 있다. 즉 東部와 冬部에서 기원하여 중고 江韻에 합병된 예가 있다. 그러나 중고의 3등운의 경우는 이와 같지 않다. 예를 들면 열린 모음의 운부인 陽·耕·東部에서 기원한 3등은 모두 陽·淸·鍾韻에 귀속되었고 닫힌 모음의 운부인 冬·蒸部에서 기원한 3등운은 모두 東·蒸韻에 귀속되었다. 병류 운에도 이와 평행한 음운 행위가 있어야 한다. 따라서 중고에서 3등운 가운데 어느 韻에 귀속되었느냐가 전통 談[盍]部와 侵[緝]部의 경계를 나누는 기준이 될 수 있다.

기준 1

어떤 해성족이 중고 3등운의 鹽·嚴·凡[葉·業·乏]韻에 귀속되지

않고 侵[緝]韻에만 귀속되었다면 侵[緝]류로 분류할 수 있고, 侵[緝]韻에 귀속되지 않고 鹽·嚴·凡[葉·業·乏]韻에만 귀속되었다면 談[盍]류로 분류할 수 있다. 이에 의하면 각 해성족은 다음과 같이 분류할 수 있다.

전통 侵[緝]部 : 心 審 深 甚 南 淫 音 林 品 稟 十 㲎 立 乑

전통 談[盍]部 : 兼 冉 染 陝 奄 炎 詹 侃 監 欠 氾 䛐 猒 斬 凡 毚 枼
業 妾 輒 盍 劫 甲

이와 동시에 위 해성족의 분류를 통해 侵[緝]部에 중고의 談[盍]韻과 銜[狎]韻이 없음을 확인했으므로 다음과 같은 또 하나의 기준을 세울 수 있다.

기준 2

중고의 覃[合]韻과 咸[洽]韻에는 출현하지 않고 談[盍]韻과 銜[狎]韻에 출현한 해성족은 전통 談[盍]류에 귀속된다.

그렇지만 侵[緝]韻에도 출현하고 鹽·嚴·凡[葉·業·乏]韻에도 출현한 해성족이 여러 개 있는데 이를 전통 侵[緝]部와 談[盍]部간의 상호 해성 현상이라 간주해도 될 것이다. 출현 회수에 근거하면 이들 해성족은 대체로 다음과 같이 분류할 수 있다.

전통 侵[緝]部 : 侵 疢 尢 壬 今 彡 參 咸 覃 習 集 耴 合 濕 及 執 邑

전통 談[盍]部 : 僉 韱 占 甘 敢 乏 舌 夾 楈 疌

다음은 전통 談[盍]류와 侵[緝]류의 재분류에 관한 내용이다.

갑류와 을류에는 각각 6개의 주요모음이 있다. 운모 분포의 대칭성 원칙을 고려하면 병류에도 당연히 6개의 주요모음이 있었을 것이라고 추정할 수 있다. 기존의 학자들 대부분은 전통 談[盍]部와 侵[緝]部를 각각 *-am[p]과 *-əm[p]으로 재구했다. 본서에서는 이 가운데 *-əm[p]을 *-ɯm[p]으로 수정한다. 이제 남은 일은 이들 가운데 주요모음 i, e, u, o가 동반된 운부도 존재했었음을 증명하는 것이다.

(1) 전설 고모음 i와 e를 동반한 丙類韻

갑류와 을류 운에서 i나 e를 동반한 운부인 支·錫·耕·歌₂·月₂·元₂部와 脂·質·眞部는 다음과 같은 두 가지 중요한 음운적 특징이 있다.

① 중고에서 1등운은 없고 4등운은 있다.
② 중고에서 중뉴 4등운이 있다.

병류 운의 일부 해성족에도 이와 동일한 해성현상이 있다. 예를 들면 '炎·詹·斬'을 聲符로 하는 해성족에는 중고 1등 글자는 많지만 4등 글자가 전혀 없는 반면, '兼·枼·夾·耴'을 聲符로 하는 해성족에는 중고 4등 글자는 많지만 1등 글자는 전혀 없다. 이러한 기준에 근거하고 열린 모음과 닫힌 모음을 판별하는 기준을 참고하면 아래의 해성족이 e를 동반했다고 확정할 수 있다.

占·鐵·甛·陜·兼·妾·猒·枼·疌·聶·耴·燮

*-im[p]의 대부분은 *-em[p]과 함께 동일 해성족에 출현했는데 위의 예에서 侵[緝]韻에 속한 글자는 바로 상고의 *-im[p]이다. '讖·砧·熌·䌛' 등이 이에 속한다. *-im[p]의 해성족의 수는 많지 않은데 아래 몇 개의 해성족이 이에 속했을 가능성이 있다.

'侵'이 존재했던 해성족은 비교 자료에 근거하면 *-im[p]류에 속하는 것으로 보인다. '祲 *sklĭm [햇무리]에 대해 ≪周禮·春官·保章氏≫에서 "오색의 구름으로 길흉, 가뭄과 강수, 풍작과 흉작의 햇무리를 구별했다.[以五雲之物, 辨吉凶, 水旱降豊荒之祲象.]"라 했는데 賈公彦은 疏에서 "'祲'은 해 주위의 구름의 기운이다.[祲謂日旁雲氣.]"라 했다. 티베트 서면어의 동원어는 khjim[해와 달 주위의 둥근 웬]이다. '浸 *sklĭms의 티베트 서면어의 동원어는 stim[물로 녹아들어가다, 스며들다] <*sklim이다. '寖 *sklĭm'의 티베트 서면어의 동원어는 gžim이다. 티베트 서면어의 z-의 기원은 복잡하며 일부는 *ɦ와 관계가 있는 듯하다. 예를 들면 zimbu [장마, 가는 비가 계속되다]는 분명히 '淫 *lŭm의 동원어인데 ≪爾雅·釋天≫에서는 "오랫동안 계속되는 비를 '淫'이라 하며, '淫'은 '霖'이라 한다.[久雨謂之淫, 淫謂之霖.]"고 했다.

해성족 '執'에서, 중고의 緝韻에 속한 글자로는 '執·蟄'이 있고 帖韻에 속한 글자로는 '墊·慹'이 있으며 중고의 脂韻 거성에 속한 글자로는 '贄·摯·鷙'가 있다. 脂韻 글자는 ⁱ < *ⁱts < *ⁱps의 과정을 경과했는데 이때 운미 *p는 *s에 동화되어 *t로 변화한다.

(2) 원순모음 o, u를 동반한 丙類韻

전통 談[盍]部에서, 위에서 고증한 e를 동반한 운부를 제외한 나머지 해성족의 일부는 중고의 談[盍]·銜[狎]韻에 출현하고 일부는 覃[合]·咸[洽]韻에 출현한다. 전자는 상고의 *am(*ap)에서 기원했고 후자는 상고의 *om(*op)에서 기원했다. 중고 泰韻과 隊韻의 일부 글자는 해성과 비교자료에 의하면 각각 상고의 *ops>*ots와 *ups>*uts에서 기원했음을 알 수 있다. 또 *om과 *um에서 기원한 東部와 冬部의 일부 글자도 있는데 이들은 *m이 원순모음과의 이화작용에 의해 *ŋ으로 변화한 것이다. 보드만(Bodman 1980)은 아래의 예를 제시했다.

'曾' *gops＞gots는 '蓋' *gap과 관계있다. 이는 티베트 서면어의 khob [뚜껑], gn̥a khops[투구]와 대응한다. 필자는 '合' *gop이 '會'와 직접적으로 관계가 있다고 생각한다. '會'는 古文에서 '佮' 혹은 '㪉'으로 기록했다. 古 베트남 한자어에서는 hop[6][집회]이다.

'肺'는 *pŏps이었거나 *plŏps(＞ *pŏts ＞ M. piɐi)이었는데 아래 티베트-버마어군 언어의 형식과 대응한다.

버마어	阿昌語	라후어	載瓦語	勒期語	로바어Idu
a[1]-shup[4]	a[31]tɕhot[55]	ɔ[31]tshi[53]pho[54]	tsut[55]	tsɔt[55]	a[55]po[55]
체팡어	阿博爾米里	가로어	카친어	卡林	로바어Bokar
pop	â-rop	kasop	sin[31]wop[55]	swah-prap	lo:

위의 자료를 통해 원시 티베트-버마어군 언어의 '肺'가 *plop이나 *prop과 같은 형식이었을 가능성이 있음을 알 수 있다. 일부 언어에서 운미 -p는 원순 모음과의 이화작용에 의해 -t로 변화했다. 복자음 pl-이나 pr-는 일부 언어에서 파찰음 tɕh-나 ts-류로 변화했다. 일부 언어는 어근 앞에 접두사가 있는데 예를 들어 카친어[景頗語, Kachin]에서는 '내장'의 의미를 가진 sin[31]이 접두사이다. 카친어의 w-는 양순 폐쇄음에서 기원한 것으로 카친어의 wa?[31][돼지]와 티베트 서면어의 phag[돼지]이 대응하고, wãtʃo[파초 꽃봉오리]와 白語의 pa[55]tɕo[55][파초]가 대응하므로 카친어에서 '肺'의 어근도 pop이다. 캄-타이어에도 다음과 같이 이와 유사한 형식이 있다.

태국어	$pɔːt^5$	傣語	$pɔt^9$
壯語와 布依語	$pɯt^7$	榕江 캄어	pup^5

캄어[侗語, Kam]의 pup^5은 비교적 이른 시기의 형식으로 운미 -p는 원순모음과의 이화작용에 의해 -t로 변화했다. 이와 유사한 형식은 남 아어족 언어에도 보인다. 예를 들면 甘塘語의 $phop^{31}$과 胖品語의 $bhop^{51}$이다.

潘悟雲(1992)은 다음의 예를 더 제시했다.

合聲 :

'合' $*gop$. '合力'은 古 베트남 한자어에서 $gop^5 sɯ'c^5$이다. 또 gop^5은 쯔놈[字喃, Chũ Nôm]에서 '黏'으로 적는다. 이때 의미는 '聚'를 따르고 聲符는 '合'이다.

'對' $*g·tups>tuts$는 티베트 서면어의 btub[적합하다, 서로 걸맞다]과 thub[필적하다]에 대응한다. '對'와 상응하는 동근어는 '答' $*g·tub$이다. ≪書·說命下≫의 "감히 천자의 뜻을 받듭니다.[敢對揚天子之休命.]"에 대하여 傳에서는 "對, 答也."라 했다.

名聲 :

≪左傳·文公十八年≫의 '閻職'을 ≪史記≫에서는 '庸職'으로 기록했다. ≪書·洛誥≫의 "불붙기 시작한 것처럼 하지 말라.[無若火始燄燄.]" 에 대하여 ≪漢書·梅福傳≫에서는 '燄'을 '庸'으로 기록했다. '閻'과 '燄' 의 상고음이 $*lɔm$이므로 '庸' $*lɔŋ$과 通假할 수 있었다. '陷' $*groms$은 베 트남어에서 hom^4[깊은 함정], $trom^4$[움푹 들어가다]이다.

覃聲 :

'譚'은 *g・dom>*dom으로 '談' *g・dam>*dam과의 관계는 티베트 서면어의 gtom[말하다]과 gtam[말, 언사]의 관계와 대응한다.

'潭'은 *g・dom>*dom으로 載瓦語의 thum²¹, 勒期語의 thɔm⁵⁵과 대응한다. 古 베트남 한자어는 chuôm[연못]<*klom이다.

'禫'. ≪禮記・喪服大記≫의 "상복을 벗는 제사에서는 우는 사람이 없다.[禫而內無哭者.]"에 대하여 "'禫'의 或體를 모두 '道'로 적었다.[禫或皆作道.]"로 注하고 있다. ≪儀禮・士虞禮≫의 "한 달을 사이에 두고 담제를 지낸다.[中月而禫.]"에 대하여 "古文에서는 或體로 '禫'을 '導'로 적었다.[古文禫或爲道.]"라 주했다. '道'와 '導'의 상고음이 *g・duˀ>*duˀ이므로 '禫' *g・dumˀ>*dumˀ과 통한다.

夅聲

'贛'과 '𥂖'은 覃韻으로 읽기도 하며 東韻으로 읽기도 한다. 東韻의 독음은 운미 *-m가 o로 인해 이화되어 *koms>koŋs의 변화를 경과한 결과이다. 제8장에서 논의한 바와 같이 '𥂖'은 바로 '蓋'의 또 하나의 독음으로, 壯語의 kom⁵, 布依語의 kɔm⁵, 西雙版納 傣語의 kom¹과 동원이다. '降'의 티베트 서면어의 동원어는 choms[굴복시키다]이다.

중고 東韻 3등 '隆'과 冬韻 '𣸣'은 상고음으로 환산하면 冬部의 *-uŋ이다. 이들과 '贛'이 諧聲하므로 상고에 운미 -m를 동반했을 것이라 생각한다. *-um의 -m는 원순모음과의 이화작용에 의해 -ŋ이 되었다. '降'은 ≪詩經≫에서 -m 운미의 글자와는 압운하지 않고 冬部(*-uŋ)의 글자와만 압운한다. 예를 들면 <草蟲>에서는 '蟲・螽・忡'과, <小雅・出車>에서는 '蟲・螽・忡・仲・戎'과, <大雅・旱麓>에서는 '中'과 협운하므로 ≪詩經≫ 시기에 이미 *‑um에서 *‑uŋ으로 변화해 있었음을 알 수 있다.

僉聲

'歛' *g·rŏm은 베트남 한자어에서 chom²[모이다](<*glom)이며 티베트 서면어의 동원어는 chum[모으다]이다. 또 '噞' *ŋŏms과 '喁' *ŋŏŋ (<*ŋŏm)은 '물고기가 입을 수면 위에 내놓고 벌름거리다'의 의미로, ≪韓詩外傳≫ 제22장에서는 "물이 탁하면 물고기가 입을 위로 올려 벌름거리고, 명령이 가혹하면 백성은 혼란에 빠지게 된다.[水濁則魚喁, 令苛見民亂.]"고 했고, ≪淮南子·主術訓≫에서는 "물이 탁하면 물고기는 입을 벌리고 정치가 가혹하면 백성들은 혼란에 빠지게 된다.[水濁則魚噞, 政苛而民亂.]"라고 했다. 따라서 鹽韻의 '噞'과 鍾韻의 '喁'는 동일한 단어이어야 하는데, 이는 '贛'에 覃韻과 東韻의 두 개의 독음이 있는 것과 같은 이치이다. 다만 '噞'과 '喁'의 경우는 두 개의 字形을 채택한 것이고 '贛'의 경우는 한 개의 字形을 채택한 것이라는 차이만 있다.

函聲

'椷' *gom은 티베트 서면어의 sgrom[상자, 통]과 베트남어의 hom²[상자]과 대응한다.

연면어 '菡萏'에서 '菡' *gom과 '萏' *g·dom·은 疊韻 관계이다.

欠聲

應劭는 '箜篌'가 원래는 '坎侯'로, 漢 武帝 令樂 사람인 侯調가 거문고로 '坎坎之樂'을 작곡했다는데서 명칭을 취한 것이라고 했다. '坎侯' *khom·go의 m은 후행하는 g에 동화됨과 동시에 선행하는 o로 인해 이화되어 ŋ으로 변화했다. 즉 *khom·go>*khoŋ·go의 과정을 경과한 것으로 이

것이 '筭篋'의 유래이다.

氾聲

≪禮記·內則≫의 '爵·鷃·蜩·範'에 대하여 "範, 蜂也."라 주했다. ≪淮南子·俶眞≫의 "사람의 형체로 태어난 것에 기뻐한다.[一範人之形而猶喜.]"에 대하여 "猶遇也."라 注하고 있는데 이는 '逢[만나다]'과 통한다. '範'의 상고음이 *bŏm·이 아니라면 이들과 東部의 '蜂' *phŏ ŋ, '逢' *bŏ ŋ과의 가차 관계를 설명할 수 없다.

凡聲

'帆'의 長沙·溫州·廈門·潮州·福州·建甌 방언의 구두어 독음은 모두 東韻이며 古 베트남 한자어는 buôm²이다.

'風' *plŭm은 중고 東韻 3등으로 상고음으로 전환하면 冬部 *ŭ ŋ이 된다. 그러나 '風'의 聲符가 '凡'이므로 그 운미는 *m이어야 한다. ≪詩經≫의 <邶風·綠衣>, <邶風·谷風>, <秦風·晨風>, <大雅·桑柔>에서 侵部와 압운하므로 당시의 '風'의 운미가 여전히 *m이며 훗날 운미가 원순모음 u와의 이화작용에 의하여 *ŋ으로 변화했음을 알 수 있다. 즉 *plŭm>*plŭ ŋ>piu ŋ의 변화를 경과한 것이다. 이는 壯語의 '바람' ɣum² <rum², 布依語의 zum², 西雙版納 傣語의 lum²과 대응한다.

咸聲

'鍼' *kljŭm의 동원어로, 렙차어[列普査語, Lepcha]의 ŋjŭm[바늘], 티베트 서면어의 drub[바느질], 버마어의 khjup[바느질]<*khlup[꿰읻], 水語의 sum[침] 등이 있다. '感'은 티베트 서면어의 sgom[생각하다, 느끼다]과 대응하고, '撼'은 티베트 서면어의 skjom[흔들다]과 대응한다. '鹹' *grom의 동원어는, 키란티어[Kiranti]의 rum[소금], 카친어의 ʧum[소금]과 ʃum

[짜다]이고, 카두어[Kadu]의 sum[소금] 등이다(Benedict 1972: 57).

心聲

'心'은 *slɯ̃m일 가능성도 있고 *slŭm일 가능성도 있다. 티베트-버마
어군 언어의 동원어는, 카친어의 sã³¹lum³³[심장], 載瓦語의 ɲik⁵⁵lʮm²¹이
고, 格曼 僜語의 lɯm³⁵이다.

參聲

≪詩經·小戎≫ 2장에서 '驂'은 '中'과 협운한다. 또 '參'은 '三'과 어원적
으로 관련이 있다. '三'은 티베트 서면어에서 gsum이다.

甚聲

≪詩經·蕩≫ 1장에서는 '諶'이 '終'과 압운한다. ≪楚辭·九辯≫에서
는 '湛'이 '中·豐'과 협운한다.

上古 중국어의 모음 체계

칼그렌, 董同龢 등과 같은 초기 음운학자들은 상고의 모음을 각각 15개와 20개로 재구하여 그 모음의 수가 대단히 많다. 모음의 장단을 구분하지 않아도 모음의 수는 14개에 달한다. 그러나 후기의 재구음에서는 모음의 수가 대폭 감소한다. 李方桂는 4개로 재구했고, 王力(1978), 보드만-백스터(Bodman 1980), 鄭張尙芳(1984), 스타로스틴(Starostin 1989)은 6개로 재구했으며, 풀리블랭크(Pulleyblank 1962-3)는 5모음 체계로 재구했다가 나중에 2개로 축소했다. 초기와 후기의 재구가 큰 차이가 있었던 원인은 다음과 같은 두 가지로 대별된다. 첫째, 상고 운부에 대한 인식이 달랐기 때문이다. 淸代 학자들의 상고 운부는 주로 先秦 韻文의 韻脚에 근거하여 귀납한 것으로 운부는 운모[final]가 아니라 韻轍[rhyme]의 개념이다. 칼그렌은 한 개의 韻轍에 복수의 운모가 포함되었고 각 운모에 복수의 주요모음이 있었을 것이라고 생각했다. 그러나 후기 음운학자들은, 압운하는 글자 간의 개음이 다를 수는 있으나 주요모음은 동일해야 한다고 여기고 있다. 둘째, 상고에서 중고까지의 음성변화에 대한 관점이 달랐기 때문이다. 상고의 각 운부는 중고에 이르면서 각각 여러 개의 운으로 변화한다. 칼그렌 등은 상고시기의 한 개의 韻部에 복수의 모음이 있었다고 주장했다. 그러나 후기의 음운학자들은 상고의 한 개의 韻部에 한 개의 주요모음만 상정했는데 중고에 이르면서 각각 여러 개의 韻類로 귀속된 이유가 상고에서 개음이나 운미가 각각 달랐기 때문이라 여기고 있다.

초기 음운학자들의 체계의 예로 다음의 칼그렌의 것을 들어도 무방할 것이다. 이 가운데 i는 개음으로만 사용되었다.

i				u	ŭ
				ꬶ	ꬶ̃
e	ĕ	ə	o		ŏ
æ				ɔ	
a	ă			ɑ	

칼그렌이 재구한 모음 체계는 자연 언어의 체계와 다소 거리가 있다. 자연 언어에서 모음 i는 보편적으로 존재하고 있으며, i, a, u가 가장 안정적인 삼각형의 모음 체계를 이루고 있다. 그러나 칼그렌의 체계에서는 i가 개음으로만 사용되고 있다. 또 인간의 발음 기관에서 후설 위치의 활동 범위가 전설 위치에서의 범위보다 작으므로 일반적으로 후설 모음의 수가 전설 모음의 수를 넘어서지 않는다. 그러나 칼그렌의 체계에서는 후설 모음이 고저 등급에 따라 5개로 나뉘어져 전설모음보다 많은데 이는 자연 언어에서 드문 현상이다.

비교적 이른 시기의 언어에서 흔히, 모음 체계는 상대적으로 간단하고 자음 체계는 상대적으로 복잡하다. 라사[拉薩] 말의 구강 모음은 10개로 ≪切韻≫ 체계에서의 모음 수와 큰 차이가 없다. 그러나 티베트 서면어의 모음은 5개에 불과하며 '反 i'(ᄼ)를 더한다 해도 6개에 지나지 않는다[182]. 현대 랭군[Rangoon, Yangon] 말에는 구강 모음이 7개가 있지만 조기의 버마 서면어에는 주요모음이 6개에 불과했다(아래 분석 참조). 각 민족의 언어에서 모음의 수는 구강 모음을 기준으로, 5개 전후인 것과 10개 전후인 것의 두 종류로 대별된다. 예를 들면 壯語의 모음은 6개이고 傣語의 모음은 9개이다. 상고 중국어는 아주 오래 전 단계의 언어이므로 그 모음 체계가 칼그렌이 재구한 바와 같이 복잡할 수 없다.

따라서 후기의 음운학자들이 재구한 모음 체계가 언어의 실상과 더 부합한다고 할 수 있다. 본서에서는 후기 음운학자들의 모음 재구에 대하여 더 상세하게 논의하기로 한다.

후기의 음운학자들 가운데 다음과 같이 세 개 학파의 재구음 체계의 영향력이 가장 크다.

첫째, 李方桂(1971)의 4모음 체계이다.

$$i \qquad\qquad u$$
$$ə$$
$$a$$

둘째, 王力(1978)의 6모음 체계이다.

----

182) 티베트 서면어의 모음에는 a, i, u, e, o가 있다. 이 가운데 i는 ˇ로 표기되며 이를 옆으로 뒤집은 ˆ 로 표기했으므로 反 i라 칭한 것이다.

```
                                          u
                        e          ə      o
                                          ô
                              a
```

셋째, 보드만 이후, 보드만-백스터나 鄭張尙芳, 스타로스틴 등의 재구
체계이다. 이들의 재구는 대동소이한데, 보드만-백스터가 i로, 스타로
스틴이 ə로, 鄭張尙芳이 ɯ로 재구한 차이만 있을 뿐이다. 이들이 각각
다른 곳에서 독립적으로 연구했음에도 거의 동일한 체계로 재구한 점
은 주목할 만하다. 그뿐만 아니라 점차 많은 학자들이 이들의 6모음
체계를 점차 수용하고 있다. '문혁' 시기에 필자는 董同龢(1948a)의 방법
을 모방하여 ≪說文≫과 ≪十三經≫에 수록되어 있는 글자 범위 내에서
鄭張尙芳의 재구음에 대해 상고 음운표를 작성하고 鄭張尙芳의 재구를
각 글자 별로 검증한 바 있다. 이에 따라 그의 장점과 문제점에 대하여
비교적 명확히 이해하고 있으므로 본서에서는 그의 재구 체계를 셋째 학
파의 대표로 하여 논의를 진행하기로 한다. 鄭張尙芳의 모음 체계는 아래
와 같다.

```
                        i      ɯ      u
                        e              o
                              a
```

고대 언어의 재구가 가설에 불과하므로 수립된 음운 체계가 아래의

몇 가지 측면과 부합한다면 그 재구체계는 우수한 것이라 평가할 수 있다.

1. 언어의 보편 현상과 부합하는지 여부

대다수의 언어를 관찰한 결과 아래의 두 개 조목이 보편적 의미를 가지고 있음을 알 수 있다.

(1) 음소의 가장 기본적인 특징은 대립을 통하여 단어의 의미를 변별한다는 것이다. 따라서 각 음소 사이의 차이가 클수록 언어 정보의 담체[carrier]로서의 기능이 더 효과적으로 발휘된다. 바로 이러한 이유로 거의 모든 언어가 모음 사각도의 가장 극단의 위치를 점한 음소인 i, a, u를 가지고 있는 것이다. 이러한 점에서 王力의 체계에 i가 없다는 것은 언어의 보편 현상과 부합하지 않는다.

(2) 언어는 소통의 도구이므로 모든 사람들이 쉽게 익힐 수 있어야 한다. 따라서 음소 체계는 경제 원칙에 따라야 한다. 이러한 이유로 음운 체계가 대칭을 이루는 경우가 많으며 특히 고대의 언어일수록 음운 체계의 배열이 일반적으로 더욱 정연하고 대칭성이 있다. 칼그렌과 王力의 체계는 분명히 이 원칙과 부합하지 않는다.

물론 위의 두 개의 원칙이 절대적인 것은 아니다. 음성의 변화로 인하여 이 두 원칙이 깨지는 경우가 흔하기 때문이다. 그러나 재구의 각종 방안이 다른 측면에서 재구의 우수성에 대한 우열을 가릴 수 없다면 당연히 이상의 두 가지 원칙에 부합하는 방안을 우선적으로 채택해야 할 것이다.

크로더스(Crothers 1978)는, *Stanford Phonology Archiving Project*를 수

행하며 수집한 209종의 언어 자료를 대상으로 한 통계에 근거하여 i, ε, a, u, o의 5모음 체계를 갖춘 55종의 언어가 가장 많은 수를 차지하고 있었다고 밝혔다. 鄭張尙芳과 보드만이 수립한 바와 같이 6모음 체계를 갖춘 언어는 모두 29종으로 그 다음을 차지했으며 李方桂가 수립한 4모음 체계는 9종으로 7위를 차지하고 있다. 그러나 王力이 수립한 모음 체계를 갖춘 언어는 전혀 발견되지 않았다.

2. 친족 언어의 실제 음운 체계와 근접하는 여부

풀리블랭크가 나중에 재구한 상고 음운 체계에는 a와 ə의 두 종의 모음만 있는 반면 운미는 대단히 복잡하다. 그 운미에는 m, n, ŋ, p, t, k, l, s 이외에도, 구개음화가 발생한 설근 운미, 순음화가 발생한 설근 운미와 구개음화와 순음화가 동시에 일어난 설근 운미인 -kj, -ŋj, -kw, -ŋw, -kɥ, -ŋɥ가 있다. 그런데 이미 알고 있는 시노-티베트어족 언어 자료에서, 이와 같은 음운 체계를 지지할 만한 검증 가능한 예는 찾아 볼 수 없다. 李方桂의 체계에는 운미 -kw가 있지만 시노-티베트어족 언어 자료에서 이러한 운미의 예를 찾기는 역시 어렵다. 물론 실제 언어에서 검증할 만한 예를 찾을 수 없다고 해서 더 이른 시기에도 존재했을 가능성이 없다는 것은 아니다. 그러나 앞서 밝힌 바와 같이 다른 측면에서 여러 가지 재구 방안에 대한 각각의 평가가 우열을 가리기 어렵다면 실제 언어에서 찾을 수 있는 증거를 우선적으로 채택한다.

위의 세 학파의 재구 체계를 비교하면 鄭張尙芳의 모음 체계가 시노-티베트어족 언어의 실제와 가장 가깝다.

먼저 캄-타이 언어를 살펴보자. 캄-타이 언어에는 일반적으로 a, e, i, o, u, ɯ와 같은 6개의 단순모음이 있다. a는 장모음과 단모음으로 나뉘는데 단모음 a의 경우 혀의 위치는 다소 높은 ɐ에 가깝다. 다른 모음들도 일부 방언에서는 장모음과 단모음으로 나뉘기도 하는데 이 때 모음의 음색에도 약간의 변화가 발생하여 단모음 e와 o는 각각 ε와 ɔ로 변화했다. 장모음 i, ɯ, u에는 전이음[glide]이 후행하는 경우가 흔해 iˀ, ɯˀ, uˀ나 iᵃ, ɯᵃ, uᵃ가 된다. 캄-타이 언어의 일부 방언에서 ə는 ɯə나 əɯ에서 변화되어 왔거나 중국어로부터 차용된 단어에만 출현하기도 한다. 壯語의 일부 방언에서는 y와 o가 있는데 이들은 다른 모음에서 변화되어 온 것이다. 여러 방언에서 ɿ는 중국어로부터 차용된 단어에만 나타난다(梁敏·張均如 1996, 喩世長 1959, 歐陽覺亞·鄭貽靑 1980, 張均如 1980, 梁敏 1980, 倪大白 1990). 따라서 원시 캄-타이어에 6개의 모음이 있었을 가능성이 크다고 할 수 있다.

태국어에는 9개의 모음이 있는데 이들은 다음과 같이 각각 장모음과 단모음으로 나뉘어 있다.

i	iː	ɯ	ɯː	u	uː
e	eː	ə	əː	o	oː
ε	εː	a	aː	ɔ	ɔː

버클리 대학의 태국인 박사과정 학생인 Weera는 필자에게, ε, eː, əː, oː, ɔ가 외국어를 전사할 때만 사용하거나 語氣詞로만 사용한다고 알려주었다. 그렇다면 태국어의 모음 체계는 아래와 같다.

i	iː	ɯ	ɯː	u	uː
e	eː	ə		o	oː
		a	aː		

몇 개의 상용 단어에 모음 ə가 있지만 그 상용단어의 수량이 적으므로 또 다른 기원이 있는 것으로 보인다. 이들을 제거하면 태국어의 모음 체계는 상고 중국어와 가장 가깝게 되며 6개의 모음 체계는 각각 장모음과 단모음으로 나뉜다.

傣雅語는 傣語 방언의 하나로, 다음과 같이 7개의 모음이 있어(邢公畹 1989) 태국어의 상황과 같다.

i	ɯ	u
e	ə	o
	a	

苗瑤語 가운데 苗語의 성모는 상대적으로 고어의 형태를 대체로 많이 보존하고 있지만 운모에서의 변화는 대체로 컸다. 布努語의 모음 체계만이 다음과 같이 고어의 형태를 상대적으로 많이 보존하고 있다.

i	ɤ	u
e		o
	a	

勉瑤語의 모음은, 근대 중국어로부터 차용된 단어에 사용되고 있는 모음을 제외하면 사실상 다음과 같이 6개에 불과하다.

i   u

e   o

ε

a

그러나 모음 ε는 운미 ŋ과만 결합한다. 또 ε에만 장단의 대립이 없고 다른 모음은 모두 장단의 대립이 있다. 이러한 비대칭성으로 볼 때 ε는 나중에 생긴 것으로 보인다. ε를 제외하고 6모음 체계와 비교하면 ɯ만 빠져 있다.

마지막으로 티베트-버마어군 언어의 상황을 살펴보자.

티베트-버마어군 각 언어의 모음 체계간의 차이는 대단히 크다. 彝語파에서는 운미가 탈락함으로 인해 모음이 운모를 변별하는 역할 부담이 커지게 되어 모음의 수가 대대적으로 증가했다. 그러나 운모 체계가 다소 보수적인 일부 티베트-버마어군 언어는 원래의 모습인 6모음 체계이다.

達讓 僜語, 格曼 僜語와 이두[義都, Idu] 로바어[珞巴語, Lhoba]의 모음은 다음과 같이 6개로 구성되어 있다.

i ɯ u

e   o

ɑ

土家語에는 위와 같은 6개의 모음 이외에 ə가 더 있는데 이는 중국어로부터 차용된 단어에 사용된다.

드룽어는 다음과 같이 모음이 7개인데 이 가운데 y는 중국어로부터 차용된 단어에만 나타나므로 사실상 6모음 체계를 갖추고 있는 것이다.

$$y \quad i \quad ɯ \quad u$$
$$ɛ \qquad o$$
$$ɑ$$

카친어와 載瓦語 모두 5개의 모음이 있는데 6모음 체계와 비교하면 ɯ가 빠져 있다. 비교 자료를 보면 다른 언어에서의 ɯ는 카친어에서 u로 변화했고 載瓦語에서 u나 au(<u)로 변화했다. 예를 들면 '심장'은 福貢 눙어[怒語, Nung]에서 $n_i^{55}ɹɯm^{31}$이지만 카친어에서는 $sã^{33}lum^{33}$, 載瓦語에서는 $nik^{55}lum^{21}$이다. '바람'은 드룽어로 $nãm^{53}bɯŋ^{53}$이고 達讓 僜語로 $xɑ^{31}ɹɯŋ^{55}$이지만 카친어는 $n^{31}puŋ^{33}$이다. '훔치다'는 드룽어로 $kɯ^{55}$, 눙어로 $khɯ^{55}$이지만 카친어는 $lã^{31}ku^{55}$, 載瓦語는 $khau^{21}$이다.

티베트-버마어군의 언어 가운데 가장 오래된 문자 기록을 가지고 있는 언어는 티베트어와 버마어인데, 이 두 문자가 반영하고 있는 古 티베트어와 古 버마어의 모음 체계를 논의함으로써 古 티베트-버마어군 언어의 모음의 양상을 더 잘 이해할 수 있다.

티베트 서면어는 a, i, u, e, o의 5모음 체계이다. 그러나 吐蕃 문헌에는 이외에도 '反 i'의 기호인 'ᖮ'가 더 있는데 이는 산스크리트의 설첨 모음을 대역하는데 사용되었다. 따라서 일부에서는 이것이 산스크리트의 전사만을 위해 고안된 것이라 여기고 있다. 그러나 古 티베트어에서 이 기호가 산스크리트만을 전사하기 위해 고안된 것은 아니었으므로 Miller(1966) 등은 이를 독립된 음소로 여기고 있다. 이 음은 나중에 i나 u로 개정되었는데 이것이 독립된 음소였다면 ɯ이었을 가능성이 가장 크다. ɯ는 불안정한 음으로 경우에 따라 원순음화하여 u가 되기도 하고 전설음화하여 i가 되기도 했다. 이와 같은 음성변화는 많은 언어에서도 관찰되는데 ɯ의 음색은 산스크리트의 설첨모음과도 가장 가깝다.

티베트 서면어의 '反 i'가 독립된 음소인 ɯ임이 확실하다면, 古 티베트어가 6모음 체계이므로 상고 중국어와 완전히 일치한다.

古 버마어의 문자는 티베트-버마어군의 언어에서 역사가 비교적 오래된 문자이다. 古 버마어의 전사 방법에 대해서는 여러 가지 다른 견해가 있으며 주요모음의 수량에 대해서도 견해가 다르다. 중국에서 유행하는 전사 방법에 따르면 비화모음을 제외하면 a, i, u, e, ɛ, o, ɔ 등의 7개의 주요모음이 있다. 이에 대해서는 다음과 같이 간단히 논의하기로 한다.

(1) 현대 버마어의 ɛ는 고대의 aj에서 변화되어 온 것이다. 아래에 이를 지지하는 몇 가지 주요한 증거를 제시한다.

① 현대 버마어의 ɛ에 대하여 古 버마어에서는 두 가지 표기법이 있었다. 첫째, 低平調는 두 개의 字母인 အယ်로 표기했는데 첫 번째 자모는 모음 a이고, 두 번째 자모는 운미 -j이다. 둘째, ɛ의 高降調나 高平調는 자모 위에 사선의 삐침 기호를 사용해 나타내는데 이 기호는 티베트 서면어에서 e를 표시했다. 따라서 버마 서면어 시기에서 ɛ가 高降調나

高平調인 경우와 低平調인 경우의 독음이 각각 달랐음을 알 수 있다. 그러나 이들은 현대 버마어에서 독음이 동일할 뿐만 아니라 상보 분포를 이루고 있기도 하다. 이들과 다른 친족 언어를 비교하면 후자의 ε가 다음과 같이 aj에서 유래했을 가능성이 있음을 알 수 있다.

phraj³ [잡아 뜯다, 벌어지다, ⓒ]는 중국어의 '破' *phlals>phlaj와 대응한다.

lai³ [바꾸다, 교환하다, ⓒ]는 중국어의 '移' *lal>laj와 대응한다.

aj에서 ε로의 음성변화는 흔히 보인다. 버마 서면어 시기에 高降調와 高平調는 이미 aj에서 ε로 변화해 있었지만 低平調는 여전히 옛음인 aj를 보존하고 있었으며 근대에 이르러서야 ε로의 변화가 완성되었다.

② ε는 다른 운미와 결합하지 않는다. 이는 다른 단모음의 상황과도 다르다. 따라서 ε가 고대에 단모음일 가능성이 없음을 알 수 있다.

③ 버마 서면어의 어휘 가운데 일부는 몬어[孟語, Mon]로부터 차용되었다. 이때 버마 서면어의 aj는 몬어의 ai에 해당한다. 예를 들면 버마 서면어 a dhip pa:j[의미, ㉮]는 몬어의 Athipai(汪大年 1983)에 해당한다.

④ 傣泐 서면어의 문자는 버마 서면어의 문자와 같이 그 역사가 유구하다. 일부 어휘는 두 문자의 표기로 볼 때 그 기원이 같은데 다음과 같이 버마 서면어의 aj는 傣泐語의 ai이다(王敬騮 1983).

의미	버마 서면어	傣泐 서면어
쟁기	tha:j² [㉯]	thai¹
우두머리	na:j² [㉰]	na:j²
친구	tə-haj³ [㉱]	s-ha:i¹

의미	버마 서면어	傣渤 서면어
휘두르다, 춤추다	waj³ [ဝဲ]	faːi²
과부, 홀아비	k‑maːj² [ကမယ်]	maːi³
찬미하다, 예배드리다	hwai¹ [ဝှဲ]	vai³
물소	kjwaj³ [ကျွဲ]	kwaːi²
끝, 가장자리	shwaːj² [ဆွယ်]	tsaːi²

⑤ 버마 서면어의 aj는 다른 동일어군 언어의 동원어에서도 ai이거나 이와 유사한 음이다.

별：버마 서면어의 kraːj²[ကြယ်]는 티베트어의 skar에, 錯那 몬바어의 kɑr⁵⁵mʌ⁵³, 카친어의 ʃã³³kan³³, 보카르[博嘎爾, Bokar] 로바어의 takar와 대응한다. 이들 언어 가운데 버마 서면어 운모 ‑aj는 ‑ar나 ‑an과 대응하므로 버마 서면어의 운미 ‑j도 ‑r나 ‑ɤ에서 기원했을 가능성이 있음을 의미한다.

바꾸다：버마 서면어의 laj³[လဲ]는 載瓦語의 thai⁵⁵, 마루어[浪速語, Maru]의 tha⁵⁵, 드룽어의 a³¹klai⁵³, 카친어의 kǎ³¹lai⁵⁵와 대응한다.

(그릇 따위의) 이 빠진 곳[缺口]：버마 서면어 pai¹[ပဲ]는 達讓 僜語의 brai⁵⁵, 格曼 僜語의 kɯ³¹pɹan⁵⁵과 대응한다. 格曼 僜語의 운미가 ‑n인 점으로 보아 達讓 僜語와 버마 서면어의 운미 ‑j(i)가 ‑ɤ에서 기원했을 가능성이 있는데 이는 '별' 항목에 운미 ‑ɤ를 동반했다는 사실과 상호 증거로 사용할 수 있다.

다음의 두 예에서 버마 서면어의 ‑j는 타 언어들의 ‑i와 대응한다.

쉽다：버마 서면어의 lwaːj²[လွယ်]는 載瓦語의 lui⁵⁵, 마루어의 lɔi³¹, 카친

어의 loi³¹와 대응한다.

탁자 : 버마 서면어의 saᵌpwajᵌ[ဘၥၥ]는 載瓦語의 să²¹poi⁵¹, 카친어의 să³¹poi⁵⁵와 대응한다.

(2) 버마 서면어의 ꩹는 ɯ로 전사되어야 한다.

① 이 자모는 현대 랭군 말에서 o로 읽힌다. 이에 따라 많은 학자들이 이를 o로 전사하지만 ɯ로 전사하는 학자도 있으며 동시에 iu(i)라고 분석하기도 한다.183) 문자의 형식을 살피면, 버마 서면어 ꩹에서 위 부분의 "'는 i를, 아래 부분의 'ι'는 u를 나타내므로 ꩹가 i와 u 사이의 음임을 알 수 있다. i와 u 사이의 음은 o가 아닌 ɯ이어야 한다. 동남 아시아의 언어 가운데 각 모음의 문자 표시 방법은 대체로 같다. 예를 들면 a, i, u, e, ɔ를 나타내는 자모 형태는 캄보디아어, 태국어, 라오스어, 傣語, 버마 서면어에서 차이가 거의 없다. 그러나 버마 서면어의 ꩹는 다른 문자의 o와 많이 다르며 오히려 다른 문자의 ɯ와 대응한다. 모음 ɯ는 캄보디아어, 태국어, 라오스어, 傣語의 문자에서 기호 i의 위에 또 다른 기호를 첨가해 나타내었는데 이는 i에 아주 접근해 있음을 의미하며 버마 서면어의 ꩹도 i를 표시하는 기호에 다른 기호를 붙인 것으로 아래에 첨가했다는 차이만 있다.

② 몬어와의 대음으로 볼 때 버마 서면어의 ꩹는 o가 아닌 ɯ인 것 같다. '천당'은 버마 서면어에서 amruk[အမြိုက်], 몬어에서는 Amrüt이다(汪大年 1983). 버마 서면어의 ꩹와 대응하는 몬어는 ü이다.

③ 다음과 같이, 버마 서면어의 ꩹를 동반한 어휘와 버마어와 가장

· ·

183) 원쥐 매티소프의 *Linguistics of the Tibeto-Burman Area: V 3 No.1* 참조.

가까운 彝語과 언어를 비교하면 ɯ에 더 가깝다는 것을 알 수 있다.

어휘	버마 서면어	福貢 눙어	나시	傈僳語	碧江 눙어
하늘[天]	mɯ³ [မိုး]	mu⁵⁵–	mɯ³³	mo³¹–	mɯ⁵⁵
벌레[虫]	pɯ³ [ပိုး]	bɯ³¹–	bi³¹–	bɯ³¹–	
버섯[菌子]	hmɯ² [မို]	mɯ³¹–	mu⁵⁵	mɯ¹³–	mɯ³⁵
막다[塞]	hsɯ¹ [ဆို.]		tsɯ⁵⁵	tshɿ³¹	tshɿ³¹
훔치다[偸]	khɯ³ [ခိုး]	khɯ⁵⁵–	khv³³	khu³¹	khɯ⁵⁵
울다[哭]	ŋɯ² [ငို]	–ŋɯ⁵⁵	ŋv³¹	ŋu³³	ŋu³⁵
아홉[九]	kɯ³ [ကိုး]	–gu³¹	ŋgv³³	ku⁵⁵	gɯ³⁵
무너지다	prɯ² [ပြို]				
乳房	nɯ¹ [နို.]		no		nɯ⁵⁵
祖父	a¹bhɯ³ [အဘိုး]				
깨다[醒]	nɯ³ [နိုး]		no³³		
뿔[角]	khjɯ² [ချို]	–ku³¹	kho³³	–tʃhi⁴⁴	khɹɯ³⁵
새다[漏]	jɯ² [ယို]	–iɯ⁵⁵	zi³¹	ʒi³³	iɯ³⁵
달다[甜]	khjɯ² [ချို]	khɿ⁵³	tɕhi³¹	tʃhɿ⁴⁴	tɕhɯ⁵⁵
신다[背]	pɯ³ [ပိုး]		pa³³		ba⁵⁵
배[腹]	bɯk [ဗိုက်]	pha⁵³			

어휘	大方 彝	南華 彝	彌勒 彝	드룽	티베트
하늘[天]	mˈ(u)³³	mɯ²¹	mu²¹–	mŭʔ⁵⁵	
벌레[虫]	bu³³	bɯ³³–	bu²¹–	bɯ³¹–	fibu
버섯[菌子]	mˈ(u)³³–	mɯ³³	mo³³	mɯ³¹–	
막다[塞]	tɕhi⁵⁵	tshɯ²¹	tsi⁵⁵	sɯ⁵⁵	

어휘	大方 彝	南華 彝	彌勒 彝	드룽	티베트
홈치다[偸]	khɯ^{33}	khɯ^{21}	khɯ^{21}	kɯ^{55}	rku
울다[哭]	ŋɯ^{33}	ŋɯ^{33}	ŋɯ^{33}	ŋɯ^{53}	ŋu
아홉[九]	kɯ^{33}	kɯ^{33}	kɯ^{33}	ˉgɯ^{53}	dgu
무너지다		bɯ^{21}		b.ɹɯ̃t^{55}	
乳房			ˉnɯ^{33}ˉ	nu ŋ^{55}	nu
祖父	ˉbɯ^{33}	ˉpo^{33}	ˉpu^{55}		
깨다[醒]	n̠i^{55}		nɯ^{21}		
뿔[角]	ˉtɕhi^{33}	tɕho^{33}	ˉtʂhi^{33}	ˉxɹɯ^{55}	
새다[漏]	zi^{21}	z̠i^{33}	z̠i^{33}		
달다[甛]	tshɿ^{33}	tʂhi^{33}	tʂhi^{33}	dzɯ^{53}	
싣다[背]	ba^{33}	bɯ^{21}	bu^{21}		
배[腹]		ˉpɯ^{33}	po^{33}	pɑ^{55}	

버마 서면어의 ꬸ는 彝語파 언어와 일반적으로 다음과 같은 대응 관계를 갖는다.

설근음이나 순음에는 ɯ나 u가 후행하고 설면음에서 i가 후행하며, 설첨음에는 ɿ나 i가 후행한다. 이러한 대응 관계는 버마 서면어의 ꬸ가 o가 아닌 ɯ일 가능성이 더 크다는 점을 의미할 뿐이다.

버마 서면어 ꬸ와 중국어 동원어를 비교해도 o가 아닌 ɯ임을 알 수 있다.

ꬸ와 대응하는 중국어 동원어의 일부는 다음과 같이 之・職・蒸部 (*ɯ, *ɯk, *ɯ ŋ)에 속하므로 주요모음은 ɯ이다.

mɯk^{4} [어둡다, ꬶ]은 중국어의 '墨' *mɯk과 대응한다. ≪孟子・滕文

公上≫에 "낯이 몹시 어둡다.[面深墨.]"라 했다.

prɯŋ²[평행하다, 시합하다, 동시에, 함께, ㉠㉡]은 중국어의 '朋' *blɯŋ과 대응한다. 중국어의 '朋'에도 '함께'의 의미도 있다. 예를 들면 ≪山海經・北山經≫에는 "새가 있는데 무리지어 살고 무리지어 난다. [有鳥焉, 群居而朋飛.]"라 했다. 또 '비교하다'의 의미도 있다. 예를 들면 ≪詩經・椒聊≫에 "그 크기를 견줄 곳이 없다.[彼其之子, 碩大無朋.]"라 했으며 ≪毛傳≫에서는 이에 대하여 "朋, 比也."라 했다.

pɯ¹[전송하다, 쌓아 올리다, 늘리다, 풍부하다. ㉠]는 중국어의 '陪' *bɯ와 대응한다. '陪'에 대한 여러 개의 의항은 다음과 같이 버마 서면어의 의미와 대응한다.

㉠ 본의는 '흙더미'로 버마 서면어의 '쌓아올리다, 퇴적'과 대응한다.

㉡ ≪左傳・僖公三十年≫의 "어째서 鄭을 멸망시킴으로써 이웃 나라에게 이익이 되게 합니까?[焉用亡鄭以陪鄰?]"에 대하여 杜預는 "陪, 益也."로 注했다. 이때 '陪'는 버마 서면어의 '늘리다'의 의미와 대응한다.

㉢ ≪說文≫에서 "陪, 滿也."로 언급했는데 이는 버마 서면어의 '풍부하다'와 대응한다.

㉣ '수행하다'의 의미를 가진 것으로는 ≪國語・魯語下≫의 "선비는 참승하여 분주히 다니며 알린다.[士有陪乘, 告奔走也.]"에 보인다.

pɯ³ [짐을 싣다, ㉠]는 중국어의 '負' *bɯ와 대응한다.
phɯ¹ [흙으로 채우다, ㉠]는 중국어의 '培' *bɯ와 대응한다.
krɯ¹ [딸꾹질하다, ㉠]는 중국어의 '餩'에 해당한다. ≪玉篇≫에서 "'餩'는 '목이 메다'의 의미이다.[餩, 噎也.]"라 했다. '餩'은 중고의 影母 德韻

글자로 상고음은 *qlɯk>*ʔlɯk로 딸꾹질하는 소리에서 나온 의성어이다. 사람의 딸꾹질 소리는 ʔlok이 아닌 ʔlɯk과 유사하다.

prɯ² [무너지다, 圮], phrɯ[쳐부수다, 圮]는 중국어의 '圮' *blɯ̆와 대응한다. ≪說文≫에서는 "圮, 毁也."라 했다.

khɯk⁴ [만나다, 이르다, 屆]은 중국어의 '屆' *krɯks와 대응한다.

일부 버마 서면어의 ɯ는 중국어의 *u(幽·覺·冬部)와 대응한다. 이는 중국어의 之部 *ɯ와 幽部 *u가 通轉했던 현상과 유사하다. 예를 들면 다음과 같다.

kɯ³ [아홉, 九]는 중국어의 '九' *kŭ와 대응한다.

khɯ³ [비둘기, 鳩]는 중국어의 '鳩' *kŭ와 대응한다.

bɯk⁴ [복부, 배, 腹)은 중국어의 '腹' *pŭk과 대응한다.

kɯ² [형제, 舅]는 중국어의 '舅' *gŭ와 대응한다.

khjɯ [뿔]<*khlɯ [觸]는 중국어의 '觸' *grŭ와 대응한다.

ɯ를 동반한 단어 가운데 중국어의 微部와 대응하는 것으로 보이는 예도 있다. 예를 들면, phrɯ³ [살지다, 肥]는 중국어의 '肥' *blɯ̆l와 대응하는 것으로 보이며 주요모음도 ɯ이다.

④ 설근음 운미 앞의 ɲ는 현대 버마어에서 ai로 읽는다. 예를 들면 ကဲ는 현대 버마어에서 kaiʔ으로 읽는다. 이러한 역사 변화에 대한 가장 적절한 분석은 다음과 같다.

$$\mathrm{ɯ} > {}^{ə}\mathrm{ɯ} > ə\mathrm{ɯ} > ə\mathrm{i} > a\mathrm{i}$$

위의 변화는, 상고 중국어의 之部 ɯ가 중고의 咍韻 əi으로 변화한 후 현대에 이르러 ai로 변화한 것과 동일한 이치로 후설 고모음 앞에서 전이음 ə가 생성된 것은 흔한 현상이다. 그러나 버마 서면어의 ꩦ를 o라 가정하면 현대 버마어에서 ai로 변화한 원인을 설명하기 어렵다.

(3) 버마 서면어의 ꩦ, ꩦ, ꩦ, ꩦ에 대해, 일부 학자들은 각각 ot, on, op, om으로 전사하고 또 다른 학자들은 wat, wan, wap, wam으로 전사하고 있다. ꩦ가 kwa를 나타낸 것과 같이 서면 버마어의 ' 。'는 합구 개음 w를 표시한다. 따라서 ꩦ는 o가 아닌 wa이어야 한다. 그러나 몇 개의 운은 초기 버마 서면어에서 오히려 원순모음을 동반하고 있었다. 예를 들면 버마 서면어의 lwan[건너가다, ꩦ]은 버마 碑文에서 lɔn 이며, kjwan[노예, ꩦ]은 버마 碑文에서 klɔn이다(汪大年 1983). 다른 친족 언어와 비교하면 이 운모들의 주요모음 역시 원순음이어야 한다. 예를 들면 버마어의 kjwat<*klɔt[벗어나다, 탈락하다, ꩦ], 波拉語의 khjɔt[55], 載瓦語의 khjut[55]은 중국어의 '脫' *kh·lot, 티베트 서면어의 glod [느슨하다]과 대응한다. 버마 서면어의 어근 형식 lwat<*lɔt[석방하다, ꩦ]은 티베트 서면어의 lhod[벗어나다]과 대응한다. wan[3]<*Gɔn[둥글다, ꩦ]은 중국어의 '圓' *Glŏn, 古 베트남 한자어의 tron[2]<gron[2][둥글다]과 대응한다. wam[2]<*Gɔm[곰, 이]은 중국어의 '熊' *Gŭm, 티베트 서면어의 dom, 錯那 몬바어의 ɔm[35], 格曼 僜語의 kum[35], 阿昌語의 ɔm[35], 仙島語의 om[55]과 대응한다.

따라서 위에서 논의한 몇 개의 운모가 버마 서면어 시기에는 ‑wa‑로 읽혔으나 더 이른 시기의 버마어에서는 ‑ɔ‑로 읽혔음을 알 수 있다.

(4) 버마 서면어 an.(ꩦ)은 *iŋ에서 기원했다(Gong Hwang-cherng 1995). 이에 관하여 龔煌城은 다음의 예를 들었다.

ma <*miŋ[이름을 ~라 부르다, ꫠ]는 중국어의 '名' *miŋ(본서에서는 *mĕŋ으로 재구한다), '命' *mliŋ[이름 짓다](본서에서는 *mrĕŋ으로 재구한다), 티베트 서면어의 miŋ[이름]과 대응한다.

龔煌城은 또 이들 운모의 일부가 *min에서 기원했다고 했다. 예를 들면 ran³[사랑하다, ꫠ]은 중국어의 '憐' *rin과 대응하고, sa³[肝, ꫠ]은 중국어의 '辛' *sĭn(龔煌城은 *sjin으로 재구했다)과 대응한다. 이들 글자가 상고의 眞₂部 *̣iŋ에 속해 있고 '憐'이 *rin이 아닌 *riŋ임에 관해서는 제13장에서 논의한 바 있다. 그 밖에도 아래와 같은 대응례를 더 들 수 있다.

mjan³[졸다, ꫠ]은 중국어의 '眠' *mlin<*mliŋ과 대응한다.

kjan³ [좁다, 줄이다, ꫠ]은 중국어의 '緊' *klĭn´<*klĭŋ´과 대응한다.

hran² [길다, ꫠ]은 중국어의 '引' *lĭn´<*lĭŋ´과 티베트 서면어의 riŋ [길다]와 대응한다.

버마 서면어에서 단모음 운모 e는 존재했지만 eŋ은 존재하지 않았음에 유의해야 한다. 음운 체계의 대칭성을 고려하면 원래 eŋ이 있었지만 나중에 iŋ에 합류된 것이다. 중국어의 耕部와 대응하는 예도 더 들 수 있다.

man³ [검다, 어둡다, ꫠ]은 중국어의 '冥' *meŋ과 대응한다.

mran³ [부르다, ꫠ]은 중국어의 '鳴' *mrĕŋ과 대응한다.

ac은 *ik이나 *ek에서 기원한 것으로, an의 상황과 평행하다.

따라서 버마 서면어 이전의 모음 체계와 버마 서면어 시기의 모음 체계와의 관계는 다음과 같다.(서면어 이전의 모음 체계에는 *를 첨가하여 표기한다.)

*a	*e	*i	*ɯ	*u	*ɔ
a အ aː အာ	e ဧ	i အိ iː အီ	ɯ အို	u အု uː အူ	ɔ ဩ ɔː ဪ
a ŋ အင်	an < *iŋ အည	ɯ ŋ အိုင်			ɔ ŋ ဩင်
ak အက်	ac < *ik အဥ	ɯk အိုက်			ɔk ဩက်
an အန်		in အိန်		un အုန်	wan < *ɔn အွန်
at အတ်		it အိတ်		ut အုတ်	wat < *ɔt အွတ်
am အမ်		im အိမ်		um အုမ်	wam < *ɔm အွမ်
ap အပ်		ip အိပ်		up အုပ်	wap < *ɔp အွပ်
aːj အယ် ɛ < *aj အဲ					

버마 서면어 시대의 모음은 a, ɛ, e, i, ɯ, u, ɔ의 7 개인데 이 가운데 ɛ는 aj에서 변화되어 온 것이다. 따라서 그 이전의 버마어의 모음은 a, e, i, ɯ, u, ɔ의 6 개가 된다. 그뿐 아니라 모음도 장단으로 나뉘었는데, 버마 서면어의 高降調는 단모음을 동반했고 低平調는 장모음을 동반했다. e와 ɯ를 제외하고 모음의 장단의 차이는 버마 서면어에서 각각 다른 字形으로 기록하고 있다. 고대 버마어는 각각 장단으로 나뉜 6개의 모음 체계를 가지고 있어 상고 중국어와 완전히 일치한다.

3. 모음이 전체 운모 체계에서 대칭을 이루고 있는지 여부

위의 항목과 마찬가지로 이는 필수조건이 아니다. 언어가 변화함에 따라 이러한 대칭성이 끊임없이 파괴될 수 있기 때문이다. 일반적으로 고대 언어일수록 대칭성이 더 잘 반영되어 있다.

(1) 아래는 6모음 체계의 모음과 운미의 배열 상황이다.

	-∅	-k	-ŋ	-l	-t	-n	-p	-m	-w	-wk
a	魚	鐸	陽	歌$_1$	月$_1$	元$_1$	盍$_1$	談$_1$	宵$_1$	藥$_1$
e	支	錫	耕	歌$_2$	月$_2$	元$_2$	盍$_2$	談$_2$	宵$_2$	藥$_2$
ɯ	之	職	蒸	微$_1$	物$_1$	文$_1$	緝$_1$	侵$_1$	幽$_2$	覺$_2$
i	脂$_2$	質$_2$	眞$_2$	脂$_1$	質$_1$	眞$_1$	緝$_2$	侵$_2$	幽$_3$	覺$_3$
u	幽$_1$	覺$_1$	冬$_1$	微$_2$	物$_2$	文$_2$	緝$_3$	侵$_3$	幽$_1$	覺$_1$
o	侯	屋	東	歌$_3$	月$_3$	元$_3$	盍$_3$	談$_3$	宵$_3$	藥$_3$

(2) 아래는 李方桂의 모음 체계이다.

	-g -k	-ŋ	-gw -kw	-ŋw	-b -p	-m	-d -t	-n	-r
u	侯	東	○	○	○	○	○	○	○
i	佳	耕	○	○	○	○	脂	眞	○
ə	之	蒸	幽	中	緝	侵	微	文	○
a	魚	陽	宵	○	葉	談	祭	元	歌

이외에도 두 개의 복합모음 ua와 ia가 있다.

위 표의 결합 관계에는 여러 개의 빈 칸이 있는데 내부 재구의 관점에서 고려하면 불합리하다. 鄭張尙芳(1984)은 이에 대하여 다음과 같은 여러 가지 의문을 제기했다.

- 유일하게 모음 ə만 운미 -ŋw와 결합한 이유는 무엇인가?
- 유일하게 모음 a만 운미 ㄱ와 결합한 이유는 무엇인가?
- 陰聲韻 중 유일하게 歌部만 入聲韻과 결합하지 않은 이유는 무엇인가?
- 다른 모든 入聲韻이 平上去聲과 결합했는데 유일하게 祭部만 去聲 -dh와 결합한 이유는 무엇인가?
- 두 개의 고모음에서 설근음 운미를 제외한 대다수의 운미가 비어 있는 이유는 무엇인가?
- i가 ㄱ, -d, -n와는 결합하면서 ㄱu와 결합하지 않은 이유는 무엇인가?
- 복합모음 ua가 설첨음 운미 앞에는 출현하면서 설근음 운미 앞에 출현하지 않은 이유는 무엇인가?

이상과 같은 문제는 李方桂 재구의 결함을 드러내는 것이다.

(3) 다음은 王力의 모음 체계이다.

	-0	-k	-ŋ	-i	-t	-n	-p	-m
a	魚	鐸	陽	歌	月	元	盍	談
e	支	錫	耕	脂	質	眞	○	○
ə	之	職	蒸	微	物	文	緝	侵
u	幽	覺	○	○	○	○	○	○
o	侯	屋	東	○	○	○	○	○
ô	宵	沃	○	○	○	○	○	○

王力의 체계에도 여러 가지 문제가 있다.

- u, o, ô가 설근음 운미 앞에만 출현한 이유는 무엇인가?
- e가 순음 운미와 결합하지 않은 이유는 무엇인가?

• ɔ가 -ŋ과는 결합하면서 u나 ô가 -ŋ과 결합하지 않은 이유는 무엇인 가?

상고 운부와 중고 운류 간의 관계를 열거하면 李方桂와 王力의 체계 는 혼란스러운 반면, 6모음 체계만은 정연하다.

음성변화로 인하여 음운 체계 결합의 정연성이 파괴된 것은 사실이 지만 그 체계가 정연했던 시기까지 추적할 수 있다. 예를 들면 버마 서면어에서 ɔ가 -ŋ과는 결합하지만 -n나 -m와는 결합하지 않는데 이 는 -ɔn과 -ɔm이 버마 서면어 시대에 이르러서 각각 -wan과 -wam으로 변화해 있었기 때문이다. 더 이른 시기까지 추적한다면 더욱 정연한 고대 버마어의 음운 구조도 수립할 수 있다.

4. 음운이 諧聲·通假·異讀·음운변화와 부합하는지 여부

'短' *k·tonˀ은 '豆' *g·dosˀ와 해성하고, '瞳' *k·thonˀ은 '重' *g·dŏŋ 과 해성하며, '濡'에는 '人朱切' *njŏ와 '奴官切' *non의 독음이 있다. ≪書·堯典≫에서는 "이로써 백관을 다스리다.[允釐百工.]"라 기록했고 ≪史記≫에서는 "信飭百官"이라 기록했는데, '工'은 *koŋ이고 '官'은 *kon이 다. 6모음 체계의 재구에 의하면 이러한 해성관계는 운미 간의 교체에 해당하는 것으로 주요모음은 동일하다. 그러나 李方桂와 王力이 재구 한 '短·瞳·官'과 '濡'의 '奴官切' 독음을 상고음으로 계상하면 *-uan이 되지만, '豆'와 '濡'의 '人朱切'은 상고의 侯部에 속하므로, 李方桂의 체계 에 의하면 *-ug이 되고 王力의 체계에 의하면 *-o가 된다. '重·工'은 상 고의 東部에 속하는데, 李方桂에 의하면 *-uŋ이 되고 王力에 의하면 *-oŋ이 된다. 위와 같은 몇 개의 해성 짝들은 운미가 다를 뿐 아니라 주요모음 간의 차이도 대단히 크기 때문에 이러한 재구로는 이들 사이의 해성관계를 적절하게 설명할 수 없다.

'執·蟄'은 중고에서 緝韻 글자로 상고에서는 緝₂部 *-p에 속해 있다. 동일 聲符를 공유한 '贄·摯·鷙'는 중고의 脂韻 거성 글자로 상고의 質部 *-its<*-ips에 속해 있었는데 양자 간의 차이는 운미 -s의 동반 여부에 있다. 그러나 李方桂와 王力에 근거하면 전자는 *-əp이다. 후자의 경우 李方桂에 근거하면 *-id이고 王力에 근거하면 *-ei이다. 이와 같다면 양자 간의 해성관계를 설명할 방법이 없다.

≪左傳·文公十八年≫의 '閻職'을 ≪史記≫에서는 '庸職'으로 기록했다. 6모음 체계에 근거하면 '閻'이 *lŏm이고 '庸'이 *lŏŋ인데 양자 간의 관계에서 그 차이가 운미에만 있어 음성적으로 유사하므로 通假할 수 있었다. 그러나 李方桂의 체계에서 '閻'은 *ram이고 '庸'은 *ruŋ이며, 王力의 체계에서 '閻'은 *ʎam이고 '庸'은 *ʎoŋ이다. 이와 같다면 주요모음과 운미가 모두 다르므로 이들 간의 通假는 상정하기 어렵다.

5. 친족 언어의 동원어와의 음성 비교가 적절한지 여부

王力의 체계가 티베트-버마어군 언어의 역사 비교를 통해 수립된 것이 아니므로 이에 대한 논의는 잠시 보류하기로 한다. 龔煌城(Gong 1980)은 李方桂의 운모 체계에 근거하여 중국어, 티베트어, 버마어를 대상으로 진행한 역사 비교 분석에서 탁월한 성과를 거두었다. 그는 뒤이어 비교의 범위를 다시 西夏文(Gong 1995)까지 확대했다. 潘悟雲(1991a)도 6모음 체계에 근거하여 중국어, 티베트어, 버마어를 비교 분석한 바 있다. 이 두 학자의 분석으로부터 6모음 체계를 통한 티베트 서면어와의 동원어의 음성 비교가 가장 적절함을 알 수 있다.

6모음 체계에 근거하면 幽·覺·冬部는 각각 u, uk, uŋ인데 李方桂의 체계에서는 각각 əgw, əkw, əŋw이다. 龔煌城은 이들이 각각 티베트 서면어의 u, ug, uŋ과 대응한다고 주장했다. 제13장에서 열거한 티베트 서면어 동원어도 龔煌城이 언급한 바와 같이 대체적으로 주요모음 u를 동반한다. 李方桂의 재구음인 əgw, əkw, əŋw보다 6모음 체계의 u, uk, uŋ이 티베트 서면어의 u, ug, uŋ과 더 가깝다는 것을 명확히 알 수 있다.

侯·屋·東部는 6모음 체계에서 각각 o, ok, oŋ인 반면 李方桂의 체계에서는 각각 ug, uk, uŋ이다. 龔煌城은 이들도 幽·覺·冬部처럼 티베트 서면어의 동원어의 u, ug, uŋ과 대응한다고 주장했다. 이들 운부의 티베트 서면어의 동원어에 u, ug, uŋ도 있지만 o, og, oŋ도 있다. 그러나 侯·屋·東部의 동원어에는 o, og, oŋ이 더 많고 幽·覺·冬部의 동원어에는 u, ug, uŋ이 더 많다.

支·錫·耕部는 李方桂의 체계에서 각각 *ig, *ik, *iŋ이며 龔煌城(1995)은 이들이 티베트 서면어의 i, ig, iŋ과 대응한다고 주장했다. 그러나 사실상 중국어에서 티베트 서면어의 i, ig, iŋ과 대응하는 운부에는 支·錫·耕部 뿐 아니라 脂₂·質₂·眞₂部도 있다. 支·錫·耕部가 i, ig, iŋ과 대응하기도 하지만 더 많은 경우는 ⁻e, ⁻eg, ⁻eŋ과 대응하는데 이것이 양자를 구별하는 중요한 경계이다. 支·錫·耕部를 *e, *ek, *eŋ으로 재구하고 脂₂·質₂·眞₂部를 *⁻i, *⁻ik, *⁻iŋ로 재구한 6모음 체계가 티베트 서면어와의 대응 관계와 더 부합한다.

더욱 중요한 것은 6모음 체계 가운데 ol, ot, on, om, op이 티베트 서면어 동원어인 ol, or, od, on, om, ob과의 대응 관계가 더 적절하다는 것이다. 그러나 李方桂의 체계에서는 od, ot, on, om, op이 없고 대신 이들을 *uad, *uat, *uan, *uap, *uam으로만 재구했다. 이외에도 6모음 체계의 ul, ut, un, um, up은 티베트 서면어의 동원어의 ul, ur, ud, un, um, ub과 대응한다. 그러나 李方桂의 체계에서는 *uəd, *uət, *uən, *uəp, *uəm으로만 재구되었는데 이 경우 티베트 서면어의 동원어와 비교하면 음성적 차이가 다소 크다.

이상의 비교의 예를 통하여 음성의 대응 관계를 살피면 6모음 체계가 음성적으로 티베트-버마어군 언어의 동원어와 가장 근접함을 알 수 있다. 언어의 변화로 인하여 두 친족 언어 사이의 음성의 차이가 벌어지게 된 것이 분명하다. 그러나 상고 중국어를 재구하기 위해 티베트 서면어의 음성 형식을 주요한 참고의 근거로 흔히 사용하는 이유는 바로 중국어와 티베트어가 분화된 시기가 그리 오래되지 않았기 때문이다. 상고 중국어의 재구음과 古 티베트어의 음성 형식이 가까울수록 그 신뢰도가 더 높다고 할 수 있다.

上古 중국어의 유음과 유음을 동반한 자음의 서열

1. 상고의 *r-와 *l-

중고 중국어에는 r와 l의 대립이 없다. 칼그렌은 중고의 來母를 l로 재구했으므로 이에 따라 상고음도 l로 재구했다. 以母에 대해서는 각 학자 간의 재구가 그다지 일치하지 않는다. 칼그렌은 以母의 기원을 두 가지로 보았다. 하나는 상고의 *z-(羊)에서 기원한 것이고, 또 하나는 무기 유성 폐쇄음인 *ɖ-(俞), *b-(聿) 등에서 기원한 것이라 했다. 董同龢(1948a)는 諧聲 관계를 통해 이와 같은 분류법에 문제가 있음을 지적했다[184]. 또 대다수 음운학자들은 상고의 유성 폐쇄음에 유기음과 무기음의 대립이 있었다는 칼그렌의 관점[185]을 수용하지 않고 있다. 그렇다면 以母의 재구음은 반드시 수정되어야 한다.

李方桂(1971)는 고대의 以母에 두 가지 특징이 있다고 했다. 첫째, 以母는 舌尖前 폐쇄음 중 특히 定母의 *d-와 해성한다. 둘째, 고대의 차용

---

184) 董同龢는 以母가 설첨음·설근음과 동시에 해성관계에 있는 경우도 있다고 밝혔다. 예를 들면 羊·姜·祥을 들 수 있는데 이들의 성모를 각각 *g·d-, *k-, *z-로 재구한 바 있다.

185) 칼그렌(Karlgren 1954)은 중고의 유성 저해음 즉 全濁音을 모두 유기음으로 재구한 바 있다. 예를 들면 중고의 定母의 상고 기원을 유기음 *d-로 재구한 것이다. 한편 중고의 以母가 상고 중국어에서 중고의 端組와 다수 접촉한다는 이유로 以母의 상고음을 무기음 *d-로 재구한 바 있다.

어와 역음 현황으로 보아 以母는 l-나 r-에 가깝다. 예를 들면 以母 글
자인 '酉'에 대해 台語[Tai]는 *r-로 대체했고, 아홈어[Ahom]의 rūo, 뤼어
[Lü]의 hrɑu(Li 1945)에 해당한다. 漢代에는, Alexandria가 중국어에서 '烏
弋山離'로 대역되었는데 이 가운데에 以母인 '弋'은 l-를 대역한 것이다.
이에 따라 그는 以母의 상고음을 탄설음[flap]인 *r-로 재구했는데 이는
영어의 ladder의 d-에 해당하는 것으로 r-나 d-와 유사하게 읽힌다고
했다.

王力(1982)은 以母가 3등 글자이므로 照系 3등[章組]과 동류이므로 설
면음이다. 그는 以母를 *ʎ-로 재구했다.

풀리블랭크(Pulleyblank 1962-3)는 티베트-버마어군 언어의 동원어에
서 以母가 l-와 대응했고 來母가 r-와 대응했음에 주목했지만 그는 여
전히 來母를 *l-로 재구했으며 동시에 以母가 定母와 밀접한 관계를 가
지고 있다는 이유로 以母를 *δ-로 재구했다. 그러나 그는 나중에 來母
를 *r-로, 以母를 *l-로 수정하였다(Pulleyblank 1973).

슈에슬러(Schuessler 1974b), 보드만(Bodman 1980), 兪敏(1984b), 鄭張
尙芳(1987), 潘悟雲(1984, 1987b) 등은 논증을 통해 수정된 재구음을 지
지하였다. 李方桂의 영향을 가장 많이 받은 臺灣계 학자 가운데에도 李
方桂의 來母와 以母의 재구가 바뀌어야 한다고 주장한 사람이 있다. 梅
祖麟(1981)은 李方桂의 以母 *r-와 邪母 *rj-를 각각 *l-와 *lj-로 수정해
야 한다고 밝혔다. 龔煌城(1990)은 來母를 *r-로, 以母를 *l-로 재구해야
한다고 명확하게 지적했다. 이상의 여러 학자들이 제시한 증거는 크게
다음과 같은 두 가지로 대별된다.

(1) 티베트-버마어군의 동원어에서 r-가 주로 중국어의 來母와 대응

한 반면 l-는 주로 以母와 대응한다. 이 중에는 以母가 r-와 대응하고 來母가 l-와 대응하는 등 일정하지 않기도 하지만 來母와 r-, 以母와 l-가 각각 대응하는 추세는 현저하다. 아래는 각 학자들이 제시한 대응 자료이다.

來母의 티베트 서면어 동원어

중국어	티베트 서면어	중국어	티베트 서면어
量	gra ŋ s [수량]	涼	gra ŋ [서늘하다, 춥다]
龍	ɦbrug [용]	六	drug, 버마 서면어 khrɔk[4]
藍	ram [남색]	裂	rad [찢어 갈라지다]
零	re ŋ s [단독, 고독]	爛	ral [깨지다, 망가지다]
螻	grog [개미]	連	ɦbrel [연결하다]
略	rags [대략적인]		

以母의 티베트어 동원어

중국어	티베트 서면어	중국어	티베트 서면어
喻	lo [해설하다, 설명하다]	葉《說文》: "薄也."	leb [평평하다]
涌	lo ŋ ˗lo ŋ [용솟음치다]	用	lo ŋ s [사용하다, 즐기다]
淫	lum [스며들다, 축축하다]	揚	la ŋ [일어나다], 카친어 kǎ³¹la ŋ ³¹ [손 흔들다]

(2) 고대 역음 자료

시노-티베트어족 동원어 간의 음성 대응 관계가 그다지 일정하지 않으므로 더욱 설득력이 있는 것은 대음 자료이다. 李方桂가 제시한 '烏弋山離'의 예에서는 마침 以母 글자인 '弋'로 l-를 대역했고 來母 글자인

'離'로 dr-를 대역했다. '藍'의 태국어의 차용어는 graːm^A2[남색, คราม](이고, '六'의 태국어의 차용어는 hok[หก]인데 李方桂는 이것이 *xr-에서 기원한 것으로 보고 있다. ≪漢書·匈奴傳≫에 "흉노인들은 '하늘'을 '撑犁'라 부른다.[匈奴謂天爲撑犁.]"라 했는데 突厥語에서 '하늘'은 tengri이다. ≪漢書·匈奴傳≫에서 "선우는 경로도와 금유리로 술을 저었다.[單于以徑路刀, 金留犁撓酒.]"라 했는데 顔師古는 '徑路'에 대한 應劭의 注를 인용하여 "徑路는 흉노의 보검이다.[徑路, 匈奴寶刀也.]"라 했다. ≪逸周書≫에서는 "'輕呂'로 그를 찌르다.[而擊之以輕呂.]"에서와 같이 '輕呂'로 기록했다. 孔晁은 "輕呂, 劍名."이라 注했다. 돌궐어로 '칼'은 kingrak이다. 요구르트로 만든 음료는 몽고어에서 airaɣ로 고대 몽고어의 형식은 aɣiraɣ이다. 풀리블랭크(Pulleyblank 1962-3: 253)는 원시 몽고어의 형식인 aɣïraɣ가 고대 흉노어의 *ɣrak이나 *Grak에서 기원했을 가능성을 배제할 수 없다고 했는데 몽고어에서 이러한 복자음을 처리할 수 없었으므로 aɣïraɣ으로 대역한 것이고 중국어의 '酪' *g·rak은 흉노어의 대역임이 분명하다고 했다. 예를 들면, ≪後漢書·烏桓傳≫에서는 "고기를 먹고 요구르트를 마시며 털로 옷을 만든다.[食肉飮酪, 以毛毳爲衣.]"라고 했다. 그러나 상고의 역음 자료가 소소한 것들이므로 이들을 통해서는 체계적으로 증명할 수 없다. 보드만(Bodman 1980)은 이들을 재구하기 위해서는 중국어로부터 차용된 베트남어의 어휘가 중요하다고 밝힌 바 있다. 중국어 방언에서 서면어와 구두어의 층위가 있는 것과 같이 중국어로부터 차용된 베트남어의 어휘도 베트남 한자어와 古 베트남 한자어의 두 개의 층위로 대별된다. 이중 전자는 중국어의 중고음에서 차용한 것이고 후자는 중국어의 상고음에서 차용한 것이다. 來母는 베트남 한자어에서 l-이지만 古 베트남 한자어에서는 흔히 r-이다. 潘悟雲(1984)은 보드만의 자료에 아래와 같이 더 보충했다.

중국어	古 베트남 한자어	베트남 한자어	중국어	古 베트남 한자어	베트남 한자어
烈	rat⁵ [맹렬하다]	liêt⁶	辣	rat⁵ [지독히 아프다]	lat⁶
簾	rem²	liêm²	練	ren² [단련하다]	luyên⁶
冽	ret⁵ [춥다]	liêt⁶	老	rêu⁶ [노후하다]	lao⁴
零	riêng¹ [단독의]	linh¹	漏	ro² [물이 새다]	lâu⁶
簍	ro⁶ [타원형 대바구니]	lâu¹	牢	rao² [울타리]	lao¹
龍	rông²	long¹	離	rơi² [헤어지다]	ly¹
梁	rương² [構桁, 트러스]	lương¹			

以母는 베트남 한자어에서 d-(실제 독음은 [z]이다)인데, 마스페로 (Maspero 1912)의 고증에 의하면 16세기 이전에는 j로 읽혔다고 한다. 以母는 古 베트남 한자어에서는 다음의 표에서와 같이 l-와 대응한다.

중국어	古 베트남 한자어	베트남 한자어	중국어	古 베트남 한자어	베트남 한자어
延	lan¹ [만연하다]	diên¹	垟	lang² [마을]	羊 dương¹
蠅	lăng² [푸른 머리 파리]	dăng¹	悠	lâu¹ [오래되다]	du¹
以	lây⁵ [전치사]	di⁴	夷	li² [매끄럽다]	di¹
葉	lep⁵ [평평하다]	葉 diêp⁶	遺	loi¹ [남다, 새다]	di¹
窬	lô⁴ [작은 구멍]	du¹	逾	lô⁵ [과분하다]	du¹
卣	lu¹ [항아리]	由 du¹	餘	lưa¹ [남다]	dư¹

중국어의 상성은 베트남 한자어의 問聲(³)과 跌聲(⁴)에 해당하고 古 베트남 한자어의 銳聲(⁵)과 重聲(⁶)에 해당한다(Haudricourt 1954,

Pulleyblank 1962-3). 따라서 위의 예에서 '老・簞・以・遺・逾' 등의 글자는 古 베트남 한자어와 그 성조 대응이 규칙적이다. 한편 '遺・逾'에는 평성과 상성의 두 개의 독음이 있다. '垟'은 吳方言과 閩方言에도 여럿 보이는데 그 의미는 '들판'으로 百越의 저층 단어일지도 모르지만 중국어의 以母가 고대에 *l-로 읽혔음을 설명하는 데에도 적용될 수 있다.

풀리블랭크(Pulleyblank 1962-3: 115ff.)가 제시한 다음과 같은 몇 개의 예는 以母의 上古音이 *l-이었음을 설명하고 있다.

≪後漢書≫(AD 120년 경)의 '栗(粟으로 읽는다)弋'은 Soɣδik을 대역한 것인데 이 가운데 以母 '弋'은 이란어의 δ를 대역한 것이다.

≪漢書≫의 '烏弋山離'는 Alexandria를 대역한 것인데 以母 '弋'은 외국어의 l를 대역한 것이다.

地支 '酉'는 以母로 아홈어[Ahom]에서는 rāo, 뤼어[Lü]에서는 hrɑu, 布依語에서는 thou(=δu), 란냐어[Lāññā]에서는 lɑw이다.

鄭張尙芳(1984)은 현대 중국어 방언에서 以母를 l-로 읽는 예도 찾을 수 있다고 했다. 예를 들면 厦門 방언에서 '簷'은 liam, 建陽 방언에서 '痒'은 lioŋ, 益陽 방언에서 '孕'은 len, 溫州 교외에서 '鷸[연]'는 liə로 읽는다.

(3) *r->l-와 *l->j-의 발생 시기

야혼토프(Yakhontov 1976)는 *r->*l-의 변화가 5세기 초에 발생했다고 주장했다. 李榮(1956)의 부록 〈根本字譯文表〉에 근거하면, 東晉 法顯이 번역한 불경인 ≪大般泥洹經≫ 제5권의 〈文字品〉 제14(417년)에서 '羅'로 la를 대음할 때에는 '輕音'이라 注했고 '羅'로 ra를 대역할 때에는 注가 없다. 이는 어쩌면 음역자에게 '羅'의 독음이 인도어의 la와 ra 가

운데 ra에 더 가깝게 느껴졌음을 의미할 수도 있겠다. 北凉 天竺 曇無讖
이 번역한 ≪大般涅槃經≫ 제8 <如來性品> 제4의 5(414-421) 및 그 이
후의 여러 음역에서는 '口'旁의 '囉로 ra을 대역했다. 이와 같이 불경 번
역에서 중국어에 없는 산스크리트의 음은 독음이 가까운 漢字에 '口'旁
을 더하여 나타내기도 했다. 따라서 당시의 중국어에 이미 r음이 사라
졌음을 알 수 있다.

　*r->*l-의 변화가 발생하기 전에 *l-가 이미 다른 음으로 변화했음이
분명하다. 야혼토프(Yakhontov 1976)는 ≪後漢書・東夷列傳≫에서 '邪
馬臺로 일본의 jamatö를 대역한 예를 근거로 당시의 以母인 '邪로 이미
j-를 대역하기 시작했다고 설명했다. 슈에슬레[Schuessler 1974b]는 以母가
漢代에 ʎ-로 변화했다고 했고 풀리블랭크(Pulleyblank 1962-3: 115)는
'阿育'으로 Aśoka를, '拘翼'으로 Kauśika를 대역한 예를 들어 漢과 唐 사
이에 以母의 전사치가 설면 마찰음인 źl[z]이었다고 주장했다. 프라크리
트의 ś가 모음 사이에서 (동화에 의해) 이미 유성음인 źl[z]로 변화했으
므로 이 두 개의 예에서 ś의 실제 독음이 z-라고 했으며 '閻'으로 산스
크리트의 Yama를 대역한 것은 프라크리트의 y-(j-)도 마찰음 ź-로 변화
했을 가능성이 있음을 보이고 있다고 했다. 兪敏(1984a)도 산스크리트-
중국어 대역을 통하여 以母가 漢末에 ś의 유성음인 z이었던 것으로 설
명하고 있다. 그러나 여기에서 z가 반영하고 있는 것은 ʎ-이다. 즉 설
측음 ㅓ로부터 반모음 j-로 변화하는 과정 중에 유성음 z-를 경과한 것
이 아닌 ʎ-를 경과한 것으로 보아야 할 것이다. 王力(1982)이 재구한
ʎ-는 상고음이 아니라 사실상 東漢 시기의 음이다. 東漢 시기의 음운
체계에는 아직 j-가 없었을 것이다. 그러므로 '邪馬臺의 '邪는 당시에
ja가 아닌 ʎa이었을 것이며 '邪로 ja를 대역한 것은 ja에 가장 가까운

음으로 변화해 있었기 때문이다. 풀리블랭크(Pulleyblank 1962-3: 93)는
또 '業波羅'로 Yavana를 대역한 예를 들었다. 6세기 초의 宋雲은 이 단어
가 간다래[Gandhāra]의 옛 명칭이라고 설명하고 있다. 당시에 j-가 생성
되지 않아 ŋăp[業]으로 Yav-(jav)를 대역한 것이다.

2. 유음의 폐쇄음화

중고의 以母는 3등 글자만 있다. 그렇다면 다른 등의 상고 *l-는 어디
로 귀속되었는가? 풀리블랭크(Pulleyblank 1984)는 1등과 4등의 *l-는 중
고 定母 d-로, 2등은 중고 澄母 ɖ-로 변화했다고 주장했다. 보드만
(Bodman 1980)도 이와 동일한 관점을 가지고 있다. 이와 같은 재구는
以母가 대량으로 定母와 해성한다는 사실에 근거하고 있다. 그러나 *l-
가 1·2·4등에서는 폐쇄음화하고 3등에서는 반모음화한 이유에 대해
서는 설명이 필요하다.

鄭張尙芳(1987)은 다음과 같이 언급하며 *l'->d-, *r'->ɖ-(원문에서는
'r와 'l로 표기했으나 1995b에서 각각 *r와 *l로 수정했다)로 재구했다.

> 'r와 'l는 강하게 읽는 음으로 폐쇄음 성분을 조금 동반하고 있다.
> 'l는 閩 방언의 l와 유사한 음가로 l와 d 사이에 있었으므로 나중에
> 定母에 합병되어 귀속된다.

음성을 재구할 때에는 보편성의 원칙과 부합하게 하는 것이 바람직하
다. r-, l-, r'-, l'- 이외에 무성음인 l̥-와 r̥를 더하게 되면 여섯 종류의
유음이 존재하게 되는데 한 언어에서 이와 같은 음성 유형은 찾기 어
렵다.

풀리블랭크(Pulleyblank 1962-3)는 以母가 상고에서 *l와 가장 가깝기

도 했지만 동시에 설치 폐쇄음과도 가깝다."고 했다. 李方桂(1971)도 다음과 같이 언급했다.

> 喩母 4등은 r나 l와 가깝다. 또 이들이 설첨 폐쇄음과 자주 해성하므로 d-와 가까웠다고도 할 수 있다. 이 음은 영어(특히 미국 영어에서)의 ladder나 latter에 존재하는 설첨의 탄설음[flap]에 가깝다고 할 수 있다.

중고의 定母와 透母의 해성관계는 다음과 같이 두 가지로 대별된다.

첫째는 端母나 知母와 해성한 것이며, 둘째는 端母나 知母와 해성하지 않고 以母와 대량으로 해성한 것이다. 전자와 같이 d-나 t-와 해성하는 것이 일반적인 해성 유형이지만 후자의 경우는 다소 특이하다. '昜'을 聲符로 하는 해성족에는 '陽·楊·揚·瑒·禓' 등과 같은 以母나 '蕩·碭·盪·璗·踼'과 같은 定母가 많고, '腸·場'과 같은 澄母도 있으며, '湯·簜'의 透母 글자도 있지만 端母 글자는 하나도 없다. 이와 같은 해성족이 적지 않은데, 예를 들면 '俞·余·由·攸·台·也' 등을 聲符로 하는 해성족이 이 유형에 속한다. 이러한 해성관계는 이들 定母 글자가 d-가 아님을 말해 줄 뿐이다. 그렇지 않다면 이들이 *t-와 해성하지 않을 리 없다. 이들 定母와 以母 *l-과의 해성관계가 가장 밀접했기 때문에 '喩四歸定說'을 주장하게 된 것이다. 그러나 以母가 d-에서 기원한 것이 아니라 以母와 해성하는 이들 定母 글자들이 以母와 같은 l-이었던 것이다. 나중에 1·4등의 l-는 定母 d-로 변화하였고 3등의 l-는 以母 j-로 변화하였다. 以母가 모종의 역사 단계에서 d-와 상당히 가까운 탄설음 ɾ-를 경과한 것이 분명하다. 그러나 이것은 상고의 중기나 후기의 상황일 뿐으로 상고 단계에서는 l-이었다.

ㅣ는 그 지속 시간이 짧아 탄설음으로 변화하기 쉬우며 음색은 폐쇄음에 가까워 나중에 폐쇄음과 합병된다. ㅣ의 지속 시간을 연장하면 j로 변화할 수 있는데, 미국 캘리포니아 주의 지명인 Lajolla가 [lahoja]로 읽히는 예가 이에 속한다. 첫 번째 ㅣ의 독음에는 변화가 없었지만 -ll-는 -j-로 변화하게 된다. 제9장의 3등 개음의 기원에 관한 논의에서, 장모음을 동반한 음절의 길이와 동일하게 만들기 위해 단모음을 동반한 음절의 성모가 연장되었다고 했는데 이러한 방법을 통해 ㅣ가 ll로 연장된 후 다시 j로 변화한 것이다. 이는 스페인어의 상황과 대체로 유사하다. 또 이와는 반대로, 상고에서 단모음 음절의 길이와 동일하게 만들기 위해 장모음 음절의 성모의 길이가 축소되기도 했다. 즉 ㅣ의 지속 시간이 짧아져 탄설음이 되었다가 나중에 폐쇄음화 되어 d-가 된 것이다.

澄母는 중고에서 권설음이므로 상고에 r-를 동반한 것이 분명하다. 예를 들면 '昜'류의 해성족에서 澄母는 *rl->*ȶ->*d-의 과정을 경과했다. 풀리블랭크는, ≪漢書≫에서 Alexandria의 중국어 대역인 '烏弋山離'에서 以母 글자인 '弋' *lŭk으로 lek을 대역한 예와, Alexandria에 대한 ≪魏略≫에서의 중국어 대역인 '烏遲散' 가운데 澄母의 '遲'로 lek을 대역한 예를 들었다. '遲'가 ≪魏略≫ 시기에 이미 *rlĭ에서 *ȶĭ로 변화해 있었으므로 *lek을 대역할 수 있었던 것이다. 이들 해성족에서 透母 글자는 *l̥->th-로, 徹母 글자는 *r̥->*ȶ̥->th-로 변화했다. 이상을 종합하여 상고 *l-의 여러 가지 변화 양상을 다음과 같이 정리한다.

장모음 음절	단모음 음절
*l- > *r̥- > d- (1·4등 定母)	*l- > *ll- > j- (3등 以母)
*l̥- > *r̥- > th- (1·4등 透母)	*l̥- > *ll̥- > ɕ- (3등 書母)
*rl- > *r̥- > ɖ- (2등 澄母)	*rl- > *r̥- > ɖ- (3등 澄母)
*rl̥- > *r̥- > tʰ- (2등 徹母)	*rl̥- > *r̥- > tʰ- (3등 徹母)

그러나 방언마다 그 변화의 결과가 다를 수도 있다. 예를 들면 *l̥-는 보통 透母 th-로 변화하기도 했지만 일부 방언에서 曉母 h-로도 변화했을 가능성이 있다. ≪釋名≫의 '天'에 대해 두 가지 聲訓이 있다. 하나는 曉母의 '顯'으로 聲訓한 것으로 "豫·司·兗·齊 지역에서는 설면으로 발음한다.[豫、司、兗、齊、舌腹言之.]"라고 했다. 또 하나는 透母의 '坦'으로 聲訓한 것으로 "靑과 徐 지역에서는 설첨으로 발음한다.[靑、徐以舌頭言之.]"라 했다. '天竺'으로 Hinduka를 대음한 것은 '天'을 "舌腹言之."라고 한 방언의 독음이다.

3. 복자음 간화의 기본 규칙

자음서열의 유형이 음절 구조와 밀접한 상관이 있으므로 복자음을 논의하기 전에 음절 구조에 관한 기존 이론을 먼저 회고해 보겠다.

한 음절에서 분절[segment]은 일정한 순서에 의하여 배열되어 있다. 음절 정점[peak]의 공명도[sonority]가 가장 크며 음절 정점에서 멀어질수록 공명도는 점차 작아진다. 발음 강도[strength]는 공명도와 반비례하는데 음절 정점에서 먼 음일수록 발음 강도는 강해진다. 각종 음의 공명도와 발음 강도 사이의 순서는 다음과 같다.

공명도 ────────────────────────⟩

폐쇄음 – 파찰음 – 마찰음 – 비음 – 유음 – 반모음 –모음

⟨──────────────────────── 발음 강도

이와 같은 음절 구조의 보편성은 언어의 역사적 음성변화를 분석할 때 대단히 중요하다. 예를 들면 약화 음변이란 무성음이 약화되어 유성음이 되는 것과 폐쇄음이 약화되어 마찰음이 되는 것을 말한다. 복자음이 단순 자음으로 변화할 때에는 Cl- 가운데 일반적으로 폐쇄음이 아닌 유음이 먼저 탈락한다. 그러나 일부 언어에서 복자음 Cl- 중 폐쇄음 C가 탈락하고 유음 l-가 보존된 경우도 볼 수 있다. 예를 들면, 티베트 서면어의 klod-pa[두뇌], glog[번개], blug[물을 붓다]는 현대 라사[拉薩]말에서 각각 lɛʔ⁵⁴pa, loʔ⁵⁴, luʔ⁵⁴로 변화해있다. 여러 방언을 비교하면, 티베트 서면어의 Cl-에서 C가 먼저 마찰음으로 약화된 후 나중에 탈락한 것임을 알 수 있다. 즉, 티베트어의 '두뇌'는 夏河 방언에서 hla-pa이고, 阿力克 방언에서는 ɣlat-pæ로 읽는다. '번개'는 夏河 방언에서 hlox, 阿力克 방언에서 ɣlok로 읽는다. '물을 붓다'는 阿力克 방언에서 wluk로 읽는다. 따라서 서면 티베트에서 현대 라사 방언에 이르기까지의 변화는 다음과 같다고 할 수 있다.

kl- > hl- > l-,   gl- > ɣl- > hl- > l-,   bl- > wl- > l-

h와 w가 탈락한 것은 그 발음 강도가 l-보다 약했기 때문인데 이와 같은 음성변화 역시 위의 규칙과 부합한다.

그러나 중국어에서의 변화는 또 다르다. 이와 관련한 폐쇄음과 以母 간의 해성·통가·이독의 예는 제법 많다. 예를 들면 다음과 같다(鄭張 尙芳 1987에서 인용).

鬻 居六切 *klǔk – 鬻 余六切 *lǔk

姬 居之切 *klɨ – 姬 與之切 *lɨ

谷 古祿切 *klok – 谷 余蜀切 *lŏk

益 伊昔切 *qlĕk – 溢 弋質切 *lĭk

胳 古落切 *klak – 腋 羊益切 *lăk

舉 居許切 *klă̌ – 舁 以諸切 *lă̌

必 卑吉切 *plĭk – 弋 與職切 *lǔk

姜 居良切 *klăŋ – 羊 與章切 *lăŋ

益 伊昔切 *qlĕk – 易 以豉切 *lĕks, ≪德鼎≫[186]의 "王益德貝"에서 '益'은 '易' 와 통한다.

이 같은 폐쇄음과 以母 사이의 관계는 폐쇄음 뒤에 l가 필히 동반되었음을 설명할 뿐이다. '谷'의 '古祿切' 독음을 단순하게 kok으로 재구한다면 이것과 '余蜀切'의 재구음 lŏk과의 관계를 설명할 수 없으므로 상고 중국어의 *Cl-이 중고에 이르러 *C-로 변화한 것으로 보아야 한다.

외국어의 일부 차용어에도 중국어의 C-에 해당하는 Cl-이 있음을 다음을 통해 알 수 있다.

武鳴 壯語(李方桂 1953) : 孤 kla⁵¹, 群 kloŋ⁵⁵, 球 klau²⁴

태국어 : 告 klɑːw^B1 [말하다, กล่าว], 寬 glɔːn^A2 [헐겁다, คลอน]

186) 西周 초기(BC 11세기 경)의 '鼎'의 일종이다.

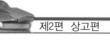

바어[佤語, Va] : 褲 khla?

古 베트남 한자어 : 傍 chang[6](傍晩 chang[6] vang[6]), 漂 chao[1], 狗 cho[5]

이들은 모두 *Cl-이 기원임을 반영하고 있다.

따라서 중국어와 티베트 서면어의 Cl-에는 다음과 같은 두 가지 변화 방향이 있음을 알 수 있다.

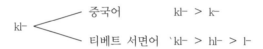

두 가지 변화의 결과는 각각 다르지만 발음 강도가 다소 약한 단음이 탈락했으므로 모두 복자음 간화에 관련한 기본 규칙과 부합한다.

4. 來母와 해성하는 복자음

지금까지의 복자음에 대한 논의의 초점 가운데 하나는 來母와 해성하는 복자음 유형이다. 이에 대한 논의는 칼그렌부터 시작되었는데 그가 來母의 상고음을 *l-로 재구했으므로 아래에서 논의할 각종 복자음을 모두 *Cl-로 표기하겠다.

칼그렌(Karlgren 1933)은 아래와 같이 세 가지 가능한 형식을 제시했다.

> A. 各 klâk : 洛 lâk
> B. 各 kâk : 洛 klâk
> C. 各 klâk : 洛 glâk

그는 이 가운데 C식을 채택했는데 그 이유는 '藍'의 태국어에서의 차용어가 graːmᴬ²이라는 것과 '樓蘭'에서 '樓'가 kro를 대음했기 때문이다. 따라서 來母가 단순한 l-(칼그렌은 來母를 *l-로 재구했다.)일 수 없다는 이유로 A식은 배제되었다. 또 '變'은 태국어의 pliːanᴮ¹[เปลี่ยน]과 대응하는데 B식을 적용하면 *pl-형인 '變'이 l-로 변화해야 하므로 모순이다. 따라서 B식도 불가능하다.

董同龢(1948a: 39ff.)는 칼그렌의 견해를 세 개의 이유를 들어 반박했는데 이 가운데 아래의 첫째 이유만으로도 충분하다.

일부 해성족은 來母와 해성하는 성모가 두 종류 이상이다. 예를 들면 '龍'은 並母의 '龐'과도 해성하고 見母의 '龔'과도 해성한다. 이 때 '龍'을 bl-로 재구할 것인가? 아니면 gl-로 재구할 것인가?

그러나 칼그렌에 대한 가장 결정적인 반박의 이유는 C식이 복자음 간화의 기본 규칙을 위반하고 있다는 데에 있다. 즉 gl-에서 발음 강도가 큰 g가 탈락한 반면, 발음강도가 약한 l이 보존되었다는 것은 이치적으로 타당하지 않다.

董同龢는 다음과 같은 A식이 가장 적절하다고 밝혔다.

龍 l- : 龐 bl- : 龔 kl-

그러나 일부 來母가 단순한 *r-가 아니라 폐쇄음 성분을 동반하고 있었음은 여러 가지 언어적 사실로 설명할 수 있다.

티베트-버마어군 언어의 동원어에서 來母 글자는, 많은 경우 단순한 r-가 아니라 복자음 Cr-이다. 예를 들면 來母의 '六'은 다른 여러 언어의 차용어에서 흔히 복자음으로 나타나 있다. '藍'은 태국어에서 graːm 이다. 이는 ≪史記≫에 기록된 서역의 도시 명칭인 '藍市'를 ≪漢書≫에서는 '監氏'로 기록했다는 사실을 상기하게 한다. '監'은 *kram이다. 서역의 지명인 Krorayina는 漢代에 '樓蘭'으로 대역했는데 이중 '樓'는 복자음 kro를 대역한 것이다. '笠'는 武鳴 壯語에서 klop으로(李方桂 1953) 차용되었다.

현 단계의 시노-티베트어족 언어의 음성 비교 연구가 그다지 치밀하지 않으므로 티베트-버마어군 언어의 동원어가 Cr -임을 근거로 이와 대응하는 중국어의 來母 글자가 단순한 r -가 아니라고 단정할 수는 없다. 그러나 차용어 자료는 더욱 신뢰할 수 있다. '藍'이 중국어에서 단순한 *ram이라면, 고대 태국인이 raːm으로 대역하지 않고 이것과 음성적으로 다소 거리가 있는 graːm으로 대역한 사실과 부합하지 않는다. 또 ≪史記≫의 '藍市'를 ≪漢書≫에서 '監氏'로 기록했으므로 상고시기에 '藍'의 성모에 폐쇄음 성분이 동반되었음이 분명하다. 古 베트남 한자어의 자료에 근거한 潘悟雲(1987c)의 증거는 더욱 설득력이 있다. 古 베트남 한자어에서 來母 글자가 r -로 대역된 것 이외에도 다음과 같이 ɟh -나 s -로 대역된 예도 있다.

郎	chang[2] [소년]	羅	chai[2] [그물]
臘	chap[6] [음력 섣달]	藍	cham[2] [마람, 남색]
亮	sang[5] [밝다]	蠟	sap[5] [밀랍]
六	sau[5] [여섯]	蓮	sen[1] [연]
力	sức[5] [힘]		

王力(1980b: 808ff.)은 來母를 聲符로 하는 베트남의 쯔놈[字喃]에서 다음과 성모 s-나 tr-를 흔히 동반했음에 유의했다.

sach⁴	潔也, 從水, 歷聲
sao¹	星也, 從星, 牢聲
sau¹	後也, 從後, 婁聲
sɔng⁵	波也, 從水, 弄聲
sɛt⁵	霆也, 從雨, 列聲
trai³	歷也, 從歷省, 吏聲
trʌm¹	百也, 從百, 林聲
trɔn²	圓也, 從員, 侖聲
trɔng¹	淸也, 從淸, 龍聲

마스페로(Maspero 1912)의 연구에 의하면, 베트남어의 s-, tr-, ch- 등의 성모는 고대의 폐쇄음과 유음이 결합한 복자음 성모에서 기원했다고 한다. 아래와 같은 2등 글자의 古 베트남 한자어의 형식을 통해서도 이들 성모가 원래부터 복자음이었음을 알 수 있다.

고대 중국어	古 베트남 한자어	고대 중국어	古 베트남 한자어
江 *kroŋ	sông¹ [강]	攪 *kru˙	su⁵ [반죽하다]
陷 *groms	trom⁴ [움푹하다]	交 *kraw	trao¹ [건네주다]

베트남어의 음운 체계에는 원래 r-만 있었는데, 중국어의 來母가 상고에 단순 성모인 *r-이었다면 고대 베트남인들이 r-로 대역하지 않고 복자음으로 대역했던 이유를 설명하기 어렵다. 이는 일부 來母 글자가 고

대에 단순한 *r-가 아니라 그 앞에 다른 폐쇄음 성분이 선행했던 까닭에 베트남인들에게는 폐쇄음 C를 동반한 Cr-로 들렸음을 의미한다.

다음과 같은 일부 來母 글자에 관한 고대 音注나 通假를 통해서도 이들 聲母에 폐쇄음 성분이 동반되었음을 알 수 있다.

≪禮記・內則≫의 "물고기를 삶을 때에는 난장을 사용하는데 여뀌로 채운다.[濡魚, 卵醬實蓼.]"에 대하여 鄭玄은 "卵, 讀爲鯤."이라 注했다. 또 '縍'에 대하여 ≪說文≫은 "讀爲鷄卵."이라 했다.

≪禮記・喪大紀≫의 "임금과 대부의 경우는 두발과 손발톱을 네 귀에 채워 넣는다.[君大夫鬚爪, 實于綠中.]"에 대하여 鄭玄은 "'綠'은 '角'이어야 한다. ('綠'은) '聲之誤이다.[綠當爲角, 聲之誤也.]"라 注했고 ≪釋文≫에서는 "音角"이라 했다.

≪周禮・春官・大司樂≫의 '歌函鍾'에 대하여 鄭玄은 "'函鍾'은 일명 '林鍾'이라고도 한다.[函鍾, 一名林鍾.]"라 注했다. '函'은 匣母 글자로 상고에서 *glom(혹은 *glum)인데, '林'에 전치폐쇄음 g-가 동반되지 않았다고 가정하면 '函'과의 通假 관계를 설명하기 어렵다.

따라서 來母가 상고에 오직 *r-만 존재했다 할 수 없으며 일부 來母에 폐쇄음 성분이 동반되었음을 알 수 있다. 바로 이러한 이유로 董同龢는 來母를 A식인 *l-로 재구하면서도 B나 C식일 가능성도 배제하지 않았다.

丁邦新(1978)은 복자음의 변화에 대하여 다음과 같은 새로운 해석을 제기했다.

① 무성 자음이나 비음에 후행하는 유음은 탈락한다.

② 유성 폐쇄음에 i 음이 후행하는 경우에도 복자음의 유음 성분은

탈락하며 그 이외의 경우는 유성 폐쇄음이 탈락하고 유음은 보존된다. 脣音을 예로 들면 다음과 같다.

$$pl > p,\ phl > ph,\ ml > m,\ \ bl > \begin{cases} b\ /\ \_\_ jiv & (1) \\ l\ /\ \_\_ \text{기타} & (2) \end{cases}$$

丁邦新의 해석에서 뛰어난 점은 다음과 같은 두 가지이다.

첫째, 이 공식에는 사실상 음성 분석이 숨어 있다. 유음의 발음 강도가 폐쇄음·파찰음·마찰음·비음에 비하여 약하므로 복자음 성모인 Cl-이 단순 성모로 변화했다면 발음 강도가 다소 약한 -l만 탈락할 수밖에 없다. 그러나 丁邦新은 칼그렌 식의 사고에서 크게 벗어나지 못하여[187] *bl-이 l-로 변화한 것으로 주장했다. 칼그렌의 C식의 가장 큰 문제점은 음성적 해석이 불가능하다는 것이다. 즉 b의 강도가 l보다 강함에도 오히려 b가 탈락한 이유는 무엇인가?

둘째, 李方桂(1971)는 개음 ji를 동반한 운류를 재구했는데 이는 대체로 중고의 重紐 3등에 해당한다. 제3장에서 중뉴 3등에 동반된 개음 r가 나중에 탈락했음을 논의한 바 있다. 다시 말하면 *br(李方桂의 bl에 해당) > b이다. 그러므로 丁邦新의 공식 (1)은 사실상 다른 일부 학자들의 중뉴에 관한 인식과 일치한다. 그러나 李方桂의 체계에서는, 전설 고모음을 동반한 운류에서 중뉴 3등 모두가 ji를 동반했었는지의 여부

----

187) 여기에서 말하는 칼그렌 식의 사고란, '유성음+l'의 경우 유성음이 탈락하고 l만 남게 된다는 것이다. 이는 앞에서 언급한 C식에서 洛 *glˀ-)l-의 변화를 경과한 것으로 보는 것과 동일한 맥락이다.

와 상관없이 이들 운류에서 丁邦新의 공식과 부합하지 않는 경우가 일
부 있을 수 있다. 예를 들면 베트남 한자어의 săn¹[사냥하다]의 성모는
*Cr-에서 변화한 것이다. 이 단어의 쯔놈은 '從犬, 磷聲'으로 당시에 '磷'
의 성모가 폐쇄음과 유음을 동반했음을 말해 주고 있다. 그러나 중고
眞韻인 '磷'에 대해 李方桂는 jin으로 재구했다. 丁邦新의 공식에 의하면
이는 중고에 來母로 변화할 수 없다[188].

來母에 대한 丁邦新의 재구음 *l-를 *r-로 바꾸면 수정된 공식은 *Cr->
C-가 된다. 이는 제18장에서 논의할 2등과 重紐 3등의 변화 규칙과 일
치한다. 이 규칙은 並母 글자인 *br->b-를 포함해야 하지만 丁邦新의
일부 *bl-(즉 *br-)에서 b가 탈락하여 이후에 중고의 來母 l-로 변화했다
는 규칙은 2등이나 중뉴 3등의 변화 규칙과 모순된다. 따라서 가장 큰
관건은, 폐쇄음과 관계있는 來母의 기원이 도대체 무엇이냐에 있다.

5. 부음절을 동반한 來母

보드만(Bodman 1980)은 2등의 재구음과 구별하기 위하여 폐쇄음과 해
성하는 來母 글자를 *b-r-, *d-r-, *g-r-로 재구했다. 그렇지만 그의
재구음 표시는 특별한 표기법에 불과한 것으로 하이픈으로는 첫째 성분
이 반드시 접두사라는 점을 표시할 수도 없고 2등의 재구음인 *Cr-와
음성적으로 어떤 차이가 있는지도 설명할 수 없다.

鄭張尙芳(1991)도 일부 來母 글자가 폐쇄음 성분을 동반하고 있었으며
이들 복자음에 전치성분인 ɦ-가 선행함으로써 폐쇄음 성분의 탈락을 초

---

188) '磷'이 Cr류의 복자음 성모로 李方桂 체계에 근거하면 *Cljin인데, 이는 丁邦新의 공식에
근거하면 Cjin으로 변화되어야 하므로 모순이라는 의미이다.

래했을 가능성을 제기했다. 이 전치성분은 티베트 서면어의 小阿[a-chung]인 ɦ-에 해당한다. 그 이유는 다음과 같다.

(1) '藍·懶'은 태국어에서 각각 graːm^{A2}, graːn^{C2}이며, 전치비음[鼻冠音]이 苗語에서 여전히 보존되어 있어 叙永 苗語에서는 ŋkaŋ^{2}과 ŋgen^{4}으로 읽히고 있다. 시노-티베트어족 언어의 일부 전치비음이 ɦ에서 변화되어 왔으므로 중국어의 '藍·懶'은 각각 전치음 ɦ-를 동반한 ɦgram과 ɦgranʼ이어야 한다고 했다. 그러나 대다수의 시노-티베트어족 언어 전문가들은 티베트 서면어의 접두사인 小阿가 전치비음에서 기원했다고 주장하고 있다. 苗語의 ŋk-가 티베트 서면어의 ɦg-와 대응하는지, 苗語의 ŋk-가 ɦk-에서 기원했는지에 관해서는 증거를 찾을 수 없다.

(2) 폐쇄음과 해성하는 來母 글자는 다음과 같이 티베트 서면어 동원어의 ɦCr-와 대응한다.

티베트 서면어	중국어
groŋ [촌락] / ɦgroŋ [촌락]	巷 匣母 / 弄 來母
bral [ɦbral의 완성체] /ɦbral [분리하다]	披 滂母 / 離 來母
sgrig [정리하다] / ɦgrig [적합하다, 합리적이다]	紀 見母 / 理 來母

그러나 이 재구음은 다음과 같은 이유로 신뢰할 수 없다.

첫째, 來母의 역음 자료에서 이들이 Cr-류의 음이라는 증거는 꽤 많으나 ɦCr-나 ɦC-류의 음이라는 흔적은 그 어떤 것도 찾을 수 없다.

둘째, 복자음의 첫째 단음이 ɦ인 경우는 중국어의 친족 언어에서 극히 적다. 爾龔語와 羌語 등에만 ɦC-, ɣC-가 존재하는데 ɦ-와 ɣ-는 ɢ와

g류의 음이 마찰음화된 것이다. 이는 爾龔語의 ɦlaŋ[코끼리]과 티베트 서면어의 glaŋ, 麻窩 羌語의 ɣnə[둘], 티베트 서면어의 gn̩is와 대응한다.

셋째, ɦ로 인해 이에 후행하는 폐쇄음이 탈락했다는 것은 음성적 원리와 부합하지 않는다. 즉 ɦ의 발음 강도가 폐쇄음보다 약하므로 폐쇄음보다 더 쉽게 탈락했어야 한다. 예를 들면, 티베트 서면어의 ɦbum>pum, ɦgro>tʂo와 같이 폐쇄음에 선행하는 ɦ는 탈락하고 후행하는 폐쇄음은 보존되었다. 來母의 상고 독음이 정말로 ɦCr-이었다면 ɦ가 먼저 탈락하고 Cr-이 남게 되며 이것이 다른 2등 글자와 합병되었어야 하므로 來母로 변화할 수 없었을 것이다.

넷째, 匣母의 상고음이 *ɡ-나 *ɢ-이므로(제21장의 논의 참조) 단순 성모에는 ɦ-는 존재하지 않았다. 일반적으로 복자음 성모를 구성하는 모든 자음(분절)이 단순 성모의 자격으로 출현했으므로, ɦ가 복자음 성모에서는 존재했으면서도 단순 성모로 존재하지 않았다는 가정은 음운 체계 측면에서 고려하면 그 가능성은 그다지 크지 않다.

다섯째, 小阿 ɦ-는 티베트 서면어에서 생산성이 높은 접두사로 여러 단어 앞에 덧붙여짐으로써 새로운 단어를 파생시킬 수 있다. 이와 같은 접두사 성분이 기능적으로 대응하는 예를 찾아 증명해야 한다. brim은 ɦbrim의 완성체이지만 중국어의 '凛'과 '廩' 사이에는 이러한 관계가 성립하지 않는다. 이와 같은 대응 관계를 찾아내지 못 한다면 표면적인 '대응'에 의하여 오도될 수 있다. 심지어는 sCr-가 중국어의 來母와 대응한다고 여길 수도 있다. 예를 들면 '理'가 sgrig[정리하다, 질서가 있다]와 대응하고, '柳'[189]가 sgrug[모으다, 쌓다]와 대응하며, '連'이 sbrel

189) 원주) ≪尚書大傳≫의 "가을 제사 때 화산에 곡식을 모은다.[秋祀柳穀華山.]"에 대하여 鄭

[잇다, 합치다]과 대응하고, '栗'이 sbribs[전율하다]와 대응하며 '摨190)'이 sprug[털다, 진동하다]과 대응한다고도 여기게 되는 것이다.

따라서 이들 來母 글자의 상고 성모가 폐쇄음 C에 유음 r가 결합된 자음서열에 불과하다는 것을 알 수 있다. 그러나 Cr-는 2등 글자의 재구음으로, 2등 글자에서 C의 발음 강도가 r보다 강하여 마지막까지 보존되기 때문에 來母의 기원을 Cr-로 정해서는 안 된다. 반대로 이들 來母 글자의 성모에서 C가 탈락해야 하는데 그러기 위해서는 C의 발음 강도가 r보다 약해야 한다. 이를 만족하는 가능성은 한 가지밖에 없다. 즉 C와 r가 각각 다른 음절에 속해 있어야 한다는 것이다. 이때 C가 동반된 음절은 부음절이며 부음절이 약화 음절이므로 나중에 탈락하게 되어 결국 *r->l-만 남게 된다. 이러한 추정에 의거하여 潘悟雲(1999a)은 이들 來母 글자가 상고로부터 *C·r->r-의 과정을 경과했다고 주장했다. 이때 두 개의 음절 중 앞의 음절이 부음절임을 나타내기 위해 두 개의 음절 사이에 원형의 점을 첨가했다고 밝혔다. 예를 들면 태국어에서 graːmᴬ²[남색, ᥅ᥩᥬᥰ]으로 대역되는 '藍'을 *g·ram으로 재구하면 '監' *kram과의 관계와 부합한다.

以母의 상황은 來母와 완전히 평행해야 한다. 일부 來母가 *C·r-에서 기원한 이상 일부 以母도 *C·l-에서 기원한 것이 아닌가? 해성의 상황에 근거하면 그렇게 보인다. 예를 들면 '鹽'의 聲符는 '監' *kram인데 이는 다음과 같이 '藍'과 '監'의 관계와 동일하다.

....

玄은 "'柳'는 '모으다'이다.[柳, 聚也.]"로 注했다.

190) 원주) ≪周禮·大司馬≫의 "북을 세 번 치고 방울을 흔들었다.[三鼓摨鐸.]"에 대하여 鄭玄은 "위를 잡고 흔드는 것을 '摨'이라 한다.[掩上振之爲摨.]"고 注했다.

監 *kram > M. kɯam藍 *k・ram > *ram > M. lam
鹽 *k・lăm > *lăm > M. jiɛm

　'遺'가 '貴' *klŭts를 聲符로 하고 있으므로 '遺'를 *k・lŭls로 재구하는 것이 lŭls로 재구하는 것보다 이들의 해성관계와 더 적절히 부합한다. '搖'는 武鳴 壯語에서 klau로 읽히는데, 이것이 중국어에서 차용되었다면 중국어의 '搖'는 *k・lăw가 된다. 동일 聲符의 '窰'는 ≪說文≫에서 '羔'를 聲符로 하는 '窯'로 기록했는데 이는 이 聲符에 설근 폐쇄음이 동반되었음을 의미한다. '悠'와 '攸' *kʷlŭ'가 同根語이므로 '悠'의 상고음은 *k・lŭ가 된다. 이는 카친어의 kă³¹lu³¹[길다]와 대응하고 디마사어[Dimasa]의 galau~lau~ba [길다]와 대응하는데(Benedict 1972: 113), 이들 어근 앞에는 모두 부음절인 ka나 ga가 있다. 칼그렌은 일부 以母 글자를 *g-로 재구했는데 이들이 바로 이러한 예에 속하는 글자들이다. 李方桂(1971)는 이들의 변화를 *grj->j-로 상정했다. 예를 들면 '搖' *grjagw, '欲' *grjuk, '鹽' *grjam 등이 이에 해당한다. 그들은 일부 以母 글자가 폐쇄음을 동반한 자음서열임을 이미 알고 있었던 것이다.

6. 설근음・순음과 해성하는 端組・知組

　풀리블랭크(Pulleyblank 1962-3)는 중고 설치음이 설근음과 해성했던 현상에 대하여 논의한 바 있다. 그는 唐 d- : 庚 k-, 隤 d- : 貴 k-의 관계로부터 *gɹ-(풀리블랭크는 gə-로 기록했다.)>d-의 공식도 아울러 제시했다. 보드만(Bodman 1980 : 108-112)도 이러한 해성관계를 통해 *kɹ->t-, *khɹ->th-, *gɹ->d-의 공식을 수립했다.

중고 聲符	중고 설치음 성모	원시 중국어
合 ɦ-	答 t-	*k-l-
見 k-	靦 th-	*kh-l-
鬼 k-	腿 t-	*k-l-
敢 k-	厰 th-	*kh-l-
君 k-	涒 th-	*kh-l-
去 kh-	魼 th-	*kh-l-
古 k-	居 t-	*k-l-
丂 kh-	饕 th-	*kh-l-
果 k-	碟 d-	*g-l-

동시에 그는 아래와 같이 원시 瑤語와의 비교의 예도 몇 가지 제시했다.

원시 瑤語	중국어
*gla·ng² [연못, 호수]	塘 *g-lang
*kla·u³ [복숭아]	桃 *g-law
*kla·ng² [창자]	腸 *g-làng
*klui² [절굿공이]	碓 *k-luy

그는 또 다음과 같이 중고의 설치음과 순음이 해성했음도 밝혔다.

匋 d- : 缶 p- (필자의 견해는 ≪說文≫은 "從包省聲."이어야 할 것 같다[191]).

粤 p- : 聘 th-

白 b- : 魄 th-(又讀)

이에 대해 다음과 같은 공식을 제시했다.

$$*pㅓ > ㅏ, *phㅓ > thㅏ, *bㅓ > ㄷㅏ$$

그러나 kㅓ과 kㅏ이 음성적으로 어떠한 차이가 있는지에 대해서 보드만은 확정하지 못했다.

鄭張尙芳(1987)은 *klˈ->M. ㅏ, *khlˈ->M. thㅏ, *glˈ->M. ㄷㅏ의 공식을 수립했는데 그의 체계에서 lˈ는 l를 강하게 읽는 음이다. 그러나 위에서 논평한 바와 같이 한 언어에 6개의 유음이 있다고 보기는 어렵다.

위에서 l가 모음의 길이에 따라 변화과정이 달랐다는 것과 일부 以母가 부음절을 동반한 lㅡ에서 기원했다는 점에 대해 논의했는데 이들의 관계를 아래의 표에 나타내었다.

	장모음	단모음
*ㅏ	M. ㄷㅏ	M. jㅏ
*g・ㅏ	?	*g・ㅏ > *ㅏ > M. jㅏ

위의 표에서 물음표[?]가 있는 칸에 *g・ㅏ>*ㅏ>M. ㄷㅏ를 넣을 수 있음은 분명하다. 따라서 아래와 같이 자모 아래에 횡선을 그어 긴장음임을 표시할 수 있다.

---

191) ≪說文≫ 원본은 "從缶包聲."으로 기록되어 있다.

장모음	단모음
*k·ㅏ > *ㅏ > *ɽ > M. ㅏ	*k·ㅏ > *ㅏ > M. ㅏ
*kh·ㅏ > *ㅏ > *ɽ > M. th—	*kh·ㅏ > *ㅏ > M. ɕ—
*g·ㅏ > *ㅏ > *ɽ > M. d—	*g·ㅏ > *ㅏ > M. ㅏ

閩 방언 등에서의 유성음은 진정한 유성음이 아니다. 그 주요 특징은 이완음으로, 무성 무기음의 긴장성과 대립하고 있다는 것이다. 따라서 긴장음인 k는 그에 후행하는 l를 긴장음으로 변화시킬 수 있다. 음색 면에서, 이완된 탄설음 ɽ는 d와 유사하며 긴장된 탄설음 ɽ는 t와 유사하다. 일부 閩 방언에서 제2인칭이 lɯ처럼 들리기도 하고 tɯ처럼 들리기도 하는 현상이 바로 긴장음인 ɽɯ로 인한 것이다.

앞서 재구한 *rl->*ɽ->d-(澄母)를 참조하면 설근음과 해성하는 知組는 다음과 같이 재구할 수 있다.

장모음	단모음
*krl- > *rl- > *ɽ- > t- (2등 知母)	*krl- > *rl- > *ɽ- > t- (3등 知母)
*khrl- > *ŋl- > *t- > thr- (2등 徹母)	*khrl- > *ŋl- > *t- > thr- (3등 徹母)
*grl- > *rl- > ɽ- > d- (2등 澄母)	*grl- > *ɽ- > d- (3등 澄母)

潘悟雲(1999a)은 성모가 *grl-인 예에 대하여 다음과 같이 논의했다.

'茶'[荼]는 중고 2등으로 상고에서 개음 r를 동반했어야 한다. 이 글자는 '余' *la를 聲符로 하고 있는데 이는 그 어근이 *la임을 의미한다. 이는 베네딕트(Benedict 1972 : 146)가 제시한 다음과 같은 티베트-버마어군

의 몇 개의 언어에서 '茶'의 어근이 la인 점과 대응한다.

마가리어[Magari] : hla, 디말어[Dhimal] : hla-ba,
미키르어[Mikir]・체팡어[Chepang] : lo<*la

'茶'는 ≪集韻≫에 '後五切'의 異讀이 있는데 이는 상고음 *gla˙에 해당
한다. ≪爾雅・釋木≫에서 "檟, 苦荼."로 기록했는데 '檟'는 '古雅切'로 '茶
와는 동근의 異形語 관계이며 상고음은 *kra˙이다. ≪集韻≫에서 "'檟'는
'苦荼'라 하기도 한다.[檟一曰苦荼.]'라 했는데 '苦荼'의 상고음은 *kha˙lǎ
이다. ≪駢雅・釋草≫에서는 "拘羅・過羅・皋蘆는 쓴 차이다.[拘羅・過
羅・皋蘆, 苦茗也.]"라고 했는데 이들 차에 대한 별칭들은 모두 상고 독
음의 각기 다른 시기의 방언의 흔적들이다. '羅'는 중고에서 la로 읽으
며 '蘆'는 상고의 독음이 ra임을 반영하고 있다. '拘・過・皋'는 모두 k-
의 見母 글자들이다. 따라서 '茶'의 상고 독음에 설근음 성분도 동반되
어야 함을 알 수 있다. '茶'의 澄母 독음이 어근 la를 포함하고 있고 개음
r와 설근음 성분인 g-를 동반하고 있었으므로 이들을 음절의 발음 강
도 크기의 원칙에 따라 배열하면 *grla가 된다.

'雉 *grlĭ>*ʈĭ>M. ɖi는 중고의 3등 澄母로 변화한 예로, 가로어[加羅
語 Garo]의 grik[꿩], 루세이어[盧舍依語 Lushei]의 va-hrit[흑꿩], 티베트 서
면어 sreg[들꿩], 푸오어[普沃語, Pwo]와 스가우 카렌[斯戈語, S'gaw Karen]
의 khli?[꿩], 렙차어[列布查語 Lepcha]의 kəhryak fo[꿩] (fo는 '새'의 의미)
와 대응한다(Benedict 1972: 84-85).

동남아시아의 일부 언어에 Cra-류의 접두사가 있다고 가정할 수 있
다. 예를 들어 태국어의 접두사 kra-는 부음절이다. 상고 중국어에는

*Cra와 같은 형식이 접두사로 사용된 경우가 있다. 예를 들면 '馬蘭東方朔
≪七諫·怨世≫·'馬蠸≪淮南子≫·'馬舄'≪爾雅≫·'蝦蟆≪史記·龜策列傳≫·'蝦蛤'≪上林賦≫
등이다. 이들 예는 모두 상고의 문헌에 나타난 것으로 당시에 '馬'와 '蝦'
는 각각 *mra-와 *gra-로 읽었다.

따라서 潘悟雲(1985, 1987a)과 鄭張尙芳(1987, 1995b)에서 열거한 端組
와 知組의 예는 다시 다음과 같이 재구할 수 있다.

'脫' *kh·lot>th-, 티베트 서면어 glod[느슨해서 떨어지다], 버마 서면
어 *khlɔt>khjwat[벗기다, 剝이], 龍州 壯語 kjoːt[도망치다]<*kloːt

'讀' *g·lok, 티베트 서면어 klog[읽다]

'肘' *krlŭ, 티베트 서면어 gru, khru[팔꿈치]

'土'의 상고음은 *kh·laˀ이다. 이는 ≪莊子·讓王≫ "두엄으로 천하를
다스리다.[其土苴以治天下.]"의 '土'에 대하여 ≪釋文≫에서 *graˀ에 해당
하는 '下賈反'로 注音한 사실, 북방 토박이말에서 '흙덩어리'가 '圪垃'인
점, 카친어에서 '흙'이 ka⁵⁵인 점과 부합한다. 또 베네딕트(Benedict 1972:
33)가 제시한 '땅'의 의미를 가진 다음과 같은 티베트-버마어군 언어의
일부 단어와도 대응한다. 예를 들면, 바힝어[Bahing]는 kha-pi, 로호롱
어[Lohorong]는 ba-kha, 카두어[Kadu]는 ka, 모샹어[Moshang]는 ga, 가로
어[Garo]는 ha이다.

'鐵' *kh·lik>*thik>M. thet은 張琨(1972)이 재구한 시노-티베트어의
*qhleks[철]와 대응한다.

'跳' *kh·lew의 경우 '跳'가 베트남 한자어에서 khieu¹로 읽혀 이와 부
합한다.

'多' *k·lal는 '移' *lăl, '宜' *ŋrăl와 해성하며 태국어의 hlaːj[^A1][많다, ทลา
ย], 壯語의 laːi¹[많다]와 대응한다.

'田' *g·liŋ은 티베트 서면어의 ziŋ[밭, 땅]<*ljiŋ, liŋs[사냥하다], 覽
金 瑤語의 giːŋ²[밭], 三江 瑤語의 ljaŋ²[밭]과 대응한다(王輔世·毛綜武
1995).

'擔' *k·lam은 크무어[Khmu]의 klam[짊어지다](Bodman 1980: 112), 카
친어의 khap⁵⁵[짐]과 대응한다.

'杜' *g·laˑ에 대하여 ≪方言≫은 "東齊에서는 '뿌리[根]'를 '杜'라 한다.
[東齊謂根曰杜.]"라 했고 이 재구음은 格曼 僜語의 kɹa⁵³[뿌리]와 대응한
다.

'鼎' *k·leŋ은 원시 타이어[台語 Tai]의 *gliaŋ과 대응한다(Benedict
1976).

'踏' *g·lep은 티베트 서면어의 glebs[밟다]와 대응한다.

'腸' *grlăŋ은 全州 瑤語의 klaŋ²[장], 티베트 서면어의 gzaŋ[항문, 백
엽두], 標敏 瑤語의 klaŋ²[창자]과 대응한다.

'丑' *phrlŭˑ는 地支名으로 부농어[布儂語, Bu-Nong, Nùng]의 piu와 대
응한다.

≪漢書≫의 '撲挑' *pok kh·lew는 카불[Kabul]과 카시미르[Kashimir]
사이에 있었던 국가로, 풀리블랭크(Pulleyblank 1962-3: 101)는 이것이
프라크리트의 Puśkalāvatī에 해당하고 그리스어의 Πευκελαῶτις
[Penkelaotis]에 해당한다고 주장했다. 이중 '挑' *kh·lew는 프라크리트
kalāv의 대역음이다.

제8장에서 k·t-와 k·l->k·r-가 서로 가까운 음이므로 서로 해성할 수 있음을 논의한 바 있다. 이에 따라 폐쇄음과 해성하는 端·知·章組에는 다음과 같은 또 다른 기원이 있다고 할 수 있다.

*C·t- > M. t-	*C·th- > M. th-	*C·d- > M. d-
*Crt- > M. t-	*Crth- > M. th-	*Crd- > M. d-
*C·tj- > M. tɕ-	*C·thj- > M. tɕh-	*C·dj- > M. dʑ-

潘悟雲(1987a)은 다음의 티베트 서면어 gt-, gd-와 상고 중국어 端·知·章組 글자의 비교를 통하여 중국어의 端·知·章母가 *k·l-, *krl-, *klj-일 가능성도 있고 *k·t-, *krt-, *k·tj-일 가능성도 있다고 했다.

중국어	티베트 서면어	중국어	티베트 서면어
談	gtam [언담]	佔	gtams [채우다]
沾	gtams [매끈하다]	滴	gtig [방울져 떨어지다]
觸	gtug [접촉하다]	屬	gtogs [속하다]
定	gde ŋ [결정하다]	支	gdeg [지탱하다]
張	gda ŋ [열다]	毒	gdug [유해하다]
晝	gdugs [정오]	種	gdu ŋ [혈통, 가문, 후예]
痛	gdu ŋ [고통]	棟	gdu ŋ [대들보]

7. 설근음·순음과 해성하는 章組

李方桂(1971)는 설근음과 해성하는 章·昌·船(禪)·書·日母를 각각

*krj-, *khrj-, *grj-, *hrj-, *ŋrj-로 재구했다. 예를 들면 枝 *krjig, 赤 *khrjak, 丞 *grjəng, 收 *hrjəgw, 肉 *ŋrjəkw 등이다. 梅祖麟(1983)은 동근어, 방언의 독음, 티베트 서면어의 동원어 등의 여러 가지 자료에 근거하여 李方桂의 가설을 다음과 같이 증명했다.

(1) 章組 성모는 廈門 말에서 설근음으로 읽는다. 예를 들면 指 ki, 枝 ki, 痣 ki, 獐 kiū, 齒 khi, 處 khi 등으로 읽는다.

(2) 章組 글자는 다음과 같이 見組 글자와 同根語 쌍을 이룬다.

章組	之 址 時 志 處 壽 車
見組	其 基 期 記 居 久 車

(3) 章組는 티베트 서면어의 동원어에서 다음과 같이 Kr-를 동반한다.

志 rgja < *grj- [표지, 서명]

射 rgjag < *grj- [던지다]

赤 khrag [피]

舟 gru [배]

是 ɦgrig [옳다]

李方桂의 체계에서 *r-로 재구된 以母를 *l로 수정하면 章組에 대한 李方桂의 재구음은 *klj-, *khlj-, *glj-, *hlj-, *ŋlj-가 된다. 나중에 龔煌城과 鄭張尙芳이 이와 같이 수정한 바 있다. 潘悟雲(1987a)은 이들 章組 글자들에 대한 티베트 서면어 동원어가 Kr-인 것도 있지만 '繕' glan[손질하다], '整' gliŋ [전체], '腸' gzaŋ [항문]<*glj- 등과 같은 Kl-류도 있다고 지적했다. 그는 또 이와 같은 재구음을 통해 幫組와 해성하는 章組 글

자의 재구음을 다음과 같이 유도했다.

$$*plj- > t\varphi-, \quad *phlj- > t\varphi h-, \quad *blj- > dz-$$

풀리블랭크(Pulleyblank 1962-3)는 *Kj-가 구개음화되어 章組로 변화했다고 주장했다. 백스터(Baxter 1980)는 李方桂가 상정한 *krj->tɕ-와 같은 변화에 대해 동의하지 않았다. 백스터의 체계에서는 *krj-가 중고의 중뉴 3등으로 변화한다. 백스터의 j는 중고에 이르러 3등의 설면 개음이 된다. 그러나 제9장의 3등 개음 부분에서 중고의 3등 설면 개음이 상고의 단모음 음절에서 기원했음을 이미 논의한 바 있다. 따라서 백스터의 *krj-는 *kr˗로 재구해야 한다. 보드만(Bodman 1980)과 鄭張尙芳(1995b)은 이들 章組가 *Krj-(*Klj-)에서도 기원했고 *Kj-에서도 기원했다고 주장했는데 이들의 재구가 타당한 것 같다. j가 상고의 Klj에 출현한 이상 다른 성모에서도 후행해야 하는데 j가 가진 공통적인 기능은 선행하는 성모를 구개음화하는 것이다. *Clj-가 먼저 *Cj-로 변화하기도 했고 양자 간의 상호 해성이 가능하므로 중국어에 나타난 자료로는 Cj-와 Clj- 가운데 어느 것인지 알 수도 없고 조기의 역음에 나타난 Cj-가 그 이전에 Clj-에서 기원했는지 여부도 판단할 수 없다. 풀리블랭크(Pulleyblank 1962-3: 98)가 제시한 '支'와 '枝'에는 -l-가 없다. ≪漢書≫의 '條支'가 Bushire 부근에 있으며 그리스어로 Ταοκή(Taoki)로 불리는 도시명임을 헤르만(Herrmann 1938)과 藤田丰八(1923)이 각각 독립적으로 확인한 바 있다. 일본의 섬인 Iki에 대하여 ≪三國志≫에서는 '一大'로 적었는데 이는 '一支'의 誤記이다. 마침 ≪梁書≫에서는 '一支'로 기록하고 있다. '阿枝違兜'는 팔리어의 Aggidatta와 대응하는데 '違'는 '達'의 誤

記이다.

　李方桂는 邪母가 *lj-에서 기원했다고 주장했다[192]. 邪母와 以母 간의 해성관계가 매우 가깝고 두 성모 모두 3등에만 출현하므로 以母가 *l-이면 邪母의 남은 선택은 *lj-일 수밖에 없다. '游' *lŭ와 '泅' *ljŭ 등[193]의 동근 이형 단어들로부터 이와 같은 사실을 증명할 수 있다.

　書母를 *hlj로 재구한 점은 각 학자들의 견해가 대체로 일치한다(李方桂의 *hrj-에 해당). 그러나 書母의 기원이 *hlj만 있는 것은 아니다. 書母 가운데에는 鼻音에서 기원한 것도 있는데 이에 대해서는 제20장에서 다룰 것이다. 또 일부는 *slj-에서 기원하였다. 潘悟雲(1991b)은 상고 중국어 사역 접두사 *s-에 관한 논의에서 以母가 자동사인 경우와 書母가 사역동사인 경우가 짝을 이루는 아래의 여러 예를 통해 書母 글자에 *s-접두사가 동반되었음을 밝혔다(*sl->s-, *slj->ɕ-, 제8장의 논의 참조).

引~伸, 佚~失, 施(以母)~施(書母), 逾~輸

潘悟雲(2000a)은 또 이들 書母가 단모음에 선행했던 *lj-에서도 기원했을 가능성을 제기했다. 潘悟雲(1997)은 書母의 또 다른 기원에 *qhlj-, *qhj-이 있음에 대해서도 논의했는데 이에 대해서는 제21장에서 다룰 것이다.

. . . .

192) 李方桂(1971)의 원문에서는 邪母의 상고 기원을 *rj-로 재구했으나 본서에서 *lj-로 표기한 것은 본서의 재구음으로 바꾸었기 때문이다.

193) 모두 '헤엄치다'의 의미를 가지고 있다.

18

● 2등과 重紐 3등의 상고 기원

1. 상고의 2등 개음

상고 중국어에서 2등과 다른 등과의 차이에 대한 논의에서, 칼그렌과 董同龢 등은 주요모음의 차이에 기인한 것이라고 주장했다. 王力(1958)은, 개구인 '雁'은 ngean, 합구인 '還'은 hoan과 같이 2등 개구의 개음을 -e-, 합구의 개음을 -o-라 하며 그 차이가 개음에 있다고 주장했다. 王力의 재구는 '巧 kheo⁵', '誇 khoa¹' 등의 古 베트남 한자어에서 영향을 받았던 것으로 보인다. 그러나 이와 같은 古 베트남 한자어는 先秦 형식이 아니며 kheo⁵의 e와 대응하는 중국어에서의 성분은 개음이 아닌 주요모음이다. 이에 대해서는 아래에서 논의한다. 그렇지만 王力은 결국 2등과 다른 등의 차이가 개음에 있었음을 가장 먼저 주장한 학자로, 이와 같은 견해를 발표함으로써 중국어 음운사에서 중요한 공헌을 했다. 야혼토프(Yakhontov 1960b)는 2등의 상고 개음을 *-l-라 했는데 그 이유는 다음과 같다(야혼토프는 칼그렌의 재구음에 근거했지만 본서는 趙元任 등의 번역본194)의 음표에 근거하여 수정했다).

---

194) 칼그렌(Karlgren 1915-26)을 趙元任과 李方桂가 중국어로 번역한 ≪中國音韻學硏究≫ (1946)를 가리킨다.

(1) 2등 글자에 중고의 來母 l-가 거의 존재하지 않는다.

(2) 어떤 단어족에 來母가 있다면 다른 非 來母 글자는 흔히 1등이 아닌 2등 글자이다.

(3) 來母는 흔히 2등 글자와 해성한다.

(4) 來母 글자는 2등 글자와 잦은 異讀 관계가 있다.

그는 다음과 같은 세 가지 유형의 예를 들었다.

① 翏 lə u³, lieu³ : 膠 kau, 嘐 xau

　　 錄 luk : 剝 pɔk

　　 䜌 liʷan, luan³ : 蠻 mʷan, 孿 ʂʷan³

　　 里 lji² : 埋 mǎi

　　 來 lai : 麥 mʷæk

　　 婁 liəu, liu : 數 ʂiu², ʂiu³, sɔk

　　 麗 liei⁴ : 釃 ʂiɛ², ʂiwo, 灑 ʂai², ʂiɛ², ʂa²

② 柬 kan² : 闌 lan, 練 lien³

　　 監 kam, kam³ : 濫 lam³

　　 降 kɔŋ³, ɣɔŋ³ : 隆 liuŋ

　　 卯 mau² : 柳 liəu² : 留 liəu, 聊 lieu

　　 史 ʂi² : 吏 lji³ : 使 ʂi²

③ 鬲 liek, kæk

　　 樂 ŋɔk, lak

　　 龍 liʷoŋ, mɔŋ

　　 率 ʂiuĕt, ʂʷi³, liuĕt

야혼토프(Yakhontov 1976)는 나중에 폴리블랭크의 l<*r 가설을 받아

들여 2등을 *Cr-로 수정하게 된다.

2등 글자가 來母 *Hr-l와 밀접한 관계가 있음은 2등 글자의 성모가 개음 l를 동반한 복자음임을 의미한다. 이는 동시에 2등 글자에 왜 來母 가 결핍되었는지도 설명해 준다. 즉 來母 *Hr-l 뒤에 개음 *l[r]가 다시 동반될 수 없기 때문이다.

(5) 2등에 개음 *Hr-l가 동반되었음은 다음과 같이 친족 언어의 동원 어에서도 그 증거를 찾을 수 있다.

八 pwăt (*plet) —— 티베트 서면어 b-r-gyad

百 pɐk (*plɑk) —— 티베트 서면어 b-r-gya

馬 ma² (*mla²) —— 버마어 mraŋ² [ျဖင့်]

江 kɔŋ (*kloŋ) —— 태국어 glɔːŋ^A² [운하, 용수로, คลอง]

甲 kap (*klap) —— 티베트 서면어 khrab

야혼토프의 논점은 단 시간 내에 여러 음운학자들에게 수용되었으 며 그의 견해를 지지하는 자료도 추가적으로 더 찾을 수 있다.

李方桂(1971)도 2등 개음이 *-r-라고 주장했지만, 그 주장의 주요 근 거는 2등운에 다음과 같이 원래 설첨음이었던 知・莊組를 개음 r가 중 고 중국어에서 권설음으로 변화시켰다는 데에 있다.

tr- > ʈ- [ʈ-]	thr- > ʈh- [ʈh-]	dr- > ɖ- [ɖ-]
tsr- > tʂ- [tʂ-]	tshr- > tʂh- [tʂh-]	dzr- > dʐ- [dʐ-]

李方桂는 2등이 *Cl-가 아닌 *Cr-임을 가장 먼저 제기했지만 아쉽게 도 來母의 상고 기원을 *r-로 수정하는 데까지는 진행하지 못했다.

鄭張尙芳(1987)이나 許寶華·潘悟雲(1994)은 다음과 같이 또 다른 예를 들어 2등이 상고에 개음 *r를 동반했음을 증명했다(음가는 필자의 재구음이다).

通轉의 예

麥 *mrɯk~來 *m·rɯ

葭 *kra~蘆 *k·ra

蕳 *kren ≪詩·澤陂≫ "有蒲與蕳.", 鄭玄箋: "當作蓮." ~ 蓮 *k·ren

澗 *kren˙ 古限切 ~ 涷 *k·rens 郞甸切, ≪說文≫ "澗也."

鑒 *krams ~ 濫 *k·rams ≪莊子·則陽≫: "同濫而浴."

革 *krɯk ≪爾雅·釋器≫: "鞌首爲之革." ~ 勒 *k·rɯk ≪漢書·匈奴傳下≫ "案勒一具." 注: "勒, 馬鞌也."

巷 *groŋs~弄 *g·roŋs

蝸 *krol 古蛙切 ~ 螺 *k·rol

동원어와 차용어의 예

攪 *kru˙, 티베트 서면어 dkrug[교란하다], 武鳴 壯語 rau³¹ < *ru[교란하다](李方桂 1953), 古 베트남 한자어 su⁵<*kruʔ[반죽하다]

降 *groŋ, 티베트 서면어 ɦkhruŋ[탄생하다] (≪離騷≫의 "惟庚寅吾以降."과 비교), 武鳴 壯語 roŋ³¹[내려가다](李方桂 1953)

嗝 *krek, 티베트 서면어 sgreg[딸꾹질하다]

覺 *kruk, 티베트 서면어 dkrog[깨닫게 하다]

駁 *pruk, 버마어 prɔk⁴[얼룩얼룩하다, ြ(ပြောက်]

誇 *khʷra, 버마어 kwra:³[과시하다, 과장해서 말하다, ြ(ကြား:]

架 *krals > *krai, 카친어 kh3ai⁵⁵ < *khrai[架設하다]

窖 *kruks, 태국어 kru^{A1}[지하실, 지하 동굴, ꤤꤢꤢ]

嵌 *khram, 태국어 graːm^{C2}[끼워 넣다, ꤤꤢꤢꤢ]

麻 *mral > *mrai, 武鳴 壯語 rai^{31}[마맛자국](李方桂 1953)

慳 *khrin, 古 베트남 한자어 sen < *khren[인색하다]

陷 *groms, 古 베트남 한자어 trom^{4} < groms

交 *kraw, 古 베트남 한자어 trao < *krao[주다]

剝 *prok, 古 베트남 한자어 troc^{5} < proc

江 *kroŋ, 古 베트남 한자어 sông < *krông

중국어 방언에 나타난 증거는 아래와 같다.

고대 복자음 *Cr-는 일부 현대 방언에서 한 개 반 음절인 C·l-로
변화했다. 아래는 太原 방언의 예이다(趙秉旋 1984).

單字	切脚 글자	單字	切脚 글자
擺 pai	薄唻 pəʔlai	爬 pha	撲拉 phəʔla
跑 phau	撲澇 phəʔlau	棒 pɤ̃	薄浪 pəʔlɤ̃
刮 kuaʔ	刮臘 kuəʔlaʔ	巷 xɤ̃	黑浪 xəʔlɤ̃
環 xuæ̃	忽欒 xuəʔluæ̃	更 kəŋ	圪棱 kəʔləŋ
擦 tshaʔ	測臘 tshəʔlaʔ		

아래는 福州 방언의 예이다(梁玉璋 1982).

單字	切脚 글자	單字	切脚 글자
門 $souŋ^{55}$	$so^{11}louŋ^{55}$	滑 $kou?^{55}$	$ko^{31}lou?^{55}$
夾 $kɛi?^{55}$	$kɛ^{31}lɛi?^{55}$		

일부 방언에서 이들 切脚 글자의 부음절은 C・ㅓ>ㅓ와 같은 과정을 성과하며 탈락한다. 예를 들면 '爬'는 湖南 雙峰에서 lo, 末陽・益陽에서 la이다. '艦'은 廈門・潮州・臨川에서 lam이다. 末陽에서 '罅'는 la, '攬'는 lɔ이며, 베트남 한자어에서 '刷'는 $loat^{5}$이고 '彎灣'은 $loan^{1}$이다.

그러나 상술한 내용과 상반된 예도 있다.

첫째, 야혼토프는 일찍이 일부 來母 글자가 1등과 관계가 있음에 유의한 바 있다. 예를 들면 來母 '洛'은 1등 見母의 '各'과 해성한다. 그는 이들 1등 글자의 독음이 나중에 생성된 것이라 했다. '各'이 처음에는 '오다'의 의미였으나 나중에 2등의 '格'으로 대체되었는데 이는 '各'이 원래 2등의 독음만 있었음을 의미한다고 했다[195]. 야혼토프가 분석한 글자 이외에도, 來母가 2등이나 중뉴 3등이 아닌 글자들과 해성한 다른 몇 개의 예를 아래와 같이 들 수 있다.

莒 居許切~呂 力擧切	蘇 素姑切~魯 郞古切
睦 莫六切~陸 力竹切	兼 古甜切~廉 力鹽切

----

195) 야혼토프(Yakhontov 1960b: 44)에 의하면, 글자 '各'이 생성되었을 때에 의미는 '오다'로 2등 글자였다. 나중에 1등 음을 가진 '각각'이라는 의미로 차용되고 난 후 2등에 해당하는 '오다'의 의미가 2등 '格'으로 대체되면서 '各'의 2등의 독음이 사라지게 되었다고 한다.

이와 같은 예는 많지만 위의 예에 나타난 독음이 나중에 생긴 것인지의 여부는 알 수 없다.

둘째, 보드만(Bodman 1980)은, 일부 2등 글자가 캄-타이어의 차용어에서 Cr-형이 아닌 Cl-형이며 티베트-버마어군 언어의 동원어에서도 *Cl-형임에 주목했다. 아래는 관련 차용어와 동원어의 예이다.

2등 글자	관계어
江 *krɔŋ	티베트 서면어 kluŋ [강], 버마어 *khlɔŋ >khjɔŋ³ [시냇물, ღ༠ྂ: , 태국어 glɔːŋ^{A2}[용수로, คลอง]
下 *gra˙	버마어 kja¹ < *kla [하강하다, ကျ]
價 *kras	버마어 kja¹ < *kla [가치, ကျ]
峽 *krep	버마어 kjap⁴ < *klap [협곡, ကျပ်]
夾 *krep	버마어 kjap⁴ < *klap [협판, 비좁다, ကျပ်]
甲 *krap	버마어 khjap⁴ < *khlap [갑주, ချပ်]
棒 *broŋ˙	태국어 phlɔŋ^{A4} < *blɔːŋ^{A2} [몽둥이, พลอง, Bodman 1980]
蛙 *qʷre	武鳴 壯語 klwe⁵⁵ [청개구리, Bodman 1980]
疤 *pra	바어 pliak [흉터, 상흔]
攪 *kru˙	바어 klau [교란하다], 태국어 glau^{C2} [교란하다, เคล้ง]

그는 이에 대해 몇 가지 가능성을 제시했다. 첫째, 이들 차용어의 기원이 다소 늦은 시기에 있었으므로 당시의 중국어에서 *Cr-가 이미 *Cl-로 변화했을 가능성이 있다. 둘째, 중고 중국어의 2등 글자가 *Cr-와 *Cl-의 두 개의 기원을 가지고 있었을 가능성이 있다.

첫째 분석은 일부 방언에 적용될 수도 있겠지만 티베트 서면어와 버마어의 예는 차용어일 가능성이 그다지 크지 않다.

그의 둘째 분석도 불가능하다. 상고의 *Cl-도 중고에서 1·4등과 非 중뉴류의 3등 글자로 변화했어야 하기 때문이다. 이에 관해서는 제17 장의 논의를 참조하기 바란다. *Cl- 마저 중고의 2등으로 변화했다고 가정한다면 *Cl-이 중고의 2등과 1·4등 및 非 중뉴류의 3등 글자로 각각 분화된 조건을 찾을 수 없다.

야혼토프가 주장한 바와 같이 2등 글자는 來母와의 관계기 밀접하기도 하지만 以母와 해성하는 예도 일부 있는데 이와 같이 以母와 해성하는 예에 대하여 야혼토프(Yakhontov 1960b)는 언급을 회피했다. 그러나 이는 반드시 언급해야 한다. 이들 2등 글자는 대체로 아래와 같이 몇 가지로 나눌 수 있다.

첫째, '澤'과 '睪'이 해성하고, '茶'와 '余'가 해성한다. 본서에서는 아래와 같이 이들 2등 글자의 기원이 *Crl-이나 *rl-이라고 본다.

以母	2등
余 *lă > M. jɔ	茶 *ɡrla > M. ɖɯa
睪 *lăk > M. jiɛk	澤 *ɡrlak 또는 *rlak > M. ɖak

둘째, '嶸'이 '營'과 해성하고, '劂'이 '鷸'과 해성한 예이다. 이들 以母 글자의 기원이 云母임에 대해서는 제3장에서 논의한 바 있다. 이는 다음과 같은 영[zero] 개음과 r 개음간의 교체이다.

以母	2등
營 *ɢʷĕŋ > M. jʷi	嶸 *ɢʷreŋ
鷸 *ɢʷĭt > M. jʷit	劂 *kʷrit > M. kɯæt

셋째, '樂'이 '藥'과 해성한 예이다. '樂'에는 *rak이라는 來母의 異讀이 있다. 우리는 이와 같은 해성 현상을 '상고 중국어의 *r와 *l의 교체'로 귀결시킨다. 이와 같은 유형으로 다음의 예가 있다.

> 昱, 余六切, 以母 ; 聲符 '立' 力入切, 來母
> 律, 呂卹切, 來母 ; 聲符 '聿' 餘律切, 以母
> 藥, 以灼切, 以母 ; 聲符 '樂', 盧各切, 來母

또 '里'는 '已'와 통한다. ≪周禮‧考工記‧匠人≫의 '里爲式'은 '已爲式'이며 ≪釋文≫에서는 "里讀爲已, 音以."라 밝혔다.

來母 *r-가 以母 *l-와 교체하는 이상 *Cr-와 *Cl-의 교체도 당연히 성립할 수 있다. '各'과 같은 글자는 상고에 두 개의 독음이 있었던 것으로 보인다. 하나는 *klak으로 이는 중고의 1등, 즉 ≪廣韻≫ '古落切'의 독음으로 변화했으며 또 하나의 독음인 *krak은 중고의 2등으로 변화했는데 나중에 '格'으로 기록하게 된 것이다. 이들은 *Cr-와 *Cl-의 교체이다. 來母 '洛'은 *k‧rak이며(제17장 논의 참조) '各'의 독음 *krak과 해성 관계가 있다.

2. 중고의 2등 개음

2등이 어떠한 개음도 동반하지 않았다는 칼그렌의 견해를 많은 사람들이 오랫동안 수용해 왔으며 2등과 1등이 각각 전설과 후설 모음이라는 차이가 있었다고 생각했다. '家'와 같은 일부 2등 글자는 나중의 官話에서 개음 i를 동반하게 되는데 칼그렌은 이에 대해 전설의 a가 선행하는 설근음을 구개음화하는 역할을 했다고 주장했지만 칼그렌 스스로도 자신의 견해가 다소 억지스러운 면이 있다고 의심한 바 있다. 鄭張尙芳은 1981년의 강연에서 다음과 같이 분석했다.

$$r > ɣ > ɰ > ɨ > i$$

潘悟雲(許寶華·潘悟雲 1994)과 鄭張尙芳(1987)은 아래와 같은 주요 논거에 의해 위의 규칙에 대해 상세히 논증했다.

(1) 칼그렌이 중고 2등에 개음이 동반되지 않았다고 주장한 것은 官話 방언에서 2등 글자 대부분에 개음이 없다는 사실에 기인한 것이다. 그러나 다른 방언에서는 2등 글자에 다음과 같은 여러 가지 개음으로 나타난다.

① 개음 i

이는 官話에서 대체로 2등 개구 설근음에 후행한다. 그러나 다른 방언에서는 다음과 같이 일부 다른 성모에 후행하기도 한다.

廣西 伶話 : '爬' bia, '埋' mia, '奶' nia, '八' pia (王輔世 1979b)
浙江 遂昌 방언 : '烹' phiaŋ, '拍' phiaʔ, '百' piaʔ (浙江方言調査 팀)
浦江 방언 : '麻' mia, '瓦' ɲia, '炒' tɕhio (朱宅 말)

② 개음 u

浙江 武義 방언 : '馬' muɑ, '家' kuɑ, '殺' suɑʔ, '茶' dzuɑ, '拔' buɑ (傅國通 1984)

③ 개음 ɣ

浙江 建德 방언 : '茶' tɕɣɤ, '殺' ɕɣɤ, '沙' ɕɣɤ, '挿' tɕhɣɤ (洋尾 말)

④ 개음 ɯ

浙江 樂淸 방언: '八' pɯa, '馬' mɯa, '花' fɯa, '雙' sɯa (柳市蔣家橋 말)

이상 각 개음의 기원이 동일하다고 가정하면 그 기원을 ɯ로 정해야 각종 개음들의 유래를 설명할 수 있다. 非 원순 후설모음인 ɯ는 흔히 안정되어 있지 않아 i로 전설음화했거나 u로 원순음화하기도 했으며, 전설음화와 동시에 순음화하기도 했고 일부는 탈락하기도 했다. 이와 관련하여 여러 방언에서 그 변화의 예를 찾을 수 있다.

$$
ɯ \begin{cases} \text{i (전설음화)} \\ \text{u (순음화)} \\ \text{y (순음화 + 전설음화)} \\ \varnothing \text{(zero化)} \end{cases}
$$

(2) 전설모음 a로 인해 선행 자음이 구개음화했다는 칼그렌의 주장은 성립하기 어렵다. 절대 다수의 2등운이 전설 모음을 동반했어도 江韻은 전설모음이 아닌 ɔŋ이었다. 그렇다면 官話 방언에서 개음 i가 동반된 이유는 무엇인가? 게다가 중국어 방언에서 과도음 i는 주로 모음이 ɛ인 경우에 증식되었다. 예를 들어 溫州에서 '庚' kɜ>kiɛ인 경우는 있지만 a 앞에서 i가 증식된 경우는 드물다.

(3) ≪中原音韻≫에서 동일한 韻類의 1·2등은 일반적으로 이미 합병되어 있었다. 다만 皆來韻에서 '該'와 '皆'가 두 개의 小韻으로 나뉘는 등 일부 설근음과 순음에서만 1등과 2등이 나뉘어져 있었을 뿐이다. ≪蒙古字韻≫에 전사된 八思巴 문자에는 '皆'에 개음이 동반되어 있다. 그러나 이 개음은 3등 개음과 다르다. 楊耐思(1981: 35)는 "이는 애매한 i̯이다."라고 했다. 이것은 i와 같은 종류의 음이라 추정한다. 蕭豪韻의 1·

2등은 ≪蒙古字韻≫에서 이미 합병되었으나 ≪中原音韻≫에서 설근음·순음·泥母·娘母는 1등과 2등에 따로 출현한다. 周德淸은 '包'[196]와 '褒'[197], '飽'[198]와 '保'[199]가 변별된다고 특별히 강조했다. 이들 각조의 글자가 동일 韻部에 속해 있고 동일 聲母에 속해 있었으므로 이들의 차이는 개음에 있었을 수밖에 없다. 이 개음이 새롭게 생성된 것은 물론 아니다. 생성되었다고 가정하면 아무런 연고 없이 개음이 생성되었다가 나시 나중에 탈락하게 되는 것으로 상정해야 하는데 이와 같은 가정이 어떻게 가능한지 설명하기 어렵다.

(4) 韻圖는 1등과 2등을 대단히 엄격하게 구분하고 있다. 예를 들면 ≪大廣益會玉篇≫에 딸린 〈神珙圖〉에서는 k-류 1등을 '喉聲'으로 분류했고 k-류 2등을 '脣·舌·齒'의 세 성모류와 함께 병렬하고 '牙聲'으로 명칭을 붙여 각각 다른 성모류로 간주했다[200]. 이로써 2등 글자가 실질적인 음성으로서의 성분을 갖추었고 아울러 식별이 아주 용이한 명확한 성분이었음을 알 수 있다. 이와 같은 음성적 차이는 성모의 변별과 연계되어 있는 것으로, 모음 위치의 전후에 따른 차이는 결코 아니다.

⋯⋯⋯⋯⋯⋯⋯⋯⋯⋯

196) 2등에 속한 글자이다.
197) 1등에 속한 글자이다.
198) 2등에 속한 글자이다.
199) 1등에 속한 글자이다.
200) 〈神珙圖〉의 원제는 〈四聲五音九弄反紐圖〉이며 여기에서 성모를 다섯 가지로 분류하였다. 그 성모류의 명칭과 例字는 다음과 같다.
　・東方喉聲: '何我剛鄂謂可康各' - 1등의 喉牙音으로 구성되어 있다.
　・西方舌聲: '丁的定泥寧亭聽歷' - 舌音으로 구성되어 있다.
　・南方齒聲: '詩失之食止示勝識' - 齒音으로 구성되어 있다.
　・北方脣聲: '邦厖剝霅北墨朋邈' - 脣音으로 구성되어 있다.
　・中央牙聲: '更硬格行幸亨客' - 2등의 喉牙音으로 구성되어 있는데 본문에서 언급한 '牙聲'이 바로 여기에 해당한다.

(5) r>ɣ는 흔히 보이는 음성변화로, 李方桂가 조사한 武鳴 壯語의 r가 현대 武鳴 壯語에서 모두 ɣ로 바뀐 음성변화가 이에 속한다. 仫佬語의 kɣ는 다시 kɯ로 변화했다(王均 1984). 따라서 상고 중국어의 *r가 ɣ로 변화한 후 다시 ɯ로 변화한 것으로 상정하는 것이 음의 이치와 부합한다.

(6) 2등 글자의 주요모음은 나중에 대부분 전설음화했는데 이와 같이 중요한 현상은 중고의 2등 개음에 관한 정보를 나타내고 있다. 풀리블랭크(Pulleyblank 1962-3: 113)는, 상고의 2등 개음의 탈락으로 인하여 주요모음이 a로 변화했다고 주장했다. 李方桂(1971)는 "개음 r는 모음을 중설·중모음화[201]하는 기능이 있다."고 했다. 그러나 r가 탈락함으로써 후행 모음이 a로 변화한 원인은 무엇인가? r가 중설·중모음화를 야기한 원인은 무엇인가? 이는 음성적 원리와 부합하지 않는다. 여기에서 이 같은 기능을 한 것은 사실상 개음 ɯ이다. ɯ가 i로 변화하는 과정에서 후행하는 모음도 함께 전설음화한다. 예를 들면 江韻은 *kroŋ >kɯɔŋ >kiɐŋ >kiaŋ의 과정을 경과한 것이다.

(7) 반절하자가 순음인 개구 글자의 절대 다수는 2등운이다. 예를 들면, '解: 佳買切', '曬: 所賣切', '更: 古孟切', '格: 古伯切', '宅: 場伯切', '諍: 側迸切', '殺: 所八切' 등이 있다. 이는 2등에 동반된 개음 ɯ가 합구 개음과 유사했기 때문이다.

---

201) 李方桂(1971:18)의 원문에는 '中央化的作用[centralization]'이라 기록되어 있다. 여기에서 'centralization'이라는 용어를 '중설 모음[central vowel]'화라는 의미로 오해할 가능성이 있다. 그러나 바로 앞의 언급에서 "개음 r는 후행하는 고모음을 하강하게 하고…… 또 후행하는 저모음을 조금 상승하게 할 수 있다."는 李方桂의 언급에 근거하면 '중설[central]·중모음화[mid]'의 의미를 갖는 것으로 해석된다.

3. 重紐 3등의 상고 기원

야혼토프(Yakhontov 1960b)는 다음과 같이, 일부 3등 글자가 상고에서 2등 글자와 마찬가지로 l(나중에 r로 수정)를 동반한 복자음이었다고 밝힌 바 있다.

폐쇄음 3등	來母	폐쇄음 3등	來母
變 piwän³	戀 liwan, luɑn	禁 kiəm³	林 liəm
兼 kiem	廉 liäm	京 kiɐng	凉 liang
品 phiəm²	臨 liəm	文 miuən	吝 liĕn³

풀리블랭크(Pulleyblank 1962-3: 111)는 來母와 관계있는 모든 3등 글자가 중뉴 3등이었음을 정확하게 밝히고 더 나아가 아래와 같은 예를 들었다.

來母	중뉴 3등	來母	중뉴 3등
律 M. liwit	筆 M. piit	鷙 M. liin	狋 M. ŋiin`
立 M. liip	泣 M. khiip	臨 M. liim	品 M. piim′
稟 M. liim′	稟 M. piim′		

그의 상고음 체계에서 來母를 *r-로 수정한 이후에는 중뉴 3등의 성모는 *r를 동반한 복자음으로 재구되었다. (′ 는 上聲을, ` 는 去聲을 표시한다.)

그는 중뉴 3등을 이와 같이 재구한 또 다른 증거를 가지고 있었다.

즉, 중뉴의 대립이 있는 韻에서 知·莊組가 중뉴 3등 글자를 반절하자
로 사용한 경향이 있었으며, 중뉴 3등 글자 역시 知·莊組 글자를 반절
하자로 사용한 경향이 있었다는 것이다. 그의 체계에서, 知·莊組는 권
설음으로 상고에서 r를 동반한 복자음에서 기원했다.

支韻	差 tʂhie, 釃 ʂieː 反切下字 '宜' ŋje
	衰 tʂiwe: 反切下字 '危' ŋjwe
紙韻	躧 ʂieˊ 反切下字 '綺' khjeˊ
	揣 tʂhiweˊ 反切下字 '委' ʔjweˊ
寘韻	屣 ʂjeˋ 反切下字 '寄' kjeˋ
	(그러나 '娷' tjweˋ와 '諉' njweˋ의 反切下字는 '恚' ʔjweˋ이다.)
脂韻	'龜' kjwi, '鼥' kjwi, '逵' gjwi: 反切下字 '追' tjwi
旨韻	'雉' ɖiiˊ: 反切下字 '几' kiiˊ
質韻	'齟' dʐiit: 反切下字 '乙' ʔjit
獮韻	'撰' dʐiwenˊ: 反切下字 '免' mjenˊ
	'圈' gjwenˊ: 反切下字 '篆' ɖjwenˊ
	'卷' kjwenˊ: 反切下字 '轉' tjwenˊ
線韻	'鄄' tjenˋ: 反切下字 '彥' ŋjenˋ
	'縓' ʂjwenˋ: 反切下字 '眷' kjwenˋ
薛韻	'舌刂' tʂhjet: 反切下字 '別' bjet
侵韻	'㟒' tʂhjim, '森' ʂjim: 反切下字 '今' kjim
	'岑' dʐjim: 反切下字 '金' kjim
寑韻	'瘁' ʂjimˊ, '坅' khjimˊ: 反切下字 '錦' kjimˊ
沁韻	'賃' njimˋ, '闖' thjimˋ, '譖' tʂjimˋ, '渗' ʂjimˋ: 反切下字 '禁' kjimˋ

중뉴 문제에 관한 서양 학자들의 연구 성과 가운데 가장 중요한 것
으로 백스터(Baxter 1977)의 논문이 있다. 백스터는 이 논문에서 중뉴
3등이 *rj-에서 기원했고 전설모음에도 출현했고 후설모음에도 출현했
다고 밝혔다. 또 중뉴 4등은 *j-를 동반하며 전설모음에만 출현했고

중뉴 3·4등에는 전통적으로 알려진 支·脂·祭·仙·眞·鹽·侵·宵의 8개 韻 이외에도 庚/淸韻, 幽/尤韻이 포함되어야 한다고 했다. 그는 李方桂 등의 상고 재구음에 대하여 의미 있는 수정을 가했는데 이 중 중뉴에 대한 재구는 그가 수립한 상고 음운 체계 가운데 가장 중요한 부분이다. 이와 같은 백스터의 구상은 보드만에 의하여 수용되었고 다시 보드만의 상고 음운 체계와 결합하여 보드만-백스터의 상고 음운 체계를 이루는 주요한 골격이 되었다. 이 체계의 중요한 특징은, 각 韻部를 개음의 차이에 따라 다음과 같이 네 종류로 나눈 것이다(Baxter 1977: 212ff.).

상고 개음	후설모음 동반	전설모음 동반
-∅-	중고 1등	중고 순 4등
-r-	중고 2등	중고 2등
-j-	중고 순 3등	중고 중뉴 4등
-rj-	중고 중뉴 3등	중고 중뉴 3등

그가 제시한 주요 근거는 다음과 같다.

(1) 개음 r에는 후행하는 모음을 전설음화하고 이완시키는 기능이 있다. 예를 들면 陽部 가운데 2등은 나중에 庚_韻으로 변화하는데 그 모음의 위치는 1등인 唐韻보다 앞쪽에 있다. 陽部에서 j를 동반한 운류에는 陽韻과 庚_韻이 있는데 庚_韻 모음의 혀의 위치는 陽韻보다 앞쪽에 있다. 이외에 개음 r가 모음을 전설음화하는 기능이 있으므로 庚_韻은 rjaŋ이고 陽韻은 jaŋ이어야 한다.

(2) 耕部의 淸韻과 庚_韻은 전형적인 중뉴 운이다. '生'은 ≪廣韻≫에

서 '所庚切'로 2등 글자를 反切下字로 사용하고 있으나 백스터는 이를 庚韻 3등이라 주장했다. 반절 규칙에 따라 3등 개음에 관한 정보가 반절상자에도 반영될 수 있는데 반절상자인 '所'는 魚韻의 3등운 글자이다. 백스터의 견해는 분명히 옳다. '生'은 《王三》[202]에서의 반절이 '所京切'로 반절하자가 마침 庚韻 3등이다. '生'의 성모는 중고에서 권설음인데 상고의 개음 r로써 그 권설음의 기원을 설명할 수 있다. '生' *srjeŋ은 淸韻의 '姓' *sjeŋ과 중뉴 관계를 이룬다. 중뉴 관계를 이루고 있는 또 다른 글자의 쌍의 글자로 庚韻의 '命' *mrjeŋ과 淸韻의 '令' *rjeŋ이 있다.

(3) 淸韻이 靑韻과 해성하는 예가 많은 반면 庚韻이 靑韻과 해성하는 예는 적다. 이는 淸韻과 靑韻이 개음 r를 동반하지 않았고 庚韻이 개음 r를 동반했기 때문이다.

(4) 중뉴 3등 글자인 *Crj-는 다음과 같이 來母의 *r-와 관계있다.

'別' *brjet은 '列' *rjet과 해성관계일 가능성이 있으며 렙차어의 동원어는 bryát[분리하다]이다.

'鮻'은 '巨巾切'로 읽기도 하고 '郞丁切'로도 읽는다.

'密'과 '栗'은 동일 단어족에 속해 있다. '栗'에는 '풍부하다'의 의미가 있다. 《詩・生民》의 "열매가 번성하여 풍부하다.[實穎實栗.]"에서 그 예를 볼 수 있다. 《禮・聘義》의 "치밀하면서도 굳세다.[縝密以栗.]"에서는 '단단하다[實]'의 의미이다. 《詩・良耜》의 "재빨리 낫질하여 빽빽

---

202) 《切韻》系 韻書의 하나로 王仁煦의 《刊謬補缺切韻》의 寫本 가운데 하나이다. 완전하게 보전되어 있다 하여 《全王本》이라고도 한다.

이 쌓아올리다.[獲之桎桎, 積之栗栗.]"에서는 '빽빽하다[密]'의 의미이다.

'筆'은 '律'과 해성관계이다. ≪說文≫에서 "吳 지역에서는 '不律'이라 한다.[吳謂之不律.]"고 했다.

중국의 학자들 가운데, 중뉴 3등 글자의 상고 기원이 개음 r라 주장한 이들은 俞敏과 鄭張尙芳 두 사람이다. 俞敏(1984b: 410)은 慧琳 ≪音義≫ 卷25에서 '乙'이 산스크리트의 r를 대역했음에 근거하여 '乙'을 ʔrid로 재구했으며, 이에 따라 중뉴 3등의 '筆 prid, '密' mrid가 중뉴 4등의 '一' ʔyid, '必' pyid, '蜜' myid과 각각 대립을 이루고 있다고 추론했다. 그의 제자인 施向東(1983)은 玄奘의 산스크리트-중국어 대음 관계가 '姞' grid, '訖' krit, '乾' gran임을 들어 俞敏의 재구음을 지지하는 증거를 제시했다. 이에 따라 唐代 초기의 中原의 방언음에서 중뉴 3등에도 입술을 오므린 색채를 띤 [ɹ] 개음이 동반되었다고 추론했다. 이는 중뉴 3등 글자가 대역한 산스크리트에 단음 r가 있었음을 밝힌 것이다.

중국의 가장 중요한 논저는 鄭張尙芳(1987, 1995b)으로 아래와 같이 대량의 중국어의 내부 증거 자료와 외부 비교 자료를 통하여 중뉴 3등에는 개음 r가 있고 중뉴 4등에는 개음이 없거나 개음 l가 동반되었음을 증명했다.(상고음은 필자의 재구음으로 수정했다.)

(1) 중뉴 3등 *Cr-는 來母 *r-와 通轉한다.

厘('禧'와 같다[203].) *hrŭ — 厘 *rŭ

獫[~犾, 오랑캐] hrŏmˀ - 獫[주둥이가 긴 개] rŏmˀ

朸(音極, 漢代 제후국 이름) *grŭk - 朸 (縣名) *rŭk

203) ≪集韻≫의 之韻에 출현한다.

率[통솔하다] *srŭt － 率[비율] *rŭt

稟 *prŭm˙ － 廩 *rŭm˙

命 *mrĕ ŋ s — 令 *rĕ ŋ s

位 *Grŭps － 立 *rŭp

冰 *prŭ ŋ － 凌 *rŭ ŋ

棘 *krŭk － 勢 *rŭk

耆 《尙書大傳》, -國 *grĭ － 黎 《書·西伯戡~》 *rĭ

泣 *khrŭp － 淚 rŭps ('淚'는 古文에서 '泣'으로 기록했다.)

品 *phrŭm˙ － 臨 *rŭm

京 *kră ŋ － 凉 *ră ŋ

禁 *krŭm － 林 *rŭm

(2) 중뉴 3등이 두 개의 음절로 확장될 때 후행 음절은 來母 글자이다.

筆 *prŭt － 不律 *pɯrŭt (베트남어에서는 but, 한국어에서는 pus
　　[붓]으로 모음이 모두 u인 점에 유의할 것)

豾 *phrŭ － 不來 *pɯrɯ

馮[憑] *brŭ ŋ － 馮陵 *bŭ ŋ rŭ ŋ

(3) 중뉴 3등 글자는 친족 언어와 방언에서 개음 r를 동반한다.

几 *krĭ － 티베트 서면어 khri [평상, 좌석, 탁자]

禁 *krŭms (聲符는 '林' *rŭm)－ 티베트 서면어 khrims [법률]

饉 *grŭns － 티베트 서면어 bkren [빈곤, 기아]

糒 *brŭks － 티베트 서면어 brgyaks [건조식품] < *bregs

臉 [눈꺼풀] *krŏm˙ － 티베트 서면어 ɦgram [뺨]

泣 *khrŭp (聲符는 '立' *rŭp)－ 티베트 서면어 khrab [흐느끼는 사람]

陰 *qrŭm ─ 티베트 서면어 rum [그늘진 곳], 베트남 râm¹ [그 늘],
武鳴 壯語 răm⁶ [그늘, 그림자]

變 *prŏns (聲符는 '綠') ─ 티베트 서면어 ɦphrul, 태국어 pliːan^B1 [바
꾸다,], 베트남어 lôn⁶ [변화하다]

擎 *grĕŋ ─ 티베트 서면어 sgreŋ [들어 올리다]

驚 *krĕŋ ─ 태국어 kreːŋ^A1 [두려워하다,]

敬 *grĕŋs ─ 태국어 greːŋ^B2 [엄숙하다, 진지하다,]

勍 *graŋ (≪左傳·僖公二十二年≫의 '~敵之人') ─ 태국어 kriːaŋ^A1
[강력하다,]

(4) 중뉴 3등 글자는 현대 방언에서 來母로 읽기도 한다.

臉, '居奄切' *krŏm', 현대 중국어에서 liǎn으로 읽는다.

飮 *ʔrŭm', 厦門의 구두어음은 lim¹이다. (武鳴 壯語의 ram⁴[물]과
대응)

驗 *ŋrŏms, 廣東 樂昌의 長來 말에서는 lĩ⁵로 읽는다.

眉 *mrĭ, 溫州에서는 '眼眉毛'의 '眉'를 '梨' lei²와 같이 읽는다. ≪方
言·一≫에서 "東齊에서는 '眉'라 하고, 燕과 代의 북방 변경 지
역에서는 '梨'라 한다.[東齊曰眉, 燕代之北鄙曰梨.]"라고 하였다.

明 *mrăŋ, 湖南 耒陽에서는 '明年'의 '明'을 '良'과 같은 liõ으로 읽는다.

逆 *ŋrăk, 베트남 한자어에서 '반대'의 의미는 ngược⁵[ŋɯək]이며
'영접하다'의 의미는 rước⁶[rɯək]이다.

鄭張尙芳은 또 중뉴 3·4등의 중고 모음의 유형을 근거로 이들이 다
음과 같은 관계가 있다고 추정했다.

(A) 중뉴 4등운은 4등과 동등하다. ─ 전설모음에 제한되어 있다.

(B) 중뉴 3등운은 2등과 동등하다. - 모음에 제한이 없다.

(C) 非 중뉴의 다른 3등운은 1등과 동등하다. - 중설・후설모음에 제한되어 있다.

鄭張尙芳 체계에서, 중고 3등은 단모음에서 기원했고 非 3등은 장모음에서 기원했으므로 위의 관계는 아래의 표와 같이 요약할 수 있다.

모음의 장단	介音	전설모음	중설・후설모음
장모음	-0-, -I-	4등	1등
	-r-	2등	2등
단모음	-0-, -I-	중뉴 4등 (중순)	기타 3등 (경순)
	-r-	중뉴 3등	중뉴 3등 (중순)

李方桂(1971)는 知組가 상고에서 *tr- 등이었고 개음 r가 t를 권설의 t-(ʈ-)로 변화시켰다고 주장했다. 그러나 tr-가 상고에 존재했었는지는 의심스럽다. 베네딕트(Benedict 1972: 42)는 "원시 티베트-버마어군 언어에 *dr-, *dl-, *tr-, *tl-, *sr, *sl-과 같은 복자음을 가정할 필요가 없다."고 했다. 潘悟雲(1984)도 원시 시노-티베트어족 언어에서 *Cr-나 *Cl- 가운데의 폐쇄음인 *C-가 순음・설근음・후음으로 제한되어 있었음을 논증한 바 있다. 일부 티베트-버마어군 언어에서 Cl-과 Cr-가 이미 Cj-, Cʑ-, C3-류의 복자음으로 변화했으므로 역사적 기원으로 볼 때 이들 복자음도 Cl-과 Cr-류에 귀속시킬 수 있다. Cl-과 Cr-류의 복자음이 여전히 존재하고 있는 드룽어・阿昌語・버마 서면어・카친어・羌語・載瓦語・프리미어・爾蘇語에서도 유음에 선행하는 폐쇄음은 순음・설근음・후음으로 제한되어 있다. 티베트 서면어에서도 dr-를

제외하면, 유음 -r-와 -l-는 순음이나 설근음과만 결합하여 복자음을
구성하며, 다른 티베트-버마어군 언어와 비교하면 dr- 역시 gr-류의
복자음에서 기원했음을 알 수 있다. 基諾語, 壯語, 仡佬語, 바에[Va], 팔
라웅어에서도 복자음 Cl-과 Cr- 가운데의 C- 역시 순음·설근음·후
음으로 제한되어 있다. 따라서 이러한 유형의 복자음들은 동아시아에
존재했던 아주 오래 전의 유형이라 추정된다. 상고 중국어가 상술한
언어들보다 훨씬 오래 전의 언어이므로 그 당시에도 순음·설근음·
후음만이 유음과 결합하여 복자음을 구성했을 것이라고 추정한다. 따
라서 李方桂가 재구한 *tr-류의 복자음이 있었다는 주장은 믿을 수 없
다. 潘悟雲(2000a)은, 중고의 知組가 *rt-류의 자음 계열에서 기원했고
r- 역시 후행하는 t를 권설화 시켜 중고에 이르기까지 t-로 변화하게
했으며 발음 강도가 t-보다 약한 r-가 나중에 탈락한 것이라고 주장했
다. 동시에 설첨후음의 설근이 위로 올라감으로써 2등과 重紐 3등의
개음인 ɯ(혹은 ɣ)가 생성되었는데 이는 다음과 같은 과정을 경과한
것이라 주장했다.

$$*rt- > *rt- > *t- > tɯ-$$

그러나 모든 知組가 rt-류의 자음 계열에서 기원했다고 가정하면 단
모음 앞에서는 t-류와 같은 단순 자음이 없게 된다[204]. 따라서 대부분

••••••••••••••••••••

204) t-류가 중고 중국어의 각 등에 고르게 분포하고 있다는 가정 하에서 논의를 이해하면 될
    것이다. 1등과 4등의 t-류 舌音은 端組로 변화했고 나머지 2등과 3등의 t-류 舌音은 知組로
    변화했다. 이때 2등의 知組를 rt-류로 재구하는 것은 문제가 없다. 그러나 3등 知組의 상
    고 중국어의 기원을 rt-류에만 제한하여 단모음의 3등에서 t-류를 제거하면 장모음에는

의 知組 3등은 단순 성모인 *t-류에서 기원했으며 일부의 知組 3등만이
*rt-류에서 기원한 것이다. 3등의 설면 개음이 생성 초기에 ɯ와 유사한
과도음이었다는 점에 대해서는 제9장에서 논의한 바 있다. t-류는 다
음과 같이 개음의 후설적 성격의 영향을 받아 후설화하여 ʈ-류의 음으
로 변화한 것이다.

$$*t- > *tɯ- > *tɯ- > M. ʈi-$$

따라서 중고의 端·知組의 상고 설첨음의 기원은 아래와 같이 정리
된다.

장모음	단모음
*t- > M. t- (1·4등 端組)	*t- > M. ʈ- (3등 知組)
*rt- > M. ʈ- (2등 知組)	*rt- > M. ʈ- (3등 知組)

이로써 潘悟雲(2000a)은 鄭張尙芳 등의 재구를 다음과 같이 일부 수정
했다. 즉 2등과 중뉴 3등의 기원으로 *Cr- 이외에 *rC-도 상정했다.

모음의 장단	성모의 유형	전설모음	중설·후설 모음
장모음	C-, Cl-	4등	1등
	Cr-, rC-	2등	2등
단모음	C-, Cl-	중뉴 4등	기타 3등
	Cr-, rC-	중뉴 3등	중뉴 3등

···········

t-류가 있으나 단모음에는 t-류가 없는, 분포 상의 문제가 있다는 의미이다.

*s-를 동반한 上古의 자음서열

음성 평면에서 sC-의 s-는 부음절에 속한다. 따라서 sC-를 복자음으로 간주하지 않고 자음서열이라 부르기로 한다.

1. 설치·설근 폐쇄음과 해성하는 精·莊組

精·淸·從母는 통상 *ts-, *tsh-, *dz-로 재구된다. 보드만은 1958년에 가장 먼저 상고 중국어의 '*st-형 복자음설'을 제기했다. 그는 1969년에 시노-티베트어족 언어와의 비교, 해성 현상과 단어족 관계를 통해 상고 중국어에 *st-형의 복자음이 존재하고 있었음을 종합적으로 논증했다. 아래에 그가 제시한 몇 가지 예를 소개한다(Bodman 1969).

중국어	티베트 서면어	중국어	티베트 서면어
接	sdeb-pa [이어지다, 연합하다]	浸	stim-pa [스며들다]
戚, 感	sdug-pa [고뇌, 고통]	磋	star-ba [정결케 하다, 윤내다]
綜	sdom-pa [묶다, 견고하게 하다, 합계내다]	從	sto ŋ s-ba [수행하다]
叢	sdo ŋ -pa [연합하다, 이어지다]		

그는 또 칼그렌의 *Grammata Serica*에서 t류가 ts류와 교체한 다음의
예를 들고 이들 역시 *st->ts- 의 관계라 주장했다.

漸 ~ 沾　　　　曾 ~ 等　　　　責 ~ 讁　　　　俟 ~ 待

공개적인 출판물에서 '*sC-형 자음설'을 가장 먼저 제기한 사람은 풀
리블랭크(Pulleyblank 1962-3: 133 ff.)이다.

*st- > ts-	*sth- > tsh-	*sd- > dz-
	*skh- > tsh-	

아울러 그는 다음과 같은 증거를 들었다.

揵陀訶盡[Gandhahastin](T224)에서 중국어의 '盡' tsin[혹은 dzin]은 인
도의 stin을 대역한 것이다.

七: M. tshet[본서의 tshĭt] < *sthit에서 *sthit은 *sɲit일 가능성이 있다
고 했다. 그 이유는 버마어의 '七'이 *khu nits>khu nas(ηၜδ), Bårå語의
'七'이 sni이기 때문이다. 그러나 카나우리어[卡瑙里語, Kanauri]에서 '七'
은 stiš이다(王靜如 1931).

李方桂(1971)도 다음과 같이 이와 유사하게 재구했는데 이보다 더
체계적이다.

*st- > s-	掃(‘帚’와 해성), 犀(‘遲’와 해성), 修(‘條’와 해성), 泄(‘蝶’과 해성)
*sth- > tsh-	催(‘推’와 해성), 戚(‘督’과 해성), 邨(‘屯’과 해성), 揣(‘端’과 해성)
*sd- > dz-	寂(‘督’과 해성), 澡(‘粲’과 해성), 摧(‘推’와 해성)
*sk(w)- > s(w)-	楔(‘契’와 해성), 所(‘戶’와 해성), 歲(‘劇’와 해성), 蚣(‘公’과 해성)
*skh(w)- > tsh(w)-	造(‘告’와 해성)
*sg- > dz-	造(‘告’와 해성)

그가 재구한 *skw->sw-는 ‘恤’과 같은 합구 설치음의 기원을 설명한 것으로[205] 이전 학자들이 인식하지 못했던 것이다.

鄭張尙芳(1990c)과 潘悟雲(1987a)은 다음과 같이 상정했다.

$$*sk(l)- > 精 \qquad *skh(l)- > 淸 \qquad *sg(l)- > 從$$

*sk(l)-는 *sk-나 *skl-을 나타낸 것이다. 복자음 *Cl-에 대한 논의에서 l의 발음 강도가 C보다 약하여 나중에 탈락한다고 밝힌 바 있다. 따라서 *C-와 *Cl-의 후대 형식은 다음과 같이 동일하다.

‘井’ *skĕŋˀ은 ‘耕’ *kreŋ, ‘型邢形’ *geŋ과 해성한다. 풀리블랭크는 古베트남 한자어 가운데 giêŋ[우물]의 예를 들어 이 글자에 설근음이 동반되었다고 주장했다.

· ·

205) ‘恤’은 합구의 術韻 心母 글자로, 동일 해성족에는 ‘血’ 등의 曉母 글자들이 있다.

'浹, 子協切' *skleb은 '夾' *krep이 聲符이다.

'稷' *sklŭk은 '棘' *krŭk과 통하는데 '稷下'를 '棘下'로도 기록했기 때문이다. '棘'은 또 '力' *g·rŭk과도 통한다.

'造' *sguʾ는 '告' *kuks가 聲符이며 티베트 서면어의 sgrog‑pa[선고하다와 대응한다.

'鑽' *ston에 대해서 ≪方言≫은 "鑽謂之鍴."이라 했는네 '鍴'의 상고음은 *ton이다.

'載' *stɯs는 '戴' *tɯs와 해성하고 의미도 서로 통한다.

'邨' *sthun의 聲符는 '屯' *dun이다.

sP-·sK->sT->Ts-의 음성변화에 관해서는 아래의 고대 티베트어와 현대의 일부 티베트-버마어군 언어와의 비교를 통해 그 증거를 찾을 수 있다.

티베트 서면어	현대 티베트-버마어군 언어
spu [털]	呂蘇語 dzʁ[33]
sder [짐승의 발]	呂蘇語 dza[35]
sta [도끼]	扎垻語 tsa[13]
sdur [비교하다]	貴瓊語 dzʁ[35]
sbjaŋ [배우다]	버마어 təɑŋ[2] [ɔၕ], 貴瓊語 tsã[55]
skar [별]	카렌어[克倫語, Karen] tsha[31], 扎垻語 ʂtʂə[55]
sdod [앉다]	羌語 dzo[33]

많은 음운학자들이 sT->Ts-가 음위전환[metathesis]에 의한 음성변화로 주장하고 있지만, 扎墳語의 ʂtʂə^{55}[별]의 예를 보면 그 실제 과정은 sT->sTs->Ts-로 s-의 마찰성분이 후행하는 T-를 파찰음으로 변화시킨 후 s-가 다시 탈락한 것임을 알 수 있다. 扎墳語의 경우 마찰음이 ʂ-이므로 t를 tʂ로 변화시킨 것이다.

潘悟雲(1987a)은 티베트 서면어의 st-와 sd-의 일부가 각각 *skl-과 *sdl-에서 기원했다고 했다. 예를 들면 티베트 서면어 stoŋ[비다]<*skloŋ은 중국어의 '空' *khloŋ과 대응한다. stag[호랑이]<*sklag은 버마 서면어 *kla[호랑이]>kja^{3}[ကျား]와 대응한다. 이와 같이 그는 보드만(Bodman 1980)이 *st-와 *sd-로 재구한 것 가운데 아래의 몇 개의 예는 다음과 같이 각각 *skl-과 *sgl-로 재구되어야 한다고 분석했다.

'坐' *sglol˙>*dzol˙는 티베트 서면어의 sdod[앉다]<*sglod, 白語碧江의 ku^{42}, 눙어[怒語, Nung]福貢의 gu^{55}nu^{31}, 팔라웅어의 kɔi, 베트남어의 ŋôi^{2}와 대응한다. 또 고대에 '坐'는 '두 무릎을 땅에 대고 앉다.'의 의미인데 이는 '跪' *glŏl˙와 同根이다.

'接' *sklep은 티베트 서면어의 sdep[연접하다]<*sglep과 대응하며 카친어의 khap[받다, 이어지다], 버마어의 sap[접합하다, စပ်], 베트남어의 gep[연접하다]과도 대응한다. 또 ≪漢書·賈宜傳≫의 "저는 폐하께서 淮南의 여러 왕자를 왕으로 봉하시고자 함이 두렵습니다.[竊恐陛下接王淮南諸子.]"에 대하여 孟康은 "'接'의 음은 '挾'이다. '挾'은 淮南의 여러 왕자를 왕으로 봉하려는 마음을 품은 것이다.[接音挾, 挾, 挾持欲王淮南諸子也.]"라 注했다. '挾'은 *glep 이나 *klep이다.

'浸' *sklĭms은 티베트 서면어의 stim[스며들다]<*sklim, 드룽어의

xɹɑm⁵³[스며들다], 베트남어의 ngâm⁵[스며들다]과 대응한다. 동일 聲符의 글자인 '祲' *sklĭms[鄭玄은 '태양 주위의 기운・빛[日旁之氣]'이라 했다.]은 티베트 서면어의 khjim[해・달무리]과 대응한다.

'酒' *sklŭ̆는 戰國 시기 陶文에 '九' *klŭ̆를 聲符로 하는 '酓'로 기록되어 있다. '酒'는 일찍이 남방의 각 민족의 언어들에 차용되었다. 예를 들면 仏佬語에서는 khɣaːu³이고 水語에서는 qhaːu³이며, 毛難語에서는 klaːu³이다. 이들 언어에서 aːu는 고대의 u에서 기원했으며 仏佬語의 khɣ는 khl-에서 기원한 것이다. 이는 '酒'가 고대 캄-타이어의 차용어에서 한 때 *khlu류의 형식이었음을 말해 준다.

'子' *splŭ̆는 '李' *b・rŭ̆와 해성하며 同根 단어로 '育' *lŭk, '胞' *pru가 있다. 이는 티베트 서면어의 phru[자궁]・rog[포의]・bu[아들], 白土 壯語의 luɯk⁸[아들]・buk⁸[포대기]・rug⁸[胞衣]과 대응한다.

李方桂(1971)와 풀리블랭크(Pulleyblank 1962-3)는 莊組가 중고에서 권설음이었으며 다음과 같이 r를 동반한 상고의 복자음에서 기원했다고 주장했다.

*tsr- > 莊 tʂ-[tʂ-]   *tshr- > 初 tʂh-[tʂh-]

*dzr- > 崇 dʐ-[dʐ-]   *sr- > 山 ʂ-[ʂ-]

이는 精組와 莊組의 관계가 밀접했다는 사실과 부합한다. 그러나 精組가 *sk-와 *st- 등의 기원을 가지고 있으므로 莊組도 *skr-나 *str-의 기원을 가지고 있어야 한다. 풀리블랭크(Pulleyblank 1962-3)는 아래와 같이 재구했다.

$$*str - > t\c{s}- \qquad *sthr - > t\c{s}h- \qquad *sdr - > d\underline{z}-$$

潘悟雲(1987a)와 鄭張尙芳(1990c)은 다음과 같이 밝혔다.

$$*skr - > 莊 \qquad *skhr - > 初 \qquad *sgr - > 崇 \qquad *sr - > 山$$

'岑' *sgrɯ̆m은 '今' k-이나 '琴' g-과의 해성 현상과 부합한다.

'笈'은 '楚洽切' *skhrɯp과 '其立切' *grɯ̆p의 독음이 있다.

'裝' *skrɛ̆ŋ은 티베트 서면어의 skaŋ[가득 차다, 채우다]과 대응한다. 동일 聲符의 '牀' sgrɛ̆ŋ은 古 베트남 한자어의 giường과 白土 壯語의 kvaŋ²[침대]과 대응한다.

2. 精[莊]과 心[山]의 관계

상고의 폐쇄음은 세 종류로 나뉘는데 오직 보드만(Bodman 1980)은 상고 중국어의 폐쇄음이 *t-: *th-: *d-: *dh- 등의 네 종류로 나뉜다고 가정했다. 그러나 중국어의 내부 증거에서 이와 같은 4분법의 근거를 찾을 수 없다는 이유로 대다수의 중국어 음운학자들은 상고 중국어의 설첨 폐쇄음에 *t-, *thr-, *d-의 세 종류만 있었다고 주장하고 있다. 만일 이들이 s-와 결합한다면 *st-, *sth-, *sd-의 세 종류만 있게 되는데 精·淸·從·心·邪母의 5개 자모가 이들 세 자모 가운데 어느 것과 각각 대응하는지에 대해서는 학자들의 견해가 일치하지 않는다. 아래는 각학자들의 견해를 비교한 표이다. *sTl- 가운데 유음이 탈락함으로써

*sT-과 합병했으므로 아래 표에는 사실상 *sTl-이 포함되어 있다.

	st-	sth-	sd-	sdh-
李方桂	心	淸	從	–
풀리블랭크	精	淸	從	–
鄭張尙芳	精	淸	從	–
보드만	心	淸	精	從
백스터	心, 精	淸	從	–

　각 학자들의 차이는 주로 *st-류에 집중되어 있다. 폐쇄음과 해성하는 精組의 글자에 '掃·修206)·泄207)'과 같은 心母 글자가 제법 많다는 것이 분명하지만 '接·井·載와 같은 精組의 글자도 있다. 상고 설첨 폐쇄음을 t, th, d로 확정한다는 전제 하에서, sth, sd 자리가 이미 淸·從母로 채워졌다면 나머지 st-가 精母·心母와 동시에 대응할 수 없으므로 학자 간에 차이가 발생했을 것이다. 백스터(Baxter 1992)는 *st-에 두 종류의 음성변화의 유형이 있다고 주장했다. 첫째는 *st->ts-의 음위전환이며 둘째는 *st->s-와 같은 복자음의 단순화이다. 그는 전자를 *s의 변이음인 *S로 표기했다. 이와 같이 처리함으로써 문제를 해결한 것처럼 보이지만 사실은 또 다른 문제를 야기했다. 즉 s가 두 개의 변이음을 가질 수 있는 원인은 무엇인가? *s와 *S 사이에는 어떤 음성적 차이가 있는가? 개음 *r까지 고려한다면 설첨 폐쇄음과 해성하는 莊組 글자의 변화상황에 대한 논의도 필요하다. 즉 *sthr-가 初母로 변화하

---

206)　예를 들면 '篠·條와 같은 透母나 定母의 글자들과 해성한다.
207)　예를 들면 '踂·鰈·踥·蝶와 같은 端組나 知組의 글자들과 해성한다.

고 *sgr-가 崇母로 변화했다고 가정하면 *str-는 莊母로 변화한 것인가, 아니면 山母로 변화한 것인가? 백스터는 설근음과 해성하는 山母를 간단하게 *sr-로 재구했지만 이 방법으로는 설근음과의 해성관계를 설명할 수 없다.

鄭張尙芳(1995b)은 다음과 같은 해결 방안을 제시했다.

첫째, 舌根音과 해성하는 精·莊組

*sk- > M. ts-,   *skh- > M. tsh-,   *sg- > M. dz-,   *sh- > M. s-

*skr- > M. tʂ-, *skhr- > M. tʂh-, *sgr- > M. dʐ-, *shr- > M. ʂ-

(鄭張尙芳은 중고 莊組를 tʃ-, tʃh-, dʒ-, ʒ로 재구했다.)

둘째, 설근음과 해성하지 않는 精·莊組

*sl'- > M. ts-	*sr'- > M. tʂ-
*shl'- > M. tsh-	*shr'- > M. tʂh-
*sɦl'- > M. dz-	*sɦr'- > M. dʐ-
*sl- > M. s-	*sr- > M. ʂ-
*sɦl- > M. z-	*sɦr- > M. ʐ-

*sl-이 s-로 변화하고 *sr-가 ʂ-로 변화했다고 보는 것은 옳다. 以母 [*l-]와 해성관계가 있는 心母 글자와, 來母와 해성관계가 있는 山母 글자에 대해서는 이에 근거하여 분석할 수 있다. 예를 들면 다음과 같다.

易 *lek > j-   錫 *slek > s-

吏 *rɯs > l-   使 *srɯ' > ʂ-

이와 같이 재구하는 경우, l나 r의 발음 강도가 s보다 약하여 탈락했다고 하는 음성적 원리와 부합한다.

파찰음이 존재했던 일부 해성족에 폐쇄음이 없었으므로 이와 같이 파찰음에 존재했던 폐쇄음 성분의 내력을 설명하기 위해 鄭張尙芳은 폐쇄음화된 l'를 설정했다. 그러나 그가 제시한 l'류의 유음을 채택할 수 없음에 대하여 앞에서 논의한 바 있다. 사실상 모든 음성적 특징이 해성관계에 반영되어 있지는 않다. 예를 들면 酒와 '莊' 해성족에 설근음이 없으므로 鄭張尙芳은 이를 가장 중요한 재구의 근거로 삼았지만 다른 자료를 살피면 이들에 설근음 성분이 있었을 알 수 있다.

앞 절에서 논의한 바와 같이 '酒'가 설근음과 관계가 있으므로 상고음은 *sklǔ'이어야 한다.

'莊'과 해성하는 일부 글자는 다음과 같이 설근음을 동반하고 있음이 확실하다.

'牀' *sgrăŋ은 古 베트남 한자어에서 giường[침대]이고 白土 壯語에서 kvaŋ²[침대]으로 설근음을 동반하고 있다.

'裝' *skrăŋ의 티베트 서면어의 동원어는 skaŋ[충만하다이다.

'藏' *sglaŋ의 吳語의 同根語는 '囥' *khlaŋs이다.

'牆' *sglăŋ의 티베트 서면어의 동원어는 gjaŋ[벽, 흙담]이다.

'壯' skraŋs의 동근어는 '京' *krăŋ이다. ≪爾雅≫에서는 이들을 모두 "大也."로 訓했다.

鄭張尙芳은 '莊'이 티베트 서면어의 sraŋ[거리, 촌락과 동원임과 동시에 티베트 서면어의 동원어에 설근 폐쇄음이 없으므로 *sraŋ >tʂaŋ으로 재구되어야 한다고 주장했다. 그러나 티베트 서면어의 일부 sr-는 sgr-류의 성모에서 변화한 것으로 보인다. 예를 들면 srib(s)[어둡다]은 sgrib[어두워지다, 가리다]·grib[그림자]과 同根임이 분명하다. 서부 티베트어의 srug-pa[뒤섞다](Jäschke)는 티베트 서면어의 dkrug-pa나 sprug-pa[뒤섞다]와 同根이다. sraŋ[도량]과 graŋ[수량]은 同根이다. 따라서 티베트 서면어의 sraŋ[거리, 촌락]이 원래 sgraŋ과 유사한 형식이었을 가능성이 있으며 '촌락'의 의미는 중국어의 '莊' *skraŋ과 동원이며 sraŋ의 다른 의미인 '거리'는 중국어의 '行' *graŋ과 동원임을 알 수 있다.

일부 티베트 서면어의 sl-도 폐쇄음을 동반했을 가능성이 있다. slaŋ[꿰매다, 때우다]과 glaŋ[꿰매다, 때우다], slog[가죽 옷]과 klog[가죽 옷], slod-pa[완화하다. 완화시키다]와 glod-pa[완화하다. 완화시키다]를 비교하면 slaŋ의 조기 형식은 sglaŋ류일 가능성이 있다.

티베트 서면어 sr(l)-과 sgr(l)- 사이의 관계는 우리에게 중요한 암시를 주는데 보드만(Bodman 1973: 383)은 일찍이 이 문제에 유의했다. 그는 "일부 *skr-류의 복잡한 복자음에서 폐쇄음이 탈락함으로써 s-유형으로 변화했을 가능성이 있기는 하지만 이것이 나중의 중고 중국어에 이르기까지 각각 ts- 형과 s-형으로의 두 개의 변화과정을 경과할 수 있었던 이유는 명확하지 않다."고 했다.

풀리블랭크(Pulleyblank 1962-3: 128-130)는 '俟'가 *sɦr-(당시에는 *sɦl-로 표기했다)에서 기원한 것으로 보고 云母 '矣' *ɦ-와의 해성관계를 설명했다. 그는 또 일부 山母 글자가 *sh-에서 기원한 것으로 보고 '所'가 '戶' *g-와 해성함에 대해 분석했다. 俟母에 대한 그의 재구음인 *sɦr-로부터 유추하면 山母는 *shr-로 재구되어야 하며 이 중 h가 탈락하여

*sr-로 변화한 것으로 추정할 수 있다. 설근음과 해성하지 않는 精·莊組에 대한 鄭張尚芳(1995b)의 재구음은 풀리블랭크와 대단히 유사하다.

그러나 shr-는 각종 언어에서 흔히 볼 수 없는 자음서열이다. 또 제8장에서도 마찰음과 폐쇄음이 해성하지 않았다는 점에 대하여 수차례 논의한 바 있다. 설근음과 해성하는 曉母와 匣母는 사실상 *qh-, *ɢ-, *g- 등의 폐쇄음에서 기원했다. 따라서 풀리블랭크와 鄭張尚芳의 *sh(l)-, *sɦ(l)-, *shr- 등을 *sqh(l)-, *sɢ(l)-, *sqhr-, *sɢr로 수정하면 心·邪·山·俟母와 見組나 影組와의 해성관계에 대해 더 나은 분석을 할 수 있다. *q는 *s- 뒤에서 일찍이 ʔ-로 변화한 후 다시 탈락했다. *qh-와 *ɢ-는 각각 h-와 ɦ-의 마찰음으로 변화한 후 탈락했을 것이고 이중 ɦ는 선행하는 s를 유성음화하여 z-로 변화시킨 것으로 보인다. 이러한 맥락에 의하면 이들은 아래와 같이 재구된다.

精組

*sk(l)- > *st- > M. ts- 精	*sq(l)- > M. s- 心
*skh(l)- > *sth- > M. tsh- 清	*sqh(l)- > *sh- > M. s- 心
*sg(l)- > *sd- > M. dz- 從	*sɢ(l)- > *sɦ- > M. z- 邪

莊組

*skr- > *sʈ- > M. tʂ- 莊	*sqr- > *sr- > M. ʂ- 山
*skhr- > *sʈh- > M. tʂh- 初	*sqhr- > *shr- > M. ʂ- 山
*sgr- > *sɖ- > M. dʐ- 崇	*sɢr- > *sɦr- > M. ʐ- 俟

위와 같은 재구음을 바탕으로 鄭張尚芳(1990c)과 潘悟雲(1987a, 1990)이 열거한 心·山·邪·俟母에 속한 몇 글자는 아래와 같이 재분석할 수 있다.

'算'(*sqlons)은 '筭'으로 적기도 하는데 이 글자의 聲符는 '弄'(*g·roŋ) 이며 티베트 서면어의 sgroŋs[계산하다(명령식)]와 대응하고 운미 n~ŋ의 교체는 렙차어에서 froŋ[수를 세다, 계산하다]의 과거식이 frón 인 것과 대응한다(Mainwaring 1898).

'蒜'(*sqlons)에 대하여 ≪古今注·卷下≫208)에서는 "蒜은 마늘이다. 일반인들은 이를 '小蒜'이라 한다.[蒜, 卵蒜也, 俗人謂之小蒜.]"고 했고, 陶貞白은 "'小蒜'은 '薍子'로 불린다.[小蒜名薍子.]'고 했다. '薍'의 상고음 은 *g·rons이며 聲符는 '亂'이고 티베트 서면어의 gloŋ[어지럽다]과 대 응한다. 段玉裁는 뿌리가 '계란'형과 비슷하므로209) 음을 '卵' *g·ron̊'이 라 한 것이라 했다. 티베트 서면어에서 둥근 모양의 물건은 goŋ이며 '마늘'은 원시 苗語에서 *Gloŋ이다(王輔世 1979a).

'歲' *sqhʷăts는 閩 방언에서 s-를 동반하지 않은 형식인 *qhʷăts를 반영한 h-로 읽히고 있어 '劇' *kʷăts와 '濊(*qʷats > M. ʔwɑi)와의 해성관 계와 부합한다.

'宣' *sqŏn은 '垣' *Gon과 같은 해성족에 속해 있으며 티베트 서면어의 goɬ[담이 있는 정원]와 대응한다. ≪爾雅·釋言≫의 "宣, 緩也."는 '緩

<hr />

208) 晉代 崔豹가 저술한 각종 사물에 대해 해설해 놓은 책이다. 모두 上·中·下의 3권으로 구성되어 있다.

209) ≪說文解字注≫ '蒜' 조목 아래에 段玉裁는 다음과 같이 注했다.
≪大戴禮·夏小正十二月≫에서 "卵蒜을 바친다."라고 했는데 '卵蒜'이란 어떤 뜻인가? 이 는 뿌리가 계란 모양이라는 의미이다. '納'이란 무엇인가? "임금에게 바친다."는 의미이 다.(≪大戴禮·夏小正十二月≫: "納卵蒜." '卵蒜'者何? 本如卵者也. '納'者何? 納之君也.)

*Gŏn으로 '宣'을 聲訓한 예이다.

'損' *sqŭn'은 '員' *Gŏn, *Gun을 聲符로 하고 있으며 티베트 서면어의 gun[손해보다, 손실이 나다]과 대응한다.

'霰' *sqens의 或體인 '霰'은 '見' *kens을 聲符로 하고 있다. 티베트 서면어는 ser -ba[우박]인데 '우박'은 타도어[塔多語, Thado]에서 gel이고 루세이어[盧舍依語, Lushei]에서는 rial이나(Benedict 1972: 54). 이는 원시 티베트-버마어의 *sgrer와 유사한 형식이었을 가능성이 있음을 의미한다.

'跋' *sqlŭp은 '及' *grŭp을 聲符로 하고 티베트 서면어의 skrab-pa[밟다]와 대응한다.

'旬' *sGʷlĭn은 '勻' *Gʷlĭn을 聲符로 하고 '均' *kʷlĭn과 해성하며 '營' *Gʷlĕŋ과 독음이 비슷하기도 하다. ≪詩·江漢≫의 "왕이 召虎에게 명하기를 두루 정사를 펴시오.[王命召虎, 來旬來宣.]"에 대하여 鄭玄의 箋은 "'旬'은 '營'으로 적어야 한다.[旬當作營.]"라고 했다.

'夕' *sGlăk에 대하여 梅祖麟(1981)은 티베트 서면어의 zla-ba[달]와 대응하며 甲骨文에서 '달'의 의미와 '저녁'의 의미를 가지고 있었음을 밝혔다. 동시에 楚曆 '屈夕'의 '夕'을 이용해 이 글자가 '달력'의 의미를 가지고 있었음도 증명했다. '屈夕'은 '屈柰'이라고도 하는데 '柰'의 上古音은 *lăk이다. 베티 셰프츠(Chang, B. S 1971)는 티베트 서면어의 zla가 sɦla(ɦ는 小阿 접두사)에서 기원했으며 티베트 서면어의 일부 ɦ는 *G에서 기원한 것이라 주장했다. 따라서 필자는 zla의 기원이 zla<*sɦla<*sGla라고 주장한다. 베네딕트(Benedict 1972)는 미키르어[Mikir]에서 tśklo, 루세이어에서 thla<*khla, 마가리어[Magari]에서 gya, 카친어에서 śəta<*s-kla<*s-gla인 점에 근거하여 원시 티베트-버마어를 *s-gla로

재구했다.

'象' *sGlăŋ은 티베트 서면어의 glaŋ[코끼리]과 대응하는데 이 중 s-는 동물의 명칭을 나타내는 접두사이다. 阿昌語에서는 tɕhaŋ⁵⁵, 勒期語에서는 tshaŋ³³으로 파찰음의 성모를 동반하고 있다. 이는 이들 모두가 s-와 폐쇄음이 결합한 형태에서 기원했음을 말해 준다.

'俗' *sGlŏk은 티베트 서면어의 lugs[풍속]와 대응하며 聲符는 '谷'이다. '谷'은 티베트 서면어의 grog-pa[깊은 계곡], 버마어의 khjɔk<*khlɔk[협곡, ရောက်]), 카친어의 kha³¹rɔʔ⁵⁵[산골짜기]와 대응한다.

'俟' *sGrɯ̌는 《廣韻》에서 '渠希切' *g(l)ɯ̌의 又讀이 있으며 《集韻》에는 '渠之切' *g(l)ɯ̌과 '羽己切' *G(l)ɯ̌의 又讀이 있다. 聲符는 '矣' *Gɯ̌이다.

'松'祥容切 *sGlŏŋ의 성부는 '公' *kloŋ이며, 티베트 서면어의 sgron[만주 흑송]과 대응한다.

'數' *sqhrŏs는 '屨' *klŏs와 해성한다. 동일 聲符의 글자인 '婁' *k·ro는 '樓蘭[Krorayina]의 '樓'와 비교되는데 '樓'는 kro를 대음한 것이다. '數'와 '算'은 同根으로 티베트 서면어의 sgroŋs[수를 세다]와 대응한다.

베네딕트(Benedict 1976: 181)는 *s-k->影母, *s-kh->曉母의 공식을 제시했다. 보드만(Bodman 1980: 58-63)도 *sk-, *sg->影母, *skh->曉母의 공식을 제시했고 이것이 방언 현상이라 주장했다. 이들이 열거한 예 가운데 일부는 신뢰할 수 있으나 다음과 같이 影母의 상고 성모는 *q-이어야 하고 曉母의 상고 성모는 *qh-이어야 한다.

보드만은 '訓'을 *skhùls로 재구했는데 이는 티베트 서면어 skul[타이르다, 정복하다, 명령하다]과 대응하지만 *qhŭns로 재구해야 한다.

보드만은 '化'를 *skhwrals로 재구했는데 이는 카나우리어[Kanauri]의 skwal[바꾸다]과 대응하지만 칼링어[Khaling]의 khwaːl[전환, 이동]과 대응하므로 qhʷrals로 재구해야 한다.

보드만은 '嚖'가 티베트 서면어의 sgreg[트림하다]과 대응한다고 보아 *sgrik로 재구했지만 사실은 티베트 서면어의 sgreg과 더 밀접한 대응 관계가 있는 것은 '嗝' *krek과 '呃' *qrek이다. '嚖'는 *qrɯks로 재구되며 이는 티베트 서면어의 skjigs[트림 소리]와 대응한다.

베네딕트(Benedict 1972)는 '鷹'을 *s-kjəŋ으로 재구했는데 이는 티베트 서면어의 skjiŋ-ser[매, 독수리](ser는 gser[金]이다)와 대응한다. 티베트 서면어의 s-는 동물의 명칭에 붙이는 접두사이고 어근은 kjiŋ이다. '鷹'의 상고음은 *qlɯ̈ŋ으로 티베트 서면어의 어근인 kjiŋ과의 대응 관계와 부합하며 格曼 僜語의 어근 형식인 glẵŋ[매]과도 대응한다.

s-가 티베트 서면어에서 생산성이 높은 접두사이고 많은 동사나 명사의 어근 앞에 출현할 수 있으며 게다가 시노-티베트족 언어 간의 비교를 통한 음성적 측면의 엄정한 대응 관계도 아직 명확하게 밝혀지지 않았으므로 보드만이나 백스터와 같은 비교 방법론을 채택할 필요는 없다. 이들은 티베트 서면어에 s-가 있었다면 중국어도 반드시 있었을 것이라 주장했지만 티베트 서면어의 sC-가 중국어의 *C-와 대응하는 많은 예를 찾을 수 있다. 예를 들면, 티베트 서면어의 skam[집게]은 중국어의 '鉗' *grăm과 대응하고, 티베트 서면어의 sgug[기다리다]은 중국어의 '候' *gos와 대응한다. 이는 *sk->M.ʔ-를 증명하기 위해 보드만이 증거로 제시한 아래의 두 개의 예와 마찬가지로 음성과 의미 면에서 억지스럽게 보인다.

보드만은 '鞍' *skan이 티베트 서면어의 sgal[부담]과 대응한다고 했지만 중국어 동원어는 '荷' *gaľ이어야 한다.

보드만은 '盎' *skaŋ이 티베트 서면어의 sgaŋ[자라다]과 대응한다고 했으나 중국어의 동원어는 '長' *grlǎŋ, *krlǎŋˊ이어야 한다.

우리는 제21장에서 구개수음이 흔히 다음과 같은 두 가지 방향으로 변화했음에 관해 논의할 것이다.

따라서 *sq-, *sqh-, *sG- 등의 일부 구개수음이 설근음으로 변화하여 *sk-, *skh-, *sg-와 합병되었을 가능성도 있다. 보드만이 제시한 파찰음과 影母나 曉母와의 몇 개의 해성 예도 위와 같이 분석해야 할 것이다.

乙 *qrĭt > M. ʔ-	札 *sqrit > M. tʂ-	軋 *qrit > M. ʔ-
聑 *sqhlŭp > M. tsh-	揖 *sqlŭp > M. ts- *sqrŭp > M. tʂ-	揖 *qlŭp > M. ʔ-
重 *sqhrop > M. tʂh-	揷 *sqhrop > M. tsh-	歃 *qhrop > M. h-

3. 양순 폐쇄음과 해성하는 精·莊組

李方桂(1980)는 *sp-류를 상정할 수 있는지에 대하여 확신하지 못했다. 그는 다음과 같이 언급했다.

蝨 ṣjĕt이 상고의 *sprjit에서 기원했는지 여부에 대해서는 확신
하기 어렵다… … '鼻'가 원래 '自'와 통했는데, 그렇다면 '自'
는 *sbjidh > dzi이었나?

풀리블랭크(Pulleyblank 1962-3: 134-135)는 다음과 같이 상정했다.

$$*sb- > dz-,\ *sbl-^{210)} > dz-,\ *sphl-^{211)} > tsh-$$

순음과 관계가 있는 精・莊組 글자의 수가 다소 적은 것은 분명하지
만 풀리블랭크가 열거한 몇 개의 예는 분명히 성립된다.

'自'는 '鼻'의 初文으로 *blĭt과 *sblĭts의 두 가지 형식이 있어야 한다.
北京 말과 吳 방언 등에서는 입성의 기원이 있는데 아마 *blĭt에서 유래
한 것 같다[212]. 풀리블랭크는 티베트 서면어의 sbrid[코 골다]과 대응한
다고 했다. 독음 *blĭt은 중고 並母 至韻으로 귀속되었고 독음 *sblĭts는
중고 從母 至韻으로 귀속되었다. *sblĭts는 '~로부터'의 의미를 나타내는
介詞로도 차용되었다. 나중에 '自'에서 '코'의 의미를 나타낸 *sblĭts의 독
음은 사라졌고 介詞 '自'와 구별하기 위하여 '自' 아래에 '코'의 의미의

• •

210) 풀리블랭크의 원 논문에서는 l가 아닌 ð로 표기되어 있으나 본서의 저자가 중국어로 번역
하면서 l로 바꾼 것이다.
211) 위와 같음.
212) 중고 중국어의 舒聲의 全濁 글자가 평성인 경우, 현대 중국어에서는 유기음 陽平聲으로
변화한다. 그러나 '鼻'의 중고 중국어 독음이 並母이므로 이 글자가 규칙적으로 변화했다
면 현대 중국어에서 유기음이어야 하지만 실제는 무기음의 陽平聲이다. 무기음의 陽平聲
은 入聲의 全濁 글자에서 흔히 기원한 점에서 볼 때 '鼻'가 舒聲이 아닌 入聲이었을 가능성
이 있음을 알 수 있다. 또 吳 방언에서 운미 -ʔ를 동반하고 있으므로 入聲일 가능성이
더 크다고 할 수 있다.

독음과 더 가까운 聲符 '畀'를 아래에 첨가했다.

'罪' *blul'는 '非' *pɯl가 聲符이다. 鄭張尙芳은 티베트 서면어의 bjur [악운, 불행]와 대응한다고 했다.

'眨' *sprop은 '乏' *blŏp이 聲符이다. '眨'은 傣語에서 phɛp이며 태국어에서는 bri²b^D²[눈을 깜박이다, พริบ]이다.

潘悟雲(1987a)과 鄭張尙芳(1990c)은 다음과 같이 재구했다.

*sp(l)- > ts-	*sph(l)- > tsh-	*sb(l)- > dz-
*spr- > tʂ-	*sphr- > tʂh-	*sbr- > dʐ-

그러나 心[山]母에 관련된 문제가 있다. 즉, '瑟'은 '必'을 聲符로 하고 '屑'은 '八'을 聲符로 하며 '掃'와 '婦'가 해성하는데 이럴 경우 이들 성모를 어떻게 재구해야 하느냐가 精莊組의 재구에서 난제로 남아 있어 앞으로 연구가 더 필요하다.

동 아시아의 여러 언어에서 마찰음은 있지만 파찰음은 없다. 예를 들면 캄-타이어의 파찰음은 나중에 생성된 것이다(張均如 1983). 필자는, 중국어의 파찰음도 나중에 생긴 것이고 이들 모두 *s가 설근음이나 순음과 결합한 자음서열에서 기원한 것으로 *sT- 단계를 경과했을 것이라는 가정을 제시한 바 있다. 이러한 추정은 향후 증명해야 할 문제이다.

鼻音의 上古 기원

비음의 상고 기원에 관하여 많은 학자들은 중고의 m, n, ŋ이 상고에서도 m, n, ŋ이었을 것이라고 지나치게 단순히 처리하고 있다. 그러나 이는 그리 간단한 문제가 아니다.

1. 비음을 동반한 복자음

丁邦新(1978)과 鄭張尙芳(1995b)은 *ml->m-, *ŋl->ŋ-의 과정으로 처리한 바 있다. 이는 앞서 논의한 *Cl->C- 식과 일치하는 것으로, 비음의 발음 강도가 유음보다 강하여 비음은 보존되었으나 유음은 탈락한 것이다.

비음 성모를 동반한 해성족 중에는 心母도 출현한다. 이와 같은 해성관계에 관하여 풀리블랭크(Pulleyblank 1962-3)는 다음과 같이 분석했다.

戌 *sm- > s- : 滅 *m-	喪 *sm- > s- : 亡 *m-

李方桂(1971)와 鄭張尙芳(1995b)도 이와 유사한 공식을 제시했다. 다음은 李方桂의 공식이다.

*smr- > s- (喪)	*smr- > ʂ- (山母, 李)	*sn- > s- (絮)

다음은 鄭張尙芳의 공식이다.

*smr- > s- (戌)	*s ŋ- > s- (薛)	*sn- > s- (絮)

치찰음과 비음이 결합한 자음서열인 sN-에서 비음은 그 발음 강도가 치찰음보다 약하므로 탈락한다.

풀리블랭크(Pulleyblank 1962-3 : 132)는 '葫荽'를 예로 들어 상고 sn-의 자음서열에 대하여 설명했다. Laufer(1919 : 298)는 '葫荽'를 중고 페르시아어 gošiniz와 대응시켰으나 중국어의 독음은 아프가니스탄의 북부에 위치한 Ishkashmi에서 발견된 gašnīz와 더 가깝다. '葫荽'의 상고음은 본서에서 *ga snŭl로 재구되며 이 가운데 중국어 운미 *-ㅣ는 페르시아어의 -z를 대역한 것이다. 그러나 두 번째 음절의 모음은 대응하지 않는다. 중국어의 성모 *ㅣ-는 *ㅓ-로 변화하는 과정에서 *-ʎ-의 중간 단계를 경과했는데 중국어의 운미 *-ㅣ도 어쩌면 운미 *-ㅣ로 변화하는 도중에 *-ʎ- 단계를 경과했을 가능성이 있다. 이때 -ʎ가 청각적으로 -iz에 가깝게 들렸던 것이다.

2. 비음과 유음이 결합한 한 개 반 음절

이에 대한 문제를 가장 먼저 제기한 학자는 俞敏(1984a)이다. 그는 프랑케[Franke]의 논문인 <트루판의 古 티베트어 寫本>[213]에서 mkhjen를 makhjen으로 기록한 예를 지적했으며 이는 초기 접두사인 m-에 모음이 후행한 형태라 했다. ≪詩・文王≫의 "王之藎臣, 無念爾祖." 에 대하여 ≪毛傳≫에서는 "無念, 念也."이라 했다. 陳奐의 ≪疏≫에서는 "'無'는 발어사이다. '無念爾祖'는 '그대의 조상을 생각하다.'의 의미이다.[無, 發聲; 無念爾祖, 念爾祖也.]"라고 언급했다. '無' *ma가 티베트 서면어의 전치자모인 m-에 해당하므로 '無念'은 ma-nɛm이 된다. 이는 티베트 서면어의 snam[생각하다]과 대응하는데 티베트 서면어의 전치자모 m-는 s-와 자주 교체한다. 이는 결국 그가 章太炎의 '一字重音說'[214]에 동의한 것인데, '念'이 두 개의 음절로 구성된 것으로 일반적 의미의 복자음이 아닐 가능성이 있다.

"漢字 한 개는 두 개의 음절을 동반하고 있다."는 俞敏의 언급은 엄밀히 말하자면 '부음절과 주요음절의 결합'이라는 의미이다. 부음절은 형태평면에서 접사로 충당된 경우가 많다. 潘悟雲(1997b)은 비음 부음절의 예로 '貓'를 들었다. 泥母인 '貓'는 明母 '矛'를 聲符로 한다. 이는 마치 端母인 '陶'가 幫母 'ㄅ'를 聲符로 하는 것과 흡사하다. 潘悟雲은 '貓'와,

---

213) *Tibetische Handschriftenfunde aus Trufan*

214) 章太炎은 ≪國故論衡・一字重音說≫에서 "중국의 문자는 일반적으로 한 글자가 한 개의 음을 갖는다. 또 한 글자가 두 개의 독을 가진 것도 있는데 이는 일반적인 법칙에서 벗어나는 것이다.[中夏文字率一字一音, 亦有一字二音者, 此軼出常軌者也.]"와 같이 언급했다. 여기에서 '두 개의 음'이란 '두 개의 음절'이라는 의미이므로, '一字重音'은 상고 중국어에서 한 글자가 두 개의 음절이 동반되었다는 의미이다.

원숭이의 또 다른 명칭인 '馬流'의 관계에 대하여 논의한 바 있는데 그는 '馬流'와 '猱'가 동일한 초기 형식인 ma-lŭ에서 기원했다고 했다. 이때 ma는 접두사이며 부음절인데 부음절 ma-가 약화되어 m와 이에 후행하는 lu가 합쳐져 결국 하나의 음절인 mlu가 되었다가 다시 nu로 변화한 것이라 했다. 그러나 위에서 논의한 바에 의하면 mlu가 mu로 변화했어야 하므로 潘悟雲은 자신의 재구음을 다음과 같이 수정했다.

$$\text{*ma·lu} > \text{*m·lu} > \text{*m·nu} > \text{*nu} > \text{M. n}\alpha\text{u}$$

즉, ma·lu는 m·lu로 변화했으며 l가 m에 동화되어 n로 변화된 후 부음절 m가 탈락한다.

明母와 해성하는 日母는 다음과 같은 기원을 가지고 있다.

$$\text{*malj-} > \text{*m·lj-} > \text{*m·nj-} > \text{M. n̠-}$$

이상의 재구에 근거하면 다음의 일부 해성 현상을 분석할 수 있다.

'彌'는 明母이고, '禰'는 泥母이며 '瀰'는 '綿婢切'과 '奴禮切'의 독음이 있다. 따라서 '爾'의 상고 독음을 *m·ljel>m·njel>n̠ie로 재구한다.

'女'와 '爾'는 상고에서 모두 제2인칭을 나타냈는데 '爾'를 m·ljel로 재구하면 '女'는 m·lă로 재구해야 한다. 제2인칭은 대부분의 티베트-버마어군 언어에서 n-이지만 버마 서면어의 제2인칭은 naŋ²(ɕɛ)도 있고 maŋ³(ɵɛː)도 있다. 이 가운데 maŋ³의 독음은 더 이른 시기의 형식을 반영하는 것 같다.(버마 서면어의 韻母인 -aŋ은 중국어의 -a와 대응한다. 예를 들어 버마 서면어의 '말[馬]' mrang³[ꨌꨟꨳ]은 중국어의 '馬' *mra'와 대응한다.) 따라서 '女'도 *m・la'이었을 가능성이 있는데 이는 '女'와 '母'(*mlɯ̃')의 어원 관계를 반영한다. 티베트-버마어군의 언어에서 '여자'를 의미하는 단어의 성모는 대부분 m-이다. 예를 들어 南澗 彝語는 mɑ²¹ny⁵⁵ɣu²¹, 彌勒 彝語는 mʌ²¹tʂɛ³³mo³³, 永寧 나시어는 mv¹³, 드룽어는 pɯ³¹ma⁵⁵, 土家語는 ma²¹ma²¹tie⁵⁵, 福貢 눙어는 tɕɑ³¹ma⁵⁵za⁵⁵로, 이들 모두 '女'의 동원어에 ma의 형식이 있음을 반영하고 있다. 티베트 서면어의 mna[며느리, 신부]<*m・la는 당연히 '여자[女]'와 관계있다.

'汨'에 대하여 ≪說文≫은 "从水, 冥省聲."이라 했지만 "从水, 日聲."이어야 한다. '汨'은 중고에서 明母 錫韻인데 이는 상고음의 *mlek에 해당한다. '日'은 ≪集韻≫에서 '而力切'의 異讀이 있어 *-k 운미를 여전히 동반하고 있는데 이는 일부 방언에 남아 있는 옛 음을 반영하고 있는 것이다. 甲類韻과 해성하는 중고 質韻의 글자들이 상고의 *-ik에서 기원했음에 대해서는 제13장에서 논의한 바 있다. '日'이 *m・ljĭk>m・ljĭt>m・njĭt>ȵit의 과정을 경과했으므로 '汨'(*mlek)의 聲符가 될 수 있었던 것이다. 匈奴의 '金日磾'의 '日'은 줄곧 明母의 독음만 있었다. 티베트-버마어군 언어에서 '태양'을 의미하는 동원어의 성모가 n-나 ȵ-인 경우가 많다. 예를 들면 티베트 서면어에서는 ȵi이다. 그러나 貴瓊語는 mi³³ntshø⁵⁵, 민약어[木雅語, Minyak]는 mɯ³⁵, 傈僳語는 mɯ³¹mi³³, 格曼 僜語는 min³⁵, 麻窩 羌語는 mun, 카렌어[克倫, Karen]는 mɯ³¹로, 이들 일부 언어에서는 m-의 형식을 보존하고 있다. 이와 같은 티베트-버마어군 언어나 티베트 서면어의 경우 운미가 없고 僜語나 羌語 등은 운미 ŋ를 동반하기도 한다. 이는 티베트-버마어군 언어에서도 이 단어의 운미에 교체 현상이 있었음을 의미한다.

고대의 티베트어에서도 *măl->m·ㅏ>m·n->n-와 유사한 음성변화가 발생했을 가능성이 있다. 鄭張尚芳(1995b)은 아래와 같이 암시성이 강한 몇 개의 예에 대하여 논의한 바 있다.

상고 중국어	티베트 서면어
聞 *mlŭn	mɲan [귀로 듣다]
弭 *mlě [위로하다, 순종하다]	mɲe [부드럽다]
涴 *mluˀ [더럽히다]	mnol [오염되다]
娩 *mrŏnˀ	mnun [아이에게 젖을 먹이다]

이상의 몇 쌍의 중국어와 티베트어 단어 사이에 동원 관계가 성립된다고 믿는다면, 티베트 서면어의 mn-과 mɲ-도 원시 티베트어의 *m·ㅏ-과 *m·lj-에서 기원했을 가능성이 있다고 봐야한다.

3. 전치비음

張琨(Chang Kun·Betty Shefts 1976)은, 苗瑤語나 티베트-버마어군 언어와 마찬가지로 해성시기의 중국어에서 전치비음을 동반한 폐쇄음이 이미 존재했는데 이것이 나중에 비음으로 합병되었다고 했다. 그 상황은 다음과 같다.

	제1단계	제2단계	제3단계
I	*Ng- *Nk- Nkh-	*ŋ-	*ŋ-
II	*Ng- *Nk- *Nkh-	*Ng- *Nk- *Nkh-	*ŋ-
III	*Nk- *Nkh-	*g-	*g-
IV	*Nk- *Nkh-	*Nk-? *Nkh-?	*Ng-? *Ng-?	*g-

위의 표에서 제1단계는 원시 중국어를, 제2단계는 해성시기를, 제3단계는 중고 중국어를 가리킨다. 유형 I은 해성자가 형성되기 전에 비음과 폐쇄음이 합병된 경우로, 폐쇄음은 비음과 해성하지 않는다. 유형 II는 해성자가 형성된 이후에 비음과 폐쇄음이 합병된 경우로, 폐쇄음과 비음이 해성한다. 유형 III에서는 해성자가 형성되기 이전에 비음에 후행했던 폐쇄음이 유성음으로 변화했고 비음도 탈락했으므로 폐쇄음과 비음은 해성하지 않는다. 유형 IV에서는 해성자가 형성된 이후에야 비음에 후행했던 폐쇄음이 유성음으로 변화했고 비음이 나중에 탈락한다. 이 유형은 폐쇄음과 비음이 해성한다. 원시 중국어에서 폐쇄음에 전치비음이 동반되었는지의 여부는 친족 언어의 역사 비교

연구를 통해 결정된다.

張琨과 베티 셰프츠[Betty Shefts]가 제시한 예 가운데에는 억지스러운 것도 많지만 아래의 몇 가지 예는 타당한 것으로 보인다. 괄호 안은 이들의 재구음 형식인데, 이들은 티베트 서면어의 小阿[a chung] ɦ-가 전치비음 N-에서 기원한 것이라고 주장했다.

'咬' *ŋgraw'(N-graug)는 나시어에서 ŋgɯ⁴⁴, gɯ¹¹[씹다麗JT] 말이다. 鄭張尙芳(1995b)은 이에 대해 태국어의 giːaw[씹다, เคี้ยว], 閩 방언의 潮州 말에서 ka⁴, 石陂 말에서 gao⁴인 것과 대응한다고 했다.

'礙' *ŋgɯks(ŋəg)의 티베트 서면어 동원어는 ɦgegs-pa[저해하다, 막다] < *Ngegs-pa이다.

'凝' *ŋgɯŋ(ŋjəŋ)의 티베트 서면어 동원어는 ɦkhjags-pa[응결하다, 결빙하다] < *Nkhjags-pa이다. 필자는 '凝'이 티베트 서면어의 ɦkhigs-pa[응결하다] < *Nkhigs-pa와도 대응한다고 생각한다.

'牧' *mblɯ̌t(mjək)의 티베트 서면어 동원어는 ɦbrog < *Nbrog[목장, 목재]이다.

'凿' *mblĭt[그릇을 닦다](N-pjit)의 티베트 서면어 동원어는 ɦphjid-pa < *Nphjid-pa[닦다]이다.

백스터(Baxter 1992: 221-222)도 이와 유사한 *N(p, t, k)->m, n, ŋ의 과정을 제시하였고 동시에 다음과 같이 대단히 타당한 예를 제시했다.

'元' *Nkjon은 '冠' *kon, '完' *gon, '寇' *khos의 聲符로 티베트 서면어의 mgo[머리, 꼭대기, 가장 중요한 위치, 시작]와 mgon-po[보호자, 수장, 주인, 수호신]와 대응한다. 필자는 티베트 서면어의 ɦgo[수령, 최초, 처음, 원천] <*ŋgo와도 대응한다고 생각한다.

'元'을 *ŋgŏn으로 재구했을 때 티베트 서면어의 ɦgo < *Ngo와 비교하면 운모에서 운미 -n의 유무에만 차이가 있다. 이러한 운미 간의 교체는 규칙적인 것으로 아래의 동원 대응 관계와 비교할 수 있다.

티베트 서면어	상고 중국어	티베트 서면어	상고 중국어
go-bo[매, 수리]	隺 *Gŏn	go-ra[담, 감옥]	垣 *Gon, 院 *Gŏns
go-la[공, 환]	丸 *Gŏn	go-le[느리다]	緩 *Gon˙
go[후퇴하다]	還 *Gron		

이외에도 몇 가지 다른 예를 더 들 수 있다.

티베트 서면어	상고 중국어	티베트 서면어	상고 중국어
ɦgo[원천]	源 *ŋgŏn	ɦkhra-ŋ[단단하다]	硬 *ŋgra-ŋs
ɦkhus-pa[볶다]	熬 *ŋgows		

'硬'이 先秦의 문헌에는 보이지 않지만 상고의 구두어에 존재하지 않았다고 할 수는 없다.

여기에서의 문제는, 상고의 전치비음을 동반한 폐쇄음의 자음서열이 중고음에 이르기까지 어떠한 과정을 경과하며 변화했는지에 있다. 이 문제를 논의하기에 앞서 제8장에서 제시한 두 가지 해성의 원칙을 아래에 다시 언급한다.

원칙 1. 전치비음 동반 폐쇄음의 자음서열에서 먼저 탈락한 자음의 발음 강도는 상대적으로 약하다.

원칙 2. 비음은 구강 폐쇄음과 해성관계가 발생하지 않는다. 다만 일부 소수의 해성족에서만 幫母와 明母가 동시에 나타날 뿐이다.

이는 우연한 현상이 아니다. 이와 같이 특수한 해성 현상은 전치비음을 동반한 폐쇄음이 존재했음을 반영한다. 이에 관련하여 몇 가지 가능한 변화를 아래에 제시한다.

(1) Nk-, Nkh-, Ng- > k-, kh , g

Np-, Nph-, Nb- > p-, ph-, b-

비음의 발음 강도가 폐쇄음보다 약하여 탈락했을 것이라는 점은 음리적으로 설명이 가능하다. 그러나 비음이 폐쇄음과 해성하는 현상은 설명할 수 없다. 예를 들면 '丏'을 聲符로 하는 해성족에는 幫母의 '賓', 滂母의 '繽', 並母의 '蠙', 明母의 '丏'이 있는데, 이러한 해성관계를 적절히 해석하기 위해서는 폐쇄음을 *mpin, *mphin, *mbin으로 재구하고 明母 글자를 *min으로 재구해야 한다. 그러나 전치비음은 일반적으로 접두사를 충당할 뿐이고 비음에 후행하는 분절이 어근이 될 수밖에 없다. 따라서 pin이 min과 해성할 수 있다는 가정은 위에서 제시한 원칙 2에 위배된다.

(2) Nk-, Nkh-, Ng- > N-

Np-, Nph-, Nb- > N-

폐쇄음의 발음 강도가 비음보다 강하므로, 폐쇄음이 먼저 탈락한다는 가정은 위의 원칙 1에 위배된다.

(3) 전치비음에 후행하는 폐쇄음은 전치비음에 동화되어 비음으로 변화한다. 이 변화는 아래와 같은 두 가지 경우로 나뉜다.

① 전치비음에 후행하는 무성 폐쇄음은 전치비음에 동화되어 유성 폐쇄음으로 변화한 후 다시 비음이 된다.

Nk-, Nkh- > Ng- > Nŋ- > ŋ-	Ng- > Nŋ- > ŋ-
Np-, Nph- > Nb- > Nm- > m-	Nb- > Nm- > m-

이에 의하면 '丏'을 聲符로 하는 해성족에 대하여 다음과 같은 세 가지 재구가 가능하다.

明母	幫母	滂母	並母
*mp- > mb- > mm- > m-	*p- > p-	*ph- > ph-	*b- > b-
*mph- > mb- > mm- > m-	*p- > p-	*ph- > ph-	*b- > b-
*mb- > mm- > m-	*p- > p-	*ph- > ph-	*b- > b-

② 무성 폐쇄음에 선행하는 전치비음은 탈락하고 전치비음에 후행하는 유성음은 비음에 동화되어 비음이 된다.

Nk-, Nkh- > k-, kh-	Ng- > Nŋ- > ŋ-
Np-, Nph- > p-, ph-	Nb- > Nm- > m-

이에 의하면 '丏'을 聲符로 하는 해성족에 대하여 다음과 같은 네 가지 재구가 가능하다.

明母	幫母	滂母	並母
*mb- > m-	*p- > p-	*ph- > ph-	*b- > b-
*mb- > m-	*mp- > p-	*mph- > ph-	*b- > b-
*mb- > m-	*p- > p-	*mph- > ph-	*b- > b-
*mb- > m-	*mp- > p-	*ph- > ph-	*b- > b-

단순히 해성관계에만 의거해서는 어떤 해성족이 위의 일곱 가지 가능한 변화 가운데 어떤 유형에 속했는지 판단하기 어렵다. 그러나 분명한 것은, 비음이 폐쇄음과 해성하는 경우 이 비음은 순수한 비음이 아니라 폐쇄음에 선행하는 전치비음이라는 것이며 이들이 전치비음을 동반한 유성 폐쇄음 단계를 반드시 경과했다는 것이다. 논의의 편의를 위해 이들 비음을 잠정적으로 Ng-와 Nb-로 재구한다.

이와 같은 전치비음을 동반한 폐쇄음의 서열 가운데 폐쇄음은 상술한 몇 가지 이외에도 *q-, *qh-, *G-가 있다. 제21장에서도 논의하겠지만 이 성모들은 중고에 이르러 접근음인 ?-, h-, ɦ-로 변화한다. 접근음의 발음 강도는 비음의 발음 강도보다 훨씬 약하여 결국 탈락하게 되므로 전치비음을 동반한 성문 폐쇄음의 서열은 아래와 같은 변화과정을 경과한다.

* Nq- > *N-	*Nqh- > *N-	*NG- > *N-

異讀 가운데에는 동일한 어근에 접사를 첨가하는 형식으로 형성된 경우가 많다. 아래의 각 예에서 두 쌍의 異讀은 바로 구개수음에 비음 접두사가 첨가된 이후의 변화를 반영하고 있다.

'貉'은 ≪廣韻≫에서 '下各切' *ɡlak의 독음과 又讀 '莫白切' *mɡrak＞mrak 이 있는데 어근 *ɡlak의 유음은 r~l 간의 교체이다.

'灣'은 '烟滓切' *qeŋˀ의 독음과 '莫迥切' *mqeŋˀ의 독음이 있는데 어근 은 *qeŋˀ이다. 이 글자는 ≪說文≫에는 없지만 晉代 木華의 ≪海賦≫에 보이므로 ≪說文≫ 시기에 이미 존재했겠지만 ≪說文≫에서 수록하 지 않았던 것 같다.

'袂' '彌弊切' *mqʷets는 '決' *kʷets와 해성한다.
'朕' '莫杯切' *mqhʷɯ는 '灰' *qhʷɯ와 해성한다.

또 상고 중국어의 전치비음이 몇 개가 있었는지에 대해서도 논의할 필요가 있다.

친족 언어 가운데 티베트어가 중국어와의 관계가 가장 밀접하므로 티베트 서면어의 전치비음에 대해 먼저 논의한다. 티베트 서면어의 전 치비음에는 두 개가 있는데 하나는 m-이고, 또 하나는 통상적으로 '小 阿 ɦa chung]'라 불리는 ɦ-이다. '小阿'의 기원에 관해서는 두 가지 견해 로 대별된다. 첫째는 풀리블랭크(Pulleyblank 1962-3)와 鄭張尙芳이 주 장한 바와 같이 유성 마찰음 ɦ-에서 기원했다는 것이다. 둘째는 비음 에서 기원했다는 것으로 張琨(Chang, Kun・Betty Shefts 1976)은 이를 지지하는 다음의 몇 가지 근거를 제시했다.

(1) 8-10 세기의 중국어 佛經에 대한 티베트어 번역본에서 중국어 서 북 방언의 ŋɡ-에 대해 티베트어는 小阿 뒤에 g를 붙임으로써 대역했 다. 이 때 小阿는 중국어의 ŋ과 대응한다.

(2) 전치자모인 小阿가 라새拉薩] 말에서는 이미 탈락했으나 그것이 다른 형태소에 후행할 때에는 그에 선행하는 형태소를 비음화 시킬

수 있다. 예를 들면 티베트 서면어 ɕa-ɦbuʃ구더기ʃ는 현대 라사 말에서 ɕã⁵⁴pu¹²로 읽고 las-ɦguʃ운동하다ʃ은 현대 라사 말에서 lẽ¹²ky¹⁴로 읽는다. 小阿가 비음이기 때문에 그 앞의 모음이 비음화할 수 있었던 것이다.

(3) 티베트 서면어의 小阿는 昌都 방언에서 비음으로 읽는다. 예를 들면 ɦbuʃ벌레ʃ는 昌都에서 mbɤ³로 읽고, ɦguʃ-baʃ이동하다ʃ는 昌都에서 ŋgy³로 읽는다.

(4) 티베트 서면어의 小阿는 諸戎語215)에서 비음으로 읽는다. 예를 들면 ɦbag은 가롱어의 梭磨 말에서는 mbâk으로 읽는다.

그러나 티베트학 학자들은 小阿의 비음적 성격에 관하여 명확한 설명을 하지 않고 총괄하여 N-으로 표기하고 있을 뿐이다. 필자는 그것이 ŋ-이어야 한다고 생각한다. ŋ-에서 ɦ-로 변화하는 과정에 대한 설명은 가능하다. 즉 설근 비음은 ŋ->ɣ̃->ɣ->ɦ-와 같이 마찰음화가 용이하다. 따라서 티베트 서면어 시기에 m-와 ŋ-의 두 개의 전치비음이 있었다고 주장할 수 있다. 다른 티베트-버마어군 언어에도 n-, ṇ-, ŋ-류의 전치비음이 있지만 이들은 모두 그에 후행하는 자음의 영향을 받아 나중에 변화된 음을 반영한 것이다. 즉 후행하는 성모가 舌尖音이면 n-가 되고, 후행하는 성모가 설면음이면 ṇ-가 된다. 따라서 상고 중국어에 두 종류의 전치비음 *m-와 *ŋ-이 있었다고 가정하는 것이 더 타당할 것이다.

'念'이 '今'을 聲符로 하고 있으므로 '念'의 상고음은 兪敏이 재구한 mṇɛm과 같은 음일 수 없다. 兪敏의 재구음을 수용하면 '念'과 '今' *krŭm

• •
215) 張琨과 베티 셰프츠(Chang, Kun · Betty Shefts 1976: 480)는 가롱어, 드룽어, 렙차어를 들고 있다.

522 • • •

의 해성관계는 성립하지 않는다. '念'은 泥母 n-이다. 일부 泥母에 *m·l-의 기원이 있었음에 대해서는 위에서 논의한 바 있다. 그러나 '念'이 '今' *k-을 성부로 하고 있으므로 설근음이나 설근음에 가까운 폐쇄음도 동반했고 아울러 이 폐쇄음이 중고에 이르러 탈락했음을 알 수 있다. 이 폐쇄음이 구개수 폐쇄음이었을 가능성이 크다. 구개수 폐쇄음은 설근 폐쇄음과도 상호 해성할 수 있었으며 나중에 접근음으로 변화하거나 탈락한다. 따라서 '念'을 *mqlɯm이나 *mɢlɯm > m·lɯm > nɯm > nem으로 재구한다.

4. 무성 비음

일부 明母 글자는 아래와 같이 曉母와 밀접한 해성관계를 가지고 있다.

明母	曉母	明母	曉母
每	悔晦誨	滅	威
無憮	鄦	墨默	黑
微	徽	緡	昏
勿	忽	亡	荒慌

칼그렌은 曉母를 복자음 xm-로 재구함으로써 이들의 관계를 분석한 바 있다. 그러나 이는 단순히 기호를 모아놓은 것에 불과하다. 李方桂는, 이를 *mx-로 재구해도 안 되는 것은 아니지만 어쩌면 무성 脣鼻音인 m̥-일 수도 있다고 했다. 董同龢(1948a)는 이러한 해성 현상에 대하여 더 발전된 분석을 했다. 그는 아래와 같은 이유로 위와 같이 明母와 해성했던 曉母를 *m̥-로 재구했다.

상고의 복자음인 *Cl-, *Cr-의 해성 행위는 단순 자음 *C-의 해성 행위와 일치한다. 예를 들면 *k-는 중고의 溪母 kh-, 群母 g-, 曉母 h-, 匣母 ɦ-와 해성했는데 *kl- 역시 이들과의 해성이 가능했다. 그러나 칼그렌이 재구한 복자음 *xm-의 *x-曉母와의 해성 행위는 명확히 다르다. 여러 해성족에서 曉母는 見母 k-, 溪母 kh-와 대량으로 해성하며 明母도 幫母 p-, 滂母 ph-, 並母 b-와의 해성이 가능하다. 그러나 일부 소수의 해성족에는 曉母와 明母만 출현하는데 이들 중 明母가 聲符인 글자는 p-, ph-, b-와 해성하지 않으며 曉母가 聲符인 글자는 k-, kh-와 해성하지 않는다. 이때 이들 曉母의 기원이 일반적인 曉母 글자의 기원과 다르다는 것을 알 수 있는데 이때 그 기원을 m̥-로 보고 있다.

무성의 m̥- 이외에도 무성의 n̥-과 ŋ̊-도 당연히 존재했어야 한다. 칼그렌은 다음과 같이 泥母 n-가 透母 th-, 徹母 ṭh-와 상호 해성했음에 이미 유의한 바 있다.

能 : 態	丑 : 扭
灘 : 難	恥 : 耳

칼그렌은 *thn-으로 재구함으로써 이와 같은 해성 현상을 분석하려 했지만 이것 역시 기호를 단순히 나열한 것에 불과하다.

李方桂(1971: 14ff.)는 이 문제에 대하여 다음과 같이 지적했다.

상고에서 n-가 t-나 d-류의 글자와 해성하는 경우는 아주 적으나 일부 n-는 오히려 유기음 th-와 해성한다. n-는 무기 유성음이므로 d-와 해성하는 것이 타당하지만 d-와 해성하지 않고 유기음인 th-와 해성하는 것이다. 이는 이상한 현상이다. 貴州 苗語에 대한 李方桂의 조사에

의하면 苗語의 무성음 hn-는 청각적으로 마치 nth-처럼 들린다고 한
다. 따라서 그는 ɲa- 와 ntha-가 가까우므로 무성음 ɲ가 th-로 변화한
것이 결코 불가능하지 않았을 것이라 추정했다. 위에서 언급한 해성족
의 n-가 t-나 d-와 해성하지 않고 th-와만 해성하는 것 역시 이와 같은
원리일 것이다. 따라서 그는 상고에서 무성음 *m- 이외에도 본서의 n-
에 해당하는 무성음 hn-도 존재했을 것이라 주장했다.

아울러 李方桂(1971: 15)는 상고의 성모 ng-[ŋ-]과 대응하는 무성음
성모인 hng-[ŋ̊-]도 있어야 한다는 점을 밝혔다. 그가 제시한 증거는,
여러 개의 해성족 가운데 ng-[ŋ-]이 g-류의 글자와 해성하지 않고 x-[h-
-]와 해성하는 것이다. 예를 들면 다음과 같다.

許 xw- : 午 ngw-[ŋw-]

化 xw- : 吪 ngw-[ŋw-]

羲 x- : 義 ng-[ŋ-]

李方桂 이전에 풀리블랭크(Pulleyblank 1962-3: 135-137)도 무성 비음
과 무성 유음이 존재했다는 주장을 제기한 바 있다. 아래 표에 풀리블
랭크, 李方桂, 칼그렌의 재구음을 비교해 보았다.

상고 중국어			중고 중국어
칼그렌	풀리블랭크	李方桂	
xm	mh	hm	h
	ŋh	hng	h
t'n	nh	hn	t'

李方桂는 'hm와 hng이 마찰음 h로 변화한 반면 hn가 폐쇄음인 th로 변화했다'고 언급했는데, 鄭張尙芳(1995b)은 이에 대해 변화의 방향이 서로 일치하고 있지 않다고 지적했다. 그는 이로부터, 위에서 언급한 무성 비음이 존재한 해성족의 해성 현상이 이원대립 이외에도 다음과 같이 삼원대립임을 나타내는 흔적이 더 많다고 추론했다.

鼻音	마찰음(曉母)	유기 폐쇄음(滂·透·溪母)
無	膴	撫
難	漢	灘
兀	虺	髡

위의 해성관계에 근거하여 鄭張尙芳은 다음과 같이 재구했다.

*m̥- > m-	*hm- > h-	*mh- > ph-
*n̥- > n-	*hn- > h-	*nh- > th-
*ŋ̊- > ŋ-	*hŋ- > h-	*ŋh- > kh-

그가 재구한 복자음 *hm-는 사실상 칼그렌의 *xm-로 회귀한 것이다. 이 가운데 *hn-와 *hŋ-도 복자음이다. *mh-, *nh-, *ŋh-는 각각 유기의 무성 비음 *m̥-, *n̥-, *ŋ̊-에 해당한다.

鄭張尙芳과 李方桂는 모두 상고의 n̥-가 중고의 透母 th-로 변화했다고 주장했는데 이들이 든 '灘'과 '難'이 해성하는 예는 분명히 잘못된 것이다. 이에 대해서는 아래에서 다시 논의한다. 그러나 아래의 예는 상고에 n̥-가 존재했고 이것이 중고에 이르러 th-로 변화했음을 나타내는 확실한 증거이다.

《說文》에서는 '次'의 聲符가 '二'라고 했는데 이는 상고에 '次'가 비음이었음을 의미한다. 그러나 중고에 이르러 유기 파찰음 tsh-로 변화했다는 점은 이 글자가 상고음에서도 마찰음 성분과 함께 n와 아주 가까운 폐쇄음 성분이 있었음을 말해 준다. 앞서 *sth->tsh-를 상정한 바 있으므로 n와 가까운 폐쇄음 성분은 ɲ-만 해당한다. 이 음의 음색이 th와 가까우므로 나중에 th로 변화한다. 그 과정은 *sɲ-> sth->tsh-와 같다고 할 수 있다.

'次'가 '二'를 聲符로 하고 있는지 여부에 대해서는 여전히 여러 가지 관점이 있다. 그러나 泥母와 무성음이 해성하는 또 다른 예가 하나 더 있어 서로 검증할 수 있다. 《說文》에서는 '千'의 聲符가 '人'이라 했고, '年'의 독음이 '千'에서 왔다고 했다. '千'의 변화는 *sɲin>sthin>tshin> M. tshen이어야 한다. 아래의 여러 티베트-버마어군의 여러 언어에 나타난 동원어를 비교해 볼 때 '七'이 *sɲĭt>*sthĭt>M. tshit의 변화를 경과했음을 확인할 수 있다.

카친어	드룽어	阿儂 능어	却域語	호르파어 [道孚語, Horpa]	扎坝語
sã³¹nit³¹	sɯ³¹n̩it⁵⁵	sɿ³¹n̩it⁵⁵	sna⁵⁵	zn̩e	ʂnɛ⁵⁵

m가 중고에 이르러 h가 아닌 ph로 변화했음을 증명하는 유사한 예를 아래에 제시한다.

明母 '杪'는 初母 '鈔'와 해성한다. 初母의 상고 기원에는 sphr-와 skhr-가 있으므로 '鈔'가 *smr->sphr->tshr-와 같은 변화과정을 경과했을 가능

성이 있다. 이에 따라 m가 중고에 이르러 ph로 변화한 것으로 보인다.

이와 평행한 음성변화인 *sŋ->skh->tsh-도 있어야 하지만 적절한 예를 아직 찾지 못했다.

m가 중고에 이르러 h가 아닌 ph로 변화했음을 증명하는 몇 가지 예가 더 있다.

'無'의 상고 성모가 m-이었나는 점에 대해서는 이견이 없다. 티베트-버마어군의 모든 언어에서 부정사의 대부분은 ma이거나 이것의 변이음이다. 이 해성족에는 明[微]母도 있고 曉母와 滂[敷]母도 있다. 曉母(膴)를 *ma로 재구한다면 滂母(撫)는 어떻게 재구해야 할 것인가? 아마 *pha나 *mpha로 재구할 수도 있을 것이다. 그렇다면 그 어근은 phă가 된다. 그러나 앞서 언급한 해성원칙 2에서 비음과 폐쇄음이 해성할 수 없다고 밝힌 바 있으므로 '撫' *phă와 '無' *mă의 해성관계는 성립할 수 없다. '撫'와 '摸'는 어원적으로 관계가 있으며 '膴'에는 '武夫切'과 '普胡切'의 독음이 있다. ≪方言≫ 권 13에서 "시신을 매장하면서 봉분이 없는 것을 '墓'라 하므로 '墓'를 '膴'라 한다.[凡葬而無墳謂之墓, 所以墓謂之膴.]"라고 한 점으로 보아 '膴'와 '墓'가 同根임을 알 수 있다. '摸'와 '墓'의 성모는 모두 m-인데 원칙 2에 근거하면 동근어인 '撫'와 '膴'의 성모는 ph-나 mph-가 될 수 없다. m->h의 가설이 성립되지 않으므로 m->ph와 hm->h라는 또 다른 가설을 세울 수밖에 없다.

ŋ-도 중고에 이르기까지 마찰음 h가 아닌 유기 폐쇄음 kh로 변화했음이 분명하다.

'午'의 어근 성모는 ŋ-이어야 하는데 地支名 '午'는 캄-타이어의 차용어에서도 재구의 근거를 제공하고 있다. 예를 들면 傣仏語의 地支名

'午'는 saŋa이다. 이 해성족에는 疑·曉·心·昌母의 중고 성모 네 개가 출현한다. 心母의 '卸'는 *sŋăs>*săs>M. sia로 재구할 수 있다. 曉母의 '許'를 *ŋă˙로 재구한다면 昌母의 '杵'는 *khja˙로 재구되어야 하는데 이는 원칙 2와 충돌한다. 더구나 '午'가 甲骨과 金文에서 '절구 공이' 모양을 본 딴 것으로 사실은 '杵'의 初文이다. 따라서 '杵'는 *ŋjă˙>khjjă˙>M. tɕia로만 재구할 수 있고 이에 따라 曉母의 '許'도 *hŋă˙>*hă˙>M. hiɔ로 재구된다.

'哭'에 대하여 ≪說文≫에서는 '从吅獄省聲'이라 했다. 朱駿聲이 許慎의 견해에 동의하지는 않았으나[216] ≪說文≫의 설명은 許慎 시기에 적어도 '哭'과 '獄'의 음성이 근접했고 聲母가 모종의 비음이었음을 반영하고 있다. 티베트 서면어에서 '哭'은 비음을 동반한 ŋu이다. 따라서 '哭'의 상고음은 *ŋʲok이 된다.

이를 근거로 이들 해성족에서 昌母의 기원을 다음과 같이 추론할 수 있다.

$$*mʲ- > phʲ- > tɕh-, \quad *ŋʲ- > thʲ- > tɕh-, \quad *ŋʲ- > *khʲ- > tɕh-$$

무성 비음이 중고에 이르러 동일 부위의 유기 폐쇄음으로 변화했다면 비음과 해성하는 曉母의 기원은 무엇인가?

친족 언어와 비교하면 이들 曉母 글자는 아래와 같이 마찰음과 비음이 결합된 자음서열에서 변화되어 온 것으로 보인다.

---

216) 朱駿聲은 ≪說文通訓定聲≫의 '哭' 조목 아래에서 "개가 슬퍼 짖는 소리이다. '犬'의 의미를 따르고 '吅'의 省聲이다.[犬哀嘷聲也. 从犬吅省聲.]"라고 했다.

'墨'과 '黑'은 동근어 쌍이다. 티베트 서면어에도 이들과 대응하는 동근어 쌍인 nag[검다]과 snag[먹물]이 있으며, '墨'과 '黑'은 또 티베트 서면어의 smag[암흑]과도 관계가 있다. 중국어의 h-는 티베트 서면어의 s-와 대응한다.

'昏'은 티베트 서면어의 smun[바보]과 대응한다.

'許'는 티베트 서면어의 sŋags[찬미하다, 찬양하다]와 대응한다.

s->h-는 여러 언어에서 자주 보이는 음성변화이다. 예를 들면 티베트 서면어의 skar ma[별]는 夏河 티베트어에서 hkar ma로 변화했다. 따라서 야혼토프(Yakhontov 1960b)가 제시한 *sm->xʷm->x(ʷ)-, *sn->thn->th-, *sŋ->xŋ->x-는 어느 정도 근거가 있다. 그러나 이 같은 재구가 지나치게 단순하므로 채택하지는 않겠다. 우선, 앞서 *sm->s-, *sn->s-, *sŋ->s-의 음성변화를 제시한 바 있다. 그러나 *sm->h-, *sn->h-, *sŋ->h-와 같은 음성변화를 또 제시한다면, 동일한 자음서열에서 각각 다른 변화가 발생한 이유를 설명할 수 없게 된다. *hN-의 기원에 해당하는 것으로 *sN-류 이외에 *qhN-류 등의 또 다른 종류가 있었는지 여부는 알 수 없다. 그러므로 鄭張尙芳이 재구한 *hN->h-가 그래도 타당할 것이다. 그렇지만 이것의 원시 형식이 *sN-류의 음일 가능성이 있지만 이들이 *hN-류로 변화한 원인을 밝히기 위해서는 앞으로 연구가 필요하다.

그러나 자음서열 hN-에서 h는 접근음으로 그 발음 강도가 비음보다 훨씬 약하다. 따라서 N이 아닌 h가 탈락해야 한다. 그러나 실제로는 그 반대로 비음이 탈락했으므로 원칙 2와 모순된다. 따라서 우리는 sN->h-의 변화과정 사이에 반드시 어떤 중간 단계가 더 있었던 것으로 분석할 수 있을 것 같다. 예를 들어 xN-가 있었다고 가정하면 비음의 발음 강도가 x-보다 약하므로 음성변화과정에서 비음은 탈락하며 남아있던 x-는 h-로 변화하게 된다.

이와 관련 있는 것은 이와 같은 해성족에서의 書母의 재구에 관한 것이다. 李方桂(1971)는 *nj-로 재구했으나 본서에서는 위에서 논의한 바와 같은 이유로 *hnj->hj->M. ɕ-이어야 한다고 주장한다.

여기에서 지적해야 할 것은, 여러 음운학자의 해성분석에서 개별 글자 간의 해성관계만을 고려한 경우가 많다는 것이다. 이들은 전체적인 관계를 파악하지 않았으며 더욱이 異讀, 단어족 간의 비교, 친족 언어의 동원어의 형식 등의 요인을 고려하지 않았고 단순히 해성현상에만 근거하여 일부 글자를 무성 비음으로 재구했다. 가장 전형적인 예가 바로 '難'에서 파생된 해성족이다. 위에서 언급한 바와 같이 李方桂는 '難'을 *nan으로, '灘'을 *hnan(즉 n̥an)으로 단정했다. 이와 같은 분석은 대단히 매력적이어서 여러 학자들이 채택하고 있다. 그렇다면 漢·熯·暵 등의 曉母 글자들에 대해서는 어떻게 설명할 것인가? 鄭張尙芳은 이들 曉母 글자를 복자음 *hn-로 설명하고 있어 李方桂보다 더 완전한 것처럼 보인다. 그러나 ≪說文≫에 의하면 이 해성족 글자들의 聲符가 '堇' 이므로 k, kh, g를 聲符로 하는 상당량의 글자들과 연관이 있게 된다. 또 古文字의 字形뿐 아니라 단어족을 고려하면 ≪說文≫의 이러한 해석은 믿을만하다. 예를 들면 '艱'~'難', '乾'~'暵'(≪說文≫에서는 "暵, 乾也."로 기록했다.)이 있으며, '難'과 '暵'은 각각 k-를 동반한 글자와 함께 단어족을 이룬다. '乾'과 관련된 단어족에는 다음과 같은 단어들이 있다.

'乾' *klan, '旱' *glan˙, '薦' *qrăn, '渴' *glăt, '枯' *khla, '涸' *glak, '炕' *khla ŋ s, '熯·暵'
*qhlans

'熯·暵'은 분명히 이 단어족에 속해 있다. 鄭張尙芳의 재구음에 근거
해 *hnans로 재구하면 어근은 nan이어야 하는데 이 단어족에서 nan의
위치는 찾을 수 없다. 따라서 이들에 대해서는 *qhans＞han의 과정을
경과한 것으로 상정해야 한다. '艱' 단어족에는 다음과 같은 단어들이
포함되어 있다.

'艱' *krɯn, '蹇' *krăn˙, '謇' *krăn˙, '阻' *skla˙, '苦' *kha˙, '難'(* ŋ Glan＞* ŋ · lan＞
* ŋ nan＞nan)

《說文》에서는 "阻, 難也.", 《周易正義》에서는 "蹇, 難也."라 했으
며, 《離騷》의 "謇吾法夫前修兮."에 대하여 王逸은 "謇, 難也."로 注했
다. '難'을 *nan으로 재구하면 다른 단어들과 함께 단어족을 이룰 수
없게 된다. 따라서 '難'은 * ŋ Glan이나 *mGlan으로 재구해야 한다. 이 두
개의 형식이 모두 중고에서 nan으로 변화하기 때문이다. 티베트 서면
어의 동원어는 dka이며, 夏河 티베트어는 hka이고, 호르파어[道孚語,
Horpa]와 扎壩語에서는 ʂka로 어근 앞에 모두 접두사를 동반하고 있다.
중국어의 경우는 '難'은 비음 접두사를 동반하고 있다.

'건조하다'의 의미를 가진 원시 苗瑤語의 단어를, 王輔世(1995)는
Nqhʊːi로 재구하고 있는데 중국어의 '乾'과는 분명히 동원 관계이다.
'灘'에 대하여 《說文》은 "물에 잠겨 시들다.[水濡而乾.]"로 해석하고 있

어 '灘'도 '乾'의 단어족에 속해 있다. 이 글자에는 다음과 같은 세 개의 독음이 있다.

呼旱切 *qhlan˘ > *qhan˘ > han˘

他干切 *ŋqhlan > *ŋhlan > *ŋ·lan > *ŋ·nan > *nan > than

奴案切 *ŋGlans > *ŋ·lans > *ŋ·nans > *nans >nan

'攤'에 대하여 ≪廣雅·釋詁三≫에서는 "누르다.[按也.]"로 해석하고 있다. 이 단어족에는 다음과 같은 단어가 포함되어 있다.

'按' *qlans, '壓' *qrep, '抑' *qlŭk		
'遏' *qlat, '捛' *qlom˘, '據' *klăks		

따라서 '攤'의 상고음을 *nan으로 재구하면 이 단어족과 아무런 관계가 없게 된다. 이 글자가 이 단어족에 속했다면 성모에 반드시 구개수 폐쇄음이나 설근 폐쇄음 성분을 동반하여 *kh·lan>than이나 *ŋqlan> *ŋ·hlan>*ŋ·lan>*ŋ·nan>*nan>than의 과정을 경과했어야 한다.

위에서 논의한 이들 해성족에서 비음 이외에는 유기음인 폐쇄음과 파찰음이 있다. 예를 들면 '難'을 聲符로 하는 해성족에는 透母(灘)는 있지만 端母는 없다. '無'를 聲符로 하는 해성족에는 滂母(撫)는 있지만 幫母는 없다. '人'을 聲符로 하는 해성족에는 淸母(千)는 있지만 精母는 없다. 그러나 무기음 성모가 출현한 해성족도 일부 있는데 여기에는 다음과 같은 두 가지 경우가 있을 것이다.

첫째, 무기음 성모가 파생의 단계가 다른 해성족에 출현한다. 예를 들면 '次' *sn̥ĭs의 聲符는 '二' *njĭs인데 이 해성족에는 精母 '咨' *sti도 있다. 그러나 '咨'는 '二'와 직접적 해성의 파생 관계를 갖는 것이 아니라 '次'와 직접적 파생 관계가 있다. 즉 *sti는 *njis와 직접적인 해성관계가 있지 않고 *sn̥is와 직접적인 해성관계가 있다[217].

둘째, 직접적 해성관계에서는 무기음 성모가 출현하면 무성 비음으로 재구할 수 없다. 예를 들면 聲符가 '原'인 해성족에 淸母 '縓'이 있는데 이를 *s n̥ŏn>*skhŏn>*tshŏn으로 재구할 수 있을 것 같다. 그러나 이 해성족에는 匣母 글자인 '獂'이 있으며 이 글자는 *gon으로 재구해야 한다. 비음이 폐쇄음과 해성하지 않는다는 원칙을 고려하면, '原'을 * ŋŏn이 아닌 * ŋgŏn으로 재구해야 하며, '縓'도 *skhŏn으로 재구해야 한다[218]. 다음의 다른 자료도 이를 지지하고 있다. '源' * ŋgŏn에 대응하는 티베트 서면어의 동원어는 ɦgo<Ngo[물의 원류]이고, '願' * ŋgŏns에 대하여 ≪說文≫에서 "大頭也."로 해석하고 있는데 이는 '原'이 '元'과 동근관계에 있음을 말해 주고 있다. 아울러 티베트 서면어의 동원어는 ɦgo<Ngo[머리]로 어근이 모두 g-를 동반하고 있다.

李方桂(1971)는 書母 '攝'의 성부가 泥母 '聶'이라는 점에 근거하여 '攝'의 성모를 *hnj-(본서의 *n̥j-에 해당)로 재구했다. 그러나 '聶'이 聲符인

217) 번역문에서 '직접적 해성관계'라는 말은 본서의 '同級諧聲關係'를 옮긴 말로, 臺灣의 江擧謙(1965)(〈從說文入聲語根論析上古字調變化〉, ≪東海學報≫ 7卷1期)이 가리킨 '諧聲孳乳'에 해당하는 개념으로 보인다. 이때 '孳乳'는 '파생'의 의미이다. 본서에서는 '二'*njĭs〉'次'*sn̥ĭs〉'咨'*sti의 순서로 파생된 것이라는 의미로 받아들이면 되겠다.

218) 즉 '原' 해성족의 파생 관계를 보면 '原'을 무성 비음인 * n̥-으로 재구하면 '原'〉'縓'(淸母)의 관계는 들어맞지만 '原'〉'獂'(匣母)의 관계는, 해성 원칙에 의하면 비음과 폐쇄음이 해성하지 않아야 하므로 맞지 않는다는 의미이다.

해성족에는 知母(襵), 章母(囁), 昌母(攝), 禪母(欇) 등도 있다. 이 같은 복잡한 해성관계는 무기 비음으로 재구한다고 해서 설명할 수 있는 것이 아니다. ≪爾雅·釋魚≫의 '攝龜'의 '攝'에 대하여 ≪釋文≫에서는 "謝嶠의 음은 '之涉反', 郭璞의 음은 '袪浹反', 施乾의 음은 '之協反'이다.[謝之涉反, 郭袪浹反, 施之協反.]"이라고 했다. '攝'에 溪母 kh-의 異讀이 있다는 점으로 이 글자의 어근에 설근음 성모가 동반되었을 가능성이 있음을 알 수 있다. 아래에 제시한 이 단어족의 관계로부터 그 가능성을 엿볼 수 있다.

'聶'을 聲符로 하는 글자	의미	동근어
躡	밟다	蹀 *ɡ·lep
攝	지니다	揲 *ɡ·lep, 挾 *ɡlep
懾	두려워하다	慄 *ɡ·lep, 恷 *khlep
囁	말이 많다	喋 *ɡ·lep, 唊 *klep

따라서 '攝'의 성모는 무성 비음인 *nj-이 아닌 구개수 폐쇄음이나 설근 폐쇄음을 동반한 자음서열임을 알 수 있다. 이상의 네 글자는 아래와 같이 재구된다.

書母의 '攝': *qhljĕp > hljĕp > M. ɕiɛp
泥母의 '躡': *ŋɢlĕp > ŋ·lĕp > ŋ·nĕp > M. niɛp
章母의 '懾': *kljĕp > M. tɕiɛp
日母의 '囁': *ŋɢljĕp > ŋ·ljĕp > ŋ·njĕp > M. n̠iɛp

喉音의 상고 기원

1. 影母의 상고 기원

중국어의 각 방언에서 影母는 보편적으로 영성모로 나타날 뿐 아니라 가벼운 후부 파열의 색채를 띠고 있다. 따라서 Kalrgren은 影母의 중고음을 ʔ-로 재구했으며 이는 음운학자들에게 보편적으로 수용되어 왔다. 칼그렌은 이와 같은 재구음을 상고음에까지 확장해 재구했는데 학자들은 이 견해에 별다른 이의를 제기하지 않았다. 그러나 潘悟雲(1997b)은 影母의 상고음을 구개수 폐쇄음인 *q로 수정했다. 그 주요 근거는 아래와 같다.

(1) 구개수 폐쇄음 q-는 흔하지 않은 음으로 흔히 ʔ-나 k-로 변화한다. 예를 들면 水語의 q-는 캄어[Kam]의 ʔ-와 毛南語의 k-와 대응한다. 아래의 자료는 이와 같은 q-의 음성변화과정을 설명하고 있다.

qh-는 桃巴 말에서 k-나 kh-로 변화했다. 예를 들면, '牛'는 箐花에서 qua^{55}, 桃巴에서 kuɐ^{53}로 읽힌다.

白語의 碧江 방언의 q-는 劍川 방언에서 k-로 읽힌다. 예를 들면 '호저[豪猪]'는 碧江 방언에서 qɑ^{21}이고 劍川 방언에서는 kɑ^{21}이다.

仡佬語의 灣子寨 방언에서 q-로 읽는 경우 靑龍 방언에서는 k-로 읽힌다. 예를 들면, '닭[雞]'은 灣子寨 방언에서 qai³³인데 靑龍 방언에서는 kai⁵⁵이다. 灣子寨 방언의 q-는 頂銀哨 방언에서 q-나 ʔ-로 읽는다. 예를 들면 '길[路]'은 灣子寨 방언에서 qen³³이고 頂銀哨 방언에서 ʔʔa²¹이므로, 灣子寨 방언에서는 원래 qlen³³이었을 가능성이 있다.

南島語族 언어[Austronesian Languages]의 하나인 排灣語²¹⁹⁾의 q-는 다음과 같이 아미스어[阿眉斯語, Amis]²²⁰⁾의 ʔ-와 대응한다(≪臺灣高山族語言≫).

	대나무	등나무	뇌[腦]	간[肝]	糞	어깨	앞
排灣語	qau	quaj	punuq	qatsaj	tsaqi	qavan	qajaw
阿眉斯語	ʔaul	ʔuaj	punuʔ	ʔataj	taʔi	ʔafala	ʔaʔajaw

(2) 漢代의 차용어에서 중국어의 影母 글자는 다음과 같이 흔히 외국어의 구개수 폐쇄음이나 설근 폐쇄음을 대역했다.

Kharoṣṭhī 문헌에 나타난 도시명인 Khema에 대하여 ≪漢書≫에서는 '扜彌'라 했는데 이중 '扜'는 影母 글자이다. 풀리블랭크(Pulleyblank 1962-3: 88 ff.)는 Khema의 -h-가 그에 선행하는 k-의 조음부위가 후음의 위치에 가깝다는 것, 즉 구개수음임을 말해주고 있다고 했다. 이에 따르면 이 지명의 당시 독음이 qama나 qwama이었을 가능성이 있다.

榎一雄(Enoki 1961)은 ≪漢書≫의 '扜泥'가 鄯善[Shan-shan]의 수도인 Kuhani나 Khvani에 해당한다고 했는데 '扜彌'의 '扜'가 kh-를 대역했다

• •

219) 臺灣의 排灣族이 사용하고 있다.
220) 阿美語라고도 하며 南島語에 속해 있고 臺灣 阿美族의 언어이다.

는 점은 상호 증거로 사용할 수 있다.

'鬱金[Curcuma aromatica]은 페르시아어의 kurkum에 해당한다. 影母 글자인 '鬱' *qŭt으로 kur를 대역했다.

많은 역사학자들은 '大宛'이 그리스어의 Τάχοροι[Tahoroi], 라틴어의 Tochari, 산스크리트의 Tukhara와 대응한다고 주장한다. 라틴어의 ch-나 산스크리트의 kh-에서 -h-가 유기음이 아닌 구개수 폐쇄음을 나타내는 기호일 뿐이라는 점은 Khema의 상황과 유사하다. 그러므로 影母의 '宛'은 구개수 폐쇄음과 대응시키기 위해 사용된 것이다.

돌궐족의 왕후에 대해서는 '可敦' 등의 칭호를 사용했다. '可敦'은 '可賀敦'이라고도 하는데 이 중 '賀'는 喉音 글자로 그 기능은 Khema의 -h-와 같아 전사의 목적으로만 사용되었을 가능성이 있다. 당시의 중국어에 이미 구개수 폐쇄음이 없었으므로 '可' 뒤에 '賀'를 첨가함으로써 선행하는 '可'의 조음부위가 喉部에 근접함을 나타낸 것이다. 이 단어는 돌궐어의 qatum, 몽고어의 khatun[왕비], 오르콘[鄂爾渾, Orkhon]碑文[221]의 katum, 터키어의 katin에 해당한다. 이것은 티베트 서면어에서 khathun[공주]으로 차용되었다(Laufer 1916). 이들 칭호는 모두 흉노 왕후의 칭호인 '閼氏'에서 기원했으며 '閼'은 影母 글자이다.

(3) 상고 影母와 설근 폐쇄음 간의 차용

성문 폐쇄음은 모음을 발성할 때 성문이 열리는 특유한 방식으로 발음하는 발성 방식의 일종으로 속삭임[whisper]과 동일하게 모종의

----

221) 오르콘 강 유역에서 출토된 8세기의 비석이다. 이 가운데에는 돌궐 문자로 적힌 부분도 있는데 이는 돌궐어의 가장 오래된 문자이다.

발성[phonation] 영역에 속한다. 따라서 시노-티베트어족 언어 전문가들은 성문 폐쇄음 성모를 영성모와 동등하게 취급하여 언어를 기록하고 있다. 일본의 漢音과 吳音, 한국 한자음, 베트남 한자음 등의 中古의 여러 역음 자료에서 중국어의 影母 글자를 대역할 때 k-류의 폐쇄음이 아닌 영성모를 사용했다. 상고 중국어에서 影母와 설근 폐쇄음 간에 수많은 차용이 있었던 것은 당시의 影母가 영성모와 동등한 성문 폐쇄음으로 변화하지 않고 설근 폐쇄음에 가까운 구개수 폐쇄음을 여전히 유지하고 있었음을 의미한다.

'關'에는 원래 두 개의 독음이 있다. '關門'의 '關'은 見母 *k-이었고 '활시위를 당기다'의 의미인 경우는 影母 *q-이었다. ≪詩・小弁≫에 대한 鄭玄 箋의 "활시위를 당겨 쏘다.[關弓而射之.]"에 대하여 ≪釋文≫에서는 "烏環反, 下同, 本亦作彎."이라 注했다. *q-와 *k- 모두 폐쇄음으로 음색이 가까웠기 때문에 동일한 자형으로 나타낼 수 있었다. 나중에 *q-가 *?-로 변화함으로써 k-의 음색과 크게 달라졌으므로 '彎'이라는 글자를 만들어 '關'과 구별한 것이다.

'吉'은 '壹'과 통한다.[222] 先秦 문헌에서 '初吉'은 '初一'이다. ≪詩・小明≫에서는 "二月初吉."로 되어 있으며 ≪毛傳≫에서는 "初吉, 朔日也."라 하였다. ≪周禮・大宰≫의 "正月之吉."에 대하여 "'吉'은 '음력 초하루'를 말한다.[吉謂朔日也.]"로 注했다. '一'은 閩語의 서면어음에서 모두 영성모로 읽히고 있어 중고 影母의 독음을 반영하고 있다. 그러나 일부 방언의 구두어에서는 오히려 파찰음으로 읽는다. 예를 들면 厦門 tsit[8],

---

222) 본서에서는 "壹"通"吉"로 되어 있으나 '吉'이 가차된 글자로 순서를 바꾸어 표현해야 하므로 번역에서는 자리를 바꾸어 나타내었다.

建甌 tsi^8, 潮州 tsek^8, 汕頭 tɕɛk^8 등으로 이들은 티베트 서면어의 gtɕigᴵㅡ
의 독음과 아주 가깝다. 방언에서 구두어의 음이 중고보다 더 이른 층
위를 반영하는 경우가 흔하다. 위의 방언에서 '一'의 독음이 파찰음으
로 실현되었으므로 이 글자의 기원이 ʔ-라고 할 수 없다. 이는 影母가
상고에서 ʔ-가 아닌 폐쇄음 성분을 동반했음을 의미한다.

'影'과 '景'은 古今字223) 관계이다. 원래 '影'은 없었다. 慧琳 ≪一切經
音義≫ 卷三十二에서 "葛洪의 ≪字範≫에서 처음으로 '三撇' 즉 '彡'을 더
하여 '影'을 만들었다.[葛洪作≪字範≫始加三撇作影.]"고 했다.

상고 중국어의 '公'과 '翁'은 사실상 같은 단어이다. ≪方言≫ 卷六에
서 "노인을 존경하는 것… … 周, 晉, 秦, 隴에서는 '公'이라 하거나 '翁'이
라 한다.[尊老… … 周晉秦隴謂之公, 或謂之翁.]"라 하여 '公'과 '翁'이 방언
에 따라 달리 사용된 것에 불과함을 명백히 밝히고 있다. 大同, 太原,
太谷, 文水, 平陽 등의 일부 현대 중국어 방언에서는 '翁'을 '公'으로 읽
기도 한다(Karlgren 1915-26). 조류명인 '白頭翁'은 浙江 黃岩에서 '白頭
公'으로 읽는다224). 또 浙江 泰順 蠻講 말에서 '外公'을 ȵia^{6}və ŋ^{1}으로 읽
는 등, '公'을 '翁'으로 읽기도 한다.

≪莊子·天地≫의 '門無畏'에 대하여 郭象 本은 '門無鬼'라 했다. 이에
대하여 ≪釋文≫에서는 "'門無鬼'의 '無鬼'를 司馬 本에서는 '無畏'라 기록
하고 '門'은 姓이고 '無畏'는 字라고 했다.[門無鬼, 司馬本作無畏, 云: 門姓,

---

223) 어떤 글자가 여러 개의 의미 항목을 가졌을 때, 그 의미 가운데 어떤 하나의 의미를 나중
에 다른 글자를 따로 만들어 대체해서 나타낸 경우가 있다. 이 가운데 여러 개의 의미
항목을 가진 처음의 글자를 '古字'라 하고 나중에 생긴 글자를 '今字'라 한다. 예를 들면,
'然'의 여러 의미 항목 가운데 '태우다'의 의미를 따로 나타내기 위하여 나중에 '燃'이 생성
되는데 '然'은 '古字'이고 '燃'은 '今字'이다.

224) 원쥐 이 예는 王敬驤가 제공했다.

無畏, 字也.]'고 했다. 따라서 편명 '徐無鬼'는 '徐無畏'이다[225].

《漢書·地理志》에서는 "鬱林郡, 故秦桂林郡."이라 했는데 여기에서 '鬱'은 '桂'과 通假 관계이다. 《說文》에서는 "'鬱'은 향초다… …鬱林郡 사람들이 바쳤다고 한다.[鬱, 芳草也… … 謂鬱林郡人所貢.]"로 언급하고 있다. 위에서 제시한 '鬱金' *qŭtkrŭm이 바로 '鬱林' *qŭtk·rŭm이다.

(4) 影母 글자와 티베트 서면어의 동원어 *ɥ형

'烏鴉'는 상고 중국어에서 '烏'[*qa 혹은 *qla]인데 티베트-버마어군 언어에서도 다음과 같이 유사한 형식을 가지고 있다.

티베트 서면어	ka ka	墨脫 몬바어	ʔak	체팡어	ka
호르파어	kaʐe	却域語	qa³³	민약어	qa³³
扎壩語	kha⁵⁵	貴瓊語	ka³⁵	史興語	qho⁵⁵
納木義語	qa³³	納木玆語	quo³¹	麗江 나시어	ka³¹
라후어	qa¹¹	哈雅 아카어[哈尼語, Akha]	xa̠³¹	阿昌語	kha̠³¹
碧江 눙어	k.ɹa⁵⁵	土家語	ka²¹	碧江 白語	tɕa⁴⁴
드룽어	ka⁵⁵	日旺語	kha	達讓 僜語	kla⁵⁵
카나우리어	kag	扎巴語	ka⁵⁵	爾蘇語	ka³³
大方 彝語	a³³	爾龔語	qa	카친어	kha³³

'대변'은 상고 중국어에서 '惡' *qak이라고도 한다. 《漢書·昌邑哀王髆傳》의 "마치 파리 똥 같다.[如是青蠅惡矣.]"에 대하여 顏師古는 "'惡'은 대소변이다.[惡卽矢也.]"라 注했다. 티베트-버마어군 언어에서도 다음

과 같은 유사한 형식이 있다.

티베트 서면어	나시어永寧	프리미어蘭坪	프리미어箐花	호르파어	史興語
skjag	kha^{31}	xqa^{55}	sqa^{55}	ʂçça	qha^{55}

'啞'의 상고 중국어는 *qraʾ이며 이는 다음과 같이 티베트-버마어군 언어의 '농아'와 동원이다.

納木義語	爾蘇語	呂蘇語	로바어Idu
a^{33}qa^{55}	ka^{33}pha^{55}	ka^{53}ba^{53}	ka^{55}pa^{55}
라후어	土家語	僜語格曼	僜語達讓
tɕhɔ^{33}qa^{11}	ka^{21}pa^{21}	ka^{31}wa^{35}	ka^{31}pa^{55}

2. 曉母의 상고 기원

칼그렌은 曉母의 중고음과 상고음을 모두 x로 재구했다. 이후의 음운학자 가운데에는 칼그렌의 견해를 고수하여 曉母를 x로 재구한 학자도 있고, h로 재구한 학자도 있다. 그러나 曉母를 h로 재구하거나 x로 재구해도 양자는 대립하지 않는다. 李方桂(1971)는 h를 독립된 자음 기호로 사용하지 않고 무성의 유음과 무성의 비음을 표시하는 데에만 사용했다. 예를 들면, hl-는 ḷ, hm-는 m̥를 나타낸 것이다. 제4 장에서 曉母와 匣母의 중고음이, 엄격히 말하면 x와 ɣ가 아닌 h와 ɦ이어야 함을 논의한 바 있다. 北京 등지에서 x로 읽는 것은 나중에 변화된 결과이다. 위에서 제시한 바와 같이 '可賀敦'의 예에서 匣母 글자인 '賀'를 사용한 것은 '可'의 성모가 喉部에 더 근접했음을 의미하기도 하고 '賀'의 조음부위가 설근이 아니었음도 의미한다.

潘悟雲(1997b)은 더 나아가 曉母 글자 가운데 설근음과 해성하는 일부 글자가 상고에서 *qh-임을 제기했다. 그 근거는 다음과 같다.

(1) 중국어의 내부 증거

베네딕트(Benedict 1972: 33)는 "티베트-버마어군 언어에서 성모 *h-는 흔치 않은데 제한된 범위 내에서 소수의 어근으로만 재구된다."고 밝혔다. 보드만(Bodman 1980: 68)도 티베트어의 h- 역시 나중에 생성된 것으로 최소한 주변적[peripheral] 성격을 가진 것이라 했다. 상고 중국어의 *h-도 주변적이라면 중고 중국어에서 대량으로 존재하는 曉母 글자는 상고에서 *h-가 아니었거나 최소한 대부분은 *h-가 아니었을 것이다.

또 曉母 글자가 상고에서 마찰음이었다면 曉母와 見母의 관계는 心母와 端母의 관계와 대응하는 'h : k = s : t'가 된다.

그러나 해성관계에서 양자 간에는 현저한 차이가 있다. 心母와 端母는 거의 해성하지 않는 반면 曉母와 見母의 해성례는 적지 않다.

여기에서 상고 중국어의 影母를 *q-로 재구했으므로 *qh-도 당연히 있어야 한다. 이 음소를 충당할 가능성이 가장 큰 성모는 曉母이다.

구개수음 qh-도 불안정한 음이기 때문에 많은 언어에서 다음과 같이 q-의 변화와 평행한 변화가 발생한 바 있다.

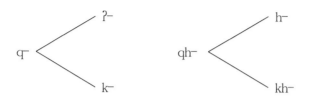

아래 표에서 제시한 바와 같이 세 지역의 苗瑤語에서 바로 이러한 변화가 발생했다.

	묶다	시들다	포대[包]	작은 구멍
高坡 苗語	qhe^1	qha^3	$qhɯ^3$	$qhoŋ^3$
宗地 苗語	he^{1b}	ha^{3b}	hou^{3b}	$hoŋ^{3b}$
長垌 瑤語	$khai^1$	$khei^3$	$khau^3$	$khoŋ^3$

돌궐어군 가운데 많은 언어에서 q와 qh- 사이에는 대립이 없다. q를 통상 qh로 읽으므로 일부 언어에서는 마찰음인 x로 변화했다. 예를 들면 '귀[耳]'는 위구르어에서 qulaq이며, 살라르어[撒拉語, Salarçal]에서 qulax이다.

'況'의 중고음이 曉母 h-이지만 北京 말에서는 kh-로 읽어 중고의 溪母 kh-와 대응한다. 이것이 바로 상고의 *qh-가 여러 방언에서 두 가지의 다른 형태로 변화한 상황을 반영한 것이다.

'況'은 두 개의 다른 형태로 변화했다. 이는 '荀況226)'을 '荀卿'으로도 불렀던 이유와 부합한다. '況'의 상고음은 *qhlăŋ인데 구개수음 뒤에서

226) 戰國시기 趙나라의 인물로 ≪荀子≫의 저자이다.

합구의 과도음이 생성되어 *qhʷ̃ăŋ이 되었을 것이다. 이 형식이 바로 '況'의 상고 독음이다(합구의 과도음에 관한 문제는 아래의 云母에 대한 논의를 참조할 것). 그러나 어떤 방언에서는 qh-가 kh-로 변화했고 -1-와 -r-의 교체가 발생하여 *qhlăŋ >*khrăŋ의 변화가 발생했다. 성모가 kh-로 변화한 이후 성모 뒤에는 더 이상 합구의 과도음이 생성되지 않게 되었는데 이것이 바로 '卿'의 상고 독음이다. 司馬禎이 상고 음을 이해하지 못했기 때문에, ≪史記≫에서 '況'을 '卿'으로 기재한 이유에 대해 "당시 사람들이 서로 존중하는 의미로 '卿'이라 부른 것이다.[時人相尊而號爲卿也.]"라고 한 것이다. '荀卿'의 '卿'이 司馬禎의 ≪索隱≫에서 언급한 바와 같이 荀子의 이름이 아니었다고 한다면 ≪史記≫에서 그의 이름을 한 곳에서도 언급하지 않고 '荀卿'이라고만 한 점은 이상하지 않을 수 없다.

(2) 曉母는 흔히 친족 언어의 동원어에 나타난 폐쇄음과 대응한다.

'嚇'에는 ≪廣韻≫에서 두 개의 독음이 있다. 하나는 '呼訝切'로 상고음 *qhraks에 해당하는데 이는 사실상 뒤에 사역의 접미사인 *-s를 동반한 사역 형식이다. 또 다른 독음은 '呼格切'로 상고음 *qhrak에 해당하는 자동 형식이지만 문헌에서 자주 사용된 '화내다'의 의미는 이미 本義를 상실한 것이다. 일부 남방 방언에서는 이 독음에 '무서워하다'의 의미도 있고 '위협하다'의 의미도 있어 자동 형식과 사역 형식이 동일하다. 티베트-버마어군 언어에서 '무서워하다'의 의미를 가진 동원어는 다음과 같다.

티베트 서면어	버마어	마루어	扎巴語	錯那 몬바어	민약어
skrag(pa)	$krɔk^4$(ᢕᢗᢀᢃ)	$kjauk^{31}$	$(wə^{35})tʂa^{53}$	$chak^{53}$	qa^{55}

이들 동원어의 성모는 마찰음이 아닌 폐쇄음이나 파찰음이다.

'虎'는 버마 서면어에서 kja<*kla[227]), 세망어[塞芒語, Semang]에서 kəla[228])(Benedict 1972: 26, 114), 墨脫 몬바어에서 khaila, 綠春 아카어[哈尼語, Akha]에서 $xa^{31}la^{31}$, 怒蘇 눙어에서 la^{35}이다. 아카어의 x-는 사실상 폐쇄음에서 마찰음화된 것이다. 예를 들면 '마늘[蒜]'은 綠春 아카어에서 $xa^{31}se^{55}$인데, 嘎卓語는 $kha^{31}si^{33}$이며, 喜德 彝語는 $kɑ^{33}si^{33}$로 綠春 아카어의 x-는 다른 친족 언어의 폐쇄음과 대응한다. 일부 언어에서 이 단어의 유음은 선행 폐쇄음과 함께 t-(⟨*k・l-)로 합병된다. 예를 들면 티베트 서면어의 stag, 阿力克 티베트어는 rtak, 貴瓊語는 ta^{55}이다. 태국어에서는 $khla:^{A1}$(ขลา)이다. 고대 중국어에서 '호랑이'를 의미하는 어휘는 방언마다 차이가 있었다. ≪左傳・莊公 十年≫의 "(말 위에) 호피를 얹고 먼저 공격했다.[蒙皐比而先犯之.]"에 대하여 杜注에서는 "皐比, 虎皮."라 했다. '皐比'는 사실 '罦比'로 '皐'와 '罦'는 形訛[229]) 관계이다. '蒙罦比'는 '호랑이 가죽을 얹고'의 의미이며 '罦'의 상고음은 *grlak이다. 楚에서는 호랑이를 '於菟' *qala라 했다. 각각의 비교 자료는 유음 l- 앞에 폐쇄음 성분이 있었음을 설명하고 있다. 따라서 '虎'의 상고음이 *qhla˙임을 알 수 있다.

----

227) 베네딕트(Benedict 1972: 26)에는 kyà<*klɑ로 표기되어 있다.

228) 베네딕트(Benedict 1972: 114)에는 kəlɑ로 표기되어 있다.

229) 字形이 가까운 관계로 다른 글자를 잘못 적은 것을 말한다.

'烘' *qhoŋ은 티베트-버마어에 아래와 같이 폐쇄음 성모와 대응한다.

몬바어錯那	버마 서면어	勒期語	白語劍川	浪速語	눙어怒蘇	彝語撤尼
koŋ^{53}	kɑŋ^2	ka:ŋ^{33}	kõ^{21}	kɔ̃^{31}	kɔ̃^{31}	qo^{44}

이 단어는 黔滇 苗語에서 qhɑŋ^5, 勉 瑤語는 kha:ŋ^5, 標敏 瑤語는 khɔ^{5}로 이들 역시 동원어들이다.

'脅' *qhlep은 '갈비뼈'의 의미로 錯那 몬바어는 kep^{53}, 카친어는 kă^{31}ʒep^{31}<kă^{31}rep^{31}이다.

'華[花]' *qhra>qhʷra에서 합구 과도음의 생성 과정은 云母와 같다. '花'는 아래와 같은 티베트-버마어 군 언어의 동원어가 있다.

티베트 서면어	가롱어	호르파어	爾龔語	라후어	나무이어
khra	khra	khʂa	kʐa	qɑ^{21}	qa^{33}
土家語	**프리미어**九龍	**僜語**達讓	**카친어**	**彝語**大方	**扎巴語**
kha^{55}	qa^{11}	khɹai^{53}	ka^{33}	kua^{33}	tʂha^{55}

書母와 曉母의 관계는 상당히 밀접하다. 예를 들어 曉母를 *qh-로 바꾸면 최소한 일부의 書母는 *qhlj-나 *qhj-에서 기원한 것이 된다. 이와 같은 재구는 李方桂(1971)가 *hrj-로 재구한 것에 비해 아래의 언어 현상과 더 부합한다.

'屎' *qhljĭʔ의 티베트-버마어 군 언어의 동원어는 아래와 같은 것들이 있다.

몬바어曬服	羌語	로바어이두[Idu]	巴興語	버마 서면어
khi	qhʂə	khɹi⁵⁵	khli	khje³
카친어	傈僳語	라후어	基諾語	加羅語
khji⁵⁵	khi³¹	qhɛ⁵³	a⁴⁴khri⁴⁴	khiː

'首' *qhljǔ?의 티베트-버마어의 동원어는 아래와 같다.

프리미어九龍	却域語	扎巴語	僜語達讓
qhuo⁵⁵	qho⁵⁵	gu¹³	kɹu⁵³
라후어	나시어	土家語	티베트 서면어
o³⁵qo¹¹	ku³³ly³³	kho⁵⁵pa⁵⁵	mgo

캄-타이어에는 다음과 같이 동일한 기원이 있다.

柳江 壯語	布依語	臨高語	佯黄語	캄어
kjau³	tɕau³	hau³	kəu³	kaː³u
仫佬語	三洞 水語	毛難語	黎語	
kɤo³	ku³	ko³	gwou³	

3. 匣母와 云母의 상고 기원

匣母는 중고에서 1·2·4등에만 출현하고 群母는 3등에만 출현하므로 양자는 상보 분포를 이룬다. 칼그렌은 이에 근거하여 이들의 상고음을 *gh-로, 云母는 무기음인 *g로 재구했다.

이후에 이와 같은 칼그렌의 재구음에 대하여 많은 반론이 제기되었다. 먼저 유성 폐쇄음에 대한 칼그렌의 유기와 무기로의 구분을 대부분 부정하여[230] 칼그렌이 재구한 群母의 상고음인 *gʰ-는 *g로 수정했다. 또 曾運乾(1927), 葛毅卿(1939), 羅常培(1939) 등은, 중고의 云母가 바로 3등의 匣母이며 이것이 설면 개음의 영향을 받은 후에야 반모음으로 변화했음을 고증했다. 중고의 云·匣母가 한 종류이므로 일부 음운학자들은 이들이 상고에서도 동일 종류라고 추론했다. 상고의 群母가 *g라면 匣母와 云母는 *g일 수 없다. 董同龢(1948a)는 이들을 중고와 같은 음인 *ɣ-로 재구했다.

그러나 이와 같은 董同龢의 재구음은 만족스럽지 못하다.

첫째, 匣母는 見組의 글자와 대량으로 해성·통가한다. 匣母를 *ɣ-로 재구하면 마찰음이 대량으로 폐쇄음과 해성·통가할 수 있다고 가정해야 한다. 董同龢(1948a)는 마찰음이 폐쇄음과도 해성할 수 있다고 했는데 그 이유가 마찰음인 曉母도 見·溪母와 대량으로 해성했기 때문이라 했다. 그러나 마찰음이 폐쇄음과 해성할 수 없으며 見·溪母와 해성하는 曉母의 상고음이 *qʰ-임에 대해서는 위에서 이미 논의한 바 있다.

둘째, 중고의 群母는 3등 글자만 있고 칼그렌이 匣母와 群母가 상보분포를 이루고 있었다는 점에 근거하여 이 현상을 해석했던 것이다.

---

230) 칼그렌이 중고중국어의 유성저해음[全濁音]을 유기음으로 재구한 바 있다. 그는 이를 상고중국어까지 확대하여 재구하여 유성저해음을 *bʰ-, *gʰ-, *dʰ- 와 같이 재구했는데 이로써 *b-, *d-, *g-의 자리가 비게 되어 以母나 云母 등으로 채워넣게 된 것이다. 이후에 유성저해음의 유기성에 의문을 갖는 학자들이 나타나면서 현재는 이들을 유기음으로 재구하지 않게 되었다. 그러므로 以母나 云母의 표기를 위해 또 다른 분석이 필요하게 되었다.

그렇다면 匣母의 상고음을 *ɣ-라 가정하면 1・2・4등의 *g-는 어디에 귀속되었다는 말인가?

셋째, 漢代에 匣母 글자로 다음과 같이 g를 대역한 예도 있다 (Pulleyblank 1962-3: 87, 95, 132).

恒河: 산스크리트 Ganga

阿含: 산스크리트 āgama

胡荽: 페르시아어 gośniz

歙侯: 漢代의 烏孫족, 月氏족, 康居족의 官名인 '歙侯'는 돌궐어의 yabgu와 기원이 동일한데, 중국어의 匣母 글자인 '侯'는 돌궐어 의 gu와 대응한다.

넷째, 중국의 방언과 해외 한자어에서 많은 匣母 글자들은 여전히 다음과 같이 폐쇄음의 독음을 가지고 있다.

古 베트남 한자어

陷 cam⁶[함정], 合 gop⁵[모으다], 戶 cửa⁵[門], 號 gao²[부르다], 頷 gǎm⁵ [고개를 끄덕이다], 含 gôm²[포함하다]

溫州방언

厚 gau⁴, 含 gaŋ², 銜 ga², 環 ga⁶[문고리], 懷 ga²[名詞], 解 ga⁴[톱으로 열다] 峽 ga⁸[산골짜기]

따라서 최소한 일부의 匣母 글자가 상고에 폐쇄음이었다고 볼 수 있 다. 이에 또 다른 일부 학자들은 匣母에 폐쇄음과 非 폐쇄음의 두 개의 기원이 있다고 주장했다. 예를 들면 羅常培(1939)는, 見・溪母와 해성 ・異讀의 관계가 있는 글자는 상고의 *g-에서 기원했고 曉母와 해성관계가 있는 글자는 *ɣ-에서 기원했다는 李方桂의 비공식적인 가설을 인용했다. 그러나 董同龢(1948a: 37ff.)는 曉母와 해성관계가 있는 匣母 글자의 90% 이상이 見・溪母와도 해성관계가 있으므로 匣母를 양분하기 어렵다고 지적했다.

匣母를 양분해야 한다고 주장한 학자는 풀리블랭크(Pulleyblank 1962-3: 86-88)이다. 그는 산스크리트-중국어의 대음과 日本 吳音 자료를 근거로 匣母를 두 종류로 나누었다. 하나는 산스크리트의 g와 대응한다. 예를 들면 '阿舍'은 āgama를 대역했다. 또 다른 하나는 산스크리트의 마찰음과 대응한다. 예를 들면 '和'는 -va-를, '越'은 -vat-이나 -vad-을 대역했는데 이 경우는 거의 모두 합구 글자이다.

日本 吳音에서 匣母에는 다음과 같이 각각 w-와 g-의 두 개의 독음이 있다.

和 wa ~ 禍 ga   會 we ~ 檜 ge   畫 we ~ 詿 ge

그러나 w-로 대역한 경우의 대부분은 합구 글자로 산스크리트-중국어 대역 상황과 일치한다. 이 같은 두 종류의 匣母는 상보적인 관계에 있는 것처럼 보인다. 즉 개구 글자 대부분은 폐쇄음으로 읽히고, 합구 글자 대부분은 마찰음으로 읽힌다. 이러한 사실은, 匣母가 처음에는 *g-의 한 개의 독음만 가지고 있다가 나중에 마찰음화되었는데 단지 합구 글자가 먼저 마찰음으로 변화한 것임을 시사한다.

이 현상은 다음과 같은 음의 원리와 부합한다.

폐쇄음에서 저해가 생길 때에는 저해가 발생한 부위에 따라 저해의 강도가 달라진다. 舌根이 연구개와 닿아 형성된 저해의 강도는 설면이나 설첨이 경구개와 닿아 형성된 강도보다 훨씬 약하며 설근이 구개수와 닿아 형성된 저해의 강도는 더 약하다. 폐쇄음이 저해의 강도가 약할수록 기류에 의하여 간극이 더 쉽게 벌어져 마찰음화가 발생한 것이다. 이외에도 합구 개음의 후설적 성격은 폐쇄음의 저해 부위를 뒤로 이동하게 하며 i 개음의 전설적 성격은 저해 부위를 앞으로 이동시킨다. 각 자음의 저해 부위를 뒤에서부터 앞에까지 차례로 배열하면 아래와 같은 체계로 이루어진다.

후설, 마찰음화 $G^w- \Rightarrow G- \Rightarrow g^w- \Rightarrow g- \Rightarrow g_i$ 전설, 마찰음화 하지 않음

이러한 배열은 폐쇄음이 마찰음화한 순서와 일치한다. 즉 上古의 *g-는 3등 개음 i 앞에서 마찰음화가 발생하지 않으며 중고에 이르러서도 여전히 gi[群母]이다. 개음 i를 동반하지 않았던 *g-는 중고에 이르러 마찰음 ɦ-로 변화했으며 합구 글자에서 먼저 발생했다. 마찰음화가 가장 먼저 발생한 것은 G^w-와 $G-$로 이들이 바로 아래에서 논의할 云母이다.

李方桂(1971: 14)는 아래와 같이 새롭게 이들의 변화를 재구했다.

상고 *g+j- > 중고 群母 g+j-
상고 *gw+j- > 중고 云母 jw-
상고 *gw+j+i- > 중고 群母 g+j+w-

그러나 위의 재구는 문제에 봉착하게 된다.

첫째, 云母 대부분이 합구 글자이기는 하지만 소수는 개구 글자이다. 李方桂도 이 점을 의식하여 개구 글자들에 대해서는 개별적으로 처리했다. 예를 들면 '矣·焉'은 어기사로 특수한 음성변화가 있었다고 했고,[231] '鴞·爟'의 합구 개음은 합구 운미 -w, -p와의 이화에 의하여 탈락했다고 했다. 그러나 이러한 해석에는 정당화할 수 없는 부분이 분명히 있다. '矣·焉'에 원래부터 합구 성분이 동반되었다고 한다면 이들을 聲符로 하는 '鄒·蔫·嫣·埃·俟·唉' 등은 어기사가 아니면서도 이들 중 합구 성분을 동반한 글자가 하나도 없는 이유를 설명할 수 없다. 李方桂의 견해와는 다르게 '夫·耶·也·乎' 등의 많은 어기사는 개구 글자이다. '焉'에는 影母의 독음도 있다. 影母의 '焉'은 '安'과 통하며 '어찌[何]'로 풀이되므로 개구 글자인 '烏·惡·安·曷·害·何' 등과 어원적 관계가 있음은 분명하다. 고대 서역명인 '焉耆'는 '烏耆', '烏纏', '阿耆尼'라고도 하는데 '烏·阿'도 모두 개구 글자이다.

둘째, 李方桂의 체계에 이미 *gwj와 *gwi-가 있으므로 '狂' 등의 합구 群母 글자만을 설명하기 위해 *gwji-를 다시 설정했다. 이러한 복잡한 개음 체계는 인위적인 변별 기호일 뿐으로 실제 음성에서 이러한 변별이 있었는지 의심스럽다.

龔煌城(1990)이 이미 이와 같은 불합리한 점을 발견했던 것으로 보인다. 따라서 그는 *gwrj->중고 云母로 수정했다.

이러한 재구가 주목을 받는 이유는 일부 云母 글자가 티베트 서면어의 동원어에서 -r-를 동반하는 것이 확실하기 때문이다. 예를 들면 '胃'는 grod과, '友'는 grogs와, '于'는 ɦgro[걷다]와, '越'은 ɦgrod[걷다]과 대

---

231) 李方桂(1971: 14)는 어기사의 특수한 음성변화란 합구 성분이 탈락한 것이라고 밝혔다.

응한다. 그러나 일부 云母 글자의 경우 티베트 서면어의 동원어에서 -r가 동반되지 않았던 경우도 있기 마련이다. 그렇지만 중국어와 티베트어의 동원어 사이의 대응 관계가 이 정도까지 엄정하지 않기 때문에 문제의 관건은 이것이 아니다. 문제는 개음 *-r-를 동반한 일부의 합구 3등 글자가 중고에서 云母로 변화하지 않고 群母에 귀속되었다는 점이다. 眞韻의 小韻 '囷'은 중뉴 3등으로 상고음이 *gʷrŭn이지만 云母로 귀속되지 않았다. '王'은 중고의 陽韻으로 상고 陽部의 제Ⅲ류에 속한 것으로 -r-를 동반하지 않았음에도 오히려 云母에 귀속되었다.

이 같은 점으로 볼 때 云母와 群母를 동일한 어두 자음을 가진 것으로 재구할 수는 없다. 따라서 1970년대 이후 丁邦新(Ting Panghsin 1977-78), 鄭張尙芳(1990b), 邵榮芬(1991) 등의 여러 학자들은 匣母가 상고에서 두 가지의 기원이 있었다고 주장하고 있다.

중고의 群母와 云母는 3등만 있고 匣母는 1·2·4등만 있으므로 이들 사이의 배합 관계는 골치 아픈 문제 중의 하나이다. 群母와 匣母가 상보관계에 있다고 하면 云母에 3등만 있고 1·2·4등이 없으므로 문제가 된다. 반대로 匣母와 云母가 상보관계에 있다고 하면 群母에 3등만 있고 1·2·4등이 없으므로 역시 문제가 된다. 匣母를 둘로 나누어 각각 群母와 云母 간의 상보적인 관계라 규정한다면 이들 간의 역사적 관계는 원만하게 설명할 수 있다. 邵榮芬(1991)은 해성을 근거로 이들의 관계에 대해 논증한 바 있다. 즉 匣母 가운데 k-류와 해성하는 경우는 극히 많지만 云母가 k-류와 해성하는 경우는 극히 적다. 그는, 匣母 가운데 k-류와 해성하는 것은 *g-로, k-류와 해성하지 않는 것은 云母와 마찬가지로 *ɣ-로 재구했다.

이와 같은 학설의 장점은 群母와 云母의 각각 다른 해성행위를 설명

할 수 있다는 것이다. 즉 群母는 見·溪母와의 관계가 더 가깝고 云母
는 이와 반대로 見·溪母와의 관계가 더 멀다. 云·匣母가 각각 見組와
해성하는 비율을 살피면 云母와 見組의 해성례는 다소 적지만 극히 적
다고 할 수는 없다. 일부 해성족의 관계에서는 오히려 대단히 밀접하
다. 예를 들어 '軍'을 聲符로 하는 해성족에서는 云母 글자와 見母 글자
의 수가 거의 같다.

고문헌에서 云母와 見組 글자가 假借한 예 역시 적지 않다. 예를 들
면 다음과 같다.

"楚의 夾敖는 康王의 아들이다.[楚夾敖爲康王之子.]"에 대하여 ≪史記
·楚世家≫에서는 夾敖의 이름을 '員'이라 했는데 '員'은 云母 글자이다.
≪左傳·昭公四年≫에서는 그 이름을 '麇'이라 했고 ≪春秋≫에서는
'卷'이라 했는데 이들 모두 見母 글자이다.

≪史記·夏本紀≫에 기록된 "有扈氏."의 '扈國'은 ≪漢書·地理志≫에
서 '鄠縣'으로 기록했다. '扈'와 '戶'는 匣母 글자로 동음이고 상고음은
*ɡ-이며 '鄠'는 云母이다.

'寏'은 云母 글자로 ≪說文≫에서 "讀若昆"[232]이라 했다. '昆'은 見母이다.

云母에 대하여 현재까지 학자들은 *ɦɣ-로 재구했거나 *ɡ로 재구했
다. *ɦ-로 재구하면 云母 글자가 설근 폐쇄음과 해성하거나 互讀하는
현상 및 云母 글자의 대부분이 합구 글자인 점을 설명할 수 없다. 또
云母를 *ɡ로 재구하게 되면 群母와의 분화 조건과 부합하지 않는다.
필자는 이 같은 모순 현상으로부터 영감을 받아 云母가 *ɦ도 아니고

---

232) 徐鉉의 ≪說文解字≫에는 이 언급이 없으나 段玉裁의 ≪說文解字注≫에 나와 있다.

*g-도 아닌 *ɢ-에 가까운 유성 폐쇄음일 가능성이 있다고 생각하게 되었다. 影母가 *q-이므로 음운 체계의 대칭 원칙을 고려하면 이와 대응하는 유성음인 *ɢ-가 있어야 할 것이며 이를 충당하는 것은 云母이어야 한다.

다음 漢代의 일부 역음 자료는 云母를 *ɢ-로 재구해야 한다는 점을 지지하고 있다.

《史記·張騫列傳》에서는 '于闐'으로 Khotan을 대역했다. 앞서 '扜彌'에 대한 논의에서 kh-가 구개수음을 대역하는 방법의 하나였을 가능성에 대해 언급한 바 있다. 풀리블랭크(Pulleyblank 1962-3: 91)는, 또 다른 몇 개의 자료에 근거하면 이것이 원래 유성음 성모를 동반했으므로[233] 그 지역의 원래의 독음이 *Godan에 가까웠다 주장했다. 云母 '于'의 상고음은 *ɢwa인데 a는 합구 개음의 영향을 받아 원순의 색채를 띠게 되었으므로 于闐語의 Go-를 대역한 것으로 보인다.

'單于'는 흉노의 통치자를 일컫는 칭호로 나중에 중앙 아시아의 여러 유목민족이 계속해 사용했다. 예를 들면 돌궐이나 몽고, 혹은 이들의 서쪽 지역에는 tarqan이나 tarxan의 칭호가 있었는데 몽고에서 복수형은 tarqat이다. '單于'의 '單'은 고문헌에서 禪母 글자라 注하였는데 이를 상고음으로 전환하면 *djăn이 된다. 그러나 돌궐어의 형식에 근거하면 이는 당시에 端母나 定母와 같이 읽어야 할 것 같다. 운미의 대음에서는 漢代에 -n가 외국어의 -r를 자주 대역했음을 알 수 있다. 예를 들면

---

233) 풀리블랭크가 든 예는 다음과 같다.
　玄奘의 불경 번역 가운데 대역 漢字 '瞿薩旦那(풀리블랭크의 중고 중국어 재구음은 gɨəu-sɑt-tɑn-nɑ이다)가 산스크리트의 *Gostana에 해당하고, 이에 해당하는 말이 코탄의 산스크리트 문헌에서 Gaustana-deśa로 기록되어 있는 점 등이다.

'鮮卑'는 Serbi의 대역이다. 우리는 여기에서 '于'의 대음에 대하여 중점적으로 논의하고자 한다. 아프칸의 통치자인 Nēzak Tarxān을 그리스 銘文에서 TAPKA나 TAPAKA로 기록했는데(Pulleyblank 1962-3: 257) 이는 라틴자모로 옮기면 각각 Tarka나 Taraka이다. tarqan이나 tarqat과 대조하면 자모 -k-는 사실상 -q-를 역음한 것이다. 이는 이 일대의 통치자의 칭호를 tarqa로도 기록한 바가 있음을 의미한다. 漢代에는 '于'로 흉노어의 qa를 대역했으므로 漢代의 '于'가 *ɣʷä가 아닌 *Gʷä이었음을 알 수 있다. 이때 *Gǎ이었을 가능성이 더 큰데 과도음 ʷ는 나중에 생성된 것이다. 따라서 '單于'는 *tanGǎ나 *danGǎ이다. 이와 대응하는 흉노어는 *tarqa나 *tarGa로 이중 *Ga가 나중에 무성음으로 변화하여 *tarqa가 된다. 돌궐어에는 운미 -n이 더 있는데 이는 운미 교체에 해당한다.

아래의 상고시기 해외 한자어의 독음도 云母가 *G-임을 반영하고 있다.

위에서 논의한 바와 같이 '熊'의 상고음은 *Gǔm이다. '熊'은 일본어에서는 kuma이고 한국어에서는 kom[곰]으로 이들 모두 중국어와 어원적 관계가 있다. 이들이 폐쇄음 성모를 동반하고 있으므로 云母의 상고음이 *ɣ-가 아닌 *G-임을 알 수 있다.

베트남어에서 云母의 차용어는 일반적으로 마찰음으로 읽는다. 그러나 古 베트남 한자어에서는 폐쇄음으로 읽는 극히 개별적인 몇 개의 예를 더 찾을 수 있다. 즉 '圍'는 quây[1]로 읽고, '圓'은 tron[2]로 읽는다. 현대 베트남어의 tr-의 일부는 *kr-류의 복자음에서 기원하였다. 아래를 살펴보자.

'交' trao[1](<krao)[주다, 건네다]

'陷'(trom[5] < *groms[움푹하다])의 상고 중국어는 *grŏms이며 베트남어

의 跌聲은 운미 *s-에서 기원했다. 이에 대해서는 오드리쿠르(Haudricourt 1954)를 참고하기 바란다.

'橄欖' tram^{5} < *kramʔ. '橄欖'의 상고 중국어는 *kam˙ram˙이다.

따라서 古 베트남 한자어의 '圓' tron^{2}은 gron류의 음에서 기원했을 가능성이 있는데 이는 상고 중국어 '圓'의 독음이 *ɢrŏn임을 말해 준다.

다음과 같은 친족 언어의 동원어에서도 이 재구음이 타당함을 지지하는 증거를 찾을 수 있다.

'圓', '丸' *ɢrŏn

티베트 서면어	로바어보카르	나시어永寧	아카어	민약어
gor(ba)	kor kor	ko^{31}(tv^{33}lɿ^{55})	ɣɔ^{33}	gø^{33}gø^{53}

캄-타이어와 苗瑤語에서도 다음과 같이 유사한 형식이 있는데 이는 이들 성모가 폐쇄음이었음을 말해주고 있다.

苗語川黔滇	苗語滇東北	勉瑤語	水語	仫佬語
khun^{2}	qo^{3}lo^{8}	kun^{2}	qon^{2}	kon^{6}

'雨' *ɢʷrǎ˙

디가로어 [Digaro]	캄부어 [Khambu]	디마사어 [Dimasa]	루세이어	로동어 [Rodong]	버마 서면어
kə ra	kə wa[물]	ha[비가 오다]	ruaʔ	wa[물]	rwaː^{2} [비가 오다, ရွာ)

위에서 버마 서면어를 제외한 나머지 다섯 개 언어에 나타난 자료는
베네딕트(Benedict 1972: 109)에서 인용했다.

爾蘇	僜語達讓	로바어₁du	드룽어	능어碧江	능어怒蘇
gua^{33}	ka^{31}ɹa^{55}	ka^{31}ɹa^{55}	dzaʔ^{55}	ɹua^{35}	ɣɹua^{33} [비가 오다]

드룽어의 '비[雨]'는 nãm^{53}dzaʔ^{55}로 이 가운데 어근은 dzaʔ^{55}이며 nãm
은 티베트 서면어의 nam[하늘]과 동원이다.

이상의 동원어 자료를 비교하면, 원시 티베트-버마어군 언어에서
'비[雨]'의 어두 자음이 유성 폐쇄음인 G-나 g-이고 합구 성분인 w와 더
불어 유음 r를 동반하며 주요모음은 a이고 루세이어와 드룽어에 운미
-ʔ가 잔류하고 있음을 알 수 있다. 이에 따라 원시 티베트-버마어의
'비[雨]'는 *Gwraʔ나 *gwraʔ류로 재구할 수 있다. 중국어의 '雨'는 魚部 云
母의 上聲 글자이므로 *Gʷă <*Gʷăʔ로 재구할 수 있다. 중국어의 복자
음에서 폐쇄음에 후행하는 유음 성분이 *Cl->C-, *Cr->C-를 경과하
면서 나중에 탈락하게 되므로 *Gʷlă <*Gʷlăʔ로도 재구할 수 있다. 우리
는 제3장에서, 云母가 전설 고모음에 선행하는 경우에도 중뉴 3등과
중뉴 4등의 흔적을 찾을 수 있으나 다른 모음에 선행하는 경우에는
*Gl-과 *Gr-가 이미 섞여 있음에 대해 논의한 바 있다. '雨'의 상고음은
*Gʷră <*Gʷrăʔ일 가능성이 더 큰데 이는 원시 티베트-버마어의 형식과
아주 가깝기 때문이다. 이 단어는 일찍이 蒙古語군 언어에 의해 차용
된 것으로 보인다. 예를 들면, 保安語[Bonan]와 東鄉語에서는 Gura, 동
부 裕固語에서는 χura, 土語에서는 xura이다.

云母는 티베트 서면어의 동원어에서 다음과 같이 일반적으로 g-이다.

상고 중국어	티베트 서면어	상고 중국어	티베트 서면어
幬 *ɢŭl	guŋ[장막]	于 *ɢʷ(l)ă	ɦgro[가다, 걷다]
越 *ɢʷ(l)ăt	bgrod(pa) [걷다, 통과하다]	胃 *ɢʷ(l)ŭŭts	grod(pa)[배, 위]
垣 *ɢŏn	go(ra)[담이 있는 정원]	芋 *ɢʷ(l)ă	gro(ma)[고구마]
羽 *ɢʷ(l)ă?	sgro[깃털]	友 *ɢʷ(l)ŭŭ?	grogs[친구, 반려]

티베트 서면어의 -o-는 중국어의 -ʷa와 규칙적으로 대응하고 있다. 이에 관해서는 Gong(1980)을 참고하기 바란다.

'熊'은 格曼 僜語에서 kum⁵⁵인데, 이는 일본어의 중국어 차용어인 kuma와 거의 동일하다.

고대에는 '부엉이'를 '舊'라고도 했다. ≪說文≫에서는 "舊, 鴟舊, 舊留也."라 했다. 또 '鵃'라고도 했는데 ≪詩經≫의 '鴟鵃'와 ≪說文≫의 '鴟舊'는 각각 방언의 차이로 인해 갈라진 '부엉이'에 대한 다른 명칭들이다. '鵃'는 宵部 云母 글자이며 '舊'는 幽部 群母 글자이다. 이들의 원시 형식은 *ɢ-인데 일부 방언에서는 중고의 群母 g-로 변화했고 또 다른 방언에서는 云母 ɦ-로 변화한 것이다. '부엉이'를 고대에 '雈²³⁴⁾'이라 하기도 했는데 현대 중국어의 방언에도 보존되어 있다. '부엉이'를 寧波 말에서 '逐魂'이라 하고(朱彰年 1991), 溫州에서도 '逐魂'이라 한다(≪漢語方言詞彙≫에서는 '仇文'이라 하고 있다.). 이전 사람들은, 사람이 죽을 때가 되면 부엉이가 썩은 육신의 냄새를 맡고 온다고 해서 그 명칭을 '逐魂'

· ·

234) ≪廣韻≫ 桓韻 '胡官切'로 匣母이다.

이라 한 것으로 생각했으나 이는 억지 해석임이 분명하다. 宋의 戴侗은 ≪六書故≫에서 "오늘날 사람들은 부엉이를 '竹崔'이라 한다.[今人謂鵂留爲竹崔.]"고 했다. '逐魂'은 '竹崔'의 音變일 가능성이 있다. 그러나 溫州 지역의 泰順 蠻講에서는 ku²vaŋ¹이라 하는데 이는 분명 '舊崔'이다. 이는 廈門에서 '부엉이'를 '姑黃'이라 하는 것과 통한다(≪漢語方言詞彙≫ 舊版. 福淸 방언에서는 '麥黃鳥' ma¹uoŋ²tseu³라 하며(馮愛珍 1993), 福州에서는 '猫王鳥' ma²uoŋ²ʒɛu⁴라 한다(李如龍 등 1994). 廈門과 閩東 말에서는 宕·山攝의 일부 합구운이 합병되므로 '黃·王'은 사실상 '崔'字이다.

다른 동남아시아 언어에서도 '舊·鵂'와 어원적 관계가 있는 단어를 찾을 수 있다. 예를 들면 梁敏·張均如(1993)는 아래와 같이 '부엉이'의 의미를 갖는, 중국어와 유관한 단어를 소개하고 있다. 그들은 이들의 원시 형식을 *G-로 재구했다.

태국어	傣語	布依語	水語	壯語武鳴	캄어榕江	莫話
khau⁴	kau⁴	ku⁵hu⁴	qau¹	ku⁶	ʔau¹	kau¹

'부엉이'는 湘西 苗語에서 (tɑ¹)kɯ³·⁷이며, 勉 瑤語에서는 (nɔ⁸)ku³로 어원이 동일하다.

G-의 조음부위가 g-보다 뒤에 있어 G-의 마찰음화가 더 이른 시기에 발생한 것으로 보아야 한다. 현대 방언에서 匣母가 폐쇄음인 경우가 많은 반면 云母가 폐쇄음인 예가 극소수인 것은 아마 이 때문일 것이다. 필자의 논문인 <喉音考>가 발표된 후, 泉州에 거주하고 있는 施氏 성을 가진 어떤 독자께서 '熊'이 泉州의 구두어에서 khim²으로 읽는

다고 필자에게 편지로 알려 왔다. 이는 云母가 폐쇄음으로 읽히는 내가 알고 있는 유일한 예임과 동시에 云母가 고대에 폐쇄음이었음을 증명하는 아주 소중한 방언적 증거이기도 하다. 지금 당장 그 분의 편지를 찾을 수도 없고 이름도 잊었지만 삼가 감사와 사과의 뜻을 전한다.

다음으로 云母의 대부분이 합구인 이유에 대하여 설명하고자 한다.

전설모음은 非원순음이 많고 후설모음은 원순음이 많다. 이는 언어의 보편적 현상으로 자음도 이러한 경향이 있다. 조음부위가 뒤에 있는 자음일수록 원순음화하려는 경향이 있다. 이에 따라 라틴어의 *q에는 언제나 u가 후행한다. 云母의 *G 뒤에 과도음 w가 생성되어 합구 글자로 변화한 것도 이러한 이치이다. 그러나 과도음 w가 생성되지 않았던 두 가지 조건이 있다. 첫째, '炎·燁·罵' 등과 같이 원순 운미 ―m, ―p, ―w를 동반하는 경우 운미에 이화되어 과도음 w가 생성되지 않았던 경우이다. 둘째, 어기사의 경우 음성변화과정에서 보수적인 특징이 자주 나타난다. 예를 들면 '焉·矣' 등은 변화 없이 개구의 상태를 유지했다. 이들이 원래 합구 글자였는데 어기사인 관계로 개구로 변화한 것이라 李方桂는가 주장한 반면, 필자는 이들이 원래부터 개구 글자였고 어기사이었으므로 변화가 발생하지 않았던 것으로 생각한다. '焉·矣'가 聲符인 모든 非 云母의 글자가 모두 개구 글자라는 점은 이들이 원래부터 개구의 성격을 가지고 있었음을 증명하기에 충분하다.

이와 같은 云母의 합구 개음의 성격에 대해 명확히 이해하면 중국어의 일부 음운 현상에 대하여 더 만족할만한 분석을 할 수 있다.

중국어의 어떤 단어가 성모, 모음 혹은 운미의 교체를 통하여 의미상 서로 관련이 있는 단어군이 파생되면 우리는 이들을 흔히 '단어족[詞族]'이라 부른다(王力의 ≪同源詞典≫에서는 '同源詞'[235]라 하고 있다). 일반적으로 중국어의 단어족은 그 전체가 개구 글자로 이루어 있든지 전체가 합구 글자로 이루어져 있다. 어떤 단어족에서 개구와 합구의 글자가 동시에 출현하는 경우 합구 글자는 보통 云母가 많은 부분을 차지하고 있는데 그 합구 개음은 나중에 생성된 것이다.

云母 합구 글자	동일 단어족의 개구 글자
永 *Grăŋ > *Gʷrăŋ	羕 *lăŋs, 長 *grlăŋ
于 *Gă[가다] > *Gʷă, 往 *Găŋ[가다] > *Gʷăŋ	假 *kraʔ, 格 *krak, *行graŋ
于 *Gă[크다] > Gʷă	夏 *gras, 假 *kraʔ, 路 *g·raks, 京 *krăŋ
于 *Gă[개사] > *Gʷă	於 *qă

합구 과도음의 증식은 다른 구개수음 뒤에서도 발생한다. 예를 들면 '까마귀'는 일부 방언에서 '老鴰'라 한다. '鴰'는 고대 중국어에서 까마귀를 가리키는 말이 아니었다. 일부 방언에서 '까마귀'를 kua라 하는데 마침 '鴰'의 독음과 같기 때문에 글자 '鴰'를 차용한 것으로 사실은 kua의 본 글자는 '鳥'이다. 이 독음은 *qa>*qʷa>kua의 과정을 경과하여 형성된 것이다[236].

그렇지만 이러한 합구 과도음이 생성된 影·曉·匣母의 수는 云母보다 훨씬 적다. 그 이유는 아마 다음과 같을 것이다. 구개수음 뒤에서 생성된 합구 과도음의 음성변화는 시간과 공간의 제한을 받는다. 이러한 음성변화가 발생했던 시기에 影·曉母와 일부 匣母가 구개수음에

235) 본서의 '同根詞'에 해당하는 개념으로 본 역서에서는 '동근어'로 번역하고 있다.
236) 원주) 이 예는 劉丹靑이 제공했다.

서 ?-, h-, ɦ-로 이미 변화했거나 변화하고 있는 과정에 있었던 반면
云母는 여전히 ɢ로 남아 있어 云母만이 이러한 음성변화의 영향을 받
았던 것이다.

　마지막으로 侯·屋·東·幽·覺·冬部에 云母 글자가 없었던 이유
에 대하여 설명하고자 한다. 원래 이들 韻部에는 云母 글자가 있었을
것이다. 그러나 ɢ의 후설적 성격으로 인해 생성된 과도음 ʷ와 후설의
설근음 운미와의 이화작용을 통해, 원순 모음이 非원순음화하게 되면
서 다른 韻部로 변화된 것이다. 예를 들면 '熊' *ɢŭm의 운미가 원순 모
음과의 이　화작용으로 *ɢŭŋ으로 변화하여 冬部에 귀속되었는데, 그
후 후설의 ɢ와 -ŋ 및 나중에 생성된 ʷ는 -u에 이화작용을 일으켜 -ɯ-
로 변화하게 한 것이다. 즉 *ɢŭm > *ɢŭŋ > *ɢʷŭŋ > *ɢʷɯ̆ŋ > M. ɦʷ
iŋ의 과정을 경과한 것이다.

　云母에 대한 논의를 진행했으므로 匣母의 기원에 대한 논의로 돌아
오는 것은 어렵지 않다. 匣母의 상고 기원은 두 가지가 있다. 하나는
*g-이고 또 하나는 *ɢ-이다. 이들과 群·云母의 관계는 아래와 같다.

상고	중고
*g- (3등) ──────────	gi- (群母)
*g- (1·2·4등) ┐	
	├── ɦ- (匣母)
*ɢ- (1·2·4등) ┘	
*ɢ- (3등) ──────────	ɦi- (云母)

자료 설명

1. 본문에서 인용한 기타 언어 차료의 출처는 다음과 같다.

● 티베트 서면어

格西曲吉扎巴(1957), ≪格西曲扎藏文辭典≫, 民族出版社.

Jäschke, H. A., *A Tibetan-English Dictionary*, London.

● 기타 티베트-버마어군 언어

戴慶厦、黃布凡等(1992), ≪藏緬語族語言詞彙≫, 中央民族學院出版社.

藏緬語語音和詞彙編寫組(1991), ≪藏緬語語音和詞彙≫, 中國社會科學
    出版社.

≪中國少數民族語言簡志叢書藏緬語各簡志≫, 民族出版社.

徐悉根等(1983), ≪景漢辭典≫, 云南民族出版社.

北京大學東方語言文學系(1993), ≪緬漢辭典≫, 商務印書館.

孫宏開(1980), ≪門巴、珞巴、僜人的語言≫, 中國社會科學出版社.

Benedict, P.(1972), *Sino-Tibetan: A Conspectus*, Cambridge University
    Press.

Mainwaring, G. B.(1989), *Dictionary of the Lepcha language*, Berlin.

- 侗台語

  中央民族學院第五硏究室(1985), ≪壯侗語族語言詞彙集≫, 中央民族學
  　　院出版社.

  ≪中國少數民族語言簡志叢書侗台語各簡志≫, 民族出版社.

  梁敏・張均如(1996), ≪侗台語槪論≫, 中國社會科學出版社.

  廣州外國語學院(1990), ≪泰漢詞典≫, 商務印書館.

  喩世長(1959), ≪布依語調査報告≫, 科學出版社.

- 苗瑤語

  中央民族學院苗瑤語硏究室(1987), ≪苗瑤語方言詞彙集≫, 中央民族學
  　　院出版社.

  王輔世、毛宗武(1995), ≪苗瑤語古音構擬≫, 中國社會科學出版社.

  ≪中國少數民族語言簡志叢書苗瑤語各簡志≫, 民族出版社.

- 南亞語(Austro-Asiatic)

  顔其香、周植志(1995), ≪中國孟高棉語族語言與南亞語系≫, 中央民族
  　　大學出版社.

  顔其香 등(1981), ≪佤漢簡明詞典≫, 雲南民族出版社.

  何成 등(1960), ≪越漢詞典≫, 商務印書館.

  侯寒江 등(1994), ≪漢越詞典≫, 商務印書館.

- 南島語(Austronesian)

  陳康(1992), ≪臺灣高山族語言≫, 中央民族學院出版社.

2. 본서의 성조는 숫자로 표기하였다. ka¹와 같이 하나의 숫자로 표기한 경우는 성조류를 나타낸 것이고 ka³⁵와 같이 두 개 이상의 숫자로 표기한 경우는 성조값을 나타낸 것이다. 태국어의 graːmᴬ²과 같은 것은 李方桂의 표기를 따랐다.

3. 버마 서면어

버마 서면어와 태국어에는 여러 가지 전사 방법이 있는데 특히 모음의 전사 방법이 많이 다르다. 따라서 본서의 버마어와 태국어의 예는 모두 버마어와 태국 문자를 따로 기록했다. 티베트 서면어에도 여러 가지 전사 방법이 있으나 대동소이하다. 특히 모음의 전사가 일치하므로 특수한 경우를 제외하면 티베트 문자를 따로 기록하지 않았다.

4. 베트남어의 예는 특수한 경우를 제외하면 국제음성기호 이외에 보통 베트남 문자로 직접 표시하였다.

參考書目

柯尉南[Coblin](1991),〈義淨梵漢對音探討〉,《語言研究》 第20期.

葛毅卿(1939),〈喻三入匣再證〉,《史語所集刊》 第8本 第1分.

格桑居冕(1982),〈藏語動詞的使動範疇〉,《民族語文》 第5期.

龔煌城(1990),〈從漢藏語的比較看上古漢語若干聲母的擬測〉,《西藏研究論文集》 第3輯.

郭錫良(1987),〈也談上古韻尾的構擬問題〉,《語言學論叢》 第14輯.

歐陽覺亞、鄭貽青(1980),《黎語簡志》,民族出版社.

羅常培(1931a),〈切韻魚虞之音值及其所據方言考〉,《史語所集刊》 第2本 第3分.

羅常培(1931b),〈知徹澄娘音值考〉,《史語所集刊》 第3本 第1分.

羅常培(1931c),〈梵文顎音五母之藏漢對音研究〉,《史語所集刊》 第3本 第2分.

羅常培(1933),《唐五代西北方音》,史語所單刊甲種 第12號.

羅常培(1939),〈經典釋文和原本玉篇反切中的匣于兩組〉,《史語所集刊》 第8本 第1分.

羅常培、周祖謨(1958),《漢魏晉南北朝韻部演變研究》,科學出版社.

藍慶元(1999),《藏漢關係詞的歷史層次研究》,博士論文.

戴慶厦(1981),〈載瓦語使動範疇的形態變化〉,《民族語文》 第4期.

大野晉(1953),《商代假名遣の研究》,東京: 岩波書店.

董同龢(1940),〈廣韻重紐試釋〉,《六同別錄》,(《史語所集刊》 第13本 1948年).

董同龢(1948a),〈上古音韻表稿〉,《史語所集刊》 第18本 第1分.

董同龢(1948b), 〈全本王仁昫刊謬補缺切韻的反切上字〉, 《史語所集刊》 第20本.

藤堂明保(1957),《中國語音韻論》, 光生館.

藤田丰八(1923),〈條支國考〉,《東西交涉史の研究》, 1943.

馬學良(1991),《漢藏語概論》, 北京大學出版社.

馬學良、羅季光(1962),〈我國漢藏語係語言元音的長短〉,《中國語文》 第5期.

梅祖麟(1980),〈四聲別義中的時間層次〉,《中國語文》 第6期.

梅祖麟(1981),〈古代楚方言中"夕(橐)"字的詞義和語源〉,《方言》 第3期.

梅祖麟(1983),〈跟見系諧聲的照三系字〉,《中國語言學報》 第1期.

麥耘(1988),〈從尤、幽韻的關係論到重紐的總體結構及其他〉,《語言研究》 第2期.

麥耘(1991),〈切韻知、莊、章組及相關諸聲母的擬音〉,《語言研究》 第2期.

麥耘(1992),〈論重紐及切韻的介音系統〉《語言研究》 第2期.

毛宗武、蒙朝吉、鄭宗澤(1982),《瑤語簡志》, 民族出版社.

潘悟雲(1982), 〈關于漢語聲調發展的幾個問題〉, *Journal of Chinese Linguistics* V. 10.

潘悟雲(1983a),〈中古漢語方言中的魚和虞〉,《語文論叢》 第2期, 上海教育出版社.

潘悟雲(1983b),〈輕清重濁釋 — 羅常培〈釋重輕〉、〈釋清濁〉補注〉,《社會科學戰線》 第2期.

潘悟雲(1984),〈非喩四歸定說〉,《溫州師專學報》 第1期.

潘悟雲(1985),〈章、昌、禪母古讀考〉,《溫州師專學報》 第1期.

潘悟雲(1987a),〈漢藏語歷史比較中的幾個聲母問題〉, 《語言研究集刊》,

復旦大學.

潘悟雲(1987b),〈諧聲現象的重新解釋〉,《溫州師範學院學報》 第4期.

潘悟雲(1987c),〈越南語中的古漢語借詞層〉,《溫州師範學院學報》 第3期.

潘悟雲(1990),〈中古漢語擦音的上古來源〉,《溫州師範學院學報》 第4期.

潘悟雲(1991a),〈上古漢語和藏語元音系統的歷史比較〉,《語言研究》專刊.

潘悟雲(1991b),〈上古漢語使動詞的屈折形式〉,《溫州師範學院學報》 第2期.

潘悟雲(1992),〈上古收-p、-m諸部的再分部〉,《溫州師範學院學報》 第2期.

潘悟雲(1994),〈上古脂、質、真的再分部〉,《語苑新論》,上海教育出版社.

潘悟雲(1995),〈"囡"所反映的吳語歷史層次〉,《語言研究》 第1期.

潘悟雲(1997a),〈上古漢語的韻尾〉,《中西學術》 第2期.

潘悟雲(1997b),〈喉音考〉,《民族語文》 第5期.

潘悟雲(1998),〈中古腭介音的上古來源〉,《李新魁教授紀念論文集》,中華
　　書局.

潘悟雲(1999a),〈漢藏語中的次要音節〉,《中國語言學的新拓展》,香港城
　　市大學.

潘悟雲(1999b),〈浙南吳語與閩語中魚韻的歷史層次〉,《第6屆閩語方言國
　　制研討會論文》,香港科技大學.

潘悟雲(2000a),〈流音考〉,《東方語言與文化》,東方出版中心.

潘悟雲(2000b),〈上古指代詞的強調式和弱化式〉,《張斌先生八十壽辰紀念
　　論文集》.

潘悟雲、朱曉農(1982),〈漢越語和切韻脣音字〉,《中華文史論叢增刊、語
　　言文字研究專輯(上)》,上海古籍出版社.

北京大學(1989),《漢語方音字彙》,文字改革出版社.

石毓智(1995),〈論漢語的大音節結構〉,《中國語文》 第3期.

邵榮芬(1961),〈切韻的性質和它在漢語語音史上的地位〉,《中國語文》第4期.

邵榮芬(1982a),《切韻研究》,中國社會科學出版社.

邵榮芬(1982b),〈古韻魚侯兩部在前漢時期的分合〉,《中國語言學報》第1期.

邵榮芬(1991),〈匣母字上古一分爲二式釋〉,《語言研究》第1期.

孫宏開(1980),《門巴、珞巴、僜人的語言》,中國社會科學出版社.

孫宏開(1981),《羌語簡志》,民族出版社.

孫宏開(1982),《獨龍語簡志》,民族出版社.

施向東(1983),〈玄奘譯著中的梵漢對音和唐初中原方言〉,《語言研究》第1期.

雅洪托夫[Yakhontov](1960a),〈上古漢語的唇化元音〉,《漢語史論文集》,
　　　　北京大學出版社(1986).

雅洪托夫[Yakhontov](1960b),〈上古漢語的複輔音聲母〉,《漢語史論文集》,
　　　　北京大學出版社(1986).

雅洪托夫[Yakhontov](1976),〈上古漢語的開頭輔音L和R〉,《漢語史論文集》,
　　　　北京大學出版社(1986).

楊耐思(1981),《中原音韻音系》,中國社會科學出版社.

梁敏(1980),《侗語簡志》,民族出版社.

梁敏、張均如(1993),〈侗台語族送氣清塞音聲母的產生和發展〉,《民族語
　　　　文》第5期.

梁敏、張均如(1996),《侗台語概論》,中國社會科學出版社.

梁玉璋(1982),〈福州方言的切脚字〉,《方言》第1期.

梁猷剛(1964),〈海南方言中的喉塞音〉,《中國語文》第6期.

余迺永(1985),《上古音系研究》,香港中文大學出版社.

倪大白(1990),《侗台語概論》,中央民族學院出版社.

王敬騮(1986),〈論佤語"街"和傣語"街"的同源關係〉,《民族調查研究》第2期.

王敬騮、陳相木(1983),〈傣語聲調考〉,《民族語文研究叢刊》(雲南省民族
　　　　研究所語文研究室).

王敬騮、陳相木(1984),〈崩龍語硝廠溝話的音位系統〉,《民族調查研究》
　　　第4期.

王均(1984),《壯侗語族語言簡志》, 民族出版社.

汪大年(1983),〈緬甸語中輔音韻尾的歷史演變〉,《民族語文》 第2期.

王力(1936),〈南北朝詩人用韻考〉,《龍蟲並雕齋文集》 第1冊, 中華書局
　　　(1982).

王力(1958),《漢語史稿》 上冊, 中華書局.

王力(1960),〈上古漢語入聲和陰聲的分野及其收音〉,《語言學研究與批判》
　　　第2輯(《龍蟲並雕齋文集》 第1冊, 中華書局(1982)에 게재).

王力(1965a),〈古漢語自動詞和使動詞的配對〉,《中華文史論叢》 第6輯
　　　(《龍蟲並雕齋文集》 第3冊, 中華書局(1982)에 게재).

王力(1965b),〈略論清儒的語言研究〉,《新建設》(《龍蟲並雕齋文集》 第
　　　1冊, 中華書局(1982)에 게재).

王力(1978),〈同源字論〉,《中國語文》 第1期.

王力(1980a),〈古無去聲例證〉,《語言研究論叢》第1期(《龍蟲並雕齋文集》
　　　第3冊, 中華書局(1982)에 게재).

王力(1980b),〈漢越語研究〉,《龍蟲並雕齋文集》 第2冊, 中華書局(1982).

王力(1982),《同源字典》, 商務印書館.

王輔世(1979a),〈苗語方言聲韻母比較〉,《第十四屆國制漢藏語言學會議論文》.

王輔世(1979b),〈廣西龍勝伶話記略〉,《方言》 第2期.

王輔世(1994),《苗語古音構擬》, 東京國立亞非語言研究所.

王輔世、毛宗武(1995),《苗瑤語古音構擬》, 中國社會科學出版社.

王靜如(1931),〈中台藏緬數目字及人稱代名詞語源試探〉,《史語所集刊》
　　　第3本.

王靜如(1941),〈論開合口〉,《燕京學報》 第29期.

王顯(1961), 〈切韻的命名和切韻的性質〉, 《中國語文》 第4期.

王洪君(1996), 〈漢語語音史的韻律結構〉, 《中國語文》 第3期.

龍果夫[Dragunov](1928), 〈對于中國古音重訂的貢獻〉, 《史語所集刊》 第3
　　　本 第2分.

魏建功(1929), 〈陰陽入三聲考〉, 《國學季刊》 第2卷 2期.

尉遲治平(1982), 〈周、隋長安方音初探〉, 《語言研究》 第3期.

尉遲治平(1985), 〈論隋唐長安音和洛陽音的聲母系統〉, 《語言研究》 第2期.

尉遲治平(1986), 〈日本悉曇家所傳古漢語調值〉, 《語言研究》 第2期.

劉璐(1984), 《景頗語簡志》, 民族出版社.

俞敏(1984a), 《中國語言學論文選》, 東京: 光生館.

俞敏(1984b), 〈等韻溯源〉, 《音韻學研究》 第1輯, 中華書局.

喩世長(1959), 《布依語調查報告》, 科學出版社.

有坂秀世(1937), 〈評高本漢之拗音說〉, 《國語音韻史研究》(1944).

陸紹尊(1983), 《普米語簡志》, 民族出版社.

陸志韋(1939), 〈三、四等與所謂喻化〉, 《燕京學報》 第26期.

陸志韋(1947), 〈古音說略〉, 《燕京學報》 專號之20.

李方桂(1953), 《武鳴壯語》, 中國科學院.

李方桂(1956), 〈邵語記略〉, 臺灣大學《考古人類學刊》 第7期.

李方桂(1971), 〈上古音研究〉, 《清華學報》 新 9卷 1、2期 合刊.

李方桂(1980), 〈幾個上古聲母問題〉, 《上古音研究》, 商務印書館.

李新魁(1984), 〈重紐問題〉, 《語言研究》 第2期.

李如龍 等(1994), 《福州方言詞典》, 福建人民出版社.

張慶翔(1999), 《上海市區方言的輔音系統》, 碩士論文.

張琨(1972), 〈漢藏語系的"鐵"QHLEKS字〉, 《漢藏語系語言學論文選譯》
　　　(1980).

張均如(1980), ≪水語簡志≫, 民族出版社.

張均如(1983), 〈壯侗語族塞擦音的産生和發展〉, ≪民族語文≫ 第1期.

張蓉蘭(1987), 〈拉祜語動詞的語法特點〉, ≪民族語文≫ 第2期.

張日昇(1968), 〈試論上古四聲〉, ≪中國文化研究所學報≫ 第1卷(香港中文大學).

錢乃榮(1992), ≪當代吳語的研究≫, 上海教育出版社.

丁邦新(1975a), 〈平仄新考〉, ≪史語所集刊≫ 第46本.

丁邦新(1975b), 〈論語、孟子及詩經中竝列語成分之間的聲調關係〉, ≪史語所集刊≫ 第47本.

丁邦新(1978), 〈論上古音中帶l的複聲母〉, ≪屈萬里先生七秩榮慶論文集≫, 臺北: 聯經出版社.

丁邦新(1987), 〈上古陰聲字具輔音韻尾說補正〉, ≪臺灣師大國文學報≫ 第16期.

鄭仁甲(1994), 〈論三等韻的i介音 ― 兼論重紐〉, ≪音韻學研究≫ 第3輯, 中華書局.

鄭張尚芳(1984), 〈上古音構擬小議〉, ≪語言學論叢≫ 第14輯.

鄭張尚芳(1987), 〈上古韻母系統和四等、介音、聲調的發源問題〉, ≪溫州師範學院學報≫ 第4期.

鄭張尚芳(1990a), 〈上古入聲韻尾的清濁問題〉, ≪語言研究≫ 第1期.

鄭張尚芳(1990b), 〈切韻j聲母與i韻尾的來源問題〉, ≪紀念王力先生九十誕辰文集≫, 山東教育出版社(1972).

鄭張尚芳(1990c), 〈上古漢語的s-頭〉, ≪溫州師範學院學報≫ 第4期.

鄭張尚芳(1991), 〈上古聲母系統及演變規律〉, ≪語言研究≫ 增刊.

鄭張尚芳(1994), 〈漢語聲調平仄之分與上聲去聲的起源〉, ≪語言研究≫ 增刊.

鄭張尚芳(1995a), 〈重紐的來源及其反映〉, ≪第四屆國際暨第十三屆中國聲韻學學術研討會論文≫.

鄭張尚芳(1995b), 〈上古漢語聲母系統〉, ≪第四屆北美語言學會議論文≫.

鄭張尚芳(1995c), 〈浙西南方言的tɕ聲母脫落現象〉, ≪吳語和閩語的比較研究≫, 上海教育出版社.

鄭張尚芳(1996), 〈漢語介音的來源分析〉, ≪語言研究≫ 增刊.

鄭張尚芳(1998), 〈緩氣急氣爲元音長短解〉, ≪語言研究≫ 增刊.

趙秉旋(1984), 〈太原方言裏的漢語駢詞〉, ≪語文研究≫ 第1期.

趙元任(1928), ≪現代吳語的研究≫, 清華學校研究院叢書第4種.

周法高(1948a), 〈切韻魚虞之音讀及其流變〉, ≪史語所集刊≫ 第13本.

周法高(1948b), 〈玄應反切考〉, ≪史語所集刊≫ 第20本.

周法高(1948c), 〈說平仄〉, ≪史語所集刊≫ 第13本.

周法高(1948d), 〈廣韻重紐的研究〉, ≪史語所集刊≫ 第13本.

周法高(1962), ≪中國古代語法·構詞篇≫, 史語所專刊之39.

周法高(1963), 〈佛教東傳對中國音韻學之影響〉, ≪中國語文論叢≫.

周法高(1968), 〈論切韻音〉, ≪中國文化研究所學報≫ 第1卷, 香港中文大學.

周法高(1969), 〈論上古音〉, ≪中國文化研究所學報≫ 第2卷 第1期, 香港中文大學.

周法高(1970), 〈論上古音和切韻音〉, ≪中國文化研究所學報≫ 第3卷 第2期, 香港中文大學.

周祖謨(1940), 〈陳澧切韻考辨誤〉, ≪問學集≫, 中華書局(1966).

周祖謨(1941), 〈古音有無上去二聲辨〉, ≪問學集≫, 中華書局(1966).

周祖謨(1943), 〈顏氏家訓音辭篇注補〉, ≪問學集≫, 中華書局(1966).

周祖謨(1945), 〈四聲別義釋例〉, ≪輔仁學志≫ 第13卷 1、2合期, ≪問學集≫, 中華書局(1966).

周祖謨(1958), 〈關於唐代方言中入聲讀法的一些資料〉, ≪問學集≫, 中華書局(1966).

周祖謨(1966),〈萬象名義中之原本玉篇音系〉,《問學集》,中華書局.

朱彰年(1991),《阿拉寧波話》,華東師大出版社.

曾運乾(1927),〈喻母古讀考〉,《東北大學季刊》 第2期.

陳潔雯(1984),〈上古複輔音聲母:粵方言一個半音節的字所提供的佐證〉,
　　　《方言》 第4期.

陳士林(1962),〈涼山彝語的使動範疇〉,《中國語文》 第8、9期.

陳新雄(1972),《古音學發微》.

陳愛文、于平(1979),〈竝列雙音詞的詞序〉,《中國語文》 第2期.

陳寅恪(1949),〈從史實論切韻〉,《嶺南學報》,第3卷 第2期.

車兼(1981), 〈從gcig談起-關于藏語聲母中的清塞音、塞擦音送氣和不送氣
　　　問題〉,《民族語文》 第2期.

平山久雄(1995),〈中古漢語魚韻的音值 — 兼論人稱代詞"你"的來源〉,《中
　　　國語文》 第5期.

平田昌司(1995),〈日本五音梗攝三四等字的讀音〉,《吳語和閩語的比較研
　　　究》,上海教育出版社.

馮愛珍(1993),《福清方言研究》,社會科學文獻出版社.

河野六郎(1937),〈玉篇に現れたる反切の音韻的研究〉,《中國音韻學論文
　　　集》,東京: 平凡社(1979).

河野六郎(1939),〈朝鮮漢字音の一特質〉,《言語研究》 第3期.

許寶華、潘悟雲(1994),〈釋二等〉,《音韻學研究》 第3輯, 中華書局.

邢公畹(1989),《紅河上游傣雅語》,語文出版社.

邢公畹(1991),〈關于漢語南島語的發生學關係問題〉,《民族語文》 第3期.

Baxter, William. Ⅲ(1977), *Old Chinese Origins of the Chinese Chongniu*

Doublets: A Study Using Multiple Character Readings, Cornell University Ph.D. Dissertation.

Baxter, William. III(1978), Old Chinese *-u and ⁻iw in the Shijing, Paper presented to the 11th International Conference on Sino-Tibetan Languages and Linguistics.

Baxter, William. III(1979) Studies in Old Chinse rhyming: Some further results. Paper presented to the 12th International Conference on Sino-Tibetan Languages and Linguistics.

Baxter, William. III(1980), Some proposals on Old Chinese phonology. *Contributions to Historical Linguistics: Issues and Materials*, Leiden, E. J. Brill.

Baxter, William. III(1992), *A Handbook of Old Chinese Phonology*, Mouton de Gruyter.

Benedict, P.(1972), *Sino-Tibetan: A Conspectus*, Cambridge University Press.

Benedict, P.(1976), Sino-Tibetan: Another Look, *Journal of the American Oriental Society*.

Blust, R.(1988), *Austronesian Root Theory, an Essay on the Limits of Morphology*, John Benjamins Publishing Company.

Bodman, N.(1969), Tibetan *sdud* 'fods of a garment', the character 卒, and the *st-hypothesis, *Bulletin of the Institute of History and Philology Academia Sinica* 30.

Bodman, N.(1973), Some Chinese Reflexes of Sino-Tibetan s-Clusters, *Journal of Chinese Linguistics* 1. 3.

Bodman, N.(1980), Proto-Chinese and Sino-Tibetan: data towards establishing the nature of the relationship, *Contributions to Historical Linguistics: Issues and Materials*, Frans Van Goestsen and Linda Waugh, editors. Leiden.

Chang, B. S.(1971) The Tibetan Causative: Phonology, ≪史語所集刊≫ 第42本 第2分.

Chang, K and Betty Shefts(1976), The Prenasalized Stop Initials of Miao-Tao, Tibeto-Burman, and Chinese: A Result of Diffusion of Evidence of a Genetic Relationship?, ≪史語所集刊≫ 第47本 第8分.

Chao, Y. R.(1941), Distictions within Ancient Chinese, *Harvard Journal of Asiatic Studies Vol 5*.

Coblin, W. S.(1983), *A Handbook of Eastern Han Sound Glosses*, The Chinese University Press.

Coblin, W. S.(1986), *A Sinologist's Handlist of Sino-Tibetan Lexical Comparisons* (Monumenta Serica Monograph Series 18), Steyler Verlag · Nettal.

Chrystal, D.(1988), *The Cambridge Encyclopedia of Language*, Cambridge University Press.

Crothers, John(1978), Typology and Universals of Vowel Systems, *University of Human Language*, edited by J. H. Greenberg. V. 2, pp93-152, Stanford: Stanford University Press.

Enoki, Kazuo[榎一雄](1961), Y-ni-ch'êng and the site of Lou-lan, *Ural-altäische Fahrbücher 33*, pp52-65.

Forrest, R. A. D.(1960), Les occlusives finales en chinois archaïque, *Bulletin de la Société de Linguistique de Paris*.

Gong, Hwang-cherng(1980), A Comparative Study of the Chinese, Tibetan, and Burmese Vowel System, *Bulletin of the Institute of History and Philology* 51. 3.

Gong, Hwang-cherng(1995), *The System of finals in Sino-Tibetan*, Journal of Chinese Linguistics, Monograph Series number 8.

Haudricourt(1954), De l'origine des Tons en Vietnamien, *Journal Asiatique* 242(馮蒸 中譯〈越南語聲調的起源〉)

Herrmann, A.(1938), *Das Land der Seide und Tibet im Lichte der Antike*, (Pulleyblank(1962-3) 재인용.)

Karlgren, Bernhard(1915-26), *Etudes sur la phonologie chinoise*, Leiden: E. J. Brill.(趙元任·李方桂 中譯(1946), ≪中國音韻學研究≫, 商務印書館.)

Karlgren, Bernhard(1923), *Analytic Dictionary of Chinese and Sino-Japanese*, Paris: Librairie Orientliste Paul Geuthner.

Karlgren, Bernhard(1933), Word families in Chinese, *Bulletin of the Museum of Far Eastern Antiquities* 5: 5-120.

Karlgren, Bernhard(1954), Compendium of Phonetics in Ancient and Archaic Chinese, *Bulletin of the Museum of Far Eastern Antiquities*.

Ladefoged, P.(1975), *A Course in Phonetics*, Harcourt Brace Jovanovich Inc.

Laufer, B.(1916), Loan-Words in Tibetan, *T'oung Pao*, Vol. 17, No. 4/5.

Laufer, B.(1919), *Sino-Iranica: Chinese Contributions to the History of Civilization in Ancient Iran*, Field Museum of Nat. Publ. 201.

Li, Fang-Kuei(1945), Some Old Chinese Loan Words in the Tai Languages, *Harvard Journal of Asiatic Studies*, Vol. 8, No. 3/4.

Li, Fang-Kuei(1959), Tibetan glo-ba 'dring', *Studia Serica Bernhard*

Karlgren Dedicata, Copenhagen: Munksgaard.

Mainwaring, G. B.(1898), *Dictionary of the Lepcha language*, Berlin.

Maspero, H.(1912), Etudes sur la phonétique historique de la langue annamite. Les initiales, *Bulletin de l'Ecole Française d'Extreme Orient* 12: 1-124.

Matisoff, J. A.(1973), Tonogenesis in Southeast Asia, Consonant types and tone, ed. by Larry M. Hyman, 71-95. Los Angeles: Linguistics Program, University of Southern California.

Mei, Tsu-lin(1970), Tones and prosody in Middle Chinese and the origin of the rising tone, *Harvard Journal of Asiatic Studies*, 30: 86-110.

Mei, Tsu-lin(1979), The Etymology of the Aspect Marker tsi in the Wu Dialect, *Journal of Chinese Linguistics* 7-1.

Miller, R. A.(1966), Early Evidence for Vowel Harmony in Tibetan, *Language* 42.

Nagel, P.(1942) Beiträge zur Rekonstraktion der Ts'ieh-yün Sprache auf Grund von Chen Li's Ts'ieh-yün-k'au, *T'oung Pao* 36: 95-158.

Pulleyblank, E. G.(1960), Studies in Early Chinese Grammar, *Asia Major* 8.

Pulleyblank, E. G.(1962-3), The Consonantal System of Old Chinese, *Asia Major* 9, 58-144, 206 - 265.

Pulleyblank, E. G.(1973), Some new Hypothesis concerning word families in Chinese, *Journal of Chinese Linguistics*.

Pulleyblank, E. G.(1984), *Middle Chinese: A Study in Historical Phonology*, University of British Columbia Press.

Sagart, L.(1986), On the Departing Tone, *Journal of Chinese Linguistics* Vol. 14, Number 1.

Sagart, L.(1999), *The Roots of Old Chinese*, John Benjamins Publishing co.

Shorto, H. L.(1960), Words and Syllable Patterns in Palaung, *Bulletin of School of Oriental and African Studies* 23.

Starostin, S.(1989), *Rekonstrukeija Drevnekitajskoj Fonologicheskoj Sistemy*, Moscow, Nauka.

Schuessler, A.(1974a), ꟷ in Archaic Chinese, *Journal of Chinese Linguistics* 2.

Schuessler, A.(1974b), R and L in Archaic Chinese, *Journal of Chinese Linguistics* 2.

Ting, Pang-hsin(1977-78), Archaic Chinese *g, *gw, *ɤ, and *ɤw, *Monumenta Serica* 33.

색인
INDEX

⟨내용색인⟩

歌$_2$・月$_2$・元$_2$部   366
歌$_2$・月$_2$・祭$_2$・元$_2$部   360
歌$_3$・月$_3$・祭$_3$・元$_3$部   367
歌部   333
歌韻   333
假借   193, 197
≪刊謬補缺切韻≫   24, 27
甲類 운   335
甲類 韻部   335
甲類 운의 음성 운미   297
匣母   91
匣母와 云母의 상고 기원   549
江韻   101
개구도   119
개음 조화[medial harmony] 설   38
去聲   151
去聲의 기원   255
庚$_三$韻   74
庚$_三$韻   76
輕脣化   117
庚韻   318
庚韻系   317
≪經典釋文≫   23
繫聯   25
≪古今韻會擧要≫   48
고조음성   386, 389

공명 정점   170, 178
공명도   177, 180, 441
공명정점   180
과도음   250
≪廣韻≫   27
구개수 폐쇄음   537, 539
굴절   201, 308
권설음   95, 494
긴장음   457
洛生咏   11
≪南海寄歸內法≫   149
娘母   82, 252
泥母   72, 82
단어족   563
短調   149
대음절   177
對轉   207
東$_三$韻   101
同聲必同部   193
동음 가차 관계   204
東$_一$韻   101
來母   72, 252, 432
麻韻   95, 102
萬葉假名   61
明覺의 ≪悉曇要訣≫   155
무성 비음   523

問聲 255, 263, 435

≪文殊問經≫ 149

微₁·物₁·文₁部 377

微₂·物₂·文₂部 367

微₂·物₂·文₂部 378

微部 114

민족 이동 3

반절 행위 30

반절상자 30

반절하자 30

발음 강도 441, 458, 518, 520

방언 현상 198

旁轉 205

凡言 12

梵唄 149

丙類 韻部와 中古韻의 관계 381

丙類 韻部의 諧聲 분석 392

丙類 운의 음성 운미 291

丙類韻 272, 381

駢詞 174

보드만-백스터의 상고 음운 체계 480

복자음 간화 441

복자음 171

부음절 169, 176, 181, 450, 458
470, 511

부음절의 표기 방법 176

불파음 152, 283

非 원순 모음 368

비음과 유음이 결합한 한 개 반 음절
511

비음을 동반한 복자음 509

鼻音의 上古 기원 509

4등운 29, 104

邪母 464

俟母 98

山攝 101, 102

3등 개음 생성 248

3등 개음의 상고 기원 233

3등운 29

上古 중국어의 韻尾 271

上古 중국어의 음절 유형 165

상성 운미 268

상성 149

上聲 151

上聲의 기원 263

상승 이중모음 167

상치자모 182

書母 464

舒聲 151

昔韻 320

禪·船母 77

禪母 78

船母 78

仙四韻 75

仙三韻 75

仙韻 117

설면 개음 168

설첨후음 96

성모류 14

성문폐쇄음 150, 151, 263, 269

성절적 171

성조값 14, 147, 152

성조류	14
聲調의 장단	148
小阿	85, 452, 516, 521
宵韻	73
笑韻	73
슈와	173, 177
≪詩經≫	3
神珙圖	476
≪悉曇輪略圖抄≫	152
≪悉曇要訣≫	152
≪悉曇字記≫	149
≪悉曇字母釋義≫	149
≪悉曇藏≫	149, 152
雙聲	190, 194
雅言	11
≪顔氏家訓≫	15, 17
藥韻	320
약화식	346
약화음절	170, 346
陽聲韻部	335
陽聲韻	271
어법 의미	176
魚部	307
魚部와 中古 韻類와의 관계	314
어형성	171, 176, 201, 308
어휘 확산	391
연면어	177, 189
影母	43
影母의 상고 기원	537
銳聲	255, 263, 435
吳音	103

≪玉篇≫	22
요존의 ≪悉曇輪略圖抄≫	155
遇攝	134
韻頭	165
운모류	14
云母	90, 252, 563
韻目	101
운미교체	308
韻尾 -s	300
韻尾 *-w	304
韻尾	165
韻腹	165
원순 모음	367
元韻	101, 117
≪瑜珈金剛頂經釋字母品≫	149
類隔	84
幽部	336
유사 음 사이의 해성 현상	225
喩四母	42
喩三歸匣	91
喩三母	42
喩三母	91
流攝	132
幽韻	75, 76
유음	431
유음의 폐쇄음화	438
6모음 체계	406
六聲家	151
乙類 韻部	359
乙類 운의 음성 운미	291
陰聲韻部	335

陰聲韻 271

음성의 형태 상관 205

음절 구조 165

음절 유형 169, 185

음절 정점 441

異讀 193, 198

2등 개음 52, 465, 467, 473

2등운 29

2모라 181

以母 72, 252, 431

이형태[allomorph] 202

이화 385, 390, 391

이화작용 565

1등운 29

日母 72, 88, 252

一聲之轉 193

入聲韻部 335

入聲韻 271

자음서열 489

長安 5, 9, 10, 88

章組 72, 252

莊組 72, 93, 94, 252, 316, 317, 318, 494

莊祖 74

저조음성 386, 389

전기 중고 중국어 9

전자 구개위치도 97

전치비음 187, 218, 451, 514, 516
518, 521

전치성분 172

전치자모 185

전치자음 170, 188

전통 談[훕]部와 侵[緝]部의 경계 393

切脚 글자 470

切脚 단어 174

≪切韻≫ 聲母類 재구음 99

≪切韻≫ 韻母 재구음 135

≪切韻≫ 3, 25, 49, 168

≪切韻·序≫ 15

≪切韻≫의 성격 4

접두사 175, 176, 187, 452, 458, 464

正 법사 153

精組 72, 252

齊微韻 94

j化說 33

주요음절 170, 511

준부음절 175

中古 魚韻의 재구 324

中古 脂·質·眞韻의 음가 349

중고의 운모 체계 101

중뉴 3등의 개음 52

重紐 3등의 상고 기원 478

重紐類 74, 76

重紐 41, 252, 465

重紐의 개음 차이 설 51

重紐의 모음 차이 설 46

重紐의 음성적 차이 43

重紐의 중고 모음 유형 484

重聲 255, 263, 435

重韻 125

中原音 13

重音 151

蒸韻 75, 76, 123

支·錫·耕部	343
之·職·蒸部	345
脂·質·眞部	378
脂·質·眞韻	351
脂₁·質₁·眞₁部	354
脂₂·質₂·眞₂部	349, 354
脂₂·質₂·眞₂部	352
之部	114
支思韻	94
止攝	94, 130
지시대사	346
知組	72, 93, 252
眞四韻	75
眞三韻	75
臻攝	101, 133
眞言	105
眞韻	120
跌聲	255, 263, 435
昌母	94
穿母	94
疊韻	190, 194
淸韻	74
初母	94
促類陰聲 글자	272
聰 법사	154
仄聲	148
寘韻	73
侵韻	122
탁류	282
鐸部	320
탄설음	440, 457
탈비음화	88
宕攝	129
泰韻	256
通攝	101
通語	12
通轉	193
八思巴	475
八聲家	151, 161
平聲	148
폐음절	283
포만트	118
한 개 반 음절	175
합구 과도음	564
合口韻	110
盍韻	256
해성 원칙	194
해성 현상	197
諧聲	193
咍韻	112
形聲字	197
慧琳	48, 149
胡類	91
灰韻	112
曉母의 상고 기원	543
曉母	43
侯·屋·東部	338
후기 중고 중국어	9
후두 긴장	262, 265
喉音의 상고 기원	537
후전이음	283
후치경음	96

〈동원어, 차용어, 음역자 색인〉

假[가]	103	疆[강]	239
嫁[가]	255	强[강]	239, 250
賈[가]	266	岡[강]	313
歌[가]	294	腔[강]	340
架[가]	294, 468	江[강]	342, 447, 467, 469, 471
呵[가]	295	降[강]	399, 468
訶[가]	330	犅[강]	313
價[가]	471	蓋[개]	209
可[가]	539	芥[개]	255, 258, 259
迦[가]	81, 94, 257, 273, 296	個[개]	294
伽[가]	94, 105	距[거]	251
讀[가]	330	鋸[거]	251, 311
脚[각]	239	舉[거]	264, 312
角[각]	340, 342	筥[거]	311
殼[각]	341	渠[거]	312
却[각]	346	居[거]	94
覺[각]	468	捷[건]	330
揀[간]	366	建[건]	47
慳[간]	366, 469	巾[건]	47, 55
赶[간]	244	愆[건]	47, 58
葛[갈]	274	乾[건]	53, 58, 482
渴[갈]	58	件[건]	58
感[감]	263, 401	虔[건]	58
歛[감]	400	蹇[건]	58
撼[감]	401	鍵[건]	58
監[감]	446	騫[건]	58
嵌[감]	469	褰[건]	58
橄[감]	559	囝[건]	58
柑[감]	400	搴[건]	58
甲[갑]	274, 467, 471	謇[건]	58

舒[걸]	58
乞[걸]	47
傑[걸]	58
杰[걸]	58
朅[걸]	58
劍[검]	251
檢[검]	59
臉[검]	59
鈐[검]	59
黔[검]	59
撿[검]	59
瞼[검]	268, 483
劫[겁]	251
偈[게]	57
憩[게]	57
揭[게]	57, 58, 105, 273
擑[게]	60
格[격]	313
隔[격]	345
嗝[격]	468
繭[견]	106, 366
犬[견]	244, 266
堅[견]	351
肩[견]	47
遣[견]	47, 58, 367
絹[견]	47, 60
甄[견]	58
譴[견]	58
繾[견]	58
結[결]	106
缺[결]	60

鉗[겸]	504
拑[겸]	59
硬[경]	244, 313, 517
鏡[경]	251
輕[경]	267, 345
頸[경]	345
擎[경]	345, 484
勍[경]	484
敬[경]	484
驚[경]	484
纏[계]	57
界[계]	258
溪[계]	344
系[계]	345
屆[계]	420
季[계]	57
癸[계]	57
闕[계]	57, 258
甈[계]	57
告[고]	259, 338, 443
苦[고]	263, 266, 312
雇[고]	312
姑[고]	330
尻[고]	337
考[고]	337
高[고]	339
叩[고]	340
孤[고]	443
褲[고]	444
曲[곡]	239, 243, 341, 342
谷[곡]	341, 342

哭[곡]	342	鳩[구]	337, 338, 420
昆[곤]	267	舅[구]	338, 420
共[공]	239	球[구]	338, 443
公[공]	341	垢[구]	340
空[공]	341, 342, 493	鷗[구]	340
孔[공]	342	摳[구]	340
寡[과]	263	鉤[구]	340, 341
過[과]	376	狗[구]	340, 444
誇[과]	468	寇[구]	341
官[관]	376	驅[구]	341
管[관]	376	丘[구]	346
涫[관]	376	裘[구]	348
寬[관]	443	究[구]	94
卦[괘]	255, 344	俱[구]	94, 330
詿[괘]	552	舢[구]	420
愧[괴]	57	菊[국]	337
媿[괴]	57	局[국]	340
蕢[괴]	57	裙[군]	376
斅[교]	221	群[군]	443
巧[교]	263	君[군]	47
攪[교]	337, 338, 447, 468, 471	窘[군]	47
交[교]	447, 469, 558	掘[굴]	273, 376
窖[교]	469	窟[굴]	274
咬[교]	516	屈[굴]	377
拘[구]	123, 330, 437	宮[궁]	243
甌[구]	132	顴[권]	60
九[구]	239, 241, 250, 266, 337	勸[권]	47
	338, 420	卷[권]	47, 60
韭[구]	264, 348	圈[권]	60
駒[구]	267	拳[권]	60
漚[구]	330	權[권]	60

眷[권]	60	劾[귀]	56	
棬[권]	60	騩[귀]	57	
睠[권]	60	槼[규]	56	
捲[권]	60, 263, 375	叫[규]	106	
㟭[권]	60	虯[규]	338	
踡[권]	60	奎[규]	47	
蹶[궐]	60	窺[규]	47, 56	
匱[궤]	233	葵[규]	47, 57	
潰[궤]	377	規[규]	56	
饋[궤]	377	嬀[규]	56	
憒[궤]	377	跬[규]	56	
詭[궤]	47	闚[규]	56	
櫃[궤]	47, 57, 255	頯[규]	56	
机[궤]	55	揆[규]	57	
麂[궤]	55	邽[규]	57	
几[궤]	55, 355, 483	巋[규]	57	
詭[궤]	56	戣[규]	57	
跪[궤]	56, 375, 376	摫[규]	56	
軌[궤]	57	鄈[규]	57	
氿[궤]	57	頄[규]	57	
簋[궤]	57	頍[규]	57	
餽[궤]	57	均[균]	47	
垝[궤]	56	麇[균]	377	
姽[궤]	56	橘[귤]	350	
祪[궤]	56	極[극]	239	
貴[귀]	258, 377	屐[극]	251	
鬼[귀]	47	亟[극]	259, 348	
龜[귀]	47, 57, 345	斤[근]	47	
晷[귀]	57	𥂁[근]	483	
蒯[귀]	60	僅[근]	55	
嘳[귀]	57	堇[근]	55	

覲[근]	55	剞[기]	54
殣[근]	55	掎[기]	54
禁[금]	483	歧[기]	54
金[금]	504	芪[기]	54
衿[금]	55	芰[기]	54
金[금]	539	跂[기]	54
及[급]	239	伎[기]	54, 61
急[급]	239	奇[기]	54, 61
汲[급]	274	妓[기]	54, 61
亘[긍]	257	騎[기]	54, 61, 251
肯[긍]	347	岐[기]	54, 61, 345
崛[기]	55	冀[기]	55
[夔]기	57	祁[기]	55
紀[기]	259, 349, 451	肌[기]	55
忌[기]	347	飢[기]	55
旗[기]	348	驥[기]	55
棋[기]	348	堅[기]	55
基[기]	349	弃[기]	55
豈[기]	47	曁[기]	55
企[기]	47, 54, 61, 131	覬[기]	55
寄[기]	47, 54, 61, 255	鬐[기]	55
棄[기]	47, 55	鰭[기]	55
器[기]	47, 55, 258	耆[기]	55, 123, 233, 296
崎[기]	54	庋[기]	56
技[기]	54	祇[기]	61
琦[기]	54	垍[기]	55
畸[기]	54	朕[기]	56
祇[기]	54	徛[기]	54
綺[기]	54	洎[기]	55
羈[기]	54	碕[기]	54
錡[기]	54	槩[기]	55

蚑[기] 54

觭[기] 54

跂[기] 55

夒[기] 57

軝[기] 54

攲[기] 54

埼[기] 54

墐[긴] 55

緊[긴] 47, 55, 121, 350, 351, 422

鼓[긴] 55

吉[길] 351

姞[길] 53, 55, 482

佶[길] 55

拮[길] 55

蛣[길] 55

趌[길] 55

金[김] 539

奈[나] 257

那[나] 81, 87, 273

娜[나] 87

挐[나] 87

哪[나] 87

諾[낙] 313

難[난] 81

南[남] 240

喃[남] 302

娘[낭] 239, 252

儾[낭] 302

囊[낭] 87

奈[내] 259

女[녀] 85, 265, 312, 513

年[년] 244, 352, 355

涅[녈] 273

念[념] 85

弩[노] 311, 312

弄[농] 451

腦[뇌] 85, 265

耨[누] 330

嫩[눈] 376

泥[니] 233, 309, 538

尼[니] 85, 296

匿[닉] 243, 348

多[다] 87, 148, 460

溥[단] 376

單[단] 557

怛[달] 302

達[달] 81, 330, 463

嚏[달] 302

譚[담] 207, 399

談[담] 207, 461

擔[담] 244, 460

潭[담] 399

踏[답] 460

塘[당] 455

帶[대] 255

袋[대] 256

對[대] 258, 398

大[대] 301, 233, 258, 309, 539

懟[대] 376

碓[대] 455

挑[도] 106, 460

忉[도] 257

都[도]　258, 309, 330
圖[도]　308
塗[도]　312
渡[도]　312
睹[도]　312
屠[도]　330
度[도]　330
道[도]　338
禱[도]　338
桃[도]　455
跳[도]　459
闍[도]　80
茶[도]　95
篤[독]　338
纛[독]　338
毒[독]　338, 461
讀[독]　341, 459
墩[돈]　377
凍[동]　340
洞[동]　341
棟[동]　342, 461
斗[두]　263
頭[두]　273, 340
杜[두]　460
兜[두]　81, 274, 339, 463
臀[둔]　376
鈍[둔]　377
囉[라]　105, 148
螺[라]　294
懶[라]　451
羅[라]　94, 148, 233, 257, 273, 274

　　293, 330, 446
籮[라]　294
腡[라]　294
落[락]　302
蘭[란]　339, 446
亂[란]　375
爛[란]　433
辣[랄]　435
藍[람]　433, 446, 451, 453
欖[람]　559
囕[람]　302
臘[랍]　446
蠟[랍]　446
郞[랑]　446
冷[랭]　263
略[략]　313, 433
良[량]　239, 250, 252
亮[량]　251, 446
量[량]　259, 313, 433
凉[량]　313, 433
梁[량]　435
呂[려]　239, 267
驢[려]　311
侶[려]　312
力[력]　347, 446
煉[련]　106, 366
蓮[련]　106, 366, 446
連[련]　366, 367, 433
憐[련]　422
練[련]　435
冽[렬]　366, 435

裂[렬]	433	輪[륜]		94
烈[렬]	435	律[률]		273
簾[렴]	435	栗[률]		352, 453
獵[렵]	239	勒[륵]		94
零[령]	344, 345, 433, 435	廩[름]		65
隸[례]	105	陵[릉]		349
禮[례]	263, 355	離[리]	309, 346, 432, 435, 436, 451
路[로]	148	理[리]		349, 451
露[로]	256, 311	籬[리]		367
鹵[로]	309	利[리]	81, 94, 148, 240, 256
盧[로]	330			257, 330
老[로]	435	梨[리]		94, 148
嚕[로]	148	嚛[리]		105
綠[록]	239, 341	鄰[린]		94
鹿[록]	339	立[립]		243
錄[록]	340	馬[마]	258, 266, 467, 513
攎[록]	453	磨[마]		293, 294
弄[롱]	451, 501	麻[마]		469
賴[뢰]	258, 309	摩[마]	94, 131, 273, 330
牢[뢰]	435	莫[막]		302
龍[룡]	340, 342, 433, 435	藐[막]		65
螻[루]	340, 433	滿[만]		266
漏[루]	340, 435	彎[만]		375
樓[루]	94, 339, 340, 446	晚[만]		375
簍[루]	340, 435	娩[만]		64, 514
類[류]	301	末[말]		309
留[류]	337	亡[망]		243
柳[류]	337, 452	昧[매]		257
謬[류]	65	每[매]		263
六[륙]	241, 243, 338, 433, 446	寐[매]		64
倫[륜]	330	浼[매]		514

麥[맥]	274	墓[묘]		311
氓[맹]	313	妙[묘]		65
眠[면]	121, 422	廟[묘]		65
免[면]	64	描[묘]		65
冕[면]	64	渺[묘]		65
勉[면]	64	苗[묘]		65
棉[면]	64	淼[묘]		65
沔[면]	64	眇[묘]		65
綿[면]	64	無[무]		240, 312
緬[면]	64	霧[무]		259, 341
湎[면]	64	武[무]		264, 312
緜[면]	64	舞[무]		311
面[면]	64, 243	巫[무]		312
滅[멸]	65, 241, 243	畝[무]		348
冥[명]	422	繆[무]		65
明[명]	65	墨[묵]		347, 418, 530
皿[명]	65	文[문]		330
洺[명]	65	聞[문]		514
名[명]	65, 345, 422	門[문]		81, 330
命[명]	65, 422	物[물]		274
鳴[명]	65, 422	弭[미]		105
袂[몌]	64	味[미]		258
慕[모]	105	尾[미]		266
母[모]	243, 348	弭[미]		514
謀[모]	250	媚[미]		64
帽[모]	256, 337	嵋[미]		64
模[모]	312	楣[미]		64
目[목]	131, 243	湄[미]		64
木[목]	339	眉[미]		64
牧[목]	348, 516	美[미]		64
蒙[몽]	341	麋[미]		64

彌[미]   64   槃[반]   94, 273, 330

獼[미]   64   跋[발]   105

糜[미]   64   拔[발]   273

麋[미]   64   紡[방]   160

彌[미]   64, 233, 538   方[방]   251

鄙[미]   64   房[방]   313

醾[미]   64   膀[방]   313

岷[민]   64   傍[방]   444

愍[민]   64   駹[방]   341

憫[민]   64   坯[배]   348

敏[민]   64   培[배]   419

旻[민]   64   陪[배]   419

民[민]   64   百[백]   313, 364, 467

泯[민]   64   番[번]   339

緡[민]   64   伐[벌]   105

閔[민]   64   帆[범]   401

閩[민]   64   僻[벽]   65

鰵[민]   64   璧[벽]   65

黽[민]   64   癖[벽]   65

崧[밀]   516   碧[벽]   65

蜜[밀]   64   闢[벽]   65

謐[밀]   64   辟[벽]   65

密[밀]   64, 309   邊[변]   106, 366

宓[밀]   64   卞[변]   64

薄[박]   105   弁[변]   64

剝[박]   274, 342, 469   辨[변]   64

髆[박]   313   辯[변]   64

撲[박]   460   忭[변]   64

駁[박]   468   變[변]   64, 241, 375, 445, 484

盤[반]   244   汴[변]   64

伴[반]   266   便[변]   64

瞥[별]	65	棒[봉]	471
鷩[별]	65	富[부]	148
別[별]	65, 367, 481	父[부]	243, 312
丙[병]	65	負[부]	266, 419
憋[별]	65	浮[부]	308, 337
撇[별]	366	夫[부]	310
癠[별]	65, 106, 366	扶[부]	311
倂[병]	65	斧[부]	311
兵[병]	65	傅[부]	312
屛[병]	65	膚[부]	312
炳[병]	65	梟[부]	312
病[병]	65	缶[부]	338
秉[병]	65	附[부]	339
餠[병]	65	嶹[부]	302
並[병]	65	糞[분]	241, 377
柄[병]	65, 243	墳[분]	243
摒[병]	65	噴[분]	376
邴[병]	65	玢[분]	64
補[보]	148	弗[불]	240, 273
輔[보]	266	佛[불]	273, 308, 376
菩[보]	330	朋[붕]	349, 419
堡[보]	338	飛[비]	241, 243, 244, 295
褓[보]	338	痺[비]	243, 244
覆[복]	338	肥[비]	243, 420
服[복]	243	篚[비]	258
覆[복]	243	毘[비]	302
腹[복]	420	丕[비]	64
本[본]	263	備[비]	64
奉[봉]	341	匕[비]	64
封[봉]	342	庇[비]	64
蜂[봉]	342	悲[비]	64

枇[비]	64	疕[비]	266
毖[비]	64	糒[비]	64, 364, 483
碑[비]	64	鞴[비]	105
秕[비]	64	嬪[빈]	64
秘[비]	64	彬[빈]	64
脾[비]	64	斌[빈]	64
臂[비]	64	檳[빈]	64
裨[비]	64	殯[빈]	64
鄙[비]	64	濱[빈]	64
鼻[비]	64	瀕[빈]	64
仳[비]	64	牝[빈]	64
俾[비]	64	貧[빈]	64
埤[비]	64	頻[빈]	64
屁[비]	64	儐[빈]	64
椑[비]	64	繽[빈]	64
痞[비]	64	蘋[빈]	64
痹[비]	64	豳[빈]	64
紕[비]	64	邠[빈]	64
蚍[비]	64	鑌[빈]	64
貔[비]	64	顰[빈]	64
閟[비]	64	鬢[빈]	64
婢[비]	64, 131	賓[빈]	64, 258
譬[비]	64, 131	臏[빈]	64, 351
比[비]	64, 263	髕[빈]	64
妣[비]	64, 355	憑[빙]	65
圮[비]	64, 420	聘[빙]	65
卑[비]	64, 558	冰[빙]	65
毗[비]	64, 94, 131	娉[빙]	65
萆[비]	65	思[사]	131
泌[비]	64	私[사]	131
畀[비]	64	奢[사]	148

沙[사]	148, 273, 294	爽[상]	313
赦[사]	255	祥[상]	313
師[사]	258, 330, 346	象[상]	503
史[사]	267	塞[색]	233, 346
唆[사]	294	序[서]	251, 311
梭[사]	294	席[석]	251
簑[사]	294	夕[석]	313, 502
似[사]	348	錫[석]	344
俟[사]	348	銑[선]	244
祀[사]	348	旋[선]	376
絲[사]	348, 349	船[선]	376
四[사]	355	宣[선]	376, 501
死[사]	355	鮮[선]	558
射[사]	462	羨[선]	58
社[사]	80, 312	禪[선]	80
舍[사]	94, 148, 240, 257, 330	膳[선]	80
削[삭]	274	嬗[선]	268
珊[산]	105	燹[선]	55
山[산]	309, 346, 432, 436	說[설]	376
産[산]	367	泄[설]	57
霰[산]	367, 502	挈[설]	367
蒜[산]	375, 501	騂[성]	243
算[산]	501	成[성]	345
殺[살]	148, 4	盛[성]	345
薩[살]	273, 302, 330	歲[세]	255, 501
三[삼]	257, 402	世[세]	259
跚[삽]	502	洗[세]	266
常[상]	243, 252	梳[소]	251
牀[상]	243, 498	疏[소]	311
尙[상]	252	蘇[소]	311
霜[상]	258	訴[소]	311

束[속]	330	蝨[슬]	243, 352
遬[속]	330	膝[슬]	355
粟[속]	339	虱[슬]	355
贖[속]	340	瑟[슬]	64, 105
屬[속]	342, 461	濕[습]	105
俗[속]	342, 503	習[습]	243
損[손]	377, 502	繩[승]	347
松[송]	340, 503	蠅[승]	348, 435
頌[송]	342	僧[승]	94
灑[쇄]	148	市[시]	131, 348
鎖[쇄]	294	尸[시]	148
輸[수]	105	試[시]	148, 255, 347
須[수]	257, 330	侍[시]	348
手[수]	266	時[시]	348
水[수]	309	豺[시]	348
殊[수]	330	是[시]	462
修[수]	337	示[시]	54
受[수]	337	屎[시]	55, 57, 266, 355, 548
羞[수]	337	腮[시]	348
嫂[수]	338	息[식]	123, 346, 348
豎[수]	340	新[신]	243
垂[수]	375	辛[신]	243, 422
數[수]	503	身[신]	337, 350
首[수]	94, 257, 337, 549	信[신]	350
菱[수]	510, 551	申[신]	350
饅[수]	337	臣[신]	352, 355
倏[숙]	337	薪[신]	352, 355
叔[숙]	338	伸[신]	355
旬[순]	330	晨[신]	81
術[술]	81	實[실]	81, 352
述[술]	81	尋[심]	243

深[심]　330
心[심]　402
嬸[심]　263
十[십]　388
蛾[아]　293
啞[아]　543
阿[아]　81, 131, 257, 273, 330, 437
　463, 551, 552
惡[악]　244, 542
安[안]　123, 244, 346
鞍[안]　505
遏[알]　273
央[앙]　233
秧[앙]　239
鴦[앙]　273
盎[앙]　505
礙[애]　349, 516
崖[애]　54
皰[액]　345
縊[액]　54
軛[액]　245
惹[야]　87
夜[야]　313
耶[야]　330
喏[야]　87
約[약]　239
藥[약]　302
若[약]　80, 87, 273
洋[양]　250
羊[양]　313
揚[양]　313, 433

壤[양]　87
垟[양]　435
魚[어]　235, 312
語[어]　239, 241, 264, 312
禦[어]　311
御[어]　312
於[어]　58
抑[억]　123
臆[억]　123, 244, 245
餩[억]　419
彦[언]　58
諺[언]　58
嫣[언]　58
鄢[언]　58
焉[언]　58, 233
唁[언]　58
嗎[언]　58
漹[언]　58
鄢[언]　58
讞[얼]　58
蘖[얼]　58
蘖[얼]　302
闃[얼]　58
弇[엄]　59
俺[엄]　59
奄[엄]　59
淹[엄]　59
醃[엄]　59
閹[엄]　59
噞[엄]　59
腌[엄]　59

陜[엄]	59	閱[열]	60
業[업]	233	哩[열]	105
恚[에]	56	染[염]	263
余[여]	310	閻[염]	437
餘[여]	311, 312, 435	厭[염]	59
汝[여]	312	炎[염]	59
洳[여]	312	焰[염]	59
域[역]	123	琰[염]	59
易[역]	256, 344	艶[염]	59
亦[역]	313	閣[염]	59
羨[연]	58	魘[염]	59
烟[연]	245	魘[염]	59
燕[연]	245	饜[염]	59
讌[연]	352	靨[염]	59, 245
演[연]	58	鹽[염]	59, 364
筵[연]	58	燄[염]	59
衍[연]	58	猒[염]	59
延[연]	58, 435	曄[엽]	59
娟[연]	60	葉[엽]	59, 243
捐[연]	60	枼[엽]	433, 435
沇[연]	60	殜[엽]	59
緣[연]	60	饁[엽]	59
鉛[연]	60	永[영]	313
鳶[연]	60	嶸[영]	344
兗[연]	60	楹[영]	43
悁[연]	60	營[영]	43
掾[연]	60	翳[예]	105
綖[연]	58	曳[예]	57
咽[열]	105	藝[예]	57
悅[열]	60	裔[예]	57
說[열]	60	叡[예]	60

睿[예]	60	搖[요]	454
銳[예]	60	吆[요]	245
埶[예]	57	俑[용]	340
瀴[예]	57	勇[용]	340
抴[예]	58	蛹[용]	340
瘞[예]	57	容[용]	340, 341
轊[예]	60	涌[용]	341, 433
軜[예]	57	用[용]	341, 433
鷖[예]	105	優[우]	132, 233, 239, 337
堅[예]	105	憂[우]	132, 337
嗚[오]	132	于[우]	233, 554, 557, 558, 561
塢[오]	132	牛[우]	239
汚[오]	132	友[우]	264, 348, 554, 561
烏[오]	132, 309, 311, 312, 346	盂[우]	311
	432, 436, 542	隅[우]	341
五[오]	266, 312	右[우]	348
吾[오]	312	雨[우]	559
熬[오]	517	羽[우]	561
午[오]	529	芋[우]	561
獄[옥]	239	扜[우]	233, 309, 538
兀[올]	376	隕[운]	47
瓦[와]	263, 294, 375	云[운]	47, 273
蛙[와]	471	鬱[울]	273, 539
宛[완]	233, 539	熊[웅]	391, 421, 558, 561
浣[완]	375	園[원]	251
緩[완]	517	源[원]	375, 517, 534
倭[왜]	56, 294	員[원]	43, 60
外[외]	259, 376	元[원]	516
頠[외]	56	垣[원]	517, 561
要[요]	244	願[원]	534
幺[요]	244	援[원]	60

湲[원]	60
圓[원]	60, 370, 375, 376, 421
	558, 559
院[원]	60, 517
越[월]	273, 552, 554, 561
墍[위]	60
瀢[위]	56
瑋[위]	131
韋[위]	131
慰[위]	255
謂[위]	257
魏[위]	257, 258
煒[위]	43
威[위]	47
位[위]	47, 57
胃[위]	554, 561
圍[위]	558
僞[위]	56
危[위]	56
委[위]	56
爲[위]	56
葳[위]	56
蒍[위]	56
逶[위]	56
餧[위]	56
幃[위]	561
喟[위]	57
衛[위]	60, 47, 257
峗[위]	56
贙[위]	60
硊[위]	56
蕱[위]	56
猷[위]	56
庾[유]	267
柔[유]	337
油[유]	337
誘[유]	337
揉[유]	338
蹂[유]	340
喩[유]	340, 433
逾[유]	340, 435
窬[유]	340, 435
乳[유]	341
裕[유]	342
酉[유]	432, 436
悠[유]	435, 454
惟[유]	47, 57, 296
唯[유]	57
洧[유]	57
臾[유]	57
壝[유]	57
鮪[유]	57
維[유]	57, 257
帷[유]	57, 377
遺[유]	57, 377, 435
由[유]	81
卣[유]	337, 435
痏[유]	57
蕱[유]	56
踰[유]	57
鷸[유]	340
育[육]	437

尹[윤] 43, 47
胤[윤] 55
垠[은] 55
誾[은] 55
嚚[은] 55
慭[은] 55
齗[은] 55
銀[은] 55, 62, 241, 243
乙[을] 47, 53, 55, 62, 482
鳦[을] 55
淫[음] 433
陰[음] 484
飮[음] 484
挹[읍] 245
泣[읍] 483
膺[응] 243
鷹[응] 504
凝[응] 516
疑[의] 348
儀[의] 54
宜[의] 54
椅[의] 54
蟻[의] 54
誼[의] 54
議[의] 54
猗[의] 54
螘[의] 54
義[의] 54, 255
倚[의] 54, 61
懿[의] 55
劓[의] 55
饐[의] 55
撎[의] 55
褘[의] 54
齮[의] 54
羲[의] 56
易[이] 256, 344
貳[이] 257, 258
二[이] 259, 350, 351
耳[이] 266
邇[이] 295, 367
飴[이] 349
夷[이] 350, 355, 435
移[이] 414
以[이] 435
伊[이] 55, 56
蛜[이] 55, 56
黟[이] 55, 56
翼[익] 123, 330, 437
益[익] 301, 345
弋[익] 309, 339, 346, 432, 436
匿[익] 330
姻[인] 244
忍[인] 263
寅[인] 55
湮[인] 55
靷[인] 55
婣[인] 55
引[인] 55, 121, 355, 422
印[인] 55, 350
因[인] 55, 62, 244
螾[인] 55

噎[일]	°	355
逸[일]		43, 55
一[일]		47, 55, 62, 243, 245, 355
日[일]		513
佚[일]		55
佾[일]		55
壹[일]		55
荏[임]		266
妊[임]		391
孕[잉]		391
子[자]		148, 346
紫[자]		263
煮[자]		265
茨[자]		295
玆[자]		345
字[자]		347, 348
慈[자]		348
眨[잡]		507
牆[장]		243, 252, 313, 498
張[장]		250, 252, 313, 461
丈[장]		252
長[장]		252
將[장]		313
臧[장]		313
腸[장]		313, 455, 460
裝[장]		313, 495, 498
藏[장]		313, 498
莊[장]		498
載[재]		348
滓[재]		349
崢[쟁]		344

爭[쟁]		345
低[저]		105
箸[저]		239, 255, 311
貯[저]		263, 311
底[저]		295, 351
蛆[저]		311
氐[저]		54
赤[적]		313, 462
積[적]		345
適[적]		345
滴[적]		345, 461
殿[전]		106
箭[전]		106, 366
顚[전]		243
甸[전]		355
靛[전]		355
田[전]		355, 460
剪[전]		366
轉[전]		375
節[절]		106, 352, 355
闐[전]		233, 557
折[절]		105
絶[절]		243
點[점]		106
墊[점]		106
佔[점]		461
阽[점]		59
接[접]		489, 493
正[정]		344
鉦[정]		344
井[정]		344, 491

整[정]	345	鑄[주]	337, 338
頂[정]	345	舟[주]	337, 338, 462
定[정]	345, 461	酒[주]	338, 494
鼎[정]	460	湊[주]	340
槙[정]	345	住[주]	341
提[제]	105, 257, 330	竹[죽]	239
帝[제]	105, 302	粥[죽]	267, 338
制[제]	258	曾[증]	347
弟[제]	265	蒸[증]	349
除[제]	311, 312	地[지]	105
擠[제]	351	指[지]	131
㨘[제]	57	止[지]	243
組[조]	160	紙[지]	263
助[조]	255, 311	祇[지]	330
造[조]	492	坻[지]	330
族[족]	341	枝[지]	345, 463
卒[졸]	377	脂[지]	355
種[종]	263, 340, 461	遲[지]	440
鐘[종]	340	志[지]	462
從[종]	340, 489	枳[지]	54, 61
綜[종]	489	支[지]	61, 131, 345, 461
坐[좌]	268, 294, 295, 376, 493	直[직]	274
左[좌]	294	織[직]	348
剉[좌]	294	震[진]	273
罪[죄]	507	盡[진]	351, 490
珠[주]	105	瞋[진]	94
肘[주]	250, 337, 338, 459	跌[질]	352, 355
晝[주]	259, 338, 461	窒[질]	355
主[주]	263, 266	磋[차]	295, 489
朱[주]	267	且[차]	309
周[주]	337	叉[차]	81

茶[차]	95	杪[초]		65
嵯[차]	95	燭[촉]	340, 342	
搓[차]	294	觸[촉]	342, 461	
齹[차]	294	冢[총]		342
着[착]	313	叢[총]		489
縒[착]	80	錐[추]		376
鄼[찬]	80	崔[추]	376, 517	
暢[창]	239	竺[축]	337, 350, 441	
脹[창]	313	丑[축]		460
鬯[창]	313	出[출]		243
蔡[채]	273	忠[충]		338
冊[책]	345	冲[충]		338
隻[척]	344	就[취]	250, 346	
尺[척]	345	聚[취]		341
戚[척]	489	吹[취]		375
慼[척]	489	炊[취]		375
天[천]	337, 350, 417, 441	層[층]		347
綴[철]	274			
鐵[철]	352, 459	癡[치]		131
添[첨]	106	稚[치]		131
沾[첨]	461	絺[치]		330
貼[첩]	106	治[치]		348
鉆[첩]	59	齒[치]		349
涕[체]	355	縒[치]		80
砌[체]	355	恥[치]		105
摭[체]	95	親[친]		351
疐[체]	257, 330	七[칠]	243, 490, 527	
草[초]	263	侵[침]		229
椒[초]	310	寢[침]		396
初[초]	311	浸[침]	396, 489, 493	
秒[초]	65	鍼[침]	59, 401	

祲[침]	228, 396	壩[패]	259
吒[타]	95, 257	愎[팩]	65
咃[타]	95	編[편]	106, 366
舵[타]	293	匾[편]	244
唾[타]	294	便[편]	64
惰[타]	294	偏[편]	64
他[타]	81, 302	篇[편]	64
陀[타]	81, 94, 257, 296, 308	翩[편]	64
琢[탁]	274	鞭[편]	64
坼[탁]	313	褊[편]	64
脫[탈]	375, 376, 421, 459	諞[편]	64
搭[탑]	244	鯿[편]	64
湯[탕]	313	貶[폄]	65
蛻[태]	375	砭[폄]	65
兔[토]	255	窆[폄]	65
吐[토]	330	坪[평]	65
土[토]	459	平[평]	65
統[통]	338	枰[평]	65
桶[통]	341	評[평]	65
痛[통]	342, 461	苹[평]	65
腿[퇴]	376	廢[폐]	243
退[퇴]	376	閉[폐]	244, 350
波[파]	233, 257, 267, 296, 330	肺[폐]	255, 397
破[파]	294, 414	幣[폐]	64
笆[파]	312	弊[폐]	64
罷[파]	364, 367	斃[폐]	64
婆[파]	81	敝[폐]	64
疤[파]	471	蔽[폐]	64, 367
豝[파]	312	布[포]	148, 311
板[판]	244, 263	蒲[포]	301
八[팔]	222, 243, 364, 367, 467	胞[포]	338, 494

俵[표]	65	彼[피]		64, 295
剽[표]	65	披[피]		64, 295, 451
彪[표]	65	帔[피]		295
杓[표]	65	鈹[피]		64
標[표]	65	匹[필]		64
瓢[표]	65	弻[필]		64
表[표]	65	必[필]		64
飄[표]	65	畢[필]		64
嫖[표]	65	芯[필]		64
摽[표]	65	篳[필]		64
殍[표]	65	蓽[필]		64
縹[표]	65	觱[필]		64
裱[표]	65	蹕[필]		64
鏢[표]	65	筆[필]		64, 274, 376
鑣[표]	65	鉍[필]		64
髟[표]	65	逼[핍]		65
鰾[표]	65	荷[하]		295
漂[표]	65, 444	賀[하]		302, 539
瞟[표]	65	下[하]		471
膘[표]	65	河[하]		551
臕[표]	65	頷[함]		274, 551
螵[표]	65	陷[함]		398, 447, 469, 551, 558
飆[표]	65	鹹[함]		401
品[품]	65	含[함]		551, 552
稟[품]	65	蛤[합]		274
風[풍]	243, 401	合[합]		551
疲[피]	64	巷[항]		244, 341, 451
皮[피]	64	杭[항]		310
被[피]	64	缸[항]		340
避[피]	64	恒[항]		551
陂[피]	64, 273	行[행]		499

許[허]	251, 264, 311, 530
屳[헌]	58
險[험]	59
驗[험]	59
獫[험]	59
玁[험]	59
嚇[혁]	313, 546
蜆[현]	106, 366
玄[현]	47
儇[현]	60
嬛[현]	60
翾[현]	60
礥[현]	55
孑[혈]	58
烕[혈]	60
夾[협]	471
峽[협]	471
脅[협]	548
脥[협]	59
恚[혜]	56
戶[호]	266, 311, 551
虎[호]	266, 312, 547
護[호]	300
胡[호]	312, 551
葫[호]	510
號[호]	551
渾[혼]	267
昏[혼]	377, 530
鴻[홍]	342
烘[홍]	548
和[화]	296, 330, 552

華[화]	312, 548
化[화]	504
畵[화]	552
禍[화]	552
還[환]	517
丸[환]	517, 559
滑[활]	330
膾[회]	255
會[회]	257, 397, 552
澮[회]	259
檜[회]	552
候[후]	259, 341, 504
後[후]	264, 340
侯[후]	339, 551
后[후]	340
喉[후]	340
葷[훈]	267
訓[훈]	503
烜[훤]	56
焜[훼]	266
毁[훼]	56
譭[훼]	56
麾[휘]	47, 56
撝[휘]	56
睢[휴]	56, 57
墮[휴]	56
虧[휴]	56
隳[휴]	56
巂[휴]	56
觽[휴]	56
胸[흉]	239

黑[흑] 348, 530

釁[흔] 55

舋[흔] 55

衅[흔] 55

訖[흘] 53, 482

歙[흡] 339, 551

噫[희] 504

戲[희] 54

曦[희] 54

羲[희] 54

屭[희] 55

豷[희] 55

詰[힐] 55

欯[힐] 55

肸[힐] 55

肹[힐] 55

역자 후기

본 역서는 중국의 潘悟雲 선생이 저술하여 서기 2000년에 출판된 ≪漢語歷史音韻學≫을 한국어로 번역한 것이다. 潘悟雲 선생은 현재 70이 넘은 고령의 나이임에도 정력적으로 연구 활동을 지속하고 있으며 當代의 중국어 음운학계에 끼치고 있는 역량은 막대하다. 저자는 중국어판 서문에서 밝혔듯이 본서에서 출판 당시까지의 중국어 음운학 분야, 특히 중고음과 상고음 분야의 세계적인 성과인 李方桂, 풀리블랭크, 보드만 등의 연구를 소개하고 있으며 이들의 연구 성과에 대하여 면밀한 고찰을 통한 비판을 가하고 있다. 또 중국어와 직접 관련 있는 자료는 물론, 소수민족언어에 관련된 자료와 古代 문헌 등의 수많은 자료를 활용하고 여러 가지 방법을 적용함으로써 저자의 탁월한 견해로 발전시켜 서술하고 있어 본서의 가치가 크다고 할 수 있다. 또 각장의 내용이 세계정상급 학자답게 알차고 밀도 있게 기술되어 있어 대학원생 혹은 관련 분야의 연구자들이 이 책을 정독하여 이해하게 되면 중국어 음운학의 각 부문에 대한 이해가 깊어질 것이고 다양한 방법론을 습득하게 될 것으로 믿는다.

번역 과정 가운데 원서에 명시된 인용문헌의 경우 가급적 원문을 다시 찾아 그 내용이 출현한 쪽수를 확인하여 번역문에 표기하였으며 潘悟雲 선생께서 발견한 오류와 역자가 발견한 오류의 여러 곳을 바로잡았다. 대부분의 오류는 지극히 사소한 것으로 글자, 기호 등의 오타가 주류를 이루고 있으며 본 역서에서는 이에 한정하여 수정을 가하였

고 본서가 채택한 이론이나 큰 틀의 내용에 대한 어떤 비평이나 비판은 가하지 않았다. 그러나 내용과 관점을 크게 수정한 부분이 있는데 그것은 제5장의 전체 내용이며 저자께서 대폭 수정하여 역자에게 보내온 것을 그대로 반영하여 번역했다.

潘悟雲 선생은 탈고 후에도 본서의 수정에 대단히 깊은 관심을 가지고 다각도로 수정을 모색하고 있다. 본 역서에는 반영하지 못했지만 저자께서는 나에게 수정된 견해를 담은 소논문 몇 편을 보내왔다. 그 가운데 한 편인 〈3등의 기원에 대한 재인식[對三等來源的再認識]〉이라는 논문은 노만[Norman]의 견해에 기초하여 발전시킨 내용을 포함하고 있는데, 한국어판 서문에도 언급되었듯이 중고 중국어의 3등은 상고의 이완모음에서, 1, 2, 4등은 상고의 긴장모음에서 기원한 것이라는 수정된 견해를 제시하고 있다. 또 본서에서는 캄-타이어군 언어와 苗瑤語가 중국어와 관계가 밀접하다는 전제 아래 논의를 진행했으나 〈華澳어족 가설을 지지하는 몇 가지 증거[對華澳語系假說的若干支持材料]〉라는 논문에서 潘悟雲 선생은 사가르[Sagart]와 鄭張尙芳의 견해를 받아들여 동 아시아 언어는 물론 남아어족과 남도어족 언어까지 포함한 대어족의 개념을 도입한 '華澳어족'설을 지지하고 있다. 또 한국어판 서문에 언급된 것으로, 그는 한국어의 고유 어휘라 믿어지는 것 가운데 상당수가 중국어에서 차용되었다고 여기고 있다. 그러나 이 문제에 대한 역자를 포함한 국내 학계의 입장은 대단히 신중하며 이에 접근할 때에는 대단히 유의해야 한다고 생각한다. 특히 중국어의 상고음과 유사한 한국어의 어휘 모두가 중국어로부터 차용된 것이라 할 수 있을 지에 대해서는 더욱 신중해야한다는 입장이다. 물론 일부는 차용되었을 가능성도 있지만 일부는 우연한 음성적 유사성만을 가졌을 가

능성도 있다. 또 차용의 방향에서도 일방적으로 어느 한쪽으로부터 다른 한쪽으로 흘러만 간 것이 아니며 경우에 따라 반대의 방향으로 흘러갔을 가능성도 배제할 수 없음도 상기해야한다. 이와 같은 차용의 여부나 차용의 방향을 확정하기 위해서는 한국어와 중국어의 비교 뿐 아니라 다른 주변 언어와의 대조나 비교, 문헌에 나타나있는 문화적, 역사적 증거가 필요하지만 안타깝게도 현재 시점에서 이를 증명할만한 문헌의 양은 충분한 것 같지 않다. 그럼에도 潘悟雲 선생과의 협력을 통해 한국과 중국의 언어학 분야의 순수한 발전을 모색할 날을 고대해 본다.

역자가 본서를 처음 접한 지 15년 가까이 되었으나 지금에서야 번역본을 출간하게 됨을 부끄럽게 생각하지만 한편으로는 학술적 가치가 뛰어난 책이 번역되어 지금이라도 한국에서 출판될 수 있음을 다행이라고 생각한다. 이 번역은 대단히 사소하게도, 본 역자 스스로 학문적 역량이 부족함을 절실히 느껴 이 책이라도 충실히 이해하고자 하는 소박한 소망과 나의 미래의 학문적 동지들인 대학원생들과 함께 공부하고자 하는 동기로부터 출발하였다. 2009년 가을에 시험 삼아 번역을 시작했으며 2010년에는 연구년을 맞아 행정과 교육의 의무로부터 1년간 자유로워질 수 있어 그 기간 동안에 초벌 번역을 진행할 수 있었다. 그러나 그 후에 온전히 이 일에 매달리지 못했고 역자 자신도 큰 스트레스를 받지 않고 대단히 느긋한 자세로 작업을 진행하여 번역을 시작한지 한참이 흐른 지금에야 겨우 출판하게 되었다. 이러한 과정 가운데에 潘悟雲 선생의 권유로 중국정부의 '중화학술외국어 번역 지원 사업'의 일환인 '中華社會科學基金'의 지원을 받기 위한 제안서를 제출하였으며 마침내 전문가의 심사과정을 거쳐 지원 대상으로 선정되어 훨씬 수월하게 번역을 마칠 수 있었다.

　역자의 학문이 일천하고 부족함이 많음에도 번역을 기꺼이 허락해 주었으며 역자의 식견이 모자라 수차의 귀찮은 질문과 제안에 대해 언제나 친절하고 알찬 답장을 해준 潘悟雲 선생께 깊은 감사를 드린다. 또 이 책의 출판을 기꺼이 수락하고 각종 지원을 아끼지 않았으며 역자의 게으름에도 한 번도 원고 독촉을 하지 않고 완성을 진득하게 기다려주신 學古房 출판사 관계자 여러 분께도 감사드린다.

　마지막 교정 작업에서도 몇 개의 번역상의 오류가 발견되었는데 아마도 더 많은 오류가 역서에 숨어있을 것으로 보인다. 공부한다는 마음가짐으로 작업을 한 것이라 식견의 부족에서 비롯된 오류가 대부분일 것이다. 번역상의 부자연스러움이나 오류에 대한 책임은 전적으로 역자에 있음을 밝히며 오류에 대해 질정해 주시기를 독자 여러 분께 부탁드린다.

2014년 8월

역자 權赫埈

[저자] 潘悟雲(1943~)

中國 浙江省 瑞安市 출생. 1982년 復旦大學 중문과 석사학위 취득. 현재 上海師範大學 교수, 復旦大學 교수, 上海高校比較語言學E-研究院 수석 연구원, 上海師範大學 語言研究所 소장으로 재직하고 있다. 중국어사, 동 아시아 언어역사 비교, 중국어 방언의 역사 층위에 대한 연구 성과가 뛰어나다. 특히 그의 중국어 역사음운학 분야에서의 성과는 전 세계의 연구를 선도하고 있다.

[역자] 權赫埈(1963~)

고려대학교 중어중문학과 졸업, 동대학원 석사학위, 박사학위 취득. 현재 고려대학교 문과대학 중어중문학과 교수로 재직하고 있으며 전공 분야는 중국어 역사음운학으로 주로 중고 중국어와 상고 중국어를 연구하고 있다.

중국어 역사음운학

초판 인쇄 2014년 8월 10일
초판 발행 2014년 8월 20일

저   자| 潘悟雲
역   자| 권혁준
펴 낸 이| 하운근
펴 낸 곳| 學古房

주   소| 서울시 은평구 대조동 213-5 우편번호 122-843
전   화| (02)353-9907 편집부(02)353-9908
팩   스| (02)386-8308
홈페이지| http://hakgobang.co.kr/
전자우편| hakgobang@naver.com, hakgobang@chol.com
등록번호| 제311-1994-000001호

ISBN   978-89-6071-429-8 93720

값 : 38,000원

이 도서의 국립중앙도서관 출판시도서목록(CIP)은 서지정보유통지원시스템 홈페이지(http://seoji.nl.go.kr)와 국가자료공동목록시스템(http://www.nl.go.kr/kolisnet)에서 이용하실 수 있습니다.(CIP제어번호 : CIP2014022717)

■ 파본은 교환해 드립니다.